Dialog der Welten

Diözesanmuseum Rottenburg (Hg.)

# DIALOG DER WELTEN

## Christliche Begegnung mit den Religionen Indiens

Publikation zur Ausstellung
des Diözesanmuseums Rottenburg
15. April 2018 – 12. August 2018

von Milan Wehnert
mit Beiträgen von Francis D'Sa, Bernd Jochen Hilberath, Melanie Prange und Andreas Renz

Participare.
Schriften des Diözesanmuseums Rottenburg,
Band 4

Jan Thorbecke Verlag

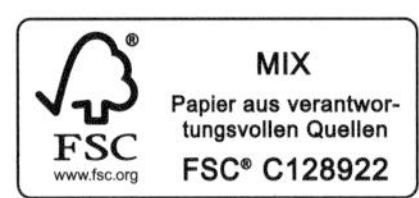


Für die Schwabenverlag AG ist Nachhaltigkeit ein wichtiger Maßstab ihres Handelns. Wir achten daher auf den Einsatz umweltschonender Ressourcen und Materialien.

Bibliografische Information der Deutschen Nationalbibliothek
Die Deutsche Nationalbibliothek verzeichnet diese Publikation in der Deutschen Nationalbibliografie; detaillierte bibliografische Daten sind im Internet über http://dnb.d-nb.de abrufbar.


www.thorbecke.de

Konzeption und Bearbeitung:
Dr. Milan Wehnert

Umschlaggestaltung: Demirag Architekten
Umschlagabbildung: Maria mit Christuskind, Andhra Pradesh, 19. Jahrhundert, Sammlung Vollmer
Gestaltung, Satz und Repro: Schwabenverlag AG, Ostfildern
Druck: Himmer GmbH Druckerei, Augsburg
Hergestellt in Deutschland
ISBN 978-3-7995-1217-6

# Inhalt

# Grußwort

## Bischof Dr. Gebhard Fürst

Der christliche Glaube ist prägend für die westlichen Gesellschaften. Die christlichen Fest- und Feiertage bestimmen den Rhythmus des familiären und sozialen Lebens. Alle christlichen Feste haben ihren Ursprung im Leben, im Handeln oder der Lehre Christi. Indem wir die Festtage feiern, halten wir den Glauben an Jesus Christus lebendig.

Damit der Glaube lebendig bleibt, bedarf er neben der Erinnerung auch des Dialogs – des Dialogs mit Gott, zum Beispiel im Gebet, und des Austausches und der Glaubensvermittlung an unsere Mitmenschen. Ein besonderes Zeichen des christlichen Glaubens ist die Feier der Eucharistie. In den Einsetzungsworten „Tut dies zu meinem Gedächtnis" (Lk 22,19) hat Jesus seinen Nachfolgern selbst aufgetragen, die Erinnerung an ihn in der Eucharistie lebendig zu halten und seine Gegenwart zu feiern. Darüber hinaus kennt die christliche Tradition zahlreiche Symbole, mit denen sie die Fülle des Heils weitergibt.

Was aber, wenn wir Christen Gläubigen anderer Religionen begegnen und sich zeigt, dass auch diese ihre Symbole und Gebete mit allem Vermögen ihres Menschseins heilig halten?

Solche herausfordernden Begegnungen charakterisieren „unsere Zeit", in der die „Beziehungen unter den verschiedenen Völkern sich mehren". Mit diesen Worten leitete das Zweite Vatikanische Konzil 1965 seine Erklärung „Nostra Aetate" ein, als es die Kirche aufrief, aktiv in den Dialog der Religionen einzutreten. Die Konzilsväter blickten weit voraus und riefen gerade die Religionen zu einer friedlichen und tiefer werdenden Anerkennung des je anderen Weges auf.

Doch häufig geschieht dies nicht, wenn Glaubenswelten einander begegnen. Sondern es festigt sich der Eindruck gegenseitiger Fremdheit. Der Blick sieht im Anderen vor allem das, was diesem nicht gelingt. In seinem rituellen Ausdruck, im Ethos oder in der zivilisatorischen Geschichte des Anderen findet sich dann vieles, was die Ablehnung manchmal eher vergrößert. Kommen politische und ökonomische Spannungen oder Fundamentalismus hinzu, ist ein gefährlicher Weg beschritten.

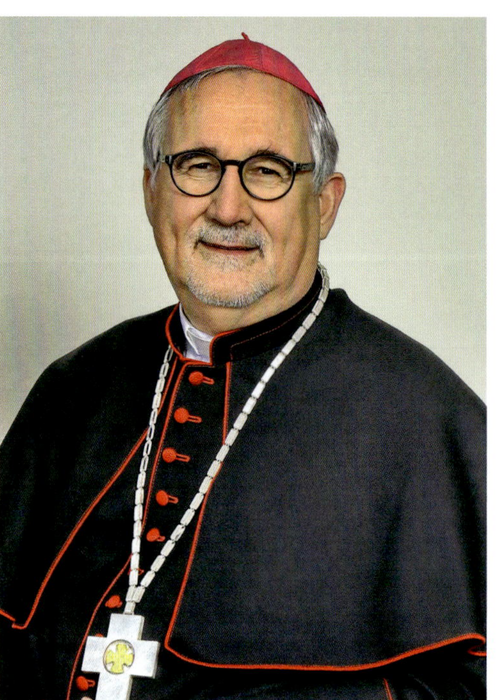

Wir wissen, was unzählige blutige Auseinandersetzungen über unterschiedliche Weltanschauungen, Gottesbilder und Wahrheitsansprüche anzurichten vermögen. Angesichts zahlreicher Konflikte weltweit, in denen religiöse Motive zumindest eine Rolle spielen, stellt sich für *jede* Religion die Frage nach dem Verhältnis der eigenen religiösen Wahrheit und ausgeübter Gewalt. Es gibt viele Beispiele fataler Konsequenzen, wenn Menschen im Glauben handeln, die Wahrheit einer religiösen Botschaft mit allen Mitteln verbreiten zu müssen, oder wenn Gewalt im Namen einer höheren Gerechtigkeit gerechtfertigt und ausgeübt wird. „Nostra Aetate" sieht alle Völker als eine einzige Gemeinschaft an. Alle Religionen „haben denselben Ursprung, da Gott das ganze Menschengeschlecht auf dem gesamten Erdkreis wohnen ließ; auch haben sie Gott als ein und dasselbe letzte Ziel".

Für ein wertschätzendes Miteinander sind deshalb Austausch und Dialog grundlegend. In Bezug auf die Religion meint solche wechselseitige Kommunikation nicht, dass einer der Dialogpartner „sein Licht unter den Scheffel" stellt, dass Probleme verschwiegen oder um einer oberflächlichen Umarmung willen Unterschiede geopfert würden. Dialog bedeutet immer auch Verkündigung des Eigenen. Das große Projekt eines „Dialogs der Religionen" kann nur gelingen, wenn die Gläubigen die Tiefe der eigenen Offenbarung wirklich erfahren, wenn gerade diese Tiefe mit-geteilt werden soll. Zugleich gilt: Empathie – über die Grenze dieses „Eigenen" hinaus – und die Bereitschaft zur Wertschätzung – auch in der Differenz – bedeuten ein hohes Gut: Sie können zum Frieden beitragen.

Geschichte und Erfahrung zeigen, wie ein sich gegenseitig wertschätzender Dialog der Religionen in ihr je „Eigenes" rückwirken kann: Er kann positiv herausfordern und Resonanzräume schaffen, in denen alte und tiefe, vielleicht neue Lagen des Überlieferten zum Klingen kommen. Das gilt auch für das Christusereignis, das im Kern des christlichen Glaubens steht.

Mit seiner Jahresausstellung 2018 „Dialog der Welten. Christliche Begegnung mit den Religionen Indiens" widmet sich das Diözesanmuseum diesen Fragen. Erzählt und anschaulich werden soll die Geschichte einer christlichen Begegnung mit Glaubenskulturen von Hindus und Muslimen: Schauplatz ist das Indien der Mogulkaiser, einer Dynastie, die während des 16. und 17. Jahrhunderts weite Teile des Subkontinents beherrschte. Hier kam es zu intensiven Begegnungen der Religionen: Für das Christentum begann ein wichtiger Prozess interkultureller Weitung, der dazu führte, das Eigene in andere Sprachen und Kulturen übersetzen zu können, aber auch geistige Werte und Sinnfiguren anderer Traditionen zu erschließen und nachvollziehen zu können. Der hier beschrittene Weg wies weit in die Zukunft: Als das Zweite Vatikanische Konzil daran ging, in anderen Glaubenskulturen „Wahres und Heiliges" anzuerkennen und das Verhältnis etwa zu Islam und Hinduismus neu durchdachte, standen nicht zuletzt die christlich-interreligiösen Erfahrungen im Indien der Mogulzeit im Hintergrund.

Die Schau setzt an mit der Ankunft jesuitischer Missionare in Indien im 16. Jahrhundert und schlägt einen großen Bogen, vom heiligen Franz Xaver im Umfeld des Trienter Konzils (1545–1563) bis zur dezidiert indischen interreligiösen Christologie Raimon Panikkars im Umfeld des Zweiten Vatikanischen Konzils (1962–1965). In der Begegnung mit der so vielschichtigen geistigen Welt Indiens hält die Ausstellung immer Christus als den Bezugspunkt gewärtig: Darstellungen von Christus eröffnen und beschließen die Präsentation und begleiten ihren Weg durch die christliche Begegnung mit Indien.

Danken möchte ich an dieser Stelle den Verantwortlichen des Diözesanmuseums, seiner Direktorin, Dr. Melanie Prange, und dem konzipierenden Kurator der Ausstellung, Dr. Milan Wehnert: Die diesjährige Schau des Diözesanmuseums „Dialog der Welten. Christliche Begegnung mit den Religionen Indiens" eröffnet einen ästhetisch höchst ansprechenden und ungewöhnlichen Blick auf das interkulturelle Miteinander bedeutender Hochkulturen. Sie leistet einen wichtigen und zugleich wunderbar einmaligen Beitrag zum interreligiösen und interkulturellen Dialog zwischen Christentum, Islam und Hinduismus.

*Dr. Gebhard Fürst*
Bischof der Diözese Rottenburg-Stuttgart

# Vorwort

## Melanie Prange

Mit Ausstellungen über den Tübinger und Freiburger Theologen Johann Baptist Hirscher und den Zwiefaltener Klosterschatz präsentierte das Diözesanmuseum seinem Publikum in den letzten Jahren zwei spezifisch diözesanhistorische Themen. Bereits im Veranstaltungsprogramm 2017 nahm das Museum jedoch auch Aspekte in den Blick, die weit über die Grenzen des Bistums hinausreichen.

Dies nun auch in Form der Sonderausstellung „Dialog der Welten. Christliche Begegnung mit den Religionen Indiens" weiterführen zu können, ermöglicht uns das großzügige Angebot Franz-Josef Vollmers, Glanzstücke seiner indischen und persischen Miniaturensammlung in unseren Räumen zu zeigen. Über viele Jahre hinweg zusammengetragen, umfasst das in Expertenkreisen gut bekannte und geschätzte Konvolut rund 50 Zeichnungen und Malereien vom 15. bis zum 19. Jahrhundert. Es war daher eine große Freude, als sich 2017 über die Vermittlung der Abteilung Weltkirche, insbesondere jedoch durch Herrn Dr. Thomas Broch, den ehemaligen Bischöflichen Beauftragten für Flüchtlingsfragen (bis September 2017), die Möglichkeit bot, Beispiele der qualitätsvollen Sammlung im Diözesanmuseum auszustellen.

Denn neben ihrer rein künstlerisch herausragenden Qualität sind die Miniaturen ein faszinierendes Zeugnis für die Begegnung dreier großer Religionen – des Christentums, des Hinduismus und des Islam – unter der Herrschaft der Mogulkaiser (16.–18. Jh.). In den beeindruckenden Bildern begegnen uns Christus- und Marienfiguren, die durch ikonografische Details eindeutig als solche zu erkennen sind, gleichzeitig jedoch durch die Gewandung und die Physiognomie an indische Gottheiten und Gestalten aus der persischen Mythologie erinnern. Die anhand dieser eindrücklichen Kunstzeugnisse nachvollziehbare friedliche Begegnung der Religionen, die Faszination, das Fremde kennen und verstehen zu lernen und dieses als Bereicherung für den eigenen Glauben sowie die eigene Kultur zu sehen – diese Aspekte führten dazu, das Ausstellungsprojekt im Diözesanmuseum zu planen.

Dr. Milan Wehnert, wissenschaftlicher Mitarbeiter im Diözesanmuseum, nahm sich des Themas mit viel Leidenschaft und großem Engagement als Kurator der Ausstellung an. Ihm gelang es in seiner Konzeption, ausgehend von der Sammlung Vollmer einen großen inhaltlichen Rahmen aufzuspannen, der die sich in den Miniaturen spiegelnde Durchdringung der Weltreligionen in einen weiten Horizont einbindet. So kann aufgezeigt werden, dass nicht nur die Mogulkaiser vom Christentum inspiriert wurden, sondern die christlichen Missionare umgekehrt ihren Glauben gerade durch die Erfahrungen in der Ferne neu und intensiver erfuhren. Ausgezogen mit dem Ziel, der „heidnischen" Welt das Christentum nahezubringen, lernten sie die fremde Kultur und deren Glauben zu schätzen und sahen dies als Chance, ihre eigene Religion neu zu erkunden. So wird deutlich, dass in dem vor allem für Konfessionalisierung und Mission bekannten Zeitalter durchaus ein fruchtbarer Austausch stattfand, bei dem die Gemeinsamkeiten als Bereicherung und die Gegensätze nicht als Bedrohung verstanden wurden. Respekt und Wertschätzung waren die Voraussetzungen für diese religionsgeschichtlich so bedeutende Begegnung. Dass dieser Dialog der Religionen den Weg für neue Betrachtungen öffnete, zeigt die Präsentation durch den Ausblick in die Zeit des Zweiten Vatikanischen Konzils (1962–1965) und sein zukunftsweisendes Dekret „Nostra Aetate", das die Weichen für eine neue Beurteilung anderer Religionen stellte.

Neben der Vollmerschen Sammlung wurden dem Diözesanmuseum hochrangige Exponate aus zahlreichen Museen, Bibliotheken und privaten Sammlungen zur Verfügung gestellt. Sie ermöglichen es, die historische und theologische Relevanz des interreligiösen Dialogs anschaulich zu illustrieren. Zugleich beeindrucken sie als farben- und formreiche Kunstwerke aus einem faszinierenden fernen Kulturraum.

Begleitend zur Ausstellung erscheint der vorliegende wissenschaftliche Begleitband, in dem die zum Teil erstmals öffentlich präsentierten Exponate ausführlich vorgestellt werden. Eingeleitet wird der Band durch wissenschaftliche Aufsätze renommierter Experten, die es ermöglichen, einen tiefen Einblick in die Thematik des interreligiösen Dialogs von der Mogulzeit bis in unsere Tage zu bekommen. Darüber hinaus wird in der durch Milan Wehnert verfassten Einführung sehr deutlich, dass das Thema unerwarteter Weise einen Bezug zur Geschichte Rottenburgs und selbst zur Historie des Diözesanmuseums besitzt. Anknüpfungspunkt sind zum einen die Jesuiten, die seit 1649 in Rottenburg ansässig waren und deren Ordensmitglieder eine wesentliche Rolle in der Missionsgeschichte spielten. Zum anderen war ausgerechnet der Begründer des Diözesanmuseums Johann Georg Martin Dursch (1800–1881) – seinerseits katholischer Priester und Rottweiler Stadtpfarrer – von der Kultur und den Religionen Indiens so fasziniert, dass er sich ihnen sein Leben lang in intensiven Studien widmete. Dursch kann also als Vorreiter des interkulturellen und interreligiösen Austausches innerhalb der Diözese Rottenburg-Stuttgart gelten.

Das Begleitprogramm zur Ausstellung widmet sich dem Thema des Dialogs auf ganz unterschiedliche Weise. Neben wissenschaftlichen Vorträgen sprechen Musik- und Tanzveranstaltungen – wie die ausgestellten Kunstwerke – besonders die sinnliche Wahrnehmung an.

Dafür, dass der „Dialog der Welten" in einer abwechslungsreichen, ebenso informativen wie visuell beeindruckenden Ausstellung im Rottenburger Diözesanmuseum entstehen konnte, bin ich allen Beteiligten sehr dankbar.

Mein ganz besonderer Dank gilt dem Kurator der Präsentation, Dr. Milan Wehnert – sowohl für sein fundiertes Konzept für Ausstellung, Katalog und Begleitprogramm, ebenso wie für seine eigenen kenntnisreichen Schrift- und Wortbeiträge sowie die Vermittlung zahlreicher Leihgaben. Nur durch sein Fachwissen und seinen großen Einsatz kann das Diözesanmuseum einen eigenen und ganz besonderen Beitrag zum Thema der interreligiösen Begegnung leisten.

Herzlich danken will ich außerdem Franz-Josef Vollmer, der uns die prominenten Werke seiner Sammlung als „Herzstücke" für unsere Präsentation anvertraute und uns bei Fragen als kompetenter Ansprechpartner jederzeit zur Verfügung stand. Danken möchte ich auch Dr. Thomas Broch, der den Kontakt zu Herrn Vollmer vermittelte und der die Genese der Ausstellung interessiert begleitet hat.

Für die Ausleihe der zum Teil sehr fragilen und alten Objekte danke ich allen anderen Leihgebern, die uns in kollegialer Weise unterstützt haben: Renate Bauer (Landesbibliothek Coburg, Schloss Ehrenburg), Christian Büchele (Universitätsbibliothek Eichstätt-Ingolstadt, Abteilung für Historische Bestände), Prof. Dr. Thomas Döring (Herzog Anton Ulrich Museum, Braunschweig, Leiter des Kupferstichkabinetts), Nicole Domka und Ulrike Mehringer (Eberhard Karls Universität Tübingen, Universitätsbibliothek, Abteilung Handschriften/Alte Drucke und Historische Drucke), Dr. Christian Herrmann (Württembergische Landesbibliothek Stuttgart, Fachreferat Theologie, Religionswissenschaft, Philosophie u.a., Leiter der Abteilung Historische Sammlungen), Dr. Natalie Maag (Direktorin der Bibliothek der Philosophisch-Theologischen Hochschule Sankt Georgen, Frankfurt a.M.), Claudia Risse (Bibliothek der Philosophisch-Theologischen Hochschule Sankt Georgen, Frankfurt a.M., Restauratorin) und Dr. Karin Zimmermann (Universitätsbibliothek Heidelberg, stellvertretende Leiterin der Abteilung Historische Sammlungen). Sie alle haben unsere Anfragen jederzeit freundlich beantwortet und sich über das normale Maß hinaus für unser Anliegen engagiert.

Für seine Hilfe bei fachlichen Fragen bedanke ich mich bei Mahdi Kavandi (Eberhard Karls Universität Tübingen, Institut für Medienwissenschaft) sowie bei Dr. Christian Hackbarth-Johnson (Universität Salzburg, FWF-Projekt „Interreligious

Biography of Bettina Bäumer"). Auch Prof. Dr. Heike Oberlin (Eberhard Karls Universität Tübingen, Abteilung Indologie und Vergleichende Religionswissenschaft, Asien-Orient-Institut) sei für ihre Kommunikationsbereitschaft herzlich gedankt.

Vielmals danken möchte ich außerdem den an den Vorbereitungen und dem Aufbau beteiligten Restauratoren: Ursula Fuhrer und Caroline Walther (Stuttgart), Johannes Schrempf (Esslingen) sowie Markus Steidle und Philipp Zinger (Rottenburg).

In bewährter Weise entstand die Ausstellungsgestaltung sowie die begleitende Werbegrafik in Zusammenarbeit mit dem Stuttgarter Büro Demirag, namentlich Hanna Kropp. Sie und alle an der Umsetzung beteiligten Firmen möchte ich in meinen Dank einschließen.

Für die vielfältigen, das Thema breit erschließenden Beiträge danke ich allen Autoren des wissenschaftlichen Begleitbandes sehr: Prof. Dr. Bernd Jochen Hilberath (Eberhard Karls Universität Tübingen, Katholisch-Theologische Fakultät, Institut für Ökumenische und Interreligiöse Forschung, Direktor em.), Dr. Andreas Renz (Erzbischöfliches Ordinariat München, Ressort Grundsatzfragen und Strategie, Leiter des Fachbereichs Dialog der Religionen), Prof. Dr. Dr. h.c. Francis X. D'Sa SJ (Päpstliche Hochschule Jnana-Deepa Vidyapeeth, Pune, Leiter des Institute for the Study of Religion) sowie Dr. Milan Wehnert. Für sein Grußwort gilt mein herzlicher Dank Bischof Dr. Gebhard Fürst.

Die Mitarbeiter der Diözesanbibliothek Rottenburg haben sich um alle noch so ausgefallenen Literaturanfragen gekümmert und uns damit bei unserer Arbeit sehr unterstützt. Hierfür gilt auch ihnen, besonders Christina Trapp, mein herzlicher Dank.

Die Herstellung und der Vertrieb des Katalogs lagen wieder in der Verantwortung des Jan Thorbecke Verlags Ostfildern, dem ich hiermit meinen herzlichen Dank ausspreche. Der betreuenden Lektorin Daniela Naumann sei insbesondere für das gewissenhafte Lektorat und die bewährt gute Zusammenarbeit gedankt.

Allen Mitwirkenden des Begleitprogramms danke ich für die Möglichkeit, das Thema des interreligiösen Dialogs sowohl in unserem Haus als auch in der Stuttgarter Marienkirche lebendig zu machen.

Dem „Fremden" zu begegnen und die eigenen religiösen und kulturellen Wurzeln zu hinterfragen und neu zu entdecken, dazu lade ich abschließend alle Interessierten herzlich ein.

# Einleitung: Das Diözesanmuseum im Dialog mit Indien

Milan Wehnert

Mit seiner Ausstellung „Dialog der Welten. Christliche Begegnung mit den Religionen Indiens“ blickt das Diözesanmuseum nach Indien, in einen fernen Kulturraum. Indiens Fremde birgt reiche christliche Welten: das alte Erbe syrischer Christen in Kerala; die weißen Kirchen von Goa, dem „Rom des Ostens“; das Ordensleben der Gegenwart. Doch diese Binnenräume für sich sind noch nicht der Schauplatz, auf den die Ausstellung einlädt.

Erzählt und anschaulich werden soll die Geschichte einer Begegnung des Christentums mit anderen Religionen, mit dem Hinduismus und dem Islam. Diese durchlief eine prägende Phase unter den Mogulkaisern, einer Dynastie, die während des 16. bis 18. Jahrhunderts weite Teile des Subkontinents beherrschte. Mogulindien wird in unserer Gegenwart mit wachsendem Interesse erkundet, weil es hier zu intensivem Dialog zwischen Christen und Muslimen kam. Und nicht zuletzt stellten sich beide abrahamitische Religionen – Islam wie Christentum – der Herausforderung eines noch größeren Unbekannten: dem Hinduismus und durch ihn hindurch dem Erbe des Alten Indien.

Viele Vorgänge dieser Zeit muten märchenhaft an – gerade heute, da religiöse Symbole hartnäckig in den Dienst der Feindschaft gestellt und zur „Spaltung der Welt“ missbraucht werden. Auch im Indien dieser Tage wachsen Kräfte, denen es darum geht, Beziehung zwischen Christen, Muslimen und Hindus zu verhindern. Einen anderen Weg beschritt der Mogulherrscher Akbar (reg. 1556–1605). Er lud Vertreter aller Religionen an seinen Hof, um ihren Glauben zu erklären. Dies war der Auftakt zu einem Austausch, in dem sich drei große Religionen – Christentum, Islam und Hinduismus – nicht gegeneinander abschotteten und voneinander entfremdeten, sondern zu tiefen Entdeckungen des Anderen und ihrer selbst gelangten. Wo fundamentale Gegensätze zu bestehen schienen, wurde versucht, tiefere Gemeinsamkeiten gelten zu lassen. So benannte Akbar einen bedeutenden Wallfahrtsort der Hindus, den Zusammenfluss von Ganges und Yamuna, arabisch als Allahabad, „Stadt des Einen Gottes“. Das war keine „Islamisierung“ Indiens durch die Macht der Namen. Der neue Name galt der Anerkennung, auch im Hinduismus wirke der eine „All-Erbarmer“, nach dem alles sich ausstrecke. Ein epochaler „Zusammenfluss der religiösen Meere“ – so fasste der Mogulprinz Dara Shikoh 1656 den Dialogwillen dieser Zeit zusammen.

Die Ufer des Ganges waren um 1600 weit entfernt von Rom und Paris, von Lissabon und Amsterdam. Dennoch nahm das europäische Christentum teil an der indischen Konstellation und ließ sich von ihr intellektuell wie spirituell herausfordern. 1580 kamen die Jesuiten an den Mogulhof, um das Evangelium darzulegen. Von intensiven Gesprächen in der Osternacht bis zur gemeinsamen Meditation römischer Marienikonen haben sich zahlreiche interreligiöse Begegnungen mit dem mogulischen Islam überliefert. Zugleich öffnete sich für die Patres eine neue Welt im Hinduismus: Missionare studierten das Sanskrit, lernten indische Kunst und Gottesbilder lesen und diskutierten über „Spuren Christi“, die da aufschienen, wo sie Schönes und Wahres fanden. Der Buchdruck sorgte dafür, dass Nachrichten über die Religionen Indiens bald schon in Europa diskutiert wurden, und läutete ein wichtiges Kapitel in der Geschichte christlichen Wissens von anderen Religionen ein.

Überstrahlt wird der europäische Medienbestand durch die indische Malerei, die ein buntes Echo dieser Dialoge bewahrt hat. Auf den Albumblättern der Mogulateliers durchlaufen christliche Themen eine faszinierende Transformation: Westliche

Vorlagen von Christus, Maria und den Heiligen öffnen sich für Inhalte islamischer Mystik, saugen die Tiefe altindischer Metaphysik in sich auf und verbinden sich mit der Farbenpracht hinduistischer Mythologie. Oftmals ist es der mystische Bereich, in dem Gemeinsamkeiten gefunden werden.

Das Prägende dieser Zeit, das, was sie reich machte, war die Neugier auf den Anderen und sein geistiges Erleben. Hier setzt die Ausstellung an. Sie versammelt historische Objekte aus Indien und Europa, in denen sich Spuren der Begegnung der Religionen bewahrt haben, und versucht, genauer hinzusehen: Wie geriet das Christentum in diese Konstellation? Wie wirkten die indischen Grenzerfahrungen kirchengeschichtlich nach? Oder weiter gefasst: Was kann geschehen, wenn sich Gläubige – Christen, Muslime und Hindus – friedlich begegnen? Was lohnt „Dialog"?

## Rottenburg, die Jesuiten – und Indien

Einen „roten Faden" durch den fern-fremden Raum des Mogulreiches spannen die Jesuiten: Denn die entschlossensten Pioniere der indisch-christlichen Begegnung im 16. und 17. Jahrhundert waren Angehörige der Gesellschaft Jesu. Rottenburg selbst ist eine jesuitisch geprägte Stadt, in der sich im Kleinen verdichtet, was das katholische Süddeutschland im 17. und 18. Jahrhundert auszeichnete: Kolleg und Gymnasium, die Wallfahrt zur Weggentalkirche, eine Marien-Bruderschaft und die zahlreichen Franz-Xaver-Medaillons, die um die Sülchenkirche gefunden wurden, bezeugen das Vermögen der Gesellschaft Jesu, in Nachbarschaft zum protestantischen Tübingen eine blühende katholische Kleinlandschaft aufzuziehen. Zugleich aber waren die Jesuiten nicht nur Austräger von Gegenreformation und katholischer Konfessionalisierung. An anderen Enden der Welt waren sie in bemerkenswertem Maße bereit, ihren Habitus als europäisch-konfessionelle Katholiken abzulegen, um sich in der Glaubensverkündigung auf fremde Kulturen einzulassen. Dabei übersetzten sie nicht nur ihren Glaubensschatz in „neue Sprachen", sie kamen unweigerlich auch mit den geistigen Schätzen anderer Kulturen in Berührung und lernten deren Werte von innen her zu verstehen.

In Begegnung mit den geistigen Traditionen Asiens entstanden neue Beziehungen: Der hl. Franz Xaver (1506–1552), der in Japan Zen-Mönche kennenlernte und wertzuschätzen begann, Matteo Ricci (1552–1610), der in Peking tiefgehende Studien des Konfuzianismus betrieb und an einer „christlich-konfuzianischen Synthese" arbeitete – und schließlich Indien: Roberto de Nobili (1577–1656) eröffnete 1609 eine Mission in der Tempelstadt Madurai im Süden Indiens. Als einer der ersten Europäer fand er Zugang zum Schrifttum des indischen Altertums und schrieb nachdenklich, dass diese Texte in ihrer philosophischen Tiefe nicht hinter der europäischen Tradition zurückträten. 1624 kam Pater Antonio de Andrade (1580–1634) auf abenteuerlichen Wegen in das Hindu-Heiligtum Badrinath im Himalaya und von hier bis nach Tibet; 1628 betrat ein Jesuit erstmals das Kathmandu-Tal. 1658 übernahm ein süddeutscher Jesuit, Heinrich Roth (1620–1668) aus Dillingen, eine Schlüsselposition, als er Rektor des Jesuitenkollegs von Agra wurde. Hier, von der Hauptstadt des Mogulreiches aus, betrieb Roth Forschungen am Hinduismus, die als Meilenstein interreligiöser Studien gelten können: Roth erarbeitete eine Sanskrit-Grammatik, fand Zugang zu indischer Mystik und vishnuitischer Theologie und rang um lateinische Termini zur Theorie des Yoga.

Vieles von dem wirkte schon bald nach Europa zurück. Es befeuerte die Imagination von Pracht und Macht der Großmoguln, ließ aber auch ein objektives Wissen von den „heiligen Geschichten" Indiens anwachsen: In den Schulen des Ordens lasen Schüler die indischen Briefe Franz Xavers, die bereits 1578 ins Deutsche übersetzt worden waren. Auf den Bühnen der Gymnasien wurden Indiendramen aufgeführt, die von der Bekehrung von Königen und dem heroischen Einsatz der Missionare handelten. 1627 war in Augsburg zudem der sensationelle Bericht Pater de Andrades ins Deutsche übersetzt worden. Hier beschrieb der Jesuit anschaulich die Schönheit Kaschmirs sowie des Himalayas und erinnerte sich, wie er in Begleitung der Pilger zu hinduistischen Heiligtümern und zur Quelle des Ganges fand. 1661, als das Rottenburger Kollegshaus eröffnete, war ausgehend von derart vielfältigen Routen das jesuitische Asien- und Indienwissen noch einmal spektakulär angewachsen. In Amsterdam hatte Athanasius Kircher (1602–1680) seine „China Illustrata" herausgegeben, eine Summe jesuitischer Missionsberichte vom Süden Indiens über China bis nach Japan und der erste Versuch einer Religionsgeschichte des ganzen asiatischen Raumes.

In den großen süddeutschen Kollegien war diese Asienkompetenz ein wichtiges Element im Selbstverständnis des Ordens: Das belegt Ingolstadt mit seiner Bildergalerie jesuitischer China-Fahrer und mit der Asiensammlung Pater Ferdinand Orbans (1655–1732) und ebenso Dillingen, wo das Gedenken an Heinrich Roth bewahrt wurde. An diese frühe jesuitische Bereitschaft zum interreligiösen Kontakt zu erinnern, ist ein zentrales Anliegen der Ausstellung.

## Der Gründer des Diözesanmuseums und „die Religion der Indier"

Ein weiteres Wegzeichen für den Blick nach Mogulindien ist der Gründer des Diözesanmuseums selbst. Johann Georg Martin Dursch (1800–1881) ist heute vor allem in Erinnerung, weil er einer der großen Sammler schwäbischer Kunst des Mittelalters ist: 1863 übertrug er seine Sammlung von Skulpturen und Altargemälden an den Bischof von Rottenburg, Josef von Lipp, zur Errichtung eines diözesanen Museums im bischöflichen Palais. Auch „ideell" kann Dursch als Leitfigur gelten: In seiner Zeit als Pfarrer und Dekan in Rottweil verfasste er kunsttheoretische Schriften zur Symbolik und Ästhetik der christlichen Kunst. Diese Analysen sind von der Romantik geprägt und in ihrer Betonung sinnlicher und geistiger Dimensionen noch heute anregend, wenn es darum geht, christliches Kunsterbe einem modernen Publikum zu vermitteln.

Doch blieb Dursch nicht bei den Schätzen der eigenen Kultur stehen oder wertete ab, was jenseits dieser Grenze lag: Eine zweite Leidenschaft des Rottweiler Dekans galt dem Alten Indien. Nach seiner Priesterweihe 1825 ging Dursch nach Paris und studierte zweieinhalb Jahre lang das Sanskrit – die Kult- und Dichtungssprache des Hinduismus. Sein Lehrer war der renommierte Professor Antoine-Léonard de Chezy (1773–1832), bei dem auch Friedrich Schlegel (1772–1829) und Wilhelm von Humboldt (1767–1835) studiert hatten. In diesem Kreis verband sich eine romantisch idealisierende Indienfaszination mit rasch voranschreitender sprach- und religionsgeschichtlicher Forschung: Friedrich Schlegel veröffentlichte schon 1808 sein Werk „Über die Sprache und Weisheit der Indier" in Heidelberg; sein Bruder August Wilhelm Schlegel (1767–1845) begründete die gelehrte Zeitschrift „Indische Bibliothek" und übersetzte 1823 die *Bhagavad-gītā*, ein heiliges Buch des Hinduismus. Diesen „Gesang des Erhabenen" bezeichnete von Humboldt 1826 als das „schönste, ja einzig wahrhaft philosophische Gedicht, das alle uns bekannten Literaturen aufzuweisen haben".

Dursch teilte diese Hochschätzung und suchte anzuknüpfen. Zu seinem Pariser Studienabschluss legte er die Übersetzung einer Kunstdichtung des 5. Jahrhunderts vor, die 1828 in Berlin als „Ghaṭakarparam oder Das zerbrochene Gefäss" in Druck ging. Noch 1854, in seiner Zeit als Rottweiler Dekan, übersetzte Dursch den „Hitopadesas", eine Pädagogiklehre des indischen 10. Jahrhunderts, in der ein König seine Söhne zu einem „höheren, geistigen Leben zu erwecken" sucht. Die Rezeption des „Hitopadesas" reicht zurück bis an den Mogulhof: 1590 war dieser Text wiederentdeckt und auf Geheiß Kaiser Akbars ins Persische übersetzt worden. In Paris hatte dann August Wilhelm Schlegel 1829 den ursprünglichen Sanskrittext veröffentlicht, nach dem 1844 der junge Indologe Max Müller (1823–1900) eine deutsche Übersetzung vorlegte.

Gerade diesen Text übersetzte Dursch 1854 noch einmal – jedoch in ein anderes Deutsch als vor ihm Müller. Für Durschs Absichten als Vermittler und Übersetzer indischer Kultur ist es erhellend, den Eröffnungsvers seiner Übersetzung mit jener Müllers zu vergleichen. Müller verdeutschte die einleitende Anrufung Gottes nüchtern entlang der Wortbedeutungen: „Mögen die Werke der Edlen gelingen durch die Gnade des Durdschati, auf dessen Stirn die Sichel des Mondes wie ein Schaumstreif der Dschahnavi glänzt." Dagegen suchte Dursch den hymnischen Elan des Sanskrit mit seinen Alliterationen und Wortkomposita im Deutschen nachzubilden, um so den Leser am Energetischen des Textes und seiner Bilder teilhaben zu lassen: „Vollendung sei dem Edlen in dem Guten durch des Siwas Gunst / Auf dessen Haupt wie Ganges-Schaumes-Streif des Mondes Sichel steht."

Die übersetzende Einfühlung in die Symbolik einer nicht-christlichen Religion, in eine Anrufung Shivas, war kein romantischer Eskapismus: Dursch floh nicht aus dem engen Rottweiler Pfarralltag oder aus der Welt seiner altschwäbischen Gemälde und Skulpturen in das Fremdartig-Anziehende indischer Dichtung. Auch wenn er sich mit Indien beschäftigte, blieb der Dekan aufmerksam beobachtender und durchfühlender Christ. Unter den Lesern seiner Sanskritübertragung warb Dursch um die Kenntnisnahme geistiger Werte über die Grenzen der Fremdheit hinweg – denn die indischen „hl. Bücher lehren auf das nachdrücklichste Wohltätigkeit, Dankbarkeit, Gastfreundschaft, Nächstenliebe, selbst gegen Feinde, Schonung der Thiere, Toleranz gegen Andersgläubige, Heilighaltung der Ehe, Achtung und Liebe der Eltern."

Was im „Hitopadesas" über die Natur des Menschen und das Wesen echter Bildung gesagt wurde, stand für Dursch in überraschender Parallele mit christlichen Anschauungen: Auch der Hinduismus wolle die Seinigen anleiten, „wahrer Mensch zu werden". So sei es der „Glauben der Indier, dass der Mensch ursprünglich von Gott gut erschaffen, nun aber durch eigene Schuld sündhaft sei. Seine ganze Bestimmung bestehe daher darin, sich durch Selbstbeherrschung und Büßungen von der Sünde zu reinigen, und sich durch Kenntnis der Religion [...], durch Weisheit und Tugend seinen ursprünglichen Zustand wieder zu erreichen. Hierdurch wird der Mensch geistig wieder geboren, wird erst ein wahrer Mensch. Der Zweck der indischen Erziehung ist daher, den sinnlichen Menschen zum geistigen oder wahren Menschen zu machen".

Durschs interkulturelle Mehrsprachigkeit ist bemerkenswert. In einer Zeit, da sich katholische Milieus in der zweiten Hälfte des 19. Jahrhunderts auf einen enger werdenden und traditionalistischen Wahrheitsbegriff festlegten, behielt sich Dursch Augenhöhe mit den geistigen Schätzen von Hinduismus und Buddhismus. Zugleich drang er gedanklich tief und ganzheitlich in das Wesen christlicher Inhalte ein, wie sie ihm seine altschwäbische Kunstsammlung zeigte. Diese Sphären waren räumlich und kulturell gewiss weit voneinander getrennt, bedeuteten für Dursch deswegen aber keine Polarität. Sie konnten fruchtbar in Beziehung treten, trotz der Differenz Resonanz erzeugen und hierbei schöpferisch vertiefen, was das Wesentliche und die Essenz im Eigenen sei.

## Exponate, Katalog und Aufsätze

Gestützt auf diese Wegweiser – Dursch und die Jesuiten – blickt die Ausstellung nach Mogulindien und versammelt faszinierende Exponate in Rottenburg, in denen die christliche Begegnung mit Indien ihre Spuren hinterlassen hat: Malereien aus Agra, Allahabad und anderen Mogulateliers ebenso wie Bildblätter aus hinduistischen Zentren. Um Hintergründe des mogulischen Islam anschaulich zu machen, werden auch Bildobjekte anderer Räume gezeigt – etwa aus Zentren islamischer Gelehrsamkeit um 1600 wie Bukhara und Ishfahan. Hinduismus und Jainismus werden zudem über die Kultbilder ihrer Tempel vorgestellt. Daneben stehen historische Bild- und Buchdrucke aus europäischen Verlagsorten ebenso wie moderne Fotografien, in denen sich der christlich-indische Dialog der Gegenwart spiegelt.

Präsentiert werden die Exponate in vier Schritten: Die erste Gruppe „Aufbruch in heidnische Ferne" ist der europäischen Perspektive gewidmet. Da geht es um den Hintergrund früher Globalisierung und um die Hoffnungen christlicher Missionare auf dem Weg nach Indien. Doch auch Zerrbilder und negative Konstellationen werden vorgestellt: Momente, in denen das Fremde Furcht einflößt, Situationen, in denen die Begegnung zwischen den Kulturen scheitert.

In der nächsten Gruppe zeigt Mogulindien seine „Schätze der Begegnung". Hier werden Malereien gezeigt, die in den Ateliers der Mogulzeit entstanden und die Begegnung des Islam mit christlichen Missionaren ebenso wie mit dem Hinduismus widerspiegeln. Ins Auge fallen gedankentiefe Transformationen christlicher Themen vor dem Horizont persischer Mystik ebenso wie islamische Themen, die durch den Hinduismus ihre inhaltlichen Akzente und ihren Ausdruck wandeln.

Die dritte Abteilung „Pioniere und Brückenbauer" führt Forscherpersönlichkeiten der Mogulzeit vor: den Prinzen und Mystiker Dara Shikoh, den „römisch-katholischen Brahmanen" Roberto de Nobili und den süddeutschen Jesuiten Heinrich Roth. Sie ließen sich auf eine intensive Begegnung mit dem Hinduismus ein. Zugleich wird nachverfolgt, wie die Empathie mit dem geistigen Erbe Indiens wuchs und nach Europa zurückwirkte. Buchdrucke der Frühen Neuzeit zeichnen eine Wissensgeschichte nach, die von Mogulindien bis in das Aufklärungsjahrhundert und an die Schwelle zur modernen Indologie im beginnenden 19. Jahrhundert heranreicht.

Die Ausstellung schließt mit einem Ausblick auf das Zweite Vatikanische Konzil (1962–1965) und eine seiner großen Erklärungen: „Nostra Aetate" leitete eine neue Zeit in der Beurteilung nicht-christlicher Religionen ein. Die Exponate erinnern an Jules Monchanin, Henri Le Saux und schließlich Raimon Panikkar, die sich im zeitlichen Umfeld des Konzils als Christen auf eine intensive Begegnung mit dem geistigen Erbe Indiens einließen und dabei in manchem einen Weg fortführten, der erstmals in den interreligiösen Dialogen der Mogulzeit beschritten worden war.

Dem weiten Bogen der Exponate von den interreligiösen Phänomenen im Indien des 16. Jahrhunderts bis zu den großen Weichenstellungen des 20. Jahrhunderts folgen auch die Aufsätze, die zugleich einführenden Überblick und wissenschaftliche Detailanalyse anbieten wollen.

Der Beitrag „Begegnung der Religionen im Indien des 16. und 17. Jahrhunderts" führt an markante Konstellationen zwischen Christentum, Islam und Hinduismus heran: Hierbei werden die Phänomene konkret von ihren Schauplätzen und Akteuren her beschrieben. Die historischen Medien ermöglichen manche Nahaufnahmen: von Christen, die sich einfühlen lernen in Hindu-Tempel und Moschee, und von Muslimen, die ihre Koranlektüre mit den Erfahrungen im Yoga abgleichen.

Die folgenden Beiträge wenden sich dem interreligiösen Diskurs im 20. und 21. Jahrhundert zu und stellen christlich-theologische Perspektiven auf das Nebeneinander der Religionen vor: Die Frage, was interreligiöse Dynamik ihrem Wesen nach vermag, erörtert Francis X. D'Sa in seiner Betrachtung „Dialog der Religionen. Christus- und Krishnagläubige", für die der Theologe anlässlich der Ausstellung seinen grundlegenden Aufsatz „Christus – Buddha – Krishna – …" (D'Sa 1998) überarbeitet hat. Nach D'Sa hat die Begegnung von Religionen ein erhebliches Potenzial, Gläubige „ihre eigene Überlieferung besser und tiefer erleben" zu lassen. Schenken sich Angehörige verschiedener Gemeinschaften Einblick in ihre heiligen Geschichten, vor allem in ihre Sinnerfahrungen, dann können sie einander „gegenseitig die Glaubensdimension ihres Lebens ergänzen, korrigieren und vertiefen".

Andreas Renz liefert den Beitrag „Nostra Aetate: Der interreligiöse Dialog der katholischen Kirche mit Islam und Hinduismus seit dem Zweiten Vatikanischen Konzil". Hier fasst er die wesentlichen Aussagen des Konzils zu Islam und Hinduismus zusammen und gibt einen Überblick über den bisherigen Ertrag des Dialogs. Renz beschreibt Chancen und Herausforderungen des Austauschs mit dem Islam und erörtert, wie die intellektuell-theologische Beschäftigung mit dem Hinduismus „für das Christentum ein ähnlich einschneidender Prozess werden" könne „wie die Auseinandersetzung des frühen Christentums mit der griechischen Geisteswelt".

Einem Visionär des Dialogs zwischen Christentum und Indien widmet sich Bernd Jochen Hilberath in seinem Beitrag „Leben, Werk und Zeugnis des Raimon Panikkar". Unter dem Fazit „Hindu geworden und Christ geblieben" beleuchtet Hilberath das Lebenswagnis Panikkars, das zugleich grundsätzlich mit der Frage nach religiöser Wahrheit verbunden ist.

Über dem weiten Bogen – vom hl. Franz Xaver im 16. Jahrhundert bis zum Zweiten Vatikanischen Konzil und zu Raimon Panikkar – steht ein schlichtes Bildmotiv: Das Buchcover und das Plakat, das in die Ausstellung einlädt, zeigen eine volkstümliche Miniatur aus Andhra Pradesh mit Maria und dem Jesusknaben, entstanden im 19. Jahrhundert. Spezifisch christlich ist der Segensgestus, den Christus mit beiden Händen vollzieht. Auffällig ist, dass Maria dieses Zeichen dialogisch aufnimmt und mit den eigenen Händen nachahmt. Andererseits sind Christus und besonders Maria im Sari hier so indisch geworden, dass sie vom zeitgenössischen Betrachter leicht für ein populäres hinduistisches Thema gehalten werden konnten – für den Krishnaknaben im Arm seiner Mutter Yashoda. Wie viel Yashoda immer auch in dieser Maria steckt: Ein solches Lächeln und den sinnenden Blick haben manche gesehen, deren Begegnung mit Indien sich in den folgenden Exponaten spiegelt.

# Beiträge

Milan Wehnert

# Begegnung der Religionen im Indien des 16. und 17. Jahrhunderts: Schauplätze, Akteure, Medien

Indien hat eine lange geschichtliche Erfahrung mit religiöser Pluralität. Schon der Hinduismus ist in sich plural: In ihm stehen verschiedene, oft widersprüchliche Heilswege und Lebensordnungen nebeneinander. Er kennt keine zentrierende Gründerfigur, nicht das eine Offenbarungsbuch oder die heilige Stadt. Der Hinduismus brachte intensiv begründete Eingottlehren hervor, ebenso wie er atheistische und polytheistische Formulierungen zulässt.

Ab dem 11. Jahrhundert verwurzelte sich in Indien der ganz anders organisierte Islam. In dem Selbstverständnis, Abschluss der abrahamitischen Offenbarung zu sein, brachte er den Anspruch mit, zivilisatorisch zu formen und zu zentrieren. Anders als in vielen Räumen, in die der Islam eintrat, blieb in Indien die Bevölkerungsmehrheit hinduistisch. Zwischen Hindus und Muslimen entwickelte sich ein Zusammenleben „starker Identitäten", das der indischen Kultur Komplexität und große Dynamik eintrug.

Auch das Christentum ist auf dem Subkontinent verankert: Es hat einen frühen Anfang mit den Gemeinden syrischer Thomaschristen im Süden Indiens ab dem 3. Jahrhundert. Eine neue Phase setzte mit der Expansion europäischer Kolonialmächte ein: Vom Beginn des 16. Jahrhunderts an kamen Händler, Humanisten und katholische Missionare, allen voran die Jesuiten. Ihnen folgten, von holländischen und englischen Handelsstützpunkten, die protestantischen Missionare, die mit ihrem Einfluss auch das indische Christentum in vielfältige Denominationen auffächerten.

Indien ist zudem die Heimat des Buddhismus, der bis zum 13. Jahrhundert mit verschiedenen Schulsystemen präsent war. Bis heute als religiöses System autark ist die einflussreiche Religionsgemeinschaft der Jains. Im 16. Jahrhundert entstand im Schnittpunkt von Islam und Hinduismus die Sikh-Religion. Auch Zoroastrier und Juden haben Traditionen auf dem Subkontinent.

In dieser Gemengelage ist Indien zum Schauplatz einer verdichteten Begegnung der Religionen geworden. Immer wieder haben sich religiöse Zeichensysteme unheilvoll mit sozialen, politischen und ökonomischen Spannungen verbunden, um sich in Intoleranz bis hin zu fundamentalistischer Gewalt zu entladen. Doch Indiens kultureller und geistiger Reichtum bezeugt auch die andere Möglichkeit: das friedliche Nebeneinander, den Austausch und die schöpferische Vertiefung des Eigenen im Dialog.

Besonders im 16. und 17. Jahrhundert erreichte die Interaktion verschiedener kultureller Sphären und religiöser Systeme einen Höhepunkt. In dieser Zeit wurden große Teile des Subkontinents von der sunnitisch-muslimischen Moguldynastie regiert. Ihre Herrschaft setzte 1526 ein, stand 1570–1700 auf dem Zenit und hielt sich als Schattenmacht neben den britischen Kolonialherren bis zur Absetzung des letzten Moguls 1858. Unter der Regierung der Kaiser Akbar (reg. 1556–1605), Jahangir (reg. 1605–1627) und Jahan (reg. 1627–1658) traten die in Indien anwesenden religiösen Kulturen in vielfältige Beziehungen. Charakteristisch für diese Kommunikation ist ein hohes Maß an Medialität: Diese umfasst Texte ebenso wie Bilder über den religiös Anderen und über das eigene interreligiöse Erleben. Die folgenden Kapitel führen anhand dieses Materials an markante kommunikative Achsen in der Begegnung zwischen Christen, Muslimen und Hindus heran. Hierbei werden aus einer Vielzahl interreligiöser Phänomene wichtige Schauplätze und Räume dieser Begegnung vorgestellt, Konstellationen erschlossen, in denen sich die Sphären begegneten, und die Perspektiven sowie Hintergründe ihrer Akteure erfragt.

## Elephanta und die Konkan-Tempel: Erschrecken und Staunen

Zur Stätte einer intensiven Begegnung mit den religiösen Hochkulturen Indiens wurde für christliche Europäer die Insel Elephanta, vor der Küste des heutigen Mumbai gelegen, mit ihren alten hinduistischen Tempelanlagen. Diese gehörten seit 1534 zum Kolonialreich der Portugiesen: Nachdem der Entdecker Vasco da Gama (um 1469–1524) 1498 im Dienst der Krone von Portugal eine erste Niederlassung im südindischen Calikut gegründet hatte, breitete sich der Estado da Índia nordwärts entlang der Konkanküste aus. 1510 rang Alfonso de Albuquerque (1462–1515) dem Sultanat von Bijapur die Küstenregion von Goa ab, die das Zentrum des entstehenden Estado werden sollte. 1514 übertrug Papst Leo X. den Portugiesen den *Ius patronatus* für die indischen Gebiete, was sich umgehend im Ausbau einer kirchlichen Infrastruktur niederschlug.[1] Im Jahr 1531 gelang die Befestigung der Hafenveste Daman in Gujarat; drei Jahre später folgten die Insel Salsette und die nahe gelegene „Gute Bucht", mit damaligem portugiesischen Namen Bombay.

Inseln, Küste und Hinterland um Bombay waren nicht nur für den Handel günstig, sondern im Altertum auch Stätten hinduistischer und buddhistischer Monumentalkunst. Zwischen dem 2. und 8. Jahrhundert ließen die Könige der Calukya-Dynastie Sakralbauten errichten, die in Kanheri, Mandapeswar und – überragend – Elephanta zu den Höhepunkten altindischer Kunst zählen.[2]

Über kein anderes hinduistisches Heiligtum wurde im 16. Jahrhundert von Europäern so viel geschrieben wie über das Heiligtum auf der Insel Elephanta.[3] Die dunklen, tief in den Felsen geschlagenen Hallen provozierten unterschiedliche, aber immer starke Reaktionen.[4] Ins Auge fielen die prachtvollen Säulenhallen und die zahlreichen monumentalen Felsreliefs mit Darstellungen zu Mythologie und Theologie. Das Heiligtum ist Shiva als Allgott geweiht. Das Sanktuar im Vorderbezirk der Halle birgt ein Lingam, ein anikonisches Symbol für die Energie des Gottes. Auf dieses ausgerichtet sind Skulpturen und szenische Reliefs, darunter das 6 Meter hohe *trimūrti*-Monument, das den Gott mit drei Gesichtern zeigt. Sie stehen für Schöpfung, Bewahrung und Zerstörung – eine Dreiheit, in der die shivaitische Theologie das Göttliche beschreibt. In anderen Darstellungen ist Shiva der kosmische Tänzer, der Herr der Yogis oder der große Mittler, der die reinigenden Wasser der Ganga vom Himmel herableitet.

Für Europäer der Frühen Neuzeit war die ästhetische Wertung ebenso wie die inhaltliche Deutung eine Herausforderung. Auffällig ist, wie weit die Wahrnehmung der hinduistischen Kultwerke schon bei dieser frühen Begegnung auseinandergeht: Da ist die Gruppe derer, die den Elephanta-Tempel mit Schauer betrachtet, so der Gelehrte und Botaniker Garcia da Orta (1499–1568), aus einer portugiesisch-jüdischen, zum Christentum übergetretenen Familie. Er schilderte die Eindrücke in seinen 1563 in Goa verlegten „Coloquios": Die Tempel seien schreckenerregend und erkennbar ein Werk finsterer Mächte. Gerade die handwerkliche Vollendung im Dienst solcher Missgestalt mache den Teufel spürbar, der „all sein Macht und all sein Wissen" eingesetzt habe, um sich eine derart wohlbereitete Wohnstätte zu errichten.[5] Auch der Haarlemer Kaufmann Jan Huygen van Linschoten (1563–1611), der als Sekretär des Erzbischofs von Goa 1581 bis 1587 durch Indien reiste, fühlte sich abgestoßen von den Altertümern der Bombay-Küste: Die Gottesbilder in den Tempelhallen seien furchteinflößend – „monströser und deformierter als je zuvor gesehen". Die Dämonen seien mit „Papsttiaren" geschmückt und erzeugten einen apokalyptischen Schrecken. Offenbar habe der Antichrist hier eine Gegenwelt und Gegenkirche vorbereitet: Dem, „der dort eintreten wolle, stünden die Haare zu Berge".[6]

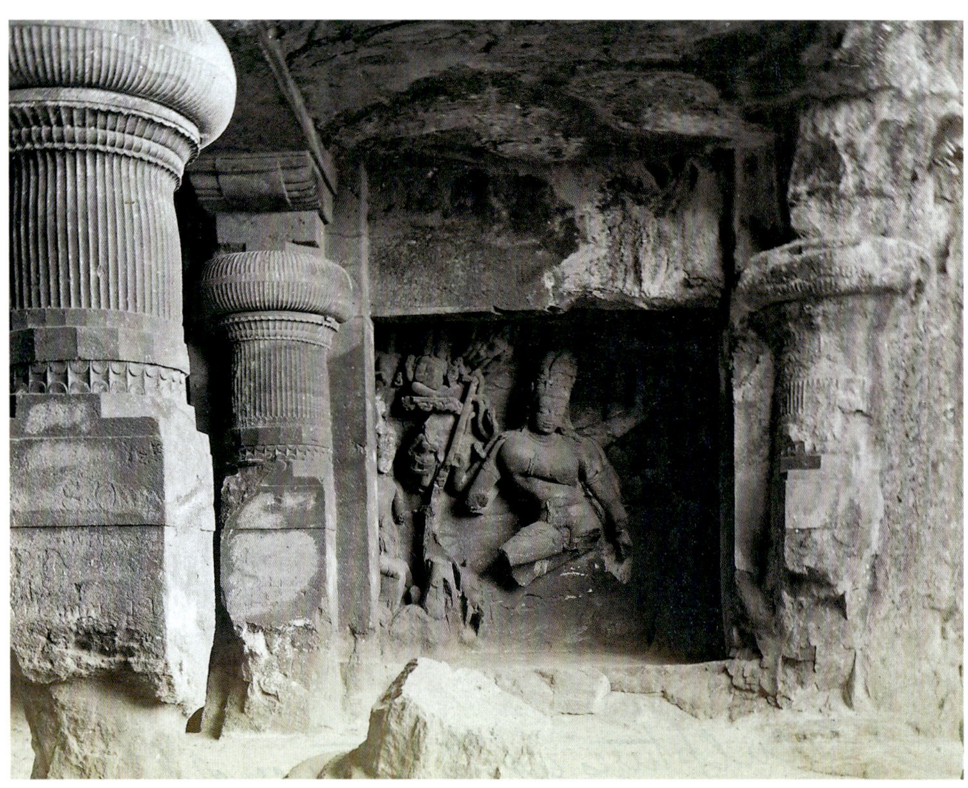

Shiva als Naṭarāja, der kosmische Tänzer, Felsrelief, 6. Jahrhundert, Elephanta, Maharashtra

Doch es fehlte nicht an Gegenstimmen und einem gar euphorischen Erleben hinduistischer Sakralität, wie sie sich in den Hallen Elephantas darbot. Bemerkenswert ist der Bericht des portugiesischen Humanisten Diogo do Couto (1542–1616), der die Felsheiligtümer 1556 besuchte. In seinen „Décadas", Lissabon 1603, nannte er die Götterbilder, „so gearbeitet, dass sie kaum mit größerer Vollendung und Schönheit" aus einer Felswand gewonnen werden könnten. Gerade die mit Tiaren gekrönten Häupter der Götterwesen bestaunte er als „allerschönste Arbeiten". Über die Tempel von Kanheri gab er an, dass diese „ein Wunder der Welt seien – vielleicht gar ihr größtes".[7] Wissbegierig beschrieb do Couto die zahlreichen Götterbilder – darunter das in der Abbildung gezeigte, 5 Meter hohe Felsrelief des Gottes Shiva als *Naṭarāja*. Do Couto konnte Ikonografie oder Theologie dieser in kosmischen Tanz versunkenen Gottheit nicht verstehen, sah das Reliefbild aber mit aufmerksamem Blick an, wie es seine Beschreibung zeigt: Das Bild sei „vom Fuß bis zur Spitze zwölf Ellen hoch, mit einer lorbeergezierten Krone auf dem Haupt und von großer Schönheit und Vollendung. Es hat acht Arme und zwei Beine. Mit einer der rechten Hände [...] hebt es an der Spitze seines Hauptes einen Mantel oder Schleier, der äußerst fein aus dem Felsen geschnitzt ist [...]".[8] Der Humanist war zudem einer der ersten Europäer, welcher der indischen Kunst eine herausragende Fähigkeit zugestand, den menschlichen Leib in idealer Nacktheit darzustellen. Do Couto schwärmte, dass sich kaum schönere Darstellungen von Adam und Eva denken ließen als jene der Männer und Frauen in den Inseltempeln vor Bombay.[9] Hiermit gedanklich verbunden ist eine zweite Verschiebung: Do Couto tat die Phänomene, auf die er traf, nicht als Heidentum, *gentilismo*, ab. Stattdessen fasste er sie als Ausdruck einer eigenen *religião* und gestand ihr darin dimensionale Vergleichbarkeit mit der *religião Christam* zu.[10]

Ein weiteres Zeugnis hat sich von dem venezianischen Juwelier und Reisenden Gasparo Balbi erhalten, der 1580 angesichts der Pracht des Felstempels von Elephanta darüber nachdachte, wie sich dieser historisch zur Architektur des griechisch-römischen Altertums verhielte, und auf Alexander den Großen verwies. Balbi schlug vor, diesen als Urheber der Hallen vorzustellen: Der Makedone habe Elephanta zur Erinnerung an seinen Indienfeldzug aus dem Felsen schlagen lassen.[11] Bei diesem frühen Vorschlag zu einer Verhältnisbestimmung – griechische Kunst beeinflusst indische – blieb es nicht stehen: In den Kreisen portugiesischer Humanisten wurde angesichts der Monumentalkunst der Konkanküste schon bald verhandelt, ob nicht die hinduistischen Tempel älter als die griechischen seien und es vielmehr ihre Säulen und Götterbilder waren, welche die griechische Klassik angeregt hätten.[12] Bereits 1515 hatte der italienische Humanist Andrea Corsali (geb. 1487) den Sensationswert hinduistischer Altertümer erkannt und in einem Brief an seinen Patron Giuliano di Lorenzo de' Medici (1479–1516), den kunstsinnigen Herzog von Florenz, die Zerstörungswut der Portugiesen an den Hindualtertümern beklagt, als diese auf der Insel Divari vor Goa einen reich skulptierten Tempel zertrümmert hatten. Wäre es möglich gewesen, hätte er dem Medici eine der Statuen nach Florenz geschickt, damit man dort einen Eindruck von den alle Erwartungen übertreffenden Kunstschätzen des Alten Indien gewänne.[13]

Die angeführten Berichte zeigen, wie unterschiedlich italienische, portugiesische und holländische Besucher die Hallen von Elephanta erleben konnten. Gemeinsam ist das Staunen über die künstlerische Perfektion einer monumentalen Sakralkunst, die als Fernwirkung des griechischen Altertums oder gar als Vorbedingung antiker Kunst gedeutet wurde. Andere Interpreten ließen dies unentschieden, befanden jedoch, das hier Gefundene müsse selbst kunstverwöhnte Florentiner staunen machen. Für andere erregten die Stätten Schauer, weil sie aus dem Wirken dämonischer Mächte hervorgingen. Deutlich war schon hier: Die Tempel Indiens bargen eine kulturelle Eigentiefe, die für christliche Europäer zur Herausforderung werden würde und die abstoßen ebenso wie in Bann ziehen konnte.

## Goa: Das „Rom des Ostens" und die indo-christliche Inkulturation

Goa, in mittlerer Höhe zwischen dem Süden und Norden Indiens an der Konkanküste, in Reichweite des muslimischen Sultanats Bijapur und des hinduistischen Reiches von Vijayanagar gelegen, war von der Mitte des 16. Jahrhunderts an die Schaltstelle der katholischen Mission in Indien. Nachdem Vasco da Gama 1498 den natürlichen Seehafen von Goa erkundet hatte, eroberte Alfonso de Albuquerque, der erste Gouverneur des Estado da Índia, die Inseln des Mandovi-Deltas und leitete die Gründung der heutigen Orte Panjim und Velha Goa ein.[14] 1543 wurden gen Norden und Süden weitere Gegenden hinzugewonnen, mit denen Goa sich zur stabilen kolonialen Besitzung befestigen ließ. Es folgten die Orden – Franziskaner, Dominikaner und Augustiner; 1534 wurde ein Bischofssitz errichtet. Seit 1558 übte der Metropolit von Goa die Kirchengerichtsbarkeit über alle katholischen Missionen in Asien aus – von Cochin (1588) und Mylapore (1606) in Südindien bis nach Macao (1575) vor China und Funai (1588) in Japan. 1539 hatte sich König João III. von Portugal (reg. 1521–1557) Missionare für die Besitzungen in Ostindien von Papst Paul III. erbeten. Es war die Stunde der Jesuiten, deren neuer Orden 1540 im Rom offiziell bestätigt wurde. Der Papst ernannte den Jesuiten Franz Xaver (1506–1552) zum apostolischen Nuntius für Asien und sandte ihn nach Indien, wo er am 6. Mai 1542 in Goa ankam. In den drei Jahren seines Wirkens vor Ort wandte er sich zunächst den pastoral schlecht versorgten portugiesischen Christen zu und zielte auf die Grundlegung einer effizienten kirchlichen Infrastruktur in Sakramentenspende, Katechese und Ordnung des öffentlichen Raums. Das 1542 gegründete Kolleg St. Paul wurde das Zentrum eines planvoll expandierenden Netzes sakraler Landmarken, in dem zahlreiche Schreine angelegt und 1556 auch die erste Druckerpresse Indiens in Betrieb genommen wurden.[15]

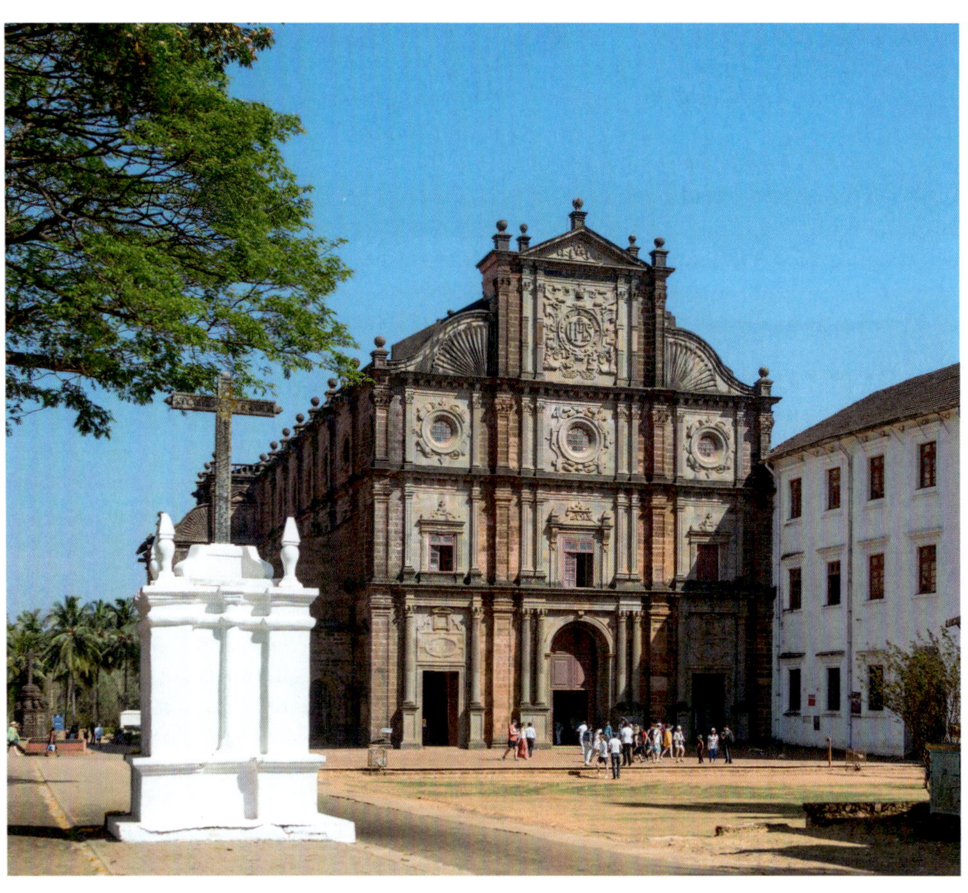

Basílica do Bom Jesus, als Jesuitenkirche erbaut 1594–1605, Velha Goa

Aus diesen Anfängen entstanden monumentale Kirchenbauten und Konvente. Ökonomisch gestützt auf den Kolonialhandel erhob sich in der zweiten Hälfte des 16. und der ersten des 17. Jahrhunderts aus „unermesslicher konstruktiver und dekorativer Bemühung“ ein indisches „Rom des Ostens“.[16] Die ab 1594 errichtete Basílica do Bom Jesus mit dem Grab des hl. Franz Xaver wurde zum bedeutendsten Wallfahrtsort asiatischer Christen. Eine Eigenart des *modo Goano* ist, dass sich in seinen baulichen und dekorativen Formen portugiesisches Kolorit und tridentinische Tradition mit Praktiken und Zeichen von indischer, erkennbar hinduistischer Herkunft verbunden haben.[17] Auch ist das Zusammenleben der Christen und Hindus von Goa – im Gegensatz zu anderen Gebieten Indiens – von anerkennender Gemeinsamkeit bestimmt, wie es sich in Zwillingsschreinen ausdrückt, die von Anhängern beider Religionen besucht werden.[18]

Diese hindu-christliche Balance, die sich noch heute farbenreich im Goaner Katholizismus widerspiegelt, setzte sich erst nach langen Phasen kolonialer Härte und inquisitorischer Restriktion durch. Franz Xaver und die ihm in den 1540er- und 1550er-Jahren nachfolgenden Jesuiten erkannten in den „lehmgefertigten Figuren von Pferden und Büffeln“, in den „Steinfiguren von Kobras, Pfauen und Krähen“ der Hindus ein primitives Heidentum. Als Fadenzieher abergläubischer Rituale erschienen die von „Dämonen inspirierten“ Brahmanen – die Kaste der Priester und Gelehrten.[19] Um den hinduistischen Praktiken semiotisch und performativ zu entgegnen, brachten die Jesuiten 1548 die Reliquie des Hauptes einer der 11.000 Kölner Jungfrauen nach Goa, die mit Prozessionen geehrt wurde.[20] Parallel wurden in Goa, wie in allen Missionsgebieten mit portugiesischer Militärpräsenz, Tempel und Pagoden zerstört. Bereits 1542 gab Franz Xaver an, dass auf den goanischen *Ilhas* 159 Hindu-schreine niedergerissen worden seien.[21] 1550 verfügte König João III. die Zerstörung aller Hindu-Kultbilder ebenso wie der „idolatrischen Schriften".[22] Der Neubau von Tempeln und die Reparaturen an älteren Schreinen wurden der lokalen Bevölkerung durch einen Erlass des Vizekönigs Antão de Noronha (reg. 1564–1569) 1566 unter Strafe gestellt.[23] Die *Concilios de Goa* von 1567, 1575 und 1606 beauftragten den Vizekönig, alle Tempel, Bilder und Bücher zu zerstören, derer man habhaft werden konnte.

Schon 1545 hatte Franz Xaver darauf hingewiesen, dass viele getaufte Einheimische weiterhin ihre alten Kultstätten besuchten, und geraten, diese aus dem portugiesischen Territorium auszuweisen.[24] Vor dem Hintergrund der hohen Zahl von „Rückfällen" unter den indischen Bekehrten wandte er sich im gleichen Jahr an den König von Portugal, damit dieser die Inquisition nach Goa entsende. Dieses Vorgehen führte zur Entfremdung der christlichen Mission von den Einheimischen und rief Gegenwehr hervor. Erstmals seit der portugiesischen Landnahme kam es 1583 zur Gewalt: Als Protest gegen die anberaumte Zerstörung weiterer Hindu-Schreine töteten am 25. Juli 1583 Angehörige der Kshatriya-Kaste in der Revolte von Cuncolim auf der Insel Salsette fünf jesuitische Missionare und vierzehn getaufte Einheimische.[25]

Den Missionaren wurde bewusst, dass Zerstörung von Tempeln, weitere Restriktionen und inquisitorische Prüfung nicht geeignet waren, der einheimischen Bevölkerung das Evangelium zu verkünden. Eine Wurzel des Problems war die Praxis der Massentaufe, bei der in möglichst großer Zahl „Christen gemacht" wurden, die hierauf ohne tiefergehende Katechese zu christlichen Sakramenten zugelassen wurden, während parallel ihre Schreine demoliert wurden. Es fehlte an einer pastoralen Sprache, mit der das Evangelium den Einheimischen erschlossen werden konnte. Diese durfte nicht nur darin bestehen, katechetische Inhalte mit Hilfe lokaler *tapozes* in die indischen *linguas* zu übersetzen.[26] Die Missionare selbst mussten sich Zugang zur Kultur und Empathie für die geistigen Werte der Einheimischen erarbeiten, um abzuschätzen, wie Inhalte des Evangeliums in dem neuen kulturellen Zusammenhang Resonanz erzeugen und von den Einheimischen als sinnstiftend erfahren werden konnten.

Ein Wegbereiter dieser neuen, inkulturierenden Mission in Goa war der englische Jesuit Thomas Stephens (1549–1619), der als Anglikaner in Kontakt zu Untergrundjesuiten kam, zum Katholizismus konvertierte und schließlich als Sechsundzwanzigjähriger selbst der Gesellschaft Jesu beitrat. Nach dem Noviziat in Rom wurde er 1579 nach Goa entsandt, wo er ein Jahr später die Priesterweihe empfing.[27] Stephens betreute die Gemeinden um Cuncolim, der Stätte der Revolte von 1583. Als Pfarrpriester suchte er der christlichen Verkündigung eine neue Sprache zu schaffen. Um das Wesen der Taufe auf den Namen Christi vor einem hinduistischen Horizont beschreibbar zu machen, nannte er das Sakrament *jñāna-snana* und griff hierbei zwei wichtige Termini des Hinduismus auf: *jñāna* bezeichnet eine höchste Form der Gotteserkenntnis und Erleuchtung; *snana* war das rituelle Reinigungsbad der Hindus im Wasser heiliger Ströme.[28] Die beiden Begriffe und Praktiken waren im Hinduismus seit altersher fest etabliert. In ihrer Kopplung entstand jedoch etwas anziehendes Neues als Einladung ins Christentum. Große Wirkung hatte das *Kristapurana*, an dem Stephens im letzten Jahrzehnt des 16. Jahrhunderts arbeitete. Dieses Versepos in 11.000 Strophen erzählt die biblische Heilsgeschichte von der Schöpfung bis zur Himmelfahrt Christi in den einheimischen Sprachen Marathi und Konkani. Wieder verband Stephens zentrale Begriffe christlicher und hinduistischer Theologie so, dass das Indische seine sakrale Elektrizität in das Christliche einspeiste: „Sünde" wurde *karman*, „Tugend" *bhakti-sattva*, „Gottesdienst" *kiristace bhakti-puja*.[29] Die Besonderheit des *Kristapuranas* war, dass es in der dichterischen Form der *ovī*-Strophe abgefasst war. Sie schloss das christliche Epos metrisch an die Rezitation hinduistischer Hymnen an. Hiermit waren die Begebenheiten und Worte Christi im Evangelium auch melodisch und in ihren emotionalen Farben einen großen Schritt näher an die

Bhakti-Frömmigkeit gerückt, eine populäre Strömung des Hinduismus, deren Gotteshingabe sich in Gesang und Tanz sowie im gefühlsreichen Nacherleben der alten Mythen ausdrückte.[30] Gerade im nördlich von Goa gelegenen Maharashtra war diese Tradition tief verwurzelt. Eine Renaissance erlebte sie mit Stephens Zeitgenossen Ekanath (1533–1599), der als hochverehrter Dichterasket marathische Nachdichtungen und Kommentare alter Sanskrittexte wie des *Bhāgavata-Purāṇa* und des *Rāmāyaṇa* verfasste und diese durch Dörfer und Städte wandernd vortrug.[31] Das an diesen Stil anschließende *Kristapurana* erfreute sich großer Beliebtheit. Es wurde an Sonn- und Festtagen in den Kirchen Goas vorgetragen und, wie ein Briefeschreiber 1621 berichtet, von Neu-Christen wie von Hindus gleicherweise mit freudiger Zuwendung angehört.[32] Stephens Ansatz war umso bedeutender, als gerade im Goa des 16. Jahrhunderts mit Entschlossenheit versucht worden war, mit den Tempeln zugleich die heiligen Bücher der goanischen Hindus auszutilgen.

Mit seinem *Kristapurana* wurde Stephens zu einem Vorreiter der indo-christlichen Inkulturation. Der Ansatz war nicht auf Indien beschränkt. Zeitlich parallel setzten die Jesuiten auch in Peking, im Zentrum des chinesischen Kaiserreichs, auf ein ähnliches Vorgehen: Matteo Ricci (1552–1610) betrieb intensive Studien des Konfuzianismus, den er als Tugend- und Pietätlehre von Tiefe wertschätzte.[33] Hierbei gelang es ihm, das Evangelium Jesu, die Menschwerdung Gottes und die Wirkungen des kirchlichen Sakraments auf einer konfuzianischen Werte- und Begriffsbasis zu beschreiben. In dem Zugeständnis, auch in Gebets- und Ritualpraxis chinesischem Empfinden Raum zu lassen, begründete Riccis Inkulturation eine „christlich-konfuzianische Synthese“, die ein blühendes katholisches Gemeindeleben ermöglichte.[34] Erst als der Ritenstreit im späteren 17. Jahrhundert die Rechtmäßigkeit solchen Vorgehens in Frage stellte und die Inkulturation 1704 und 1715 von Rom verboten wurde, brach diese Brücke ein.

Anders als in China wurde in Goa der Kurswechsel zu einer neuen, inkulturierenden Christianisierung schon von Anfang an mit Skepsis verfolgt – innerhalb des Ordens, von der Kirchenleitung und der Kolonialherrschaft: Die idiomatische Neuverwurzelung des Evangeliums in der Nähe zu hinduistischen Terminologien, wie sie das *Kristapurana* vollzog, konnte dem einheimischen Erleben Christi Farben und Konnotationen zuleiten, die außerhalb kirchenamtlicher Kontrolle standen. Stephens hatte ursprünglich beabsichtigt, seine Marathi- und Konkani-Dichtungen nicht nur in lateinischen Lettern, sondern auch in indischer *Devanāgarī*-Schrift drucken zu lassen, wodurch diese noch weiter der eigendynamischen lokalen Rezeption überstellt worden wären. Dieses Vorhaben scheiterte 1616 am Einspruch der Ordensleitung.[35] Wenige Jahre nachdem das *Kristapurana* 1616 erstmals in Druck ging, verpflichtete der portugiesische Vizekönig die Goaner, binnen drei Jahren das Portugiesische zu erlernen und die Predigten sowie die christliche Unterweisung exklusiv in der kolonialen Leitsprache abzuhalten. Ein ähnliches Gesetz wurde noch 1684 erlassen.[36] Stephens interkulturelles Experiment behauptete sich dennoch. Das *Kristapurana* gab dem *modo Goano* eine Referenz zu weiterer Entfaltung: In steter Reibung mit der Inquisition entfaltete und bewährte sich in der Praxis ein Freiraum, in dem Elemente hinduistischer Zeremonien in die christliche Feier aufgenommen wurden.[37] Damit stand Stephens am Anfang eines Paradigmenwechsels im christlichen Verhältnis zu indischer Kultur, der über den geschichtlichen Rahmen des Estado da Índia hinaus als ein interreligiöser Brückenschlag zwischen „Hindu and Christian worlds of consciousness“[38] wirksam wurde.

## Fatehpur Sikri: Maria und Jesus im Zentrum des Mogulreiches

Gelegenheit zu einem Missionswerk ganz neuer Reichweite bot sich den Jesuiten von Goa, als 1578 ein Schreiben des Großmoguls Akbar eintraf, das um Entsendung von Missionaren warb, die am Hof des Kaiser das Evangelium darlegen sollten.[39] Im

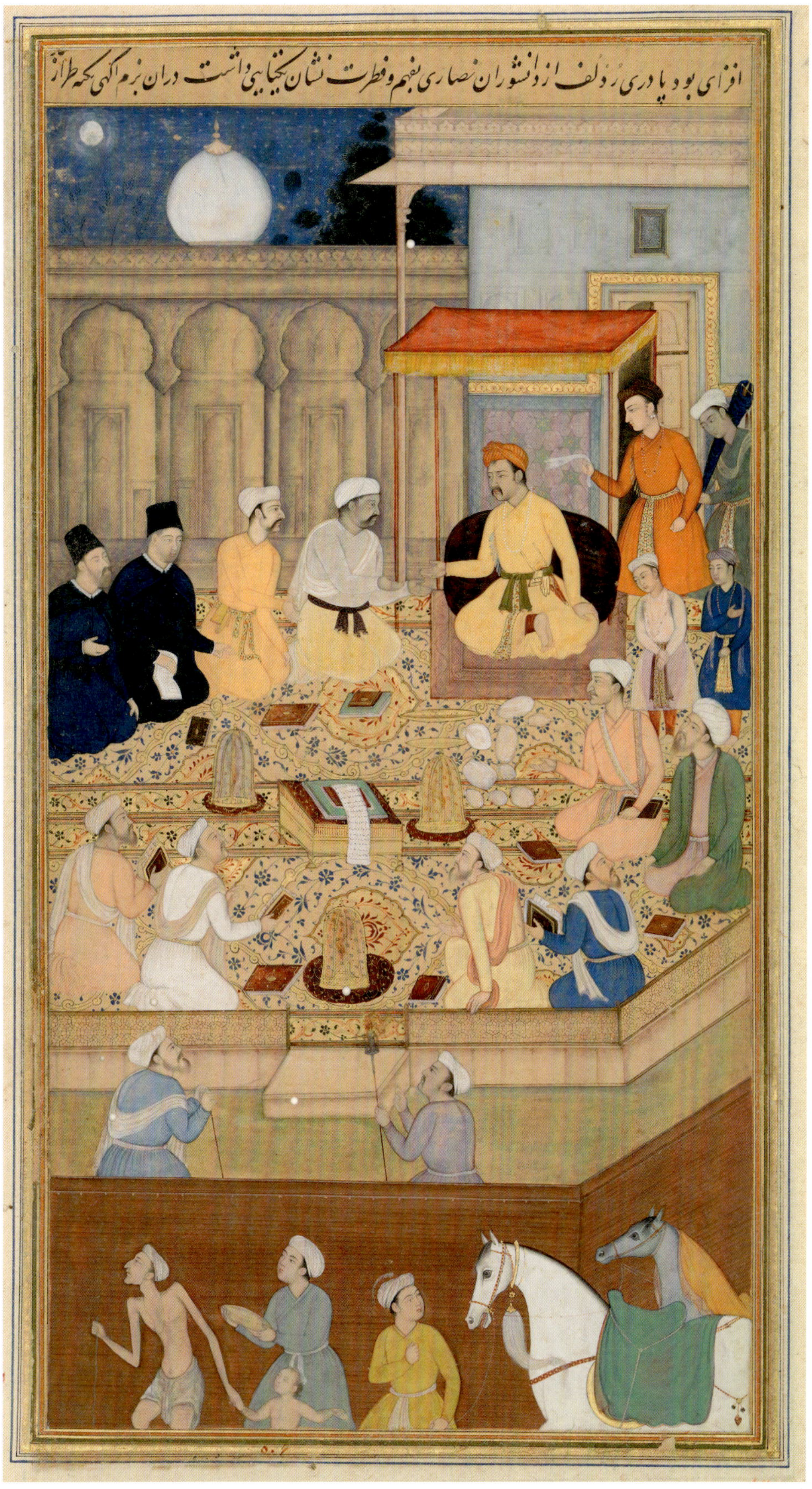


Zwei Jesuiten, Kaiser Akbar und die Religionsgespräche im ibādat khāna, Akbarnāma, um 1605, Chester Beatty Library, Dublin

Hintergrund stand Akbars *ibādat khāna*: Seit 1575 lud der Kaiser Gelehrte, Führer und Mystiker der verschiedenen Religionen seines Reiches zu Religionsgesprächen an seinen Hof, in denen Muslime mit Hindus, Zoroastriern und Jains nächtlich vor dem Kaiser diskutierten und sich dessen Fragen stellten. Den Jesuiten musste diese unerwartete Einladung nach Fatehpur Sikri als Gelegenheit erscheinen, eines der größten Reiche des Ostens zum Christentum zu bekehren.[40] Rodolfo Acquaviva (1550–1583) brach zusammen mit den Patres Antonio de Monserrate (gest. 1600) und Francesco Henriques nordwärts nach Fatehpur Sikri auf – in die Residenzstadt des Großmoguls im heutigen Uttar Pradesh.

Über die Begegnung der Jesuiten mit Akbar 1580 geben der „Commentarius" Monserrates und die Schilderung des französischen Jesuiten Pierre du Jarric (1566–1617) ausführlichen Bericht: Der Kaiser habe die Missionare mit Gesten großer Freundlichkeit empfangen. Bei einer ersten Privataudienz habe er sich in portugiesischen Gewändern gezeigt, auch sein Sohn Salim habe einen europäischen Hut auf dem Kopf getragen.[41] Gleich zum Auftakt übergaben die Jesuiten Akbar als Geschenk die Bibelpolyglotte Christopher Plantins, Antwerpen 1573, in der hebräische, griechische und chaldäische Textvarianten der biblischen Bücher nebeneinander standen. Akbar habe diese Bände geküsst und zum Zeichen der Wertschätzung über das Haupt erhoben.[42] Zwar verengten sich die Diskussionen mit den orthodox muslimischen Gelehrten bald schon auf bekannte begriffliche Antinomien – etwa die christliche Dreifaltigkeit Gottes gegenüber der koranischen *tauḥīd*-Formulierung. Dessen ungeachtet zeigte sich Akbar den christlichen Darlegungen und dem persönlichen Auftreten der Jesuiten gewogen. Für Staunen sorgte Akbars Ankündigung, Goa besuchen zu wollen. In der Osternacht 1580 habe sich Acquaviva Zugang zu Akbar erbeten, um ihm den Ostergruß zu übermitteln, worauf der Kaiser mit dem Jesuiten für lange Stunden über Christus gesprochen habe.[43] Am Ostermorgen habe sich der Kaiser vor Bildern Christi und Mariä niedergeworfen. Zudem gewährte Akbar den Jesuiten, in seiner Residenzstadt Agra eine Kapelle einzurichten; 1603 wurde der Bau einer katholischen Kirche in Agra ermöglicht.[44] Als der Mogul schließlich Pater Monserrate als Erzieher für einen seiner Söhne bestellte, schien die Bekehrung der kaiserlichen Familie, gar ein christliches Mogulreich in greifbare Nähe gerückt.[45]

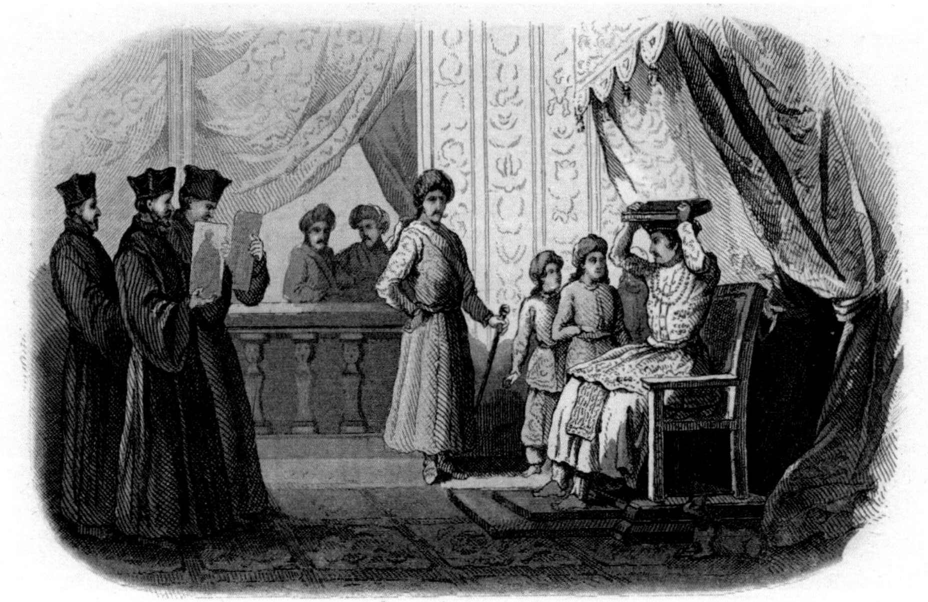

Jesuitenpatres vor dem Großmogul Akbar, um 1840, in: Henrion, Histoire générale des missions catholiques, Paris 1847, I, S. 159

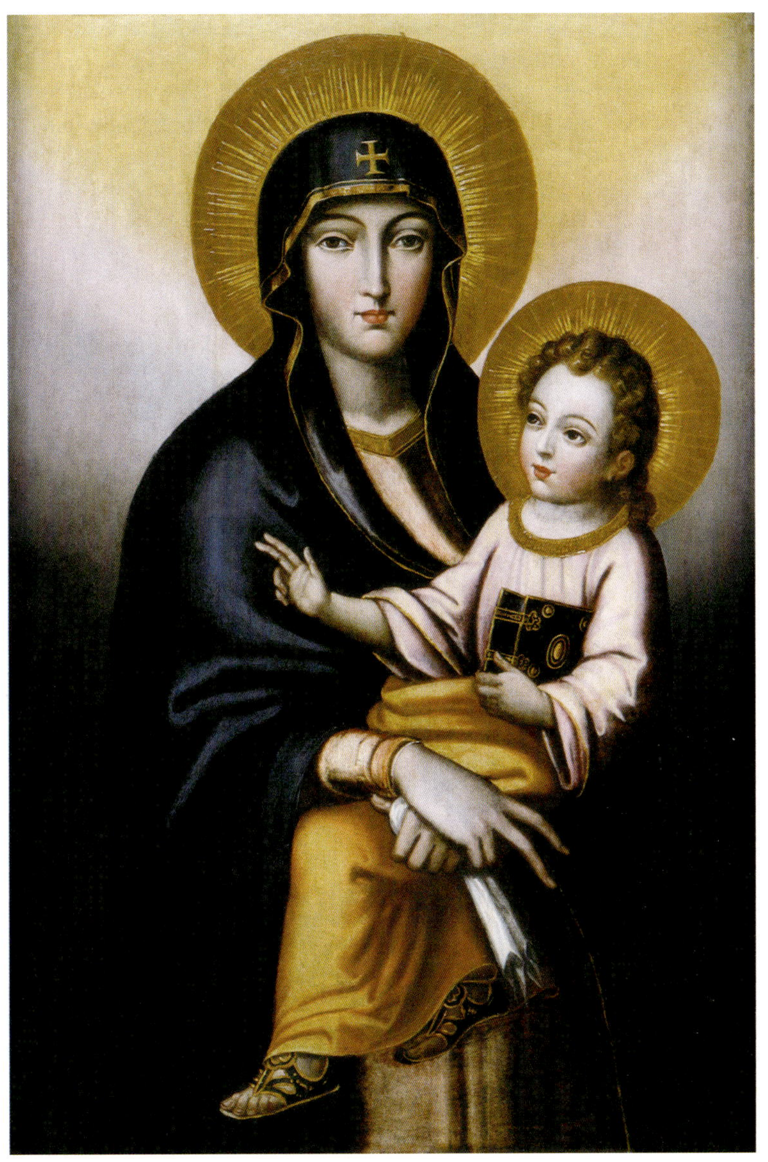

Salus Populi Romani, jesuitisch beauftragte Kopie des Gnadenbildes aus der römischen Basilika Santa Maria Maggiore, um 1590, Santa Casa da Misericórdia, Museu de São Roque, Lissabon

Besondere Bedeutung in der Begegnung der Jesuiten mit Akbar spielten die Bilder, die von den Jesuiten aus Europa mitgebracht worden waren. Der links gezeigte Druck um 1847 ist eine fiktive Rekonstruktion, bringt aber diese Dimension der Begegnung markant zum Ausdruck, indem er die drei Patres darstellt, wie sie mit vor sich erhobenen Bildern an den Kaiserthron treten. Eine Mogulminiatur von 1605 (S. 25) zeigt im *ibādat khāna* zwischen den Jesuiten und den muslimischen Gelehrten nur Bücher als Basis der Argumentationen. Es ist jedoch in den Quellen vielfach belegt, dass die Patres gerade auch Bilder in diese Begegnungen miteinbrachten und einen Christus oder eine Maria in der Glorie zeigten, wenn sie entsprechende Glaubensinhalte darlegten. Acquaviva, Monserrate und Henriques gehörten zu der Generation katholischer Geistlicher, der nach dem Konzil von Trient (1545–1563) neu bewusst wurde, wie sich in Bildern das geistige und das sinnliche Begreifen gegenseitig steigern konnten und welch großen Dienst diese der Glaubensvermittlung erwiesen.[46]

Dies schloss auch die geschickte liturgische Inszenierung von Bildern ein. 1599 kam eine Gemäldekopie der *Salus Populi Romani*, dem hochverehrten Marienbild aus Santa Maria Maggiore, Rom, in Agra an, welche die Jesuiten in Lissabon geordert hatten. In ihrer Kapelle stellten die Patres das Bild zu Weihnachten 1601 und zum Fest der Beschneidung Christi 1602 auf dem Altar aus. Zunächst wurde es der neugierigen Menge – ansässigen portugiesischen Christen, aber auch vielen muslimischen Angehörigen des Mogulhofes – nur verschleiert gezeigt, hinter einer Lage durchsichtigen Stoffs und einem darüber gelegten Seidentaft. Das verhüllte Bild wurde mit Kerzen umstellt und schließlich Lage um Lage enthüllt, wobei es stets zu beiden Seiten von Messdienern umgeben blieb. Das wollte *revelatio* sein im eigentlichen Sinn: Der lateinische Begriff für Offenbarung bedeutet immer auch ein „Wegtun des Schleiers". War das *velum* vom Bild fortgenommen, zeigte sich das entschleierte Antlitz Marias in huldvoller Frontalität. Bei muslimischen Betrachtern rief dieser Akt umso mehr Reaktion hervor, als der Islam eine hohe Sensibilität für solches „Heben von Schleiern" kultiviert hatte. Auch vermied die islamische Bildkunst in Darstellungen von Menschen streng das Frontal-Ikonische und Epiphanische, erst recht bei heiligen Gestalten, in denen der „Atem Gottes" war. Vor dem Hintergrund dieser Kultur des Sehens machte die jesuitische Bildliturgie auf muslimische Betrachter großen Eindruck.[47]

Auf den Moment der Entschleierung folgte eine Erklärung des Bildes mit Worten, wobei die Jesuiten auf einen reichen Fundus an Wunderberichten zurückgreifen konnten. Das Urbild der *Salus Populi Romani* galt als vom Evangelisten Lukas selbst gefertigt. Die Legende berichtete zudem, Papst Gregor der Große (Papst 590–604) habe mit dem in einer Prozession mitgeführten Bild die Pest abgewehrt, wobei der Erzengel Gabriel mit einem feurigen Schwert erschienen sei. Doch auch die Gegenwart bot Stoff zur Betrachtung: 1570 war auf der Überfahrt nach Brasilien das Schiff des Jesuitenmissionars Inácio de Azevedo (1526–1570) und seiner 39 Gefährten von hugenottischen Piraten überfallen worden. Mit einem Bilddruck der *Salus Populi Romani* in der Hand habe er seine Ordensbrüder im Angesicht des Todes aufgefordert, Gott zu danken, dass er sie berufen habe, seiner Liebe zu dienen. Schließlich, so berichteten Zeugen, sei er in das Meer geworfen worden und habe das Bild im Sterben unter seligem Ausdruck fest an sein Herz gedrückt.[48]

Der Kommentar zu den Wundern des Bildes und seine liturgisch inszenierte Enthüllung blieben nicht ohne Wirkung. Hohe islamische Gelehrte und Minister seien so bewegt worden, dass ein Offizier unter Tränen geäußert habe: „Was Böses findet denn Mohammed am Gebrauch und an der Verehrung von Bildern, wenn diese es so sehr vermögen, unsere Herzen zu verwandeln und zu trösten?"[49]

Akbar selbst habe das Gemälde für eine Nacht in seinen Palast bringen lassen, um es Frauen und Töchtern zu zeigen und ihnen von der „Vorzüglichkeit und Heiligkeit der heiligen Jungfrau" zu berichten.[50] Die Frauen hätten dem Bild „hohe Ehren erwiesen. Eine von ihnen, die zuvor gegen unseren Glauben besonders eingenommen war, änderte ihre Meinung über die christliche Religion gänzlich", so berichtete du Jarric.[51] Am nächsten Tag wurde das Bild zurück in die Kapelle gebracht, doch Akbar habe eine erneute Darbietung vor großer Menge verlangt. Um die Inszenierung zu steigern, habe der Mogul selbst dafür gesorgt, dass günstiges Licht auf das Gemälde falle. Auch hier war die Wirkung wie zuvor in der Jesuitenkapelle: „In dem Moment, da es den Blicken enthüllt wurde, verebbte, wie durch einen Zauber, alles Lärmen der Menge und die Menschen betrachteten das Bild in ungebrochenem Schweigen."[52]

Für Christusbilder sind ähnlich intensive Rezeptionen belegt – gerade bei Akbar. Als ihm eine Darstellung Christi übergeben wurde, „nahm der König das Portrait unseres Heilands mit großer Ehrfurcht in die Hände und bevor er es ablegte, küsste er es und hieß seine Kinder und viele anwesende Höflinge, es ihm gleich zu tun."[53]

Diese Anfänge waren vielversprechend. Zugleich aber erkannten die Jesuiten, dass ihnen das geistige Klima des Mogulhofes in vielem unklar blieb. Akbar räumte den Patres Privilegien ein und bereitete ihnen eine wirkungsvolle Bühne, doch das Gleiche gewährte er Hindu-Gelehrten ebenso wie Asketen des Jainismus und den

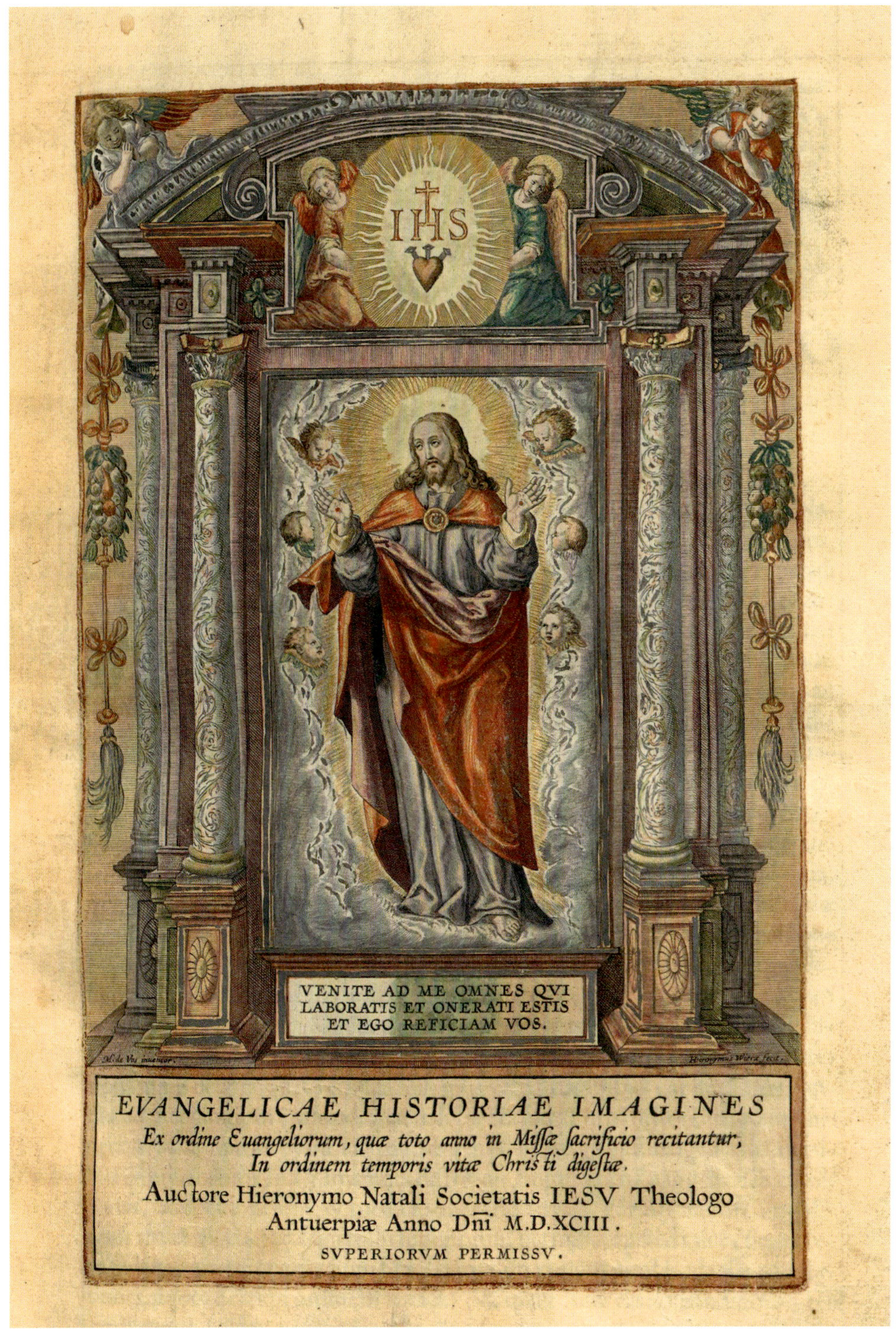


Christus in der Glorie, Frontispiz zu: Nadal, Adnotationes et Meditationes in Evangelia, Antwerpen 1595

jeweiligen Symbolen ihres Glaubens. Auch wenn der Kaiser die Religionsvertreter anspornte, in der agonalen Konstellation des *ibādat khāna* ihr „Bestes“, die Essenz der von ihnen verwahrten Offenbarung zu zeigen, würde er dennoch kaum einem Glauben den alleinigen Vorrang zusprechen und dadurch andere heilige Bücher als Irrtum verwerfen. Stattdessen fiel Akbars Toleranz auf, seine Faszination für Gemeinsamkeiten und Verbindendes. Du Jarric berichtet über einen Besuch des Kaisers in der Kapelle von Agra. Dieser sei „unbegleitet von seinen Wachen eingetreten und habe seinen Turban vom Haupt genommen. Dann fiel er auf die Knie und betete, zuerst in unserer [d.h. christlichen] Weise, dann nach Weise der Sarazenen von Persien [d.h. muslimisch] und schließlich so wie es die Heiden [d.h. Hindus] tun. ‚Gott' so sagte er, als er sich von seiner Andacht erhob, ‚sollte mit allen Formen der Anbetung angebetet werden.'"[54]

Diese Szene prägte sich den Jesuiten ein – nachvollziehen konnten sie sie nicht: Es blieb schwierig abzuschätzen, was Akbar in europäischen Darstellungen des Christus der Glorie und in den lichtumstrahlten Heiligen der katholisch-gegenreformatorischen Kunst erkannte. Ebenso unklar war der ideelle Hintergrund dieses synkretistischen Elans: Warum betete Akbar das, was er in dem christlichen Bild eindrücklich gespiegelt fand, nicht entweder christlich oder muslimisch, sondern zugleich christlich, muslimisch und hinduistisch an?

## Ṣulḥ-i-kul: Interreligiöse Entgrenzung und Heilsutopie im Mogulislam

Akbar hatte an seinem Hof und in seinem Reich einen stark mystisch angelegten Islam gefördert. Besondere Förderung genoss der *dargah* von Ajmer in Rajasthan. Dies war das Grab des Sufi-Shaikhs Chishtī Muʿīn al-Dīn (1142–1236), der den in Indien einflussreichen mystischen Chishtī-Orden gegründet hatte. Zwischen 1562 und 1579 pilgerte Akbar fast jährlich nach Ajmer, um den Heiligen und sein sufisches Vermächtnis zu ehren und bis in die Nacht den Tänzen und Gebeten der Mystiker beizuwohnen.[55] Die hier gezeigte Miniatur, entstanden um 1660, zeigt eine Versammlung der Mystiker im *dargah* von Ajmer. In der Mitte vollziehen Einzelne zum Schlag des Tamburins den *ḏikr*: Bei dieser Versenkung in die Namen Gottes unter gleichzeitigem Drehtanz geraten sie in Verzückung und stürzen zu Boden. Diese und andere Praktiken des Sufismus zielten darauf, vom *ẓāhir*, der kalten Schale religiöser Begriffe und Regeln, zur Tiefenerfahrung des göttlichen Geheimnisses, zum *bāṭin*, zu gelangen. Von seinem radikalen Primat der Erfahrung her war der Sufismus ein wichtiger Faktor interreligiöser Öffnung: Der Entgrenzung des Menschlichen auf das Göttliche entsprach eine Bereitschaft, auch das, was die religiösen Systeme untereinander trennte, klein zu empfinden gegenüber dem Absoluten, dem sufischen Ausruf *Allāhu*, „Gott ist!".[56]

Der Sufismus brachte eigene Lehrsysteme hervor. Bedeutenden Einfluss auf den persischen Islam erlangte der aus Andalusien stammende Sufiker und Philosoph Ibn ʿArabi (1165–1240). Er unterschied zwischen dem beschränkten, „endlichen Gott der Religionen" und dem absoluten, „unendlichen Gott der Mystiker".[57] Ein wichtiger Ausgangspunkt für die geistige Entwicklung der Mogulkultur wurde die Denkfigur vom *al-insān al-kāmil*.[58] Mit diesem von Ibn ʿArabi beschriebenen „vollkommenen Menschen" erreichten die mystischen Anlagen, die Gott seinen Geschöpfen schenke, das Ziel: In Läuterung, Wissen und Erleuchtung wurde der *al-insān al-kāmil* zur Spiegelfläche für das Sein Gottes, in ihm würden Himmel und Erde durchlässig und gerieten in ein perfektes Equilibrium.[59] Seine göttlich-menschliche Aura weise auch anderen Menschen den Weg zur Rückbeziehung auf Gott.[60] Diese Konzeption hatte ein starkes interreligiöses Potenzial: War für Ibn ʿArabi der Prophet Mohammed die Verwirklichung des „vollkommenen Menschen", so war das Prinzip des *al-insān al-kāmil* selbst ein dynamisches, dessen Manifestation in Kulturen und Zeiten ebenso unerschöpflich strömte wie der Gott der Mystiker sich der menschlichen Seele zuwandte.

Dem Mogulkaiser Akbar bot Ibn ʿArabis „vollkommener Mensch" willkommenes Rüstzeug: Über einen engeren Gesetzesislam hinaus konnte es helfen, die religiöse Pluralität des Mogulreiches zu bewältigen und sich die großen Gestalten und Ideen anderer Religionen auf gemeinsame, verbindende Aussagen zu erschließen.[61] Wenn

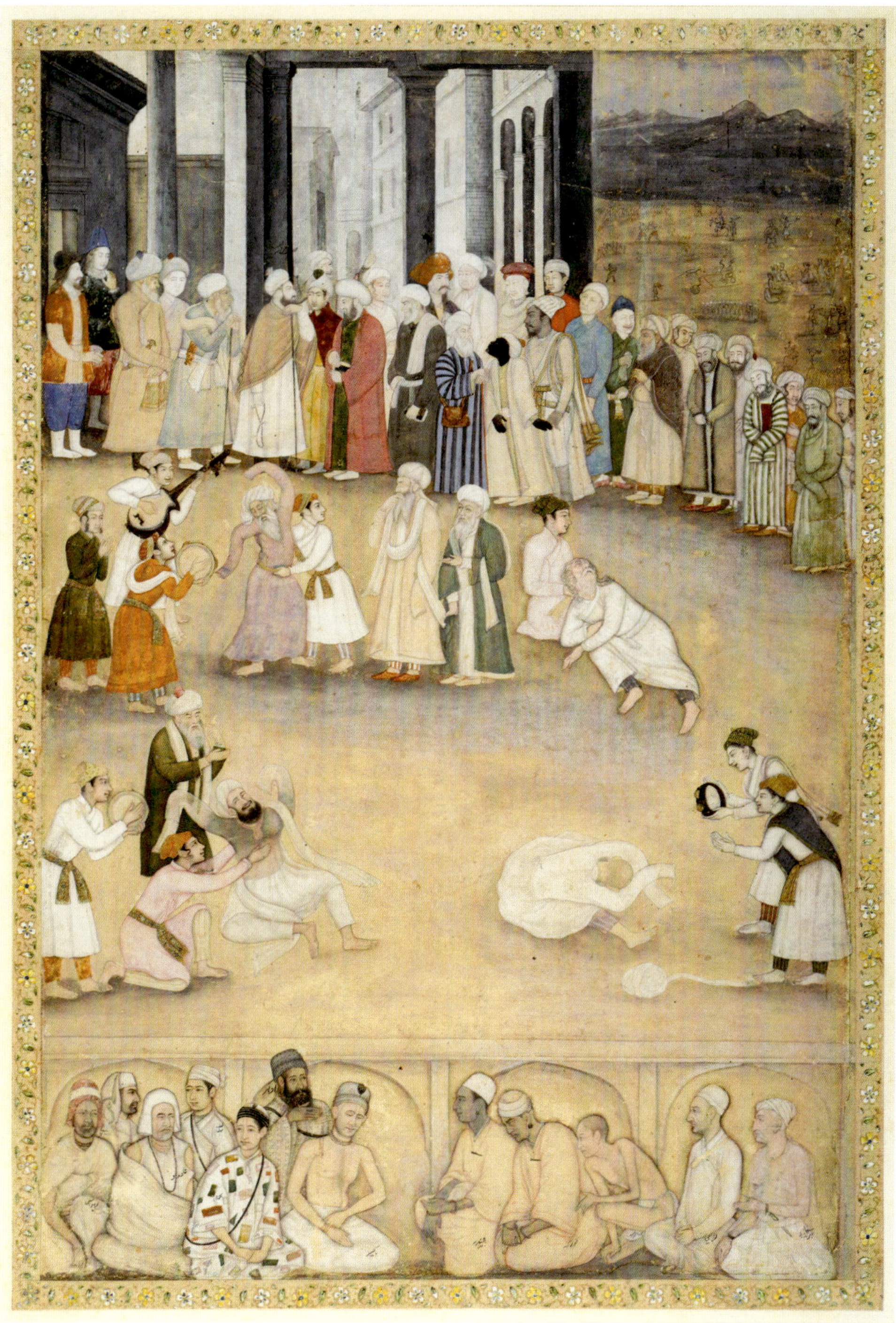

Sufis am Dargah von Ajmer, in der hinteren Reihe zwei Europäer, um 1660, Victoria & Albert Museum, London

Akbar hinduistische Asketen und Spirituelle, wie sie die hier abgebildete Ajmer-Miniatur im Vordergrund versammelt zeigt, als „Große vor Gott" bezeichnete, war dies eine Anwendung der Idee des *al-insān al-kāmil* über den Rahmen abrahamitischer Buchreligionen hinaus.[62]

Der Mogulhof ging während der 1580er-Jahre dazu über, die diversen Spuren und Symbole des heiligen Menschen in den verschiedenen Religionen nicht nur zu sammeln, sondern den Kaiser selbst als Verwirklichung des *al-insān al-kāmil* zu inszenieren.[63] Früh fiel den Jesuiten auf, dass sich Akbar als mystisch inspirierter Führer von gottgleichem Glanz verstand: „Viele haben die Meinung, Akbar werde eine neue Religion gründen. Es ist tatsächlich mehr oder weniger offensichtlich, dass er ein starkes Verlangen danach hat, als Gott verstanden und verehrt zu werden."[64]

Diese Einschätzung hatte besonders ein neues Hofritual, das *jharokha-i-darshan*, im Blick, das Akbar praktizierte: Jeden Morgen präsentierte sich der Kaiser zum Sonnenaufgang an einem erhöhten, nach Osten gerichteten Fenster des Palastes. Der Kaiser wurde hier auf seinem Thronbalkon in prachtvollem Ornat sichtbar und grüßte die Morgensonne, während er selbst in ihrem Licht erstrahlte und die Lobpreisungen seiner Untertanen empfing: Sonne und Herrscher gaben sich als Emanation des einen göttlichen Lichtes zu erkennen.[65] Akbars Gebetsgruß an die Morgensonne, *Sūrya Namaskāra*, war ebenso ein hinduistisches Ritual wie das *darśana*, das rituelle Sich-Zeigen einer Gottheit bzw. ihres Bildes vor den Augen der Gläubigen.[66]

Dass sich der muslimische Kaiser hinduistischer *darśana*-Rituale bediente, musste Kritikern als hybride Selbstvergottung erscheinen – so verstanden es sowohl christliche Missionare als auch die *ulamā*, die orthodox islamische Religionspartei. Zugleich aber waren diese synkretistischen Gesten ebenso wie das oben geschilderte Gebet des Kaisers in der Jesuitenkapelle, bei dem er muslimische, hinduistische und christliche Haltungen verband, Ausdruck der politischen Konzeption des *ṣulḥ-i-kul*, des universellen Friedens zwischen den Religionen.[67] Akbar wandte sich von einem streng zwischen Gläubigen und Ungläubigen unterscheidenden Islam ab und dem Gedanken zu, dass allen Religionen ein Recht zustand, ihre Rituale und Wege zu Gott zu praktizieren. Hiermit suchte der Kaiser ein integratives Zeichensystem zu verwirklichen, das es ermöglichte, insbesondere die hinduistische Mehrheit in die sakrale Legitimation der Dynastie einzubeziehen.

Im engsten Hofkreis verdichtete sich diese interreligiös begründete Sakralität des Herrschertums im *dīn-i ilāhī*. Diese von Akbar 1581 initiierte „Religion des Einen Gottes" nahm Elemente aus Hinduismus und Islam ebenso auf wie aus der vorislamisch altpersischen Religion. Die elitäre Hofreligion feierte Akbar als erleuchteten Philosophen-König und als Emanation des *farr-ī īzadī*, des göttlichen Lichtes.[68] Dies verband sich mit einer Ordnungsstruktur des Sufismus – der Beziehung des an den göttlichen Geheimnissen teilhabenden Meisters, *pir*, zu seinen Jüngern und Schülern, *murids*. Nur ausgewählte Höflinge und Spitzenbeamte des Reiches wurden in den *dīn-i ilāhī* aufgenommen, um als *murids* in ein esoterisch begründetes Loyalitätsverhältnis gegenüber Akbar als dem *pir* einzutreten.[69] Ethisch verpflichteten sich die Mitglieder auf Keuschheit, großzügige Almosenspenden und innere Askese – das Aufgeben von Egoismus und Starrsinn.[70] Für den Geburtsmonat wurde auf Fleisch und Alkohol verzichtet. Rituell waren Übernahmen aus dem Hinduismus von Bedeutung, etwa die viermal täglich vollzogene Verehrung der Sonne, die wie der Kaiser selbst als Emanation des göttlichen Lichtes gedeutet wurde. Zum Mittag wurden im Auftrag Akbars 1001 Sanskritnamen für die Sonne rezitiert.[71]

Im Hintergrund der Friedensidee *ṣulḥ-i-kul* als auch des *dīn-i ilāhī*-Synkretismus stand der bevorstehende erste Jahrtausendwechsel islamischer Zeitrechnung: 1581 jährte sich die Hidschra, die Auswanderung des Propheten Mohammed von Mekka nach Medina, zum 989. Mal, was am Mogulhof als Anbruch einer Heilszeit gewertet wurde.[72] Der Hagiograf Abu 'l-Fazl (1551–1602) kreierte für Akbar den Titel *Ṣāḥib al-Zamān*, „Herr des Höhepunkts der Zeiten", und deutete ihn als den „vollkommenen Menschen", nach dem die mystischen Schulen des Islam seit Ibn ʿArabi gesucht hatten.[73]

Das Experiment des *dīn-i ilāhī* weckte Einspruch von Seiten der orthodoxen Gelehrten: Der Hofhistoriker Ba'dauni warf Akbar 1595 in seinem *Muntakhab-ut-Tawarikh* vor, den Islam verraten zu haben und die koranische Offenbarung durch eine häretische Elitenreligion ersetzen zu wollen.[74] Akbars Herrschaft war zu diesem

Zeitpunkt bereits so stark, dass sie diese Opposition aushalten konnte, doch wurde der *dīn-i ilāhī* nach dem Tod des Moguls fallen gelassen. Unter seinen Nachfolgern Jahangir und Jahan wurde die Konzeption eines göttlich erleuchteten, millenaristischen Herrschertums jedoch weiterentwickelt. Sie drückte sich in monumentaler Architektur wie dem Taj-Mausoleum ebenso aus wie in den höfischen Bildkünsten.[75]

Für die Verklärung des Herrschers als *al-insān al-kāmil* bot zudem die christliche Ikonografie wichtige Anhaltspunkte. So zeigt es eine Darstellung des Moguls Jahangir, die nach der Vorlage eines Salvator Mundi des Stechers Hendrick Goltzius gefertigt wurde (Kat. Nr. 1 und 11) und den Herrscher im Strahlenkranz sowie mit erhobener Sphaira als Symbol für die Herrschaft über die Welt zeigt. Von Mogul Jahan, dem Erbauer des Taj Mahal, entstand ein Porträt, das den Kaiser unter dem Gottvater der christlichen Ikonografie zeigt, von dem sich ein Lineament von Lichtstrahlen auf das kaiserliche Haupt ergießt.[76]

Christliche Bilder konnten in diesem Kontext einen wichtigen Beitrag zu einer mogulischen Bildkultur leisten, in der Gestalt und Antlitz des Herrschers mit Transzendenzbezügen umgeben wurden. Die islamische Bildkunst verfügte über ein hochentwickeltes Zeichenrepertoire, Heiligkeit im Menschen indirekt, durch Verhüllung und Chiffrierung, anzuzeigen. Anders die christliche Kunst. Von ihrer Grundbedingung her war sie darauf ausgerichtet, in Jesus Christus explizit den „wahren Gott und wahren Menschen“ zu enthüllen und das Ereignis der Menschwerdung Gottes über das Medium Bild verständlich zu machen. Diese Kompetenz christlicher Bilder hatte sich von den ersten Christusikonen (Konstantinopel, 6. Jahrhundert) bis zu Raffaels „Verklärung Christi“ (Rom 1510) kontinuierlich weiterentwickelt. Eine Steigerung bot nach dem Konzil von Trient (1545–1563) die Bildkunst der Katholischen Reform in den Bildern, wie sie um 1600 am Mogulhof zirkulierten – etwa Jerónimo Nadals „Adnotationes in Evangelia“, 1593 (Abb. S. 29) oder Goltzius' „Salvator Mundi“. Solche Bilder machten starken Eindruck auf eine Kultur, die einerseits explizit epiphanische Dimensionen von Bildern mit einem Sehtabu belegt hatte, andererseits intensiv über die Koordinate *al-insān al-kāmil* nachdachte.

Noch unter Mogul Aurangzeb (reg. 1658–1707) fanden Bilder der Katholischen Reform ein prominentes Echo im Herrscherporträt. Das göttliche Licht, das sich in der Vollkommenheit des Kaisers reflektierte und emanierte, wurde im Rückgriff auf jesuitische Bilder zum Ausdruck gebracht. So zeigt es ein Miniaturbildnis Kaiser Aurangzebs aus den 1660er-Jahren (S. 34): Die Hintergrundarchitektur mit klassisch europäischem Gebälk und der himmlische Lichtkorridor greifen eine Antwerpener Darstellung des seligen Jesuitennovizen Jan Berchmans (1599–1621) auf. Die jesuitischen Ikonografen zeigten Berchmans unter dem Gnadenlicht des offenem Himmels und vor der in einer Hintergrundnische platzierten Statue der Jungfrau Maria. Auch diese Nischenrahmung schaffte es in das Mogulbild, das Marienbild blieb jedoch außen vor. Hierin spiegelt sich bereits ein signifikanter Wandel: Aurangzeb wandte sich vom synkretistischen und interreligiösen Erbe der Akbar-Zeit ab. Er beschnitt die Autonomie seiner hinduistischen Untertanen und betrieb eine zunehmend am Gesetzesislam orientierte Reichspolitik. Bilder von christlichen Heiligen am Thron des Herrschers oder die Feier christlicher Marienbilder in Gegenwart des Mogulhofes waren ab 1660 nicht mehr denkbar: Die Marien-Nische hinter Aurangzeb blieb leer.

Auch wenn Aurangzeb die messianisch-millenaristische Gestik behutsamer handhabte als seine Vorgänger, legte er sich einen Titel zu wie *Aftab-i Alamtab*, „die welterleuchtende Sonne“.[77] Sein hier gezeigtes frühes Herrschaftsporträt ist noch deutlich dem Gedanken der Akbar-Zeit verpflichtet, der Mogul sei als geistlicher und weltlicher Führer legitimiert, weil er ein Equilibrium zwischen Göttlichem und Menschlichem verwirkliche. Das Marienbildnis der jesuitischen Grafik wurde auch deswegen aus dem Herrscherbild getilgt, weil es den visuellen Transport dieser Idee gestört und die entscheidende Lichtachse im Bild blockiert hätte: Der Kaiser selbst

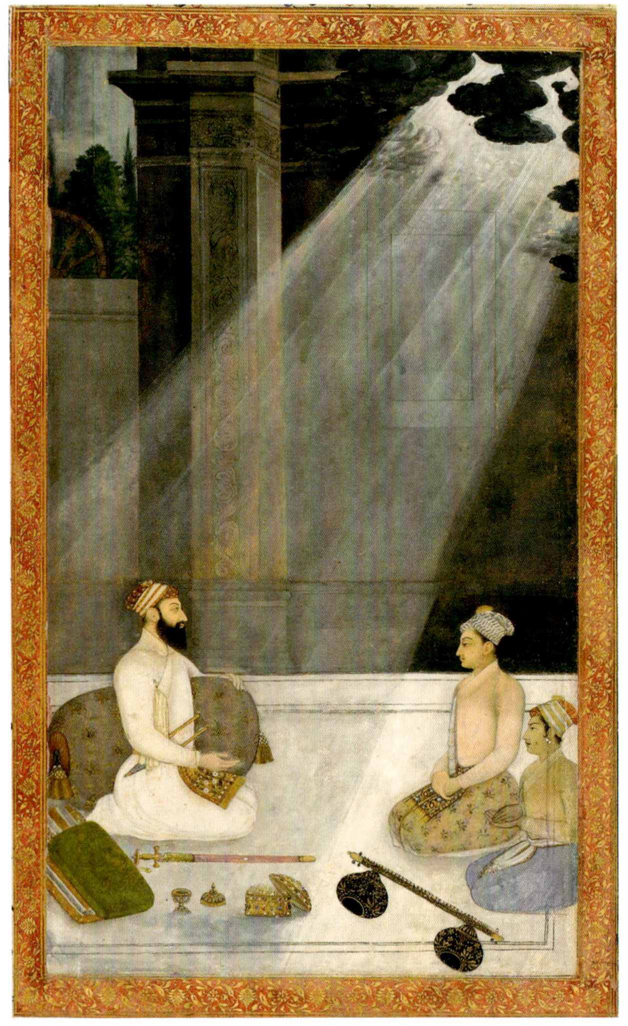

Aurangzeb, St.-Petersburg-Album, um 1660, Freer Gallery of Art and Arthur M. Sackler Gallery, Smithsonian, Washington D.C.

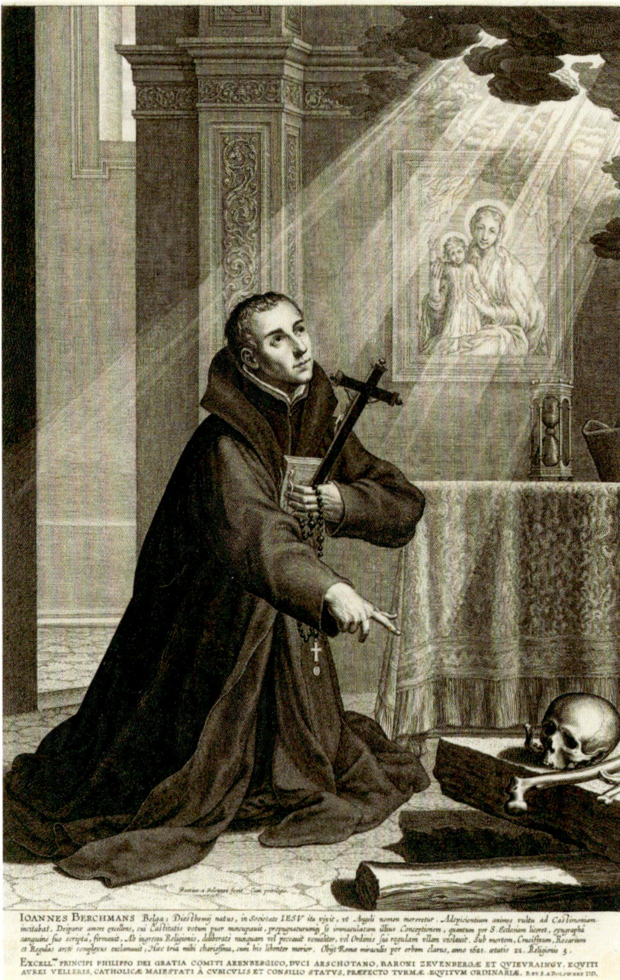

Jan Berchmans, Kupferstich, Antwerpen, um 1650, Herzog Anton Ulrich-Museum Braunschweig

war die vorrangige Reflexionsfläche göttlichen Lichtes und dessen gestalthafter Spiegel in der Menschenwelt.

## Tīrtha: Hinduistische Kultstätten in muslimischen Perspektiven

Die Annäherung zwischen Islam und Hinduismus, wie sie Akbars Regierung einzuleiten suchte, war für den indischen Subkontinent keine Selbstverständlichkeit. Denn am Anfang dieser Beziehung stand Gewalt: Seit dem 11. Jahrhundert hatte die Verurteilung des „Götzenkultes" muslimischen Invasoren Anlass gegeben, in dramatischem Ausmaß Tempel zu zerstören und das Indien überziehende Netzwerk hochverehrter *tīrtha*, heiliger Orte, die als Furt und Übergang zwischen Himmel und Erde angesehen werden, zu verwüsten.

Unvergessen blieb den Hindus der Überfall auf den heiligsten Tempel Nordwestindiens, das Shiva-Heiligtum von Somnath, im Jahr 1025 durch den afghanischen Eroberer Mahmud von Ghazni (971–1030). Somnath stand in der Hierarchie der *tīrtha* weit oben. Zeitgenössische Chronisten berichten, dass 50.000 Hindus fielen, bis die Verteidigung schließlich einbrach und Mahmud selbst mit einer Keule den Lingam, das phallische Symbol Shivas, demolieren konnte, bevor dieser mit Öl und Feuer gesprengt wurde.[78] Hierfür wurden Mahmud hohe Ehrentitel durch den Kalifen in Bagdad verliehen.[79] Die zerborstenen Stücke des Lingam kamen in die Moschee von Ghazni, wo sie zur fortgesetzten Entweihung in die Treppenstufen eingemauert wurden.[80] Andere Teile wurden nach Mekka, Medina und Bagdad gesandt und ebenso vermauert. Somnath war der Höhepunkt einer Reihe von 17 Plünderungszügen, bei denen Mahmud sogar in die heilige Stadt Varanasi vordrang. Symbolstarke Zerstörungen dieser Art konnten von muslimischen Herrschern bis ins 18. Jahrhundert immer wieder verordnet werden. Legitimationen waren leicht zu konstruieren: Viele islamische Religionsgelehrte verstanden den Hinduismus als potenzierte Summe von Freveln, die der Koran verwarf: Götzendienst und Vielgötterei.[81] Auch das hinduistische Kastenwesen mit seiner Hochstellung der Brahmanen widersprach dem islamischen Sozialprinzip der *umma*, der Gleichheit aller Gläubigen vor Gott und ihrer Verbrüderung untereinander. Das Potenzial zu Polarisierung und scharfer Segregation war somit gegeben.

Im Fall Somnaths folgte auf die reale Verwüstung die literarische Verfemung: Der persische Reisende und Dichter Saʿdī (1210–1292) besuchte um die Mitte des 13. Jahrhunderts Somnath und den Shiva-Kult, der sich über den Trümmern des alten Tempels erneut etabliert hatte. Sein Unbehagen drückte Saʿdī in einer Passage seiner Dichtung *Būstān* aus, zu der um 1605 in Nordindien die umseitig gezeigte Miniatur entstand.[82] Saʿdī beobachtete, wie die Hindus zum Gebet kämen, ohne sich zu waschen. Auch zeigte sich Saʿdī abgestoßen davon, dass auf dem Höhepunkt des Rituals ein Bild des Gottes gezeigt werde und hierbei Hörner dröhnten und die Hindus laut schrien. Zudem zeigten die Priester einen Götzen, der sich zu bewegen schien. Saʿdī entdeckte, dass diese Täuschung auf eine Hebemaschinerie zurückging. Verächtlich wandte er sich von dem „Lügentempel" ab, um nach Mekka aufzubrechen, zur Kaa'ba, an den Schrein des Einen, der allein die „Geheimnisse weiß".[83] Das religionsgeschichtliche Moment ist deutlich: Die eigene religiöse Identität wird in der Abgrenzung, in der Verwerfung des Anderen umso intensiver erfahren. So erging es Saʿdī, den die Eigenart der abrahamitischen Offenbarung tiefer erfasste, je mehr ihn das fremdartige *tīrtha* der Inder abstieß.

Während Saʿdī seinen *Būstān* um 1257 verfasste, war das muslimische Sultanat von Delhi bereits die beherrschende Macht Nordwestindiens geworden. Nur im Osten und Süden des Subkontinents blühte die Tempelkultur des indischen Mittelalters fort: In Orissa errichteten die Ganga-Könige die Tempelkomplexe von Puri (ab 1130) und Konark (bis 1264), die zu den großen Leistungen indischer Sakralarchitektur zählen. Mit seinem 65 Meter hohen Vimana-Turm und der wehenden Vishnu-Flagge wurde besonders der dem Gott Jagannatha geweihte Tempelkomplex von Puri zum symbolträchtigen Angriffsziel (Abb. S. 37). Firuz Shah Tughluq (reg. 1351–1388), Sultan von Delhi, zog 1360 gegen Puri. Zurück in Delhi rief er sich als „König des Islam" aus und proklamierte die Zerstörung des Tempels, die jedoch nicht erfolgt war, für sich. Erst 1568 gelang es dem afghanischen Sultan von Bengalen, den Tempel zu erobern, zu entweihen und die hochverehrten Holzbildnisse, die im Zentrum des Kultes standen, zu zerstören.[84]

Diese Vorgänge beschreiben das Verhältnis des Islam zum Hinduismus jedoch nur einseitig. Bereits im 13. Jahrhundert hatte der persische Dichter und Indienreisende Amir Khusrau Dihlavi (1253–1325) in seinem *Khamsa* berichtet, wie ein Mekkapilger auf einen Brahmanen getroffen sei, der zu einem Hindu-*tīrtha* pilgerte und sich auf seinem Weg Meter um Meter auf den Boden niederwarf. Der Muslim sei von dieser Hingabe so berührt gewesen, dass er sich seinerseits die Schuhe ausgezogen und die Hadj nach Mekka barfüßig fortgesetzt habe.

Dieser und viele andere Berichte zeugen davon, wie sich in Indien vom 13. bis ins frühe 16. Jahrhundert den potenziellen Antinomien zum Trotz auch ein fruchtbarer

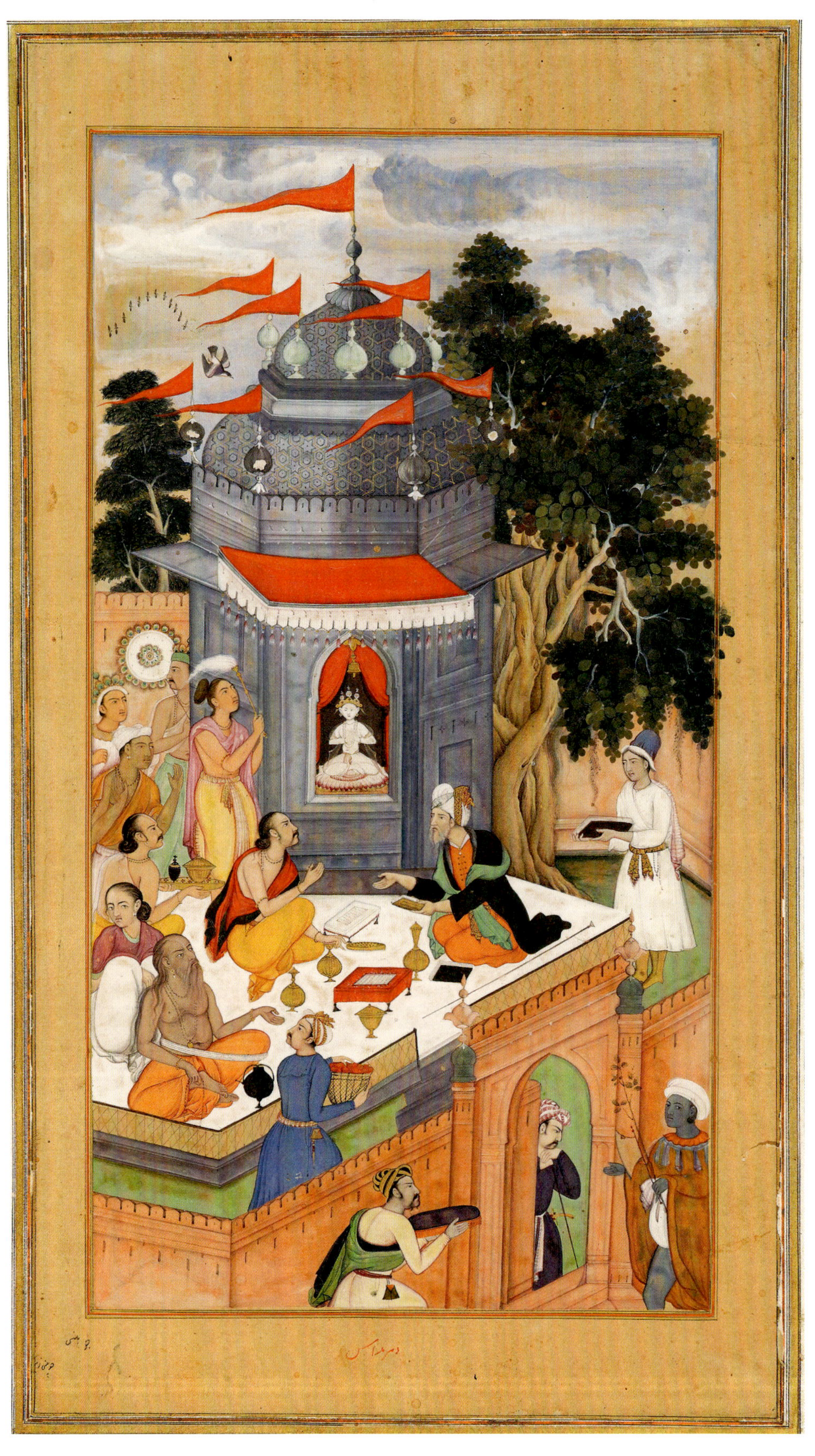

Sa'dī im Tempel von Somnath, um 1605, Collection of Prince Sadruddin Aga Khan, Aga Khan Museum, Toronto

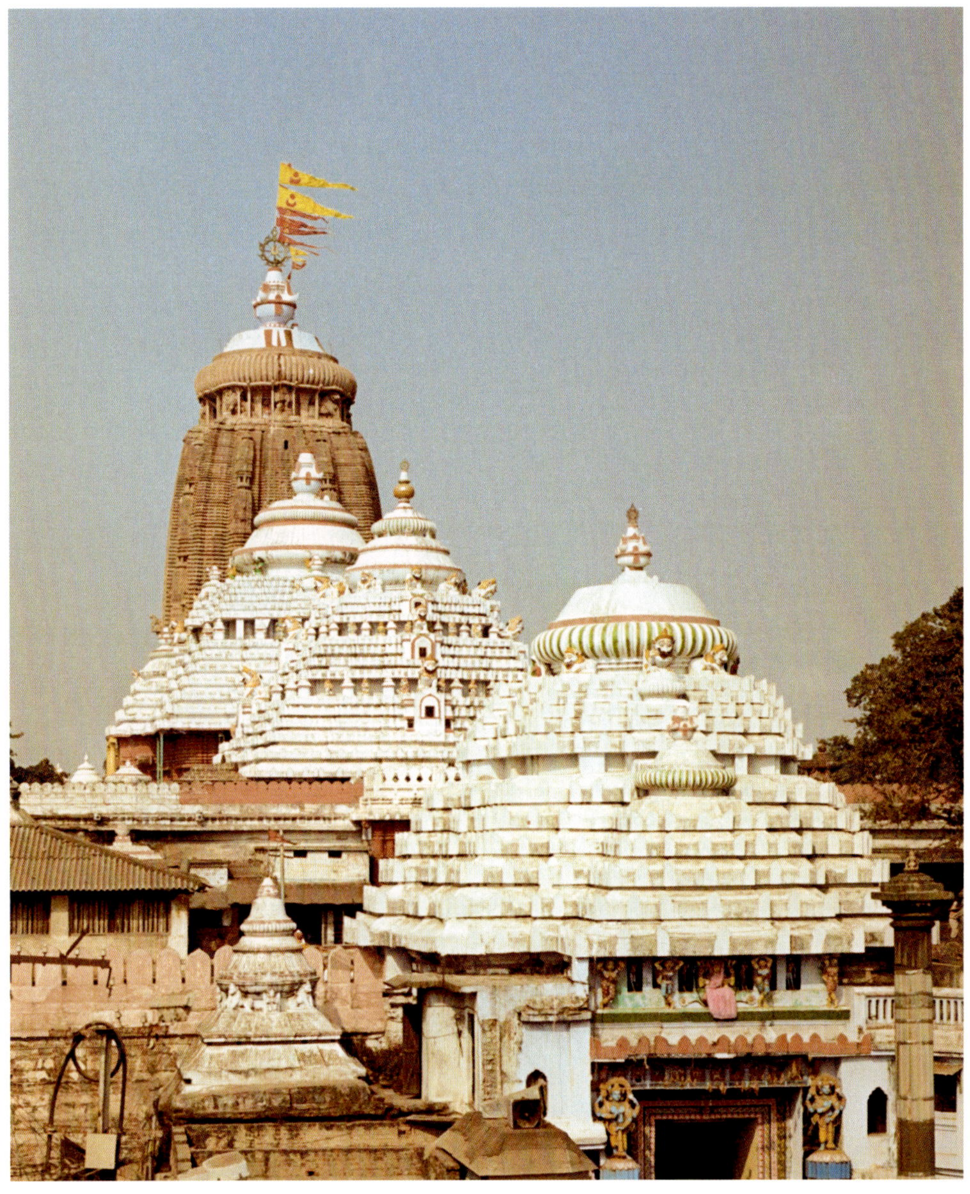

Vimana, Heiligtum und Vorhallen des Jagannatha-Tempels, 1130–1170, Puri, Orissa

Austausch etablierte. Dieser Prozess wurde vor allem vom Sufismus, den mystisch-asketischen Orden und den Wanderasketen des Islam getragen, die aufgrund der gemeinsamen Antriebe in intensiven Austausch mit hinduistischen Asketen und Yogis traten.[85] Auch genossen bereits im 14. Jahrhundert hinduistische Geistliche hohes Ansehen am Hof des Sultanats von Delhi.[86] Erst mit den Moguln erreichte dieser Dialog die höchste Herrschaftsebene. Um ihre Untertanen besser zu verstehen, zogen die Kaiser Babur (reg. 1526–1530) und Akbar selbst zu bedeutenden *tīrtha*-Plätzen. Beide besuchten Gor Khatri, ein Höhlenheiligtum des Kanpatha-Ordens bei Peshawar.[87] Das *Akbarnāma* enthält einen anschaulichen Bericht über diesen Besuch. Akbar habe sich in ein Labyrinth dunkler, unterirdischer Gänge begeben, bis er schließlich das zentrale Sanktuar erreichte. Aufschlussreich ist, dass der als offizielle Vita des muslimischen Kaisers verfasste Text dieses hinduistische *tīrtha* eine Stätte der „Heiligen aus alter Zeit" nennt.[88]

Diese neuen Signale aus Agra wirkten sich bis nach Puri, also über das eigentliche Mogulreich hinaus, aus. Erst 1568 war hier eines der wichtigsten vishnuitischen *tīrtha* unter einer vermeintlich „islamischen“ Legitimation entweiht worden. Dass der Jagannatha-Kult und das berühmte Wallfahrtsfest der Rath Yatra in den 1570er-Jahren wieder aufgenommen werden konnten, wäre ohne Akbars Bewilligung nicht möglich gewesen. Im Hintergrund standen auch politische Erwägungen: Der Mogul brauchte ein loyales Hindu-Königtum als Gegengewicht gegen das mächtig gewordene Sultanat von Golkonda im Süden. In Orissa aber war das Hindu-Königtum ohne die sakrale Legitimation des Jagannatha-Kultes nicht möglich.[89] Weitere Maßnahmen der Integration der hinduistischen Eliten in die Mogulherrschaft sind bemerkenswert: Akbar besetzte hohe Posten mit Hindus und gewann so die hinduistischen Fürstenfamilien als loyale Partner und Teilhaber seines Reiches. Des Weiteren öffnete sich die Hofkultur für hindureligiöse Praktiken und Rituale: Das Tragen hinduistischer Trachten und Zeichen am Hof wurde erlaubt; Akbar feierte das Holifest, die vielleicht bedeutendste und emotionalste religiöse Festlichkeit seiner Hindu-Untertanen.

Der Mogulkaiser suchte auch nach neuen geistigen, theologischen Berührungspunkten. In Fatehpur Sikri richtete der Kaiser ein Übersetzungsatelier, das *kitāb-khana* ein, in dem die großen Epen des Hinduismus – neben dem *Rāmāyaṇa* auch das *Mahābhārata* und das *Harivaṃśa* – ins Persische übersetzt wurden.[90] Bemerkenswert für Akbars Vorhaben, gemeinsame Werte von Gotteslehre und Ethos in beiden Religionen zu finden, ist die Weisung, heilige Schriften des Hinduismus mit dem feierlichen Eröffnungswort der Koranrezitation, dem „Bismillah“, einzuleiten. Hiermit war etwa das *Rāmāyaṇa* um den göttlichen Helden Rama als eine Sendung „im Namen Gottes, des Barmherzigen, des Allerbarmers“ anerkannt.[91]

Besonders zu erwähnen ist die Förderung der hinduistischen *tīrtha*-Kultur in der Landschaft von Mathura, dem Geburtsland Krishnas. Von Puri aus hatte der vishnuitische Heilige Caitanya um 1500 in mystischen Visionen die Seligkeit ausgemalt, die dieses „Heilige Land“ den Gläubigen verhieße, und seine Anhänger angewiesen, dorthin zu ziehen. Mathura lag im Herzen des Mogulreiches, unweit von der Residenz Agra. Akbar entschied, diese Neubegründung eines hinduistischen „Heiligen Landes“ in Nachbarschaft seiner Residenzen zu fördern, und unterstützte die Errichtung von Tempeln, Schreinen und Badeghats. Dies war eine für Nordindien und den Hinduismus fundamentale Entscheidung: Die alte, seit Mahmud von Ghazni in zahlreichen Zerstörungswellen aus dem Norden zurückgedrängte *tīrtha*-Kultur blühte an ihren Ursprungsstätten wieder auf.[92]

Während unter Akbars Nachfolgern Jahangir und Jahan die Politik der hindu-muslimischen Toleranz weitgehend fortgeführt wurde und mit Kronprinz Dara Shikoh (1615–1659) auch die theologische Annäherung zwischen beiden Religionen einen Höhepunkt erreichte, leitete Mogulkaiser Aurangzeb eine Wende ein. Er entzog hinduistischen Orden und *tīrtha*-Fahrten den kaiserlichen Schutz und veranlasste erneut die Zerstörung symbolträchtiger Heiligtümer. So wurde aus den Trümmern des Vishwanath-Tempels in Varanasi eine Moschee errichtet. In Mathura entstand dicht an der Geburtsstätte Krishnas eine Moschee mit hoch aufragenden Minaretten. Auch dieser Umschwung erreichte Puri: Der Mogul ließ aus dem Tempel eines der Gottesbilder zu sich bringen, bevor es später im Fort von Bijapur zerstört wurde.[93]

## Aśhrama: Muslimische Eliten und Yoga

Das Verhältnis der orthodox-islamischen Gelehrten zum Synkretismus und Mystizismus des Mogulhofes war seit Akbars Herrschaft reibungsvoll. Ihren Höhepunkt erreichten diese Spannungen, als die streng observante Religionspartei den Sohn Shah Jahans, Kronprinz Dara Shikoh, als *mulḥid*, Häretiker, verdammte. Dies führte zu Thronwirren, bei denen Aurangzeb, der Halbbruder Daras, die Nachfolge auf dem Mogulthron errang und den Kronprinzen 1659 in Delhi enthaupten ließ.

Die massive Opposition gegen Dara Shikoh war darin begründet, dass dieser den Dialog zwischen Islam und Hinduismus weiter geführt hatte als selbst Kaiser Akbar. Er hatte sich von hinduistischen Gelehrten in das Sanskrit einführen lassen und 50 Upanishaden ins Persische übersetzt. Diese mystischen Texte waren vom 8. bis ins 4. Jahrhundert v. Chr. entstanden und ein Grundpfeiler hinduistischer Metaphysik. Der Kronprinz verstand die Upanishaden als das im Koran genannte *kitāb al-maknūn* (Sure 56,77–80), das „verborgene Buch".[94] In dem kürzeren Werk *Majma-ul-Bahrain*, „Zusammenfluss der beiden Meere", unterstrich er seine Erfahrung, dass Koran und hinduistische Mystik auf ein gleiches Göttliches hinführen und sich gegenseitig vertiefen könnten. Auch hatte Dara die Praktiken des Yoga erlernt, jene „ausgefeilte psycho-physische Versenkungspraxis", die unter anderem durch Körperhaltungen, Atemübungen und geistige Konzentration eine mystische Erfahrung zu erlangen suchte, die in den Upanishaden als Einheit von *ātman* und *brahman*, von Seelenkern und absolutem Weltengrund, beschrieben worden war.[95]

Muslimisches Interesse an dieser Erfahrung der Yogalehren ging zurück auf den berühmten Gelehrten und Reisenden Al-Biruni (gest. 1048), der ein Schlüsselwerk der Yoga-Tradition, die Sutras des Patanjali, verfasst vor dem 5. Jahrhundert, ins Arabische übersetzt hatte.[96] Für die muslimische Tughluqiden-Dynastie, die im 14. Jahrhundert in Nordindien herrschte, wird erstmals berichtet, dass Yogis Zugang an den Hof des Sultans von Delhi erlangten und ihre Praktiken vorführten.[97] In dieser Zeit traten zudem Hindu-Asketen und ihre Orden in Beziehung mit den islamischen Mystikern, den Sufis.

Dieser frühe Austausch schlug sich in bemerkenswerten Transfers über weite kulturräumliche Distanzen hinweg nieder. Ein wichtiger Text der tantrischen, mit rituellen Praktiken verbundenen yogischen Tradition war das *Kamaru panchasika*, das wahrscheinlich im ostindischen Assam verfasst wurde. Es ist für den Anfang des 14. Jahrhunderts in einer persischen Übersetzung in Shiraz belegt. Hier, im Südwesten des heutigen Iran, wurde es in das enzyklopädische Werk des Sharaf al-Din Amuli (gest. 1353) übernommen.[98] Bei seiner Reise nach Persien und in die Provinz Fars erstand der italienische Humanist Pietro della Valle (1586–1652) 1622 ein vollständiges Exemplar dieser Yogalehre und brachte sie nach Rom, wo sie sich noch heute in der Vatikanischen Bibliothek befindet. Della Valle berichtete, die im Text beschriebenen Atemübungen und Introspektionen mit einigem Gewinn vollzogen zu haben, und kündigte eine Übersetzung ins Italienische an, die jedoch nicht erfolgte.[99]

In Indien selbst hatten sich um das Thema des Yoga bei hinduistischen wie bei muslimischen Mystikern bis zum Beginn des 16. Jahrhunderts interreligiöse Narrative und Praktiken etabliert. Die Nath-Yogis, einer der größten hinduistischen Orden des indischen Mittelalters, lehrten, dass der Prophet Mohammed von einem Nath-Asketen, der bis nach Arabien wanderte, im Yoga unterwiesen worden sei. Das koranische *tauḥid*, die absolute Einzigkeit Gottes im islamischen Monotheismus, leiteten diese Nath-Asketen aus den Erfahrungen des aus Indien an Mohammed vermittelten Yoga und seiner Absorption in den einen Grund allen Seins ab. Als äußeres Zeichen dieser inneren Verwandtschaft wurden Minarette und die Gebetsnische des Mihrab – Grundelemente jeder Moschee – mit den shivaitischen Symbolen Lingam – eine aufragend phallische Form – und Yoni – eine das weibliche Geschlecht andeutende Höhlung – in shivaitischen Tempeln verglichen.[100] Das Narrativ einer geschichtlichen Beziehung zwischen Upanishaden und Koran ist bemerkenswert, nicht weil es ein spirituelles Abhängigkeitsverhältnis Arabiens von Indiens konstruiert, sondern weil es anzeigt, inwieweit auch hinduistische Mystiker eine spirituelle Empathie für das so ganz Andere der Lehre Mohammeds entwickelten und gemeinsame Schlüsselfragen und -erfahrungen gelten ließen.

Parallel suchten muslimisch-mystische Orden wie die Shattari die Versenkung in das Einssein Gottes durch Praktiken hinduistischer Einsiedler zu vertiefen und übernahmen von diesen die vegane Ernährung, den Rückzug in die Wälder sowie die physisch-psychische Konzentration durch yogische Haltungen und Atemübungen.[101] Hierbei wurde das indische System der *chakras* mit den *lata'ifs*, subtilen Lichtzentren des Sufismus, verglichen und der *ḏikr*, die Herzensrezitation der Namen Gottes im mystischen Islam, als Parallele zu den Mantras der yogischen Andacht und zur Rezitation der heiligen Silbe „Om", in der sich alle Wirklichkeit bündele, erfahren.[102]

Mit dem Mogul Akbar erlangte diese Durchlässigkeit zwischen indischem Yoga und persischem Islam Patronage von höchster Instanz: Akbar selbst hatte hinduistische Asketen besucht und von ihnen spirituelle Unterweisung empfangen. In seinem *kitābkhana* ließ der Großmogul ein Schlüsselwerk der praktischen Yoga-Literatur vom Sanskrit ins Persische übersetzen – das bereits erwähnte Sutra des Patanjali. Sein Sohn Prinz Salim folgte ihm nach, als er 1597 das *Yogavasiṣṭha* übertragen ließ.[103] Auch ließ Salim eine reich illustrierte Version des *Bahr al-hayat* anfertigen. Dieser „Ozean des Lebens" war eine arabische Übersetzung des Sanskrit-Werkes *Amritakunda*, das erstmals in islamische Reichweite gekommen war, als türkische Armeen 1212 in Bengalen eingefallen waren. Der Shaikh des oben genannten Shattari-Ordens, Muhammad Ghawth (gest. 1563), hatte diesen Text ins Persische übersetzt und im Austausch mit indischen Yogis erweitert. Die verschiedenen Ausgaben um 1600 belegen das große Interesse des Mogulhofes an dem Werk und seiner Yogalehre, wobei das Manuskript des Kronprinzen Salim wegen der darin enthaltenen feinen Miniaturmalereien zu 21 yogischen Haltungen besondere Bekanntheit erlangt hat.[104]

Die „islamization of Yoga"[105] unter der Mogulherrschaft hat reichen Ausdruck in der Bildkunst gefunden – über die Anleitungsillustrationen des *Bahr al-hayat* hinaus. Stellvertretend für einen breiten Bestand soll hier auf ein Blatt des Petersburger Muraqqas verwiesen werden, das um 1635 in einer nordindischen Residenz entstanden ist und den Besuch eines Mogulnoblen im Ashram hinduistischer Asketen darstellt. Der Angehörige des Mogulhofes hat inmitten der Einsiedelei einen Diwan errichtet, um auf kostbaren Teppichen bei einem ehrwürdigen Yogi Audienz zu erhalten. Dessen Leib scheint bis auf das Skelett ausgemergelt; das Haar ist über die ganze Körperlänge gewachsen und mit Schlamm zu Strähnen geformt. Das *ūrdhvapuṇḍra* auf seiner Stirn weist den Yogi als Anhänger des Gottes Vishnu aus. Die Malerei ist ein eindrucksvolles Zeugnis interreligiöser Dialogkultur im Indien der Mogulzeit. Die gegensätzlichen Ausdrucksformen zweier Welten werden in einem respektvollen, fast dokumentarischen Modus dargeboten, wobei die Muster höfisch-persischer Textilien ebenso detailgetreu eingefangen werden wie die sakralen Stirnzeichen der Sadhus und die yogischen Asanas. Zu den Spitzenleistungen mogulischer Malerei zu rechnen ist auch die Darstellung hinduistischer Asketen, die dem Hofmaler Govardhan zugeschrieben wird (S. 42).[106] Das um 1630 entstandene Bild zeigt eine kleine Gemeinschaft von fünf fast nackten, mit Asche eingeriebenen Yogis, die unter einem Neembaum versammelt sind. Physiognomie und Psychologie sind so fein beobachtet, dass es sich nur um Zeichnungen nach der Natur handeln kann.[107] Der noch junge, bärtige Yogi mit erhobenem Blick weist die typischen, mit Schlamm verfilzten Strähnen auf wie der greise vaishnavitische Yogi des vorigen Bildes. Wie dieser sitzt er auf einem Antilopenfell. Die langen, krallenartigen Fingernägel bezeugen den radikalen Austritt aus innerweltlichen Belangen. Der auf dem weißen Bauchfell der Tierhaut platzierte kleine Lingam ist ein energetisches Symbol des Gottes Shiva. Mit dem davor liegenden Muschelhorn kann der Yogi einen durchdringend tiefen Klang erzeugen, der verschiedene Rituale einleitet und den absoluten Weltengrund symbolisiert. Über diesen nachsinnend geht der Blick des Yogis zur Höhe hinauf. Diese Richtung beschreibt auch die Rauchsäule, die aus dem erloschenen Feuer im Vordergrund aufsteigt. Ihre grauen, dann weißen und blauen Schwaden überlaufen den Bergtempel im Hintergrund und verwehen gen Höhe. Bei dem

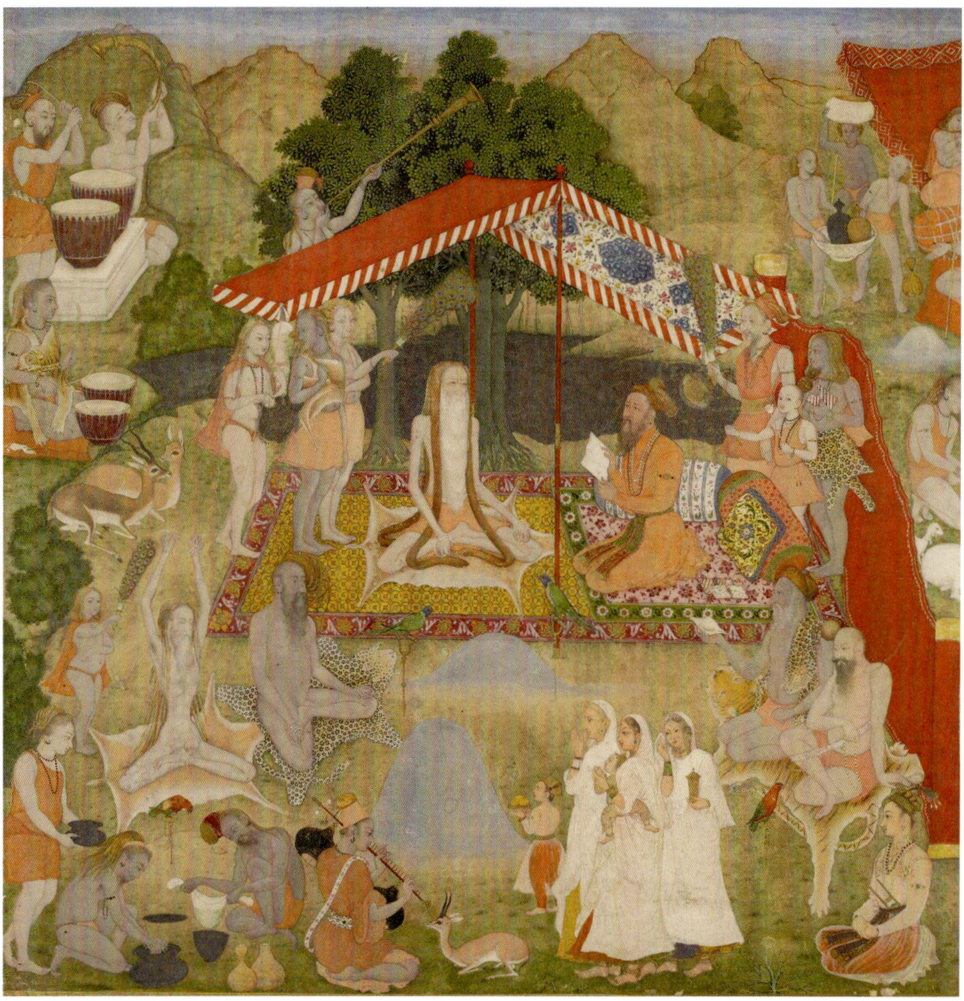

Ein Moguladliger besucht einen Ashram (Ausschnitt), aus dem St.-Petersburger Muraqqa, um 1635, Institute of Oriental Manuscripts, St. Petersburg

Heiligtum handelt es sich um einen Tempel nahe Srinagar, der im 9. Jahrhundert errichtet worden war und mit dem bedeutenden Lehrer Adi Śaṇkarācārya (788–820) und seinem metaphysischen System der absoluten Nicht-Zweiheit des Seins verbunden war. Hiermit kann die Szene nach Kaschmir verortet werden, das seit alter Zeit Heimat einer in Indien hochgeachteten shivaitischen Yogatradition ist, in der die materielle Welt als Emanation der Gedanken und Seinsenergien des Gottes gedacht wird.[108] Der Maler Govardhan, dem das Blatt zugewiesen wird, war eng mit Dara Shikoh verbunden und hat viele seiner Yogi-Bilder unter der Patronage des Mogulprinzen ausgeführt.[109] Die Malerei ist somit auch ideell in einer Begegnung des Islam mit dem Hinduismus verbunden, die von den Anfängen bei Al-Biruni über den Sufismus bis hin zu Akbar zu einer immer intensiveren Auseinandersetzung mit dem Yoga gelangte.

## Vedānta – Bhakti – Purāṇa: Christliche Annäherungen

Auch die christliche Tradition begegnete dem Yoga – zum einen virtuell, im Simulationsraum des Bildes: Mogulische Maler transferierten Motive europäischer Kunst in ihre Darstellungen indischer Asketen und verwandten Formeln der christlichen Ikonografie zur empathischen Inszenierung des Yoga. So gibt es sich an den drei weiß-

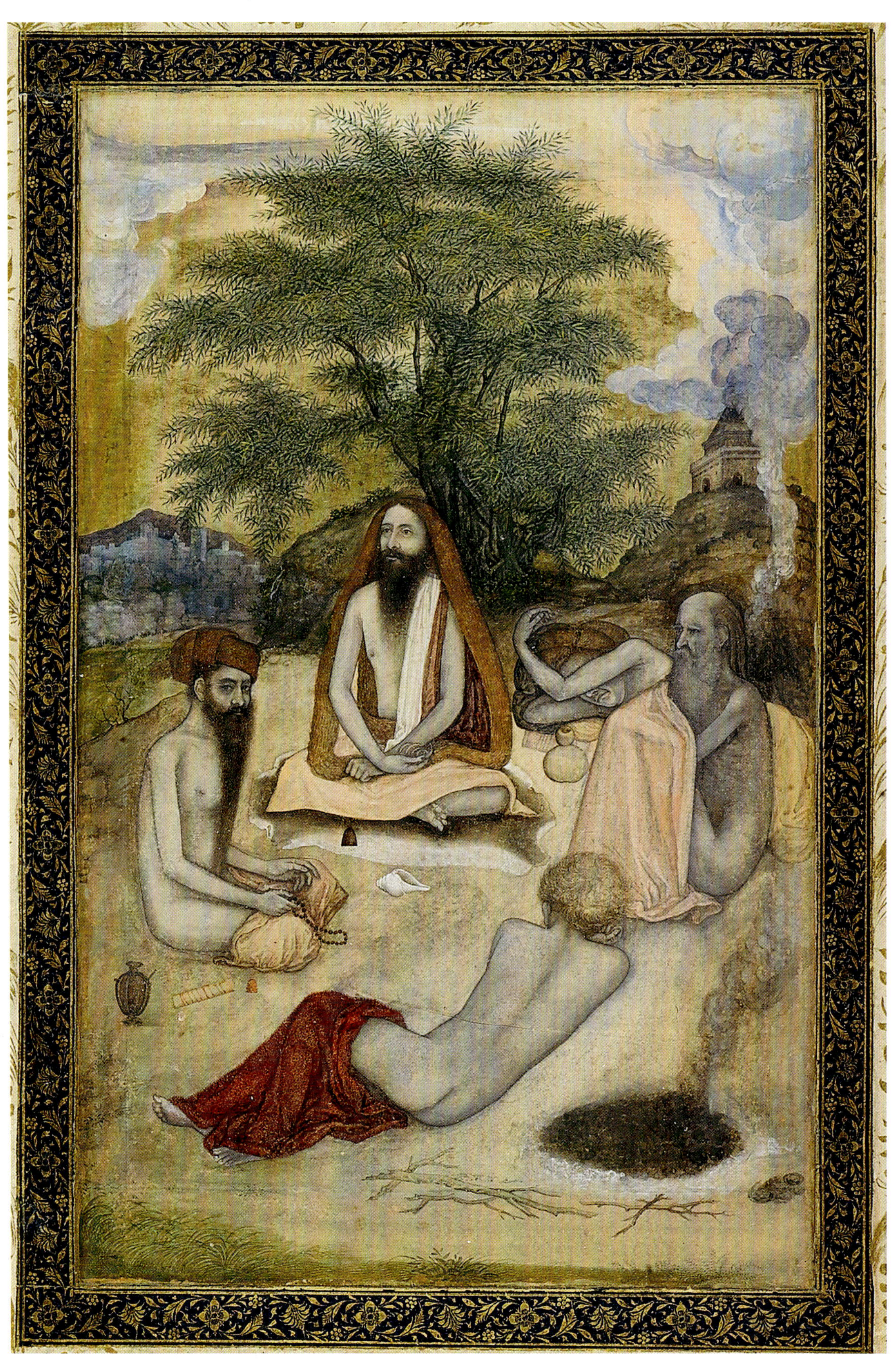

Kaschmirische Yogis bei Srinagar, um 1630, vormals Stuart Cary Welch Collection, 2011 versteigert bei Sotheby's, London

gewandeten mogulischen Hofdamen zu erkennen, die im Vordergrund des Petersburger Ashram-Blattes (Abb. S. 41) staunend auf einen im *brahman* versunkenen Yogi zuschreiten. Die Figuren gehen auf die drei suchenden Frauen des Ostermorgens zurück, die mit ihren Salbgefäßen vor dem Engel zu stehen kommen, der ihnen die Auferstehung Christi verkündet. Auch die Darstellung der kaschmirischen Asketen (Abb. S. 42) bedient sich bei christlicher Kunst. Die dem Betrachter zugewandte nackte Rückenfigur eines Yogis greift ein Motiv aus dem Kupferstich „Die Buße des hl. Johannes Chrysostomos" auf, die der Nürnberger Stecher Barthel Beham 1520–1525 ausführte.[110]

Auch in personam begegneten christliche Missionare dem Yoga. Der portugiesische Jesuit Antonio de Andrade (1580–1634) zog 1624 von Delhi nach Kaschmir, um von hier mit Hindus zu Heiligtümern des Himalaya und weiter bis nach Tibet zu pilgern. Nahe Srinagar, wo nur wenig später das links gezeigte Albumblatt der kaschmirischen Asketen entstand, begegnete der Jesuit zahlreichen Yogis, die ihn befremdeten. Andrade verfasste einen Bericht über seine Reise, der 1626 in Lissabon und 1627 in Augsburg veröffentlicht wurde. In der deutschen Übersetzung heißt es über die Yogis nahe Srinagar: In den Schreinen ihrer Götter „haben sie Auffwarter / die man Iogues nennt / welche so häßlich / daß man sie wohl für des Teuffels Diener erkennen kann. Under andern haben wir einen schon gar Alten gesehen / der so lang Haar und Nägel / auch so unflätige gestalt gehabt / daß man ihn wohl selbs für einen Teuffel ansehen möge / dieser stunde da wie ein Bildsaul / name die Ehrerbietung und Lobsprüch / so ihm von den heyden angetan würden / also auf daß sie sich zu seinen Fuessen niederbucken und dieselbe küßten."[111]

Der Bericht zeigt, wie schwer es dem Jesuiten fiel, ein so fremdartiges Szenario vom Sinnempfinden seiner Akteure her zu erschließen: Pater Andrade konnte zu diesem Zeitpunkt kaum verstehen, warum Laienhindus einen so „hässlichen Teufel" verehrten oder wonach der Yogi selbst sich mit solch radikaler Askese und innerer Sammlung auszustrecken suchte.

Den Hinduismus von innen her zu verstehen versuchte – am entgegengesetzten Ende des Subkontinents – der italienische Jesuit Roberto de Nobili (1577–1656). 1609 zog er von Goa in den tamilischen Süden nach Madurai. Hier traf der Pater auf eine ganz andere Situation als in Goa: Die Mission war nicht durch eine starke portugiesische Militärmacht gedeckt, die nach dem Muster der spanischen Eroberungen in der Neuen Welt das indigene „Heidentum" beseitigen konnte.[112] Die Tempelstadt Madurai war mit riesigen Heiligtümern und Pilgerströmen eine Hochburg der Brahmanen – ihrer rituellen Traditionen ebenso wie entwickelter kontemplativer Praktiken und theologischer Systeme. Schon bald stellte de Nobili fest, dass sich die Religion der Hindus nicht auf die primitive Verehrung von Lehmfiguren beschränkte: „Wir denken, diese Menschen seien ungebildet? Ich versichere euch, das sind sie nicht. Gegenwärtig lese ich eines ihrer Bücher, welches ein wahrhaft philosophischer Traktat ist – im gleichen Wortsinn wie wir dies über Bücher sagen, die ich in Rom studiert habe. Und doch ist ihre Philosophie so gänzlich verschieden von der unsrigen".[113]

De Nobili hatte das Tamil und vor allem die heilige Sprache Sanskrit studiert, um Zugang zum Schrifttum des Hinduismus zu erlangen.[114] Die denkerische Komplexität, auf die er hierbei gestoßen war, führte ihn zu einem neuen Ansatz von Mission: Nach dem Vorbild seines Ordensbruders Robert Stephens in Goa erarbeitete er für die christliche Verkündigung eine Sprache, die das Neue des Evangeliums nicht durch das Austilgen einheimischer Traditionen manifestierte, sondern die religiöse Energie bestehender hinduistischer Zeichen und Konzeptionen anerkannte und diese für die christliche Verkündigung nutzbar machte.[115] Ein kühnes Experiment war es, dass der Jesuit als Verkünder des Evangeliums in die Rolle eines hinduistischen Mönchs schlüpfte. De Nobili legte Gewänder wie ein Sannyasa, ein „der Welt entsagender Heiliger" an.[116] Dies war keine äußerliche Verkleidung, denn de Nobili nahm nur noch vegetarische, nach den Regeln der Brahmanen zubereitete Speisen zu sich und vollzog die vorgeschriebenen Waschungen im Tempelbecken. Durch diese „saintly metamorphosis" erlangte der Missionar Zugang zu höheren und gelehrten Kasten, der ihm sonst verschlossen geblieben wäre.[117] Das Christentum, das de Nobili anbot, war in einer Weise, wie sie der oben genannte Robert Stephens in Goa entwickelte und die Jesuiten sie parallel auch in China praktizierten, „akkommodiert": Es anverwandelte sich kulturelle Werte, intellektuelle Leistungen und Sakralsinn der Einheimischen, versuchte aber, diese auf Grundlage des Evangeliums zu verwandeln.

De Nobili war zudem einer der ersten Europäer, der sich mit dem *Vedānta* auseinandersetzte, der „Vollendung, dem Gipfel des Wissens".[118] Dieses philosophische System war mit seinen Darlegungen zum Verhältnis von materieller Welt, Einzelseele und göttlichem Allgrund die ideelle Bedingung zahlreicher yogisch-kontemplativer Praktiken des Hinduismus. Um ein Verständnis des *Vedānta* machte sich vor allem der Jesuit Heinrich Roth (1620–1668) aus Dillingen verdient, der 1658 Rektor des Jesuitenkollegs in Agra wurde. Roth erlernte das Sanskrit und verfolgte den ambitionierten Plan, ein sanskrit-lateinisches Wörterbuch anzulegen, um Zugang zu den literarischen Grundlagen indischer Metaphysik zu gewinnen. Viele der Vorhaben Roths scheiterten, doch drang der Jesuit zu zentralen Termini des *Vedānta* vor. In einer Abschrift des metaphysischen Textes *Vedāntasāra* kommentierte er den Begriff *satcitānanda*. Mit dieser heiligen Formel beschrieben die *Vedānta*-Schulen den Allgrund *brahman* als „Sein", nicht mehr personal gebundenes „Bewusstsein", und als „Wonne". Es bezeugt einen hohen Grad an interreligiöser Empathie, dass Roth die kurze Formel nicht schon „von weitem" verwarf, sondern als geistliche Erfahrung, als eine im philosophischen Diskurs zutage tretende Erwartung verstand: Der Jesuit übersetzte *satcitānanda* mit Blick auf das „Ens indivisum" der aristotelischen Philosophie als „ein Ungeteiltes, Seiendes – von einer Geistesstille, die unerreichbar ist dem Wort und dem Herzen".[119]

Neben diesem Zugriff auf das mystisch-spekulative Erbe Indiens kamen die christlichen Missionare zunehmend mit der hinduistischen Volksfrömmigkeit in Kontakt. Auf ihrem Weg an den Mogulhof waren die Jesuiten 1579/80 nach Mathura gekommen, das Zentrum der populären Krishna-Verehrung. Hier konnte Pater Monserrate, der in seinem „Commentarius" darüber berichtete, Bade- und Tempelrituale der Hindus beobachten und Geschichten aus dem Legendenschatz um den Hirtengott Krishna anhören. Während Monserrate die Mythen um Krishna als heidnischen Aberglauben lächerlich machte, zeigte er sich doch fasziniert von der tiefen Anlage der Inder zur Religion. Besonders fiel ihm die Emsigkeit auf, mit der Zeichenhandlungen der rituellen Reinheit und der Gottesliebe vollzogen wurden. Mit Blick auf das europäische Christentum gab Monserrate an, es sei wünschenswert, dass die, denen der „wahre Glaube" gegeben ist, ähnliche Hingabe und Empfindungskraft zeigten wie die Krishnagläubigen von Mathura, die jedoch das Falsche glaubten.[120]

Zur Nahbegegnung mit hinduistischer Glaubensfreude kam es auch, als sich Pater Andrade, der oben genannte portugiesische Jesuit, 1624 in Delhi Wallfahrern anschloss und mit diesen gen Himalaya zog, zur „weitberümbten Pagode" von Badrinath.[121] Der Pater berichtete, wie sich beim mühsamen Passieren der Bergpfade seiner Ressentiments ungeachtet ein Gemeinschaftsgefühl mit den Pilgern eingestellt habe. Was dem Jesuiten die Strapazen leichter gemacht habe, sei, „daß wir gesehen / mit was froelichem Mut vil Hayden zu ehren ihrer Pagode darüber wallfahrten / und daß wir dem Herren Jesu Christ unserm Gott zu ehren diß orths nit mehr als sie theten."[122] Auch wenn er das mythische Ziel der Wallfahrt, den Vishnu-Schrein von Badrinath, als heidnisch verwarf – die Hingabe und der „froeliche Mut", den ihr Vishnu-Glaube diesen Menschen schenkte, war hiermit anerkannt. Die interreligiöse Tragweite seines Satzes war dem Jesuiten vielleicht kaum bewusst: Andrade hatte eine zentrale spirituell-ethische Kategorie des Hinduismus, *bhakti*, ein heiliges, freudiges Lebendigsein im Glauben, mit dem verglichen, was Christus dem Jesuiten schenkte. Andrade ließ beides energetisch recht sein.

Nicht ohne Wirkung auf Andrade blieb auch die Landschaft, ein wichtiges Element im sakralen Erleben auf den Pilgerrouten des Himalayavorlandes. Der Pater berichtete von Bergen voller Blumen, „so dicht ineinander / daß der ganze Berg mit Blumen uberzogen / oder schier nur alles ein Blum scheint / und muß ich bekennen / daß ich von der gleichen Art sachen / die tag meines lebens nichts schöners gesehen." Auch von Gebirgsquellen berichtete er, die „von den höchsten Jochen herab fallen / theils aus den lebendigen Felsen / langs des wegs herfürquellen / mit so lauterm und frischem Wasser / daß mans nit besser wünschen kündte."[123] Andrade nahm Teil am Erleben, eine solche Landschaft in einem religiösen Zusammenhang zu durchziehen, und stimmte schließlich in den Ruf der Pilger – „ye Badrinat ye ye" – ein.[124]

Der Schrein und seine Quellteiche, die Wiesen und Schneegipfel von Badrinath galten den Hindus als jenes heilige Land, das im *Mahābhārata* als Badari oder Mana, als Übergang zum Himmel besungen worden war.[125] Die Überlieferung stellte sich vor, dass einer der größten Lehrer – Śaṅkarā – diese heilige Stätte gefunden und hier den Vishnu-Schrein begründet hatte, der seinen Wallfahrern hohe Gnade verhieß. Ein tieferes Verstehen, aus welchen Mythen und Theologien sich die *bhakti* der Wallfahrer speiste, blieb Andrade noch verschlossen. Denn die geistigen Symbole, zu denen sich die real geschauten Bilder einer Badrinath-Fahrt im Auge der Hindus verdichteten, waren verwurzelt in den großen Epen und vor allem in den *Purāṇas* – gesammelten Erzählungen über den Gott und sein Wirken.

Neben dem *Vedānta* rückte im späten 16. und im 17. Jahrhundert auch dieser Komplex mythologischer und theologischer Literatur ins Blickfeld christlicher Missionare. Neben Heinrich Roth trug besonders Abraham Rogerius (1609–1649), der als calvinistischer Prediger Stützpunkte der Niederländischen Ostindien-Kompanie betreute, zahlreiche Erzählungen zusammen, die als „Open-Deure tot het verborgen Heydendom" 1651 in Leiden veröffentlicht wurden.[126] Das Werk enthielt die ersten Nacherzählungen und Zusammenfassungen wichtiger Inhalte der puranischen Literatur in einer modernen europäischen Sprache. Es weckte großes Interesse und war der Auftakt zu einem dichter werdenden Buchmarkt des späten 17. Jahrhunderts zum Thema Indien mit Berichterstattung über Mythenschatz und puranische Inhalte. Sogar eine europäische Bildtradition zu den Erzählungen um Rama und Krishna nahm hier ihren Anfang. Einen reich illustrierten Indien-Bestseller verfasste auch Philippus Baldaeus (1632–1672), der 1657–1665 in den holländischen Stützpunkten Sri Lankas und an der südindischen Koromandelküste als Prediger wirkte und sein Wissen über den Hinduismus in dem Werk „Wahrhaftige Beschreibung der beruehmten Ost-Indischen Kusten" in Amsterdam 1672 veröffentlichte.

*Vedānta*- und *Purāṇa*-Studien wurden jedoch nicht nur von Missionaren getragen. Auch französische Reisende und Diplomaten, wie Baron François de La Boullaye Le Gouz (1610–1668), Jean-Baptiste Tavernier (1605–1689) und François Bernier (1625–1688), sammelten reiches Material, das über ihre Reiseberichte in Europa rezipiert wurde. Exemplarisch kann auf Bernier verwiesen werden, der in Agra mit dem Jesuiten Roth in Austausch stand, besonders aber seinen Aufenthalt in Varanasi am Ganges zu eigenen Studien nutzte. Bernier würdigte Varanasi mit seinen Yogis, Tempeln und brahmanischen Bibliotheken als das „Athen Indiens" und als „hohe Schule" einer alten Religion.[127] Im Austausch mit Mystikern und Asketen sammelte der Franzose weiteres Wissen über die verschiedenen Lehrsysteme des Hinduismus und über den „Jaugisme", wie Bernier das Yoga nennt.[128]

Bei Erkundungen in Varanasi wurde Bernier Zeuge gelebter interreligiöser Praxis. Er berichtete von einem „sehr berühmten Fakir", der das Oberhaupt der großen Schule von Varanasi sei und von dem muslimischen Kaiser Jahan eine großzügige Pension empfange.[129] Auch Jahans Sohn, Kronprinz Dara Shikoh, wird erwähnt, dessen Geist von der yogischen „Geheimlehre stark infiziert" worden sei.[130] Bernier beschrieb den *Vedānta*, der „für großes Aufsehen in Indien" sorge, so, dass er eine Identität zwischen dem unbeweglichen und unwandelbaren Weltengrund – dem *brahman* – mit dem innersten Seinskern der Seele – dem *ātman* – lehre. Diese Identität zu erfahren, sei „Ekstase", so charakterisiert es Bernier mit einem Begriff der abendländischen Tradition, und sei das Ziel sowohl der „Jauguis" als auch der muslimischen Mystiker, der „Soufys".[131] Zudem stellten sich die Hindus vor, dass die materielle und gestalthafte Welt eine Ausfaltung der Seinsenergien Gottes sei. Im *pralaya*, der Auflösung der Welt am Ende eines Zeitalters, ziehe Gott diese entfaltete Substanz in sich zurück. Wer dies wüsste, würde erkennen, dass die „Vielheit und Verschiedenheit" der Erscheinungen nur eine Illusion sei, hinter der tatsächlich „eine einzige, eine und gleiche" Wirklichkeit stehe.[132] Der Nachdruck der Formulierung – im Originaltext „une seule, unique et même chose"[133] – deutet darauf hin, dass Bernier in Varanasi von Angehörigen des Śankara-Ordens unterwiesen worden war und deren Darlegungen zum „A-dvaita" – die Wahrheit sei absolute „Nicht-Zweiheit" – aufmerksam zuhörte. Wie Roth mit seinem Kommentar zum *satcitānanda* war somit auch der Franzose zu Kernelementen indischer Philosophie vorgedrungen.

## „Verschiedene Wege in den Himmel"?

Italienische Humanisten in den Hallen von Elephanta, die *Salus Populi Romani* am Mogulhof, muslimisches Yoga und persische Upanishaden in Agra, römisch-katholische Sannyasins in Madurai und ein französischer Gelehrter in den hinduistischen Schulen von Varanasi – kaum eine andere Weltgegend wurde im 16. und 17. Jahrhundert so wie Indien zum Schauplatz interreligiöser Kommunikation. Die Konstellationen waren vielfältig. Für das christliche Erleben von Islam und Hinduismus in Indien lässt sich feststellen, dass sich dieses nur langsam aus eurozentrischen Vorurteilen löste, jedoch begann, sich für die Eigenwerte und -rechte fremder Kulturen und Glaubenslehren zu sensibilisieren. Wurden die großen Pionierleistungen von Missionaren vollbracht, so waren es andererseits Humanisten und staatlich beauftragte Reisende, deren Faszination für Indien auf ästhetischer, kultureller und geistiger Ebene in ihren Berichten offen hervortrat. Oft wird der weite Begriff der „Schönheit" gebraucht, wenn ein islamisches Monument oder die Hallen eines Hindu-Tempels einen europäischen Christen positiv berührten: Diogo do Couto hatte die Sakralarchitektur der Konkanküste um das portugiesische Bombay mit Spitzenleistungen des abendländischen Erbes verglichen und als „die schönsten der Welt" gewürdigt. Bernier berichtete, dass er Varanasi mit seinen hinduistischen Tempeln und Badeghats als „wunderschön" erlebt habe.[134]

Zum größten Eindruck seiner Begegnung mit Indien wurde für Bernier jedoch die marmorweiße Sakralität muslimischer Architektur, wie sie aus den Meditationen des Mogulhofs über den „vollkommenen Menschen" und die „Fülle der Zeiten" hervorgegangen war. Im Juli 1663 schrieb er in Delhi über seinen Besuch des Taj Mahal, der Grablege des Moguln Jahan und seiner Gemahlin nahe der Residenz Agra: „Was mich betrifft, aber vielleicht ist mein Geschmack inzwischen zu indisch geworden, ist dies ein Wunder der Welt."[135] Die Eindrücke verschmolzen zu einer fremdartigen Schönheit. Bernier suchte nach Vergleichbarem, um seinen europäischen Lesern eine Vorstellung zu geben: Die Kirche des Benediktinerinnenkonvents Val-de-Grâce in Paris sei von gleicher Höhe, vergleichbare Edelsteinintarsien biete auch die Kapelle des Herzogs von Florenz – doch am Taj seien dies alles nur Einzelelemente; das Ganze bleibe unvergleichbar. In Hinblick auf die ägyptischen Pyramiden stellte er fest, dass bei diesen nur wuchtige Massen ungeformten Steines aufeinander lasteten. Am Taj aber fände alles eine bedeutungsvolle Harmonie: Die strengen Achsen und das konkav Gewölbte, die Wasserbecken in den Paradiesgärten, die kleinen Edelsteine in den Steinplatten und der Schimmer des „großartigen Domes" als Ganzem. Dass diese Harmonie, die Konzeption dieses „Schönen", intensiv mit dem Islam verbunden war, blendete Bernier nicht aus: Dom und Garten seien für Muslime eine heilige Stätte, die zentrale Kammer im Inneren des Domes werde nur einmal im Jahr betreten.[136] Auch sah Bernier, dass in den Hallen um den Taj die „Mullahs in tiefer Verehrung für den Ort unablässlich den Koran rezitieren". Der Franzose schien sich unsicher, ob ihm als Christen solche Eindrücke zustünden: Zunächst habe er gezögert, sein „sentiment" für das muslimische Monument einem anderen Reisenden, Jean-Baptiste Tavernier, mitzuteilen. Bei einem gemeinsamen Besuch habe jener Berniers Eindruck aber gänzlich bestätigt, indem er angab, „nichts vergleichbar Erhabenes in Europa" gesehen zu haben.[137]

Bernier ließ sich nicht nur auf „Schönheit" ein, er verfolgte auch die indische Praxis religiöser Toleranz mit Interesse und überlieferte hierzu die Diskussion mit einem hinduistischen Geistlichen in Varanasi. Dieser hätte ihm gesagt, dass er selbst den Hinduismus zwar für sich als absolut und tief erfahre, aber als „Gesetz nicht für universal gültig" halte. Besonders fiel Bernier auf, dass Hindus nicht missionierten: „Sie würden daher niemanden in ihre Religion aufnehmen. Im Übrigen glauben sie nicht, dass unsere Religion falsch sei und halten es gar für wahrscheinlich, dass diese Religion für uns gut sei." Zugleich aber hörten „sie es nur sehr ungern", wenn gesagt werde, „dass unsere Religion gültig für die ganze Erde sei, ihre aber nur aus Fabelwerk und Einbildung bestehe." Der Hindu-Asket hätte betont, „Gott habe verschiedene Wege in den Himmel gemacht."[138] Vor einem europäischen Zeithorizont, der in konfessioneller Intoleranz und Religionskriegen ausgetragen wurde – in Frankreich von 1562 bis 1589, im Heiligen Römischen Reich Deutscher Nation von 1618 bis 1648 – waren dies bemerkenswerte Perspektiven.

Der indische Subkontinent war immer neu Brennpunkt interkultureller und interreligiöser Begegnung. Wenn der Pandit von Varanasi dem Franzosen erklärte, es gebe „verschiedene Wege in den Himmel", die durchaus miteinander um ihre größere Wahrheit streiten dürften, sich aber in ihrem Existenzrecht akzeptieren sollten, reflektiert dies die eingangs erwähnte lange Dauer, in der Indien Erfahrungen mit religiöser Pluralität gemacht hat. Die vorangehenden Ausführungen versammelten markante Konstellationen und Zusammenhänge, in denen dieses indische Nebeneinander verschiedener religiöser Systeme und kultureller Sphären in Interaktion trat. Die Auswahl war insofern tendenziös und auf ein argumentatives Ziel gerichtet, als sie in dieser Begegnung von Religionen auf bestimmte Prozessoptionen hinweisen wollte: die Akzeptanz des Anderen, die Empathie für das Gegenüber und – als Grundlage von beidem – der Dialog. Bernier und der Pandit stehen in diesem Sinne am Ende: Sie sind historisch bedingt in einer fernen Koordinate von Raum und Zeit, doch führt ihr Gespräch über das Engere hinaus in das Wesen des Dialogs der Religionen: der französische Katholik, der in einem muslimischen Monument Schönes, gar Erhabenes zu schätzen lernte, und der Hindu-Pandit, der das Christentum nicht weniger als seinen eigenen Glauben als „Weg zu Gott" gelten ließ.

## Anmerkungen

1 | *Vgl. Lach, 1, 3, S. 130.*
2 | *Zur Geschichte Elephantas vgl. Collins 1988, S. 9–15.*
3 | *Vgl. Ramaswami 1979, S. 28. Vgl. Mitter 1977, S. 38.*
4 | *Für eine Auflistung der Berichte über Elephanta vgl. Burgess 1871, S. 53, Anm. 1.*
5 | *Vgl. da Orta 1563, S. 212f., 347. Vgl. Mitter 1977, S. 35. Vgl. Collins 1988, S. 17.*
6 | *Vgl. van Linschoten 1598, I, Cap. 44, S. 80. Vgl. Burnell 1885, 1, S. 289 ff. Vgl. Mitter 1977, S. 21, Anm. 64, S. 123.*
7 | *Vgl. Mitter 1977, S. 38. Vgl. Fletcher 1844, S. 35 ff.*
8 | *Vgl. do Couto 1616, III. Cap. XI. S. 63 f.*
9 | *Vgl. „Do muito notavel et espantosa pagoda do Alifanta", in: Do Couto 1616, Liv. III. Cap. XI. S. 62–65. Vgl. Collins 1988, S. 18. Vgl. Fletcher 1844, S. 44 ff.*

10 | *Henn 2014, S. 33.*
11 | *Vgl. Balbi 1590, S. 63. Vgl. Collins 1988, S. 19. Vgl. Mitter 1977, S. 37.*
12 | *Vgl. Osswald 2005, S. 148.*
13 | *Vgl. Lettera di Andrea Corsali Fiorentino scritta in Cochin, 6. Jan. 1515, in: Mitter 1977, S. 34.*
14 | *Vgl. Henn 2014, S. 2 f.*
15 | *Vgl. O'Malley 1993, S. 115.*
16 | *Osswald 2015, S. 151. Vgl. Zupanov 2005, S. 19.*
17 | *Über „Goan Hindus who regularly worship Saiba St. Francis Xavier [...] as well as Goan Catholics who, for their part, venerate Saibini Sateri – Shanta Durga, the Goan manifestation of the godess Durga" vgl. ausführlich Henn 2014, S. 9.*
18 | *Vgl. Henn 2014, S. 5.*
19 | *Vgl. Zupanov 2005, S. 17, Anm. 50.*
20 | *Vgl. ebd., S. 118 f.*
21 | *Vgl. den Brief von Franz Xaver an seine Mitbrüder in Rom, Goa, den 2. September 1642, in: Epistolae S. Francisci Xaverii, S. 119–128, hier: S. 121 f.*
22 | *Vgl. die Vorschriften des Königs João III. in Bezug auf die Christen in Indien (1550), in: Rego 1992, S. 507. Vgl. Osswald 2015, S. 146. Zu einer „Counter-Reformation mentality" in Goa während der 1640er- bis 1660er-Jahre vgl. auch de Mendonça 2002, S. 109 f.*
23 | *Vgl. Osswald 2015, S. 146.*
24 | *Vgl. den Brief von Franz Xaver an seine Mitbrüder in Rom, Cochin, den 27. Januar 1645, in: Epistolae S. Francisci Xaverii, S. 272–278, hier: S. 274.*
25 | *Vgl. de Mendonça 2002, S. 275.*
26 | *Vgl. Zupanov 2005, S. 22.*
27 | *Zu Stephens vgl. Prasada 1980, S. 1–21.*
28 | *Vgl. Falcao 2003, S. 32.*
29 | *Vgl. Henn 2011, S. 211.*
30 | *Vgl. van Skyhawk, 1999, S. 366. Zur Bhakti vgl. Kulke, Rothermund 2010, S. 181 ff. Vgl. Michaels 2012, S. 277–285.*
31 | *Vgl. Henn 2011, S. 213.*
32 | *Vgl. Novetzke 2008, S. 141–144. Vgl. Henn 2011, S. 216.*
33 | *Vgl. Ucerler 2016, S. 38 f.*
34 | *Vgl. Mungello 1985, S. 15.*
35 | *Vgl. Henn 2014, S. 216.*
36 | *Vgl. Henn 2011, S. 211.*
37 | *Vgl. ebd., S. 217.*
38 | *Falcao 2003, S. 170. Vgl. Henn 2011, S. 216.*
39 | *Vgl. du Jarric 1926/1996, S. 17.*
40 | *Vgl. Neil 1984, S. 166–175.*
41 | *Vgl. Miller 2014, S. 163.*
42 | *Vgl. du Jarric 1926/1996, S. 19.*
43 | *Vgl. ebd., S. 23.*
44 | *Vgl. ebd., S. 271.*
45 | *Vgl. ebd., S. 23. (1611, S. 632)*
46 | *Vgl. Kat. Nr. 29, Anm. 3.*
47 | *Vgl. ebd., S. 160 f.*
48 | *Vgl. du Jarric 1611, S. 402. Die 40 Märtyrer von Brasilien wurden am 11. Mai 1854 von Papst Pius IX. seliggesprochen. Vgl. Lucas 2003, S. 23.*
49 | *Vgl. du Jarric 1926/1996, S. 164.*
50 | *Vgl. Eraly 2000, S. 175.*
51 | *Vgl. du Jarric 1926/1996, S. 165.*
52 | *Vgl. ebd.*
53 | *Vgl. ebd., S. 20.*

54 | *Vgl. du Jarric 1926/1996, S. 25 f.*
55 | *Vgl. Schlensog 2006, S. 308.*
56 | *Zum sufischen „Allāhu" vgl. Schimmel 1975, S. 184.*
57 | *Fernée 2014, S. 34.*
58 | *Zur Rezeption Ibn ʿArabis im Umfeld Akbars vgl. Fernée 2014, S. 34. Vgl. Copland u. a. 2012, S. 109. Vgl. Grabner-Haider, Davidowicz, Prenner 2014, S. 239.*
59 | *Vgl. Little 1987, S. 43 ff.*
60 | *Vgl. Bashier 2004, S. 83 ff.*
61 | *Vgl. Fernée 2014, S. 34.*
62 | *Vgl. Akbarnāma, 3, 61. Vgl. Kishore 2016, S. 104 f.*
63 | *Vgl. Mukhia 2004, S. 42 f.*
64 | *Vgl. du Jarric 1926/1996, S. 68.*
65 | *Vgl. Asher, Talbot 2006, S. 196.*
66 | *Vgl. Michaels 2012, S. 261–264.*
67 | *Vgl. Copland u. a. 2012, S. 109.*
68 | *Vgl. Moin 2013, S. 395 f. Vgl. Mukhia 2004, S. 47.*
69 | *Vgl. Schlensog 2006, S. 311. Asher und Talbot verweisen auf Analogien zu den schiitischen Herrschern der Safawidendynastie in Persien, vgl. Asher, Talbot 2006, S. 130. Vgl. Chandra 2006, 2, S. 179 f., 182. Vgl. Mukhia 2004, S. 47. Vgl. Bailey 1998b, S. 19, 38.*
70 | *Vgl. Chandra 2006, 2, S. 181 f.*
71 | *Vgl. Mukhia 2004, S. 47.*
72 | *Vgl. Moin 2013, S. 394. Vgl. Pirbhai 2009, S. 79 ff.*
73 | *Vgl. Moin 2013, S. 397 ff.*
74 | *Zu Ba'dauni vgl. Hadi 1995, S. 110 f.*
75 | *Vgl. Asher, Talbot 2006, S. 194 ff., 200. Vgl. Kat. Nr. 11.*
76 | *„Shah Jahan mit Asaf Khan", um 1640, Arthur M. Sackler Gallery, S1986.403, Smithonian Institution, Washington D.C.*
77 | *Vgl. Mukhia 2004, S. 47.*
78 | *Vgl. Wink 1997, S. 327.*
79 | *Vgl. Kulke, Rothermund 2010, S. 210.*
80 | *Vgl. Wink 1997, S. 332.*
81 | *Vgl. Wink 1997, S. 314 f.*
82 | *Vgl. Bustan, S. 261 ff.*
83 | *Vgl. ebd., S. 266 f.*
84 | *Vgl. Starza 1993, S. 146 f.*
85 | *Vgl. Ernst 2016, S. 290.*
86 | *Vgl. Kishore 2016, S. 104.*
87 | *Vgl. Baburnāma, S. 141.*
88 | *Vgl. Akbarnāma, 3, 61. Zum Heiligtum vgl. Shah 2016.*
89 | *Vgl. Kulke, Rothermund 2010, S. 237.*
90 | *Vgl. Chandra 2006, 2, S. 183 f. Vgl. Ali 1992, S. 38–45, bes. S. 44. Vgl. Rice 2010, S. 125–131, bes. S. 125.*
91 | *Vgl. Das 1983, S. 144–153, hier: S. 152 f. Zu Akbars Rezeption der Gestalt Ramas vgl. Smith 2003, S. 55.*
92 | *Vgl. Kulke, Rothermund 2010, S. 192.*
93 | *Zur Beziehung der Moguln zum Puri-Tempel vgl. Gier 2020, S. 9. ff.*
94 | *Vgl. Mohammada 2007, S. 54 f.*
95 | *Vgl. Michaels 2012, S. 294 f.*
96 | *Lawrence, Art. „Biruni Abu Rayhan", S. 285 ff.*
97 | *Vgl. Ernst 2013, S. 61.*
98 | *Vgl. ebd., S. 64. Vgl. Ernst 2011, S. 133–139.*
99 | *Vgl. Ernst 2013, S. 64.*

100 | *Vgl. Ernst 2016, S. 294 f.*
101 | *Vgl. Mohammada 2007, S. 99 f. Vgl. Ernst 2016, S. 76 ff., 94 f.*
102 | *Vgl. Ernst 2013, S. 63 f.*
103 | *Zu den Varianten des Yoga-Vashisth vgl. Mohammada 2007, S. 132.*
104 | *Das* Bahr al-hayat *befindet sich heute in der Chester Beatty Library, Dublin, In 16, vgl. Ernst 2013, S. 66.*
105 | *Ernst 2003, S. 199.*
106 | *Vgl. Okada 1992, S. 196. Vgl. Beach 1978, S. 119.*
107 | *Vgl. Okada 1992, S. 203.*
108 | *Vgl. Kulke, Rothermund 2010.*
109 | *Vgl. Okada 1992, S. 196. Vgl. Welch 1985, S. 244 f.*
110 | *Vgl. von Habsburg 1996, 2, S. 125. Zur Beham-Grafik vgl. Rosenberg 1875, S. 99.*
111 | *De Andrade 1627, o.S.*
112 | *Vgl. Sweetman 2003, S. 59.*
113 | *Vgl. Bertrand 1847–1854, 2, S. 41 f.*
114 | *Rajamanickam 1972, S. 81 ff.*
115 | *Vgl. Kat. Nr. 46 und 47.*
116 | *Vgl. Sweetman 2003, S. 60.*
117 | *Vgl. Zupanov 1999, S. 40.*
118 | *Vgl. ebd.*
119 | *Filliozat 2011, S. 26. Vgl. hierzu ausführlicher Kat. Nr. 40.*
120 | *Vgl. Monserrate (1580) 2003, S. 93 f.*
121 | *De Andrade 1627, o.S.*
122 | *Ebd.*
123 | *Ebd.*
124 | *Ebd.*
125 | *Vgl. Mahābhārata, Vana Parva, 144, S. 295 f. Vgl. Mahābhārata, Shanti Parva, 335, S. 114 f.*
126 | *Vgl. Gonda 1964, S. 5 f. Vgl. Sweetman 2003, S. 89 ff.*
127 | *Vgl. Bernier 1699, 2, S. 146.*
128 | *Vgl. ebd., S. 149–152. Vgl. Lach 1965, 2, 3, S. 781.*
129 | *Vgl. Bernier 1699, 2, S. 157.*
130 | *Vgl. ebd., S. 163.*
131 | *Vgl. ebd.*
132 | *Vgl. ebd.*
133 | *Bernier 1699, 2, S. 163.*
134 | *Vgl. ebd., S. 146.*
135 | *Vgl. ebd., S. 96. Vgl. Tinguely 2008, S. 16.*
136 | *Vgl. Bernier 1699, 2, S. 95.*
137 | *Vgl. ebd., S. 91.*
138 | *Vgl. ebd., S. 138. Vgl. Lach 1965, 2, 3, S. 781.*

Francis X. D'Sa SJ

# Dialog der Religionen: Christus- und Krishnagläubige

## Die Frage

Es geht um das Gespräch, um das Wesen des Gesprächs. Solange die Menschen miteinander reden und einander zuhören, werden sie leben. Sobald sie aber nicht mehr aufeinander hören, ist ihr Leben (physisch und psychisch) in Gefahr. Einige der in der Ausstellung „Dialog der Welten" gezeigten Exponate zum „Aufbruch in heidnische Ferne" illustrieren gerade diese Dynamik. Im Boden des Nicht-Hinhörens wächst am schnellsten der Same der Gewalt. Dieses Prinzip hat heute Gültigkeit nicht nur für einzelne Menschen, sondern auch und vor allem für Völker, Kulturen und Religionen. Im Endeffekt geht es also um das Leben und das Überleben der Menschheitsfamilie und ihrer Welt.

Das Miteinanderreden ist nicht nur wichtig; es ist unabdingbar – auch wenn wir es noch nicht begriffen haben –, falls wir wirklich überleben wollen. Mehr denn je zuvor hat der englische Spruch heute einen prophetischen Klang: Either we hang together or we shall hang separately!

Das Gespräch ist schwieriger geworden – besonders in unserer Zeit. Die Gründe dafür sind vielfältig. Wir werden uns immer mehr bewusst: Wir sind nicht die einzigen auf der Welt, es gibt andere Menschen, andere Religionen und Kulturen, die anders sind und anders leben, sprechen, wünschen, handeln, denken und glauben als wir. Nicht nur, dass wir sie nicht verstehen (wollen); auch sie verstehen uns nicht. Hier ist mit Verstehen nicht einfach ein begriffliches, intellektuelles Verstehen gemeint. Vielmehr schließt Verstehen sowohl Bedeutungen als auch Gefühle ein. Nicht wenn wir sehen, was sie tun und sagen, verstehen wir Menschen anderer Religionen, sondern wenn wir damit vertraut werden, was sie meinen. Die geschichtliche Möglichkeit dieser Dynamik kommt in den Exponaten der Ausstellung zum Ausdruck, die in den Abteilungen „Schätze der Begegnung", „Pioniere und Brückenbauer" und „Unsere Zeit?" gezeigt werden.

Wenn wir also gerade heute vom Gespräch der Religionen und Kulturen sprechen, hat das nicht nur oder nicht ausschließlich mit Sprechen zu tun, sondern damit, wie wir miteinander umgehen. Vor diesem Hintergrund scheint es mir wichtig zu sein, die Bedingungen herauszuarbeiten, die ein Gespräch zwischen Religionen und Kulturen ermöglichen sowie es vertiefen und echter gestalten, damit die Beteiligten sehen können, wie sie zueinander stehen und was sie dann zu tun oder zu vermeiden haben.

## Das Wesen des Gesprächs

Ein wesentliches Element eines echten Gesprächs ist das Hinhören auf die Gesprächspartner, in unserem Fall die anderen Religionen. Das ist weniger als ein Ausdruck der Höflichkeit gemeint, sondern mehr als konstitutiver Teil des Gesprächs. Was sagen sie, was tun sie und was meinen sie damit? Wenn wir das nicht verstehen, wird unser Gespräch entweder zum Monolog oder wir reden aneinander vorbei. Die anderen und ihre Anliegen muss ich verstehen und begreifen, damit ich auf sie eingehen kann. Ein Gespräch bezweckt an erster Stelle Austausch, aber nicht einfach von belangloser Information. Der Austausch ist ein Mitteilen dessen, was den Gesprächspartnern widerfahren ist, was sie für wichtig und wahr halten und wie sie ihr In-der-Welt-Sein erleben und es zum Ausdruck bringen.

Das schließt sowohl die Welt der Bedeutung wie auch das Universum der Bedeutsamkeit ein. Die Welt der Bedeutung ist vielfach eine uns allen gemeinsame Welt: die Sonne und die Sterne, das Wasser und die Wälder, Geburt, Hunger, Durst, Essen, Tod, Sitzen, Laufen, Atmen, Sehen, Hören, Sprechen usw. In der Welt der Bedeutsamkeit geht es darum, welche Bedeutsamkeit die Welt der Bedeutung für die Gesprächspartner hat. Diese zwei Welten sind nicht getrennt, eher machen sie *eine* Wirklichkeit aus, wie Leib und Seele. Je nach der Betonung des Gesagten könnten wir erahnen, auf welche Welt es hinweist. Offensichtlich können wir uns eher in Sachen der Welt der Bedeutung als in Sachen der Welt der Bedeutsamkeit verständigen.

Wichtiger als das physische Hören ist das Hinhören. Hören bezieht sich auf die Welt der Bedeutung. Es ist nicht immer einfach, denn jede Sprache (und jede Kultur) sieht und erlebt die Welt (ihr In-der-Welt-Sein) anders; sie hebt daher etwas für sie Spezielles hervor, das von den anderen Sprachen (und ihren jeweiligen Kulturen) nicht immer wahrgenommen wird. Das Hinhören auf die Welt der Bedeutsamkeit dagegen geschieht auf einer gänzlich anderen Ebene. Hören hat sozusagen mit dem Vordergrund zu tun, während Hinhören zusammen mit dem Vordergrund auch den Hintergrund wahrnimmt. So gesehen ist Hinhören eine Art ganzheitlichen Wahrnehmens, das für ein echtes Gespräch notwendig ist.

Wir könnten daher unterscheiden zwischen dem, was in der Welt der Bedeutung geschieht, und dem, was sich in der Welt der Bedeutsamkeit ereignet. Geschehen und Ereignis haben jeweils mit Bedeutung und Bedeutsamkeit zu tun. Allerdings haben wir Zugang zu der einen Welt nur durch die andere. Dementsprechend gelingt ein Gespräch, wenn der Austausch sich sowohl auf Bedeutung wie auch auf ihre Bedeutsamkeit bezieht.

## Die Dynamik des Gesprächsspiels

Ein echtes, ernstes Gespräch ist nicht ein Zeitvertreib wie die Unterhaltung von zufällig zusammenkommenden Engländern über das Wetter. Ein Gespräch findet deswegen statt, weil uns etwas widerfahren ist, das uns bewegt, von dem wir ganz vereinnahmt worden sind und das unser In-der-Welt-Sein transformiert hat. Etwas, das in uns in Bewegung gesetzt worden ist, wird im Gespräch ausgedrückt, gleichsam ausgepresst. Das im Gespräch Ausgedrückte ist ein Ausdruck von dem, was uns aufgefallen ist, was uns überfallen und von uns Besitz ergriffen hat. Auch wenn wir ein Gespräch leichtsinnig beginnen, werden wir bald, wenn wir uns dem Gesprächspartner öffnen, von der Dynamik des Gesprächs überholt und von ihr geleitet und geführt. Denn es sind im Grunde genommen nicht wir, die ein Gespräch führen, sondern es ist das Gespräch, die „Sache" selbst, die uns dirigiert. Die Dynamik des Gesprächs und nicht die Willensentscheidung der Gesprächspartner bestimmt die Richtung des Gesprächs.

Woraus besteht nun die Gesprächsdynamik? Zunächst einmal ist das Spiel, das ein Gespräch darstellt, überwiegend ein Spiel der Sprache. Die Spielenden sind die verschiedenen Gesprächspartner mit ihren jeweiligen Vorverständnissen und das Gesprächsthema ist gleichsam der Ball. So wahr es ist, dass die Spielenden mit dem Ball so umgehen, wie sie es wollen, so wahr ist es, dass ihnen die Vorbedingungen und Möglichkeiten vorgegeben sind. Nur bedingt haben die Spielenden freie Hand; nur innerhalb der vorgegebenen Möglichkeiten können sie mit dem Ball tun, was sie wollen, und dieser Möglichkeiten können sie sich nur im Rahmen ihrer eigenen Erfahrungsgeschichte bedienen. Diese Erfahrungsgeschichte besteht nun aus den Interessen, welche die einzelnen Personen im Laufe ihrer Lebensgeschichte kennengelernt und sich angeeignet haben. Je nach Spiel werden jeweils andere Interessen aktiviert. Nur was sie gelernt und gekonnt haben, steht ihnen nun zur Verfügung. Selbst wenn sie sich noch so sehr bemühen, ein Tor zu schießen, gelingt es ihnen nicht immer und das aus verständlichen Gründen. Es sind ja auch andere Spieler da, die das verhindern wollen. Mehr noch, auch sie wollen ja ein Gegentor schießen. Aber auch ihre Möglichkeiten sind vom Spiel, den Spielern und ihrer eigenen Erfahrungsgeschichte bedingt. All das trägt zur Dynamik des Spiels bei.

Das ist aber nicht alles. Die Dynamik des Spiels geht wesentlich davon aus, dass kein Spielender im Voraus einen Überblick über das Spiel und seine Möglichkeiten hat und dass die Richtung des Spiels in ständiger Bewegung ist. Kein Spieler kann ein richtiges Spiel ganz unter seine Herrschaft bringen. (Wo aber die Teams nicht gleichgewichtig sind und das Ergebnis vorauszusehen ist, gilt dies nicht als richtiges Spiel.) Es ist nicht selten, dass ein gleichgewichtiges Team sich einbildet oder vom Trainer und den Anhängern ständig gesagt bekommt, dass es das bessere, wenn nicht das beste Team sei. Es ist aber die Dynamik und nicht die Einbildung oder die Einrede, die den Fortgang des Spiels bestimmt.

Das darf uns aber nicht zu dem Schluss verleiten, unsere Interessen wären sekundär oder ohne Bedeutung. Im Gegenteil. Je mehr wir unsere Interessen thematisieren und sie sozusagen auf den Tisch legen, desto bereichernder, aufregender, befreiender und tiefer wird das Gespräch sein. Trotzdem ist nicht alles, was ein Gespräch bewegt, begründet und begleitet, immer eindeutig klar. Hier hat das Hinhören seinen Platz. Die Gesprächspartner können durch das Hinhören mehr entdecken als das, was auf dem Gesprächstisch liegt. Die jeweiligen Interessen der Gesprächspartner werden dann gegenseitig korrigiert, ergänzt oder sogar widerlegt. Auf diese Weise werden die Gesprächspartner von der „Sache" selbst in das Spiel des Gesprächs geführt.

Zusammenfassend können wir sagen, dass die Hauptspieler im Gespräch die Interessen der Gesprächspartner sind. Diese aber können weder die Richtung noch das Ergebnis des Spiels zur Gänze bestimmen, denn die „Sache" selbst, um die es im Gespräch geht, ist der eigentliche Spieler. Daher ist es unmöglich, bei einem richtigen Gespräch im Voraus zu sagen, wohin das Gespräch führen wird. Von einer phänomenologischen Perspektive aus könnte man behaupten, dass ein Gespräch, dessen Ergebnis im Voraus bekannt ist oder vorhergesagt werden kann, gar kein Gespräch im eigentlichen Sinne ist.

## Die Eigenarten des Sprachspiels

Jede Sprache ist eine eigene Welt, die im Sprechen zum Vorschein kommt. Im Sprechen kommt nicht dieses oder jenes Objekt, sondern eine Welt zur Sprache. Ein Gesprächspartner bringt eine solche Welt zum Ausdruck. Alle Sprachen sprechen von einer Welt, daher setzen sie auch das In-der-Welt-Sein voraus. Jede Sprache interpretiert die Welt anders, eben wie sie sie erlebt. Deswegen kann keine Sprache die anderen Sprachen oder auch nur eine andere Sprache ersetzen. Die Sprachen sind Zeugnis dafür, dass es eine Vielfalt in der Welt gibt und dass nicht alles in *einer* Sprache zum Ausdruck kommt oder kommen kann.

So wichtig es ist, die Unterscheidung zwischen der Erfahrungs- und der Ausdrucksebene aufrechtzuerhalten, so wahr ist die Unterscheidung zwischen der Wahrheit einer Erfahrung und der Wahrheit des Sprachausdrucks. *Der Ausdruck einer Erfahrung darf niemals mit der Erfahrung selbst identifiziert werden.* Der Ausdruck kann unmöglich mit der Erfahrung Schritt halten. Weder darf die Erfahrung mit dem Ausdruck verwechselt noch auf ihn reduziert werden. Die Erfahrungswahrheit ist die ontologische Wahrheit, die der Wahrheit des Ausdrucks zugrunde liegt. Sie ist es, in der wir uns immer schon befinden. Hier leben wir in der Wahrheit des Seins, und wir erleben diese Wahrheit. Weil wir sie erleben, sind wir mit ihr vertraut auf der Bewusstseinsebene, nicht aber auf der „Gewusstseinsebene". Daher sind wir immer auf der Suche nach der Möglichkeit, die Ausdruckswahrheit mit der Erfahrungswahrheit zu vergleichen und jene anhand dieser zu verwerten.

## Die Wahrheit des Seins und der Wahrheitsanspruch der Sprache

Die zwei unterschiedlichen Wahrheitserfahrungen sind für unser Unterfangen von Bedeutung. Denn hier hat die Frage des Relativismus und der absoluten Norm ihren Platz. Die Wahrheit des Ausdrucks kann niemals absolut sein, da kein Ausdruck, weil geschichtlich, absolut ist oder sein kann. Jeder Ausdruck ist in einem geschichtlichen Kontext verwurzelt, und selbst wenn er kodifiziert ist und dadurch ageschichtlich zu werden scheint, nimmt er beim Entkodifizierungsprozess geschichtliche Züge an. Dem geschichtlichen Ausdruck die Eigenschaft der absoluten Wahrheit zuzuschreiben, bedeutet daher, dem Ausdruck die Geschichtlichkeit abzusprechen.

Der Ausdruck einer Erfahrung jedoch hat seine Wurzeln im Boden der ontologischen Wahrheit. Dies ist der Garant dafür, dass einerseits unsere Suche nach der Wahrheit des Erfahrungsausdrucks nicht aufgegeben werden kann oder darf und dass andererseits die Wahrheitsfindung niemals die Erfahrungswahrheit vollständig erreichen kann. Die Suche nach der Wahrheit des Erfahrungsausdrucks hat gleichsam etwas Absolutes an sich, sie ist unaufgebbar. Die Leugnung dieser Eigenschaft wäre zugleich ihre Bestätigung. Denn will man die Leugnung ernst nehmen, so müsste man gleichzeitig die verleugnete Eigenschaft wieder annehmen.

Diese doppelte Polarität, nämlich die Relativität des historischen Ausdrucks und die unabdingbare Suche nach einer Absolut-Norm, konstituiert die Eigenart jedweder geschichtlichen Aussage. Das aber ist nicht dasselbe wie die absolute Wahrheit. Wohl ist die absolute Wahrheit in der ontologischen Wahrheit am Werk und zwar auf die Weise, dass wir uns nie mit der bloßen Behauptung der Aussagewahrheit zufrieden geben, sondern darauf achten müssen, ob sie die Feuerprobe der Erfahrungswahrheit besteht. Dies aber ist nicht dasselbe wie der Objektivitätsbegriff der modernen „Naturwissenschaft". Die Objektivität des $H_20$ ist eine Abstraktion und hat ihre begrenzte Gültigkeit in dem pragmatischen Vorgang der Naturwissenschaft. Diese Abstraktion darf nicht zur allgemeinen Norm für die Wahrheit schlechthin erhoben werden.

Immer und überall hat die Erfahrungswahrheit ihre Wurzeln in unserem In-der-Welt-Sein. Dieses In-der-Welt-Sein ist wesensmäßig mit unserem Sein-und-Verstehen engstens verbunden und bildet das Ambiente der ontologischen Wahrheitserschließung sowie den Boden, in dem die Aussagen gegründet sind. Die Aussagenwahrheit beschränkt sich nur auf die auf Information zielenden Aussagen; sie bezieht sich nicht auf symbolische Aussagen, die nicht Information bezwecken, sondern Transformation vermitteln. Diesen Überlegungen liegt die Überzeugung zugrunde, dass in unserem Gespräch die Sprache eine wichtige Rolle spielt und dass daher eine Verständigung über die Sprache unserem Gespräch behilflich sein wird.

Für unser Vorgehen tut es not, den Unterschied zwischen der Wahrnehmung und der Sprache hervorzuheben. Während die Wahrnehmung immer eine Ganzheitserfahrung des In-der-Welt-Seins ist, artikuliert die Sprache ihren Inhalt stückweise. So zum Beispiel nehme ich das Publikum vor mir nicht als einzelne Personen wahr, sondern als eine Ganzheit. Wo immer ich sein mag, nehme ich ein Kontinuum wahr, niemals ein einzelnes Seiendes. Wenn ich aber davon spreche, spreche ich entweder von einzelnen Seienden oder von Einheiten von Seienden, die sich in der Ganzheit befinden. Die Sprache konzentriert sich auf Bestimmtes in der Ganzheit, die Wahrnehmung aber nimmt alles, was sich in ihrem Blickfeld befindet, auf einmal wahr. Auch wenn die Wahrnehmung sich auf etwas konzentriert, nimmt sie gleichzeitig auch die Umgebung wahr.

Von der Ganzheit der Wahrnehmung zum Einzelfokus der Sprache ist es wie ein gewaltiger Schritt, der von der Ebene des Seins zur Abstraktionsebene des sich im Fokus befindenden Inhalts führt. Die Sprache abstrahiert einen Inhalt, der sich in ihrem Fokus befindet, von der in der Wahrnehmung erfassten Ganzheit. Dies ist der normale Gang der Wahrnehmung und der Sprache. Daran ist nichts auszusetzen. Aber gerade hier geschieht das Unheil, vor dem wir uns kaum schützen können und von dem kaum einer unberührt bleibt oder gar bleiben kann. Allgemein wird nämlich auf unerklärliche Weise total übersehen, dass der Inhalt, der sich im Fokus der Wahrnehmung befindet, eine Abstraktion ist; stattdessen wird er als in sich stehende Einheit betrachtet. Rückwirkend wird dann die Welt der Wahrnehmung als Summe von einzelnen Seienden betrachtet. Man könnte dies ein trojanisches Pferd nennen, das sowohl eine Subjektivierung der Wahrheit als auch eine Objektivierung der Wirklichkeit in sich birgt.

Noch etwas anderes. Wenn wir von *Wahrnehmung* sprechen, dann ist dies eine abgekürzte Aussage über das Dasein, das verstehend in der Welt ist. Wir sind keine bloße Erfahrung, die in der Luft hängt. Vielmehr existieren wir in der Welt erfahrend und verstehend. Unser Sein und unser Verstehen sind zwei Seiten ein und desselben Prozesses. Verstehen ist keine vorübergehende und vorläufige Tätigkeit des Menschen. Verstehen ist nichts anderes als der verstehende Mensch selbst. Der Mensch ist ein kontinuierlicher Verstehensprozess, der von seinem Sein nicht verschieden ist. Daher ist die Wahrheit des Seins- und Verstehensprozesses ontologischer Art, d.h. sie befindet sich zuerst und vor allem auf der Wirklichkeitsebene, nicht auf der Wissensebene.

Die Eigenart der ontologischen Wahrheit ist darin zu finden, dass sie im Verstehensprozess die Initiative ergreift und die Menschen beansprucht – anders als bei der logischen Wahrheit, die das ausdrückt, was der Mensch bei solcher Beanspruchung begriffen hat. Die Ebene der ontologischen Wahrheit ist die Ebene der Seinserfahrung, und die Ebene der logischen Wahrheit ist die Ebene der Informationssprache.

Die Brücke, die diese zwei Ebenen verbindet, ist die Symbol-Sprache, d.h. die Metaphernsprache der Poesie und der Religion. Die Eigenart der Symbol-Sprache besteht darin, dass sie nicht auf Information, sondern auf Transformation zielt. Daher und dementsprechend ist die Wahrheit der Transformation mehr mit der Wahrheit der Seinserfahrung als mit derjenigen der Informationssprache verwandt. Das bedeutet, dass wir zwischen den drei Arten der Wahrheitsoffenbarung unterscheiden müssen: der Wahrheit der *Informationssprache*, der Wahrheit der *Seinserfahrung*, der Wahrheit der *Symbol-Sprache*.

## Der Wahrheitsanspruch der Informationssprache

Die Informationssprache drückt sich in Sätzen aus, die meistens wortwörtlich zu nehmen sind. Sie ist das Fundament, auf dem das pragmatische Leben der Menschen gebaut ist und sich abspielt. Deswegen ist sie auch die Grundlage sämtlicher Kommunikation. Diese Art von Sprache besteht aus Begriffen. Ein Begriff ist ein Griff, der etwas greift und trägt. Was begriffen und getragen wird, ist der Inhalt des Begriffs. Folglich hat die Wahrheit der Informationssprache mit diesem Inhalt des Begriffs zu tun.

Vor diesem Hintergrund ist der Prozess der Verifizierung bzw. der Falsifizierung zu verstehen. Dieser Prozess beschränkt sich aber nur auf die Informationsebene. Daher dürfen wir seine Gültigkeit weder verallgemeinern noch verabsolutieren. Die Gültigkeit der Wahrheit der Informationssprache betrifft lediglich das pragmatische Leben. Darüber hinaus aber, in Bezug auf die Seinsebene, ist sie so gut wie nutzlos.

Die große Versuchung unseres Zeitgeistes besteht darin, den Prozess der Verifizierung bzw. der Falsifizierung auf alle Bereiche des Lebens auszudehnen. So wollen wir zum Beispiel die Existenz Gottes, die Auferstehung Christi, den Absolutheitsanspruch des Christentums, die Unfehlbarkeit des Papstes beweisen. Damit will man angeblich dem Erbe der Aufklärung gerecht werden. Der Fehler dieser Denkart besteht darin, dass man die Ratio zur höchsten Instanz, beinahe zur Göttin erhebt in der Meinung, dass es nichts Höheres als die Ratio gebe. Die Ratio ist aber immer die Ratio unseres Verstehenshorizonts und wird von ihr belebt und bestimmt, nicht umgekehrt. Obendrein ist sie nur das Licht, aber nicht die Stromquelle, nicht der Sinnhintergrund, in dessen Strom etwas als sinnvoll oder sinnlos erscheint.

## Die Wahrheit der Seinserfahrung

Die Seinserfahrung ist, wie gesagt, eine die Initiative ergreifende Wahrheit. Sie ist nur durch Offenheit zu erleben. Von ihr kann man nicht sprechen, man kann sie nicht zum Ausdruck bringen, man kann sie nur erleben und sich von ihr ergreifen lassen. Die Erschließung dieser Wahrheit können wir nicht begreifen. Im Gegenteil, wir werden selbst von ihr ergriffen.

Weil die Seinswahrheit uns zuerst ergreift, ist unser Begreifen nur eine Antwort auf die Seinsinitiative. Denn in dem Maße, in dem wir uns von der Seinswahrheit ergreifen lassen, begreifen wir Bruchstücke von ihr. Was wir begreifen, drücken wir stückweise in Sätzen aus. Je nach der Art und Tiefe unseres Begreifens ist auch die Art und Tiefe des Ausdrucks. Begreifen wir hauptsächlich das Wahrnehmbare, so drücken wir dies überwiegend in einer Informationssprache aus; begreifen wir größtenteils auf der Seinsebene, dann bedienen wir uns großenteils der Symbol-Sprache.

## Die Wahrheit der Symbol-Sprache

Die Symbol-Sprache verwendet Begriffe aber nicht als solche, sondern als Symbole. Der Begriff *Leib* ist nicht gleichzusetzen mit dem Symbol *Leib*. Der Begriff *Leib* kann festgestellt und geprüft werden, nicht so das Symbol *Leib*. Während der Begriff *Leib* hauptsächlich aus wahrnehmbaren Eigenschaften besteht, ist das Symbol *Leib* etwas Ganzheitliches. Die Eigenart der Symbol-Sprache besteht darin, dass sie die Grenzen der Begriffe aufhebt. Sie gibt den Begriffsinhalt nicht auf, vielmehr macht die Symbol-Sprache Gebrauch von ihm durch Aufhebung seiner Grenzen. Durch diese Aufhebung wird der Begriff zum Symbol. Die klar erkennbaren Grenzen des Begriffs sind die Grundlage des Verifizierungs- und Falsifizierungsprozesses. Die Grenzen eines Symbols sind meistens die Grenzen der mythischen Welt, in der es zu Hause ist. Das Symbol „heilige Kuh" zum Beispiel hat Geltung nur in der Glaubenswelt der hinduistischen Traditionen. Obwohl der Begriff *Kuh* keiner bestimmten Kultur zu eigen ist oder zu sein braucht, hängt die Wirkung des Symbols *Kuh* von der hinduistischen Glaubenswelt ab.

Auch der Begriff *Christus* ist zu unterscheiden vom Symbol *Christus*. Andere Traditionen als das Christentum können ohne weiteres den Begriff *Christus* verstehen und sich mit ihm auseinandersetzen. Aber nicht ohne weiteres ist es möglich, das Symbol *Christus*, das in der christlichen Überlieferung beheimatet ist, sich anzueignen oder sich mit ihm zu befreunden. Bei den Häresie-Auseinandersetzungen der frühchristlichen Zeit scheint mir eher der Begriff *Christus* als das Symbol *Christus* im Vordergrund gestanden zu haben. Das Bewusstsein, dass es in den Auseinandersetzungen um das Symbol *Christus* ging, hätte mehr Toleranz und Flexibilität auf allen Seiten gebracht.

Auch wenn es in der Tat nicht immer klar ist, was für eine Sprache am Werk ist, ist die hier gemachte grundsätzliche Unterscheidung von Begriff und Symbol von größter Bedeutung für unsere weiteren Überlegungen.

Worin besteht nun die Wahrheit der Symbol-Sprache? Die Symbol-Sprache bedient sich, wie gesagt, des Begriffs, bleibt aber bei ihm nicht stehen. Denn er fungiert hier wie ein Sprungbrett. Die Sprungbrettbewegung ist die *wirk-liche, wirk-same* Eigenart eines Symbols. Das Symbol bedient sich der Richtung, in die der Begriff weist, um dann vom Sprungbrett aus in diese Richtung zu springen. Das Gesicht eines Symbols ist einer bestimmten Richtung zugekehrt, aber die Wege, die in diese Richtung führen, sind viele. Daher gibt es mannigfaltige Auslegungen eines Symbols.

## Die zwei Arten des Dialogs

Raimon Panikkar hat mit seiner außergewöhnlichen Sprachsensibilität zwischen dem dialektischen und dem dialogischen Dialog unterschieden. Einem, der Panikkars Œuvre nicht kennt, mag es als Wortspiel vorkommen; dies ist es aber in der Tat nicht. Der dialektische Dialog basiert auf dem Logos, der Vernunft; er analysiert und verifiziert bzw. falsifiziert Begriffe und ihre Nuancen. Er verlangt Rechenschaft über die Formulierungen und gibt Erklärungen für sie ab. Scheinbare und oberflächliche Ähnlichkeiten werden entlarvt und Grundsätze geprüft. Unklarheiten, Missverständnisse und Ungereimtheiten will er aus dem Weg räumen und im Allgemeinen dafür sorgen, dass Begriffe und Symbole eine gewisse Konsistenz haben und eine Kontinuität mit ihrer Traditionsgeschichte zeigen.

Diskussion und Argumentation sind die Mittel, mit denen der dialektische Dialog sein Ziel von Klarheit und Konsistenz verfolgt. Die Begrifflichkeit, mit der sich dieser Dialog beschäftigt, gründet auf der Informationssprache. Diese Information muss verifizierbar bzw. falsifizierbar sein. Dass Diskussion und Argumentation hier ihren berechtigten Platz haben, wird aus dem dialektischen Dialog ersichtlich.

Hingegen ist der dialogische Dialog wirksam auf einer ganz anderen Ebene, nämlich auf der Ebene des Zeugnisablegens. Dieser Dialog legt Zeugnis von der Transformation ab, die der Zeugnisablegende durchgemacht hat. Mit Transformation ist nicht irgendeine Veränderung oder Verwandlung gemeint. Das Zeugnisablegen ist mit dem Lebenssinn verbunden. Was den Lebenssinn vertieft oder verletzt, erneuert oder belebt, kann der Inhalt des Zeugnisses sein. Weil der Lebenssinn alle Aspekte des Lebens berührt und umfasst, ist das Zeugnisablegen eine ganzheitliche Tätigkeit. Je echter daher diese Tätigkeit, desto wirksamer ist das Zeugnis.

Natürlich setzt dieser Dialog die Offenheit der Anwesenden voraus. Das Zeugnis einer tiefen Erfahrung jedoch ist fähig, sogar verschlossene Herzen zu berühren und sie zu öffnen. Das ist so, weil das Zeugnisablegen vom Zeugen zuerst eine Offenheit verlangt. Diese Offenheit ruft Offenheit hervor.

Zeugnisablegen ist weit entfernt von bloßer Information. Während diese in Bezug auf die Zuhörer ziemlich neutral sein kann, gibt es beim Zeugnis keine Neutralität. Man kann von ihm nicht unberührt bleiben. Das schreckliche Leiden eines Kleinkindes, der verzweifelte Schrei einer hilflosen Mutter sind Beispiele spontaner Zeugnistaten. Thematische Zeugnisse finden wir in Berichten über den uneigennützigen Einsatz von Freiwilligen bei Kriegsopfern oder die Rettung von Todgeweihten in Konzentrationslagern. Nicht sehr verschieden ist das Zeugnis von religiösen Erfahrungen.

Daher sind die Unterschiede zwischen der Sprache des Zeugnisses und der Informationssprache gravierend. Im Gegensatz zum dialektischen Dialog, der auf Klarheit und Konsistenz, Beweise und Begründung aus ist, bedient sich der dialogische Dialog der Sprache von Symbol und Metapher. Die jeweilige Eigenart dieser zwei Spracharten haben wir oben schon beschrieben.

Wir alle sind in der Gefahr, alles und jeden zu verdinglichen. Was uns not tut, ist eine Mystagogie (oder eine Spiritualität, ein Yoga, wie immer man das nennen möge), die uns für die Symbol-Dimension der Wirklichkeit sensibilisiert. Eine solche Mystagogie könnte der Treffpunkt der verschiedenen Religionen und Ort eines dialogischen Dialogs zwischen ihnen sein.

Für die Christus-Gläubigen konstituiert Christus Jesus den ganzheitlichen Lebenssinn. Sein Geheimnis umfasst die ganze Wirklichkeit. Würde es das nicht tun, könnte es auch nicht der Lebenssinn schlechthin sein. Mein Leben ist keine Insel (auch wenn ich mich so benehme, als ob ich eine Insel wäre). Es ist Teil einer größeren Wirklichkeit. Wenn ich also vom Lebenssinn spreche, dann schließt er – in meinem Bedeutungsuniversum – diese Gesamtwirklichkeit ein. Es ist auch wahr, dass jedes Bedeutungsuniversum alles von seinem Zentrum aus erfährt, versteht und beurteilt. Es kann nicht anders. Weil unser Verstehen immer geschichtlich ist, trägt es immer geschichtliche Züge. Das Verstehen kann aus den Grenzen der geschichtlichen Partikularität seines Kontexts nicht ausbrechen, aber die Grenzen unseres Verstehenshorizonts können erweitert werden.

Die Ganzheitlichkeit des Heils in Christus und die Geschichtlichkeit des Gläubigen begründen die Tendenz, den Heilsweg in Christus zu universalisieren, selbst wenn ich das Heil aus meiner Glaubensperspektive betrachte. Der Drang zu solcher Universalisierung entspringt der Ganzheitlichkeit des Heils. Auf der anderen Seite darf man die Beschaffenheit der geschichtlichen Partikularität nicht so deuten, als ob sie eine monadische, in sich verschlossene Welt wäre. Partikularität bedeutet eine bestimmte geschichtliche (d.h. Zeit-Raum-bedingte) Perspektive. Weil sie nicht alleine auf dieser Welt, sondern Teil einer größeren Wirklichkeit ist, steht die Partikularität immer im Kontakt und Austausch mit anderen (Mitwelt und Umwelt), ohne eine Ausweichmöglichkeit. Das bedeutet, dass der Drang, die eigene Perspektive zu universalisieren, ergänzt und korrigiert werden muss, eben durch Kontakt und Austausch mit der Mitwelt und Umwelt. Das eine ohne das andere wäre immer einseitig. Die Christen können, wenn sie sich ihres alles umfassenden Lebenssinns bewusst sind, nicht umhin, eine universalisierende Christologie auszuarbeiten.

Das aber ist nur eine Seite der Münze. Den Lebenssinn nur auf die eigene Welt zu beschränken, hieße, dass man keinen Sinn aus den Beziehungen holen kann, die das Leben mit unseren Mitmenschen und ihrer Welt beansprucht und gestaltet. Ein solcher einseitiger Sinn ist in großer Gefahr, bloß eine subjektive Projektion zu werden. Die Gefahr bleibt bestehen, solange unser Lebenssinn nicht durch Dialog und Austausch mit anderen Bedeutungsuniversa ergänzt und korrigiert wird. Nur ein solcher ergänzter und korrigierter Lebenssinn kann uns und unser Leben gänzlich und absolut in Anspruch nehmen. Im anderen Fall wäre er alles andere als Lebenssinn.

Ähnliches gilt für den Lebenssinn, den andere Religionsüberlieferungen zu vermitteln versprechen. Auch sie werden versuchen, ihre eigene Lebenssinnerfahrung zu universalisieren. Aber auch sie müssen sich bewusst werden, dass der Lebenssinn, den sie erleben und vermitteln, nicht der einzige ist. Um ganzheitlich zu sein, muss sich jede Tradition der zentripetalen und zetrifugalen Kräfte, die sie in ihrer Umlaufbahn halten, bewusst werden. So zum Beispiel muss dem zentrifugalen Aspekt unserer Christologie (dem Universalisierungsdrang der Christen) eine zentrifugale Krishna-Erfahrung (der Universalisierungsdrang der Hindus) entsprechen, damit sie einander ergänzen und korrigieren. Wenn Christologie und Krishnalogie in ihrem jeweils absoluten Charakter sich dieses zentrifugalen Aspekts bewusst sind, dann könnte die Begegnung von zwei absoluten Ansprüchen zu einer gegenseitigen Relativierung führen, in der die Absolutheit des unaussprechbaren Geheimnisses aufrechterhalten bleibt. Eine ganzheitliche Christophanie würde aus den Doppelkräften einer universalisierenden Christologie und einer diese Christologie relativierenden Krishnalogie bestehen. Umgekehrt würde auch eine ganzheitliche Krishnaphanie aus den Doppelkräften einer universalisierenden Krishnalogie und einer diese Krishnalogie relativierenden Christologie bestehen. Die Ausdrücke Christophanie und Krishnaphanie wären dann vorläufig, aber vielschichtig. Aber sie wären auch Ausdrücke einer vielfältigen Ganzheitssuche.

Während die Tendenz, die Relevanz unserer Offenbarung zu universalisieren, vor dem Hintergrund unserer Erfahrung der Offenbarung selbstverständlich und im Raum des dialektischen Dialogs verständlich erscheint, kann die Relevanz der „Nachbar-Offenbarungen" erst im dialogischen Dialog wahrgenommen werden. Unsere Universalisierungstendenz wird auf zweifache Weise gebremst: erstens durch das Bewusstsein, dass wir nicht die einzigen sind, welche die Relevanz ihrer Offenbarung universalisieren – das tun auch die anderen genauso wie wir; und zweitens durch die Tatsache, dass wir keine Berechtigung haben, die Offenbarungsrelevanz unserer Tradition zu universalisieren, bevor wir die Offenbarungsrelevanz der Nachbar-Offenbarungen kennengelernt haben.

## Der dialektische Dialog zwischen Christus und Krishna

Solcher Dialog findet statt zwischen denen, die an Christus, und denen, die an Krishna glauben bzw. ihn erlebt haben. Beide sind sich im Klaren, dass Christus mit Krishna nicht identisch ist und Krishna mit Christus nicht gleichgesetzt werden kann. Es könnte auch sein, dass beide erahnen, dass sie trotz der Verschiedenheit sich treffen oder treffen können. Diese Vermutung hat mit dem Drang zur Universalisierung einerseits und mit der geschichtlichen Eigenart der jeweiligen Traditionen andererseits zu tun. Beide Eigenschaften, Universalisierungstendenz und Aufrechterhaltung der geschichtlichen Partikularität, müssen ernstgenommen und miteinander in Verbindung gebracht werden.

Die Universalisierungstendenz taucht immer und überall spontan auf. Sie könnte zwar ein allgemein verbreitetes Vorurteil sein; andererseits wäre es aber nicht unvernünftig, aufgrund der Zusammengehörigkeit aller Menschen und ihrer universalen Kommunikationsmöglichkeit anzunehmen, dass auch in ihrer jeweiligen Eigenart etwas steckt, das für alle Menschen relevant sein könnte. Die eigentliche Funktion der Universalisierungstendenz könnte es sein, eben dieses anderen Menschen mitzuteilen. Bei einem solchen Verständnis würden wir weder der Wesensart unserer Tradition noch derjenigen der anderen Traditionen Gewalt antun; wir würden sowohl der Partikularität wie auch der Universalisierung unserer Offenbarung Gerechtigkeit widerfahren lassen.

Das „Eigene, das allen Menschen relevant sein könnte", ist der Treffpunkt der Religionen. Das unaussprechbare Geheimnis ist das Zentrum, aus dem jedwede Offenbarungsbewegung hervorgeht. Während das Zentrum immer ein unaussprechbares transzendentes Geheimnis bleibt, sind die diversen Offenbarungstraditionen verschiedene Polaritäten, die immer auseinanderzugehen scheinen. Sie haben aber ihre gemeinsamen Wurzeln im Geheimnis, das wie ein Märchenbaum sich unterschiedlich entwickelt und verschiedene Früchte hervorbringt.

Vor dem Hintergrund dieser Überlegungen ist das Etikett „pluralistische Christologie" sicherlich keine treffende Bezeichnung. Die eine Gemeinsamkeit, die uns alle verbindet, ist das große Schweigen des unaussprechlichen Geheimnisses. Wir nehmen sie dankend und bedenkend an. Die andere Gemeinsamkeit ist unser In-der-Welt-Sein, das uns allen enorme Probleme aufgibt. Die erste Gemeinsamkeit, aus der Glaube, Liebe und Hoffnung entspringen und gedeihen, könnte uns befähigen, die zweite Gemeinsamkeit unseres In-der-Welt-Seins gerechter und glücklicher zu gestalten. Die Echtheit unserer Glaubenserfahrung würde sich dann im Feuer des Engagements und nicht so sehr im Wortgefecht zeigen. Anscheinend ist nach dem kompromisslosen Zeugnis des Matthäusevangeliums (25,31 ff.) solches Engagement das ausschlaggebende Kriterium dafür, ob man vom Menschensohn endgültig angenommen oder verworfen wird. Natürlich geht es hier weniger um das endgültige Angenommen- oder Verworfensein als um den Stellenwert des Engagements in der christlichen Glaubenspraxis.

## Der dialogische Dialog zwischen Christus und Krishna

Mit diesem ausschlaggebenden Kriterium des Matthäusevangeliums in den Ohren und Herzen sind wir imstande, dem Dialog zwischen Christus und Krishna zu lauschen. Offensichtlich ereignet sich der dialogische Dialog zuerst und vor allem im Leben; erst dann nimmt er Wortgestalt an.

Diesen Dialog haben längst die Menschen begonnen, die, an Christus glaubend, sich für die Einheit und Heilung der Menschen eingesetzt und die, an Krishna glaubend, die Welt als Leib Gottes angenommen haben. Auf beiden Seiten drückt sich Glaubenserfahrung im Leben aus.

Wenn es heute Christen gibt, die Irdisches wie Steine, Wasser, Bäume, Blumen, Tiere, Sonne und andere „Naturkräfte" mit dem Geheimnis in Verbindung bringen und dabei nicht mehr den Pantheismus fürchten, für welche die Erde heilig und nicht mehr „bloß" Erde ist, dann verdanken wir das den Christ-Gläubigen, die den dialogischen Dialog durch das Glaubenszeugnis in ihrem Leben verwirklichen. Wenn heute unter den Hindus der Sinn für Gerechtigkeit und Menschenrechte zunimmt – dass die Frauen und die Kastenlosen nunmehr auch als gleichberechtigte Menschen gelten, dass die Religionsminderheiten vor den Hindu-Fanatikern geschützt werden müssen –, dann verdanken wir das den Hindu-Gläubigen, die ebenfalls den dialogischen Dialog durch das Glaubenszeugnis in ihrem Leben verwirklichen. Wir verdanken diesen Menschen, dass heute Christusgläubige und Krishnagläubige miteinander arbeiten und sich für größere Gerechtigkeit für die am Rande der Gesellschaft Lebenden und für eine gesündere Umwelt einsetzen. Denn längst bevor wir etwas thematisieren, werden wir von Dingen und Ereignissen so beansprucht, dass unsere Beziehungen zu Menschen und Welt anders werden. Das wird aber nicht von jedem wahrgenommen, sondern nur von denjenigen, die sich auf das Geheimnis geöffnet haben.

Dieser Dialog wird von Krishnagläubigen und Christusgläubigen weitergeführt, die einander gegenseitig die Glaubensdimension ihres Lebens ergänzen, korrigieren und vertiefen. Das zeigt sich auf folgenden Ebenen: Erstens wächst nicht nur die Achtung für die heiligen Schriften der anderen, sondern auch deren Gebrauch nimmt zu. Hindus werden mit der Bibel und Christen mit den Upanishaden, der *Bhagavad-gītā* und den Schriften der heiligen Dichter (Poet-Saints) immer mehr vertraut. In manchem Gottesdienst von Christen spielen auch diese Schriften eine selbstverständliche Rolle. Das Studium der Hindu-Schriften nimmt unter den Christen immer mehr zu und wird immer wichtiger und selbstverständlicher. Es entsteht also in manchen Kreisen der Hindus wie der Christen eine gewisse Intertextualität der heiligen Schriften, bei der trotz der Verschiedenheit der Traditionen ein gewisses Ineinander in Erscheinung zu treten beginnt.

Die Intertextualität ist ein wichtiges Phänomen, und ihre Wirksamkeit ist auf diversen Ebenen festzustellen. Mir geht es hier um die Wirksamkeit dieses Phänomens auf der Ebene des Textes. Der Christ, der sowohl mit seinen heiligen Schriften wie auch mit den heiligen Schriften der Hindus vertraut ist, fängt nun an, sie mit anderen Augen, d.h. mit einem erweiterten Horizont zu lesen. Denn in ihm findet die Begegnung der zwei Texttraditionen statt; in der Begegnung entsteht eine gewisse Verbindung zwischen ihnen, eine Kontinuität. Diese Kontinuität ist dafür verantwortlich, dass der jeweilige Verlauf der „Heilsgeschichte" auf der christlichen Seite und der „Unheilsgeschichte" auf der hinduistischen Seite nicht mehr derselbe ist wie früher. Indem die zwei Texttraditionen sich begegnen, kommt eine wirksame Symbiose zustande. Wohin diese führen wird, lässt sich noch nicht voraussehen.

Zweitens lässt die Intertextualität der heiligen Schriften auch eine gewisse Intertextualität des jeweiligen Lebens entstehen. In der Intertextualität treffen sich nicht nur zwei Texttraditionen; es treffen sich zwei Lebenstraditionen, und damit beginnt eine Symbiose zwischen den beiden. Die Intertextualität des Lebens wird von den Krishnagläubigen und den Christusgläubigen durch ein neues Miteinander und Füreinander in den Fragen der Gerechtigkeit, der Umwelt und der gesellschaftlichen und politischen Ordnung bezeugt. Es ist daher nicht überraschend, dass in diesen Kreisen die „metaphysischen" Fragen zweitrangig werden und das, was früher als zweitrangig galt, nämlich die Aufgaben, die uns unsere Zeit stellt, Priorität erhalten. Die Provenienz der indischen Christophanie und Krishnaphanie im Werden ist hier zu suchen.

Drittens: Was noch vor etwa fünfzig Jahren als absolut unbestrittener Absolutheitsanspruch unter den indischen Christen galt, erzeugt heute eine zunehmende Ablehnung unter den professionellen indischen Theologen und langsam auch unter den Gläubigen. Das aber, was in der römischen Behördensprache „Relativismus" genannt wird, bereitet nicht nur in Rom, sondern auch bei gewissen, um den Absolutheitsanspruch des Christentums besorgten europäischen Theologen erhebliche Probleme. Es ist symptomatisch, dass Handlungen der Ungerechtigkeit oder Umweltschäden diese Eiferer weniger herausfordern als die gut gemeinten, wenn auch nicht immer geschickt formulierten theologischen Deutungen eines ein Leben lang engagierten Tissa Balasuriya.

Viertens wächst auch die Zahl der Christusgläubigen und Krishnagläubigen, die eine Art *communicatio in sacris* praktizieren. Ihr Glaubenszeugnis macht deutlich, dass sie dadurch nicht nur ihre eigene Überlieferung besser und tiefer erleben, sondern dass ihnen die andere Tradition weniger fremd vorkommt und sie ein zweites geistiges Zuhause zu entdecken begonnen haben. Allen Anschuldigungen des Synkretismus zum Trotz behaupten sie, dass sie durch den synchronisierenden Blick aus den zwei Augen der beiden Traditionen eine Tiefenperspektive des Glaubens geschenkt bekommen haben.

## Von Christologie und Krishnalogie zu Christophanie und Krishnaphanie

Was hier beginnt, ist der Anfang einer neuen Zeit und einer neuen Welt, in denen Christophanie und Krishnaphanie weder ganz verschieden noch ganz identisch sein werden. Die Christophanie der Christen ist die Ganzheitsoffenbarung in Jesus Christus, die uns den Weg weist, die Offenbarung des Geheimnisses in der ganzen Geschichte zu entdecken. Die Krishnaphanie der Hindus ist die Ganzheitsoffenbarung in Krishna, die uns den Weg weist, die Offenbarung des Geheimnisses im ganzen Kosmos zu entdecken. Weil beide, Christophanie und Krishnaphanie, Ganzheitsoffenbarungen sind, wird ihr Treffpunkt immer deutlicher. Die Christophanie, welche die Bedeutung der Geschichte betont, wird in der Begegnung mit Krishna die Offenbarung im Kosmos und ihre Verbindung mit der kosmischen Geschichte entdecken. Die Krishnaphanie, welche die Bedeutung des Kosmos betont, wird in der Begegnung mit Christus die Offenbarung in der Geschichte und ihre Verbindung mit der Geschichte der Menschen entdecken. Beide werden ihre jeweilige Eigenart behalten, aber ihr Blickpunkt wird erweitert, korrigiert und ergänzt.

Die Epiphanie des Christus ist, wie die des Krishna, allumfassend. Nur sprechen die Christen und die Hindus auf vielfache Weise und so werden die verschiedenen Christologien und Krishnalogien geboren. Unsere Christologien und Krishnalogien haben ihren Zweck erfüllt, wenn sie uns zu einer alles umfassenden Christophanie und Krishnaphanie leiten.

Schon die vedischen Seher hatten proklamiert: *ekam sät viprä bahudhä vadanti*. Es gibt nur das Eine; die Seher sprechen von Ihm auf vielfache Weise. Das Letzte, das nicht Eins und nicht Zwei ist, bleibt immer ein Geheimnis. Wir glauben, dass wir alle Menschen dort treffen, aber wir wissen nicht wie. Wir glauben dies jedoch nicht willkürlich oder blind. Was alle Menschen verbindet, sind Geburt, Leben, Liebe, Leiden und Tod. Unser Anfang und unser Ende, selbst wenn sie von Menschen unterschiedlich verstanden und erlebt werden, sind Teil des großen Geheimnisses.

Wir wissen heute, dass die Theologie keine neutrale Tätigkeit ist. In der Art und Weise, wie wir Theologie betreiben, spiegeln sich unser Leben, unsere Lebenseinstellung und unsere Lebenswerte wider. Die Suche nach der Wahrheit der Religionen vollzieht sich selten abseits von unseren Lebensinteressen. Die Frage ist also nicht, ob wir von Interessen getrieben werden, sondern von welchen Interessen wir getrieben werden. Dies nicht zu übersehen, ist für das Gelingen des Dialogs unabdingbare Voraussetzung. In der Offenheit eines Dialogs, der das beachtet, können die Gesprächspartner die Spreu ihrer Interessen vom Weizen der Wahrheit trennen.

Der Austausch des Lebens geschieht wesentlich früher als der Austausch in der Sprache. Was wir zur Sprache bringen, ist unser Leben selbst: die Vielfalt der Widerfahrnisse in der Einheit des Lebens, die Vielfalt des Lebens in der Einheit des Geistes und die Vielfalt der Offenbarungen in der Einheit des Geheimnisses. Es kann also kein alles vereinheitlichendes und umfassendes System geben, keine pluralistische Christologie oder Krishnalogie, die alle verschiedenen Bedeutungsuniversa unter ihre Fittiche nähme. Es wird nur eine immer breiter und tiefer werdende Gemeinsamkeit, einen immer deutlicher werdenden Treffpunkt der unterschiedlichen Traditionen geben. Das aber ereignet sich in einem Geheimnis, dem weder das Wahrheitsverständnis noch die Wirkungsgeschichte der verschiedenen Überlieferungen etwas vorzuschreiben haben. Denn in ihm leben alle Traditionen, bewegen sie sich und sind. So bleibt ihnen nur der Weg des Zeugnisses. Jede Tradition muss in ihrem Wort und Werk Zeugnis von ihrem Offenbarungserlebnis ablegen.

Dieses vielfältige Zeugnis wird uns davor schützen, unser eigenes Zeugnis zu verabsolutieren; umgekehrt wird es uns auch drängen, überall mit Menschen guten Willens zusammenzuarbeiten, damit das Wesen und Wirken des hohen und heiligen Geheimnisses in unserer Welt immer mehr sichtbar wird.

Andreas Renz

# „Nostra Aetate": Der interreligiöse Dialog der katholischen Kirche mit Islam und Hinduismus seit dem Zweiten Vatikanischen Konzil

## Hinführung

Die katholische Kirche hat mit dem Zweiten Vatikanischen Konzil und der Erklärung „Nostra Aetate" (NA) eine regelrechte Kehrtwende in der Haltung und in der theologischen Verhältnisbestimmung zu den anderen Religionen vollzogen: Galten diese vorher generell – mit Ausnahme des Judentums, das dennoch als überholt oder abgelöst galt – als „heidnisch" oder gar anti-christlich, so würdigte die Kirche nun erstmals auch „Wahres und Heiliges" in diesen Religionen (NA 2), das sie auf das universale Wirken des einen Gottes zurückführt, den die Christen als dreieinigen bekennen, und erklärte ihren Willen zum Dialog und zur Zusammenarbeit mit allen Religionen. Zur richtigen Einordnung der Konzilsaussagen ist zu bedenken, dass das Konzil ursprünglich nur eine kurze Erklärung zum Judentum abgeben wollte.[1] Erst allmählich entstand, nicht zuletzt auf Drängen der Bischöfe aus Asien, eine eigene Erklärung, in der auch die anderen Weltreligionen in unterschiedlicher Gewichtung berücksichtigt wurden.

Der folgende Beitrag will nach knappen geschichtlichen Notizen zunächst die wesentlichen Aussagen des Konzils zu Islam und Hinduismus zusammenfassen und dann den bisherigen Ertrag des Dialogs mit diesen beiden Religionen beleuchten und reflektieren. Dabei ist das Grundverhältnis zu beiden Religionen verschieden: Während der Islam in seiner Entstehung bewusst auf das Christentum Bezug nimmt, in einem vergleichbaren, semitisch geprägten Kulturraum entstand und von Anfang an in sozialer Nähe zur christlichen Welt existierte, gehört der Hinduismus einer gänzlich anderen Religionsfamilie und Kultur an, die geografisch lange außerhalb des christlichen Blickfeldes standen.

## Der Hinduismus kommt in den Blick der Kirche

### Begegnung mit dem Hinduismus vor dem Konzil

Wenn es auch wirtschaftliche und intellektuelle Kontakte zwischen Indien und der griechisch-römischen Welt in den ersten Jahrhunderten nach Christus gab, so kamen die indischen Religionen in der europäischen christlichen Theologie im Wesentlichen erst mit den Asienmissionaren der Jesuiten ab dem 16. Jahrhundert in Blick: Roberto de Nobili SJ (1577–1656) war vielleicht der erste europäische Christ, der sich mit den Veden beschäftigte, den Weg eines indischen Asketen (*saṃnyāsa*) wählte, sich dem Leben der Brahmanen anglich und im Hinduismus die Gegenwart der Gnade Gottes erkannte.[2] Er suchte in den Upanishaden – ähnlich wie Paulus auf dem Areopag – nach dem wahren, vom natürlichen Licht der Vernunft erkannten Gott als Anknüpfungspunkt für die christliche Verkündigung und fand diesen im *brahman*.[3] Ende des 19./Anfang des 20. Jahrhunderts bemühte sich der Brahmane Brahmabandhab Upadhyay, nachdem er zum Katholizismus konvertiert war, um eine Inkulturation des Christentums in den indischen Kontext (später rekonvertierte er zum Hinduismus). Er identifizierte die hinduistische Vorstellung von *satcitānanda* (Einheit des Seins) mit der christlichen Trinitätslehre. Das Verhältnis von Hinduismus und Christentum in Indien blieb jedoch lange vom europäischen Kolonialismus, von christlichen Missionsbestrebungen und vom Exklusivitäts- und Überlegenheitsanspruch des Christentums belastet, ein Dialog war dadurch blockiert.[4] Dieses Erbe belastet im Grunde bis heute, doch das Konzil und seine Vorreiter, von denen noch zu sprechen sein wird, haben die Basis für eine wertschätzendere Haltung gegenüber dem Hinduismus und für einen Dialog gelegt.

## Konzilsaussagen über den Hinduismus

Ende 1964 kam Papst Paul VI. (Papst 1963–1978) im Rahmen des Eucharistischen Weltkongresses in Bombay mit Vertretern der dortigen Religionen zusammen und zitierte dabei aus den Upanishaden. Mit der Konzilserklärung „Nostra Aetate" hatte dann erstmals ein kirchliches Konzil offiziell Notiz vom Hinduismus genommen.[5] Die Konzilsväter waren sich sehr wohl der nahezu unüberwindbaren Schwierigkeit bewusst, den diachron wie synchron äußerst vielgestaltigen und komplexen Religions-, Gesellschafts- und Kulturformen, die erst seit dem 19. Jahrhundert im Westen unter dem Sammelbegriff „Hinduismus" zusammengefasst werden, in einem Satz auch nur annähernd in Darstellung und Bewertung gerecht werden zu können. Es gibt keinen Gründer, keine verbindliche Autorität, kein gemeinsames Glaubensbekenntnis „des Hinduismus". Selbst der Begriff „Religion" passt nicht für den hinduistischen Kontext: Hindus sprechen von *Sanātana dharma* („ewige Ordnung") oder *varnaśrama Dharma* (Pflichten der Kasten). Es ging den Konzilsvätern primär um eine Würdigung einiger „seiner hervorstechenden geistigen Werte"[6], wobei sie sich auf den klassischen Hinduismus beschränken: So werden – ohne Abstufung – die beiden grundlegenden, nicht nur für die Hindu-Religionen typischen Versuche genannt, sich dem „göttlichen Geheimnis" zu nähern: nämlich entweder in Form der mythischen Sprache und Vorstellungswelt, die gerade in den hinduistischen Epen einen „unerschöpflichen Reichtum" aufweist, oder aber in Form tiefdringender philosophischer Spekulationen wie in den Upanishaden. Die geoffenbarten Schriften der Hindus (*śruti*), die Veden, aber auch die Epen wie die *Bhagavad-gītā* werden jedoch nicht explizit genannt.

Gemeinsames Kennzeichen aller hinduistischen Traditionen ist die Lehre vom Gesetz der Wirkung der Taten (*karma*) und von der Wiedergeburt (*saṁsāra*), also ein zyklisches Zeitverständnis (das dennoch auf ein Ziel gerichtet ist), und damit verbunden das Kastensystem – alles Vorstellungen, die mit der christlichen Sicht von Gott, Welt und Mensch nicht zu vereinbaren sind[7], die in der Erklärung aber interessanterweise nicht genannt werden, weil man zuerst das Gemeinsame betonen wollte (vgl. NA 1). Dem Kreislauf der Wiedergeburten zu entkommen, die Befreiung oder Erlösung also (*mokṣa*), ist das soteriologische Ziel des hinduistischen Gläubigen. Um dieses Ziel zu erreichen, haben die Hindu-Religionen die vier alternativen, einander ergänzenden Wege des selbstlosen Handelns oder des Opfers (*karmamārga*), der intuitiven Erkenntnis der Identität von *ātman* und *brahman* (*jñānamārga*), des Heroismus (*vīryamārga*) und der liebend-vertrauenden Hingabe an einen persönlichen Gott (*bhaktimārga*) entwickelt, wie sie in der *Bhagavad-gītā* beschrieben werden.[8] Mit „aszetischen Lebensformen oder tiefer Meditation oder liebend-vertrauender Zuflucht" im Konzilstext sind drei dieser vier Wege, Karma-, Jnana- und Bhakti-Yoga, angesprochen.

Letzterer Weg ist im heutigen Hinduismus am weitesten verbreitet und weist unter den genannten Formen wohl die größte Nähe zum christlichen Glauben auf, zumal er „seiner Natur nach theistisch, in der Regel sogar monotheistisch" ist.[9] Die Thematik der hinduistischen Gottesvorstellungen wird in NA jedoch nicht direkt angesprochen. Ebenso fehlt ein Hinweis auf die durchaus problematische Geschichte des europäischen Kolonialismus und der christlichen Missionsbewegungen, die bevorzugt die Kastenlosen (Dalits) oder Niedrigkastigen zu gewinnen versuchten, was auf Seiten der Hindus als Proselytismus wahrgenommen wurde und bis heute zu einer Abwehrhaltung gegen das Christentum führte.[10]

## Auf der Suche nach einem neuen Verhältnis zum Islam

### Pioniere des Dialogs mit dem Islam

Das Verhältnis der Kirche zum Islam war von Anfang an konfliktreich: Theologisch konnte man jahrhundertelang in der islamischen Religion nichts anderes als eine zu bekämpfende christliche Irrlehre oder ein zu überwindendes Heidentum sehen. Mit Polemik und Abwertung hat die christliche Theologie auf Mohammed, den Koran und den islamischen Glauben reagiert. Verstärkt und verschärft wurde diese Wahrnehmung durch immer wiederkehrende militärische Auseinandersetzungen, angefangen von den arabischen Eroberungen im Nahen Osten, in Nordafrika und in West- und Südeuropa, über die Kreuzzüge, die Reconquista, die Türkenkriege bis zum neuzeitlichen Kolonialismus. Der Islam wurde zum absoluten Gegenpol, zum Antichristen, zur Bedrohung schlechthin stilisiert. Nur wenige Christen wie Franz von Assisi (1181–1226) oder Nikolaus von Kues (1401–1464) wagten eine wirklich dialogische, wertschätzende Haltung gegenüber den Muslimen. Der Jesuit und Kardinal Juan de Lugo (1583–1660) sprach vom übernatürlichen Glauben der Muslime, mit dem sie den einen wahren Gott anerkennen und rechtschaffen handeln. Aber erst im 20. Jahrhundert entstanden ernsthafte Versuche des Dialogs, etwa in Ägypten ab den 1940er-Jahren. Theologen wie Jean-Muhammad Ben Abd-el-Jalil OFM (1904–1979), Georges Anawati OP (1905–1994), Robert Caspar PA (1923–2007) oder Youakim Moubarak (1924–1995) und besonders der katholische Islamwissenschaftler Louis Massignon (1883–1962) legten die Basis für eine neue Haltung und Verhältnisbestimmung der Kirche gegenüber den Muslimen und ihrer Religion.

### Konzilsaussagen über den Glauben der Muslime

#### *Die dogmatische Grundlegung in der Kirchenkonstitution*

NA 3 geht ausführlicher auf den Glauben der Muslime ein und muss im Kontext der grundlegenden Aussage der Kirchenkonstitution „Lumen gentium", Art. 16, gelesen werden: Dort wird konstatiert, dass der *Heilswille Gottes* auch die umfasst, „welche den Schöpfer anerkennen, unter ihnen besonders die Muslime, die sich zum Glauben Abrahams bekennen und mit uns den einen Gott anbeten, den barmherzigen, der die Menschen am Jüngsten Tag richten wird." Die theologische Perspektive, von der aus die Konzilsväter den Glauben der Muslime betrachten, ist somit betont *theozentrisch*. Im lateinischen Originaltext ist es das eine Wort „nobiscum", das die entscheidende religionstheologische Aussage impliziert: Mit diesem Wort lehrt die Kirche, dass Christen und Muslime – natürlich zusammen mit den Juden und wenn auch auf verschiedene Weise – zu *ein und demselben Gott* beten.[11] Wenn jedoch keine heilsbedeutsame Erkenntnis des einen Gottes ohne dessen gnadenhafte Selbstoffenbarung denkbar ist, dann stellt sich für die christliche Theologie die Frage nach dem Offenbarungscharakter des Islams, speziell des Korans – eine Frage, die das Konzil nicht explizit beantwortete.

#### *Hochachtung gegenüber den Muslimen und ihrem Glauben an den einen Gott*

NA 3,1 geht ausführlicher auf den islamischen Glauben (*fides islamica*) ein: „Fides" steht dabei für einen authentischen, übernatürlichen Glauben. „Mit Hochachtung" („cum aestimatione") betrachtet die Kirche auch die Muslime – eine Formulierung und Haltung, die im Gegensatz zur bis dahin 13 Jahrhunderte vorherrschenden

*Missachtung* oder gar *Verachtung* der Muslime und ihres Glaubens erst die unabdingbare Voraussetzung für eine unvoreingenommene Einschätzung des Islams sowie für einen wirklichen Dialog zwischen gleichberechtigten Partnern geschaffen hat.

Wie LG 16 und ganz dem islamischen Selbstverständnis gemäß stellt NA 3 das monotheistische Bekenntnis der Muslime an den Anfang und damit auch in den Mittelpunkt seiner Aussagen, wobei Attribute Gottes genannt werden, welche christlichem und islamischem Glauben gemeinsam sind: Die Muslime beten den alleinigen Gott an, „den lebendigen und in sich seienden, barmherzigen und allmächtigen, den Schöpfer des Himmels und der Erde". Hier wird fast wörtlich aus dem sogenannten Thronvers des Korans zitiert (vgl. Sure 2,255). Barmherzigkeit, Allmacht und Schöpfermacht Gottes sind die wichtigsten Eigenschaften Gottes im Koran und häufige Formeln im islamischen Gebet (vgl. Sure 26,9; 6,1).[12] Entscheidend für das Konzil ist also nicht nur, dass die Muslime den einen Gott anbeten, sondern wie sie diesen Gott sehen und bekennen: Es geht hier nicht nur um eine Art natürliche Gotteserkenntnis, denn „die Barmherzigkeit Gottes ist aus einem natürlichen Gottesbegriff ganz und gar nicht ableitbar."[13]

Dass das Konzil nirgendwo explizit vom Koran und von Mohammed spricht, wird von muslimischer Seite, aber auch von manchen christlichen Theologen bis heute als Manko betrachtet. Stattdessen formuliert NA 3, dass Gott nach islamischer Überzeugung „zu den Menschen gesprochen hat" (vgl. Sure 96,5), womit implizit natürlich die koranische Offenbarung gemeint ist.[14] Das Übergehen der Frage nach der theologischen Einschätzung des Korans und Mohammeds lässt zumindest Raum für weitere Forschung, Reflexion und Diskussion. Es handelt sich wohl um eine bewusste Leerstelle: Die Konzilserklärung wollte „nicht eine abschließende Bilanz sein, sondern ein Tor öffnen".[15] Nach Thomas Roddey jedoch ist der Islam hier als „Offenbarungsreligion" qualifiziert.[16]

### *Abraham als Urbild der vertrauenden Hingabe*

Neben dem Glauben an den allmächtigen und barmherzigen Schöpfergott bemühen sich die Muslime, dessen „verborgenen Ratschlüssen sich mit ganzer Seele zu unterwerfen, so wie Abraham sich Gott unterworfen hat, auf den der islamische Glaube sich gerne beruft" (vgl. Sure 2,131). Mit dieser Formulierung ist die Bedeutung und das Selbstverständnis von *islām* als freiwillige, ganzheitliche und ausschließliche Hingabe an Gott exakt getroffen. Die „verborgenen Ratschlüsse" beziehen sich wohl auf die Theodizeethematik, lässt doch der Mainstream der islamischen Theologie eine kritische Anfrage an Gott angesichts des Leids und des Übels nicht zu (vgl. etwa Sure 21,23 oder 18,65–82).[17]

Die Berufung auf Abraham als den gemeinsamen Stammvater von Juden, Christen und Muslimen ist in den Jahren nach dem Konzil zu einem beliebten Bezugspunkt im interreligiösen Dialog geworden.[18] Eine weitere Brücke der Verständigung zwischen Christen und Muslimen sieht NA in der Verehrung der Jungfrau Maria, welche die Muslime „bisweilen auch in Frömmigkeit anrufen". Tatsächlich spielt Maria im Koran und in der islamischen Frömmigkeit, besonders in der mystischen Tradition des Sufismus, eine besondere Rolle als Vorbild der völligen Gottergebenheit: Sie wird stets als gläubige Muslima dargestellt, sogar als Jungfrau (vgl. Sure 3,42–48; 19,22–34). Sie ist die einzige Frau, die namentlich im Koran erwähnt wird, Sure 19 ist sogar nach ihr benannt.

### *Differenzpunkt Christologie*

Der wohl *entscheidende* Unterschied zwischen Christentum und Islam wird lediglich in einem Nebensatz angesprochen: Jesus wird von den Muslimen zwar als Prophet verehrt (vgl. Sure 61,6), aber „nicht als Gott" anerkannt. Die Christologie wird mit dieser Formel sehr verkürzt und dadurch wird „die grundlegende Differenz zwischen konziliarer Lehre und muslimischem Verständnis der Person Jesu eher verschärft als klärend verdeutlicht."[19] Dogmatisch angemessener wäre es zu sagen, dass Jesus Christus das menschgewordene Wort Gottes ist. Das Problem der islamischen Leugnung des Kreuzestodes Jesu (vgl. Sure 4,157 f) und folglich seiner Heilsbedeutsamkeit – wohl der zentrale und bleibende theologische Unterschied, ja Widerspruch zwischen Christentum und Islam – bleibt überraschenderweise unerwähnt.[20] Dieses Faktum ist nur auf dem Hintergrund der Intention zu verstehen, die Gemeinsamkeiten stärker als die Unterschiede zu betonen (vgl. NA 1). Selbst in dieser strittigen Frage aber kann man wie Nikolaus von Kues noch eine gemeinsame Intention sehen: „Und diejenigen, die leugnen, dass Jesus von den Juden gekreuzigt wurde, sagen das aus Ehrfurcht, um zu bekunden, dass solche Menschen gegen Christen nichts haben ausrichten können."[21] Trotz dieser Unterschiede in der Sicht Jesu ist theologisch bedeutsam, dass der Islam die prophetische Sendung Jesu anerkennt, ihm damit eine Heilsrolle zuerkennt und ihn vor allem in Volksfrömmigkeit und Mystik zutiefst verehrt.[22]

### Die gemeinsame eschatologische Hoffnung und die religiöse Praxis

Der nächste Satz von NA 3 geht auf die eschatologischen Erwartungen der Muslime ein: Der Glaube an die Auferstehung und das Gericht am Jüngsten Tag gehört mit zu den sechs Glaubensartikeln des Islams und die ganze koranische Botschaft ist von dieser Perspektive her von Anfang an durchdrungen (vgl. Sure 1).[23] Judentum, Christentum und Islam haben damit eine lineare Geschichtsauffassung, die sie vom zyklischen Weltbild der indischen Religionen unterscheidet. Das menschliche Leben bekommt von dieser Perspektive her seinen einzigartigen Wert. Damit eng zusammen hängt das muslimische Bemühen um eine „sittliche Lebenshaltung" (vgl. Sure 9,71) sowie die religiöse Praxis des täglichen Gebets, des Almosengebens und des Fastens – wiederum zentrale, wenn auch unvollständig aufgezählte, Glaubensvollzüge des Islams, die ihn mit der christlichen Glaubenspraxis verbinden (vgl. Bergpredigt), auch wenn sie inhaltlich unterschiedlich gefüllt sind und in der konkreten Praxis anders vollzogen werden. Das islamische Glaubensbekenntnis (*šahāda*) wird wohl nicht erwähnt, weil darin ein Bekenntnis zu Mohammed als Gesandten Gottes enthalten ist. Auch die Pilgerfahrt nach Mekka wird nicht erwähnt, die für viele Muslime der Höhepunkt der Heilserfahrung im Leben ist, die aber keineswegs alle Muslime erleben können. Leider fehlt auch ein Hinweis auf die reiche spirituelle Tradition der islamischen Mystik, des Sufismus.

### Aufruf zum Dialog

Der zweite und kürzere, aber keineswegs unbedeutendere Abschnitt von NA 3 ruft dazu auf, die unselige Geschichte der christlich-islamischen Feindschaft beiseite zu lassen – gemeint sind wohl islamische Eroberungen, Kreuzzüge, Reconquista, Sklavenhandel und Kolonialismus – und sich stattdessen um gegenseitiges Verstehen sowie um Zusammenarbeit im Dienste der Menschen zu bemühen. Es geht dabei nicht um Geschichtsvergessenheit oder Geschichtsverdrängung, sondern um einen zukunftsorientierten Appell: „Was nötig ist, ist eine Reinigung der Erinnerung, ein Wieder-Lesen der Geschichte von beiden Seiten gemeinsam, mit einer Bereitschaft, Ungerechtigkeiten, wo sie aufgetreten sind, einzugestehen."[24] Inzwischen aber sind zu den geschichtlichen Lasten, die noch immer nicht beseitigt sind, neue Belastungen hinzugekommen: Fundamentalismus, Terrorismus, Kriege, Christenverfolgungen. Dennoch mahnt das Konzil zum Dialog und „es gehören Mut und nicht geringe Glaubenskraft dazu, die Sorge um die eigene Gefährdung – wenigstens um ein Weniges – zurückzustellen und dafür um so mehr der Kraft der Liebe zu vertrauen. Gegenseitiges Verstehen, das bedeutet zunächst einmal, dass wir miteinander zusammenkommen und miteinander sprechen, offen und ohne Angst, ohne Misstrauen, in Hochachtung füreinander, in Liebe."[25] Zieht man die belastete Geschichte der katholisch-islamischen Beziehungen in Betracht, so stellen die Konzilsaussagen über die Muslime und ihre Religion eine „wahre kopernikanische Revolution“ dar.[26]

## Dialogbemühungen nach dem Konzil

### Dialog mit dem Islam

#### *Institutionalisierung des katholisch-islamischen Dialogs*

Die Aussagen des Konzils bezüglich des Dialogs mit den Religionen blieben keine Lippenbekenntnisse. In weiser Voraussicht, dass ein derartiges Unternehmen auch institutionalisiert werden muss, ließ Papst Paul VI. noch während des Konzils das „Sekretariat für die Nichtchristen“ (Secretariatus Pro Non-Christianis, SPNC) als von der Kongregation für die Evangelisierung der Völker, aber auch vom Einheitssekretariat unterschiedenes Organ errichten, das 1988 in „Päpstlicher Rat für den Interreligiösen Dialog“ (Pontifical Council for Interreligious Dialogue, PCID) umbenannt und den anderen Kurienbehörden gleichgestellt wurde. Dem SPNC/PCID, der seit 1967 jedes Jahr Grußbotschaften zum Ramadan an alle Muslime weltweit richtet, ist seit 1974 eine ständige „Kommission für die religiösen Beziehungen zu den Muslimen“ zugeordnet. Neben Dokumenten zum theologischen Verhältnis zwischen beiden Religionen betreibt der Päpstliche Rat auch konkrete Dialogarbeit mit muslimischen Gelehrten verschiedener Provenienz, so etwa mit Autoritäten der Azahr in Kairo und schiitischen Einrichtungen. Mit dem 1994 gegründeten „Internationalen Islamischen Forum für Dialog“ (IFID) bildet der Päpstliche Rat seit 1995 ein „Islamisch-Katholisches Verbindungskomitee“, das auch gemeinsame Erklärungen veröffentlicht hat. Seit 2008 gibt es das „Katholisch-Muslimische Forum“ zwischen dem Vatikan und der Aal-al-Bait-Foundation in Amman, das als Reaktion auf die Dialoginitiative muslimischer Gelehrter „A Common Word“ (2007) gegründet wurde, sich bislang dreimal (2008 in Rom, 2011 in Amman, 2014 in Rom) traf und jeweils mit gemeinsamen Erklärungen endete.

Neben der vatikanischen Ebene gibt es in vielen nationalen Bischofskonferenzen Unterkommissionen für den Dialog mit dem Islam, so auch in Deutschland. Die Christlich-Islamische Begegnungs- und Dokumentationsstelle (CIBEDO) in Frankfurt (gegr. 1978) fungiert als Fachstelle der Deutschen Bischofskonferenz für Islamfragen. Ähnliche Einrichtungen gibt es in anderen Ländern wie das „Secrétariat pour les Relations avec l'Islam“ in Frankreich (S.R.I.). Auf Bistumsebene gibt es je nach gesellschaftlicher Situation Islambeauftragte. Seit dem Jahr 2000 gibt es den Gesprächskreis „Christen und Muslime“ beim Zentralkomitee der Katholiken, der jeweils auch die entsprechenden Veranstaltungen bei den Katholikentagen vorbereitet und sich in Form gemeinsamer Erklärungen zu religiösen und gesellschaftlichen Themen zu Wort meldet.[27]

#### *Wichtige Gesten und Rückschläge*

Mindestens ebenso wichtig wie Dokumente, Erklärungen und Dialoginstitutionen sind wertschätzende Gesten wie der Besuch von Moscheen durch die Päpste Johannes Paul II. (Papst 1978–2005), Benedikt XVI. (Papst 2005–2013) und Franziskus (Papst seit 2013). Berühmt wurde auch jene Geste, mit der Johannes Paul II. einen überreichten Koran küsste. Aufmerksamkeit hat der Besuch Benedikts in der Blauen Moschee in Istanbul während dieser Reise erregt, als er neben dem Großmufti in Stille betete und so ein eindrucksvolles Zeichen der Versöhnung setzte.[28]

Zu schweren Missverständnissen und Turbulenzen im Verhältnis kam es jedoch durch die Regensburger Vorlesung Benedikts XVI. 2006. Durch die Verwendung eines unpassenden und unnötigen Zitats aus der Zeit der mittelalterlichen Polemik und die problematische Grundaussage, der Islam habe nicht jene gelungene Synthese von Glauben und Vernunft geschaffen wie das Christentum und sei deshalb anfällig für die religiöse Legitimation von Gewalt, brachte er die muslimische Welt gegen sich auf. Kritisiert wurde vor allem die fehlende Selbstkritik in Bezug auf die Christentumsgeschichte. Als Reaktion auf die Regensburger Vorlesung richteten 38 muslimische Gelehrte aus aller Welt auf Initiative des „Royal Aal al-Bayt Institute for Islamic Thought" in Amman einen Monat später einen Offenen Brief an den Papst, in dem sie sich kritisch, zum Teil auch apologetisch mit dessen Äußerungen auseinandersetzten. Der Brief blieb von vatikanischer Seite unbeantwortet. Erst der zweite Offene Brief von 138 Erstunterzeichnern ein Jahr später an die Oberhäupter der christlichen Kirchen mit dem Titel „A Common Word" löste eine starke Diskussion und Rezeption aus, die unter anderem zur Gründung des bereits erwähnten „Katholisch-Muslimischen Forums" führte.[29]

Papst Franziskus knüpft an die prophetischen Zeichen Johannes Pauls II. an: Angesichts des Krieges in Syrien forderte er im September 2013 Christen, Muslime und alle Menschen guten Willens zu Gebet und Fasten für den Frieden auf. Seinen Freund und Imam Omar Abboud aus Buenos Aires nahm er zusammen mit dem Rabbiner Abraham Skorka 2014 mit auf seine Israelreise und umarmte beide vor der Westmauer in Jerusalem brüderlich. Einige Wochen später lud er den damaligen israelischen Präsidenten Shimon Peres und den Palästinenserpräsidenten Mahmud Abbas in die Vatikanischen Gärten ein, um zusammen für den Frieden zu beten und gemeinsam einen Olivenbaum zu pflanzen. Er belässt es jedoch nicht nur bei Gesten: In seiner Antrittsenzyklika „Evangelii gaudium" (2013) spricht er davon, dass „die heiligen Schriften des Islam [...] Teile der christlichen Wahrheit" bewahren (Nr. 252) und würdigt damit erstmals in der Geschichte päpstlicher Äußerungen den Wert von Koran und Sunna. Auf die Erscheinungen eines gewalttätigen Fundamentalismus Bezug nehmend, vertritt er die Meinung, dass „der wahre Islam und eine angemessene Interpretation des Korans [...] jeder Gewalt entgegen" stehen (Nr. 253). In seiner Umweltenzyklika „Laudato si" (2015) zitiert er erstmals in der Geschichte päpstlicher Lehrverkündigung einen islamischen Mystiker, Ali al-Khawwas (gest. 945), und bezeichnet ihn als „geistlichen Lehrer" (Laudato si, Anm. 159). Bei seiner Ansprache vor christlichen, jüdischen und muslimischen Religionsvertretern in Sarajevo 2015 schließlich lud Franziskus alle Anwesenden ein, ein von ihm formuliertes Gebet gemeinsam zu sprechen[30] – und schlug damit ein neues Kapitel der interreligiösen Beziehungen auf.

### *Der praktische und spirituelle Dialog mit dem Islam seit dem Konzil*

An vielen Orten, in vielen Pfarrgemeinden oder kirchlichen Einrichtungen geschieht der christlich-islamische Dialog auf den verschiedenen Ebenen zum Teil seit Jahrzehnten, sei es durch Hauptamtliche, sei es durch Ehrenamtliche. Kamen die ersten Initiativen meist eher aus dem kirchlichen Raum, so ergriffen besonders seit 9/11 auch Moscheegemeinden und -verbände die Initiative. Eine ganze Reihe von christlich-islamischen Dialoginitiativen sind von Christen und Muslimen gemeinsam getragen wie die Christlich-Islamischen Gesellschaften oder der 2003 gegründete Koordinierungsrat des christlich-islamischen Dialogs (KCID e.V.). Besondere „Leuchttürme" sind „Häuser des Dialogs" wie die „Brücke – Köprü" in Nürnberg oder das „Haus der Religionen" in Hannover. Es gibt christlich-muslimische Projekte in Kindertagesstätten, (Hoch-)Schulen, in der kirchlichen Jugendarbeit und Erwachsenenbildung, in der Frauenarbeit, in sozialen Diensten, in den Bereichen Kunst, Kultur und Sport, seit einiger Zeit nun verstärkt auch in der Notfall-, Krankenhaus- und Gefängnisseelsorge. In all diesen Kontexten ist das interreligiöse Lernen gerade in Bezug auf den Islam inzwischen zu einem zentralen Lernfeld geworden.[31] Diverse Stiftungen wie die Anawati-Stiftung (www.anawati-stiftung.de)[32], die Eugen-Biser-Stiftung (München)[33] oder die Buhmann-Stiftung (Hannover) fördern gezielt christlich-muslimische Dialogprojekte.

Angesichts der zahlreichen militärischen Konflikte im Nahen Osten und in Afrika ist es in den letzten zwei Jahrzehnten an vielen Orten zur Tradition geworden, christlich-muslimische Friedensgebete durchzuführen. Das gemeinsame Stehen vor dem einen Gott und der gemeinsame Wunsch nach Frieden und Verständigung in aller Unterschiedlichkeit werden dabei besonders eindrücklich deutlich. Im Zuge der starken Fluchtmigration der letzten Jahre vor allem aus muslimisch geprägten Ländern sind Christen und Muslime in der Flüchtlingshilfe gemeinsam aktiv geworden. Fragen der Integration, Sicherheits- und Globalpolitik bestimmen den gesellschaftlichen und politischen Diskurs und überdecken so oft die Erfolge und die Selbstverständlichkeit eines meist doch gelingenden Zusammenlebens im Alltag. Zwar gibt es immer noch eine Reihe von Asymmetrien und Hindernissen im christlich-islamischen Dialog in Deutschland und vielen anderen Ländern, doch ist vielerorts auch ein partnerschaftliches Verhältnis entstanden.[34]

### *Der theologische Dialog mit dem Islam seit dem Konzil*

Förderlich für all diese Initiativen ist, dass in den letzten zehn Jahren auch die theologische Grundlagenarbeit auf ganz neue Beine gestellt werden konnte wie etwa durch das Theologische Forum „Christentum – Islam"[35] mit seiner Tagungs- und Buchreihe seit 2005 zu systematisch-theologischen und sozialethischen Themen sowie durch die Einrichtung von universitären Zentren für Islamische Theologie zur Ausbildung von muslimischen Theologinnen und Theologen in Deutschland seit 2011. Der theologische Dialog zwischen Christen und Muslimen hat damit im geschichtlichen und wohl auch internationalen Vergleich ein völlig neuartiges Niveau erreicht. Den Kirchen und der Gesellschaft stehen nun nicht mehr nur Funktionäre islamischer Verbände und Laien als Gesprächspartner zur Verfügung, sondern größtenteils hier sozialisierte Experten für die eigene Religion und Kultur, die sie in deutscher Sprache und in europäischem Kontext formulieren, kritisch reflektieren und weiterentwickeln. Die Frage, ob es einen europäisch geprägten Islam geben kann, ist längst beantwortet: Es gibt einen solchen faktisch und er wird sich weiter kontextualisieren und inkulturieren mit allen Spannungen und Brüchen, die damit in aller Regel verbunden sind.

Wichtige Themen des theologischen Dialogs in den vergangenen Jahren waren die Hermeneutik der heiligen Schriften und religiösen Quellen, das Gottes-, Offenbarungs- und Heilsverständnis, das Verhältnis von Dialog und Mission, Gerechtigkeit und Leid, Frieden und Gewalt, Bio- und Wirtschaftsethik.[36] Theologische Fragen, die das Konzil offen gelassen hatte, wie die nach der christlichen Würdigung des Korans und Mohammeds, wurden weiterdiskutiert, aber keineswegs befriedigend oder gar abschließend beantwortet. Die Antwortversuche selbst innerhalb der katholischen Theologie sind diesbezüglich höchst divergent. Umgekehrt haben sich islamische Theologen bemüht, die christliche Trinitätslehre und Christologie sowie das christliche Schriftverständnis besser zu verstehen. Noch immer und immer wieder geht es darum, begriffliche Missverständnisse auszuräumen und die richtigen Vergleichsebenen zu finden. Ziel dieses Dialogs ist nicht, zu gemeinsamen Positionen zu kommen, sondern sich wechselseitig kritisch zu befragen, gemeinsam weiter zu fragen und Antworten zu suchen.

## Dialog mit dem Hinduismus nach dem Konzil

### *Der kirchenoffizielle Dialog mit dem Hinduismus nach dem Konzil*

Im Kommentar zum Konzilstext ist deutlich geworden, dass die Aussagen zu den indischen Religionen minimalistisch waren. Nachdem Papst Paul VI. 1964 erstmals in Indien war, kam es erst Anfang der 1970er-Jahre wieder zu Kontaktaufnahmen des Vatikans nach Indien. Seitdem gibt es einen Dialog des Vatikans mit hinduistischen Gelehrten, Einrichtungen und Bewegungen auf der offiziellen und lehrmäßigen Ebene wie auch seitens der dafür zuständigen Stelle der asiatischen Bischofskonferenzen (FABC) sowie der Katholischen Bischofskonferenz Indiens (CBCI) mit eigener Dialogkommission seit 1966, welche die „Guidelines for Inter-Religious Dialogue" (1977 und 1989) herausgegeben hat.[37] Der Päpstliche Rat für den Interreligiösen Dialog sendet seit 1996 jährliche Grußbotschaften zum Diwali-Fest *(Deepavali)* an die Hindus, die jeweils ein Thema (z.B. Familie, ökologische Verantwortung, Freundschaft, Frieden) in den Mittelpunkt stellen.

Johannes Paul II. reiste Anfang 1986 erstmals nach Indien, dann wieder Ende 1999, wo sein Besuch von Protesten und Hetzkampagnen seitens Hindu-Nationalisten überschattet wurde, die ihm Missionsbestrebungen unterstellten. Bei seiner ersten Reise würdigte er Mahatma Gandhi (1869–1948) an dessen Gedenkstätte „als Symbol für die höchsten Qualitäten und Werte des indischen Volkes" und „Apostel der Gewaltlosigkeit".[38] Den Kern seiner Lehre bildet „die Vorherrschaft des Geistes und *Satyagraha*, die ‚Wahrheits-Kraft', die ohne Gewalt, nur mit der inneren Dynamik einer gerechten Handlung siegt".[39] Bei einer weiteren Ansprache vor Anhängern indischer Religionen in Neu Delhi während dieser Reise sagte der Papst: „Indien hat der Welt so viel zu geben in der Aufgabe, den Menschen und die Wahrheit seiner Existenz zu verstehen. Und was es speziell anbietet, ist eine vornehme spirituelle Sicht des Menschen – der Mensch, ein Pilger des Absoluten, der zu einem Ziel unterwegs ist, das Gesicht Gottes suchend."[40]

Die theologisch am weitesten gehenden Aussagen aber enthält die Rede in Madras: „Indien ist in der Tat die Wiege uralter religiöser Traditionen. Der Glaube an eine den Menschen betreffende Wirklichkeit, die jenseits der materiellen und biologischen Wirklichkeit liegt, der Glaube an das Höchste Wesen, das die Tatsache erklärt, rechtfertigt und ermöglicht, dass der Mensch sämtliche Bereiche seines materiellen Seins übersteigt – dieser Glaube wird in Indien zutiefst erfahren. Eure Meditationen über unsichtbare und geistige Dinge haben auf die Welt tiefen Eindruck gemacht. Euer überwältigender Sinn für den Vorrang der Religion und die Größe des Höchsten Wesens ist ein machtvolles Zeugnis wider eine materialistische und atheistische Lebensauffassung gewesen. […] Die katholische Kirche erkennt die Wahrheiten an, die in den religiösen Traditionen Indiens enthalten sind."[41] Bei seiner Ansprache 1999 in Neu Delhi würdigte er die Dialogbemühungen und die Toleranz von Männern des Neo-Hinduismus wie Ramakrishna (1836–1886), Swami Vivekananda (1863–1902), Tagore (1861–1941) und Sarvepalli Radhakrishnan (1888–1957). Für den Jesuiten Anand Amaladass schließlich ist die Enzyklika „Fides et Ratio" von 1998 (VAS 135) in Bezug auf die indischen Religionen relevant.[42] Dort heißt es nämlich in Nr. 72: „Den Christen von heute, vor allem jenen in Indien, fällt die Aufgabe zu, aus diesem reichen Erbe die Elemente zu entnehmen, die mit ihrem Glauben vereinbar sind, so dass es zu einer Bereicherung des christlichen Denkens kommt."

In einem Schreiben des PCID von 2016 zum von Papst Franziskus ausgerufenen Jahr der Barmherzigkeit werden Barmherzigkeit und Mitgefühl (*dayā, karunā, anukampā*) als „ein Kernprinzip" und „edle Tugend" des Sanatana Dharma (= Hinduismus) gewürdigt.[43] „Mitgefühl (Barmherzigkeit) ist die Grundlage für das hinduistische Verständnis und die hinduistische Praxis von *ahiṃsā* (Nicht-Verletzen), eine Kerntugend, die als höchstes Mittel der Rechtschaffenheit gesehen wird. Mitgefühl *(compassion)* meint nicht Mitleid oder Bedauern, denn dies ist mit Herablassung verbunden; Mitgefühl heißt sich mit dem Leidenden zu identifizieren, führt zu Handlungen der Güte, Barmherzigkeit und Nächstenliebe im selbstlosen Dienst *(seva)* besonders für die Bedürftigen und in Schmerzen. Dieses Mitgefühl umfasst auch die Tiere. Dies erklärt, warum die meisten Hindus auch Vegetarier sind."[44] Hier wird ein wichtiger Aspekt ergänzt, der so noch nicht im Konzilstext und in den nachkonziliaren Äußerungen zur Sprache gekommen ist.

### *Der theologisch-ethische Dialog mit dem Hinduismus*

Die Konzilsaussagen und nachkonziliaren lehramtlichen Aussagen wären nicht möglich gewesen ohne die Pionierarbeit etwa des Brahmanen und Konvertiten Brahmabandhab Upadhyay (1861–1907)[45], der „Calcutta School of Indology" von Jesuitenmissionaren (wie Pierre Johanns, Richard de Smet)[46] und Theologen wie Jules Monchanin SAM (1895–1957), Henri Le Saux OSB (1910–1973)[47], Josef Neuner SJ (1908–2009)[48], Raimon Panikkar (1918–2010)[49], Bede Griffiths OSB (1906–1993)[50], die intellektuell und spirituell immer tiefer in die indische und hinduistische Geisteswelt eintauchten und mit ihrem christlichen Glauben in Beziehung setzten, zum Teil sogar in einer Art doppelten Zugehörigkeit oder Bi-Religiosität. Kamen früher die christlichen Theologen ausschließlich mit einem missionarischen Interesse nach Indien, so suchten diese Pioniere auch nach spirituellen Quellen, die sie im westlichen Christentum ihrer Zeit persönlich schmerzlich vermissten.[51] Monchanin und Le Saux verbrachten viel Zeit im Ashram von Sri Ramana Maharshi und gründeten schließlich 1950 mit bischöflicher Erlaubnis den christlichen Ashram *Satcitānanda*, der neben anderen (z.B. *Aikiya Alayam* in Madras) bis heute ein Zentrum der Inkulturation und des spirituellen Dialogs darstellt.[52]

Sie und andere haben sich theologisch mit den indischen theologisch-philosophischen Systemen beschäftigt, zuerst vor allem mit der bei den Brahmanen und Neo-Hinduisten wie Swami Vivekananda (1863–1902) und Sarvepalli Radhakrishnan (1888–1975) vertretenen Schule des *Advaita-Vedānta*, der von der Wesensidentität von *ātman* und *brahman* (Nicht-Dualität) ausgeht. Sahen die Brahmanen im *Advaita-Vedānta* Śaṅkaras (7./8. Jh.) eine höhere Stufe als den Theismus, weil außer dem Brahman in Wahrheit nichts existiere, so versuchten vor allem katholische Theologen Anfang des 20. Jahrhunderts, wie Georges Dandoy SJ (1882–1962) oder Pierre Johanns SJ (1882–1955), nicht zuletzt im Dienste der Inkulturation des Christentums zu zeigen, dass der *Advaita* durchaus mit dem christlichen Theismus konvergiere.[53] Protestantische Theologen[54] hingegen und katholische Theologen nach dem Konzil konzentrierten sich eher auf das theistische System des *Vedānta* nach Rāmānuja (11./12. Jh.) und die Bhakti-Frömmigkeit[55] der Volksreligion, die besonders auch bei den kastenlosen Dalits beliebt ist und mehr Potenziale zur sozialen Befreiung enthält als die *Advaita*-Richtung.[56] Sahen die Christen in der hinduistischen volksreligiösen Verehrung Vishnus und Krishnas zunächst Polytheismus und Götzendienst, so zieht man heute eher Strukturvergleiche mit dem sakramentalen Verständnis der Präsenz Gottes im Christlichen. Grundsätzlich sollte sich die christliche Theologie im Dialog mit dem Hinduismus davor hüten, eine bestimmte theologisch-philosophische Schule als einzige Repräsentantin des vielfältigen Hinduismus zu sehen.

Gleichzeitig ist davor zu warnen, etwa hinduistische *avatāra*-Vorstellungen, wie sie vor allem im Vishnuismus typisch sind, auf die christliche Inkarnationsvorstellung zu übertragen, wie dies von neo-hinduistischer Seite gerne geschieht[57], weil damit die reale Menschwerdung des göttlichen Logos und seine Einzigartigkeit nicht ausreichend erfasst werden: *Avatāras* („Herabkünfte Gottes") nämlich nehmen nicht die wirkliche Geschichtlichkeit, Zeitlichkeit, Bedingtheit, Leidensfähigkeit eines Menschen an.[58] Immer stärker aber ist im Laufe des 20. Jahrhunderts das Bedürfnis bei indischen christlichen Theologen festzustellen, den eigenen Glauben nicht mehr (nur) in Begriffen europäischer Sprachen, sondern mit indischen Kategorien zu reformulieren und so erst die wirklich universale Dimension christlicher Wahrheit ernstzunehmen. In diesem Zuge entwickelten sich gerade hier Reflexionen und Diskussionen um die Heilsbedeutsamkeit Jesu Christi (Christozentrik) und ein Streit um das religionstheologische Modell des Pluralismus, das in Jesus Christus nur noch einen Heilsmittler neben anderen sieht.[59]

Ein wichtiges Thema des Dialogs mit dem Hinduismus ist die Ethik. *Dharma* steht nicht nur für die ewige kosmische und gesellschaftliche, sondern auch für die ethisch-sittliche Ordnung. Dennoch war der klassische *Advaita-Vedānta* in erster Linie an der Erkenntnis dieser Ordnung interessiert, die zur Erlösung führe, die Ethik war eher Mittel zum Zweck. Erst der Neo-Hinduismus hat in der Begegnung mit modernem europäischen Denken, vor allem mit Schopenhauer, der *Vedānta*-Philosophie die Ethik der Nächstenliebe und der Gleichheit aller Menschen einverleibt und in der upanishadischen Formel des *tat vam asi* (Identität von *brahman* und *ātman*) die Begründung dafür gesehen.[60]

### Der Dialog der religiösen Erfahrung mit dem Hinduismus

Noch stärker als sonst ist der interreligiöse Dialog in Indien mit kulturellen und sozialen Faktoren verbunden.[61] So sind nach Einschätzung von Martin Kämpchen in den letzten beiden Jahrzehnten „die Barrieren des Unwissens und Argwohns" niedriger geworden durch steigende Bildung, Verstädterung, mehr Begegnungsmöglichkeiten und „die allgemein hohe Anerkennung der Leistungen der Kirchen im Bereich der Schulerziehung und der Krankenversorgung".[62] Auf der anderen Seite gibt es einen zunehmenden nationalistischen Hindu-Fundamentalismus (*Hindutva*), der sich – zum Teil auch gewaltsam – in erster Linie gegen die Muslime, dann aber auch Christen in Indien richtet. Umgekehrt gibt es auch christlich-fundamentalistische Gruppierungen in Indien, die mit ihrer Polemik gegen den Hinduismus, ihrer aggressiven Missionsarbeit und ihrem Exklusivitätsanspruch Spannungen provozieren. Insgesamt scheint die christliche Minderheit in Indien an einem theologischen Dialog aus Angst vor Vereinnahmung[63] und Identitätsverlust angesichts der „synthetisierende(n) Assimilationskraft des Hinduismus"[64] kaum interessiert zu sein; viele Hindus ihrerseits sehen wenig Veranlassung, sich theologisch intensiver mit dem Christentum zu befassen, und nicht wenige Hindus sehen im indischen Christentum einen westlich-kolonialistischen Fremdkörper.[65]

Dennoch gibt es einen Dialog des Alltags sowie einen institutionalisierten Dialog zwischen Christen und Hindus überall da, wo diese zusammenleben, vor allem in Indien, Nepal, Bangladesh, Sri Lanka, Malaysia und Indonesien. Nach Felix Wilfred ist Asien vielleicht der Kontinent, in dem „Nostra Aetate" am stärksten rezipiert worden ist.[66] „In Indien gibt es christliche Dialoghäuser, in denen eben dieser Dialog gepflegt wird, und an dem eine engagierte Schar aufgeklärter und tief gläubiger Menschen regelmäßig teilnehmen. Oft folgen den Gesprächen gemeinsame Meditationen, Betrachtungen oder gemeinsame Gebete, bei denen sich der im Gespräch erlangte intellektuelle Konsens und die atmosphärische Gemeinschaft fortsetzen und vertiefen."[67] Seit Anfang der 1970er-Jahre gibt es auch sogenannte „Live-Together-Sessions" oder „Live-Ins", bei denen Christen und Hindus für einen oder mehrere Tage in einem Haus zusammenkommen, gemeinsam essen, heilige Schriften lesen, meditieren, beten, singen.[68] Auch an religiösen Festtagen kommt man vielerorts zusammen. Eine besondere Form des spirituellen Dialogs sind religiöse Doppelbindungen, d.h. Menschen fühlen sich beiden religiösen Traditionen zugehörig, integrieren in sich beide spirituellen Wege.

In Deutschland leben heute etwa 100.000 Hindus, die jedoch – mit Ausnahme einiger neo-hinduistischer Gruppen – nur sehr marginal in den interreligiösen Dialog involviert sind. Dies gilt auch hinsichtlich der vielerorts üblich gewordenen multireligiösen Friedensgebete: Für Hindus ist das Sprechen von Bittgebeten im öffentlichen Bereich ungewöhnlich, hier ist eher die Rezitation von heiligen Texten oder Mantras üblich. Insgesamt ist der Hinduismus für die Weltkirche bislang deutlich weniger im Blick gewesen als der Islam.[69] Dabei gibt es seit Jahrzehnten eine Vielzahl von neo-hinduistischen Gruppierungen im Westen, die auch eine hohe Attraktivität für Christinnen und Christen besitzen.[70] Vor allem verschiedenste Richtungen und Angebote von Yoga und Meditation (*dhyāna*) werden von nicht wenigen Christen praktiziert und in die eigene Spiritualität integriert, wenn auch nicht primär oder bewusst aus religiös-spirituellem Interesse, sondern „vom Wunsch nach Entspannung, Fitness und Selbsterfahrung geleitet"[71]. Wie dies theologisch zu bewerten ist,

ist bislang noch kaum befriedigend reflektiert und diskutiert. So ist sowohl bei hinduistischen wie auch christlichen Theologen umstritten, ob und in welchem Maße Praktiken des Yoga von ihren religiös-weltanschaulichen Hintergründen, die ja selbst vielfältig bis widersprüchlich sind – die einen Systeme sind dualistisch, andere nicht-dualistisch, die einen theistisch, andere nichttheistisch oder pantheistisch –, zu lösen sind, also weltanschaulich neutral sein können. Dabei wird immer deutlicher, dass vieles, was ursprünglich aus dem Alten Indien zu stammen scheint, eher eine westliche Adaption des 19./20. Jahrhunderts darstellt und von dort wieder nach Indien gelangte: „Der moderne Yoga in Europa und den USA ist keine jahrtausendealte indische Tradition, sondern Produkt des interkulturellen Austauschs, das im Kontext der Modernisierung der indischen Gesellschaft – als die Yogalehre dort überhaupt nicht populär war! – unter dem Einfluss der westlichen Kultur entstand."[72] Religionswissenschaftlich betrachtet handelt es sich hier also um Wechselwirkungsprozesse, die durchaus synkretistisch verlaufen, aber auch Spannungen erzeugen:

„Tiefgreifende Unterschiede werden am Menschenbild des Yoga deutlich, das, aus christlicher Sicht betrachtet, stets dazu neigt, die Einheit der menschlichen Person aufzulösen und die ‚Seele' als Fremdling in der Welt und in der empirischen Person zu betrachten."[73] Die Ganzheitlichkeit des biblischen Menschenbildes scheint sich damit nur schwer zu vertragen: „Der christliche Glaube kennt kein unvergängliches Selbst des Menschen, das sich um seiner Erlösung willen seiner totalen Geschiedenheit von Leib und Geist bewusst werden müsste."[74] Zu bedenken ist weiterhin, dass sich mit den Mantras, die in vielen Yoga-Formen rezitiert werden, zwangsläufig Gottesvorstellungen und eine konkrete Gottesverehrung verbinden, gleich ob personal oder a- oder transpersonal. Es gibt keine reine mystische Erfahrung, die frei wäre von Deutungskategorien. Christliche Meditation im Stil des Yoga knüpft oft an den theistischen Yoga der *Bhagavad-gītā* an: „Sie bedient sich der Mittel yogischer Bewusstseinskontrolle mit dem Ziel, den Geist ganz auf Christus zu richten."[75] Problematisch aus christlicher Sicht ist schließlich die gleichsam göttliche Verehrung des Gurus. Yoga und andere Techniken können zu einer Weltflucht oder heilsegoistischen Beschäftigung mit sich selbst führen, sie können aber auch eine vorbereitende Funktion haben, „nämlich als Hilfe zur Sammlung und zu jener Stille, in der der Christ wieder zum Hören, Bibellesen und Beten fähig wird."[76] Es kommt somit viel auf die richtige Methode, Intention und Interpretation an.

Christlich wird man Yoga und andere hinduistische Traditionen also weder pauschal verwerfen noch unterschiedslos rezipieren können. Es gilt auch hier der biblische Grundsatz, alles zu prüfen und das Gute zu behalten (vgl. 1 Thess 5,21): Gut ist, was dem Menschen dient, was ihn zur Gemeinschaft mit Gott und dem Mitmenschen führt. Der evangelische Theologe Friedmann Eißler kommt zu dem recht allgemeinen Schluss: „Die eine oder andere Yoga-Methode kann als eine Hilfe zur Vertiefung christlicher Glaubenserfahrung und zur Erschließung neuer oder wenig beachteter Dimensionen des Glaubens erlebt werden. Andererseits sind Guru-Verehrung, der Glaube an Karma und Reinkarnation, die (pseudo-)tolerante Vereinnahmung unterschiedlichster Glaubensinhalte mit der Behauptung religiös-weltanschaulicher Neutralität nicht Inhalte, die von einer ‚reinen' Form der Yogapraxis fein säuberlich zu trennen wären."[77]

Dennoch kann der Yogaweg durchaus christlich gedeutet und integriert und so zu einem „christlichen Yoga" werden, wenn das letzte Ziel nicht das Zum-Stillstand-Bringen des Geistes und eine Abkehr von der Welt ist, sondern die personale Gemeinschaft mit Gott, der sich in der Geschichte in Jesus Christus aus freier Liebe selbst mitgeteilt hat und im Nächsten begegnet. „Christus ist vom christlichen Standpunkt aus nicht nur das ontologische Ziel des Hinduismus, sondern auch dessen wahre Inspiration, und seine Gnade ist die führende, wenn auch verborgene Kraft, die den Hinduismus zu seiner vollen Blüte bringt."[78] Dieser christologisch-pneumatologische Inklusivismus erscheint dem Hindu gegenüber als Zumutung, doch ist er umgekehrt auch ihm zuzugestehen, der Christus und den Geist Christi als *śakti*, als schöpferische Kraft *brahman*, oder als einen *avatāra* Vishnus interpretiert. Ein solcher „wechselseitiger Inklusivismus" kann dann fruchtbar werden, wenn er nicht mit Selbstgenügsamkeit und Überheblichkeit daherkommt, sondern lernfähig, demütig und offen ist.

## Schluss

Dialog ist notwendig, um Unkenntnisse, Missverständnisse und Vorurteile zu überwinden, die es auf allen Seiten immer noch gibt. Diesen Dialog führen erst einmal konkrete Menschen in konkreten Kontexten, aber je mehr Menschen involviert sind, desto stärker sind die Auswirkungen auf die Religionsgemeinschaften und ihre religiösen Systeme insgesamt. Die Geschichte der Religionen und ihrer Beziehungen zueinander zeigt, dass sich Religionen sehr wohl durch Begegnung und Lernprozesse wechselseitig beeinflussen und verändern können. Der Dialog der Religionen sollte letztlich der Humanisierung der Religionen und der Menschheit dienen: Christen, Muslime und Hindus bilden zusammen etwa 5 Milliarden Menschen und damit zwei Drittel der Weltbevölkerung! Ihr Auftrag ist es, einen wesentlichen Beitrag zu einer friedlicheren, gerechteren und nachhaltigeren Welt zu leisten: Die Christen sind von Jesus Christus her berufen, am Reich Gottes durch Nächstenliebe mitzuwirken, die Muslime werden vom Koran aufgefordert, das Böse zu meiden und Gutes zu tun, für die Hindus ist das Gebot des Nichtschädigens (*ahiṃsā*) zentral. Angesichts der lebensbedrohlichen Zerstörung der Biosphäre durch den Menschen haben diese Religionen eine völlig neue Mission zu erfüllen (vgl. Enzyklika „Laudato si").

Mehr noch als das Christentum beanspruchen der Islam und der Hinduismus, das gesamte Leben zu bestimmen, doch auch sie sind immer stärker mit Prozessen der gesellschaftlichen Ausdifferenzierung und Säkularisierung konfrontiert, was zu fundamentalistischen Abwehrreaktionen führt. Keine dieser Religionen ist vor der machtpolitischen Instrumentalisierung, vor der Versuchung der Macht gefeit. Insofern muss der interreligiöse Dialog immer auch seinen jeweiligen gesellschaftspolitischen Kontext berücksichtigen. Dieser Dialog ist wichtig und unabdingbar, aber er ist kein Allheilmittel zur Lösung sämtlicher Probleme und Konflikte vor allem auf politischer und gesellschaftlicher Ebene, und er setzt letztlich freiheitliche und rechtsstaatliche Rahmenbedingungen voraus. Interreligiöser Dialog sollte auch nicht nur bestimmt werden von dem, was er verhindern soll, sondern auch von dem, was er an Bereicherung durch Begegnung, Freundschaft und tiefere Erfassung der Wahrheit schenken kann.

Stärker noch als im christlich-islamischen Dialog wird im christlich-hinduistischen Dialog spürbar, wie sehr Glaube und Religion mit sprachlichen, kulturellen, philosophischen und sozialen Faktoren verknüpft sind. Die Übersetzungsarbeit und Hermeneutik erweist sich dabei als größte Herausforderung, um sich überhaupt dem anderen verständlich zu machen und den anderen angemessen zu verstehen. Interreligiöser Dialog muss in diesem Kontext einhergehen mit dem interkulturellen Dialog und letztlich auch mit Inkulturation.

Die praktische Begegnung und intellektuell-theologische Beschäftigung mit dem Hinduismus oder überhaupt der indischen Geisteswelt könnte somit für das Christentum ein ähnlich einschneidender Prozess werden wie die Auseinandersetzung des frühen Christentums mit der griechischen Geisteswelt, weil er völlig neue Zugänge zur Wirklichkeit vermitteln und ein neues Selbstverständnis bewirken kann.[79]

Im Zentrum des christlichen Dialogs mit Muslimen und Hindus wird und müssen letztlich Jesus Christus und seine Bedeutung stehen: Sehen Muslime in ihm einen göttlichen Gesandten rein menschlicher Natur, der nicht den Weg des Leidens und Kreuzestodes gegangen ist, und moderne Hindus in ihm einen *avatāra* oder Weisen, der sich nicht wirklich auf die menschliche Ebene begeben hat, so bekennen Christen ihn als das real menschgewordene Wort Gottes, als den Erlöser, der in seiner unendlichen, bedingungslosen Liebe für den Menschen sein Leben am Kreuz hingegeben hat.

## Anmerkungen

1 | *Zur Entstehungsgeschichte der Erklärung vgl. Renz 2014, bes. S. 98–128.*
2 | *Zu de Nobili vgl. Wilfried, Thomas 1992, S. 154–163. Vgl. de Smet 1991.*
3 | *Vgl. Halbfas 1981, S. 56 ff.*
4 | *Vgl. Rao 2001, S. 7-12. Vgl. Bajaj, Srinivas 2004.*
5 | *Vgl. Kuttianimattathil 1995, S. 130 f. Der Satz über den Hinduismus in NA scheint im Wesentlichen auf Josef Neuner SJ zurückzugehen. Einfluss könnte auch Henri de Lubac gehabt haben, der mit Jules Monchanin, einem der Pioniere des Dialogs mit dem Hinduismus, eng befreundet war.*
6 | *Papali, Art. „Exkurs zum Konzilstext über den Hinduismus", S. 478.*
7 | *Vgl. Küng 1991, S. 153–156.*
8 | *Vgl. Michaels 1998, bes. S. 160–309.*
9 | *Michaels 1998, S. 285; vgl. auch Papali Art. „Exkurs zum Konzilstext über den Hinduismus", S. 480.*
10 | *Der gegenwärtige nationalistische Hindu-Fundamentalismus (Hindutva) in Indien versucht sich dagegen mit menschenrechtswidrigen Einschränkungen der Religionsfreiheit und zum Teil auch Gewalt zu wehren.*
11 | *Vgl. Farrugia 1988, S. 40 f, S. 62 f.*
12 | *Zur Barmherzigkeit Gottes im Islam vgl. Khorchide 2012.*
13 | *Gäde 2006, S. 740.*
14 | *Vgl. dazu Middelbeck-Varwick 2011.*
15 | *Zirker 1989, S. 46.*
16 | *Roddey 2005, S. 43; vgl. auch Gäde, Strahl, S. 740 f.*
17 | *Vgl. dazu Zirker 1993, S. 204–220. Vgl. Renz 2008a. Vgl. Middelbeck-Varwick 2009.*
18 | *Vgl. dazu Kuschel 1994. Vgl. Frankemölle 2016. Vgl. kritisch Bechmann 2007.*
19 | *Siebenrock 2005, S. 659.*
20 | *Vgl. Zirker 1993, S. 135–142.*
21 | *Nikolaus von Kues, Vom Frieden zwischen den Religionen. Vgl. Von Kues 2002, S. 112 f.*
22 | *Vgl. Schimmel 1996. Vgl. Bazargan 2006. Vgl. Bauschke 2013.*
23 | *Vgl. Paret 1980, S. 70–73. Vgl. Renz, Leimgruber 2009, S. 179–185.*
24 | *Fitzgerald 2006, S. 38.*
25 | *Müller 1968, S. 139.*
26 | *Farrugia 1988, S. 73.*
27 | *http://www.zdk.de/organisation/gremien/gespraechskreise/gespraechskreis-christen-und-muslime-beim-zdk/*
28 | *Vgl. dazu Tirimanna 2008, bes. S. 38 ff.*
29 | *Vgl. dazu Renz 2009a. Vgl. ders. 2009b. Vgl. ders. 2008b, S. 14–23.*
30 | *Vgl. https://w2.vatican.va/content/francesco/de/speeches/2015/june/documents/papa-francesco_20150606_sarajevo-incontro-ecumenico.html*
31 | *Eine Art Zwischenstand des Erreichten bietet das Handbuch Meißner, Affolderbach, Mohagheghi, Renz 2016.*
32 | *Vgl. die von der Stiftung herausgegebene Buch- und Schriftenreihe.*
33 | *Vgl. das im Auftrag der Stiftung von Richard Heinzmann herausgegebene zweibändige „Lexikon des Dialogs. Grundbegriffe aus Christentum und Islam", Heinzmann 2013, und das von Mathias Rohe u. a. herausgegebene „Handbuch Christentum und Islam in Deutschland", Rohe u. a. 2014.*
34 | *Vgl. Schmid 2010.*
35 | *www.akademie-rs.de/theologisches-forum.html*

36 | *Vgl. u.a. die Buchreihe „Theologisches Forum Christentum – Islam".*
37 | *Vgl. dazu Machado 2004. Vgl. Kuttianimattathil 1995, S. 132–138, 140–161.*
38 | *Zit. nach Fürlinger 2009, S. 280. Vgl. Kuttianimattathil 1995, S. 138 f.*
39 | *Zit. nach ebd., S. 281.*
40 | *Zit. nach ebd., S. 284.*
41 | *Zit. nach ebd., S. 287.*
42 | *Vgl. Amaladass 2007, S. 231.*
43 | *PCID 2016, S. 33.*
44 | *Ebd., S. 34.*
45 | *Vgl. dazu Lipner 1999.*
46 | *Vgl. dazu Kuttianimattathil 1995, S. 47 ff.*
47 | *Zu Leben und Werk vgl. Hackbarth-Johnson 2003.*
48 | *Vgl. Neuner 1962.*
49 | *Vgl. Panikkar 1986.*
50 | *Vgl. Griffith 2002.*
51 | *Vgl. Beltramini 2013.*
52 | *http://saccidanandaashram.com/; vgl. Nayak 2000. Vgl. Kuttianimattathil 1995, bes. S. 84 ff.*
53 | *Vgl. Hackbarth-Johnson 2003, S. 196.*
54 | *Vgl. dazu allgemein Ariarajah 1991.*
55 | *Vgl. dazu Mette 1997.*
56 | *Vgl. Ganeri 2007.*
57 | *Vgl. Rao 2001, S. 10.*
58 | *Vgl. Neuner 1954, bes. S. 794, 816. „Das Eins von wahrem Gott und wahrem Menschen hat Indiens* avatāra*-Lehre nie gekannt." Ebd., S. 820. Neuner interpretiert die hinduistischen* avatāra*-Lehren – bereits das inklusive Modell des Konzils vorwegnehmend – als „mythologische Entfaltung des verheißenen Christus-Mysteriums", ebd., S. 823.*
59 | *Vgl. dazu u.a. Kuttianimattathil 1995, Kap. 5.*
60 | *So Rappel 2007, S. 228 ff.*
61 | *Vgl. dazu Klostermaier 1971.*
62 | *Kämpchen 2014, S. 271.*
63 | *Zu dem auf Paul Hacker zurückgehenden Begriff des indischen Inklusivismus vgl. Oberhammer 1983.*
64 | *Rappel 2007, S. 237.*
65 | *Vgl. Amaladass 1997, S. 41–43. Der bekannteste und wirkungsreichste hinduistische Vertreter eines Dialogs mit dem Christentum war sicher Mahatma Gandhi.*
66 | *Vgl. Wilfred 2015, S. 37.*
67 | *Kämpchen 2014, S. 270; vgl. Kuttianimattathil 1995, bes. S. 93 ff, 400 ff.*
68 | *Vgl. Kuttianimattathil 1995, S. 102 ff, 413 ff, 427 ff. Vgl. Nayak 2000, S. 33.*
69 | *Auf Seiten des Ökumenischen Rates der Kirchen ist der Dialog mit dem Hinduismus seit 1971 Teil des Programms „Interfaith Dialogue". 1994 wurde die „Society for Hindu-Christian Studies" gegründet, um sich den Beziehungen beider Religionen zueinander zu widmen. Die Gesellschaft gibt seitdem das jährlich erscheinende „Journal of Hindu-Christian Studies" heraus. In Großbritannien wurde 2003 das „Hindu-Christian Forum" gegründet (http://www.hinduchristianforum.co.uk/); in Kanada gibt es seit 2013 einen offiziellen Dialog der katholischen Bischofskonferenz mit der „Hindu Federation of Canada" und der „International Society of Krishna Consciousness".*
70 | *Vgl. Bergunder 2006.*
71 | *Hummel 1990, S. 2.*
72 | *Eißler 2014, S. 308.*
73 | *Hummel 1990, S. 8.*
74 | *Huber 1991, S. 355.*

75 | *Hummel 1990, S. 15.*
76 | *Ebd., S. 25.*
77 | *Eißler 2014, S. 311.*
78 | *Panikkar 1986, S. 13.*
79 | *Vgl. Klostermaier 1971, S. 85.*

Bernd Jochen Hilberath

# Hindu geworden und Christ geblieben: Leben, Werk und Zeugnis des Raimon Panikkar

Ist der Sohn einer spanischen (katalanischen) Mutter und eines indischen Vaters dazu prädestiniert, Brückenbauer zwischen West und Ost zu werden? Die Erfahrung zeigt, dass hier kein genetischer Automatismus waltet. Zum einen hatten weder der Goethe des westlich-östlichen Diwan noch der Orienterzähler Karl May (die literarischen Qualitätsunterschiede seien hier eingeklammert) dieses Privileg, ja sie wuchsen in Gesellschaften auf, deren Mentalität keineswegs als orientfreundlich qualifiziert werden kann. Es braucht also die persönliche Einstellung, die Kraft eigener Erfahrungen und allem voran die Neugier für das Andere, Fremde – und die Erwartung, in Begegnungen und Austausch bereichert zu werden, Neues zu sehen, ja sich selbst in neuem, jedenfalls anderem Licht zu sehen!

## Gelebtes *Inter*

Raimon Panikkar, am 3. November 1918 in Barcelona geboren, ist vielfältig interessiert und lässt weder seine Neugier noch seine Talente verkümmern.[1] Mit 17 Jahren erlangt er das Baccalaureat – in Chemie. Dieses Studium setzt er an der Universität Bonn fort, kehrt aber zum Erwerb des Masters in die Heimat zurück. Ein Jahr danach präsentiert er sich auch als Magister der Philosophie und nennt Xavier Zubiri, Miguel de Unamuno und José Ortega y Gasset, also die bedeutendsten spanischen Philosophen, seine Lehrer. Bis zum Kriegsende ist er Assistent – in Psychologie! 1946 promoviert er in Madrid zum Doktor der Philosophie mit der Arbeit „El concepto de naturaleza. Analísis historíco y metafísico de un concepto“; das Buch erscheint 1951, in zweiter Auflage nochmals 1972. Kurze Zeit wirkt Raimon Panikkar als Professor für Philosophie der Geschichte und für das Studium Generale in der spanischen Hauptstadt, bevor er nach Rom wechselt, was für einen 1946 zum Priester geweihten Katholiken (vielfach auch heute noch) mehr ist als nur die Hauptstadt Italiens. 1954 erwirbt er an der Lateran-Universität das Theologische Lizentiat, um danach einen ganz entscheidenden Schritt zu tun: Panikkar geht nach Indien und arbeitet als Senior Research Fellow an den Universitäten Mysore und Varanasi.

Von einem Abdriften in die Theologie kann freilich keine Rede sein! 1958 finden wir Raimon Panikkar wieder in Madrid, wo er promoviert – in Chemie. Titel der Dissertation: „Ontonomía de la ciencia. Sobre el sentido de la ciencia y sus relaciones con la filosofía“. Doktor der Chemie, Doktor der Philosophie – da fehlt noch ein Baustein zur offiziellen Bestätigung der interdisziplinären Begabung, und richtig: Drei Jahre später folgt die Promotion in Theologie, dies wiederum an der Lateran-Universität, Titel: „The unknown Christ of Hinduism“, erschienen in London 1964, in überarbeiteter und erweiterter Fassung 1981 vorgelegt, in deutscher Übersetzung 1965 in erster Auflage, dann 1986 erneut publiziert.

Dazwischen liegt kein wissenschaftliches Großereignis, aber ein menschliches von durchaus internationaler Bedeutung – und wer wollte bestreiten, dass dies wiederum auch einen Wissenschaftler zutiefst bestimmen kann? –: 1959 gehört Raimon Panikkar zum dreiköpfigen Empfangskomitee für den Dalai Lama in Indien.

In der ersten Hälfte der sechziger Jahre ist Raimon Panikkar dann überwiegend in Rom und damit beim Zweiten Vatikanischen Konzil (1962–1965) präsent. Er lehrt Religionssoziologie und Religionsphilosophie, wird inoffizielles Mitglied der Liturgiekommission unter der Leitung von Kardinal Lercaro, einem der vier Moderatoren des Konzils.

Wie Panikkars wissenschaftliche Arbeit von der Begegnung lebt, zeigt sich an einer weiteren Pioniertat, die er bezeichnenderweise mit anderen vollbringt: Er ist Mitbegründer der berühmten Castelli-Konferenzen der Internationalen Universität Rom. Diese haben ihren Schwerpunkt in Fragen der Hermeneutik. Das Spektrum der dort aufeinandertreffenden Konzeptionen reicht von einer strikt philologisch verstandenen Hermeneutik bis zu einer universalen Kunst des Verstehens. Panikkar trifft dort den evangelischen, mit dem Programm der Entmythologisierung und der existentialen Exegese verbundenen Neutestamentler Rudolf Bultmann, den rumänischen Religionswissenschaftler und Philosophen Mircea Eliade, den in Ungarn geborenen Klassischen Philologen und Religionswissenschaftler Karl Kerényi, den aus der Schweiz stammenden reformierten systematischen Theologen Heinrich Ott und nicht zuletzt Paul Ricœur, einen der letzten europäischen Universalgelehrten, der zu seiner wissenschaftlichen Beschäftigung mit Texten und Sprache eine ganze Bandbreite hermeneutischer Konzepte, z. B. auch Psychoanalyse und Strukturalismus, heranzog. Leben, Werk und Zeugnis – hier erkenne ich eine ganz große „Seelen-Verwandtschaft" zwischen dem spanisch-indischen Katholiken Panikkar und dem französischen reformierten Philosophen Paul Ricœur. Beide suchen die Begegnung der Wissenschaften und Weltanschauungen, und beide wissen um das „Darüber hinaus", das, was über unser Erkennen und Sein hinausgeht, es übersteigt, also das Transzendieren und die Transzendenz. Ricœurs berühmte Sentenz – er selbst nennt sie seinen „Lieblingssatz" – „das Symbol gibt uns zu denken"[2] lässt das Denken nicht im Mythos versinken oder in ihn sich versenken, sondern beansprucht es, allerdings nicht als letztlich Sinn gebendes, sondern als empfangendes Denken. Im Anschluss an Panikkar unterscheidet sein Meisterschüler Francis X. D'Sa[3] drei Stufen des Umgangs mit der Wirklichkeit, nämlich Erklären/Wissen (in der Welt der Wissenschaft im engeren Sinn, der *sciences*), Verstehen (im Sinn der durch Heidegger inaugurierten Universalhermeneutik) und Glauben (als das Sich-öffnen für das, was uns nur geschenkt werden kann und letzten Sinn verleiht).

Raimon Panikkar ist als Chemiker, Philosoph und Theologe in allen drei „Welten" (D'Sa) wissenschaftlich zu Hause. Dies freilich nicht dadurch, dass am Schreibtisch nacheinander drei Dissertationen entstehen; diese bedeuteten wenig, wenn nicht das Brückenschlagen zwischen Ost und West, zwischen Kulturen und Religionen in konkreten Begegnungen geschieht. Raimon Panikkar ist ein Global Player, der nicht via Medien, sondern persönlich vor Ort präsent ist. Madrid, Bonn und Rom – das wäre ein halbierter Eurozentrismus. Aber da ist natürlich Indien! Der Sohn einer katholischen Spanierin hatte einen hinduistischen Inder als Vater, und in Indien war er uns schon als Senior Research Fellow begegnet. 1964 kehrt er dorthin zurück: an das von Madathilparampil Mammen Thomas geleitete Christian Institute for the Study of Religion and Society in Bangalore. Thomas war übrigens – und auch dies wirft ein Schlaglicht auf die Vernetzung Panikkars – von 1968 bis 1975 Vorsitzender/ Moderator des Zentralausschusses des Ökumenischen Rates der Kirchen.

Hinzu kommen Reisen, auch Pilgerreisen. Hinzu kommen die freundschaftlichen Kontakte zum *Satcitānanda*-Ashram. Und hinzu kommt die Entdeckung eines weiteren Kontinents: Zehn Jahre lang hält Raimon Panikkar im Auftrag des indischen Staates bzw. des Rates für kulturelle Beziehungen Vorlesungen und Vorträge über indische Philosophie, Kultur und Religion – in Lateinamerika. 1966 ist er Delegierter beim Unesco-Kolloquium in Buenos Aires. Im gleichen Jahr wird er als Priester in die Diözese Varanasi inkardiniert. Als Christ darf er freilich die zunächst angebotene Professur an der renommierten Benares University schließlich doch nicht annehmen.

In den nächsten zwanzig Jahren treffen wir Raimon Panikkar als Visiting Professor, Honorar-Professor und fest etablierten Universitätslehrer an den Universitäten von Cambridge/Massachusetts (von 1967 bis 1971 in Havard), an dem von Wilfred Cantwell Smith geleiteten Center for the Study of World Religion, an der Universität Montreal, am Union Theological Seminary in New York, am United Theological College in Bangalore, an der Duquesne University in Pittsburgh, der Colombia in New York. Im Hauptberuf ist er in dieser Zeit (1971–1978) Professor für vergleichende Religionsphilosophie und Religionsgeschichte an der University of California in Santa Barbara. Die Alternative war übrigens die Übernahme des Guardini-Lehrstuhls in München, den in den 1960er-Jahren auch Karl Rahner innehatte. „Auch nach seiner Emeritierung gab Raimon Panikkar berühmte Vorlesungen, z.B. die Gifford Lectures in Edinburgh oder die Cardinale Bellarmin Lectures in Rom."

2004 verlieh die Katholisch-Theologische Fakultät Tübingen Raimon Panikkar die Ehrendoktorwürde – und ehrte damit sich selbst.[4] Zu Beginn meiner damaligen Laudatio hatte ich hervorgehoben: „Einer der Spitzensätze in Hans-Georg Gadamers Jahrhundertwerk *Wahrheit und Methode* lautet: ‚Die Vollendung von Erfahrung ist die Offenheit für neue Erfahrungen.' Nicht zuletzt der Ehrendoktor selbst weiß, dass die Ehrung für ein Lebenswerk die Würdigung einer unvollendeten Lebenssymphonie, eines unabgeschlossenen Werkes darstellt. Nicht weil Raimon Panikkar uns schon alles gesagt und uns schon alles richtig gesagt hätte, ehren wir ihn heute. Wir verleihen ihm vielmehr die Ehrendoktorwürde, weil er uns auf eine Spur gesetzt hat, besser: manche Wege gespurt, Wegweiser aufgestellt hat, weil er als religiöser Mensch und Wissenschaftler ein Vorbild des *Inter* war und ist: interreligiös und interkulturell, international und interdisziplinär. Inter-esse an den Menschen, ihren Freuden und Ängsten, ihren Gebeten und Gotteserfahrungen, ihren großen Erzählungen und ihrer wissenschaftlichen Kleinarbeit zu haben: das ist das Geheimnis des Dabeiseins. In der Mitte dieses Inter-esse kann das göttliche Geheimnis selbst erscheinen."[5]

## Zeugnis und Vermächtnis

Die Begegnung der Kulturen von Ost und West ist immer auch eine interreligiöse Begegnung. Konzepte interkultureller und interreligiöser Hermeneutik sind umso fruchtbarer, je erfahrungsgetränkter sie sich ausbilden. Dafür ist Raimon Panikkar ein Paradebeispiel. Die folgende Skizze seines Denkens als Zeugnis und Vermächtnis beginnt deshalb nicht mit Konzepten, sondern mit Haltungen, mit Aufmerksamkeit und Sensibilisierung.[6]

### Sensibilisierung für die interreligiöse Fragestellung

Panikkars herausragende theologische Verdienste reichen in das Umfeld des Zweiten Vatikanischen Konzils zurück. Sie lassen sich am Begriff der „katholischen Religion" festmachen. Dabei steht *kat'holon* für das Ganze, für die himmlische Religion, die zwar in konkreten geschichtlichen Religionen antizipiert wird, aber ihnen letztlich vorausliegt. So vertritt Panikkar bereits Anfang der 1960er-Jahre eine pluralistische Religionstheologie, die freilich mit einer klaren konkreten Positionierung verbunden ist. Um ein üblich gewordenes Schema zur groben Einordnung heranzuziehen: Panikkar ist weder Exklusivist (es gibt ausschließlich eine wahre Religion) noch „ergebnisoffener" Pluralist (erst am Ende aller Tage wird die Wahrheit offenbar), sondern – hier der Position des Konzilstheologen Karl Rahner nahe – ein pluralitätsoffener Inklusivist. Letzteres stellt freilich ein variantenreiches Konzept dar, die Spannbreite reicht von „die Wahrheiten der anderen Religionen sind in der meinen immer schon eingeschlossen, auch wenn sie erst in der Begegnung entdeckt, aufgedeckt werden" bis zu „im Pluriversum der Religionen erscheinen in pluralen Formen die gemeinsamen Grundwahrheiten". In Panikkars theologischer Dissertation „Der unbekannte Christus im Hinduismus" geht es nicht darum, den Hindus den ihnen unbekannten Christus zu vermitteln, sondern im Hinduismus aufzudecken, was den Christen an „ihrem“ Christus noch unbekannt ist. In jeder authentischen religiösen Tradition ist Christus zu finden. Hier deutet sich an, was von fachtheologischer Seite entsprechend kritisiert oder wenigstens angefragt wurde:[7] Lässt sich die Verbindung von Jesus und Christus, die ja auch „die christliche Ursynthese“ genannt wird, so lockern, dass Christus zur Symbolfigur wird, die sich auf unterschiedliche Weise „inkarnieren“ kann?

Panikkar hält fest, dass „der Wahrheitsanspruch einer Religion gewissermaßen innerlich verknüpft [ist] mit ihrem Anspruch auf Ausschließlichkeit“[8]. Doch können religiöse Menschen lernen zu differenzieren, nämlich zwischen einer objektiven und einer subjektiven Wahrheitsordnung, zwischen der eigenen Wahrheit(sformulierung) und der (vom Menschen nicht verfügbaren und gefügig zu machenden) Wahrheit Gottes. Wenn Religionen einen Absolutheitsanspruch erheben, dann nicht den ihres eigenen Glaubenssystems, sondern den unbedingten Heilsanspruch Gottes auf alle Menschen.[9] Es spricht für die intellektuelle Redlichkeit und die geistliche Unbestechlichkeit Panikkars, wenn er auch die Haltung der „Einschließlichkeit“ (eben des Inklusivismus) kritisch betrachtet: „Diese Einstellung kommt mit einem Anflug von Großmut und Erhabenheit daher. Jeder kann seinen eigenen Weg gehen, niemand hat es nötig, andere Wege zu verdammen. Man kann sogar Verbindung zu allen anderen Wegen aufnehmen, vorausgesetzt, es wird einem die echte Erfahrung zuteil, dass alles in der eigenen Überlieferung bereits enthalten ist [...] Aber auch diese Haltung ist nicht frei von Problemen [...]“[10] Panikkar sieht die Gefahr des Hochmuts und die „Schwäche eines nahezu alogischen Wahrheitsbegriffes“, so dass „aus der Wahrheit eine relative Größe“ wird.[11] Freilich bleibt es im Endeffekt bei der Dominanz einer „volleren“ Wahrheit.

Jenseits von Ausschließlichkeit und Einschließlichkeit verortet Panikkar die Haltung des „Nebeneinander“. Dieses entspricht einer weit verbreiteten Mentalität, deren Problem allerdings so zugespitzt gefasst wird: Das Modell „teilt zugleich die Menschheitsfamilie in wasserdichte, geschlossene Abteilungen ein und macht aus jeder Art von Konversion einen Verrat am eigenen Sein“.[12] Aber es taugt für den Anfang, insofern es sich „durch einen hoffnungsvollen und zugleich geduldigen Grundzug“ auszeichnet“[13].

Panikkar setzt auf die Erfahrung der konkreten Begegnung: „Je mehr die verschiedenen Weltreligionen sich gegenseitig näher kennenlernen, je mehr wir selber feinfühliger werden für die Religiosität der Menschen um uns, desto mehr beginnen wir zu ahnen, dass in jedem von uns der andere irgendwie bereits mit da ist, und umgekehrt, dass der andere seinen Glauben nicht völlig unabhängig von uns lebt, sondern irgendwie von unserem eigenen Glauben mitbetroffen ist.“[14] Das zweimalige „irgendwie“ kann kritisch betrachtet werden, doch nur so offen kann interreligiöse Begegnung zur wechselseitigen Bereicherung werden. Panikkar greift klassische Begrifflichkeit auf, um seiner Vorstellung ein Etikett zu geben: „Mit einem Wort, die Beziehung der Religionen zueinander ist weder als Ausschließlichkeit (meiner eigenen), noch als Vereinnahmung (aller anderen durch meine eigene), noch als Nebeneinander (alle streben unabhängig voneinander demselben Ziel zu) zu kennzeichnen, sondern als eine *perichoresis* oder *circumincessio sui generis*, das heißt als gegenseitige Durchdringung, ohne dass dabei die Eigenheiten und Besonderheiten der einzelnen Religion verloren gehen.“[15] Mit Perichorese wird in der herkömmlichen Trinitätstheologie das innige gegenseitige Verhältnis von Vater, Sohn, Geist „begriffen“, eben als gegenseitige Durchdringung, welche die Eigenheit der göttlichen „Personen“ nicht aufhebt. Dieses trinitarische Vorbild wird immer wieder als Modell für die Gemeinschaft *(communio, koinonia)* (in) der Kirche herangezogen, hier nun auf das Verhältnis der Religionen zueinander angewendet. Es spricht für Panikkar, dass er auch Anfragen an diese Haltung und das entsprechende religionstheologische Modell richtet, jedoch: „Diese Einstellung eröffnet möglicherweise neue Sichtweisen, die den anderen [Einstellungen] verborgen bleiben [...] stehen wir doch auf dem

Boden gegenseitiger Achtung und Anerkennung, und ohne dass wir unsere Identität verlieren, entziehen wir unserem überall nur sich selbst behaupten wollenden Ich ein wenig mehr den Boden. Diese Einstellung kann zu gegenseitiger Bereicherung innerhalb einer gemeinsamen Synthese beitragen [...] Es ist ein offener Prozess."[16]

Übrigens: Auch hier finden sich Anknüpfungspunkte in unserer westlichen Tradition: Panikkar beruft sich auf das Verständnis von Wahrheit, das er bei Thomas von Aquin findet: Wahrheit sei das, „was man sucht, nicht was man unfehlbar findet"[17]. Mit diesem Wahrheitsverständnis korrespondiert das Bild von Kirche als Ereignis in der ganzen Menschheit. Panikkar macht sich daher für ein – im Zweiten Vatikanischen Konzil wieder anzutreffendes – Verständnis der Kirche als „ecclesia ab Abel" stark und betont mit Blick auch auf seinen hinduistischen Vater und sein Aufwachsen mit den heiligen Liedern und Texten der Hindus, dass er sich als ein Priester in der Nachfolge des friedliebenden Heiden „Melchisedek" versteht. Auf dem Konzil setzte sich der Jesuit für die Einführung der Muttersprache ein und machte sich für die Ausbildung kontextueller Liturgie stark. Nehmen wir die in dieser Zeit entstandenen theoretischen Arbeiten hinzu, dann dürfen wir ihn ohne Einschränkung zu den geistigen Vätern der interreligiösen und interkulturellen Öffnung zählen, welche die römisch-katholische Kirche im Zweiten Vatikanischen Konzil vollzogen hat.

## Spielregeln interreligiöser Hermeneutik

### *Dialogischer Dialog*

Die religionstheologischen Überlegungen werden Ende der sechziger Jahre und im Verlauf der siebziger Jahre zu einer umfassenden interkulturellen und interreligiösen Hermeneutik ausgearbeitet, die unter dem Stichwort „intra-religiöser Dialog" zusammengefasst werden kann. Dieser Dialog zielt auf eine Begegnung der Religionen, in der die Glaubenserfahrung, die den religiösen Lehren zugrunde liegt, aufgeschlüsselt wird. Es geht also nicht darum, in einem philosophisch oder dogmatisch dialektischen Verfahren Lehrsysteme vergleichend nebeneinander zu stellen, sondern darum, die unterschiedlichen Lehren aus unterschiedlichen kulturellen Lebenszusammenhängen über ihren Erfahrungsbezug und ihre soteriologischen, d.h. für das Heil des Menschen relevanten Kerngehalte miteinander in ein Gespräch zu bringen. In Absetzung von einem „dialektischen Dialog" spricht Panikkar deshalb von einem „dialogischen Dialog"[18] – eine nicht-selbstverständliche und deshalb je nach den Zeichen der Zeit neu in den Blick zu nehmende Selbstverständlichkeit, wie das auch für die „Kommunikative Theologie" im Rahmen einer „eigentlich selbstverständlich kommunikativen" Theologie gilt. Ein Dialog muss dia-logisch sein, d.h. sich zwischen prinzipiell gleichberechtigten Gesprächsteilnehmer/inne/n ereignen. Doch offensichtlich ist nicht jeder „Dialog" das, was David Bohm „das offene Gespräch am Ende der Diskussionen" nennt.[19]

Auch hier zeigt sich, dass es einer Grundhaltung in der Begegnung bedarf, die, was die Ebene des theologischen Austauschs betrifft, in hermeneutischen Regeln für den theologischen Austausch ausformuliert werden kann. Vor einem Vierteljahrhundert unterschied der Päpstliche Rat für den interreligiösen Dialog vier Ebenen dieses Dialogs: Leben – Handeln – theologischer Austausch – religiöse (spirituelle) Erfahrung.[20] Was so unterschieden werden kann, ist gleichwohl je nach Situation mehr oder weniger miteinander verschränkt. Miteinander leben und im (gesellschaftlichen) Miteinanderleben auch gemeinsam handeln, z.B. im Eintreten für Menschenrechte, soziale Gerechtigkeit, den Frieden, die Bewahrung der Schöpfung – und in unseren Tagen nicht zuletzt für die Religionsfreiheit: Das ist gewiss die Basis, die dann theologische Reflexion und theologischen Dialog erdet und zugleich herausfordert wie notwendig macht. Die spirituelle Dimension durchzieht alle drei Ebenen, es sei denn man verkürzte sie auf einschlägige geistliche Vollzüge wie das

Gebet. Auch die Theologie bedarf einer geistlichen Haltung, nämlich die der Selbstkritik und Offenheit im Angesicht des unbegreiflichen, je größeren Gottes. Zugleich ist sie herausgefordert zu klären, ob Gläubige verschiedener Religionen nebeneinander oder auch miteinander beten können (sollen).

### Spielregeln der religiösen Begegnung

Wenn der theologische Austausch von Grundhaltungen getragen wird, hat es Sinn, einschlägige hermeneutische Regeln zu befolgen. Das beweist die Tatsache, dass programmatisch vorgetragene Dialogregeln aus einer solchen Haltung hervorgehen und deshalb bei aller Unterschiedenheit Gemeinsames im Blick haben und für notwendig erachten. Ich dokumentiere dies, indem ich Panikkars „Spielregeln der religiösen Begegnung“ mit den auf dem Zweiten Vatikanum für den ökumenischen Dialog formulierten Postulaten bzw. Regeln zusammensehe.

In der Konzilsdebatte über den Ökumenismus nennt Bischof de Smedt von Brügge, ein Mitarbeiter von Kardinal Bea, den Papst Johannes XXIII. (Papst 1958–1963) für die ökumenischen Kontakte wie für die ökumenische Dimension der Texte berufen hatte, neun Voraussetzungen für den Dialog.[21] Vor allem die ersten fünf sind gewiss über den binnenchristlichen Bereich hinaus beherzigenswert:

1. Vertrautsein mit Glauben, Gottesdienst und Theologie der Partner
2. Vertrautsein mit deren Kenntnis unserer Lehre
3. Wissen, was nach ihrer Meinung fehlt oder zu kurz kommt
4. Überprüfen der eigenen Sprache: statt abstrakt und rein intellektuell zu reden, die Sprache der Bibel und der Kirchenväter bevorzugen
5. Berücksichtigen, was Sprache bewirkt

Die beiden erstgenannten Voraussetzungen verorten den theologischen Austausch im (Miteinander)Leben. Nicht von ungefähr werden zur Vorbereitung von Gesprächs- oder Verhandlungsrunden, etwa über Abrüstung oder Atomwaffenverzicht, „vertrauensbildende Maßnahmen“ gefordert. Zusammen mit der dritten Voraussetzung lassen sich die beiden in einer hermeneutischen Regel zusammenfassen, die Francis D'Sa im Anschluss an Panikkar so formuliert: Den Anderen so zu verstehen, wie er/sie verstanden werden will, damit er/sie mich so versteht, wie ich verstanden werden will. Ein entsprechender Leitsatz bei David Bohm lautet: „Wenn wir das Denken anderer erkennen, wird es zu unserem Denken, und wir behandeln es, als sei es unser Denken. Und wenn eine emotionale Ladung hochkommt, teilen wir auch alle emotionalen Ladungen, so sie uns bewegen; wir halten sie zusammen mit allen Gedanken.“[22] Freilich: Kann das überhaupt gelingen? Gewiss nie vollständig, ja nicht selten nur anfanghaft – sonst müsste doch Vieles längst „ausgesprochen“ und „erhört“ worden sein! Aber die folgenden Regeln können helfen, sich diesem Ideal einer Kommunikationsgemeinschaft anzunähern. Nicht wenig wäre erreicht, wenn sich die Dialogpartner um eine angemessene Sprache bemühten und deren Wirkung mitberücksichtigten.

Fast zeitgleich mit dem vatikanischen Dokument „Dialog und Verkündigung“ veröffentlicht Raimon Panikkar seine „Spielregeln der religiösen Begegnung“.[23] Die beiden ersten Regeln fordern eine Absage an jede Form allgemeiner und spezieller Apologetik. Selbstvergewisserung wird immer wieder notwendig sein, Selbstverteidigung aber bleibt in der Begegnung so außen vor, dass sie verhindert, was Dialog ermöglichen kann: „Wir kommen der Wahrheit nicht durch Meinungen näher; sie muss aus etwas anderem zum Vorschein kommen – vielleicht aus einer freieren Bewegung des stillschweigenden Geistes.“[24] Mir ist nicht bekannt, dass sich Panikkar und Bohm begegnet sind, sie wären ein ideales Duo in der Werbung für ein dialogisches Miteinander!

Nach Panikkar kann die Selbstvergewisserung soweit gehen, dass „der Herausforderung der Konversion“ ins Auge zu sehen ist, so seine dritte Spielregel. Dies zeigt noch einmal, dass das, was in der Ökumene Dialog der Wahrheit und Dialog der

Liebe genannt wird, untrennbar zusammengehört. Nach meiner Erfahrung ist es unnötig, im ökumenischen wie im interreligiösen Dialog mehr Ehrlichkeit zu fordern. Wer dafür plädiert, hat sich zu fragen, ob er selbst der (je größeren, unverfügbaren) Wahrheit vertraut.

Die Verbindung der vier Dialogebenen, also von Leben, Handeln, Nachdenken und Beten, zeigt sich darin, dass Panikkar die religiöse Begegnung abgrenzt gegenüber anderen Formen der interreligiösen Auseinandersetzung. Der interreligiöse Dialog ist weder ein Historiker- noch ein Philosophenkongress, so wichtig die historische Dimension der Religionen und die Rationalität ihres Selbstverständnisses sind. Aber: „Religionen sind mehr als Lehren. Innerhalb einer Religion kann es sogar eine Pluralität von Lehrmeinungen geben. Eine Religion auf ein bestimmtes Lehrsystem festzunageln ist der Tod der Religion […] keine Religion wird sich mit *bloßer* Orthodoxie unter Missachtung jeglicher Orthopraxis zufriedengeben.“[25] Noch Ende der 1980er-Jahre konnte Panikkar feststellen, dass „im großen und ganzen […] die Religionen [sich] bisher in begrenzten, abgeschlossenen Gebieten entwickelt [haben] und […] von daher schnell geneigt [waren], ein bestimmtes System philosophischer Lehren – weil es sich als besonders nützlich erwies, die religiöse Botschaft zu vermitteln – für den Kern der Religion zu halten“[26]. Da werden wir in unseren Tagen Zeuginnen und Zeugen einer Dynamik, besonders auch durch die zunehmende Präsenz von Muslimen in unserer Gesellschaft, aber auch durch die Herausforderung charismatischer Bewegungen wie des zeitgenössischen Atheismus und Humanismus, die wir im weltanschaulichen Dialog nicht ausblenden dürfen. Hier und da wird sich schon bestätigt haben, was Panikkar für heute erwartet: „Die gegenseitige Bereicherung der echten Begegnung und die daraus erwachsene Befreiung wird möglicherweise groß sein.“[27]

Sehr deutlich hebt Panikkar den Unterschied der religiösen Begegnung zu einem theologischen „Symposium“ ab: „In unserem Fall gibt es [im Unterschied zur theologischen Reflexion über die eigene religiöse Überzeugung] aber keine derartige Grundlage, kein Bekenntnis, das als gemeinsamer Ausgangspunkt dienen könnte. Es gibt […] weder eine Offenbarung noch ein für alle gleichermaßen bedeutsames Ereignis noch eine gemeinsame Tradition. Sowohl der Gegenstand der Untersuchung als auch ihre Methode sind erst in der Begegnung selber auszumachen. Es gibt am Anfang nicht einmal eine gemeinsame Sprache. Mangelt es an diesem radikalen Verständnis der Begegnung der Religionen, kommt sie nicht über die Bedeutung eines kulturellen Ereignisses mit gewissem Unterhaltungswert hinaus.“[28]

Schließlich beschränkt sich nach Panikkar die religiöse Begegnung nicht auf kirchliche Initiativen, wenn auch dem kirchlichen Christentum die Trias von Glaube, Hoffnung und Liebe vertraut ist, die auch die religiöse Begegnung prägen sollen und „eine über das Christliche hinausgehende universale Bedeutung“ haben, jedenfalls wenn wir sie mit Panikkar so verstehen: „Mit *Glaube* meine ich eine Haltung, die die nackten Tatsachen ebenso transzendiert wie die dogmatischen Formulierungen […]. Unter *Hoffnung* verstehe ich jene Haltung, die wider alle Hoffnung hoffend in der Lage ist, […] bis zur Herzmitte des Gesprächs vorzustoßen, gleichsam von oben gedrängt, einen heiligen Dienst zu vollziehen. Mit *Liebe* schließlich meine ich jenen Impuls, jene Kraft, die uns die Nähe unserer Mitmenschen suchen und uns in ihnen entdecken lässt, was uns fehlt. Natürlich will echte Liebe nicht um jeden Preis als Sieger aus der Begegnung hervorgehen. Sie sehnt sich nach der gemeinsamen Erkenntnis der Wahrheit, ohne die Unterschiede einfach wegzuwischen oder auch nur die Verschiedenheit der Melodien in der einen und einzigen polyphonen Symphonie zu dämpfen.“[29]

## Das Herzstück: Kosmotheandrische Intuition und Tempiternität

In inhaltlicher („systematischer") Hinsicht bildet die kosmotheandrische Intuition, die ganzheitliche Zusammenschau des wechselseitigen Zusammenhangs von Welt *(kosmos)*, Gott *(theos)* und Mensch *(aner, andros)*, das Herzstück von Panikkars Denken. Was ist es, das „die Welt im Innersten zusammenhält"? In Philosophie und Theologie ist seit Jahrzehnten vom Ende der Metaphysik die Rede. Die Zeit der großen Erzählungen, sprich: der universalen Welterklärungssysteme, sei vorbei, heißt es. Gegenfrage: Können wir, solange wir behaupten, dass etwas ist, darauf verzichten, nach dem Grund dieses Etwas zu fragen? Statt vom Ende der Metaphysik sollten wir zutreffender vom Ende einer *bestimmten* Metaphysik reden. Es kommt eben darauf an, *wie* wir über die Wirklichkeit im Einzelnen und im Ganzen sprechen. Ersteres fällt in den Bereich vieler Wissenschaften; in einer, der Chemie, hat Raimon Panikkar promoviert. Das Nachdenken über die Wirklichkeit im Ganzen, wenn auch nur als Problem, ist Aufgabe der Philosophie und in spezifischer Weise der Theologie. In einer bedeutenden Tradition unserer abendländischen Geistesgeschichte wurde Meta-physik, die Wissenschaft von dem, was dem einzelnen, das ist, als Sein zugrunde liegt, in einer Form betrieben, die wir Onto-logie, Wissenschaft von Sein oder Seienden, nennen. Zumindest aus theologischer Sicht bestand und besteht das Problem darin, dass in einem solchen Denksystem auch Gott, wenn auch als das höchste Sein, unter einem allgemeinen Begriff gefasst wird. So wird Gott eher begriffen, als dass wir uns von ihm ergreifen lassen.

Raimon Panikkar kennt diese abendländische Tradition. In der Auseinandersetzung mit ihr legt er den Grundstein für das, was er später als „kosmo-the-andrische Intuition" bezeichnet. Dies ist kein statisches Modell eines Stufenbaus des Seins, in dem eines auf dem anderen aufbaut. Dies ist ein Modell, die Wirklichkeit als ein Gefüge von Beziehungen zu denken. Hier im Westen nennt man das später eine „relationale Ontologie". Schon vor diesen Versuchen und weniger im Kontakt mit diesen entwickelt Raimon Panikkar sein dynamisches Bild von Wirklichkeit. Für die Begegnung des christlichen mit dem hinduistischen Denken legt er dabei insofern die Grundlage, als er Zeit nicht als kontinuierliche Linie, als Nacheinander von Vergangenheit, Gegenwart und Zukunft, versteht, sondern als Zugleich-Gegenwart dieser drei „Zeitdimensionen". Sein Begriff der „Tempiternität" – wie können übersetzen: der „Ewigkeit-jetzt-Gegenwart" – kann sowohl biblisches Zeitgefühl aufgreifen (im Hier und Heute geht es um Vergangenheit und Zukunft) wie die Definition von Ewigkeit als „das Ganze zugleich" (tota simul). Verschränkung der Zeitdimensionen und Verschränkung der „Bereiche", besser: der Sphären von Wirklichkeit, traditionell gesprochen: von Zeit und Raum, ist die Struktur der Wirklichkeit, des Seins.

### *Anthropische und karmische Geschichte*

Kosmotheandrische Intuition und Tempiternität stehen für die Früchte der christlich-hinduistischen Begegnung, in gewissem Sinn auch für die Begegnung von „Ost" und „West" überhaupt. Nicht dass hierbei bislang einander völlig unbekannte Sichtweisen zusammenkommen – in der Begegnung wird auch das entdeckt, was in irgendeiner Form auch die eigene Tradition kennt, vielleicht geringgeachtet, verschüttet, missverstanden hat. Aber auch gerade so bedarf es der wechselseitigen Korrektur und Ergänzung. Zugleich gilt es, vor unrealistischen Erwartungen zu warnen. Es kann zwar z.B. gelingen, dass Christin und Hindu voneinander verstehen, was ihr jeweiliges Geschichtsverständnis intendiert, aber zugleich kann frag-würdig werden, ob und wie sie zusammengehen könnten.

In seiner Präsentation des Panikkar'schen Denkens unterscheidet Francis D'Sa anthropische und karmische Geschichte. Nach Panikkars Definition[30] meint Karma „die ungeteilte, nicht-dualistische Wirklichkeitsperspektive, in der die Handlung nicht von ihrer Wirkung getrennt ist", also eine allem zugrundeliegende Einheit, „die kosmische Solidarität und ontologische Verwandtschaft ausdrückt". In der Erläuterung durch D'Sa wird die Fremdheit zwischen Ost und West sehr deutlich: „Der Grund liegt darin, dass Karma die Gesamtsumme aller inneren Geschehnisse ist, die aus der Interaktion zwischen Kosmos und Mensch entstehen. Jede Handlung und jede Wirkung affiziert das Gesamt-Karma. Im Weltbild des Karma geht nichts verloren, alles wird in das Ganze integriert. Und umgekehrt, jedes Seiende, jedes Ding, jedes Geschehen wird vom Gesamt-Karma geformt und bestimmt. Und was noch wichtiger ist: In der Karma-Welt, in der alles mit allem verbunden ist, gibt es kein Individuum und kein Geschehen, das vom Gesamt-Karma getrennt wäre."[31]

Demgegenüber hat sich im „Westen", nicht zuletzt aufgrund des biblischen Denkens, ein Konzept von Geschichte als bestimmend herausgebildet, das als „anthropisch", eben „durch den Menschen bestimmt" charakterisiert wird. Selbst da, wo Gott als „Herr der Geschichte" bezeichnet wird, bleibt der Mensch, gerade auch als Individuum, in der Verantwortung für den Lauf der (persönlichen) Geschichte. Meines Erachtens wird hier sehr deutlich, dass der Versuch, östliche und westliche Vorstellungen als kompatibel bzw. komplementär einzustufen, an seine Grenzen kommt – bzw. weiteren Austausch und anhaltenden Dialog auf Augenhöhe braucht.

### *Die Wirklichkeit ist dreifaltig*

Hinsichtlich der *kosmo-the-andrischen Intuition* könnte das als weniger schwierig vermutet werden, insofern „funktionale Äquivalente und figurative Entsprechungen"[32] eher bekannt sind. Diese auch the-anthropo-kosmisch genannte Vision stellt eine Re-Vision unserer „ursprünglichen, allen religiösen Traditionen zugrundeliegenden Einheitserfahrung"[33] dar: „Das Göttliche, das Menschliche und das Irdische – wie immer wir es nennen wollen – sind die drei unverzichtbaren Dimensionen, die die Wirklichkeit ausmachen, das heißt, jede Wirklichkeit, insofern sie wirklich ist."[34] Was Panikkar mit trinitarischer Wirklichkeit im Blick hat, wird mit der folgenden Erläuterung nachvollziehbar: Die kosmotheandrische Erfahrung „zeigt, dass die Wirklichkeit trinitarisch ist. Zum einen göttlich: Das Wort ‚göttlich' gebrauche ich synonym mit ‚frei', ‚unendlich' oder ‚Mysterium', deshalb nicht manipulierbar und nicht durchdringbar durch den Intellekt. Zum anderen menschlich: Als Merkmal des Menschen betrachte ich die Intelligenz in ihrer ganzen Weite und Weisheit, umfassend. Und schließlich kosmisch, d.h. materiell."[35]

Dabei handelt es sich nicht um nebeneinander existierende Teile, sondern um drei Dimensionen der Wirklichkeit, die im Ganzen verbunden sind. Das christliche Gottesbild der Dreifaltigkeit oder Dreieinigkeit findet Panikkar als Trinität[36] in der Wirklichkeit, die er dem theologischen Modell und Sprachgebrauch entsprechend beschreibt: „weder drei Seinsweisen einer monolithisch ununterschiedenen Wirklichkeit [...] noch drei Elemente eines pluralistischen Systems [...] vielmehr eine, allerdings unabdingbar dreifaltige Relation, welche die letztendliche Konstitution der Wirklichkeit manifestiert."[37] Es geht mithin nicht nur darum, dass „irgendwie" alles mit allem verbunden ist, sondern dass alles im Kern dreifaltig ist. Das Eine ist nie ohne die beiden Anderen.

Diese dreifaltige Einheit ist nun dem (zumindest traditionellen) „östlichen" Wahrnehmen, Erkennen und Handeln selbst-verständlich. Dass alles aus einer ursprünglichen Einheit hervorgeht und/oder auf eine endgültige Einheit hinstrebt, ist als Vision auch dem „Westen" nicht unbekannt. Doch nicht erst seit der neuzeitlichen Wende zum Subjekt, sondern schon von antiken und besonders christlichen Wurzeln her liegt der Fokus auf dem Individuum, verstanden als in sich ungeteiltes, aber eben auch von den Anderen getrenntes In-dividuum. Längst ist nicht mehr die Einheit, sondern die Vielfalt im Sinne eines atomisierten Pluralismus selbstverständliches Lebens- und Weltgefühl. Bezeichnenderweise fragen „Westmenschen", wo im östlichen Wahrnehmen und Denken die Person bleibt, während die „Asiaten" kritisieren, dass der Westen den (inneren!) Zusammenhang der Wirklichkeit verloren hat, und zwar nicht nur die Transzendenzbeziehung zum Göttlichen (dem „Dreieinen und All-Ganzen“[38]), sondern auch die Beziehung zur Mitwelt und – zunehmend erschreckend – zur Umwelt. Wie wenig das Mit-Sein das Lebensgefühl und die Wertvorstellung vieler bestimmt, lässt sich an der aktuellen Situation Europas ablesen. Und der Bewegung der „Identitären“ gilt, was Panikkar vor einem Vierteljahrhundert zu bedenken gab: „Wenn wir das Prinzip der Identität anwenden, werden wir blind für Unterschiede, würfeln ganz verschiedenen Dimensionen des Wirklichen bunt zusammen und verwechseln Identität mit der Verneinung von Unterschieden.“[39] Und was unser Verhältnis zur Umwelt (Natur) angeht, so empfiehlt Panikkar „Ökosophie – die Weisheit der Erde“.[40] Die „wirkliche“ Natur ist kein Objekt, sie ist „unser dritter Leib“ nach dem eigenen Leib und dem Leib der Menschheit.

Nicht zuletzt geht es auch darin um die Erfahrung des Heiligen, konzentriert im Christus-Symbol, das die Christen mit Jesus von Nazareth in Verbindung bringen. Panikkar spricht nicht von Christo-logie, sondern von „Christo-phanie als Erscheinung des Heiligen“.[41] Daraus ergibt sich für ihn die Haltung und die „Methode“ (das „Auf-dem-Weg-sein“) in der Begegnung der Religionen. Programmatisch fasst er sein Anliegen so zusammen:

„Christus ist der einzige Mittler, aber er gehört nicht den Christen allein, sondern ist in Wirklichkeit in jeder echten Religion [...] gegenwärtig und wirksam. Christus ist das Symbol des immer transzendenten und zugleich immer menschlich-immanenten Geheimnisses, das die Christen bei diesem Namen nennen. Diese Prinzipien müssen nun ähnlichen humanistischen, buddhistischen und anderen Grundaussagen gegenübergestellt werden, um uns in die Lage zu versetzen, Übereinstimmungen und Gegensätze mit der geforderten Gründlichkeit und Genauigkeit aufzuzeigen. Die christlichen Prinzipien sind dabei nicht von vornherein als einzig gültige Paradigmen zu sehen, als ginge es nur um die Frage, wie sich anderswo mögliche ihnen gleichkommende Aussagen finden lassen. Fair ist der Weg des Gesprächs nur, wenn man von allen möglichen Ausgangspunkten zugleich ausgeht und die echten Begegnungen, zu denen es im Laufe des Weges kommt, bezeugt.“[42] Denn – so bringt es der Wanderer zwischen und in den Welten auf den Punkt: Die religiöse Begegnung ist ein „schöpferischer Akt“, in dem „sich die je neue Lebendigkeit der Religion selbst [zeigt].“[43]

## Anmerkungen

1 | *Eine tabellarische Übersicht über Leben und Werk in: Nitsche 2005, S. 364–392, dazu die vom Mitarbeiter G. Beck erstellte Bibliografie (bis 2005), S. 364–392. Im Folgenden greife ich weithin wörtlich auf Passagen aus meiner Laudatio anlässlich der Ehrenpromotion von Raimon Panikkar durch die Katholisch-Theologische Fakultät zurück; vgl. Baumann, Hilberath, 2008, S. 63–65.*

2 | *Vgl. dazu Prammer 1988, S. 56-63. Zu Panikkars Symbolverständnis s. die Tübinger Dissertation von Clemens Mendonca, Mendonca 2001.*

3 | *Vgl. D'Sa 2006, S. 50–52.*

4 | *Vgl. die Dokumentation in: Baumann, Hilberath 2008, S. 58–85.*

5 | *Ebd., S. 66.*

6 | *Zur Einführung anhand von Originaltexten: Panikkar 1999.*

7 | *Vgl. einschlägige Beiträge in: Hilberath, Mendonca 2011.*

8 | *Panikkar 1999, S. 175.*

9 | *Vgl. Hilberath 1990, S. 105–131.*

10 | *Panikkar 1999, S. 177 f.*

11 | *Ebd., S. 178.*

12 | *Ebd., S. 180.*

13 | *Ebd.*

14 | *Ebd., S. 181.*

15 | *Ebd.*

16 | Ebd., S. 182.
17 | Bäumer 2000, S. 47.
18 | Vgl. dazu Nitsche 2008, Teil A.
19 | Vgl. Bohm 1998.
20 | Päpstlicher Rat für den Interreligiösen Dialog/Kongregation für die Evangelisierung der Völker, Dialog und Verkündigung v. 19.5.1991 (= Verlautbarungen des Apostolischen Stuhls 102).
21 | Vgl. Acta Synodalia I/3, S. 184–187.
22 | Bohm 1998, S. 87.
23 | Panikkar 1990, S. 82–100.
24 | Bohm 1998, S. 80.
25 | Zit. nach der Wiedergabe dieses Kapitels in Panikkar 1999, S. 202 f.
26 | Ebd., S. 205.
27 | Ebd.
28 | Ebd., S. 207.
29 | Ebd., S. 209 f.
30 | Vgl. Panikkar 1972.
31 | D'Sa 2006, S. 77.
32 | Nitsche 2008, S. 601–604.
33 | D'Sa 2006, S. 104, mit Verweis auf Panikkar 1978, S. 206, und Panikkar 1995.
34 | Panikkar 1999, S. 77.
35 | Ebd., S. 128.
36 | Vgl. die kompakte Ausführung Panikkar 1993. Zur wissenschaftlichen Diskussion vgl. Nitsche 2005.
37 | Panikkar 1999, S. 77.
38 | D'Sa 1987.
39 | Panikkar 1999, S. 87.
40 | Vgl. kompakt: ebd., S. 125–134 (4. Kapitel).
41 | Panikkar 2006.
42 | Panikkar 1999, S. 211.
43 | Ebd.

# Katalog

# 1.
# Aufbruch in „heidnische Ferne“

Die Entdeckung einer fremden Welt: Im frühen 16. Jahrhundert kamen immer mehr Europäer nach Indien. Missionare und Kolonisatoren, Händler und Gelehrte betraten das mächtige Mogulimperium des Nordens und begegneten mit dem Hinduismus und dem Islam zwei starken religiösen Identitäten. Besonders die Jesuiten wagten sich mit ihrer Erforschung fremder Religionen auf neue Wege.

Es war der Auftakt zu einer christlich-indischen Beziehungsgeschichte, die bis heute herausfordert. Doch wie verliefen diese frühen Begegnungen? Wie deuteten Europäer das „heidnische“ Indien? Wo bestand für Christen, Hindus und Muslime die Gefahr einer Kollision der Kulturen?

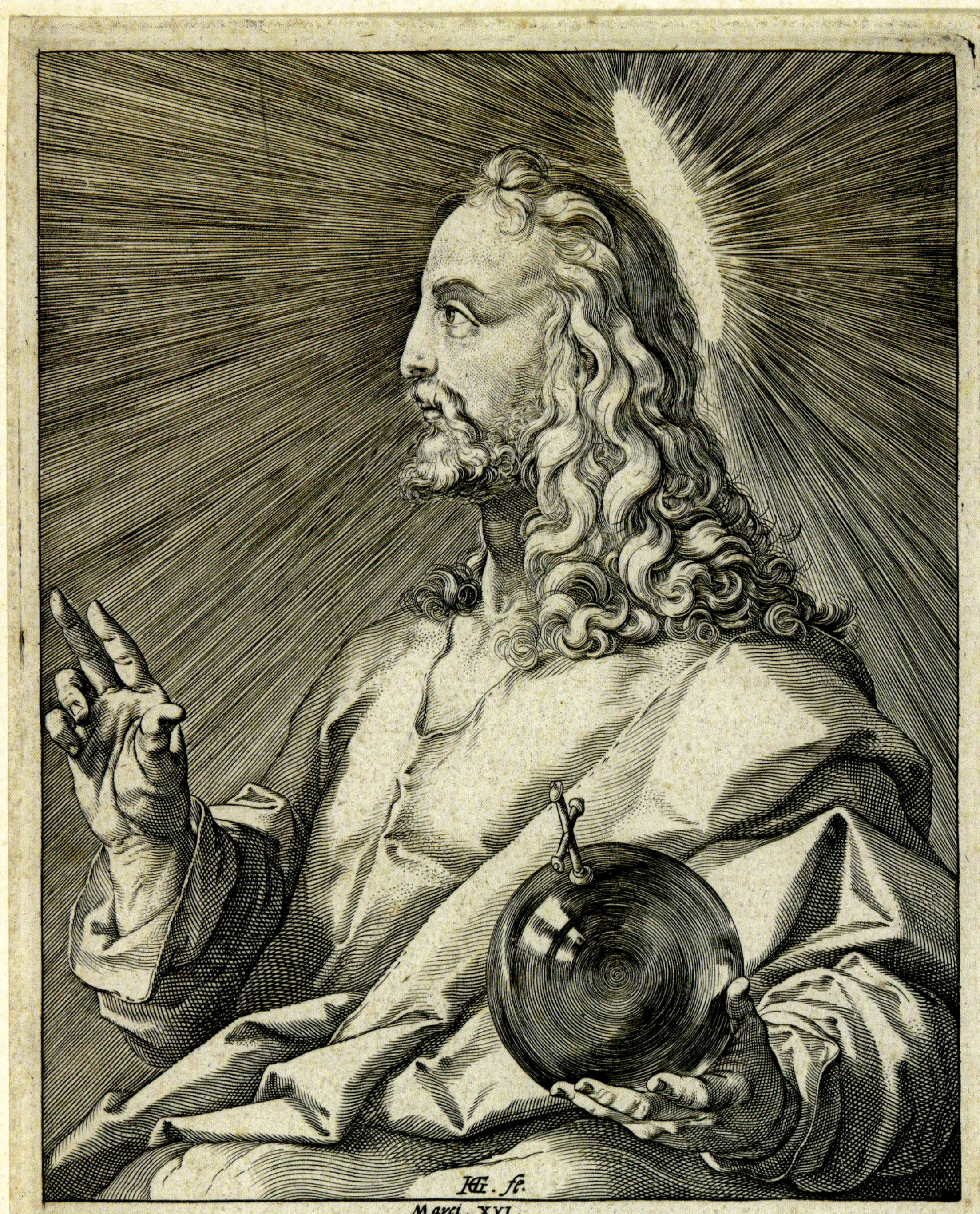
HG. fe.
Marci. XVI.
ITE IN MVNDVM VNIVERSVM, ET PRÆDICATE EVANGELIVM OMNI CREATVRÆ. Qui crediderit, & baptizatus fuerit, saluus erit: qui uero uon crederit condemnabitur. Porro signa eos qui crediderint hæc subsequentur. Per nomen meum dæmonia eycient, &c.
7.

# 1 Christus als Salvator Mundi

Hendrick Goltzius (Zeichner, Stecher)
Haarlem, 1589
Kupferstich auf Papier
15,3 × 10,7 cm
Herzog Anton Ulrich-Museum Braunschweig, Kunstmuseum des Landes Niedersachsen, HGoltzius V 3.2646.01

Das Blatt zeigt Christus als Salvator Mundi, den „Erlöser der Welt", mit einer kreuzbekrönten Sphaira in der linken und der im Segensgestus erhobenen rechten Hand. Christi Oberkörper ist im Dreiviertelprofil gen Betrachter gewandt, sein Haupt im Profil dargestellt. Der Blick des Salvators ist in die Weite der Schöpfung gerichtet, während Gesicht und Mimik von ruhevoller Schönheit sind. Über dem Hinterkopf ist ein kreisförmiger Glorienschein platziert, dessen fein gestochene Strahlen den Bildraum erfüllen.

Der Kupferstich wurde 1589 durch den niederländischen Maler und Stecher Hendrick Goltzius (1558–1617) gefertigt.[1] Für Goltzius charakteristisch sind ausdrucksstarke Übernahmen aus der Druckgrafik Albrecht Dürers (1471–1528): Die gleichmäßig wallenden Locken und der breite, bis an die Schulterblätter reichende Kegel des Haupthaares verweisen deutlich auf Dürers Christusdarstellungen.[2] Auch das Lineament der Strahlen um Christi Haupt versucht eine „aemulatio", eine Überbietung des Nürnberger Meisters, und geht von der meisterlichen Corona eines verglühenden Kometen in der „Melancholia I" von 1514 aus.[3] Auf den Manierismus verweist die Spannung zwischen dem zugewandten Oberkörper und dem abgewandten Haupt Christi ebenso wie diejenige zwischen der majestätischen Ruhe des Salvators und dem energetischen Effekt des Strahlenkranzes.

Das Blatt war das Mittelstück einer druckgrafischen Reihe zu den zwölf Aposteln. Hierbei verband Goltzius den Salvator-Mundi-Typus mit dem Missionsauftrag Christi, wie ihn die Bildunterschrift wiedergibt: „Ite in mundum universum, et praedicate Evangelium omni creaturae. Qui crediderit et baptizatus fuerit, salvus erit: qui vero non crederit condemnabitur." Der Passus entstammt dem Markusevangelium (Mk 16,15–17). Nach seiner Auferstehung war Christus den Aposteln erschienen: „Dann sagte er zu ihnen: Geht hinaus in die ganze Welt, und verkündet das Evangelium allen Geschöpfen! Wer glaubt und sich taufen lässt, wird gerettet; wer aber nicht glaubt, wird verdammt werden. Und durch die, die zum Glauben gekommen sind, werden folgende Zeichen geschehen: In meinem Namen werden sie Dämonen austreiben."

Der Goltzius-Stich zeigt Christus in der Herrlichkeit, in der er als Ausgang und Ziel der Schöpfung erkennbar wird und seine Sendung allen Geschöpfen, Kulturen und Weltgegenden zugleich gilt. Den Aposteln, die Christus zu diesem Werk aussendet, sichert er Gnade und Segen zu. Die von Goltzius betonte, im Segensgestus erhobene Hand Christi werde fortwirken, wo immer die Apostel tauften, Dämonen austrieben und das Evangelium verkündeten. Mehr noch: Ein jeder, der zum Glauben kommt und die Taufe in Christus empfängt, werde seinerseits Teil dieses Segens. Durch ihn würden Zeichen geschehen und die „Dämonen" weichen.

Die Universalität dieser Missionsidee, wie sie das Evangelium formuliert, und die Worte „Ite in mundum universum" hatten um 1600 eine neue Konkretheit bekommen: Sie sahen sich weltweiten europäischen Expansions- und Vernetzungsschüben gegenüber, die wir heute als eine frühe Phase unserer Globalisierung erkennen. Die Kronen Spaniens und Portugals hatten sich „Neue Welten" erschlossen und Kolonialreiche in Amerika bzw. Niederlassungen in Indien, Japan und China gegründet. Dies bedeutete zugleich den Aufbruch zu einer nie dagewesenen Globalität des Christentums. Ihre Austräger waren alte und neue Orden: Augustiner, Franziskaner, Dominikaner, aber auch Kapuziner und Jesuiten brachen auf, um ausgehend von den Handelsstützpunkten der Seemächte den „Heiden" das Evangelium zu verkünden.

Goltzius' „Salvator Mundi" ist ein Dokument dieser Zeit und ihrer Dynamik, da es das religiöse Erleben, den Sinnhorizont der Ordensmissionare verstehen hilft. Für Männer, die sich in den Kollegien Roms, Sevillas oder Lissabons darauf vorbereiteten, in „heidnische Ferne", etwa nach Indien, entsandt zu werden oder bereits in einer fernen Weltgegend wirkten, boten Bilder wie diese eine wichtige Klärungsfläche: Das Blatt konnte ihnen helfen, in sich zu schauen und sich ihrer Berufung zu vergewissern. Die Gefahren und Herausforderungen christlicher Verkündigung vor einer fremden, vielleicht feindlichen Kultur bestehen, konnten Missionare nur, wenn ihnen die Universalität dieser Missionssendung zu einer so klaren Erfahrung geworden war, wie sie das Goltzius-Blatt seinen zeitgenössischen Betrachtern zu vermitteln suchte.

Auch der hier gezeigte Salvator Mundi begleitete christliche Missionare nach Übersee und gelangte so bis nach Indien. Mit hoher Wahrscheinlichkeit waren es Patres der Gesellschaft Jesu, die ab 1580 besonderen Zugang zu den höchsten Kreisen des indischen Mogulreiches gewannen und die das Haarlemer Blatt mit sich führten. Vor 1622 muss das Blatt in Indien, am kaiserlichen Hof der Großmoguln in Agra oder Lahore, präsent gewesen sein – so lässt es sich aus den Nachwirkungen gerade dieses Bildes in der Kunst des Mogulhofes 1605–1622 rekonstruieren.[4]

M.W.

## Anmerkungen

1 | *Vgl. Strauss 1977, S. 273.*

2 | *Zu Goltzius' Dürer-Rezeption vgl. Bubenik 2013, S. 94 ff.*

3 | *Zum Konzept der „aemulatio" in Humanismus und Spätrenaissance vgl. Silver 2011, S. 306 ff.*

4 | *Vgl. Kat. Nr. 11.*

## 2 Ignatius von Loyola über der Weltkugel mit den vier Erdteilen

Frontispiz zu: Bartoli, Historia della Compagnia di Giesu, Rom 1667, nach der Erstauflage von 1659
Jan Miel (Zeichner), Cornelis Bloemaert II. (Stecher)
Kupferstich auf Papier
29,3 × 20,5 cm
Bibliothek der Philosophisch-Theologischen Hochschule Sankt Georgen, Frankfurt a.M., Vbg Ci V 28

Das Frontispiz leitet den ersten Band der „Historia della Compagnia di Giesu", Rom 1667, des italienischen Jesuiten Daniello Bartoli (1608–1685) ein. Es zeigt den Gründer des Jesuitenordens, den 1622 kanonisierten Ignatius von Loyola (1491–1556), der von Wolken getragen über einer Weltkugel erscheint. Diese wird von Personifikationen der vier Erdteile gerahmt, beginnend unten links mit der gekrönten Europa und ihr zur Linken Asia, geschmückt mit kostbaren Geschmeiden. In der zweiten Reihe stehen sich die schwarze Gestalt der Africa mit einem geschulterten Elfenbein und der America mit Federschmuck und Langbogen gegenüber. Die vier Erdteile blicken hinauf zu Ignatius, der ein aufgeschlagenes Buch mit dem Motto des Jesuitenordens „Omnia ad Maiorem Dei gloriam" sowie der „Regula Societatis Jesu", der Ordensregel, hält. Mit seiner Rechten erhebt Ignatius einen leuchtenden Clipeus mit dem IHS-Monogramm, das auf Christus als „Iesus Hominum Salvator" verweist.[1] Von hier gehen Strahlen himmlischen Lichtes aus, die sich über den Globus und die Personifikationen der Erdteile ergießen. Zwischen Himmel und Erdball schweben Engelsputten, die eine Schriftrolle mit einem Vers des Minucius Felix tragen: „Coelo affixus sed terris omnibus sparsus" – „im Himmel verankert, auf der ganzen Erde sich ausbreitend". Zuunterst ist ein Postament platziert, das den Titel und den Autor des Werkes angibt. Zeichner des Blattes ist der Flame Jan Miel (1599–1663), gestochen wurde es von dem Holländer Cornelis Bloemaert II. (1603–1692) in Rom.

Bartolis „Historia" bietet eine umfangreiche Darstellung der Geschichte der Gesellschaft Jesu, die in fünf Bänden das Wirken des Ordens auf allen Erdteilen beschreibt. Die weltweite Verkündigung des Evangeliums war von seiner Gründung an ein zentrales Anliegen des Ordens. In ihrem Gründungsdokument, der „Formula Instituti" von 1540, verpflichteten sich die Jesuiten, „in alle Weltgegenden zu reisen, wo es Hoffnung gab, der größeren Ehre Gottes und dem Heil der Seelen zu dienen".[2] Bei der Approbation im gleichen Jahr durch Papst Paul III. (Papst 1534–1549) erhielt der Orden sein erstes Missionsgebiet zugewiesen – Indien. Der König von Portugal, João III. (reg. 1521–1557), hatte 1539 Paul III. um Missionare für seine portugiesischen Niederlassungen, den Estado da Índia, gebeten.[3] 1541 wurde Franz Xaver (1506–1552) zum Apostolischen Nuntius für ganz Asien ernannt und brach von Lissabon nach Goa auf. Von hier kam er 1544 auf die Molukken und 1549 nach Japan, wo er mit Erfolg das Christentum verkündete. Im Dezember 1552 starb der Jesuit auf der Insel Sancian vor dem chinesischen Kaiserreich, in dem er ebenfalls eine Missionsstation eröffnen wollte.[4]

Der 1622 kanonisierte Franz Xaver wurde das Leitbild jesuitischer Mission, die sich Anfang des 17. Jahrhunderts bis nach Asien ausgeweitet hatte und großen Einfluss auch in Süd- und Mittelamerika erlangt hatte.[5] Neben Kapuzinern, Franziskanern, Dominikanern und Augustinern waren die Jesuiten ein maßgeblicher Austräger christlicher Mission in den Überseegebieten, die von den europäischen Handels- und Kolonialimperien erschlossen wurden.

Im Rückblick erscheint diese Zeit als eine Frühphase der Globalisierung. Der von der portugiesischen und spanischen kolonialen Expansion eingeleitete Prozess begründete ein Welthandelsnetz, das Spanien mit Mexiko und Mexiko transpazifisch mit den Philippinen ebenso verband wie Portugal mit Brasilien und Mozambique, mit der indischen Konkanküste und mit Macao vor dem chinesischen Festland.[6] Parallel konkurrierten der holländische und englische Seehandel mit der portugiesischen Einflusszone in Süd- und Ostasien und drängten den Estado da Índia bis zur Mitte des 17. Jahrhunderts zurück.[7] Mit der Britischen Ostindien-Kompanie und der Niederländischen Ostindien-Kompanie entstanden Handelskorporationen, die auch auf kommunikativ-technischer Ebene eine globale Vernetzung nie dagewesenen Formats anbahnten.[8]

Das Frontispiz der „Historia" Bartolis gewährt Einblick in die Selbstdeutung des Jesuitenordens im Kontext dieser neuen Weite der Welt: Von Europa aus werden alle Weltgegenden erreichbar und es ist die Gesellschaft Jesu, die in dieser geschichtlichen Konstellation berufen ist, zur „größeren Ehre Gottes" zu wirken. Wie grundlegend dieser Anspruch für den Orden war, zeigt der Umstand, dass das in der Aus-

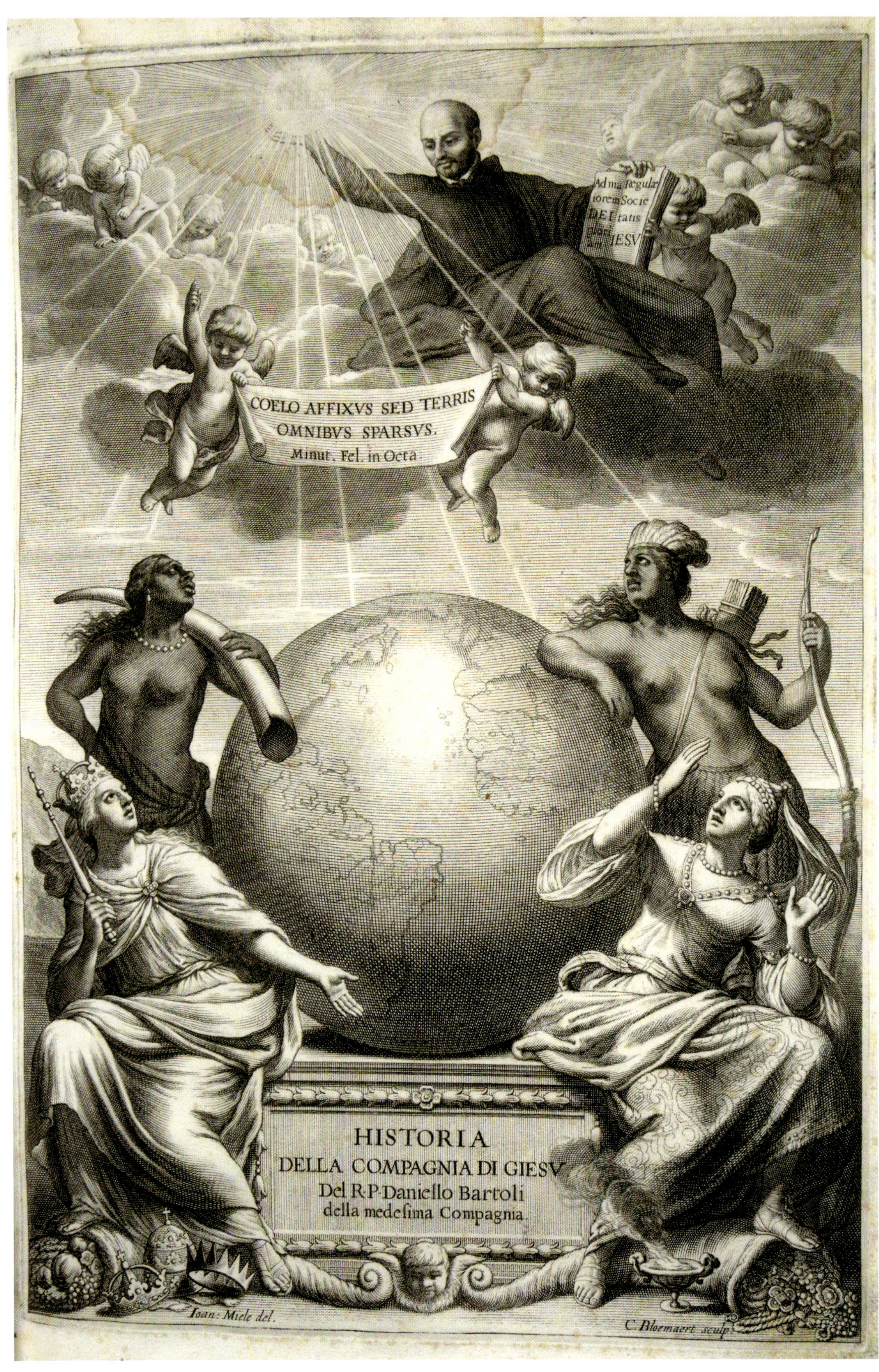
Ad maiorem Dei gloriam
Regulæ Societatis IESV
COELO AFFIXVS SED TERRIS
OMNIBVS SPARSVS.
Minut. Fel. in Octa.
HISTORIA
DELLA COMPAGNIA DI GIESV
Del R.P. Daniello Bartoli
della medesima Compagnia.
Ioan: Miele del.
C. Bloemaert sculp.

stellung gezeigte Frontispiz die Vorlage zu einem der berühmtesten Deckengemälde des katholischen Barock wurde – Andrea Pozzos (1642–1709) Fresko über dem Mittelschiff der Jesuitenkirche Sant'Ignazio in Rom von 1685.[9] Dieses stellt dar, wie Christus dem hl. Ignatius das Feuer des Heiligen Geistes zuleitet, welches dieser durch die jesuitische Mission den verschiedenen Erdteilen sendet. Aus dem Namen des Ignatius hörten die Hagiografen das lateinische „ignis", „Feuer", heraus und verbanden es mit dem Evangelienwort „ignem veni mittere in terram", „Ich bin gekommen, dass ich Feuer bringe auf die Erde" (Lk 12,49).[10]

Weil sie „Ausbreitung des Feuers" und pfingstlicher Prozess sein wollte, fand die Jesuitenmission – besonders in Indien ebenso wie in China und Lateinamerika – zu innovativen Praktiken, das Evangelium weiterzugeben. Kennzeichen war, dass sie fremde Kulturen nicht per se als „heidnische Ferne" verdammte, sondern einheimische kulturelle Leistungen studierte, respektierte und diesen mit dem Evangelium eine neue „Fülle in Christus" anzubieten suchte. Diese als „Akkommodation" – „Anpassung" – bezeichnete Praxis hob sich deutlich vom Eurozentrismus anderer missionierender Gruppen ab und räumt dem Orden eine Sonderstellung in der Geschichte der christlichen Mission und der Globalisierung des Christentums ein.[11]

M.W.

## Anmerkungen

1 | *Ignatius hatte sich das IHS-Monogramm 1541 zum Siegel bestimmt, von hier aus wurde es ein zentrales Element der jesuitischen Selbstdarstellung. Der Bildtypus des Ignatius, der ein IHS-Monogramm in seiner Hand erhebt, geht auf die franziskanische Ikonografie des hl. Bernhardin von Siena (1380–1444) zurück. Dieser hatte bei seinen Volksmissionen ein bemaltes Holztäfelchen mit sich geführt und bei Predigten erhoben. Bernhardins „tavoletta" zeigte das IHS-Monogramm mit einem Kreuz, umgeben von einem Kranz goldener Strahlen auf azurfarbenem Grund, und vergegenwärtigte Jesus Christus. In der jesuitischen Ikonografie wandelt sich die IHS-Tavoletta in ein Sonnengebilde und erhebt sich nicht mehr über eine städtische Gemeinde wie beim hl. Bernhardin, sondern über die vier Erdteile. Zu weiteren jesuitischen Interpretationen des IHS-Monogramms vgl. Clossey 2008, S. 76–84.*

2 | *Satzungen Nr. 304. DW 2, 674, vgl. Sievernich 2002, S. 261. Vgl. Banchoff, Casanova 2016, S. 7. Vgl. O'Malley 1993, S. 5 f.*

3 | *Vgl. Feld 2006, S. 172 f.*

4 | *Vgl. ebd., S. 266.*

5 | *Vgl. Friedrich 2016, S. 412–424.*

6 | *Vgl. Church 2017, S. 141 ff. Vgl. Dos Santos Arnold 2017, S. 394 ff.*

7 | *Vgl. Glete 1999, S. 80–84.*

8 | *Vgl. Church 2017, S. 91 ff.*

9 | *Vgl. Levy 2004, S. 152. Zu Vorlagen der 1620er-Jahre in Frankreich vgl. Wehnert 2016, S. 38, 116 ff.*

10 | *Vgl. Zupanov 1999, S. 214.*

11 | *Vgl. Zu Akkommodation und früher Globalisierung vgl. Friedrich 2016, S. 506–524.*

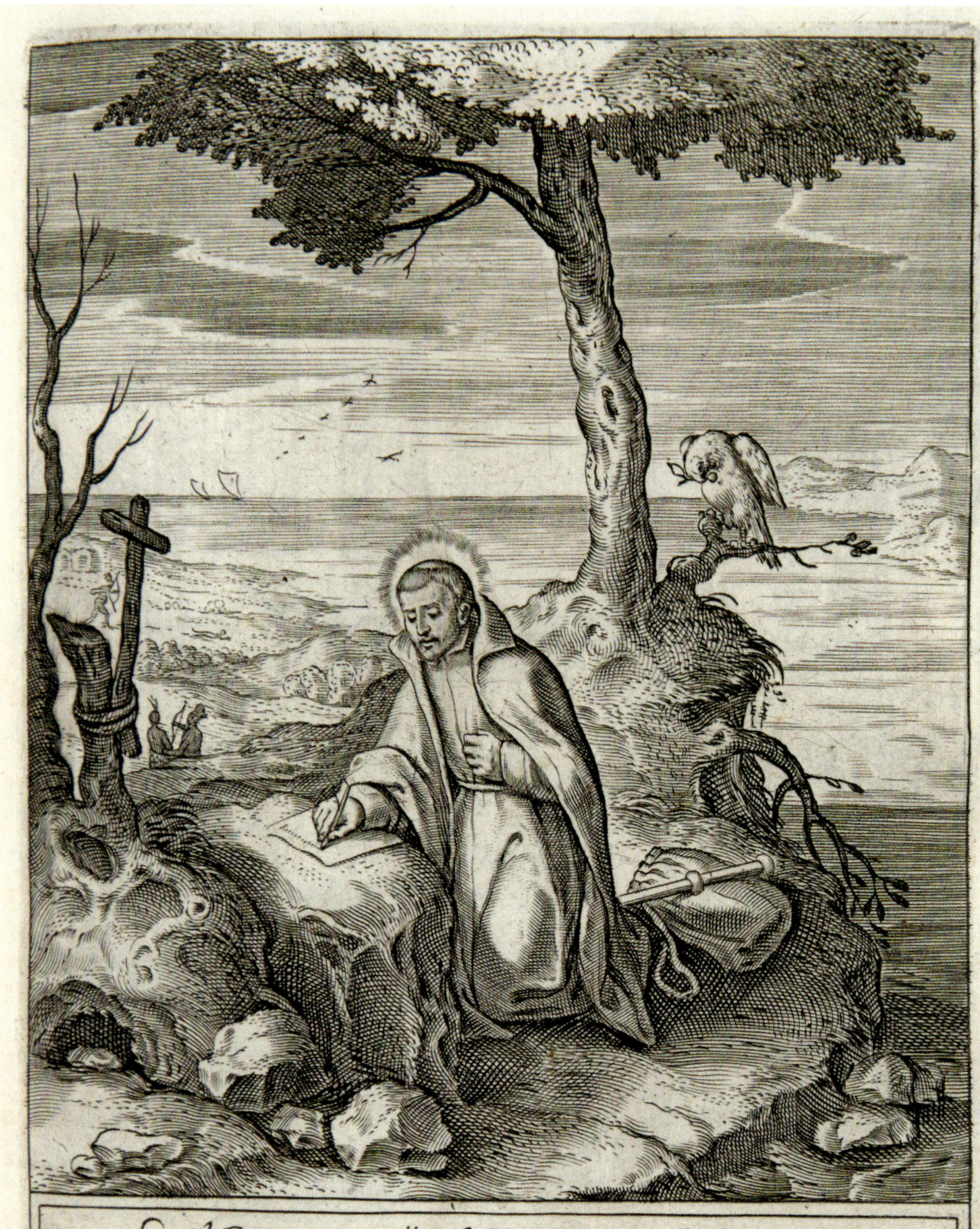

*Ex lris B.Xauerij ad Ignatium ex India scriptis*
GRATIA ET CARITAS X.ⁱ D. &c. Mi pater in X.ⁱ viscerib. vnice
*Te ego pater animæ meæ, sūmeq mihi venerande positis humi ge:*
*nibus (sic.n. hanc tibi eptam scribo) suppliciter oro, vt mihi a*
*Deo impetres, vt dum viuam sanctissimæ voluntatis suæ mihi det*
*et plane agnoscendæ, et omnino exequendæ facultatem. Vale*
*Tuus minimus filius, longissimeq exulans.* FRANC.ˢ XAVERIVS. 59

## 3 Der hl. Franz Xaver schreibt Briefe aus Indien

In: Vita Beati P. Ignatii Loiolæ Societatis Iesv Fvndatoris, Rom 1622
Peter Paul Rubens (Zeichner), Jean-Baptiste Barbé (Stecher)
Kupferstich auf Papier
14,4 × 9,3 cm
Bibliothek der Philosophisch-Theologischen Hochschule Sankt Georgen, Frankfurt a.M., HM R A 460

Die Bildseite entstammt der „Vita Beati Patris Ignatii", die 1609 und 1622 in Rom verlegt wurde und das Leben des hl. Ignatius von Loyola (1491–1556) in 81 Illustrationen darstellt. Diese wurden von Jean Baptiste Barbé nach Zeichnungen von Peter Paul Rubens gestochen.[1] Die Abbildung „59" stellt den hl. Franz Xaver (1506–1552) dar, wie er von Indien aus einen Brief an den Ordensgründer Ignatius nach Rom schreibt. Xaver kniet am Meeresstrand Indiens. Im Geäst eines vom Meer ausgespülten Wurzelballens hat der Jesuit ein schlichtes Holzkreuz angebracht, vor dem er seinen Brief verfasst. Der konzentrierte Blick und der Griff an die Brust drücken Xavers Verehrung für seinen Mentor aus.[2] Die Bildunterschrift zitiert aus einem Brief Xavers „ex India scriptis", in dem dieser Ignatius bittet, sich an Gott zu wenden: „Bitte Gott, dass er mich, während ich seinem heiligen Willen lebe, vollständig erkennen lässt, was sein Wille ist, und mir volle Kraft gibt, diesen auszuführen". Der Jesuit beschließt seinen Brief mit der Unterschrift „Dein geringster Sohn, aus weitester Ferne, Franz Xaver".

Der in baskischem Ritteradel geborene Franz Xaver war 1533 an der Theologischen Fakultät in Paris Ignatius von Loyola begegnet, der ihn und andere Gefährten in einer Frühform der Exerzitien eine tiefe Christusbeziehung finden ließ und in das apostolische „Nichts habend, besitzen wir alles" (2 Kor 6,10) einführte. Nach der Bestätigung der kleinen Gemeinschaft als Orden entsandte Papst Paul III. Xaver 1541 als Apostolischen Nuntius für Asien nach Goa.[3] Hier, im Zentrum des portugiesischen Estado da Índia, ging Xaver ab Mai 1542 zunächst daran, die kirchliche Betreuung der Kolonisten zu intensivieren, indem er Katechese und Sakramentenversorgung verbesserte, Marienandachten und Bruderschaften förderte, in Rom um die Verlegung der Fastenzeit und um die Übertragung von Ablässen auf Spitäler und Altäre anhielt.[4] Bald folgte die Mission an den Indern, die Xaver über den Hafen von Goa hinaus bis nach Mylapore und Calikut im Süden Indiens und nach Sri Lanka führte.[5] Hiermit legte Xaver den Grundstein für das missionarische Wirken der Jesuiten in Südindien, von wo ab 1580 Missionare in das nordindische Mogulreich aufbrachen. Xavers Weg führte ihn weiter nach Osten: Nach erfolgreicher Mission in Malaysien 1545–47 erreichte der Jesuit 1549 Japan. Nachdem er auch hier die Keimzellen einer bald fruchtbaren Verkündung des Evangeliums legte, bereitete sich der Jesuit vor, das chinesische Kaiserreich zu betreten, was durch seinen Tod 1552 auf der Insel Sancian verhindert wurde. Xavers unverwester Leib wurde 1554 nach Goa gebracht und während des Osterfestes dieses Jahres im Jesuitenkolleg St. Paul feierlich verehrt.[6] Sein Grab in der Basílica do Bom Jesus in Goa ist heute einer der meistbesuchten Wallfahrtsziele der katholischen Christen Asiens.

Der 1609 selig- und 1622 heiliggesprochene Franz Xaver wurde wirkmächtig auch durch das spirituelle Zeugnis seiner zahlreichen Briefe.[7] Die im Bild gezeigte Kulisse der ungeschützten Meeresküste mit den in der Ferne verschwindenden Schiffen war räumlich *und* spirituell ein konstanter Schauplatz der Xaverschen Briefe: In diesen Schreiben wusste sich der Jesuit „longissime exulans" – so die Briefunterschrift der Illustration – in fernen Weltgegenden verloren, doch geborgen in Beziehung: „nichts habend" und doch „alles habend" durch die Erfahrung der Fülle Christi in der Sendung zu den Menschen. Auch weist die Bildkulisse bereits voraus auf den Strand der chinesischen Insel Sancian. Hier war Xaver „von allen verlassen" einen einsamen Tod gestorben, der ihn äußerlich unbegleitet umso vollständiger sein Ziel in Christus erreichen ließ.[8] So deuteten die Jesuiten das Lebensende ihres „Apostels Asiens" und wiesen dabei auf frühere Stationen hin, in denen sich Xavers persönliche Entäußerung nach dem „mehr, mehr, mehr" der Fülle Christi ausstreckte.[9]

Die Briefe Xavers wirkten stark auf die nachfolgenden Generationen des Ordens.[10] Als prägende jesuitische Indienreisende wie Rodolfo Acquaviva (1550–1583), Roberto de Nobili (1577–1656) und Heinrich Roth (1620–1668) in das Noviziat eintraten und sich entschlossen, ihre Begabungen in den gefährlichen Dienst der Indienmission zu stellen, war Franz Xaver längst das Vorbild, dem diese nachzueifern suchten.[11] Eine erste Edition Xavers indischer Briefe war bereits 1545 in Paris und Augsburg erfolgt. Anfang der 1570er-Jahre war das asiatische Corpus europaweit in über fünfzig Editionen verlegt.[12] Xavers Schreiben regten Stücke des Jesuitentheaters an und wurden zur sinnstiftenden Lektüre kommender Indienpioniere.[13] Dies lag einerseits darin begründet, dass die Briefe in einer geistlich profunden Weise das Verhältnis des jesuitischen Ordensmannes zur Welt und zu Christus aussprachen. Zum anderen beschrieben sie die indischen Missionsgebiete als eine blühend apostolische, neu erwachte Urkirche.[14] Der Jesuit Petrus Canisius (1521–1597) wünschte den Schreiben viele Leser, die darin entdecken würden, wie „jung und neu eine Kirche" sein könne. Das „Liebesfeuer der Inder" würde das „starre Eis der Kirche in Nordeuropa" brechen. Könnte er wählen, zöge es ihn mehr nach Indien als in das starre Deutschland – „ad frigidam et sterilem hanc nostram Germaniam".[15]

Zugleich standen Xavers Briefe am Anfang einer umfangreichen jesuitischen Berichterstattung über Asien. Die Xaver nachfolgenden Missionare referierten von ihren jeweiligen Stützpunkten nicht nur über ihre Missionserfahrungen, sondern trugen Wissen über Kultur und Höfe, Sitten und Religionen der Landschaften, in denen sie missionierten, nach Europa. Das allein für den indischen Subkontinent riesige Briefcorpus der Jesuiten des späteren 16. und des 17. Jahrhunderts gilt heute aufgrund seiner detaillierten Einblicke in politische Hintergründe und Denkarten als eine der wichtigsten Quellen zur Geschichte der Mogulzeit in Indien.[16]

M.W.

## Anmerkungen

1 | *Die „Vita Patris Ignatii" ist mit ihren 81 Kupferstichen ein Schlüsselwerk der jesuitischen Ikonografie und der Bildkunst der Katholischen Reform. Sie zeichnet den geistlichen Lebensweg des Heiligen nach und beschreibt sein Wirken für die Reform der Kirche. Charakteristisch und neu ist die einfühlsame Beobachtung menschlicher Beziehungen – etwa wie hier zwischen Xaver und Ignatius –, in denen sich der große tridentinische Zusammenhang vorbereitet und zu entfalten beginnt. Ein Vorläufer für diesen zugleich bildbiografischen und kirchengeschichtlichen Ansatz ist die Vita des polnischen Kardinals und Kirchenreformers Stanislas Hosius (1504–1579), „Theatrum virtutum Stanislai Hosii", Rom 1588. Zur Entstehungsgeschichte der „Vita Patris Ignatii" vgl. Sievernich 2006.*

2 | *Gesicht und Leib Xavers orientieren sich an der Darstellung in Torsellinos „Vita Francisci Xaverii", Rom 1594, deren Kupferstich ein posthumes Gemäldeporträt verarbeitet. Dieses wurde 1584 in Goa erstellt und nach Rom gesandt; es ist heute verloren. Vgl. Osswald 2011, S. 284.*

3 | *Vgl. Schurhammer 1955, 1, S. 526–534, 684–699.*

4 | *Vgl. Schurhammer 1955, 2, 1, S. 267–274.*

5 | *Vgl. Jeyaseela 2008, S. 88 f.*

6 | *Vgl. Friedrich 2016, S. 396. Vgl. Gupta 2014, S. 51 ff.*

7 | *Über Xaver als „ständigen Briefeschreiber" vgl. Friedrich 2016, S. 396.*

8 | *Vgl. Hevenesi 1690, S. 47.*

9 | *Vision vom Mai 1537, vgl. Schurhammer 1955, 1, S. 324.*

10 | *Vgl. Friedrich 2016, S. 396.*

11 | *Zu de Nobili und Roth vgl. Kat. Nr. 40, 41, 46, 47, 48.*

12 | *Borja Gonzales 2011, S. 77 f.*

13 | *Foresta 2015, S. 254. Vgl. Nebken 2007, S. 105.*

14 | *Friedrich 2016, S. 395.*

15 | *Vgl. Nebken 2007, S. 107, Anm. 41. Vgl. Kolvenbach 2000, S. 11.*

16 | *Vgl. Correira-Alfonso 1969.*

## 4 Die Wunder des hl. Franz Xaver in Indien

Peter Paul Rubens (Maler), Marinus Robyn van der Goes (Stecher)
Antwerpen, 1633–35
Kupferstich auf Papier
56,6 × 44,7 cm
Staatliche Kunsthalle Karlsruhe, Graphische Sammlung, Inv. VI 2447

Der Kupferstich des Marinus Robyn van der Goes (1599–1639) entstand um 1633–35 in Antwerpen nach der Vorlage des monumentalen Gemäldes „Die Wunder des hl. Franz Xaver in Indien“.[1] Dieses 1617–18 von Peter Paul Rubens (1577–1640) ausgeführte Gemälde befand sich, alternierend mit den „Wundern des hl. Ignatius von Loyola“, auf dem Hauptaltar der Jesuitenkirche Sankt Carlo Borromeo in Antwerpen und war Teil einer umfassenden medialen Vorbereitung der Heiligsprechung Franz Xavers und Ignatius' von Loyola, die 1622 durch Papst Gregor XV. erfolgte.[2]

Dargestellt ist der jesuitische Missionar Franz Xaver (1506–1552) als „Indiae Orientalis Apostolus“, wie er im Talar vor einer großen, „asiatisch“ gewandeten Volksmenge das Evangelium verkündet. Während über dem Missionar auf Wolken die Ekklesia, Personifikation der Kirche, mit dem eucharistischen Kelch, mit der Sphairakugel und dem Kreuz Christi erscheint, ereignen sich im Vordergrund Wunder: Ein nackter Toter, dessen Grab soeben ausgehoben wurde, ist zum Leben erwacht. Während eine herbeieilende Frau diesem das Leichentuch abnimmt, geht der Blick des neu Belebten staunend zu Xaver empor. Weiter hinten erhebt sich ein weiterer Mann aus dem Grab und schaut den offenen Himmel mit der Erscheinung der Ekklesia. Von der linken Bildseite drängen ein Lahmer auf Krücken und ein Blinder mit ausgestreckten Armen herbei; auch sie werden durch das von Xaver verkündete Evangelium geheilt.

Als Schauplatz der wunderwirkenden Predigt ist Indien gedacht. Dies ergibt sich aus der Kulisse des monumentalen Tempelbaus, dessen massive Säulen, Architrave und Balustraden bewusst in klassisch antiken Formen gebildet sind. Hintergrund dieses antikisierenden Indienbildes war der Hinweis des Jesuiten Giovanni Pietro Maffei (1533–1603), der in seinen „Historiarum Indicarum Libri XVI.“, Florenz 1588, festgestellt hatte, dass die Tempel der Inder „in Großartigkeit selbst mit den prächtigsten Tempeln des Alten Rom wettstreiten“.[3] Dem stimmte der Jesuit Pierre du Jarric (1566–1617) zu, der in seiner „Histoire des choses plus memorables advenues tant ez Indes Orientales“, Bordeaux 1608–1614, die Missionsberichte seines Ordens auswertete: Die Inder errichteten Tempel mit bis zu siebenhundert Marmorsäulen, von denen jede einzelne so groß sei, wie jene, „die Kaiser Agrippa seinerzeit im Pantheon von Rom errichten ließ.“[4]

Europäischen Gelehrten war bewusst, dass im Altertum Griechen und Römer mit Indien in Kontakt gestanden hatten.[5] Die von Missionaren beschriebene Ähnlichkeit hinduistischer Monumente im portugiesischen Estado da Índia mit den Tempeln Roms wurde mit dem Indienfeldzug Alexanders des Großen (356–323 v. Chr.) in Verbindung gebracht. Bisweilen schlugen Humanisten aber auch vor, diese Beziehung umzukehren: Möglicherweise wären die indischen Tempel die älteren und hätten die griechisch-römische Architektur beeinflusst.[6]

Die Vorstellung von einer mit den Wundern Roms vergleichbaren Pracht indischer Sakralarchitektur gründete auch auf den Berichten über den Apostel Thomas, der bis nach Indien gezogen sei. Im 13. Jahrhundert hatte die Legenda Aurea berichtet, der König von Calicut im Süden des Subkontinents habe den Apostel Thomas zu sich gerufen, damit dieser ihm Gebäude nach der Art Roms errichte.[7] Als die Portugiesen 1522 in Mylapore das vermutete Grab des Apostels fanden, stießen sie auf die Reste einer befestigten Stadt, die das Bild vom hl. Thomas als Vermittler römischer Architektur nach Indien weiter befeuerten.[8] Parallel baute die jesuitische Hagiografie Franz Xaver zum Nachfolger des Apostels Thomas auf. Bei seinem Besuch in Mylapore habe Xaver dem Thomasgrab Reliquien entnommen, die er in kleine Papierstreifen mit der Handschrift des Ignatius von Loyola einband und immer am Leibe trug.[9]

Rubens verarbeitet all diese Bezüge, indem er den indischen Schauplatz der Predigt Xavers mit einem römisch-antiken Tempel ausstattet. Der Jesuit scheint das christlich-architektonische Erbe des Apostels Thomas zurückzuerobern und vertreibt die Hindupriester, die dieses okkupiert hatten. Hieraus erklärt sich auch der Umstand, dass bei Rubens zwar die Götzenbilder zerstört werden, der prächtige Sakralbau aber unbeschädigt bleibt.

Für die Deutung Indiens aufschlussreich ist die Szene auf der erhöhten Terrasse des Hintergrundes. Hier tanzen Hindupriester mit Tamburins, kahlge-

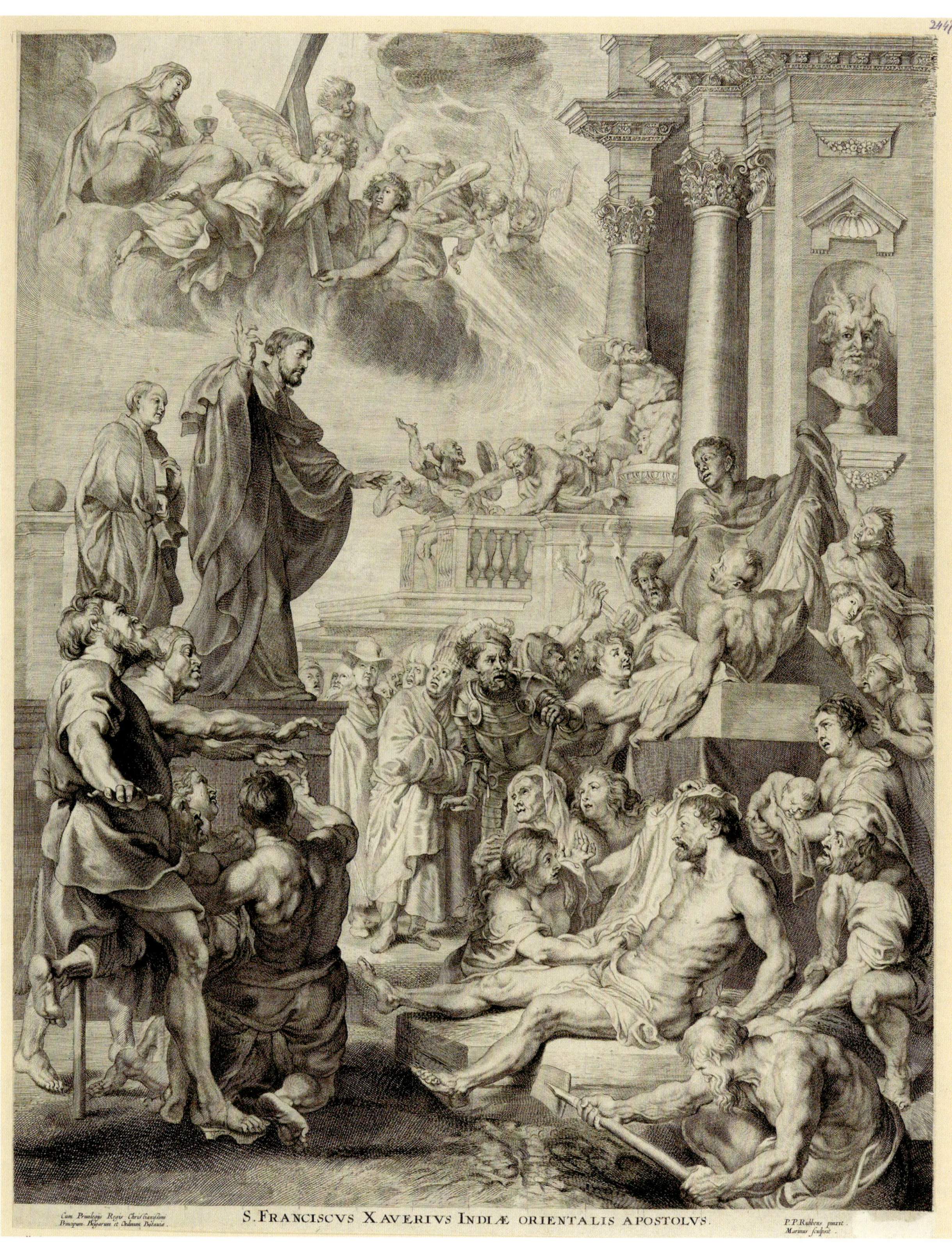
2447
Cum Privilegiis Regis Christianissimi
Principum Belgarum et Ordinum Bataviae.
S. FRANCISCVS XAVERIVS INDIÆ ORIENTALIS APOSTOLVS.
P.P. Rubbens pinxit.
Marinus sculpsit.

schorenem Haupt und Haarschopf um einen hinduistischen „Götzen". Die Gestalt mit Bocksbeinen, hohen Hörnern und einer Tiara auf dem Haupt geht auf die Beschreibung eines Kultbildes zurück, das der italienische Reisende Ludovico de Varthema (um 1470–1517) auf seinen Reisen 1501–1507 im Süden Indiens gesehen hatte. Die detailreiche Schilderung und hiervon ausgehende Illustrationen in Varthemas „Itinerario", Rom 1510, machten diesen „Götzen von Calicut" zu einem Negativtopos, der die europäische Vorstellung vom Hinduismus bis in das 17. Jahrhundert hinein prägte.[10] Über Illustrationen in Sebastian Münsters (1488–1552) „Cosmographia", Basel 1552, im „Itinerario" des Jan Huygen van Linschoten (1563–1611), Amsterdam 1596, und in den „Collectiones peregrinationum in Indiam Orientalem et Occidentalem", herausgegeben 1590–1634 von Theodor de Bry (1528–1598) in Frankfurt, wurde das Motiv an Rubens weiter vermittelt.[11]

Die „Wunder des hl. Franz Xaver" sind ein wichtiges Dokument des europäischen Blicks auf Asien im 17. Jahrhundert. Die Begegnung von Kulturen und Religionen wird als kämpferische Kollision verstanden, die Mission in Indien als ein katholischer Siegeslauf über das Heidentum inszeniert. Der ferne Schauplatz Indien wurde hierbei zur Projektionsfläche, auf der konfessionelle Spannungsmomente des europäischen Christentums ausgetragen wurden: Gerade in Antwerpen, der katholischen Metropole der konfessionell gespaltenen Niederlande, war die Beteuerung des weltkirchlichen Triumphs in Indien bewusst „gegenreformatorisch". Die Inszenierung apostolischer Kirchenblüte im fernen Indien war auch ein pastorales Instrument, das die Gläubigen fester an die Gnadenvermittlung ihrer Kirche binden sollte. Als Vertreter der wahren Kirche heilt Xaver Lahme und Blinde, erweckt sogar Tote zum Leben. Hiermit schien der apostolische Geist der Jünger Christi durch den Jesuitenorden neu in der Kirche erwacht. Der Jesuit Petrus Canisius (1521–1597) ging bezüglich des hl. Franz Xaver soweit, die blühende christliche Mission in Indien als Gegenbild zum müden Glaubensleben Europas zu begreifen.[12]

Berichte über die heroische Asienmission boten dem Jesuitenorden willkommenes Material, da sie ein besonderes Gnadenwalten Gottes über der Gesellschaft Jesu zu verbürgen schienen. Entsprechende Inhalte monumental an die Kirchenwände zu bringen und der kollektiven Vorstellung der Gläubigen einzuprägen, half den Jesuiten, ihr Renommee gegen konkurrierende Orden auszubauen und sich innerhalb der Diözesankirchen als autonomer Leitklerus zu platzieren.[13] Hiermit wird das Bild deutlich zum Spiegel innereuropäischer und -katholischer Diskurse um 1620, das mit den tatsächlichen Erfahrungen und geistigen Entwicklungen jesuitischer Missionare in Indien nurmehr wenig zu tun hat.

M.W.

## Anmerkungen

1 | *Vgl. Preising 1995, S. 40. Vgl. Schneevogt 1873, S. 100, Nr. 48.*

2 | *Beide Gemälde sind Ausdruck und Instrument der Katholischen Reform und inszenieren eine neue Macht der Kirche, Gnade zu vermitteln. Vgl. Wehnert 2016, S. 163 ff. Beide Antwerpener Tafeln befinden sich seit 1776 im Kunsthistorischen Museum Wien.*

3 | *Vgl. Maffei 1588, S. 259. Vgl. Lach 1965, 1, 1, S. 449. Vgl. Mitter 1977, S. 34.*

4 | *Vgl. du Jarric 1608, 1, S. 43.*

5 | *In Nachfolge der Eroberungen, die Alexander den Großen im 4. Jahrhundert v. Chr. bis an den Indus gebracht hatten, waren indo-griechische und griechisch-baktrische Königreiche enstanden, die einen bis ins 4. Jahrhundert n. Chr. fortwirkenden Austausch zwischen indischer und griechischer Kultur ermöglichten. Vgl. Kulke, Rothermund 2010, S. 79 f., 92–97. Zu indisch-römischen Handelsbeziehungen vgl. ebd., S. 102–105.*

6 | *Vgl. Osswald 2005, S. 148.*

7 | *Vgl. Brockey 2012, S. 237.*

8 | *Zur Entdeckung des Grabes vgl. de Lucena 1600, S. 166.*

9 | *Vgl. ebd., S. 158.*

10 | *Varthemas Passus über den deformierten Götzen von Calicut geht noch in Kirchers „China illustrata" ein; vgl. Kircher 1667, S. 148 f.*

11 | *Vgl. Mitter 1977, S. 18–27.*

12 | *Vgl. Foresta 2015, S. 249.*

13 | *Vgl. Wehnert 2016, S. 257–266.*

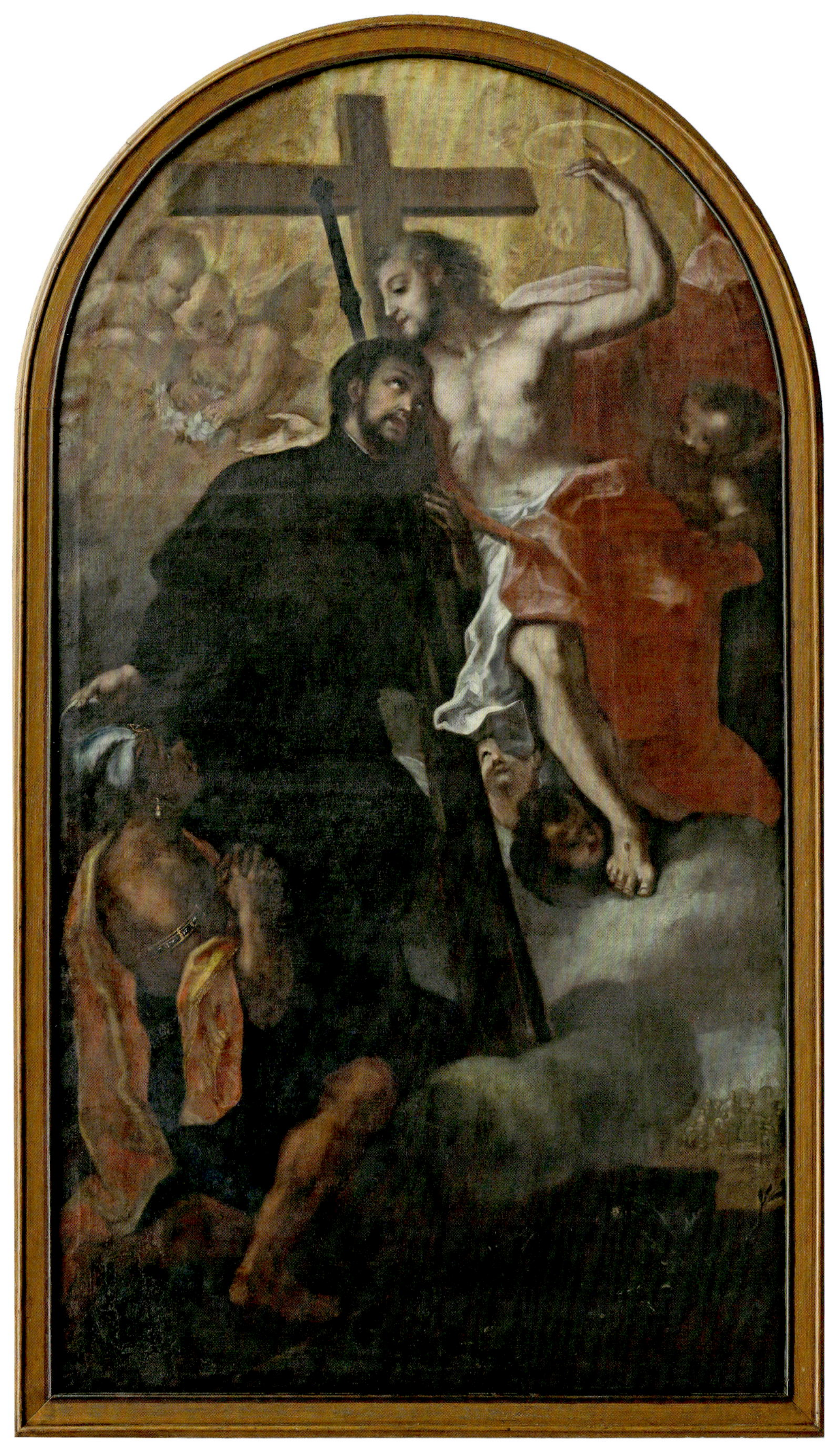

# 5 Der hl. Franz Xaver tauft einen Inder

Süddeutschland, Anfang 18. Jahrhundert
Öl auf Leinwand
210,0 × 110,0 cm
Diözesanmuseum Rottenburg, 3-185

Das süddeutsche Gemälde vom Anfang des 18. Jahrhunderts stellt die Taufe eines Inders durch den jesuitischen Missionar Franz Xaver (1506–1552) dar: Während Xaver aus einem Schälchen das Taufwasser auf das Haupt des mit Federn und Perlen geschmückten Knienden gießt, umfasst er mit dem anderen Arm das Kreuz. Neben dem Kreuz ist Christus selbst erschienen: Mit nacktem Oberkörper und wehendem purpurnen Tuch wendet er sich Xaver zu und hält in der erhobenen Linken einen Heiligenschein für diesen bereit.[1]

Die Komposition ist gedankenvoll angelegt: Das Taufschälchen in der Hand Xavers entspricht dem Heiligenschein in der Hand Christi, mit dem dieser das Haupt des Paters segnen wird. Auch der Stab, der als Zeichen apostolischer Wanderung an der Schulter Xavers lehnt, hat sein Pendant im von Christus zum Heil der Welt getragenen Kreuz: Xaver und Christus tragen das Kreuz gemeinsam. Eine Vorlage für die Umarmung mit dem Gekreuzigten gibt das in der spanischen Malerei verbreitete Thema der mystischen Umarmung zwischen dem hl. Bernhard von Clairvaux und dem Gekreuzigten, wie es von Francisco Ribalta (1565–1628) und Bartolomé Esteban Murillo (1618–1682) dargestellt wurde.[2] Die Bildtafel gehörte zu einem dem hl. Franz Xaver geweihten Altar und zeugt vom Aufschwung der Xaver-Verehrung im süddeutschen Raum während des frühen 18. Jahrhunderts. Prominente Beispiele hierfür sind Eichstätt und Rastatt: 1704 wurde der Heilige zum Patron Eichstätts erhoben, wobei ein Altar mit Reliquienschrein in der Schutzengelkirche errichtet wurde. Im gleichen Jahr wurde auch in Mindelsheim eine Xaver-Kapelle geweiht. 1719 empfing Sybilla Augusta von Baden-Baden eine Handreliquie aus Rom und beauftragte für diese einen Xaver-Altar in der Rastatter Schlosskirche. Auch die Kirche Mariä Himmelfahrt in Dillingen bewahrte Reliquien des Heiligen. Die Kirche, für die das Gemälde des Diözesanmuseums in Auftrag gegeben wurde, ist heute jedoch nicht mehr zu ermitteln.

Visionen des kreuztragenden Christus sind in der jesuitischen Bildkultur mit der Erscheinung von La Storta im November 1537 verbunden: Als Ignatius und seine Gefährten nach Rom zogen, um dem Papst das Urteil über das weitere Geschick der kleinen Gruppe zu überstellen, erschien Christus und versprach: „Ich werde euch in Rom gnädig sein".[3] Für Xaver selbst berichten die Viten von einer besonderen Verehrung des Gekreuzigten von Kindertagen an: Wenn der Missionar in Asien Schwierigkeiten ausstand, hätten alle Kreuze in seinem Elternhaus Blut geschwitzt. Illustrierte Viten des 17. und 18. Jahrhunderts stellen diese Legende so dar, dass sie Xaver den Stamm eines großen Kruzifixes umgreifen lassen, an dem Christus lebendig geworden sein Blut über Xaver ausgießt.[4] Auch wird berichtet, dass Xaver im spanischen Hospiz in Rom eine Traumvision von Christus hatte. Wie dieser sein Kreuz trug, so habe Xaver unter Schmerzen einen Inder auf dem Rücken getragen und dies als Bild für das Opfer seines Lebens im Dienst Christi verstanden.[5]

Nach seiner Ankunft in Goa 1642 hatte Xaver zuerst die pastorale Betreuung der angesiedelten Portugiesen neu organisiert. Der Mission der Inder wandte sich Xaver besonders bei seinen Reisen an die südindische Malabarküste zu. Hier lebten die Angehörigen der Paravar-Kaste, die nach Perlen und Tritonmuscheln tauchten. 1534 ersuchten sie die Portugiesen um Hilfe gegen die Überfälle von Seeräubern und gegen die Ausbeutung durch die umgebenden Fürstentümer. Als die Kolonisatoren ihre Militärpräsenz ausbauten, traten die Paravar 1536–1537 in Massenkonversionen zum Christentum über, ohne dass ihnen Katechese erteilt worden war oder Geistliche bereit gestanden hätten.[6] Xaver kam im Oktober 1542 in die Gegend um das Kap Komorin und blieb bis 1544.[7] In intensiver Missionsarbeit gelang es dem Jesuiten, die Paravar tiefer in den christlichen Glauben einzuführen und nahe Tuticorin erstmals auch tamilische Führer zu taufen.[8] Hier fanden die berühmten Taufen statt, deren Zahl auf bis zu 30.000 geschätzt wird, wobei Xaver in einzelnen Dörfern den Taufakt wiederholte, wenn der Empfang einer gültigen Spende des Sakraments nicht sicher abzuschätzen war.[9] Auch Xaver arrangierte Massentaufen, um „so schnell wie möglich möglichst viele Menschen durch die Taufe vor der Verdammnis"[10] zu retten, doch versuchte er zugleich, eine dauerhafte geistliche Versorgung zu sichern. Xavers Briefe enthalten ausführliche Berichte, wie er das Credo und die großen christlichen Gebete in die

Tamilensprache übersetzte und den Neugetauften erklärte. Er verfasste eine knappe „Doctrina Christiana" in tamilischer Sprache, deren Manuskripte er in allen Dörfern hinterlegte.[11] Xaver staunte über die Glaubensfreude, welche die einmal vermittelten Inhalte des Vaterunsers und das gesungene Salve Regina bei den Indern auslösten.[12] Da sich unter den Paravar verbreitet hatte, dass der Jesuit sich besonders der Kranken annehme, ihnen aus dem Evangelium berichte und bei seinen Erklärungen viele geheilt worden seien, hätten immer mehr Familien um Xavers Besuch gebeten. Xaver berichtet, dass er, um den Anfragen nachzukommen, Kinder entsandt habe. Diese hätten den Kranken Mut gemacht, dass sich der hier offenbarende Gott ihrer Leiden annehmen werde: „Um meine Geschichte kurz zu machen: Gott war so bewegt vom Eifer und der Glaubensfreude dieser Kinder, dass er viele der Kranken, zu denen diese gekommen waren, an Leib und Seele gesund werden ließ."[13]

Hier deutet sich eine Idee von Mission an, die sich als Vorgang in zwei Richtungen verstand, indem sie auch denen, die das Evangelium für andere erlebbar machten, etwas von der Unmittelbarkeit der „Guten Botschaft" zurückschenkte. Berichte dieser Art von den Perlenfischerdörfern der Koromandelküste verbanden sich im 17. und 18. Jahrhundert fest mit dem Bild des hl. Franz Xaver. Der erbauliche Wert dieser Texte wurde im 16. und 17. Jahrhundert für europäische Christen hoch eingeschätzt, die in ihnen ihrerseits neue Glaubensfreude finden konnten.[14]

Zugleich bediente sich die Mission Xavers auch härterer Methoden: Die christliche Lebensführung der Getauften wurde durch ein Überwachungssystem kontrolliert, bei dem der Jesuit sogenannte *pattangattis*, dörfliche Moralwächter, einsetzte, die ihren Kastengenossen bei Verstößen Bußzahlungen abnahmen.[15] Auch stand Xaver höheren Entwicklungsstufen der einheimischen Kultur pauschal ablehnend gegenüber. In Tuticorin war der Missionar im Winter 1542 erstmals in nähere Berührung mit den großen Sakralarchitekturen des tamilischen Hinduismus gekommen, erkannte in all dem aber nur „Dämonenverehrung" und Tempeltrug der Brahmanen.[16] Wo ihm dies möglich war, in dörflicheren Gegenden und in der Nähe zu portugiesischen Stützpunkten, veranlasste er, dass Heiligtümer und Götterbilder zerstört wurden.

Auch das Altarblatt mit der Taufe eines Inders ist nicht frei von eurozentrischen Ressentiments und kolonialem Gestus. Der getaufte Inder ist mit Federschmuck, dunkler Haut und kauernder Haltung deutlich abgesetzt von der Begegnung Xavers mit Christus. Er gewinnt durch die Taufe zwar Zugang zu den Gnaden des Kreuzes, bleibt aber der kulturell niederer entwickelte und bestaunt die noble Statur des katholischen Europäers.

Respektvolles Studium lokaler Kulturen, wie es für viele jesuitische Missionare gegen Ende des 16. Jahrhunderts kennzeichnend wurde, begegnet bei Franz Xaver gegen Ende seines Lebens, in Japan und in der Begegnung mit dortigen zenbuddhistischen Geistlichen. Für die Zeit am Kap Komorin gibt es hierzu kaum Hinweise. Der Jahresbrief der jesuitischen Malabarprovinz von 1708 berichtet allerdings von einer Grotte an der Küste bei Tiruchendur, von der aus man nur Meer und Himmel sehen konnte und die daher bevorzugter Aufenthalt hinduistischer Einsiedler gewesen sei. Xaver habe sich oft an diesen Ort zurückgezogen, um zu beten und die Messe zu feiern.[17] Trifft dieser Bericht zu, so hätte Xaver zumindest die Naturräume, die den Hinduismus geistlich stimulierten, als heilig und der Kontemplation des Göttlichen förderlich erlebt.

M.W.

## Anmerkungen

1 | *Am Anfang der europäischen Bilddarstellung Franz Xavers steht der Kupferstich, der Torsellinos „Vita Francisci Xaverii", Rom 1594, einleitet, vgl. Wehnert 2016, S. 237, Abb. 9. Hiervon ausgehend nahm die Xaver-Ikonografie im Umfeld von Selig- und Heiligsprechung, 1609 und 1622, vielfältige Facetten in sich auf, die den Heiligen zu einer Leitfigur katholisch-konfessioneller, gegenreformatorischer Identität machten. Vgl. Wehnert 2017.*

2 | *Vgl. Stoichita 1997, S. 154.*

3 | *Schurhammer 1955, 1, S. 392 f. Vgl. Feld 2006, S. 133 f.*

4 | *Vgl. Hevenesi 1690, S. 44.*

5 | *Vgl. Schurhammer 1955, 1, S. 324.*

6 | *Vgl. ebd., 2, S. 331.*

7 | *Vgl. ebd., S. 281–349.*

8 | *Vgl. Coleridge 1874/2004, 1, S. 143–150.*

9 | *Vgl. Bayly 2004, S. 328.*

10 | *Sievernich 2002, S. 262.*

11 | *Vgl. Jeyaseela 2008, S. 88 f.*
12 | *Coleridge 1874/2004, 1, S. 146, 151 ff.*
13 | *Vgl. Coleridge 1874/2004, 1, S. 154 f.*
14 | *Zur Rezeption und Edition der Briefe Xavers vgl. Kat. Nr. 3.*
15 | *Vgl. Jeyaseela 2008, S. 89.*
16 | *Vgl. Schurhammer 1955, 2, 1, S. 299 ff. Vgl. Coleridge 1874/2004, 1, S. 158.*
17 | *Vgl. Schurhammer 1955, 2, 1, S. 335 f.*

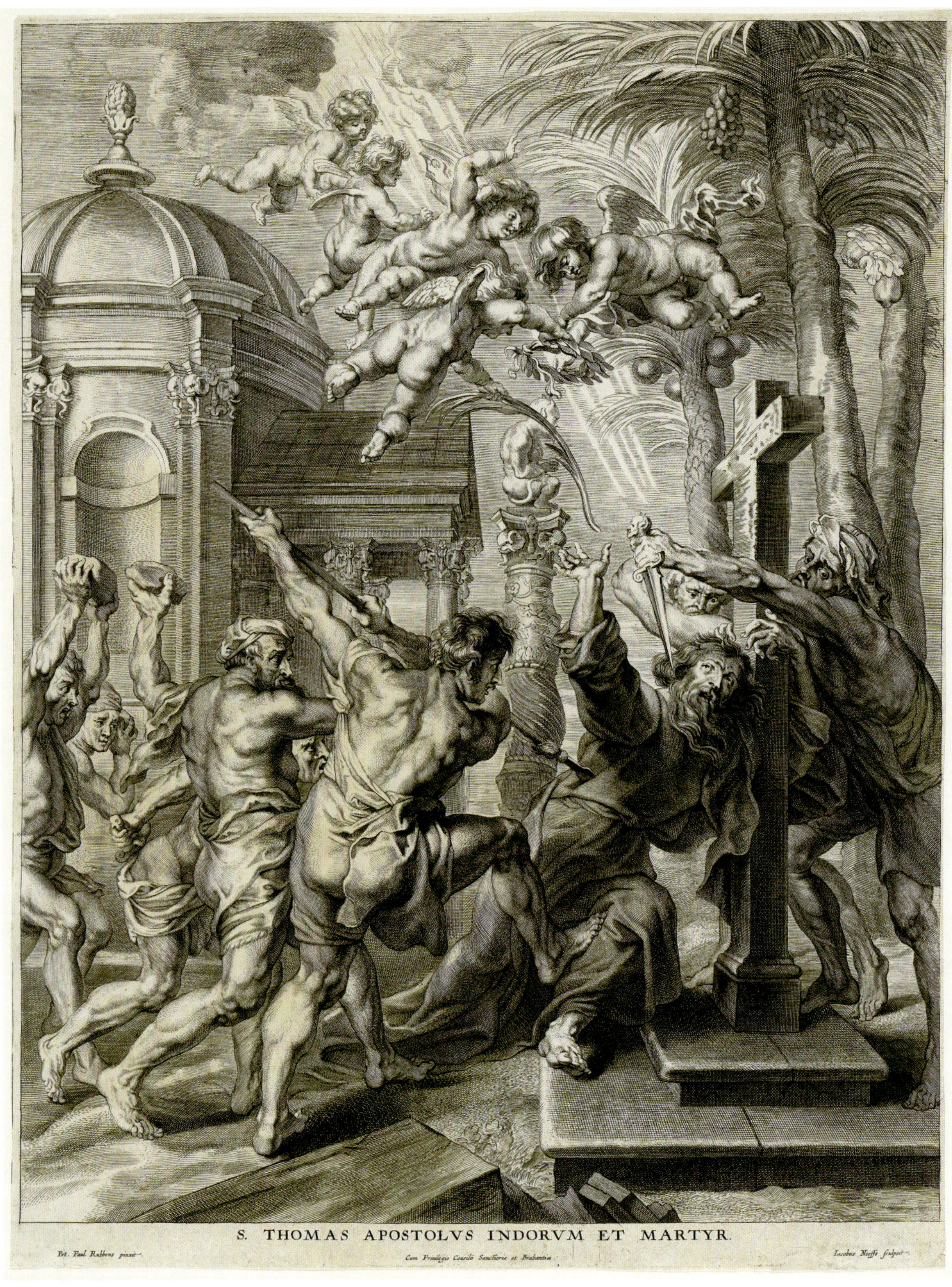
S. THOMAS APOSTOLVS INDORVM ET MARTYR.
Pet. Paul. Rubbens pinxit.
Cum Privilegio Consilii Sanctioris et Brabantiae.
Iacobus Neeffs sculpsit.

## 6 „S. Thomas Apostolus Indorum et Martyr"

Peter Paul Rubens (Maler), Jacobus Neeffs (Stecher)
Antwerpen, um 1640
Kupferstich auf Papier
57,9 × 44,6 cm
Herzog Anton Ulrich-Museum Braunschweig, Kunstmuseum des Landes Niedersachsen, JNeeffs AB 2.5

Der Stich zeigt das Martyrium des Apostels Thomas in Mylapore im Süden Indiens. Er wurde von Jacobus Neefs (1616– um 1660) um 1640 in Antwerpen nach einem Gemälde gefertigt, das Peter Paul Rubens (1577–1640) 1637 für den Hauptaltar der Thomaskirche in Prag ausgeführt hatte und das sich heute in der Prager Nationalgalerie befindet.[1]

Das Bild zeigt den Apostel Thomas, wie er von Häschern überfallen und mit Lanzen und Dolchen ermordet wird. Der Apostel klammert sich an ein steinernes Kreuz, während ihm vom Himmel herab Engelsputten das Märtyrerzeichen der Palme und einen Kranz übergeben. Im Hintergrund ist eine Rotunde in klassisch-antikisierenden Bauformen zu sehen. Zwischen dem Steinkreuz und dem Rundbau ist eine gewundene Säule aufgestellt, auf der ein dickbäuchiges Götzenbild platziert ist, dessen Knien im „Schneidersitz" an die Darstellung indischer Götter in der *padmāsana*-Haltung erinnert.[2] Indem die Siegespalme des sterbenden Apostels dieses Kultbild überschneidet, wird der Sieg des Christentums in Indien angedeutet.

Zu Beginn des 16. Jahrhunderts weckte die Gestalt des Apostels Thomas neues Interesse, als die Portugiesen an der südindischen Malabarküste auf syrische Christengemeinden stießen. Diese waren aus der Mission der nestorianischen Kirche des 3. und 4. Jahrhunderts hervorgegangen, führten sich aber auf den Apostel Thomas zurück.[3] Ein diffuses Wissen über dieses südindische Christentum bestand in Europa seit Langem: Ausgehend von ältesten Berichten aus dem frühen 3. Jahrhundert über das Mittelalter bis in die Frühe Neuzeit hatte sich im Abendland die Vorstellung verankert, der Apostel Thomas sei von Jerusalem nach Indien gezogen und habe dort erfolgreich missioniert.[4] Reisende wie Jean de Montecorvino und Marco Polo im 13. sowie Jean de Marignolli und Niccolò de Conti im 14. und 15. Jahrhundert hatten von dem Grab des Apostels berichtet, das sie in Indien gesehen hätten. Dem portugiesischen Estado da Índia boten die Thomasberichte die Möglichkeit, seine koloniale Expansion religiös zu legitimieren und sich in die Nachfolge der Apostelmission zu stellen.[5] Im Auftrag König Manuels I. (reg. 1495–1521) suchten die Portugiesen ab 1517 an der Malabarküste nach dem Grab des hl. Thomas und fanden 1522 in Mylapore eine Ruinenstätte mit Hinweisen auf christliches Leben. Neben dem hier gefundenen, dem Apostel zugewiesenen Grab mit seinern Gebeinen beflügelten die aufgefundenen Kreuze die Phantasie: Deren Formen wiesen Ähnlichkeiten mit dem Kreuz des portugiesischen Ritterordens von Avis auf.[6] Bei Bauarbeiten wurde schließlich ein Kreuzesrelief gefunden, das bis in die europäische Thomasikonografie und in Rubens' Gemälde zurückwirkte: Eigenart dieses Kreuzes war sein rotes Gestein und eine Oberfläche, die an Tropfen von Blut erinnerte. Die das Kreuz umgebende, in den Felsstein gehauene Pahlavi-Inschrift ließ man sich von einem Brahmanen übersetzen. Dieser verstand die altpersischen Zeichen ebenso wenig wie die Portugiesen, wusste aber deren Spekulationen über die Blutfarbe des Kreuzes weiter zu befeuern: Die Schrift besage, dass der Apostel im Tode dieses Steinkreuz berührt und mit Blut gefärbt habe – zum ewigen Zeugnis seines Martyriums.[7] Nicht nur das Blut des Thomas hatte hier ein Zeugnis hinterlassen, sondern auch die berühmte Hand, mit welcher der Apostel die Seitenwunde Christi berührt hatte (Joh 20,27). Damit stieg der Zeichenwert dieser indisch-christlichen Sakralstätte außerordentlich.

Ab 1557 ereigneten sich Wunder an dem Kreuz. Jedes Jahr zum 18. Dezember, drei Tage vor dem Fest des Apostels, wenn der Diakon zum Gesang des Evangeliums anhebe, habe das Kreuz „vor den Augen aller, die anwesend sind" seine Farben verwandelt, vom dunklen Blutrot ins Weiße zu Gelb. Auf dem Höhepunkt seien Blut und Schweiß über das Kreuz geflossen. Dieses Blut wurde in weißen Tüchern und Schals aufgefangen. Nachdem diese Vorgänge anfangs unregelmäßig auftraten, ereignete sich das Wunder ab 1561 alljährlich in Ablauf und Umständen immer gleich.[8] Erst 1704 endeten die Wundererscheinungen.[9]

Das blutende Kreuz von Mylapore erlangte schnell Berühmtheit: 1562 erging die Approbation durch den Bischof von Cochin, 1579 folgte die Anerkennung durch den Kardinal und König von Portugal Henrique I. (reg. 1578–1580).[10] Die hohe Patronage lässt den Bedarf an zugleich sakralen und politischen Symbolen erkennen, mit denen die Idee eines katholischen Indiens gerechtfertigt wurde.[11] Früh nahm das Kreuz eine anti-brahmanische Dimension an: 1559 waren die heiligen Thomasstätten von Mylapore ins Zentrum einer christlich-hinduistischen Kollision geraten, die den portugiesischen Estado da Índia in Schrecken versetzte: Rama Raja (1534–1565), König und Heerführer des Reiches von Vijayanagar, war „mit sechzigtausend Mann und zahlreichen Elephanten" gegen Mylapore ausgerückt, hatte die Gebeine des Apostels Thomas sowie ein Marienbild entführt und 25 Geiseln genommen.[12] Gegen ein Lösegeld gab Rama Raja die Beute frei und die Reliquien kehrten schließlich zurück. Die Portugiesen lasen dies als erneute hinduistische Gewalttat am Apostel Thomas. Sie sei gesühnt worden, als eine Allianz der muslimischen Sultanate des Dekkanhochlandes Vijayanagar 1565 eroberte: In der Schlacht von Talikota war dieses letzte hinduistische Großreich auf indischem Boden besiegt und Rama Raja enthauptet worden. In einem Brief nach Rom an den jesuitischen Ordensgeneral Francisco di Borja (1510–1572) von 1567 schrieb Pater Melchior Nunes Barreto den Untergang Vijayanagars den Reliquien des Apostels Thomas und seinem blutenden Kreuz zu.[13] Auch in Europa erlangte das Kreuz Berühmtheit: Erstmals bildete es der Jesuit João de Lucena in seiner „História da Vida do Padre Francisco Xavier", Lissabon 1600, ab. Ihm folgten 1608 Pierre du Jarric in seiner „Histoire" und 1667 Athanasius Kircher in der „China Illustrata". Auch Rubens' Prager Gemälde und der hiervon ausgehende Stich folgen den jesuitischen Nachrichten aus Mylapore.

M.W.

## Anmerkungen

1 | *Vgl. Sauerländer 2014, S. 202.*
2 | *Für eine Übersicht indischer Motive im Werk von Rubens vgl. Uppenkamp 2016.*
3 | *Vgl. Detlef, Müller 1981, S. 313 f.*
4 | *Vgl. Lederle 2009, S. 88.*
5 | *Vgl. Zupanov 2005, S. 88 f.*
6 | *Vgl. ebd., S. 97.*
7 | *Vgl. Kircher 1667, S. 53–60.*
8 | *Vgl. de Lucena 1600, S. 170.*
9 | *Vgl. Zupanov 2005, S. 294, Anm. 75.*
10 | *Vgl. de Lucena 1600, S. 172. Durch syrische Siedler und persische Missionare gab es spätestens ab dem 3. Jahrhundert eine organisierte christliche Kirche in Kerala. Diese wuchs durch weitere Migration von Syrien an die Malabarküste vom 4. bis ins 8. Jahrhundert an und unterstellte sich dem Katholikos der ostsyrischen „Kirche des Ostens" in Seleukia-Ktesiphon. Ihr Glaubensbekenntnis war nestorianisch. Mit der Ankunft der Portugiesen spaltete sich von dieser nestorianischen Kirche eine „Chaldäisch-Katholische Kirche" ab, die sich dem Papst unterstellte und das nicäno-konstantinopolitanische Glaubensbekenntnis annahm. Vgl. Frykenberg 2008, S. 102–107.*
11 | *Vgl. Zupanov 2005, S. 107 f.*
12 | *Vgl. den Bericht des Luís Fróis in: Documenta Indica, 4, S. 368. Vgl. do Couto 1616, Déc VII, 2, lib 7. C. 1, S. 53–60. Vgl. Zupanov 2005, S. 104.*
13 | *Vgl. den Brief des Melchior Nunes Barreto an Francisco di Borja, Cochin, 20. Januar 1567, in: Documenta Indica, 7, S. 201. Vgl. Zupanov 2005, S. 106 f.*

## 7 „Pagode, Mesquita"

In: van Linschoten, Itinerarium, Ofte Schip-vaert naer Oost ofte Portugaels Jndien, Amsterdam 1623
Tafeln 66–67
Baptista van Doetechum d.Ä. (Stecher)
Kupferstich auf Papier
32,0 × 44,0 cm
Universitätsbibliothek Heidelberg, A 4892 B Folio RES

Die Bildseite entstammt dem „Itinerarium, Ofte Schip-vaert naer Oost ofte Portugaels Jndien" des holländischen Reisenden Jan Huygen van Linschoten (1563–1611) und wurde von Baptista van Doetechum d.Ä. (tätig bis 1611) gestochen.[1] Das erstmals 1596 in Amsterdam gedruckte Werk wurde ins Deutsche, Englische und Französische übersetzt und bis in die 1630er-Jahre vielfach wieder aufgelegt. Dargestellt ist eine indische Landschaft mit Sakralstätten des Islam und des Hinduismus. Rechts ist das hochaufragende Gebäude einer Moschee zu erkennen, einer „Mesquita seu Templum Indorum Mahometistarum", wie es die Bildunterschrift angibt. Über einem erhöhten Postament umläuft ein Säulenwandelgang die Gebetshalle mit kleinen Fenstern. Über dem Walmdach schließt sich ein ebenfalls walmdachgedecktes Balkongeschoss mit Balustrade an, von dem eine schmale Stiege zum bekrönenden dritten Geschoss mit Satteldach verläuft. Das Geschoss erfüllt die Funktion eines Minaretts, von dem der Muezzin zum Gebet ruft.[2] Über den Giebeln erheben sich zwei mit Halbmonden bekrönte Dachaufbauten. Bauliche Details wie die Säulen des Arkadengangs, das gestaffelte Dach und seine Schindeln verweisen auf Moscheen der südindischen Malabarküste, die Linschoten 1583–1587 als Sekretär des Erzbischofs von Goa bei Besuchen in Kerala zeichnen konnte.[3]

Der Moschee gegenüber ist zur linken Seite ein in den Fels geschlagener hinduistischer Tempel dargestellt: Auf einem hohen Altarpostament steht das Kultbild, das eine Gestalt mit Hörnern, einer Tiara und einem vom Unterleib ausgehenden Tierhaupt präsentiert. Auf diese „schreckenerregenden Götzenbilder" gehen auch die lateinischen und holländischen Bildunterschriften ein: Überall in Indien würfen sich die Gläubigen vor den „horrendae effigies" nieder und brächten ihnen auf Anweisung der Brahmanenpriester, die den Ruf großer Weisheit genössen, reichliche Gaben dar. Im Vordergrund des Tempelplafonds ist zudem eine heilige Kuh platziert. Auch sie wird von einem knienden Hindu angebetet, während aus einem Kessel Weihrauch aufsteigt. Zur Linken des Tempels, in der Bildmitte, ist ein Becken für kultische Waschungen gezeigt, in dem ein Inder bis zum Nabel im Wasser steht und eine Andacht vollzieht.

Die Illustration vermittelt ein „general picture of non-Christian faiths" in Indien, wobei auffällt, dass Islam und Hinduismus im Bild unterschiedlich gewertet werden.[4] Der Moscheebau im Stil der südindischen Mappila-Muslime bezeugt Kunstfertigkeit und zivilisatorische Ordnung. Tatsächlich ist Linschotens „Itinerario" im Vergleich mit dem europäischen Schrifttum seiner Zeit von relativer Objektivität gegenüber dem Islam geprägt.[5] Linschoten berichtete über den Besuch einer Moschee an der Malabarküste, bei dem ihm und seinem Gefährten der Zutritt verweigert worden sei, als diese es ablehnten, ihre Schuhe auszuziehen. Der Türwärter habe beiden einen Blick durch die Fenster des Wandelgangs erlaubt, wobei Linschoten die Leere des Gotteshauses auffiel. Der hierauf angesprochene Türwächter habe erklärt, dass an dieser Stätte nur der „lebendige, allmächtige Gott" verehrt werde, keine Statuen und Bilder, wie dies Christen und Hindus täten. Linschoten urteilt den Moscheewächter hierfür nicht ab, sondern enthält dem Gebäude den Namen einer Kirche – „Machometiste Kerke" – nicht vor.[6]

Massiv diskreditiert und durch den Deutungsschlüssel der Dämonenverehrung gelesen wird bei Linschoten der Hinduismus. Der gehörnte und mit einer Tiara gekrönte Götze im Hindu-Tempel zur Linken geht zurück auf eine der frühesten Darstellungen hinduistischer Gottesbilder in der europäischen Druckgrafik, den Götzen des Königs von Calicut im „Itinerario de Ludouico de Varthema Bolognese" 1510–1515. Dieser „Deumo" wurde zu einem Bildtopos, der bis ins 17. Jahrhundert den Blick auf hinduistische Religion und Kunst prägte und auf die Verehrung von Dämonen festlegte.[7] Anhand der Darstellung in Linschotens „Itinerarium" beschrieb 1608 der Jesuit Pierre du Jarric den „typischen" indischen Götzen: Die Inder beteten deformierte Wesen an, „mit zwei Gesichtern, einem am Haupt, einem am Bauch, beide gehörnt, mit Krallen an Händen und Füssen, gekrönt mit einer Tiara oder Mitra mit drei Kronen".[8]

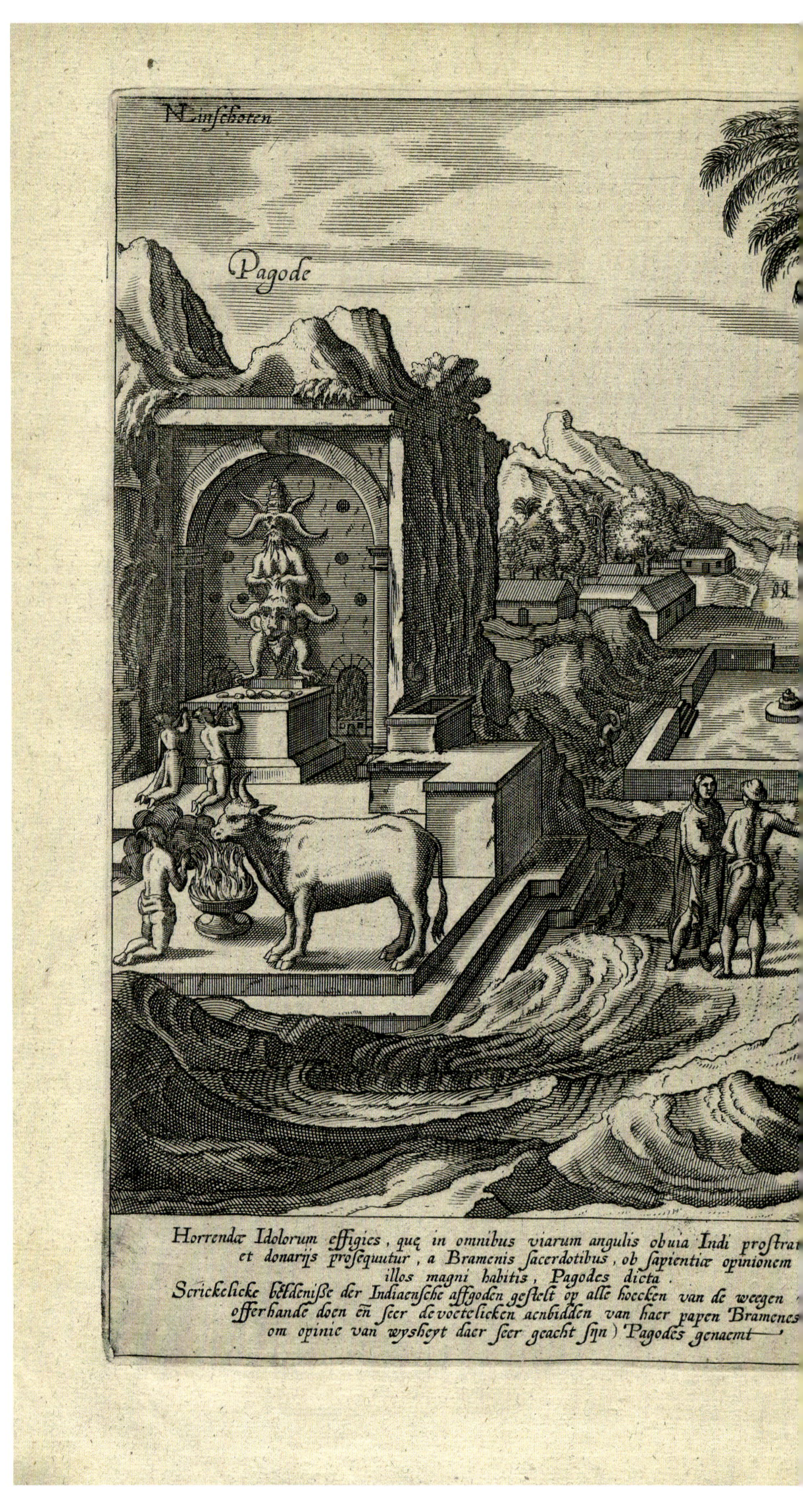
N.Linschoten
Pagode
Horrendæ Idolorum effigies, quę in omnibus viarum angulis obuia Indi prostra
et donariis prosequutur, a Bramenis sacerdotibus, ob sapientiæ opinionem
illos magni habitis, Pagodes dicta.
Scrickelicke beldenisse der Indiaensche affgoden gestelt op alle hoecken van de weegen
offerhande doen ēn seer devoetelicken aenbidden van haer papen Bramenes
om opinie van wysheyt daer seer geacht syn) Pagodes genaemt

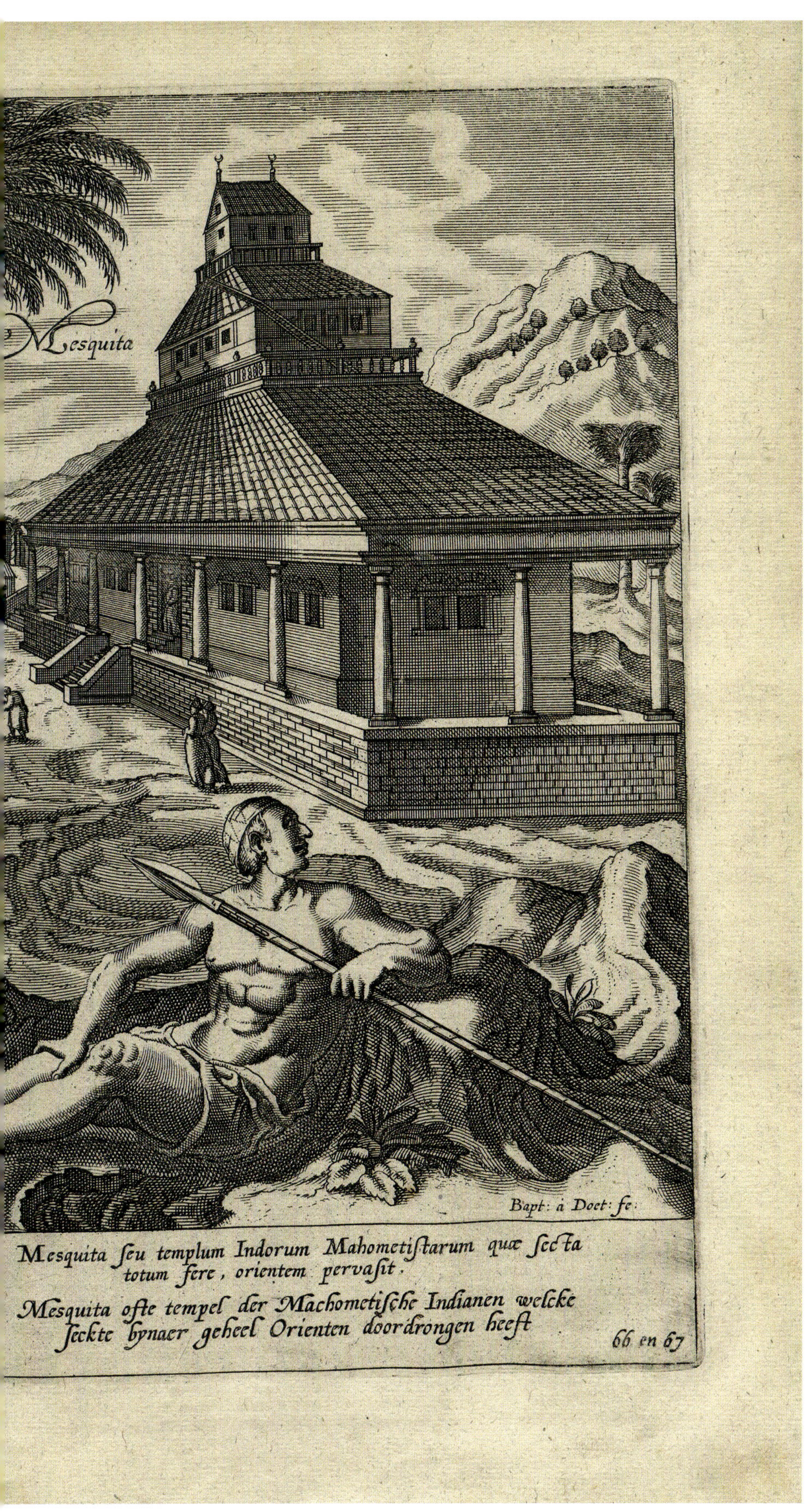
Mesquita
Bapt: à Doet: fe:
Mesquita ſeu templum Indorum Mahometiſtarum quæ ſecta totum fere, orientem pervaſit.
Mesquita ofte tempel der Machometiſche Indianen welcke ſeckte bynaer geheel Orienten doordrongen heeft
66 en 67

Linschotens Zeichnung griff die bei Varthema vorgebildete Figuration auf, entwickelte diese aber weiter, indem sie das Motiv in die Kulisse eines Felsschreins einband und den Götzen als deutlich überlebensgroßes Relief ausführte. Zugrunde lagen Berichte über die hinduistische Monumentalkunst der Tempel von Kanheri, Elephanta und Mandapeswar, die in den ersten Jahrzehnten des 16. Jahrhunderts von den Portugiesen im Gebiet ihres Inselstützpunktes Salsette – nahe dem heutigen Mumbai – entdeckt worden waren.[9]

Eine nächste Entwicklungsstufe des Motivs ist die Verbindung des „Deumo" mit der hinduistischen Verehrung der Kühe. Hieraus arrangiert das Bild eine markante Formel: Hindus verehren Kühe, weil sie den Dämonen ähnlich sehen, die sie in den gehörnten Tiergestalten verehren. Für einen christlich-humanistischen Horizont war dies eine doppelte Inversion: Ein Mensch kauert vor einem Tier, weil er in diesem das Abbild des Göttlichen ehrt. Der Negativtopos war eingängig. Noch das Frontispiz der „A discovery of the sects of the Banyans", London 1630, von Henry Lord, der in den 1620er-Jahren als Kaplan der East India Company in Surat wirkte, griff dies auf und verband die Darstellung eines Brahmanen, der eine gehörnte Kuh preist, mit dem Bildnis eines Teufelshörner tragenden Dämonen.[10] Nochmals weiterentwickelt und dramatisch inszeniert wurde das Motiv bei Peter Paul Rubens: In seinem Altargemälde für die Antwerpener Jesuitenkirche 1617–18 band er das Ensemble in eine monumentale Tempelkulisse ein und umgab es mit ekstatisch tanzenden Priestern, während vom Himmel die Personifikation der Ekklesia erschien und den Götzen von Calicut zerstörte (Kat. Nr. 4).

Für europäische Betrachter Anfang des 17. Jahrhunderts klar zu entschlüsseln war auch die halbnackte Gestalt mit ihrem Speer, die im rechten Vordergrund des Bildes lagert. Sie war ein Hinweis, dass europäische Kolonialmächte im Süden Indiens auf mächtige Fürstentümer stießen, die eine militärisch-koloniale Expansion in die Schranken wiesen. Als weitere Aussage zu beachten ist auch das Verhältnis von sakraler Architektur und mangelnder städtebaulicher Kompetenz: Die Fläche zwischen Moschee, Badebecken und Hindutempel erscheint als unbefestigter, vom Regen unterspülter Sandboden. Hiermit bot Linschoten implizit einen Vergleich mit den zeitgenössischen Veduten europäisch christlicher Städte an: Dass Islam und Hinduismus zwar der Konstruktion öffentlicher Räume und der Schaffung von Bildwerken fähig waren, die zivilisatorische Energie aber auf falsche Ziele leiteten, war ein weiterer, langlebiger Topos der europäischen Indienkritik.

M.W.

## Anmerkungen

1 | *Vgl. Mitter 1977, S. 22.*

2 | *In Kerala und an der Malabarküste finden sich die ältesten muslimischen Gemeinden Indiens. Sie gehen auf das 7. Jahrhundert, die Gründungszeit des Islam, zurück und standen durch Seehandel und Missionare in direkter Beziehung zur arabischen Halbinsel. Demgegenüber kam es in Nord- und Zentralindien im 13. Jahrhundert zu großen muslimischen Reichsgründungen. Das Sultanat von Delhi und umgebende Herrschaften standen jedoch in einem turko-persischen Kulturzusammenhang. Zu arabischen Keralakontakten des 7. Jahrhunderts vgl. Nadar 2001, S. 84 f.*

3 | *Vgl. Karttunen, Art. „Linschoten, J.H. van, 1563–1611", S. 426.*

4 | *Mitter 1977, S. 22.*

5 | *Vgl. van Lire 2017, S. 76 f.*

6 | *Vgl. ebd. Vgl. Steenbrink 1993, S. 26.*

7 | *Vgl. Mitter 1977, S. 16–27. Varthemas Passus über den deformierten Götzen von Calicut geht noch in Kirchers „China illustrata" ein, vgl. Kircher 1667, S. 57.*

8 | *Vgl. du Jarric 1608, 1, S. 44.*

9 | *Vgl. Beitrag Wehnert in diesem Band, S. 19 ff. Für eine Auflistung der frühneuzeitlichen Berichterstattung über Elephanta vgl. Burgess 1871, S. 53, Anm. 1.*

10 | *Zu Henry Lord vgl. O'Connor 2011, S. 68 f. Vgl. Lach 1965, 3, 1, S. 596 f.*

# 8 Martyrium Antonio Sociros in Ceylon 1637

In: Tanner, Societas Jesu usque ad sanguinis et vitae profusionem militans, Prag 1675
Karel Škréta (Zeichner), Matthias Küsel (Stecher)
Radierung auf Papier
11,0 × 7,5 cm
Württembergische Landesbibliothek Stuttgart, Kirch.G.fol.721

Die Radierung zeigt den portugiesischen Jesuitenpater Antonio Sociro (1576–1637), der während seiner Missionstätigkeit auf der Insel Sri Lanka 1637 das Martyrium erlitt. Sociro wird dargestellt, wie er in einem hinduistischen Tempel auf ein Götterbild zuschreitet. Auf hohem Sockel platziert zeigt es eine gekrönte Gestalt mit Tierohren, aufgeblähtem Bauch und übereinandergeschlagenen Beinen. Mit ihren vier Armen erhebt die Figur ein Szepter, einen Krummsäbel, eine Lanze und eine Art Netzschläger. Während der Jesuit das Bildnis zu entweihen oder zu beschädigen sucht, dringen von hinten drei Männer heran, um den Pater zu ergreifen und ihm eine Lanze in die Seite zu stoßen. Die Unterschrift gibt Namen, Alter, Herkunftsland und Todesjahr des Jesuiten an, der „um des christlichen Glaubens willen von den indischen Götzenanbetern getötet" wurde, „pro Fide Christi ab Idololatris Indis occisus".

Das Blatt entstammt dem Werk „Societas Jesu usque ad sanguinis et vitae profusionem militans", das der böhmische Jesuit Matthias Tanner (1630–1692) 1675 in Prag veröffentlichte.[1] Dieses Werk schildert jesuitische Martyrien in Europa, Amerika, Afrika und Asien und gibt für jeden ermordeten Jesuiten eine kurze Lebensbeschreibung sowie eine Abbildung zu dessen Martyrium. Besonders breiten Raum nehmen die Berichte zu den jesuitischen Martyrien in Japan 1597–1632 ein, doch auch der indische Subkontinent ist mit Berichten vertreten.

Die christliche Mission auf Sri Lanka begann mit einem kurzen Besuch des Jesuiten Franz Xaver, der hier 1544 das Evangelium verkündete.[2] Bald folgten die Franziskaner nach, während die Gesellschaft Jesu ab 1602 verstärkt Missionsstationen aufbaute.[3] Nach der Ankunft von Dominikanern und Augustinern 1606 teilten sich die Orden die Insel in vier Einflusszonen auf, in denen etwa 7000 Christen betreut wurden. Wichtige Stütze der Missionsbestrebungen war das portugiesische Seehandelsimperium, das an der ceylonesischen Küste mehrere Stützpunkte unterhielt und seinen Einfluss auch auf das Inselinnere auszudehnen suchte. 1630 unterlagen die Portugiesen dem singhalesischen Königreich von Kandy, das sich 1638 mit den Holländern verbündete und damit dem katholischen Missionswesen ein Ende bereitete.[4] In diese dramatische Schlussphase fällt die Ermordung Pater Sociros. Der Jesuit hatte das portugiesische Heer auf einem Feldzug in die Berge des Landesinneren als Feldkaplan begleitet und war nach dessen Niederlage von den Singhalesen gefangen genommen und hingerichtet worden.[5]

Obwohl Sociro im Nachspiel eines gescheiterten Kriegszuges der portugiesischen Kolonialmacht das Leben verlor, inszeniert die Illustration den Sturm des Jesuiten auf ein „Götzenbild" als Hintergrund des Martyriums. Tanners Text beschreibt den Missionar als „idolorum osor, insectatorque, multo infestissimus", als einen, „der die Götzenbilder mit unbändigem Hass angriff".[6] Der Topos vom Heidentum der Götzenanbeter dominierte bereits zu Beginn des 16. Jahrhunderts die europäische Berichterstattung über Indien. Hinduistische Kultformen schienen noch den Götzenkult des heidnischen Altertums zu übertreffen.[7]

Europäischen Betrachtern erschienen die „Idole der Inder" als Ausdruck sittlicher und religiöser Verderbtheit. Tanner sah in den Götzen der Hindus zweierlei: Die tatsächliche Einwohnung von Dämonen sowie den Betrug der Mächtigen, die ihr Volk „verblendeten", um sich Profit und Vorteile zu erwirken.[8] Entsprechend dieser Konzeption hieß Mission Kampf gegen Götzenbilder. Besonders in jenen Gebieten, die durch das portugiesische Kolonialreich militärisch gestützt waren oder in denen der Estado da Índia wie in Goa und Ceylon zu expandieren suchte, führte dies zu einer massiven Zerstörung hinduistischer Heiligtümer, die wiederum mit einheimischer Gegengewalt beantwortet wurde.[9] Damit dokumentiert Tanners Illustration, dass auch aggressive Kollision eine Option der interreligiösen Begegnung im Indien der Mogulzeit war.

M.W.

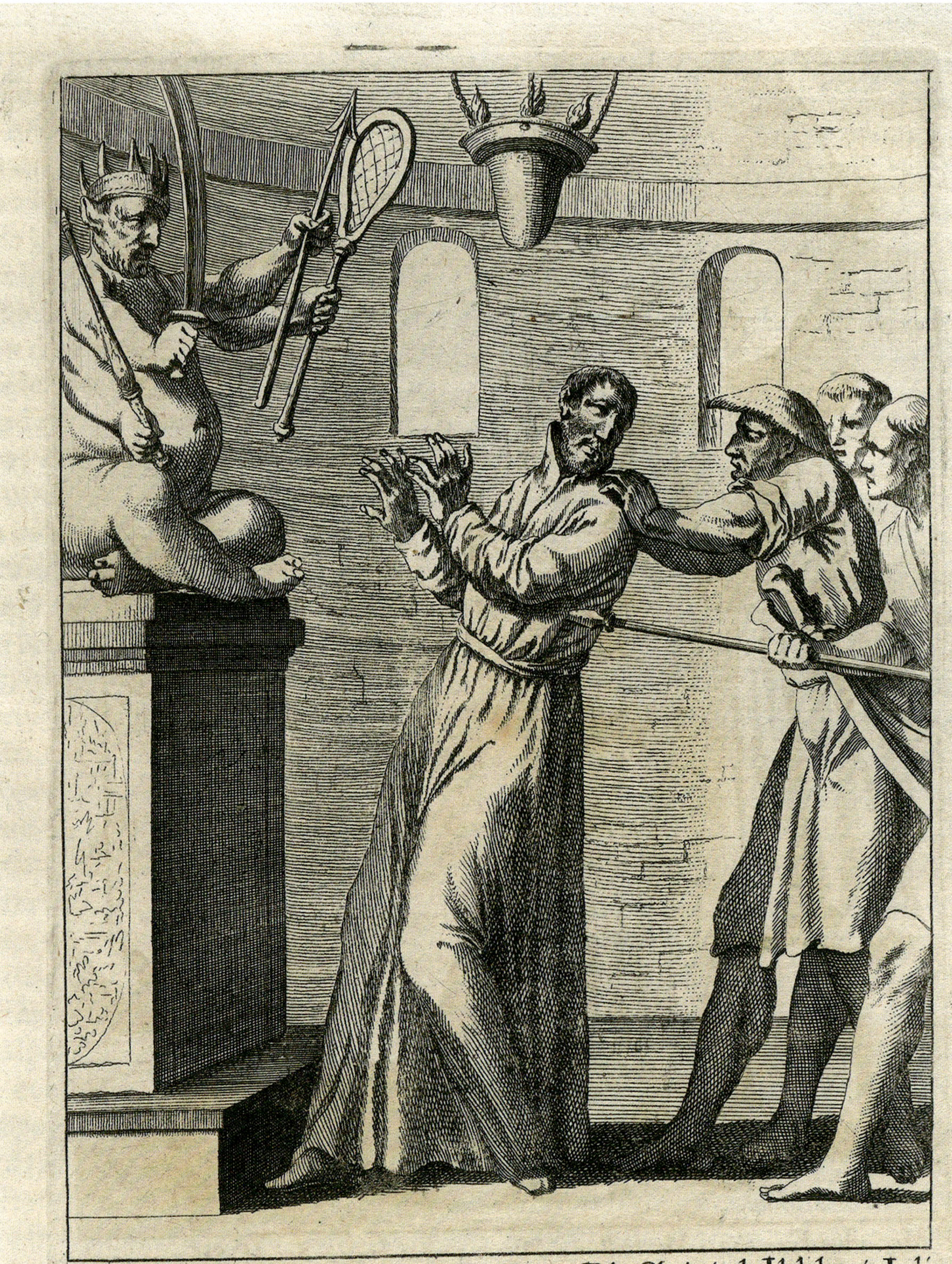

P. Antonius Sociro Lusitanus Soc. IESV pro Fide Christi ab Idololatris Indis occisus in Ceilano. A. 1637. ætatis 61.

C. S. d. M. K. f.

## Anmerkungen

1 | *Matthias Tanner war ein böhmischer Jesuit und Ordenshistoriker, der zeitweilig als Rektor der Prager Universität wirkte. Er initiierte die Wallfahrt zum „Ölberg" bei Štramberk und verfasste theologische und zeitgeschichtliche Schriften mit gegenreformatorischen Akzenten, die große Verbreitung fanden. Während seine „Societas Jesu militans" alle historisch dokumentierten jesuitischen Martyrien versammelt, schildert die „Societas Jesu, Apostolorum Imitatrix", Prag 1694, ein weltweites Aufbauwerk der Jesuiten in Katechese, Liturgie, Sakramentenspende und Frömmigkeit.*

2 | *Vgl. Schurhammer 1955, 2, 1, S 405 ff.*

3 | *Vgl. Friedrich 2016, S. 401.*

4 | *Vgl. Lederle 2009, S. 123. Vgl. Friedrich 2016, S. 401.*

5 | *Vgl. Tanner 1675, S. 384 f.*

6 | *Vgl. ebd., S. 385.*

7 | *Vgl. du Jarric 1610, S. 43 ff. Vgl. Bernier 1699, 2, S. 103 f.*

8 | *Vgl. Coleridge, 1874/2004, 1, S. 158.*

9 | *Vgl. Beitrag Wehnert, S. 22 f. Vgl. Osswald 2005, S. 109 f.*

Tom VI Nº. 37.

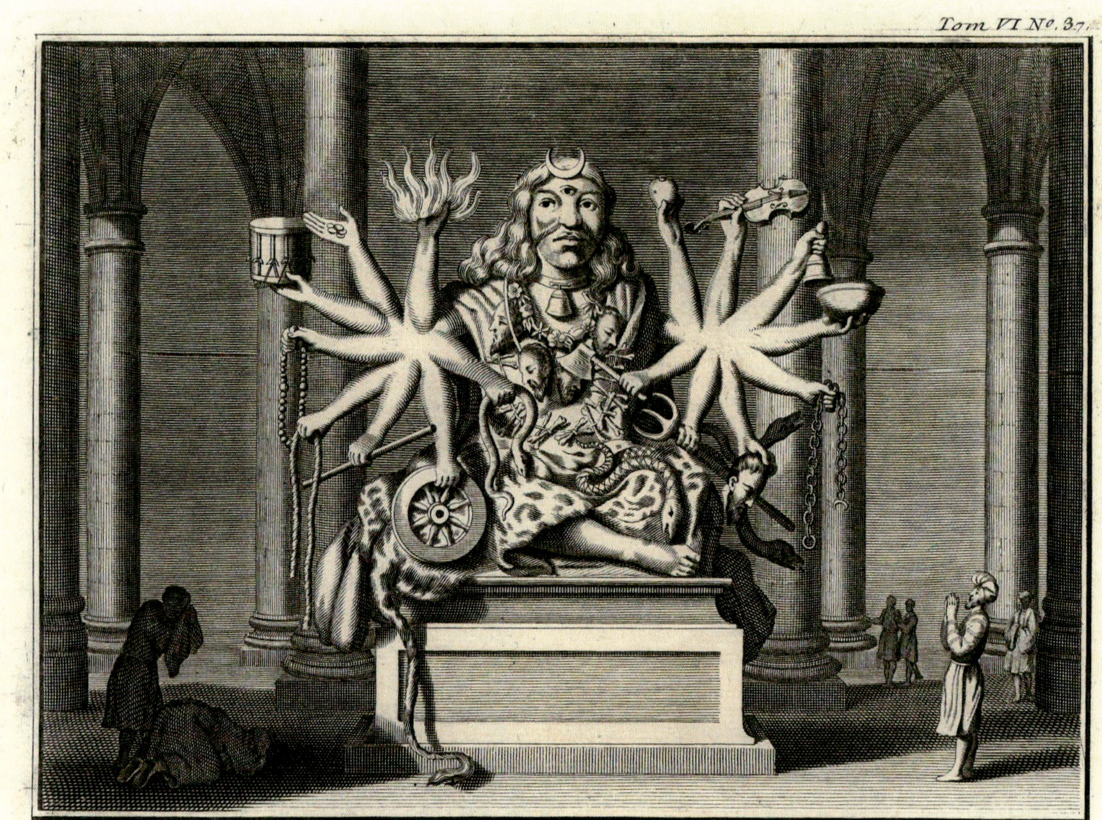

IXORA, DIVINITÉ des Indes Orientales.

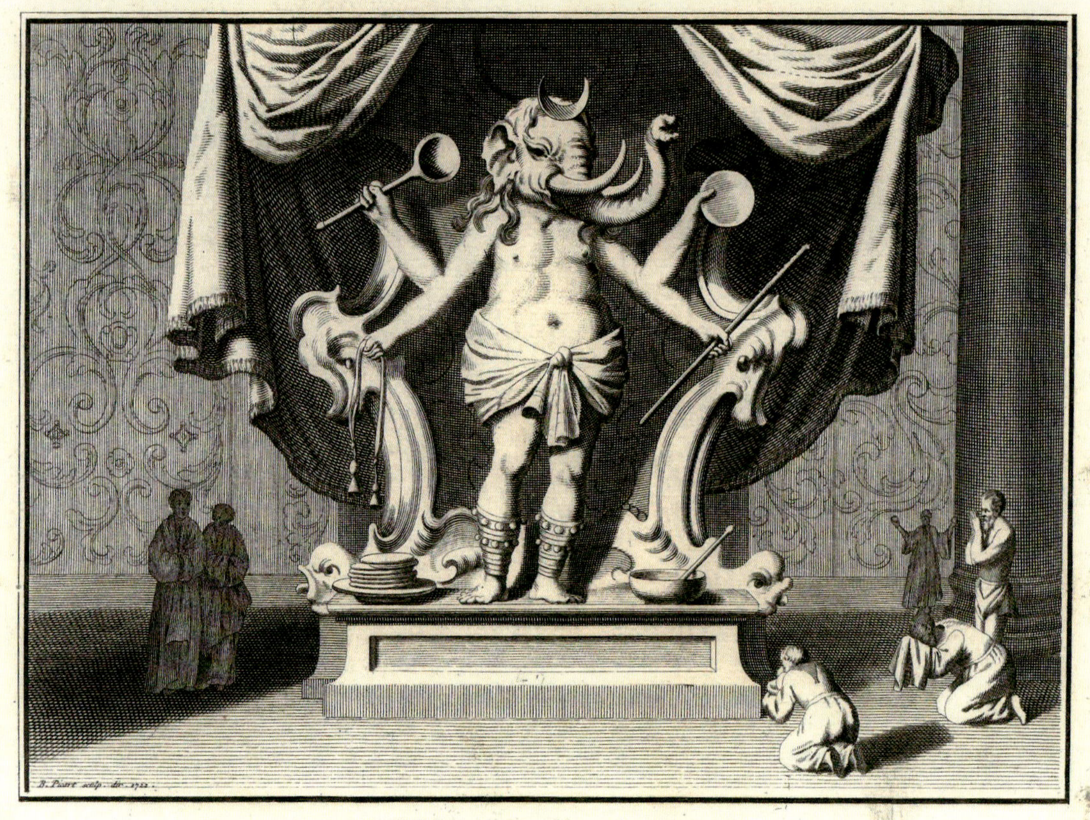

QUENEVADI, Fils D'IXORA.

# 9 „Ixora, Quenevadi"

In: Picart, Bernard, Cérémonies et coutumes religieuses de tous les peuples du monde, Amsterdam 1722
Bernard Picart (Stecher) nach Conraet Decker (Stecher)
Kupferstich auf Papier
37,5 × 23,7 cm
Diözesanmuseum Rottenburg, Gr-2386

Die Druckgrafik zeigt zwei indische „Götzen": Ixora und Quenevadi. „Ixora" ist eine europäische Lautnachbildung des Sanskritnomens *Īśvara*, mit dem im Hinduismus der Allgott als „Herr" bezeichnet wird. „Quenevadi" ist eine verzerrte Schreibweise für Ganapati, den Namen eines Sohnes des Gottes Shiva, der auch als Ganesha bekannt ist.[1] Das Blatt entstammt Bernard Picarts (1673–1733) „Cérémonies et coutumes religieuses de tous les peuples du monde", Amsterdam 1722. Vorlage des Druckes war eine Illustration Coenraet Deckers (1650–1685) für den Indienbericht des holländischen Reisenden Philippus Baldaeus (1632–1671), „Wahrhaftige ausführliche Beschreibung der berühmten Ost-Indischen Küsten Malabar und Coromandel als auch der Insel Ceylon", Amsterdam 1672.

Baldaeus wirkte von 1656 bis 1665 in Tamil Nadu und Sri Lanka als Kaplan der Niederländischen Ostindien-Kompanie.[2] In seiner „Wahrhaftigen Beschreibung" berichtete er über die tamilische und ceylonesische Religion, schöpfte hierbei jedoch aus fremden Arbeiten: Als die Holländer 1655–1656 die portugiesischen Stützpunkte in Sri Lanka erobert hatten, fielen dem Kaplan die Forschungsmanuskripte des italienischen Jesuiten Jacome Fenicio (1558–1632) in die Hände.[3]

Fenicio war 1583 nach Indien gekommen und hatte in den Missionsstationen der Malabarküste bei Cochin gewirkt. Ab 1600 hatte sich Fenicio der Abfassung einer umfassenden Studie zu Theologie und Kult der Hindus gewidmet. Diese war nicht vorrangig zur Veröffentlichung in Europa bestimmt, sondern sollte den Missionaren der Gesellschaft Jesu die Widerlegung „indischer Irrlehren" erleichtern.[4] Wie sein Ordensbruder Antonio Sociro (1576–1637),[5] der auf Ceylon die „Götzenbilder" stürmte, fand auch Fenicio in den kultischen Praktiken des Hinduismus teuflische Mächte am Werk. Der Missionar begriff die Kultbilder des Hinduismus nicht einfach als Abbilder von Dämonen, wie sie bei Ludovico di Varthema (um 1470–1517) beschrieben worden waren, sondern – analytisch komplexer – als Glied einer „máquina taô diabólica", einer „Maschinerie" von Mythen, Anschauungen und Sitten, die den Einzelmenschen wie auch die ganze Gesellschaft korrumpierten.[6] Besonders aus Kultbildern um die Gottheit Shiva leitete Fenicio eine verderbte „personale Psychologie" der Hindus ab.[7] Für diese sei eine unkontrollierte Sinnlichkeit kennzeichnend, wie es sich in der Verehrung phallischer Kultbilder – der Shivalingams – spiegle. Im Zentrum vieler Mythen stünde zudem der sich an Wein berauschende Shiva ebenso wie dessen wilde Leidenschaft für seine Gemahlin Shakti. Aus dieser Verbindung gingen folgerichtig, so moralisierte der Jesuit den hinduistischen Mythos, tiergestaltige Söhne wie der elefantenköpfige Ganesha hervor. Auch indische Techniken mystischer Versenkung umkreisten nach Fenicio – schlecht verhehlt – erotische Akte, indem sich die heilige Silbe „Om", die Klang gewordene Einung aller Wirklichkeiten, auf die Wollust Shivas mit Shakti bezöge.[8]

Als der calvinistische Prediger Baldaeus 1656 die Aufzeichnungen Fenicios fand, übernahm er die scharfe Kritik des Jesuiten vor allem am Shiva-Kult. Über das Kultbild des Lingam urteilte er: „Wo hat man jemals größere Bestialität gehöret / als das man das allerunehrbarste Glied für einen Gott soll halten?"[9] Der Shivasohn Ganesha werde als „Mißgeschöpf" mit menschlichem Leib und dem Kopf eines Elefanten vorgestellt. Sein „großmächtiger Bauch" und seine Mischgestalt zielten darauf, animalische Triebe im Menschen zu fördern. Die Darstellungen in Baldaeus' „Wahrhaftiger Beschreibung" zeigen zu Seiten dieser Kultbilder Figuren anbetender Hindus und erhellen hierbei nochmals Fenicios Konzeption der „máquina", indem sie moralisch verwerfliches Verhalten zu legitimieren scheinen: „So weiß der Teufel durch seine Arglistigkeit die Menschen von einer Ungereimtheit in die ander wegzurücken, ja schreibet ihren Göttern Weiber / Wollust und unziemliche Uppigkeit / und mißgeschaffene Kinder zu."[10]

Neben den jesuitischen verarbeitete Baldaeus auch Forschungen des calvinistischen Missionars Abraham Rogerius (1609–1649), der in seiner 1651 veröffentlichten „Open-deure tot het Verbogen Heydendom" die Shiva-Theologie und ihre Kultbilder genauer untersucht hatte. In diesen von Rogerius ausgehenden Passagen wechselt die Tonlage merklich: Die furchteinflößenden Waffen und abgerissenen Häupter in den Armen des „Ixora“ bezögen sich keinesfalls nur auf „schandgreuliche“ Mythen. Man müsse vielmehr einräumen, so erklärt der Text, dass die Hindus damit „außer Zweifel etwas sonderliches ausdrucken wollen“.[11] Das Pantherfell, auf dem der „Ixora“ sitzt und dessen Pranke vom Thron herunterfällt, drücke mit seinen Flecken die Allgegenwart des Gottes in der Natur aus, so wie der „Himmel ist gekleidet und gezieret mit Sternen / das Meer mit Inseln / und die Erde mit Blumen überstreuet.“[12] Dass der Leib des Gottes als mit Asche eingerieben vorgestellt werde, bedeute die „Kräfte und Würkungen Gottes über die ganze Natur ausgesprengt“. Auch die sechzehn Hände des Bildnisses machten die „Macht und Gewalt“ Gottes sichtbar. Bemerkenswert im Abgleich mit Fenicios „taô diabólica“-Verdikt ist ein Urteil bezüglich des Shiva-Bildnisses, es werde „wol glaublich / daß unter dieser Finsternuß einig Liecht verborgen stecket“.[13]

Baldaeus' „Beschreibung“ fasst verschiedene Ansätze der Deutung indischer Religion in der ersten Hälfte des 17. Jahrhunderts zusammen. Es wertet die Shiva-Frömmigkeit als dämonisches Heidentum, enthält aber auch Ansätze, die den fremdartigen Kultbildern wie jenem des sechszehnarmigen Shiva eine eigene Sprache zugestehen, die „Unbegreiflichkeit und Unendlichkeit“[14] Gottes auszudrücken.

M.W.

## Anmerkungen

1 | *Vgl. Subrahmanyam 2017, S. 128.*

2 | *Die Vereenigde Oostindische Compagnie, abgekürzt VOC, wurde 1602 als Zusammenschluss holländischer Kaufmanns- und Seehandelsunternehmen gegründet. Staatlich verliehene Handelsmonopole und Hoheitsrechte ermöglichten der VOC, ein effizientes, die asiatischen Küsten mit Europa verbindendes Seehandelsnetz mit dem zentralen Stützpunkt Batavia auf Java aufzubauen. Zur Geschichte der VOC vgl. Beelen 2002.*

3 | *Vgl. Zupanov, 2005, S. 307, Anm. 11. Vgl. Mitter 1977, S. 57 f. Die Portugiesen hatten Sri Lanka 1505 erreicht und 1518 gegen den Widerstand des Königreichs von Kotte einen Handelsplatz befestigt. Ab den 1540er-Jahren kamen jesuitische Missionare nach Sri Lanka: Einen Wendepunkt bedeutete die Konversion König Dharmapalas zum Christentum. Mit seinem Tod 1597 ging das Königreich an Portugal über. 1602 begann die systematische Jesuitenmission auf Ceylon mit der Gründung eines Ordenskollegs in Colombo. Vgl. Perera 1941, S. 12–144.*

4 | *Zupanov 2005, S. 175.*

5 | *Vgl. Kat. Nr. 8.*

6 | *Zupanov 2005, S. 179.*

7 | *Vgl. ebd., S. 180.*

8 | *Vgl. ebd., S. 179.*

9 | *Baldaeus 1672, S. 437.*

10 | *Ebd., S. 449.*

11 | *Ebd., S. 436.*

12 | *Ebd., S. 438.*

13 | *Ebd., S. 440.*

14 | *Ebd.*

## 10 Martyrium Ignazio Fialhos in Agra 1633

In: Tanner, Societas Jesu usque ad sanguinis et vitae profusionem militans, Prag 1675
Karel Škréta (Zeichner), Matthias Küsel (Stecher)
Radierung auf Papier
11,0 × 7,5 cm
Universitätsbibliothek Eichstätt, 04/1 BO E III 504

Das Bild zeigt das Martyrium des Jesuiten Ignazio Fialho in der mogulischen Residenzstadt Agra im Jahr 1633. Der portugiesische Missionar steht erhöht auf einem Felsen. Mit dem Kreuz in der Hand, dem Evangelium unter dem linken Arm und der erhobenen Rechten predigt er vor fünf orientalisch gewandeten Kriegern. Die „Muselmanen" erheben lange Säbel, um den Jesuiten niederzumachen. Wie Kat. Nr. 8 entstammt die Illustration der Sammlung von Märtyrerbiografien des böhmischen Jesuiten Mathias Tanner (1630–1692), „Societas Jesu usque ad sanguinis et vitae profusionem militans", Prag 1675.

Der Jesuit Ignazio Fialho kam als Missionar nach Hugli, einem wichtigen Stützpunkt des portugiesischen Indienhandels in Bengalen, nahe der Mündung des Gangesdeltas.[1] Der Mogulkaiser Akbar (reg. 1556–1605) hatte den Portugiesen 1579 erlaubt, dort eine Stadt zu gründen.[2] Im heutigen Bandel bauten die Portugiesen ein Fort, einen Hafen zum Hoogly-Fluss sowie einen Augustinerkonvent. 1599 wurde die Kirche Nossa Senhora del Rosário errichtet. 1620 eröffneten auch Jesuiten eine Missionsstation, um ihren Einfluss gegenüber den Augustinern auszubauen. Die Lage der christlichen Mission wandelte sich grundlegend, als Shah Jahan (reg. 1627–1658) den Thron bestieg.[3] Der neue Mogulkaiser suchte den sich in Goa, Gujarat und Bengalen ausbreitenden portugiesischen Einfluss zurückzudrängen. Nachrichten, die Portugiesen betrieben Sklavenhandel, waren nach Agra gekommen und verbanden sich mit Meldungen über zunehmend aggressive Praktiken christlicher Missionare, mit denen die konkurrierenden Orden der Augustiner und Jesuiten ihre Einflusssphäre ausdehnen wollten.[4] 1632 veranlasste Shah Jahan seinen Statthalter Qasim Khan, den Stützpunkt zu stürmen, wobei viele Portugiesen ums Leben kamen. Überlebende Kolonisten wurden zu einem elfmonatigen Marsch nach Agra gezwungen. Im Fall der Nichtbekehrung zum Islam drohte Gefangenschaft. In Agra selbst und sogar im fernen Lahore ordnete Shah Jahan die Zerstörung der Jesuitenkirchen an, die unter der Herrschaft Jahangirs (reg. 1605–1627) erbaut worden waren. Auch das im Bild dargestellte Martyrium Pater Fialhos ereignete sich im Nachspiel der „Katastrophe von Hugli". Erst im Laufe der folgenden Jahre gelang es den jesuitischen Patres, die Beziehungen zum Mogulhof neu zu knüpfen und bis Ende des Jahrzehnts Shah Jahans Wohlwollen und sogar die Missionserlaubnis zurückzuerlangen.[5]

Das Martyrium Pater Fialhos und die im Bild inszenierte muslimische Gewalt gegen den jesuitischen Prediger fällt somit in eine Phase, in der das Verhältnis zwischen Jesuiten und Moguln empfindlich gestört war. Koloniale Ausbeutung bis hin zum Sklavenhandel hatte sich mit aggressiven Missionspraktiken durch europäische Orden verbunden. Unter den politischen Gruppen am Mogulhof stärkte dies die islamische Orthodoxie und rief eine gewaltsame Abwehrreaktion gegen Missionare wie Kolonisatoren hervor.

Die Illustration in Tanners Band reduziert diese komplexe Kette von Aktionen und Reaktionen auf einen feindlichen Dualismus zwischen Christen und Muslimen. Der facettenreichen Beziehung zwischen Christentum und Islam im Mogulreich in der Zeit von 1580 bis 1660 wird dies nicht gerecht: Auf politischer Ebene war diese überwiegend durch die großzügige Tolerierung der christlichen Mission geprägt. In kultureller Hinsicht brachte diese Zeit zudem einen Schatz an christlich-muslimischer Kunst hervor, wie ihn die Ausstellung in den interreligiösen Malereien des Mogulhofes präsentiert. In der europäischen Literatur des 17. Jahrhunderts konnten die Vorgänge in Bengalen 1632/33 differenzierter bewertet werden: Der französische Indienreisende François Bernier (1625–1688), der Bengalen in den 1660er-Jahren besuchte und ein genauer Beobachter mogulischer Politik und Kultur war, berichtete 1670 in seinen „Voyages contenant la description des états du Grand Mogol" über die Vorfälle: Dem Sturm auf Hugli sei ein akutes Missverhalten europäischer Kolonisatoren vorausgegangen. Auch der Sklavenhandel sei von anwesenden Orden überwiegend geduldet worden. Bernier beklagt, dass Europäer „unsere heilige Religion verkünden wollen, zugleich aber ihre heiligsten Satzungen verraten".[6]

M.W.

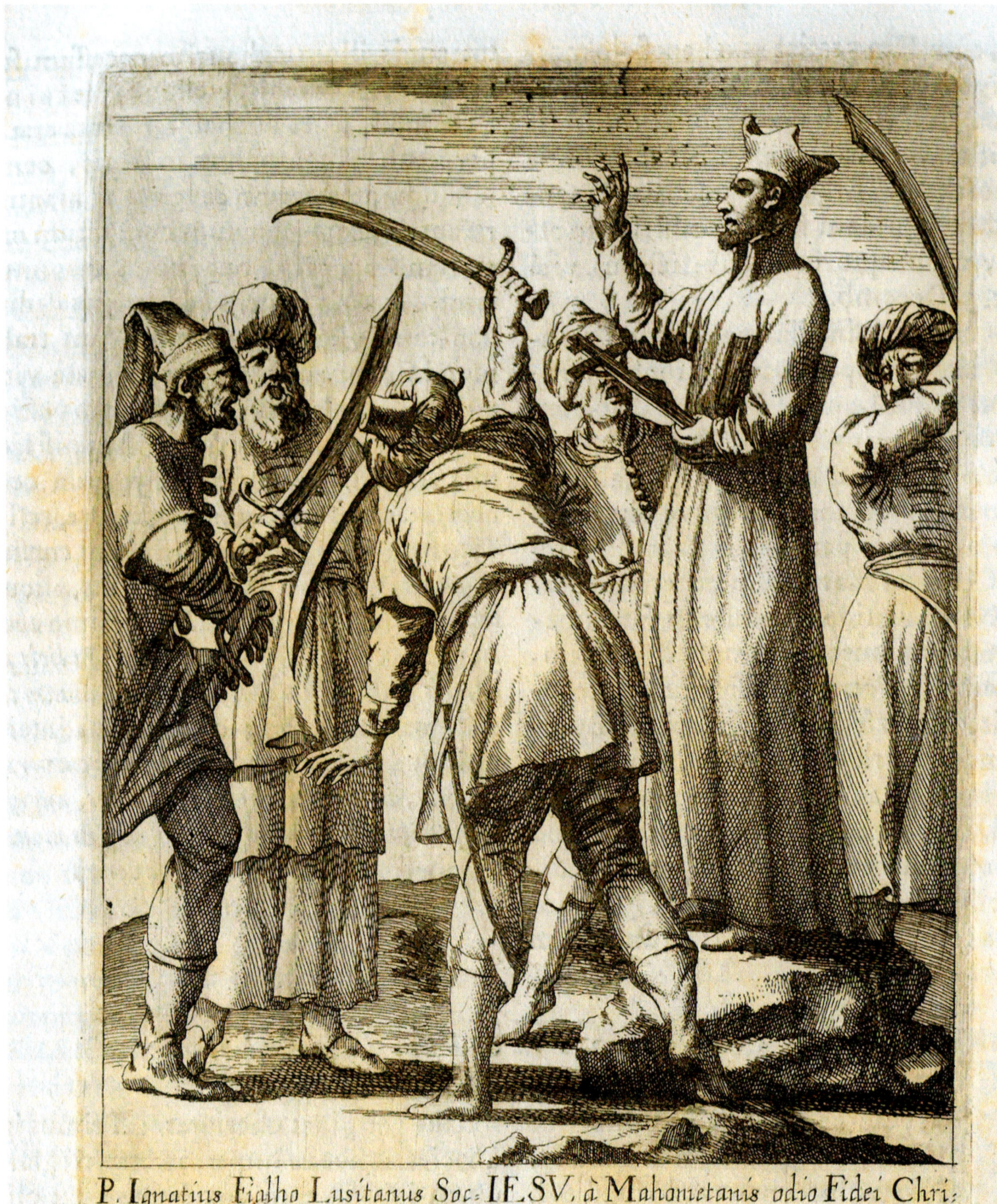
P. Ignatius Fialho Lusitanus Soc. IESV. à Mahometanis odio Fidei Christianæ gladijs confossus in Regno Mogor. A. 1633.
C. Screta. d.
M. Küsell. f.

## Anmerkungen

1 | *Die erste Niederlassung der Portugiesen in Bengalen geht auf das Jahr 1517 zurück. Vasco da Gama erkundete mit seinen Schiffen die Gangesmündung und fuhr erstmals den Hoogly-Fluss hinauf. 1536 erhielten die Portugiesen eine Handelserlaubnis von Sultan Mahmud Shah, ein Jahr später wurde Hugli als unbefestigter Handelsplatz gegründet: Indische Seiden- und Satinstoffe wechselten gegen Kaurimuscheln von den Malediven, Pfeffer und Perlen von der Malabarküste, Zimt aus Ceylon, Kampfer aus Borneo, Muskat von den Molukken sowie Porzellan und Möbel aus China. Vgl. Dasgupta 2005, 1, S. 260.*

2 | *Vgl. Dasgupta 2005, 1, S. 259–263.*

3 | *Vgl. Lach 1965, 3, 1, S. 142.*

4 | *Vgl. Sharma 1999, 2, S. 390–394.*

5 | *Vgl. Hartmann 1978, S. 166–169.*

6 | *Vgl. Bernier 1699/2011, S. 197.*

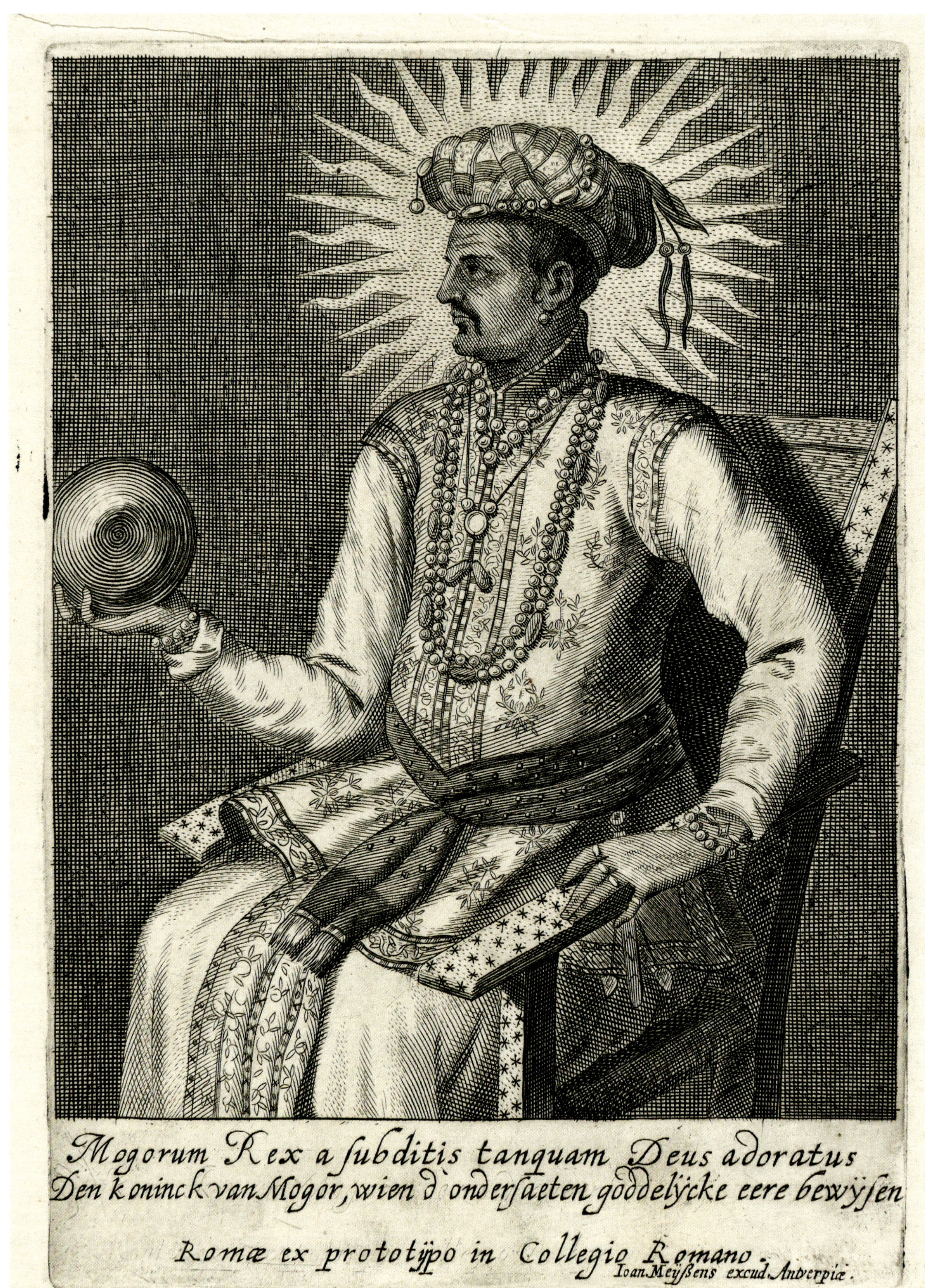
Mogorum Rex a ſubditis tanquam Deus adoratus
Den koninck van Mogor, wien d' onderſaeten goddelÿcke eere bewÿſen
Romæ ex prototÿpo in Collegio Romano.
Ioan. Meÿßens excud. Anverpiæ.

# 11 Mogul Jahangir

Johannes Meyssens (Stecher)
Antwerpen, um 1640
Kupferstich auf Papier
30,0 × 19,0 cm
Kunstsammlungen der Veste Coburg, VIII,21,14

Das Blatt zeigt den Mogulkaiser Jahangir (reg. 1605–1627) im Dreiviertelprofil auf einem Thronstuhl, wie er eine Sphaira – das Symbol universaler Herrschaft – erhebt. Der Mogul ist reich mit Perlenketten, Armbändern und Fingerringen geschmückt. Auch sein Turban weist Edelsteine, Perlen und Federschmuck auf. Während sich der Blick des Kaisers zur Höhe erhebt, umkränzt eine flammende Aureole sein Haupt. Das Blatt wurde um 1640 von Johannes Meyssens (1612–1670) in Antwerpen gedruckt und geht nach Angabe der Bildunterschrift von einer indo-persischen Miniaturmalerei aus, die sich im jesuitischen Collegio Romano in Rom befand.

Die Jesuiten waren 1580 durch den Großmogul Akbar (reg. 1556–1605) von Goa aus an dessen Hof nach Fatehpur Sikri im heutigen Uttar Pradesh geladen worden, um an den vom Kaiser einberufenen Religionsgesprächen teilzunehmen. Akbar und seine Nachfolger, besonders Kronprinz Salim, der spätere Jahangir, waren der Lehre des Christentums gegenüber offen eingestellt. Zugleich zeigten sie sich fasziniert von europäisch-christlicher Kunst, auch weil diese neuartige ikonografische Anregungen für das „semi-divine image" bot, das die mogulischen Hofmaler von den Herrschern erstellten.[1]

Das Herrscherporträt Jahangirs, das sich im Collegio Romano befand und von dem Meyssens' Antwerpener Druck ausgeht, ist für diesen Transfer von christlicher Kunst in das mogulische Hofporträt ein Musterbeispiel: Es verarbeitet Goltzius' „Salvator Mundi" von 1589 (Kat. Nr. 1). Die Sphaira und der ins Dreiviertelprofil gewendete Oberkörper entsprechen dem Salvator-Bild ebenso wie Hände und Kopf identisch im Hochformat der Blätter positioniert sind. Formale Differenzen bietet der Strahlenkranz um das Haupt Jahangirs, dort als flammende Sonnengloriole ausgeführt. Licht- und Sonnenmetaphern waren fester Bestandteil der mogulischen Herrschaftsideologie, wobei die Kaiser Titel wie *farr-ī īzadī*, „göttliches Licht", und *nūr ad-dīn*, „Licht des Glaubens", trugen.[2]

Aus den Hofateliers von Agra gelangte das Mogulporträt über Goa nach Rom. Nach diesem „prototypus", so gibt es die Bildunterschrift an, wurde das vorliegende Blatt in Antwerpen gedruckt, das sich als Typenbild des Mogulkaisers in Europa verbreitete: Jahangir wurde zum Archetyp des orientalischen Despotismus, wie ihn der europäische Blick im Mogulreich ausmachte. Dieses Bild ist deutlich durch den Vorwurf der Hybris gekennzeichnet: Das Antwerpener Bild trägt die Unterschrift „Mogorum Rex a subditis tanquam Deus adoratus" und moniert, dass sich der Mogulkaiser von seinen Untertanen wie ein Gott verehren lasse. Der Vorwurf, die Großmoguln mäßen sich Gottähnlichkeit an, wurde im jesuitischen Schrifttum vielfach erhoben und hatte vor allem das ausgreifende Hofritual im Blick. Pierre du Jarric (1566–1617) hatte 1608 über Akbar berichtet, dieser habe „ein starkes Verlangen danach, als Gott verstanden und verehrt zu werden."[3] In seinem „Tratado da Corte e Caza de Jamguir" berichtete der spanische Jesuit Jerôme Xavier (1549–1617) – ein Großneffe des hl. Franz Xaver – um 1610 ausführlich über die Hofhaltung Jahangirs, der „verehrt werde wie ein Gott": Wenn sich der König seinem Hof zeige, würde er als „König der Könige" und „Herr über die Welt" gepriesen; viele würfen sich vor ihm auf den Boden nieder.[4] Auch der portugiesische Jesuit Antonio de Andrade (1580–1634) schrieb 1623 in einem Brief an den Provinzial, Jahangir auf seinem Thron wolle aussehen „wie ein Gott auf Erden".[5]

Dass ihre Christus-Bilder umgeschmolzen wurden in Herrschaftsbilder, bereitete den Jesuiten Enttäuschung: Als Jahangir daran ging, seinen Diwan mit Bildern christlicher Heiliger – darunter Ignatius von Loyola und Bernhardin von Siena – auszustatten, wurde dies zunächst als öffentliche Anbahnung einer Konversion gelesen.[6] Doch bald wurde deutlich, dass der Kaiser eine Aura gottbegnadeter Glorie um seinen Thron und seine herrschaftliche Persona auszuspannen suchte. Zu diesem Zeitpunkt war den Jesuiten kaum ersichtlich, wie tief nicht nur die sakrale, sondern die esoterisch-göttliche Deutung von Herrschertum in der persischen Kultur verwurzelt war.[7]

M.W.

## Anmerkungen

1 | *Vgl. Asher, Talbot 2006, S. 138. Vgl. Eraly 2000, S. 243.*
2 | *Vgl. Moin 2013, S. 395 f. Vgl. Mukhia 2004, S. 47.*
3 | *Vgl. du Jarric 1608, S. 68.*
4 | *Vgl. Tratado da Corte e Caza de Jamguir, in: Flores 2016, S. 92 ff.*
5 | *Vgl. Brief an den Provinzial von Indien aus Agra, 14. August 1623, in: Flores 2016, S. 57, Anm. 55.*
6 | *Vgl. du Jarric 1611, S. 675. Vgl. Findly 1993, S. 351, Anm. 178.*
7 | *Vgl. Beitrag Wehnert, S. 30–34.*

## 12 „Hof oder Thron des Großen Mogols"

In: Dapper, Asia, oder: Ausführliche Beschreibung des Reichs des Grossen Mogols, Nürnberg 1681
Jacob van Meurs (Stecher)
Kupferstich auf Papier
33,5 × 42,0 cm
Universitätsbibliothek Tübingen, Fo XIX 1.2

Der doppelseitige Bilddruck entstammt dem Werk „Asia, oder: Ausführliche Beschreibung des Reichs des Grossen Mogols", das der holländische Arzt und Autor Olfert Dapper (1636–1689) 1681 veröffentlichte. Es zeigt eine große Parade vor dem Thron eines Mogulkaisers in der Residenz von Agra. Der Kaiser ist im Hintergrund in seinem Diwan auf einem Thron sitzend dargestellt, zwei Diener schwenken Fächer und Fliegenwedel über ihm. Zum Diwan herauf führt eine Treppe, „worauf man sich niederleget, wann man vor den König kommt", wie es die untenstehende Legende angibt und das Bild im Detail zeigt. Das Throngebäude ist von einem Heer von Leibwächtern mit erhobenen Lanzen und Standarten umgeben, die den ganzen Bereich des von einer Mauer umschlossenen inneren Palastes ausfüllen. Zu dessen Tor führt eine Rampe, auf der Würdenträger in Prozession vor den Kaiserthron ziehen. Der Länge nach durchquert ein Zug von Elefanten, Giraffen, Kamelen, Pferden, Löwen und Tigern den vorderen Bereich des Palastes. Der Vordergrund ist mit höfischen Staffagefiguren und europäisch anmutenden Palastarkaden versehen. Auf weitere Details des weitläufigen Areals weist die Bildlegende hin: Eine „Mosque" zur Linken, das große „Frauenzimmer" mit separatem „Hof" und dem „Garten des Frauenzimmers" sowie die „Wasserkunst".

Hofhaltung und Pracht der Großmoguln haben seit jeher europäische Reisende fasziniert: Bereits die Jesuiten, die Akbar (reg. 1556–1605) 1580 an seinen Hof lud, berichteten über das ausgefeilte Staatszeremoniell des Kaisers. Zur Anlage des *diwan-i-am* von Agra, den Dappers Illustration wiedergibt, gab der französische Reisende François Bernier (1625–1688), der Indien 1658–1669 bereiste, einen Bericht.[1] In seinen „Voyages contenant la description des états du Grand Mogol", Paris 1670, schildert er die dort abgehaltenen Großaudienzen: Den Mittelpunkt der Anlage bilde der erhöhte, nach drei Seiten offene Pavillon, dessen Säulen und Böden mit Malereien und Gold bedeckt seien. Hier throne der Mogul umgeben von einigen seiner Söhne, während ihm zwei Eunuchen mit Fliegenwedel und Fächer zur Seite stünden. Bevor er das Heer vor sich paradieren ließe und Bittsteller wie Gesandte empfing, ließe sich der Mogul alle Elefanten, Leoparden, Löwen, Pferde und Nashörner seines Tiergartens vorführen. Die Residenz beherberge zudem zahlreiche Fensterportale zur zeremoniellen Audienz sowie Terrassen, Gärten, Fontänen sowie dem Harem des Moguls vorbehaltene Paläste.[2] Ausführlich bestaunt Bernier die Kleidung des Kaisers: Bei der Audienz im *diwan-i-am* sei dieser in weißes, goldverbrämtes Satin gekleidet, sein Turban sei aus goldenen Bandagen gewickelt. Von diesem gehe eine Reiherfeder ab, deren Halterung ein großer Topas bilde, der „ganz ohne gleichen" sei und „leuchte wie die Sonne". Vom Hals bis zum Bauch sei der Mogul mit Ketten von großen Perlen behangen. Der Thron selbst sei aus „massivem Gold" und mit Rubinen, Smaragden und großen Diamanten überhäuft, doch könne Bernier keine Angaben zur Zahl der Steine machen, da selbst hohen Würdenträgern kein Zutritt in die Nähe des Throns erlaubt und der Mogul selbst nur aus Distanz sichtbar sei. Sage er ein Wort, erhöben die Höflinge die Hand wie „als ob sie den Segen des Himmels empfängen" und riefen „Wunder! Was er sagt, ist ein Wunder!"[3]

Schilderungen dieser Art in den Indienberichten des 17. Jahrhunderts befeuerten die Vorstellung europäischer Leser. Der Mogulhof erschien als Inbegriff eines orientalischen Absolutismus von maßloser Pracht und einer hybriden zeremoniellen Selbstüberhöhung des Herrschers.[4] Auch Dapper, der sich mit seinen lebendigen, in zahlreiche Landessprachen übersetzten Nacherzählungen an ein breites Publikum wandte, suchte seinen Lesern staunenden Schauer zu vermitteln: Er berichtet von riesengroßen Diamanten, zwölftausend Dienern, zwölfhundert Konkubinen und sechshundert Eunuchen, die dem Kaiser jederzeit zu Diensten stünden.[5]

Berichte über den Mogulhof, die im 17. Jahrhundert von Missionaren und Staatsreisenden nach Europa kamen, traten somit in zwei europäische Diskursfelder ein: Das eine Urteil fand in der Hofhaltung des Großmoguls die Hybris einer heidnischen Ferne, die noch die alttestamentlichen Berichte über den sich Gottesstatus anmaßenden Nebukadnezar von Babylon, über Ezechiels König von Tyros oder über den Seleukiden Epiphanes IV. zu übertreffen schien.

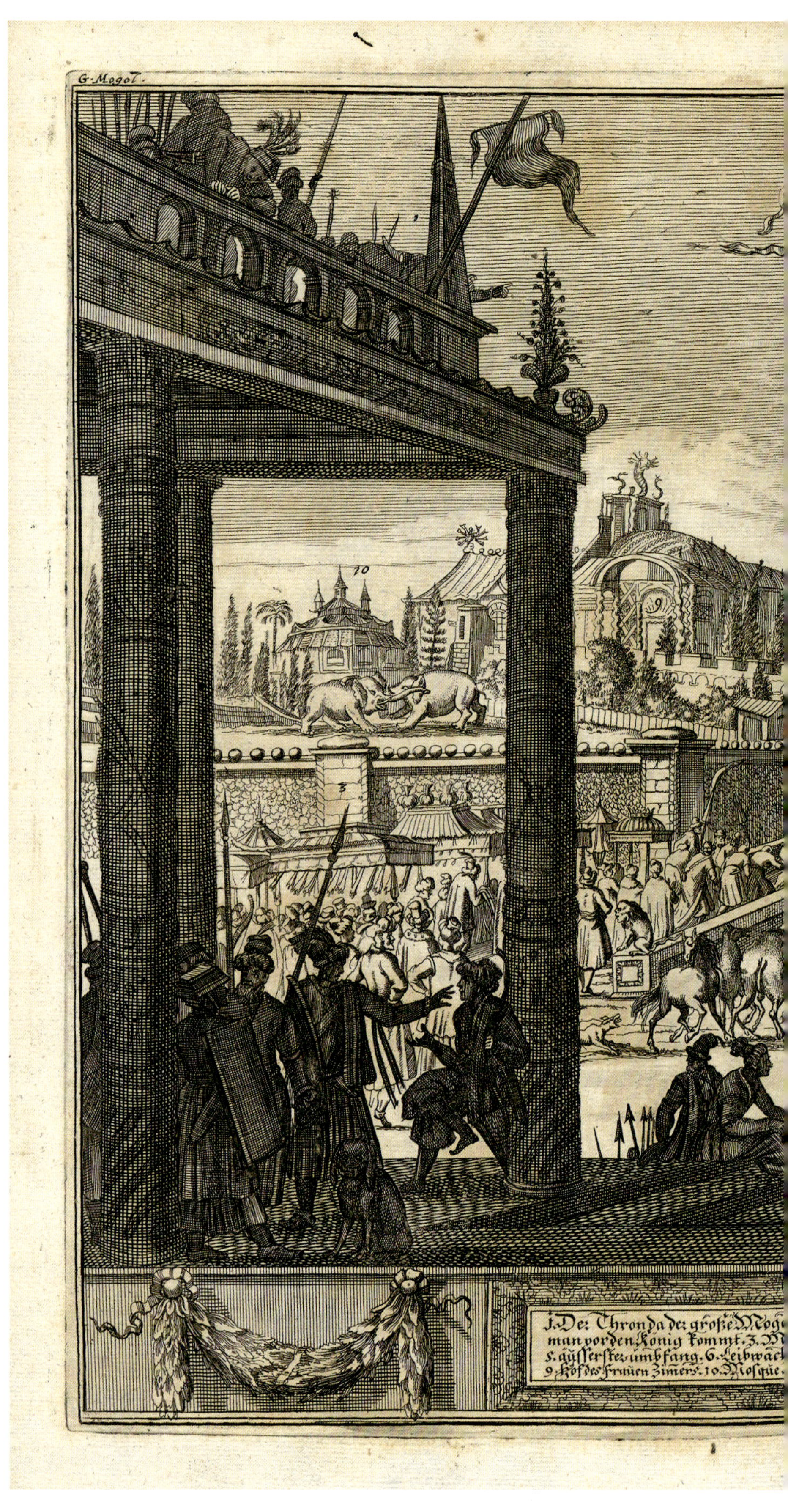
G-Mogol.
1. Der Thron da der große
man vor den König kommt. 3.
5. äusserste umbfang. 6.
9. Hof des Frauen Zimers. 10. Mosque.

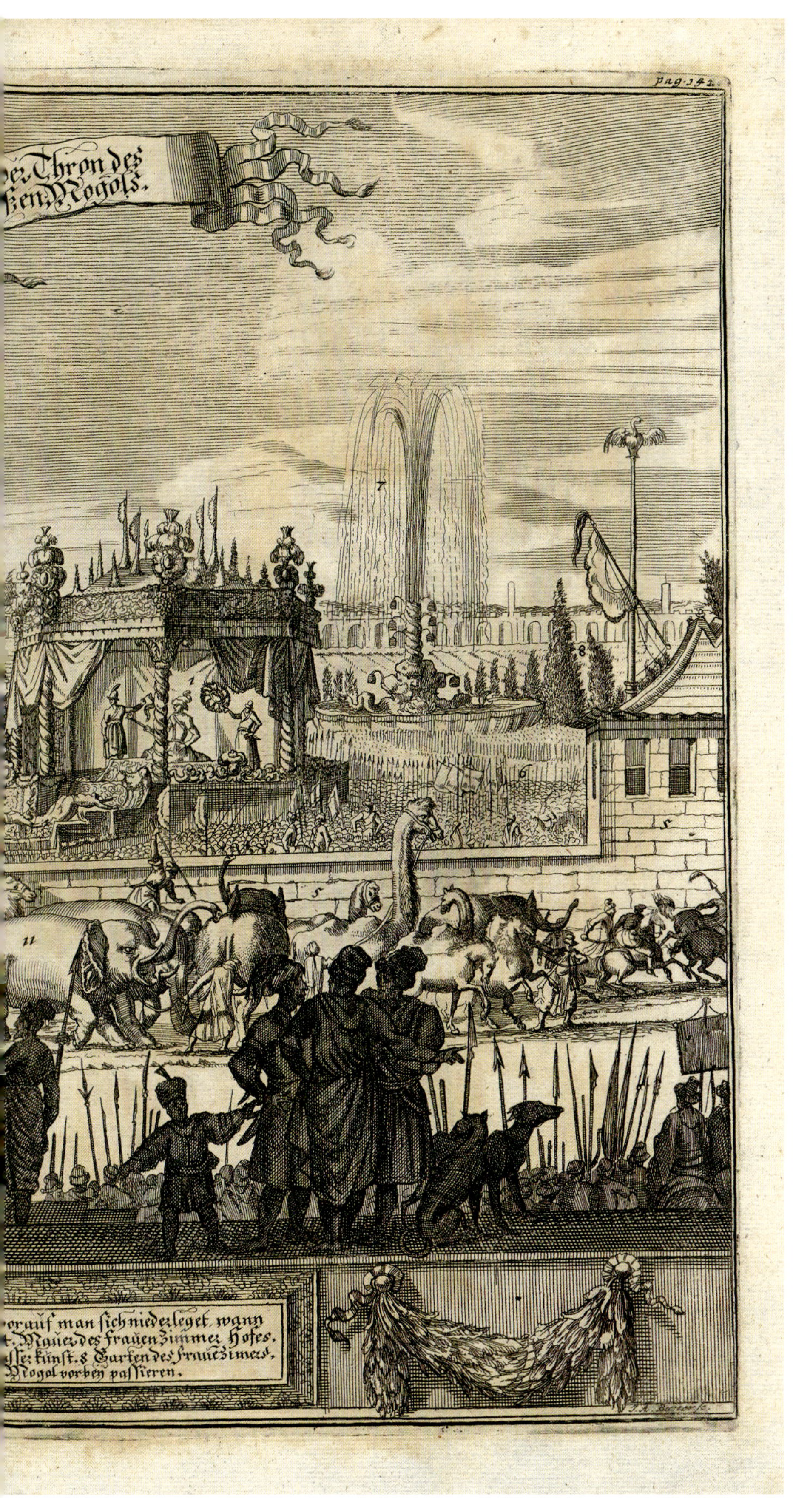
pag. 142.
…er Thron des
…ßen Mogols.
…orauf man sich niederleget, wann
… Maüer des Fraüen Zimmer Hofes.
…sse: künst. 8 Garten des Fraüe Zimers.
… Mogol vorbey passieren.

Andere Zeitgenossen deuteten die mogulischen Zeremonien als Ausdruck einer modernen, absolutistischen Staatskonzeption, die ein riesiges, schwer zu regierendes Territorium befriedete.[6]

Die europäische Ambivalenz zwischen Abstoßung und Anziehung drückt sich in einer musikalischen Passage der „Voyages" Berniers aus. Der Franzose berichtet über die eigentümlichen Klänge der Hofkapelle, mit denen Auftritte des Kaisers im *diwan-i-am* und anderen Palästen begleitet wurden. Der dunkel monotone, getragene Einsatz zahlreicher Pauken und Oboen sei dem europäischen Ohr gewiss fremd: „Tatsächlich hat mich diese Musik am Anfang so durchdrungen und entnervt, dass ich sie kaum mehr ertragen konnte. Nach langer Zeit aber ist sie mir angenehm geworden. Oft höre ich sie bei Nacht noch an mein Bett herandringen. Sie erscheint mir gravitätisch, majestätisch, doch zugleich melodiös, eine Symphonie hervorragender, verständiger Meister."[7]

Viele Elemente dieser „majestätischen Symphonie" der Symbole, wie sie bei den Großaudienzen des Mogulhofes aufgeboten wurde, blieben europäischen Betrachtern des 17. Jahrhunderts inhaltlich unklar: Dies gilt exemplarisch für die Prozession der Tiere, die dem Empfang der Würdenträger vorausging und in Dappers Darstellung zu sehen ist. Die Parade ging auf alte persische Vorstellungen von König Salomo und dem universalen Frieden unter allen Wesen zurück, wie es die in der Ausstellung gezeigte Salomo-Miniatur aus dem safawidischen Iran der 1580er-Jahre dokumentiert (Kat. Nr. 13).

M.W.

## Anmerkungen

1 | *François Bernier war Arzt und Philosoph. Nach Studien am Pariser Collège de Clermont und in Montpellier ging er 1655 auf eine vierzehnjährige Orientreise, die ihn über Palästina, Ägypten und Äthiopien nach Indien führte. Nach seiner Ankunft in Gujarat 1658 diente er zunächst dem mogulischen Kronprinzen Dara Shikoh als Arzt, ging nach dem Umsturz durch Aurangzeb aber in dessen Entourage über. 1664–65 begleitete Bernier den Mogul Aurangzeb auf einer Inspektionsreise nach Kaschmir und kehrte 1669 nach Paris zurück. Bis in die 1680er-Jahre verfasste Bernier vielgelesene Reiseberichte. Seine Indienschilderungen sind wichtige Zeugnisse zur Geschichte und Kultur des Mogulreiches. Zu Bernier vgl. Beitrag Wehnert, S. 45 ff.*

2 | *Vgl. Bernier 1699, 2, S. 40–45.*

3 | *Vgl. ebd.*

4 | *Zum „orientalischen Despotismus" in der französischen Enzyklopädistik und Staatstheorie des späten 17. und des 18. Jahrhunderts vgl. Marsh 2009, S. 121 f.*

5 | *Vgl. Dapper 1681, S. 143–146.*

6 | *Zum Despotismus-Diskurs vgl. Pradella 2016, S. 34 f. Vgl. Nath Day 1994, S. 192.*

7 | *Vgl. Bernier 1699, 2, S. 39.*

# 2.
# Schätze der Begegnung

1580 erreichten jesuitische Missionare Fatehpur Sikri, die Residenz der Großmoguln, die über Nord- und Zentralindien herrschten. Der Islam, dem die Missionare hier begegneten, war von Weltoffenheit und weiten Horizonten geprägt. In ihm verband sich die abrahamitische Tradition, die Juden, Christen und Muslimen gemein ist, mit dem Erbe antiker griechischer Philosophie. Die Kultur Persiens speiste mystische Glut und Schönheitsliebe ein, ebenso wie sich das hinduistische Indien mit Mythos und kühner Metaphysik stets präsent zeigte.

In diese pulsierende Konstellation trat die christliche Verkündigung ein. Besonderen Eindruck machte das gesprochene Wort der Jesuiten, aber auch die europäische Kunst, die von Missionaren und Händlern mitgebracht wurde und Christus in der Glorie oder Maria mit dem Kind zeigte. Aus diesen vielfältigen Beziehungen und Anregungen schufen die Maler Indiens eine Bildkunst, die im wahren Sinn „Menschheitserbe“ ist: Sie versucht, über Sprach- und Kulturgrenzen hinweg Verbindendes auszuloten. Sie will verstehen, was den „religiös Anderen“ im Inneren bewegt, drückt diese fremde Sinnfigur dann aber in der „eigenen“ Sprache aus.

Hochkarätig vertreten ist die Miniaturmalerei des Mogulhofes sowie seiner Nachbar- und Nachfolgereiche in der Kollektion des Sammlers Franz-Josef Vollmer. Deren Höhepunkte werden im Folgenden vorgestellt, um mehr über die interreligiösen und interkulturellen Beziehungen dieser Zeit zu erfahren.

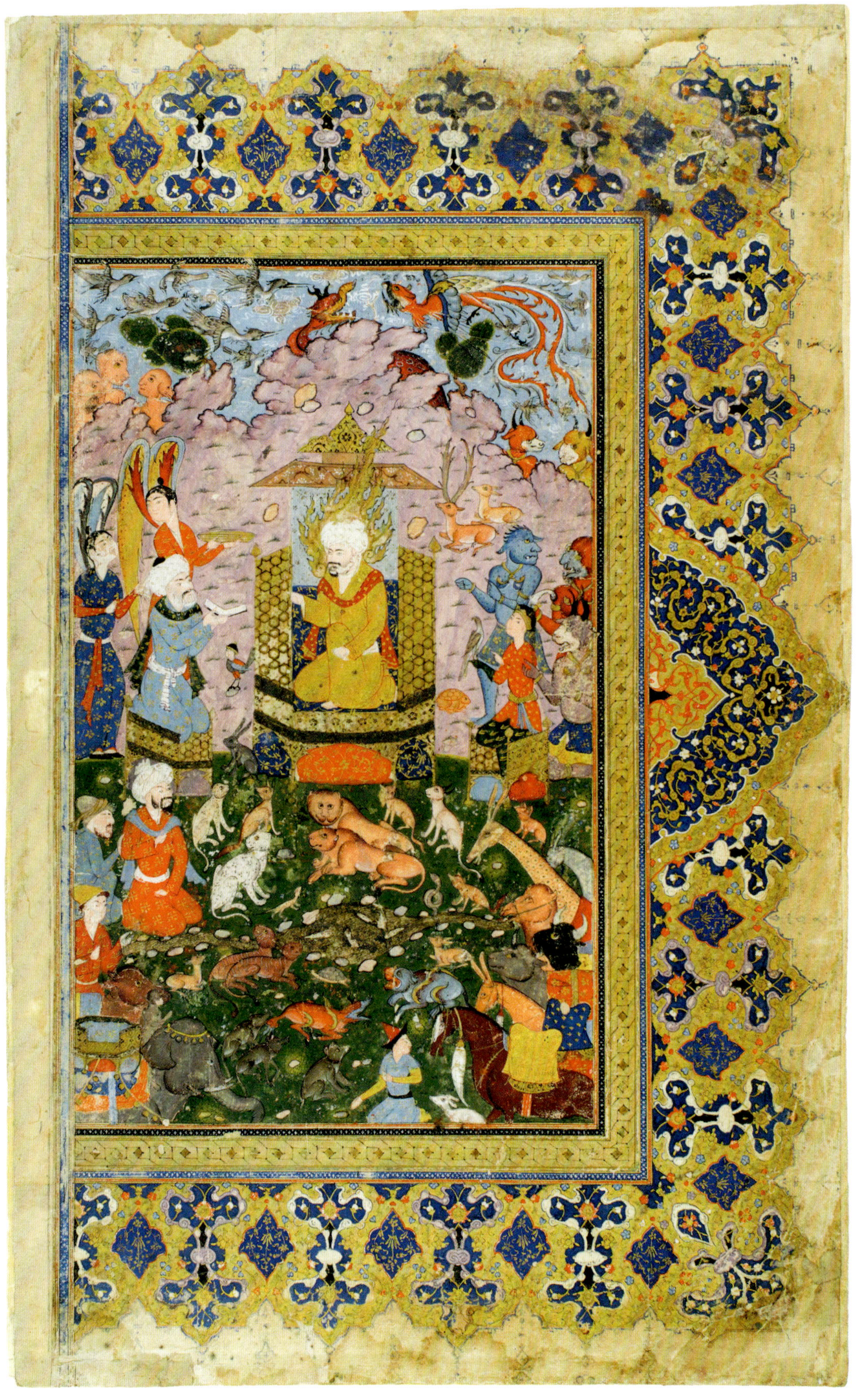

# 13 König Sulayman auf dem Thron

Shiraz, um 1580
Deckfarben auf Papier
Blatt: 37,8 × 23,9 cm; Miniatur: 23,0 × 14,6 cm
Sammlung Vollmer

Die Miniatur aus dem Persien der 1580er-Jahre zeigt den thronenden Friedenskönig Salomo, persisch Sulayman, dessen Weisheitslehre alle Geschöpfe lauschen. Da sind geflügelte Engel und die Djinne – Geister – zu seinen Seiten ebenso wie ein die Bergeshöhen bewohnender Drache und neben diesem der himmlische Simurgh – der Wundervogel der persischen Mythologie. Daneben finden sich Menschen jeden Alters und Standes, deren Gewandungen auf weit entfernte Weltgegenden hinweisen. Es sind zahlreiche Tiere dargestellt: indische Elefanten, Steppenpferde und Esel, Giraffen und Gazellen. Nicht nur um die weltweite Vielfalt der Geschöpfe geht es der Darstellung, sondern um den Frieden, den sie erlangen können: Zu Füßen Sulaymans liegen Löwen neben Lämmern, Hasen neben Wölfen. Auch die Fische in dem kleinen Bach, der den Bildraum durchfließt, bleiben von ihren Jägern verschont. Dem Löwenpaar, das unmittelbar vor dem Thron liegt, gibt der Maler sogar einen lächelnden Ausdruck. Versichert ist dieser Friede aller Geschöpfe in der Herrschaft des erleuchteten Königs: Über dem Haupt Sulaymans weist die Flammengloriole auf die göttliche Gnade hin. Auch die Achtzahl der Thronecken gilt im persischen Kontext als Symbol für Gottes Unendlichkeit. Anhand vergleichbarer Darstellungen lässt sich erschließen, dass dem Thronbild eine Darstellung der thronenden Bilqîs, der Königin von Saba, gegenübergestellt war, die der Weisheitslehre Sulaymans lauscht. Somit war auch der Friede zwischen den Königtümern der Erde in das heilszeitliche Panorama integriert.[1]

In der persischen Literatur ist dieser Friede unter den Geschöpfen mit der mythischen Gestalt König Kayumarth verbunden, den der Dichter Firdausi (940–1020) in seinem Heldenepos *Shāhnāme*, entstanden um 1000 im äußersten Nordosten des heutigen Iran, besungen hatte. „Wilde Tiere (*dad*)“, so heißt es bei Firdausi, „und die scheuen, ängstlichen Tiere (*dam*), alle kamen hervor, neigten sich vor dem Thron des Königs, ruhten bei ihm“.[2]

Eine weitere Szene der persischen Literatur bot Analoges: Nizamis (1141–1209) Ausarbeitung des Stoffes „Laila und Majnun“ beschreibt, wie sich der unglücklich liebende Majnun in die Wildnis zurückzieht.[3] Um den sich in Sehnsucht verzehrenden Asketen versammeln sich wilde und zahme Tiere, die in friedlicher Eintracht beieinander liegen und den Blick von Majnun nicht lösen können.[4] Im Hintergrund wirken auch Motive der griechischen Sphäre: Der Mythos von Orpheus, der durch sein Lautenspiel die wilden Tiere – und die Leidenschaften in der menschlichen Seele – beruhigt, ebenso wie der Philosoph Plato, der an einer Orgel vorgestellt wurde, mit der er die Tiere der Wildnis befriedet.[5] Der Tierfriede Platos war ein Symbol dafür, dass es göttliche Weisheit vermöchte, die Tiere und alle Wesen, vor allem auch die dem menschlichen Herzen innewohnenden widerstreitenden Kräfte, zu befrieden.[6]

Einen Anknüpfungspunkt, die alte Symbolik der befriedeten Tiere um den gotterfüllten Lehrer auf König Sulayman zu übertragen, boten sowohl der Koran, der berichtet, dass Sulayman die Sprache der Vögel verstand (Sure 27,16), als auch die jüdische Tradition: Midraschim-Texte enthielten ausführliche Beschreibungen der sechs Stufen zum Thron Shlomohs, auf denen jeweils ein Paar von Tieren dargestellt sei, wobei auch hier babylonische und alt-persische Motive im Hintergrund standen.[7]

Die *dad-o-dam*-Ikonografie für König Sulayman etablierte sich im 16. Jahrhundert in den großen persischen Reichsgründungen: Sowohl für die Dynastie der Safawiden im heutigen Iran als auch für die indischen Moguln bot der *salām*, der „Friede“ Sulaymans eine Spiegelfläche politischer Herrschaft, um die von diesen Dynastien getragenen zivilisatorischen Programme in einen messianisch heilszeitlichen Horizont zu stellen. Im Mogulreich rief Akbar (reg. 1556–1605) in den 1580er-Jahren den *ṣulḥ-i kul*, einen universalen Frieden, aus, in dem die Kulturen einträchtig nebeneinander leben sollten.[8] Hierzu lud Akbar die Vertreter aller Religionen in sein *ibādat khāna*, „Haus der Anbetung“, nach Fatehpur Sikri zu Religionsgesprächen ein und erlaubte nicht nur Muslimen, sondern auch Hindus, Christen, Jains und Zoroastriern eine ungestörte Ausübung ihres Glaubens. Hiermit profilierte sich der Mogul als Philosophenkönig, dessen Weisheit widerstreitende Kräfte zur Harmonie führt.

Ab den 1620er-Jahren ließen sich die Mogulherrscher von ihren Hofmalern zusammen mit Löwe und Lamm darstellen, die friedlich beieinander lagen. Die persische *dad-o-dam*-Ikonografie des Blattes der Vollmer-Sammlung wurde hierbei nach Vorlagen christlicher Kunst verlebendigt: 1580 hatte die jesuitische Delegation um Pater Acquaviva die Bibel-Polyglotte an den Mogulhof gebracht, die Christopher Plantin (1520–1589) 1573 in Antwerpen verlegt hatte. Auf dem Titelblatt dieser Kompilation griechischer, hebräischer und syrischer Textversionen war ein Motiv des Alten Testaments dargestellt, die „Pietatis Concordia" des Jesajabuches: Löwe und Ochse, Panther und Lamm liegen friedlich um eine Futterkrippe versammelt.[9] Die europäische Tierdarstellung fand Eingang in zahlreiche Porträts Shah Jahans (reg. 1627–1658). Auch von seinem Großvater Akbar ließ Jahan ein posthumes Bildnis anfertigen, das diesen mit Löwe und Lamm nach Art der Plantin-Vorlage zeigte.[10]

Hiermit nahmen die Moguln jedoch kein „neues", europäisches Thema auf: Die Kopplung Herrscher, Thron und „Frieden der Tiere" war im persischen Kulturraum alle anderen motivgeschichtlichen Beziehungen überbietend mit der Gestalt Sulaymans verbunden.[11] Unter Shah Jahan nahm auch die Herrschaftspanegyrik das Motiv vom *dad-o-dam* auf. Der Hofdichter Abu Talib Kalim verfasste eine Hymne auf den Shah, in der er die Friedenszeit von dessen Herrschaft mit dem Beieinandersein von Wolf und Lamm, Schaf und Löwe zum Ausdruck brachte.[12] Noch die bei Staatsaudienzen gebotene große Enfilade der Löwen, Kamele, Elefanten und Giraffen vor dem Thron des Herrschers nahm symbolisch den Bezug auf den Tierfrieden um den Thron Sulaymans auf und stellte die Mogulherrschaft vor einen heilszeitlichen Horizont: Der europäische Kupferstich mit der Darstellung einer solchen Tierprozession vor dem Diwan Shah Jahans (Kat. Nr. 12) beobachtet eine herrschaftliche Inszenierung, deren Zeichensprache mit dem *dad-o-dam*-Gedanken des Vollmer-Blattes verwandt ist.

Hintergrund der Programme, die den Thron der Moguln mit jenem Sulaymans verbanden, war die nahende Jahrtausendwende islamischer Zeitrechnung. Das erste Millenium nach der Hidschra, dem Auszug des Propheten Mohammed 622, näherte sich. Die großen islamischen Reiche im 16. und 17. Jahrhundert – von den Osmanen zu den Safawiden zu den Moguln – nahmen ab der Mitte des 16. Jahrhunderts deutlich millenaristisch-messianische Inhalte in das herrschaftliche Zeremoniell auf.[13] Dies zeigt sich in den „globalen" Religionsgesprächen, zu denen Akbar als heilszeitlicher „Weisheitskönig" an seinen Hof lud, ebenso wie in den Sulayman-Thronbildern, die das *dad-o-dam*-Motiv malerisch reich zum Ausdruck brachten.

M.W.

## Anmerkungen

1 | *Vgl. Kat. Berlin 2017, S. 48 f.*

2 | *Vgl. Firdausi, Shāhnāme, zit. nach Mohl 1838–1878, 1, S. 28 f. Firdausi (940–1020) ist der Verfasser des monumentalen persischen Epos Shāhnāme, das in 35.000 Versen die Geschichte von Helden und Königen in Persien vor der islamischen Eroberung erzählt. Hierbei werden Stoffe von der sassanidischen (bis 7. Jh.) bis zurück in die avestische Zeit (1. Jt. v. Chr.) verarbeitet.*

3 | *Nizami (1141–1209) war ein persischer, von der Seldschukendynastie geförderter Dichter aus dem Gebiet des heutigen Aserbaidschan. Neben seinen Dichtungen über Alexander den Großen und den sassanidischen König Bahrām-e Gūr ist er vor allem für seine Romanzen „Chosrou und Shirin" und „Laila und Majnun" bekannt, die den sehnend-sinnlichen Gestus der persischen Dichtung auf lange Sicht geprägt haben.*

4 | *Vgl. Koch 2010, S. 278.*

5 | *Ein Zentrum der Anverwandlung griechischen Erbes durch den Islam war im 9. Jahrhundert das Bayt al-Hikma in Bagdad. Die Bibliothek philosophischer und wissenschaftlicher Texte (Aristoteles, Plato, Archimedes, Euklid, Ptolemaeus, Hippokrates, Galen) wurde von den Abbasidenkalifen des 9. Jahrhunderts gegründet und gefördert. Als ein Sammel- und Transferpunkt griechischer Handschriften aus Byzanz und Syrien blieb sie bis ins 13. Jahrhundert von hoher Bedeutung für die islamische Wissensgeschichte. Vgl. Krämer 2008, S. 98 f. Zur persischen Rezeption des Orpheus und des Plato vgl. ebd., S. 287 f.*

6 | *Vgl. Northwood 2015, S. 16.*

7 | *Vgl. Koch 2001, S. 119 f. Vgl. Lafrate 2015, S. 106 ff.*

8 | *Vgl. Copland u. a. 2012, S. 109.*

9 | *Vgl. Koch 2001, S. 126.*

10 | *Abbildungen vgl. ebd., S. 121–125.*

11 | *Vgl. Welch 1982, Nr. 63.*

12 | *Vgl. Koch 2001, S. 111.*

13 | *Vgl. Beitrag Wehnert, S. 32 ff.*

## 14 Yusuf wird aus dem Brunnen gehoben

Bukhara, um 1580
Deckfarben auf Papier
Blatt: 32,5 × 19,0 cm; Miniatur: 19,8 × 11,5 cm
Sammlung Vollmer

Das Blatt ist in Bukhara um 1580 entstanden und stellt eine Szene der Josefsgeschichte dar: Nachdem er ihnen seine – von Gott gegebenen – Träume mitgeteilt hatte, war Josef von seinen Brüdern in den Brunnen geworfen worden. Im Buch Genesis wird berichtet, wie die Brüder Josef wieder aus dem Brunnen holten, um ihn an midianitische Händler zu verkaufen, die ihn als Sklaven nach Ägypten brachten (Genesis 37, 23–36). Im Koran ließen die Brüder Yusuf allein in der Zisterne, bis Reisende kamen, die ihn beim Wasserschöpfen entdeckten und als Ware mit auf den Sklavenmarkt Ägyptens führten (Sure 12, 15–20). Der Brunnen ist als dunkle Kuhle dargestellt. Yusuf sitzt in einem Schöpfeimer, seine Glieder liegen eng am Leib und das Haupt ist mit einem flammenden Heiligenschein versehen. Um das Brunnenloch stehen die Männer der Karawane und blicken mit Spannung auf den sogleich sichtbar werdenden Yusuf.

Die Malerei entstammt einem Manuskript des *Haft Awrang*, „Sieben Throne". In diesem hatte der persische Dichter-Theologe Jami (1414–1492) 1465–1485 die Geschichte „Yusufs und Zulaikhas" erzählt und in seiner mystischen, vom Sufismus ausgehenden Interpretation der Gestalt Yusufs einen der meistgelesenen Texte des persischen Kulturraumes im 16. und 17. Jahrhundert verfasst.

Jami interpretierte den „schönen Yusuf" im Sinne der mystischen Philosophie des Ibn ʿArabi (1165–1240) und seines Konzepts vom *al-insān al-kāmil*. Dieser „vollkommene Mensch" – hier war zunächst an Mohammed gedacht – machte die mystische Erfahrung der Einheit mit Gott. In Selbstlosigkeit, Sittlichkeit und Weisheit wurde er ganz zum Spiegel Gottes und antwortete dessen Willen, erkannt zu werden. Wer auf diesen Vollkommenen blickte und ihm begegnete, wurde selbst entscheidend befördert, den *barzaḫ*, wörtlich die Meerbrücke oder den Isthmus, zwischen Himmel und Erde zu beschreiten.[1]

Jami wendet dieses Konzept des *al-insān al-kāmil* auf die Gestalt Yusufs an. Breiten Raum nimmt nicht nur die poetische Schilderung der „Schönheiten" Yusufs ein, sondern vor allem der Blick der Menschen auf Yusuf, ihre Liebe zu Yusuf – denn, so Jamis sufisches Credo: „Das Herz, das nicht krank ist vor Liebesschmachten, ist kein Herz; der Leib, den die Liebe nicht mehr sticht, ist nurmehr Lehm und Wasser".[2] Schon die Einleitung entfaltet diese typisch persisch-mystische Melange: Gott lässt vor Adam, dem Stammvater der Menschen, die lange Reihe seiner Nachkommen aufziehen. Als Adam die Gestalt Yusufs entdeckt, fragt er, wessen Augen es bestimmt sei, „die Schönheit einer solchen Rose" zu schauen. Gott legt Adam dar, warum er diese „Rose" in die Welt sendet: Yusuf sei ein Spiegel, um dem Menschengeschlecht die heilige Schönheit zurückzuschenken, die von seinem Schöpfer her in ihm angelegt sei. Adam erfährt die Wirkung dieser Schau sogleich an sich selbst: Indem er Yusuf, die „Rose" und den „Mond Kanaans", anschaut, fühlt er auch in sich neue Paradiesschönheit aufgehen. Adam preist Yusuf, wie eine Nachtigall die Rose besingt.[3]

Die große Liebende des Romanes ist Zulaikha: „Potiphars Weib" ist bei Jami nicht mehr nur die „Sünderin", die Yusuf verführt, sondern wird zum Bild der liebenden Seele.[4] Die erste Begegnung Zulaikhas mit Yusuf auf dem ägyptischen Sklavenmarkt wird zu einem epiphanischen Schauerlebnis: „Yusuf! Meisterwerk der Gnade! Wer schuf deine Braue wie die Sonne? Wessen Kompass schwang den Bogen deiner Augenbraue? Wer ist der Urheber dieses Bildes?"[5] Zulaikhas Verlangen ist zunächst im Einseitig-Sinnlichen gefangen, doch es läutert sich durch Yusufs Worte schon in dieser ersten Begegnung. Was Zulaikha das Herz berühre, sei nur die flüchtige Reflexion einer unendlichen Schönheit, vergänglich wie die Blüte der Rose und doch ein Wegzeichen: „Eile zum Quell dieser Reflexion, dem unerschaffenen Licht", zu Gott.[6] Nach langen Prüfungen erlangt Zulaikha ihr Ziel: Die Vermählung mit Yusuf, mit welcher die Erzählung schließt, wird zum Bild der Einung der Seele mit dem Göttlichen.[7]

Von mystischer Schau erzählt auch die in der Ausstellung gezeigte Brunnenerhebung: Jami berichtet von dem Karawanenführer Malik, der zuerst in den Brunnen hinabblickt und dem hierbei „eine Rose entgegenwächst mitten in der Wüste". Als er den Schöpfeimer nach oben zieht, preist er Yusuf als „lieblichen Mond", der sich aus der Tiefe des Dunkels emporhebt, um die Welt zu erleuchten.[8]

Der Maler fängt den Moment ein, in dem mitten unter den Menschen ein *al-insān al-kāmil* im Sinne

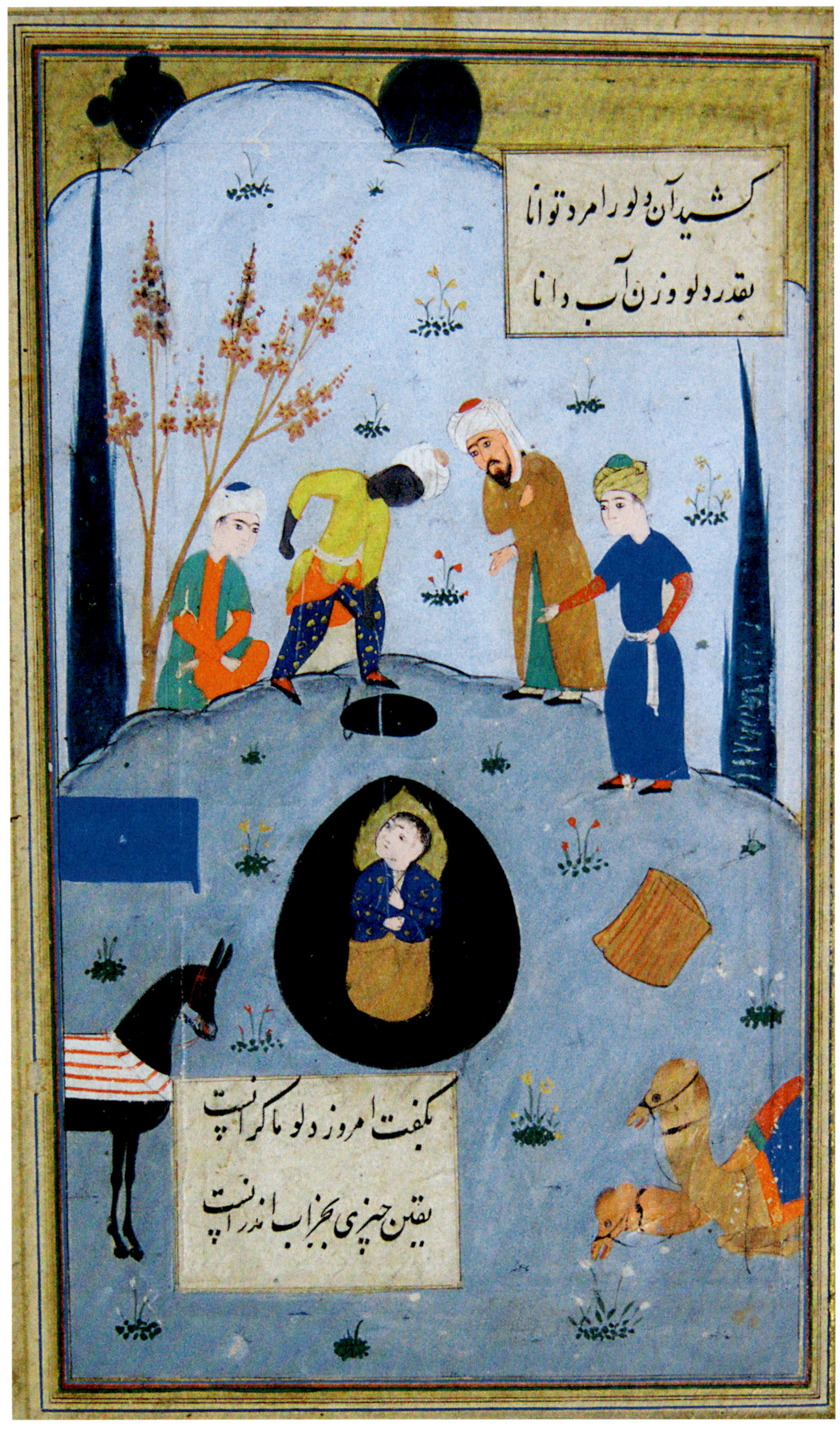
کشید آن دلو را مرد توانا
بقدر دلو وزن آب دانا
بگفت امروز دلو ما گرانست
یقین چیزی بجز آب اندرانست

Ibn ʿArabis aufbricht. Hierbei arrangiert er die Bildfiguren so, dass das Haupt des äthiopischen Sklaven und jenes Yusufs in einer Achse aufeinander bezogen sind. Auffällig ist die Anlage des Brunnens: Dieser wird als eiförmige, nach oben spitz zulaufende Höhle von vollkommener Dunkelheit dargestellt, die Yusuf eng umschließt. Hierdurch stellen sich Assoziationen ein an das Ruhen des Embryos im Mutterleib und an den Vorgang einer Geburt. Tatsächlich deutet Jami das Brunnendunkel als eine Stätte mystischer Neuwerdung, in der Yusuf erspürte, wie er gleicherweise aus der Erde und aus der Ewigkeit Gottes hervorgehe. Kurz vor Ankunft der Karawane war zudem der Engel Gabriel auf den Grund des Brunnens herabgekommen, so wie er später Mohammed zur „Nacht der Bestimmung", *lailat al-qadr,* in der Höhle des Berges Hira erscheinen würde, um diesem die ersten Suren des Korans zu übergringen (Sure 97,1–5). Gabriel kündete auch dem Yusuf seinen göttlichen Auftrag und verwies auf den Schöpfeimer, den er alsbald besteigen würde und der bei Jami zur Metapher wird. Das eigentliche Gefäß sei Yusuf selbst: „Du gieße Wasser der Gnade auf die Welt! Entsende die Strahlen deines Antlitzes, auf dass erneut Licht werde in aller Welt."[9]

Der Erfolg der Jamischen Interpretation Yusufs erhellt das geistige Klima des persischen Kulturraumes im 16. und 17. Jahrhundert. Konzepte des Platonismus – Weisheit und Schönheit des Menschen als Emanationen des Göttlichen – verbanden sich mit dem Typus des zur Gottesergebung mahnenden Propheten in Thora und Koran. In dieser Schnittmenge werden sowohl Ibn ʿArabis „vollkommener Mensch" als auch Jamis Yusuf zu „Propheten qua Schönheit", mit denen Gott inmitten seiner Geschöpfe einen Spiegel der Vollkommenheit aufstellt. Dieser Ansatz ermöglichte eine mystisch-platonische Durchleuchtung nicht nur im Koran genannter Figuren, sondern auch verehrter Heilsbringer anderer Religionen. Denn, wie Jamis Yusuf erklärte: „Mit den Bausteinen dieser Welt erschuf Gott eine Vielzahl solcher ‚Spiegel', und in jeden von ihnen leuchtet er mit dem Licht seines Antlitzes".[10]

Gerade der Hof des Mogulkaisers Akbar (reg. 1556–1605), der durch sein interreligiöses Engagement während der 1580er- und 1590er-Jahre Berühmtheit erlangte, war der Idee einer möglichen Mehrzahl dieser Emanationen verpflichtet. Hierbei konnte Jamis Yusuf mit Heilssymbolen anderer Religionen, etwa des Hinduismus, zusammengeschaut werden, wie es die Darstellung der Miniatur in Kat. Nr. 15 zeigt, die um 1600 im Umfeld des Mogulhofes entstand. Akbars Religionsgespräche und Übersetzungsateliers trugen zusammen, dass auch andere Religionen einen „Spiegel des Göttlichen" wahrten, in dem sich ein „Aspekt des ewigen Glanzes" manifestierte.[11]

M.W.

## Anmerkungen

1 | *Vgl. Little 1987, S. 43 ff. Vgl. Bashier 2004, S. 75 ff. Vgl. Baldick 1998, S. 84 f.*
2 | *Vgl. Yusuf u-Zulaikha, S. 6. Zu den Spiegelmetaphern vgl. ebd., S. 56.*
3 | *Vgl. ebd., S. 9 f.*
4 | *Vgl. Hoffman-Ladd 1992, S. 92. Zu verwandten Konzeptionen in der persisch-mystischen Dichtung vgl. Schimmel 1975, 289 ff., 309.*
5 | *Vgl. Yusuf u-Zulaikha, S. 56.*
6 | *Vgl. ebd.*
7 | *Vgl. ebd., S. 123–120.*
8 | *Vgl. ebd., S. 46.*
9 | *Vgl. ebd.*
10 | *Vgl. ebd., S. 56.*
11 | *Vgl. ebd., S. 5.*

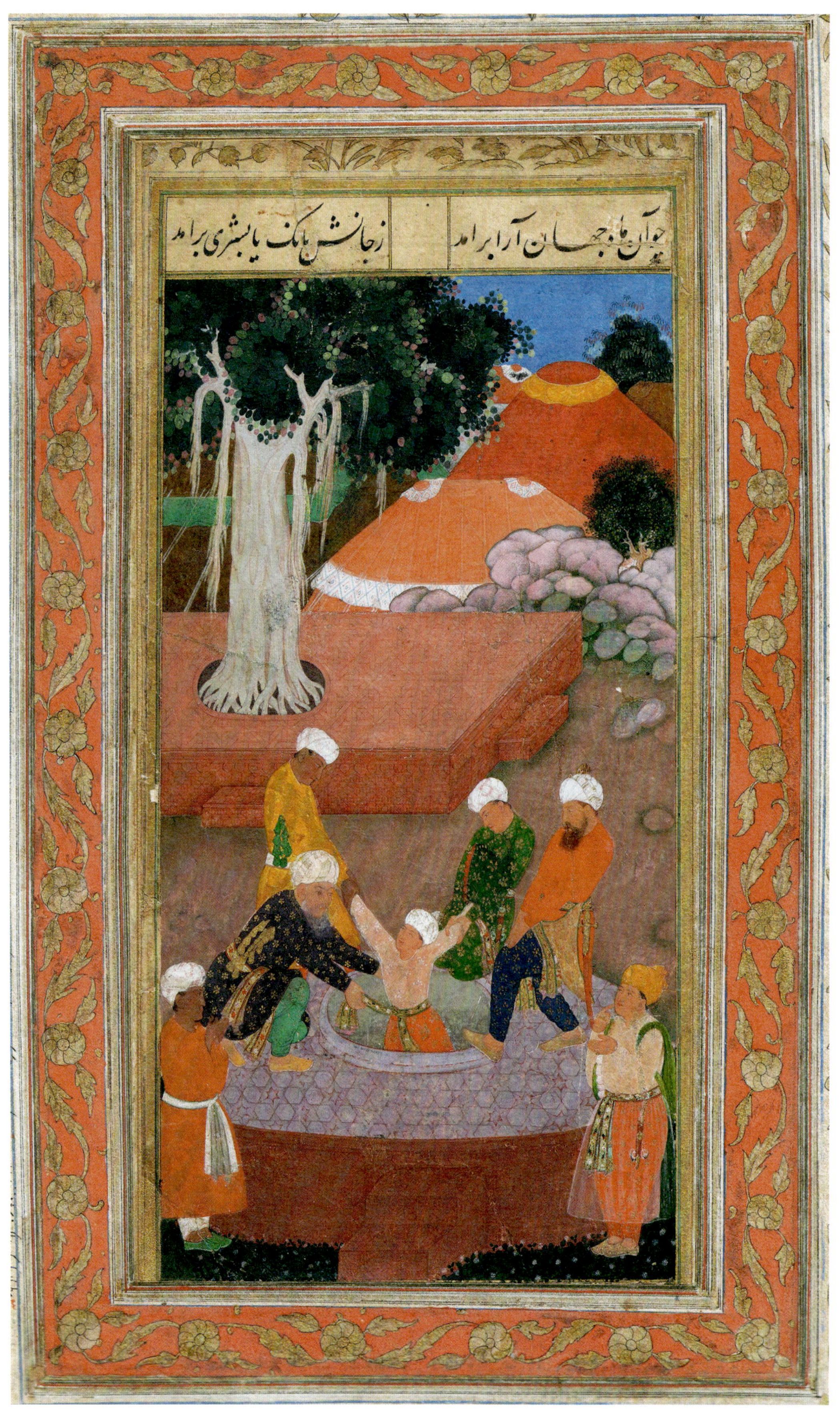
چو آن ماه جهان آرا برامد
ز جانش بانگ یا بشری برامد

## 15 Yusuf wird aus dem Brunnen gehoben

Nordindien, um 1600
Deckfarben auf Papier
Blatt: 33,0 × 20,3 cm; Miniatur: 17,8 × 10,1 cm
Sammlung Vollmer

Die Malerei stammt aus einem Manuskript der Dichtung *Haft Awrang* des persischen Poeten und Theologen Jami (1414–1492) und seiner Version der Geschichte von „Yusuf und Zulaikha". Das Blatt ist in Nordindien in einem mogulischen Hofatlier um 1600 entstanden. Dargestellt ist, wie in Kat. Nr. 14, die Brunnenerhebung Yusufs: Der Vordergrund zeigt ein gemauertes Brunnenrund, auf dem vier Männer Yusuf emporziehen: Der links Kniende zieht an dessen Gürtel, die beiden hinteren ergreifen die Arme Yusufs und der Rechte hält das Seil des Schöpfeimers. Ganz zur Linken am Bildrahmen steht der in Jamis Text genannte äthiopische Sklave, der Yusuf zuerst im Brunnen entdeckt hatte, mit andächtig gefalteten Händen. Ihm gegenüber wohnt ein Nobler in mogulischer Hoftracht ebenfalls mit ehrfürchtig erhobenen Händen dem Geschehen bei. Hinterfangen wird die Szene von einem in eine erhöhte Plattform eingemauerten Banyanbaum mit dickem Stamm, üppigem Laub und den typischen, von der Baumkrone zur Erde herabwachsenden Luftwurzeln. Im Hintergrund lässt der Maler die bunten Zeltdächer der Karawane aufragen, die mit Yusuf nach Ägypten ziehen wird.

Das Blatt ist ein Zeugnis kulturell fruchtbarer Begegnungen zwischen Islam und Hinduismus im Norden Indiens während des frühen 17. Jahrhunderts. Der Austausch manifestiert sich darin, dass in der Szene ein Banyanbaum dargestellt wird. War in Jamis Dichtung um 1480 wie in der Malerei aus Bukhara 1580 (Kat. Nr. 14) die Zypresse das Baumsymbol für den keuschen Yusuf, so wird hier nun der heiligste Baum Indiens auf Yusuf bezogen. Dieser Bezug wird kompositorisch sorgfältig hergestellt: Sowohl der Brunnen als auch die Baumeinfassung sind als gemauertes, vom Boden erhobenes und mit Stiegen versehenes Plafond ausgeführt – das erste rund, das hintere eckig gebildet. Nicht nur die Umfassungen ähneln sich: So wie der Banyanbaum seine Äste in die Höhe ausbreitet und mit den Wurzeln in die wasserreiche Erde ausgreift, so spreizt die Figur Yusufs ihre Arme und ist, im dargestellten Moment, zwischen Himmel und Erde ausgespannt.

Hieraus entsteht ein visueller Text, in dem sich die Symbole des Heiligen gegenseitig vertiefen: Jami verstand Yusuf ausgehend von Ibn ʿArabi als einen „vollkommenen Menschen", in dem sich die Wirklichkeit Gottes mit jener des Menschen verbindet.[1] Auf einer ganz anderen Grundlage, aber in analogem Gehalt gelten Banyanbäume im Hinduismus seit alter Zeit als heilige Stätten, in der Himmels- und Menschenwelt zueinander durchlässig werden. Die *Bhagavad-gītā* hörte im Rauschen der Blätter des Banyanbaumes die heiligen Silben und Hymnen des vedischen Opfers klingen, durch die sich materielle und geistige Welt füreinander öffneten (Bg 15.1). Besonders die Eigenheit seiner Luftwurzeln prädestinierte den Banyanbaum, Zeichen für eine Verbindung von Transzendenz und Immanenz zu werden. Bereits in den Upanishaden waren Banyanbäume daher das „symbol for the transcendental origins of human existence".[2] Als solche waren sie zu aller Zeit bevorzugter Aufenthaltsort von Yogis und Asketen, wie es von zahlreichen europäischen Reisenden des 17. Jahrhunderts berichtet wurde (Kat. Nr. 50).

Die Mogulmaler und ihr höfisches Publikum wussten um diese hinduistische Symbolbedeutung. Der Banyanbaum begegnet in prominenten kaiserlichen Bildensembles wie dem Londoner *Akbarnāma* von etwa 1595.[3] Hier wird der Tirtha von Thanesar gezeigt, eine von hinduistischen Asketen hochverehrte Badestätte nördlich von Delhi. In dieser Bilddarstellung ist der Baum ebenso mit einem Plafond ummauert wie in der Yusuf-Malerei. Zusätzlich ist er hier von verschiedenen Kultrequisiten der Sadhus umstellt und mit heiligen Schnüren umbunden, die seine religiöse Bedeutung unterstreichen.

Der Maler des Yusuf-Blattes geht für seine Kulisse von dem Blatt eines *Bāburnāma* der 1590er-Jahre aus.[4] Die heute in Baltimore befindliche Miniatur zeigt den Besuch des Moguls Babur bei einem Meister des Kanpatha-Ordens in Gor Khatri. Beide sitzen einander auf einem gemauerten Plafond gegenüber, das einen Banyanbaum und einen Brunnen einfasst. Hinter Babur, der den Worten des Yogi lauscht, ist ein Höfling zu sehen, der eine der Luftwurzeln des Banyanbaumes erfasst und aufmerksam betrachtet. Die Anomalie der Luftwurzel wird auch hier zur Chiffre für den Anspruch der Asketen, ihr Sein auf den Grund der Transzendenz zu stellen.

Kompositorisch und in den Details der Ausstattung gibt sich das Albumblatt in Baltimore als eine

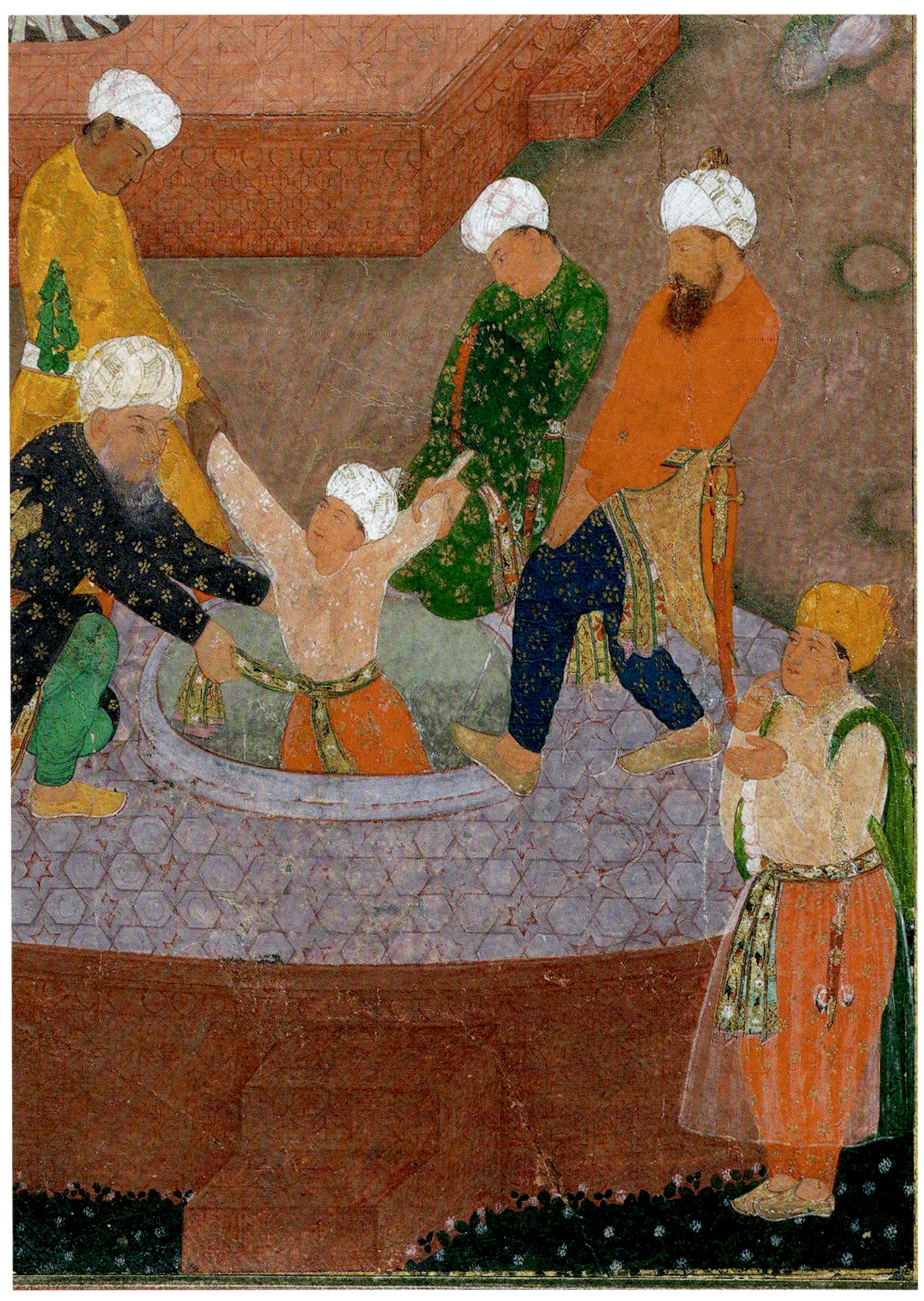

Vorlage der Yusuf-Miniatur zu erkennen: Brunnen und Banyanbaum, aber auch die im Hintergrund aufragenden Spitzdächer entsprechen der Kulisse der Vollmer-Miniatur. Im Vergleich fällt jedoch auf, dass der Banyanbaum des Yusuf-Bildes besonders ebenmäßig geformt ist. So wird er noch deutlicher als verbindende Achse zwischen Erdengrund, Luftraum und Himmelshöhe lesbar: War der Banyanbaum des *Bāburnāma* auf das mystische Wissen der Nath-Yogis bezogen, so bietet er im vorliegenden Blatt einen interpretatorischen Kommentar zur Gestalt Yusufs als den *barzaḫ*, die Verbindung zwischen Himmel und Erde.[5]

Das Vollmer-Blatt bezeugt fortgesetzte Dialoge zwischen großen geistigen Traditionen: Die Josefsgeschichte gehört zu den Erzvätererzählungen des alten Israels und ist gemeinsames Erbstück der abrahamitischen Offenbarung in Judentum, Christentum und Islam. Als der persische Dichter-Theologe Jami um 1480 in Khorasan seine Version des Stoffes verfasste, ging er von der koranischen Fassung aus. Jamis Interpretation Yusufs gründete auf einem gelehrten mystischen Islam, dem das Erbe griechischer Philosophie Impulse gegeben hatte: Platonische Denkfiguren regten kühne Perspektiven an, in denen – exemplarisch – Yusuf als göttliche Emanation verstehbar wurde.[6] Mit der Ausdehnung persisch-islamischer Kultur gelangten diese mystisch interpretierten abrahamitischen Stoffe bis nach Indien, wo sie in Wechselwirkung mit dem Hinduismus traten. Der weite gedankliche Bogen, den die Malerei von „Yusuf und dem Banyanbaum“ schlägt, spiegelt diese anhaltenden interkulturellen Transfers. Hierin ist das Blatt der Vollmer-Sammlung eng mit dem Hof des Moguls Akbar verbunden, der die persische Gelehrsamkeit für den Hinduismus öffnete und in dem der Zusammenfluss verschiedener geistiger Traditionen einen Höhepunkt erreichte.

M.W.

## Anmerkungen

1 | *Vgl. Kat. Nr. 14, vgl. Beitrag Wehnert, S. 30 ff.*

2 | *Connerney 2009, S. 8.*

3 | *„Die Schlacht von Thanesar“, aus einem* Akbarnāma, *Nordindien 1590–95, Sig. IS.2:61-1896, IS.2:62-1896. Victoria and Albert Museum, London.*

4 | *Manuskript* Bāburnāma *Sig: W.596, Walters Art Museum, Baltimore.*

5 | *Vgl. Baldick 1998, S. 83 f. Vgl. auch den Banyanbaum, der in der Miniatur „Saʿdī im Tempel von Somnath“, um 1605, dargestellt ist und der das Sanktuar überfängt, in dem das Bildnis des Gottes Shiva verehrt wird. Vgl. Beitrag Wehnert, S. 36.*

6 | *Vgl. Pirbhai 2009, S. 87 f. Vgl. Baldick 1998, S. 19 ff.*

## 16 Nächtliche Szene im Frauengemach

La'lchand, Nordindien, 1. Hälfte des 17. Jahrhunderts
Deckfarben auf Papier
22,0 × 12,8 cm
Sammlung Vollmer

Das Blatt zeigt eine Hofdame, die in den Frauengemächern auf einem Diwan ruht. Von der Seite bietet ein jugendlicher Diener an, ein Tässchen neu zu befüllen. Die übrigen Figuren sind Dienerinnen und Frauen mit Kindern: Besonders für die an der linken Bildseite Stehende wurden hierbei europäische Vorlagen der Madonna mit dem Kind verwertet. Auch das Bogenrund über dem Haupt der Hofdame trägt die Darstellung einer betenden Maria.

In ihren vielfältigen Schattierungen und Dunkelstufen bis ins Grisaille ist die Malerei ein herausragendes Beispiel für die Darstellung nächtlicher Szenen in der mogulischen Malerei in der ersten Hälfte des 17. Jahrhunderts, die von europäischer Kunst angeregt ist. Auffällig ist der bläulich mondbeschienene Himmel, dessen Sterne unregelmäßig verteilt und von fein differenzierter Leuchtkraft sind. Während das Mondlicht den rechten Teil des Bildraumes fahl erleuchtet, platziert der Maler in dem Raum links als zweite Lichtquelle eine Öllampe. Diese gibt ihr warmes gelbes Licht auf die hinter ihr liegende Wandfläche und besonders zur Dame auf dem zentralen Diwan. Der Maler versucht, den Figuren, Objekten und Oberflächen seines Kulissenraumes entsprechend dieser schwierigen, zugleich kühlen und warmen Beleuchtungssituation ein nuanciertes Kolorit zwischen Mond- und Öllicht zu geben.

Die gesuchte Rafinesse der Malerei ist angeregt durch Innovationen der europäischen Kunst um 1600 – besonders durch das Chiaroscuro des in Rom wirkenden Frankfurter Malers Adam Elsheimer (1578–1610), für den atmosphärisch komplexe Hell-Dunkel-Szenen kennzeichnend sind.[1] Elsheimer malte seine Bilder in Öl auf kleinformatigen Kupfertafeln, die schon bald stark nachgefragt wurden und als Radierungen und Kupferstiche durch seinen Schüler Hendrick Goudt (1583–1648) verbreitet wurden.[2]

Elsheimer-Grafiken gaben der Malerei des persischen Kulturraumes im 17. Jahrhunderts wichtige Anregungen.[3] Dass der Maler des vorliegenden Blattes diese kannte, zeigen Details wie der in der Mogulmalerei singuläre Sternenhimmel mit der unregelmäßigen Streuung funkelnder Sterne. Als Vorbild diente wahrscheinlich Elsheimers als Nachtszene gestaltete Flucht nach Ägypten (Rom 1609, Alte Pinakothek, München), die über der Heiligen Familie mit astronomisch genauer Beobachtung den nächtlichen Himmel, Mondlicht, zahllose Sterne und das Schauspiel der Milchstraße darstellt. Auch die Haltung der Hofdame greift ein Elsheimersches Motiv auf und geht auf das Gemälde „Philemon und Baucis" (Rom 1608/09, Gemäldegalerie Alte Meister, Dresden) zurück, das nach Ovids Metamorphosen den Besuch der Götter Zeus und Hermes bei zwei treu sorgenden Alten in Phrygien schildert.[4] Der auf dem Lager ruhende antike Gott Hermes der Druck-Vorlage von 1612 ist in verwandter Haltung wiedergegeben wie die Moguldame auf dem Diwan, wobei das ausgestreckte rechte Bein und die gen Betrachter entblößte Fußsohle als Übernahmen hervortreten. Wie Elsheimers Hermes wird auch die mogulische Frauenfigur von einer seitlichen Lichtquelle beschienen. Die seitlich stehende, ein Kind tragende Mutter nimmt – mit dem angewinkelten Arm und den lang herabwallenden Gewandlinien – die Position der Baucis in Elsheimers Komposition ein.

Das Blatt ist in der Forschung dem Atelier und Schülerumfeld des Malers Payag (tätig um 1591–1658) zugewiesen worden.[5] Payag trat in den 1590er-Jahren zusammen mit seinem Bruder Balchand in die Malerwerkstatt am Hof des Moguls Akbar (reg. 1556–1605) ein und wurde unter Shah Jahan (reg. 1627–1658) ein prägender Meister der Mogulmalerei.[6] Payag zeigte sich experimentierfreudig in der Rezeption europäischer Chiaroscuro-Techniken, die er in einem breiten Sujetspektrum originell weiterentwickelte. In der „Schlacht von Kandahar", 1633, gelangen Payag erstaunliche lichtatmosphärische Wirkungen, wenn Abendlicht und Qualmwolken ein weites Schlachtfeld mit unwirklichem Dämmerlicht überziehen.[7]

Das vorliegende Blatt scheint jedoch stärker mit einem anderen Meister des indo-persischen Chiaroscuro verbunden – mit La'lchand, der neben Payag in den 1640er- und 1650er-Jahren am Mogulhof in Agra wirkte. Von ihm sind ambitionierte Helldunkel-Malereien erhalten, deren kompositorische und stilistische Merkmale deutliche Beziehungen mit dem Vollmer-Blatt erkennen lassen. Neben der in der Bodleian Library, Oxford, aufbewahrten Darstellung eines Sufi-Shaikhs, der mit seinen Gefährten bei nächtlichem Lampenschein einem mystischen Gesangs-

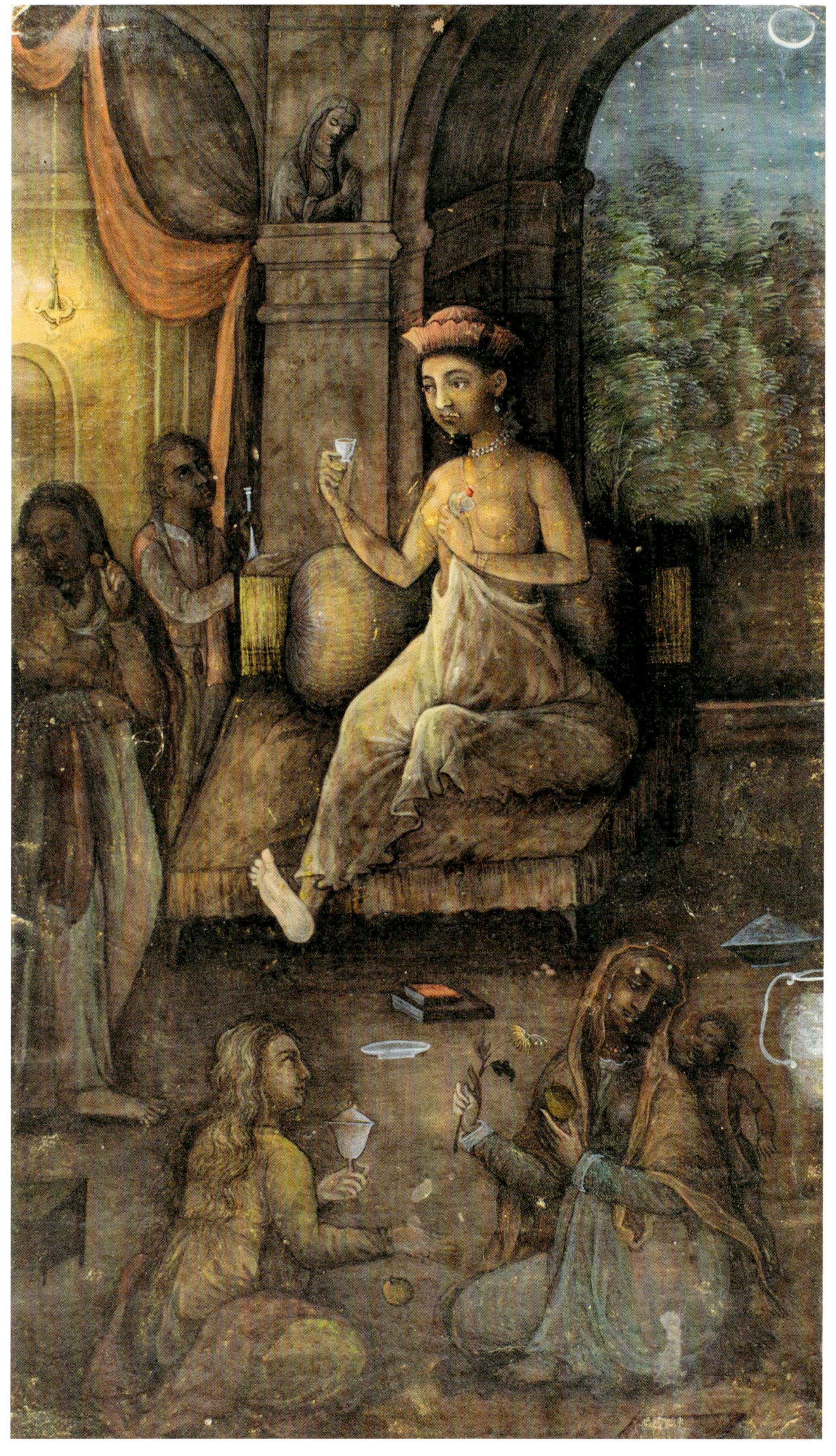

vortrag lauscht (um 1645),[8] ist besonders auf eine von La'lchand signierte, heute in der Sackler-Gallery Washington befindliche Illustration zu verweisen. Sie entstand 1644 für Shah Jahan und stellt den von Sa'dī (1210–1292) in seinem *Golestān* beschriebenen trunkenen Richter von Hamadan dar.[9] Der Qādī wurde bei einem Liebesabenteuer vom Wein übermannt und von den Leuten seiner Stadt entdeckt. La'lchand beleuchtet die nächtliche Szene mit einer einzigen Kerzenflamme. Besonders subtil verschattet er die Falten der schleierartigen Gewänder, mit denen die Figuren bekleidet sind. Dies macht seine Hand auch für das Blatt der Vollmer-Sammlung als Urheber wahrscheinlich: Weich laufende Plissees in blasser, nahezu monochromer Ausführung begegnen so auch bei den Figuren der Haremsszene – etwa an den vom Licht abgewandten Partien der Frauen im Vordergrund.

Die mogulische Faszination für den Tenebrismo europäischer Kunst erklärt sich auch daher, dass „Nacht" in der persischen Dichtung mit ausgeprägten Konnotationen belegt war: Im Dämmerschein erlangten die Sinne ihre volle Tiefe, wurde der Geist zu besonderer Weite beflügelt.[10] Zugleich verarbeitet das Vollmer-Blatt die hinduistische Ikonografie der *raginis*: Dies sind weibliche Figuren, die ein festgelegtes System musikalischer Farben und Rhythmen zum Ausdruck bringen. Hierbei wurden Darstellungen reich geschmückter Frauen unter dem Monsunhimmel wie auch unter dem Vollmond ausgeprägt, die auf das Erscheinen einer Gottheit warteten.[11] Atmosphärisch ist besonders der Typus der *patamanjari ragini* vergleichbar, bei dem die Heroine, oft in der Kulisse eines Palastes, die Abwesenheit des Geliebten beklagt, wobei Nachthimmel, Mondlicht und Frühlingsduft das romantische Sehnen steigern.[12]

Auch die Hofdame dieser nächtlichen Szene scheint von sinnlicher Erwartung umgeben. Ihr Oberkörper ist entblößt und mit Perlenkolliers, Ohrringen und Armbändern geschmückt. Zugleich haftet der Blick der Prinzessin auf der ihr Kind liebkosenden Mutter gegenüber. Auch in den Frauenfiguren des Vordergrundes drückt sich die Freude von Mutterschaft und Empfängnis aus.

In diese Spannung fügt sich ein Bildnis der Jungfrau Maria mit Heiligenschein ein, das einer christlichen Darstellung der Verkündigung entnommen ist. Als kleines, an der Bogenlaibung angebrachtes Bildnis ist es so platziert, dass sich die Jungfrau vor dem fernen Mond am Himmel zu neigen scheint, nicht wie in christlichen Darstellungen dem Engel Gabriel.

Empfängnis von Sonne und Mond war in Indien stets ein verbreitetes Thema – sowohl in der mogulischen Herrschaftsmythik als auch in der hinduistischen Epik. Abu 'l-Fazl (1551–1602) hatte in seinem *Akbarnāma* die Moguldynastie aus der Prinzessin Alanquawa abgeleitet, die jungfräulich von der Sonne empfangen habe.[13] Das altindische Epos *Mahābhārata* berichtet von Prinzessin Kunti, die ihren Erstling Karna jungfräulich durch den Sonnengott Surya empfängt.[14] Auch wird der Mondgott Soma als mit den siebenundzwanzig Töchtern Dakshas verheiratet vorgestellt.[15]

Dieser Hintergrund erklärt die für europäische Betrachter atmosphärisch eigentümliche Verschmelzung von sinnlicher Mogulprinzessin, Mondnacht und betender Gottesmutter.

M.W.

## Anmerkungen

1 | *Vgl. Beach 1992, 1, 3, S. 144.*
2 | *Vgl. Landau 2011, S. 112 f.*
3 | *Zum Maler Muhammad Zaman im safawidischen Iran vgl. Landau 2011, S. 112, 128, Anm. 58.*
4 | *Einen Hinweis auf Hendrick Goltzius' Darstellung der Dichtkunst in dessen Reihe der Sieben Freien Künste gibt: Beach 1965, S. 63 ff.*
5 | *Vgl. Okada 1992, S. 207.*
6 | *Vgl. Guy, Britschgi 2011, S. 89.*
7 | *Sig. RCIN 1005025, The Royal Collection, Royal Library, Windsor Castle, vgl. Welch 1985, S. 248 f. Abb. 16 2b.*
8 | *„Sufis beim nächtlichen Konzert", Nordindien, um 1645, Catalogue of Persian, Mss. Bodleian Library, 2381, The Bodleian Library, University of Oxford.*
9 | *Vgl. Welch 1985, S. 242.*
10 | *Vgl. Landau 2011, S. 114.*
11 | *Vgl. Dehejia 2009, S. 166 f.*
12 | *Vgl. Sharma, Giri, Chakraverty 2006, S. 128.*
13 | *Vgl. Moin 2012, S. 137. Vgl. Kat. Nr. 17.*
14 | *Vgl. Mahābhārata, Udyoga Parva 144, 145, S. 279 f.*
15 | *Vgl. Dowson 1888, S. 76 f.*

## 17 Prinzessin Alanquawa betet die Sonne an

Nordindien, um 1595
Deckfarben auf Papier
Blatt: 43,5 × 27,5 cm; Miniatur: 15,8 × 9,0 cm
Sammlung Vollmer

Das Blatt zeigt die mythische Prinzessin Alanquawa, die mit gefalteten Händen und innigem Ausdruck die Sonne anbetet. Die Frau ist mit rotem Unterrock und blauem Mantel bekleidet. Ihr mit Haartuch, Diadem und Blüten geziertes Haupt erhebt sie zur goldenen Sonne, die an der oberen linken Bildseite erschienen ist. Zu Füßen der Betenden ist ein fürstlicher Knabe von heller Haut und in kostbar durchschimmerndem Kleid zu sehen. Mit kindlichem Stampfen versucht er die Aufmerksamkeit seiner Mutter zu erlangen und greift nach deren Mantelsaum. Die Szene ist einem weiten Naturraum eingepasst, dessen Auen, Bäume und Hügel in satten Grüntönen ausgeführt sind und der sich im Hintergrund zu spitzen Bergkuppen erhebt. Im Hintergrund der Landschaft ist ein einzelnes Gebäude zu erkennen, das mit seinem hellen Mauerwerk und dem zentralen, spitzdachbekrönten Turm an armenische Kirchenbauten – etwa im Nordwesten Persiens – erinnert.

Das Bild verarbeitet Anregungen der europäischen Kunst: Das Rot der Tunika und das Blau des Mantels der Mutter entstammen der Marienikonografie und assoziieren Darstellungen der Madonna mit dem Jesusknaben. Das Motiv der gen Sonnenlicht betenden Frau verweist auf die Ikonografie der Tugenden: Die Personifikation der „Spes“ wurde in der europäischen Druckgrafik im Zuge des Humanismus seit dem Beginn des 16. Jahrhunderts als junge Frau dargestellt, die ihre Hände vor der Brust faltet und mit freudigem Blick der Sonne der Hoffnung entgegenblickt. Gut vergleichbar ist auch ein von dem Nürnberger Stecher Sebald Beham (1500–1550) ausgehender Kupferstich der Antwerpener Wierix-Werkstatt, „Spes“, entstanden 1566.[1]

Die Miniatur entstand im höfischen Umfeld des Mogulkaisers Akbar (reg. 1556–1605) und spiegelt die synkretistische Verschmelzung von Symbolen, Ritualen und Mythen verschiedener Kulturräume im Dienst mogulischer Herrschaftsideologie wider.[2] Akbars Großwesir Abu 'l-Fazl ibn Mubarak (1551–1602) hatte 1592 die Arbeit an seinem *Akbarnāma*, einer episch angelegten Beschreibung des Lebens und der Regierung Kaiser Akbars, abgeschlossen, in dem er eine göttliche Abstammung Akbars konstruierte. Die mongolische Prinzessin Alanquawa – Stammmutter der Dynastie – habe von „göttlichem Licht“ einen Sohn empfangen.[3] Dieses *farr-ī īzadī* sei unter Akbars Ahnen – darunter die Herrschergestalten Djingis Khan (1150er-Jahre –1227) und Timur (1336–1405) – in verschleierter Form vererbt worden, trete aber in Akbar in vollem Glanz hervor. Das *Akbarnāma* schildert die Geburt Akbars als ein Lichtwunder, mit dem Gottes Absicht, sich in einem heilszeitlichen Herrscher zu manifestieren, bezeugt worden sei.[4]

Der Gedanke des im Großkönig manifesten *farr*-Glanzes war als ein fester Bestandteil der Königsideologie schon in den Reichen des persischen Altertums und bei Parthern und Sassaniden verbreitet.[5] Zugleich kannte auch der Hinduismus „Sonnensöhne“: Das *Mahābhārata* berichtet davon, dass der Held Karna jungfräulich vom Sonnengott Surya empfangen sei. Auch dies gab der Moguldynastie eine ideelle Folie: Unter Akbars Sohn, Shah Jahangir (reg. 1605–1627), entstand eine panegyrische Dichtung, die den Kaiser als „Sohn des Surya“ ansprach.[6]

Zudem nahm das Sonnengebet, das die Prinzessin Alanquawa im Bild ausführt, im Hinduismus eine bedeutende Rolle ein: Allmorgendlich verehrten Hindus bei ihren rituellen Waschungen die Sonne mit dem *gāyatrī*-Gebet.[7] Während der 1580er-Jahre führte auch Kaiser Akbar ein entsprechendes Ritual in sein Herrscherzeremoniell ein: Bei Sonnenaufgang zeigte sich der Kaiser auf einem erhöhten, nach Osten gerichteten Balkon, dem *jharokha*, zur Verehrung der Sonne. Akbars Sonnengruß im Morgenlicht gerierte ein epiphanisches Bild, in dem die zahlreichen Hindus, die zu dieser Stunde im nahegelegenen Fluss Yamuna Waschungen und Gebet verrichteten, den Herrscher als Manifestation göttlichen Lichtes erfahren konnten. Auch der Kaiser selbst vollzog hierbei den Gestus des Sonnengrußes, dem somit eine zentrale Bedeutung in den mogulischen Herrschaftszeremonien zukam.[8]

Neben alt-persischen und hinduistischen Motiven schwingen in der sonnenanbetenden Frau des Vollmer-Blattes auch muslimische und christliche Formulierungen mit, die 1580–1600 für die messianische Aufladung Akbars nutzbar gemacht wurden. Um ihre begnadete Mutterschaft zu unterstreichen, erhielt die Mutter des Kaisers, gestorben 1604, den persischen Titel *Maryam-makānī*, „die bei Maria ist“.

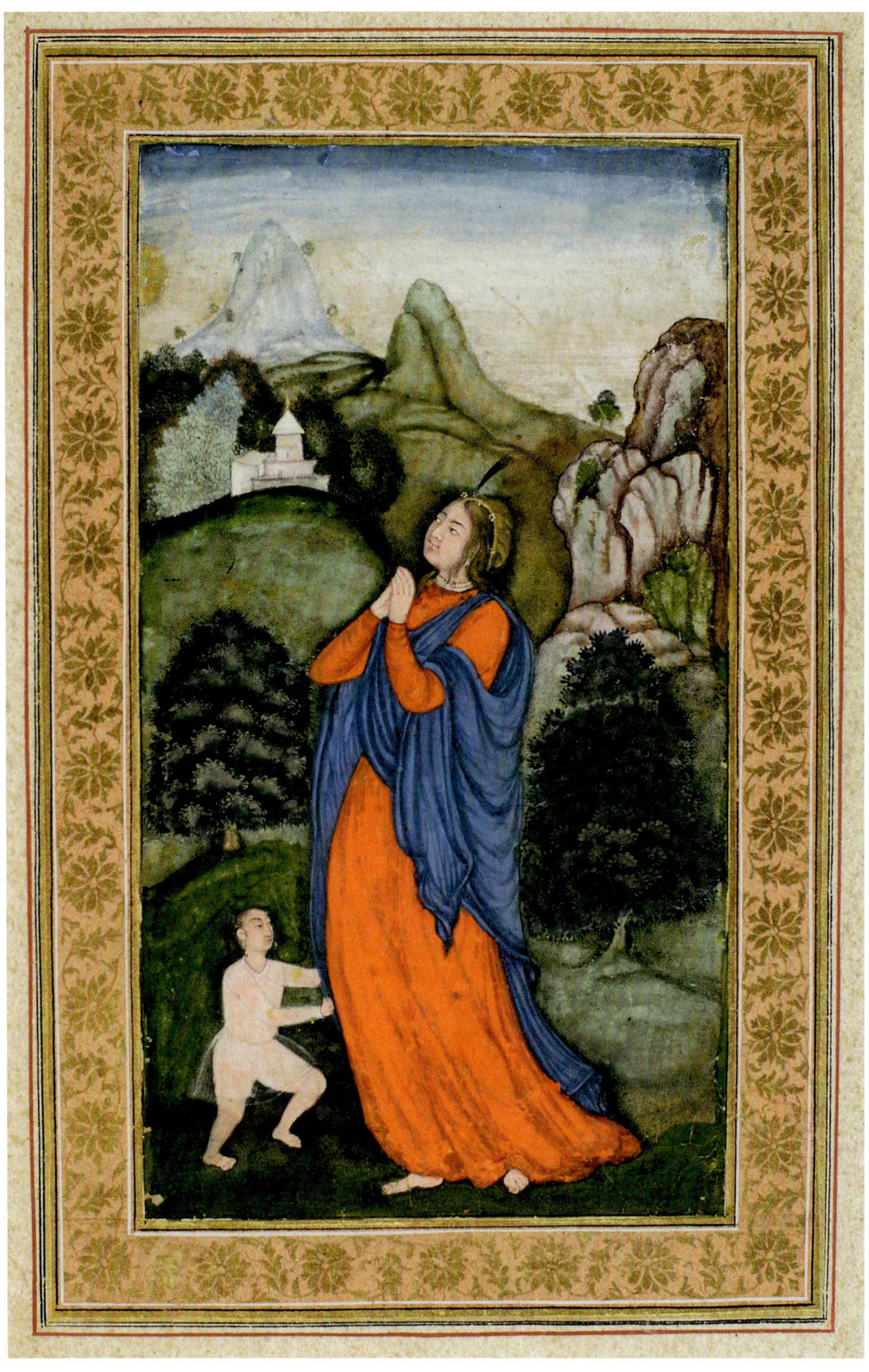

Dieser Ehrentitel verglich Akbars Mutter mit der Gestalt Marias, die im Koran als jungfräuliche Mutter Isas gilt, in die Gott von seinem Geist hauchte (Sure 21,91).[9] Da Maria im Christentum gar als Mutter des menschwerdenden Gottes verehrt wird, stärkte der Maler bereitwillig den christlichen Akzent in seiner Darstellung der mogulischen Stammmutter, indem er im Hintergrund ein gut sichtbares Kirchengebäude platzierte.

Die christliche Maria als „Mutter Gottes" wird zur Folie der jungfräulich empfangenden Alanquawa, wie sie das *Akbarnāma* entwarf. Zugleich scheint *Maryam-makānī* durch, die Mutter Akbars, die der Abkunft ihres Sohnes aus göttlichem Licht gedenkt.[10] Beide Figuren – der mit kostbar durchscheinendem Kleid geschmückte Sonnensohn und seine Mutter in den Farben Marias – stehen somit im Dienste der mogulischen Herrschaftsdeutung. Diesem Zusammenhang mit dem Gedankengut Abu 'l-Fazls und seinem *Akbarnāma* entspricht die stilistische Datierung der Miniatur auf die Zeit um 1595.

M.W.

## Anmerkungen

1 | *Vgl. Vollmer, Weis 2015, S. 22.*
2 | *Vgl. Kulke, Rothermund 2010, S. 261.*
3 | *Vgl. Moin 2012, S. 137.*
4 | *Vgl. Mukhia 2004, S. 47 ff.*
5 | *Vgl. Chandra 2006, 2, S. 132.*
6 | *Vgl. Findly 1993, S. 74.*
7 | *Eine Miniatur von Manohar, die Akbar beim Verrichten dieses Sonnengebets zeigt, entstanden um 1590, befindet sich in der Privatsammlung Eva und Conrad Seitz, abgebildet in: Amaladass, Löwner 2012, S. 85.*
8 | *Vgl. Michaels 2012, S. 254, vgl. Eck 1985, S. 9.*
9 | *Vgl. Moin 2012, S. 137. Vgl. Kuschel 2017,*
10 | *Vgl. Asher, Talbot 2006, S. 138.*

# 18 Jharokha-i-darshan der Jungfrau Maria

Hyderabad, um 1750
Deckfarben auf Papier
Blatt: 21,3 × 16,7 cm; Miniatur: 11,4 × 6,9 cm
Sammlung Vollmer

Die um 1750 im südindischen Sultanat Hyderabad entstandene Miniatur zeigt die lesende Jungfrau Maria in einem *jharokha*, einem Prunkfenster, dessen Rahmenpaneele in weißem Marmor mit inkrustierten Edelsteinen ausgeführt sind.[1] Nach oben schließt das Fenster mit einer hochgezogenen Gardine ab. Auch die Balustrade vor Marias Schoß ist mit einem kostbaren Tuch bedeckt. Während die Gewandfarben – das helle Türkis des Mantels und das von Goldfäden durchlaufene Orange des Unterkleides – von der christlichen Marienikonografie und ihrem Blau-Rot-Akkord ausgehen, ist Maria in der Tracht indischer Hofdamen dargestellt: Neben dem grünen Schleiertuch, das Schläfen und Wangen umspielt, fallen eine Perlenhalskette, zahlreiche Fingerringe und die rot lackierten Nägel auf.

Das Haupt Marias ist von einem sonnenartigen Nimbus auf dunklem Grund umgeben. Vor der Brust hält die Jungfrau ein aufgeschlagenes längliches Album. Auf diesem sind in persischer Sprache, syntaktisch unverbunden, einzelne Worte wie „Lebendige Wesen", „Gesandter", „Geheimnis", „Meer" und „Sphärenkreis" zu identifizieren. Marias Blick ist gesenkt: Mit freudig sinnendem Ausdruck verweilt sie über den gelesenen Worten.

Das Blatt nimmt eine Sonderstellung unter den Marienbildern der Vollmer-Sammlung ein: Es zeigt Maria nicht bei oder nach der Geburt Jesu zusammen mit diesem, sondern interessiert sich für das Geheimnis der Empfängnis Jesu selbst. Der Koran beschreibt diese so: „Und der, die ihre Keuschheit wahrte, hauchten Wir von Unserem Geist ein und machten sie und ihren Sohn zu einem Zeichen für die Welten." (Sure 21,91). Auch nennt der Koran Jesus *Isa Kalimatullah*, das „Wort Gottes" (Sure 4,172), meint hierbei aber das Verkündigungswirken Jesu, nicht – wie christliche Theologie – die Inkarnation des Ewigen Logos in Jesus Christus. Nach koranischer Auffassung ist der Koran das manifestierte „Wort Gottes".[2]

Das indische Marienbildnis nähert sich jedoch dem christlichen Verständnis an, dass in Christus das „Wort Gottes Fleisch annimmt aus der Jungfrau". Hierbei wird dem Lesen Marias in einer heiligen Schrift besondere Aufmerksamkeit zugewandt. Entsprechend wird auch in der christlichen Kunst die Maria der Verkündigung häufig als Lesende in den Schriften Israels dargestellt: Beim Erscheinen Gabriels wendet sich die Jungfrau überrascht von ihrem Lesepult ab, um den Gruß des Engels zu empfangen und sich mit ihrem „Fiat" der Menschwerdung des Wortes Gottes zu öffnen (Lukas 1,38).

Diese christliche Pointe – „Maria liest im Wort Gottes und empfängt den Logos" findet Eingang in die Miniatur, indem die Jungfrau die heiligen Blätter mit innigem Ausdruck vor die Brust erhebt. Die auf den Blättern notierten Begriffe „Gesandter", „Geheimnis" und „Sphärenkreis" deuten auf Isa voraus, den Gesandten, der die Geheimisse der höchsten Himmel und die Unermesslichkeit Gottes unter den Menschen offenbar machen wird. Da es sich um Einzelworte handelt, die noch nicht zum Satzganzen verbunden sind, ergibt sich ein transitorisches Moment: Erst durch Maria und den von ihr empfangenen Jesus werden diese Worte syntaktisch gebunden und konstituieren sich als „Zeichen für die Welten" (Sure 21,91).

Der Maler umgibt das Geschehen mit einer mystischen Aura. Hierzu greift das Blatt Motive auf, die in der Blütezeit mogulischer Bildkunst in Agra 1580–1650 ausgeprägt wurden und eng mit der sakralen Repräsentation der Herrscher Akbar (reg. 1556–1605), Jahangir (reg. 1605–1627) und Jahan (reg. 1627–1658) verbunden sind: Die hochgezogene Stoffrolle verweist auf die Zeremonie des *jharokha-i-darshan*: Ab den 1580er-Jahren präsentierte sich Kaiser Akbar seinen Untertanen zur Zeit der Morgenröte auf einem erhöhten Balkon. Diese Epiphanie des Kaisers knüpfte an das rituelle Darshan der Hindu-Tempel an, bei dem sich im entscheidenden Moment die Pforten des Sanktuariums öffneten, um das geschmückte Gottesbild den verehrenden Blicken der Gläubigen darzubieten.[3]

Einen solchen *darśana*-Moment inszeniert auch das Vollmer-Blatt: Das Schleiertuch hat sich gehoben und enthüllt die heilige Gestalt als Gefäß des Göttlichen. Auffällig ist, dass Maria ihren Blick dem Betrachter nicht direkt zuwendet. Auch in diesem privilegierten Schaumoment bleibt die Schwelle zwischen dem Heiligen und dem Profanen gewahrt und im sensiblen Bereich der Blickberührung eine Trennlinie gezogen. Dies entspricht der Kategorie

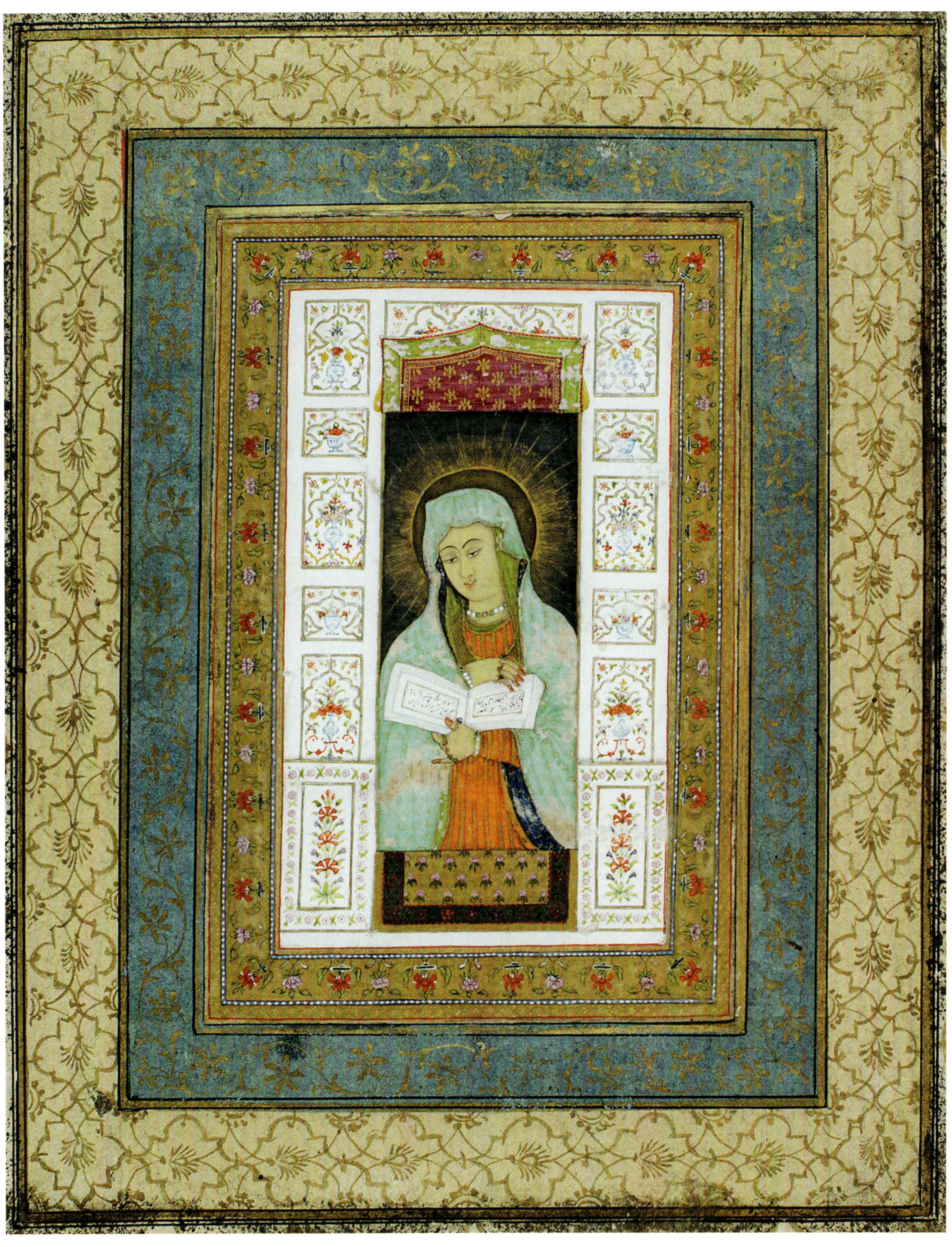

des *harām*, die für das ethisch-sakrale Empfinden islamischer Kulturen zentral ist und u.a. auch Tabus der Berührung und des Anschauens umfasst.[4] Andererseits spielt die Malerei den Stimulus des hinduistischen *darśana* aus, bei dem sich das unnahbare Mysterium im letzten Moment doch freimütig den Augen der Gläubigen schenkt und der Schleier sich heben muss.[5]

Verstärkt wird das Spiel zwischen *harām* und *darśana* durch das geheimnisvolle Dunkel und die schimmernde Lichtsubstanz, mit welcher der Künstler das Haupt Marias umgibt. Vergleichbar der Corona einer Sonnenfinsternis wird ein feiner Strahlenkreis um Marias Haupt gezogen, von dem weitere pulsierende Lichtkränze ausgehen. In der Mogulmalerei der ersten Hälfte des 17. Jahrhunderts war dieser Typ Nimbus den Bildnissen der Kaiser vorbehalten. Er verwies auf das *farr-ī īzadī*, das göttliche Licht, als dessen Manifestation sich die Mogulkaiser begriffen, und rief zudem Assoziationen an eine Sonnenfinsternis hervor, an eine „glückverheißende Konjunktion" der Gestirne, unter denen ihre Herrschaft stehe.[6] Eine Reminiszenz an die Mogulzeit bietet zudem die Inkrustation der weißen Marmorplatten des Balkons mit buntfarbenen Edelsteinen in floralen Mustern, die ab den 1620er-Jahren zahlreichen Grab- und Großbauten der Moguln ein himmlisch-paradieshaftes Gepräge verlieh.[7]

M.W.

## Anmerkungen

1 | *Zur Symbolik des weißen Marmors vgl. Kat. Nr. 30.*

2 | *Vgl. Schimmel 1990, S. 66. Vgl. Wolfson 1976, S. 279 ff.*

3 | *Vgl. Moin 2012, S. 219 ff. Vgl. Asher, Talbot, 2006, S. 134, 196. Vgl. Chandra 2006, 2, S. 145 f.*

4 | *Vgl. Campo 2009, S. 290 f.*

5 | *Vgl. Michaels 2012, S. 254. Vgl. Eck 1985, S. 9.*

6 | *Vgl. Moin 2012, S. 206–209. Vgl. Mukhia 2004, S. 46 f. Zum mogulischen Titel* Ṣāhib qirani, *„Herr der glückverheißenden Konjunktion", vgl. Blake 2013, S. 164 f. Vgl. Moin 2012, S. 137.*

7 | *Vgl. Asher, Talbot 2006, S. 196.*

# 19 Mariengeburt

Folio aus einem *Mir'āt al-quds*-Manuskript
Dharmadasa zugeschrieben, Allhabad oder Agra, um 1602–1610
Deckfarben auf Papier
Blatt: 26,0 × 15,4 cm; Miniatur: 15,9 × 9,0 cm
Sammlung Vollmer

Das ungewöhnliche Blatt mit der Geburt Mariens gehört zu einer Christus-Vita mit dem Titel *Mir'āt al-quds* („Spiegel der Heiligkeit"), die der Jesuitenmissionar Jerôme Xavier (1549–1617) im Jahr 1602 für Kaiser Akbar (reg. 1556–1605) und dessen Sohn Salim/Jahangir (reg. 1605–1627) verfasste.[1] Die Handschrift ist ein frühes Beispiel für die Begegnung und partielle Verschmelzung der christlich-europäischen und islamisch-persischen Bildkulturen.

Von der Beachtung der Schrift zeugen die mindestens neun zu Beginn des 17. Jahrhunderts in Indien angefertigten Abschriften. Sechs Kopien sind vollständig erhalten. Die drei bekannten illuminierten Exemplare (Lahore, Cleveland, Einzelblätter in verschiedenen Sammlungen) weisen Lücken auf. Die Cleveland-Schrift (1603–1605) ist mit 160 Folien und 27 Illustrationen zu etwa zwei Dritteln erhalten.[2]

Seine in persischer Sprache verfasste Christus-Vita *Mir'āt al-quds* überreichte Jerôme Xavier im Mai 1602 an Akbar. Der Jesuit kam damit dessen Forderung nach, ihm die christlichen Glaubensinhalte in seiner Muttersprache zu vermitteln. Bei der Übersetzung des Textes hatte Hieronymus Xaver Hilfe von Akbars Hofchronisten Abdus Sattar Ibn Quasem Lahori erhalten.[3] Akbars Sohn Salim, der sich seit Juli 1600 am Gegenhof Allhabad aufhielt, erhielt ebenfalls ein Exemplar.[4] Salim soll die *Mir'āt al-quds*-Schrift sehr ausführlich studiert haben und ließ sie von seiner eigenen Buchwerkstatt kopieren und illustrieren. So entstand auch die am vollständigsten erhaltene Cleveland-Abschrift in seinem Auftrag.

Die bekannten Illustrationen der Handschrift sind in der gesamten islamischen Buchkunst singulär, da sie einen in missionarischer Absicht verfassten, genuin christlichen Text auf eine mit den ästhetischen Vorlieben der Mogulherrscher konformen Weise illustrieren. Die Mogulmaler bezogen sich dabei auf die christliche Heilserzählung. Als Bildvorlagen dienten die seit der ersten Jesuitenmission 1580 übermittelten christlichen Stiche und Emblembücher; ebenso spielten die persische Bildtradition und der höfische Geschmack der Mogulherrscher eine Rolle.

In den illustrierten Versionen des Manuskripts finden sich jeweils folgende Abbildungen: die Mariengeburt, der Tempelgang Mariens, das Stabwunder, die Verkündigung, die Reise nach Bethlehem, die Ankunft im Stall sowie die Reinigung des Stalls durch Maria.

Die Häufung mariologischer Motive in der Handschrift ist damit zu erklären, dass Maria die in der Kunst der Moguln am häufigsten dargestellte christliche Heilige ist – sowohl in den Werken der kaiserlichen Werkstätten als auch an den Provinzhöfen und im Dekkan[5]. Dies liegt daran, dass *Marya* die einzige im Koran namentlich genannte Frau ist (7 Suren) und im Islam als Tempeljungfrau und Mutter Jesu (*Isa*), dem Vorgänger des Propheten Mohammed (um 570/73–632), große Verehrung erfährt.

Darüber hinaus weist die Gottesmutter Parallelen zur Urmutter Alanquawa in der timuridischen[6] Mythologie auf.[7] Von dieser soll das Geschlecht der Moguln abgestammt haben. Ein eindeutiger Bezug zwischen Maria und Alanquawa besteht durch die jungfräuliche Mutterschaft beider Frauen: Während die Verkündigung an Maria im Neuen Testament durch den Erzengel Gabriel *(Jibril)* stattfindet, wurde Alanquawa durch einen Lichtstrahl aus dem Himmel schwanger und gebar der Legende nach Drillinge.

Für Kaiser Akbar ist belegt, dass er seine dynastische Abstammung von Alanquawa durch verschiedene Handlungen immer wieder betonte und damit seine Herrschaft legitimierte. So ließ der Herrscher bei besonderen Anlässen 1000 Sanskrit-Bezeichnungen für die Sonne rezitieren. Die symbolische Verbindung Alanquawas zur christlichen Gottesmutter war dann wohl auch dafür verantwortlich, dass Akbar ein großer Marienverehrer wurde. Dies zeigte sich unter anderem daran, dass er seiner Mutter Hamida Banu Begum (um 1527–1604) den Ehrentitel *Maryam Makānī* („Die mit der Würde der Maria") verlieh. So soll sich schon bevor die Jesuiten 1580 nach Fatehpur Sikri[8] kamen, am Eingang des Palasts von Akbars Mutter eine Verkündigungsdarstellung befunden haben. Auch seiner Lieblingsfrau und Mutter von Prinz Salim gab Akbar einen auf Maria bezogenen Ehrennamen: Sie hieß *Maryam az-Zamānī* („Maria vom Al-

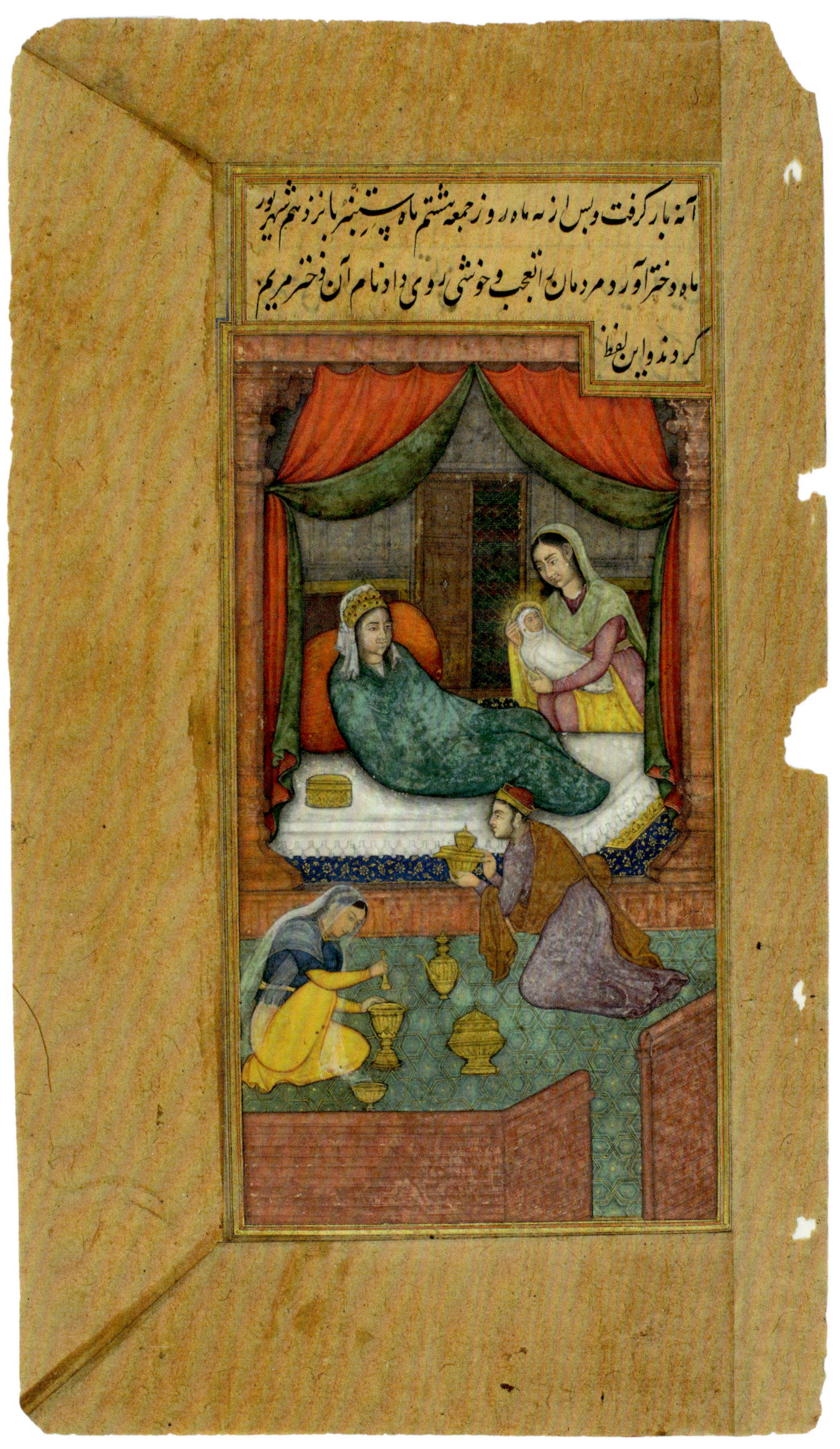
آنه بار گرفت و پس از نه ماه روز جمعه هشتم ماه ستنبر یازدهم شهریور
ماه دختر آورد مردمان را تعجب و خوشی روی داد نام آن دختر مریم
کردند و این لفظ

ter“). Mit den Marien-Titeln würdigte der Kaiser somit die beiden wichtigsten Frauen am Hof.

Die hiesige Miniatur aus einem in Allahabad oder Agra[9] angefertigten *Mir'āt al-quds*-Manuskript (um 1602–1610) zeigt die Geburt Mariens, über die im Koran in Sure 3,33 und 3,35 berichtet wird. Über der Illustration befindet sich eine mehrzeilige Schrift: „Anna wurde schwanger und nach neun Monaten am Freitag, dem achten September, dem elften Tag des Monats Shahriwar, gebar sie eine Tochter. Die Menschen waren voller Verwunderung und Freude. Sie gaben dem Mädchen den Namen Maryam, und dieses Wort [Fortsetzung auf der Verso-Seite] hatte mehrere Bedeutungen ...“[10].

In der Miniatur liegt Anna unter einem rot-grünen Baldachin, der sie und ihre von einer Amme getragene Tochter vom vorderen Bildteil abtrennt. Obwohl das in weiße Tücher gehüllte Marienkind im Hintergrund dargestellt ist, wird seine besondere Rolle durch den goldenen Strahlennimbus visualisiert. Würdevoll und majestätisch ist auch Anna wiedergegeben: Sie trägt über ihrem weißen Kurzschleier ein mit Edelsteinen besetztes Mogul-Diadem.

Ein auffälliger Unterschied zu christlichen Darstellungen ist, dass Maria nicht direkt beim Baden gezeigt wird. Dies ist damit zu erklären, dass die Nacktheit von muslimischen Betrachtern als respektlos verstanden worden wäre. Daher sind die Dienerinnen in der vorderen Raumhälfte auch erst damit beschäftigt, das Badewasser für das Neugeborene in goldenen Gefäßen vorzubereiten.

Dass die Geburt der Muttergottes in den *Mir'āt al-quds*-Schriften illustriert wurde, könnte mit der Betonung der Kindheit und Jugend von *Maryam* im Islam zusammenhängen. Vor allem ihre vorgeburtliche Bestimmung, als Tempeljungfrau Gott zu dienen, ist ein wichtiger Bestandteil der islamischen Überlieferung.

Allgemein ist festzustellen, dass die Themen von Geburt und Mutterschaft in der Kunst der Il-Khanids[11] und der Timuriden[12] noch eine geringere Rolle spielten, jedoch in der Mogul-Malerei Ende des 16. und Anfang des 17. Jahrhunderts verbreitet waren. Für diese Illustrationen typisch sind die aufrechte Haltung der Wöchnerin sowie die Positionierung des Kindes neben ihr bzw. auf dem Arm einer Amme. Die Zunahme der Häufigkeit des Motivs mag mit dem wachsenden Interesse an der Darstellung von Haremsdamen unter Akbar zusammenhängen und dem Wunsch entsprochen haben, deren Leben in offiziellen Schriften und Illustrationen zu veranschaulichen. Die Betonung der Mutterschaft im *Mir'āt al-quds* könnte also mit dem Anliegen verbunden gewesen sein, einerseits die heiligste Frau im Islam zu ehren und andererseits einen Inbegriff mütterlicher Liebe zu schaffen, mit dem sich der Harem identifizieren konnte.

Als bildliche Vorlagen für ihre Darstellungen der Mariengeburt diente den Mogul-Malern die zeitgenössische christliche Druckgrafik. Darauf lässt eine mogulische Zeichnung (um 1600) nach einem Stich von Cornelis Cort (1533–1578) schließen.[13] Dennoch kann man ihre Bildschöpfungen nicht als Kopien der christlichen Stiche bezeichnen. Denn die Parallele besteht vor allem in der Bildkomposition, während andere Motive wie etwa die indischen Gewänder und Gefäße, aber auch die Positionierung des Marienkindes Variationen sind. Die Künstler kombinierten also christliche Einflüsse mit persischen Elementen und schufen ein harmonisches Bild, das die Würde der Kindsmutter betonte, dem höfischen Mogulgeschmack entsprach und der hohen Bedeutung von *„Maryam“* im Islam angemessen war.

M.P.

## Anmerkungen

1 | *Jerôme Xaver wurde in Navarra geboren. Sein Onkel war der heilige Franz Xaver, ein Freund des heiligen Ignatius von Loyola und Mitbegründer des Jesuitenordens. Jerôme Xavier trat mit 19 Jahren in den Orden ein. 1575 erhielt er die Priesterweihe, 1581 traf er auf seiner Missionsreise in Goa ein. Vgl. Fernão 2005,*

2 | *Zur Provenienzgeschichte siehe Weis 2008, S. 109.*

3 | *Vgl. Binney 1974, S. 51.*

4 | *Eine Versöhnung mit seinem Vater Abkar fand erst 1603 statt. Während der Jahre seiner Rebellion hatte Salim sich besonders für christliche Inhalte interessiert und sogar eine eigene Mission für seinen Hof erbeten. Vgl. Weis 2012, S. 65.*

5 | *Südlicher Teil des indischen Subkontinents.*

6 | *Als Timuriden wird ein von Timur (Tamerlan) gegründetes, muslimisches Herrscherhaus in Zentral- und Südwestasien bezeichnet. Die Dynastie regierte von 1370 bis 1507 unter anderem im Gebiet der heutigen Staaten Afghanistan, Iran und Usbekistan. Hauptstadt der Timuriden war anfangs Samarkand, später auch Herat. Eine*

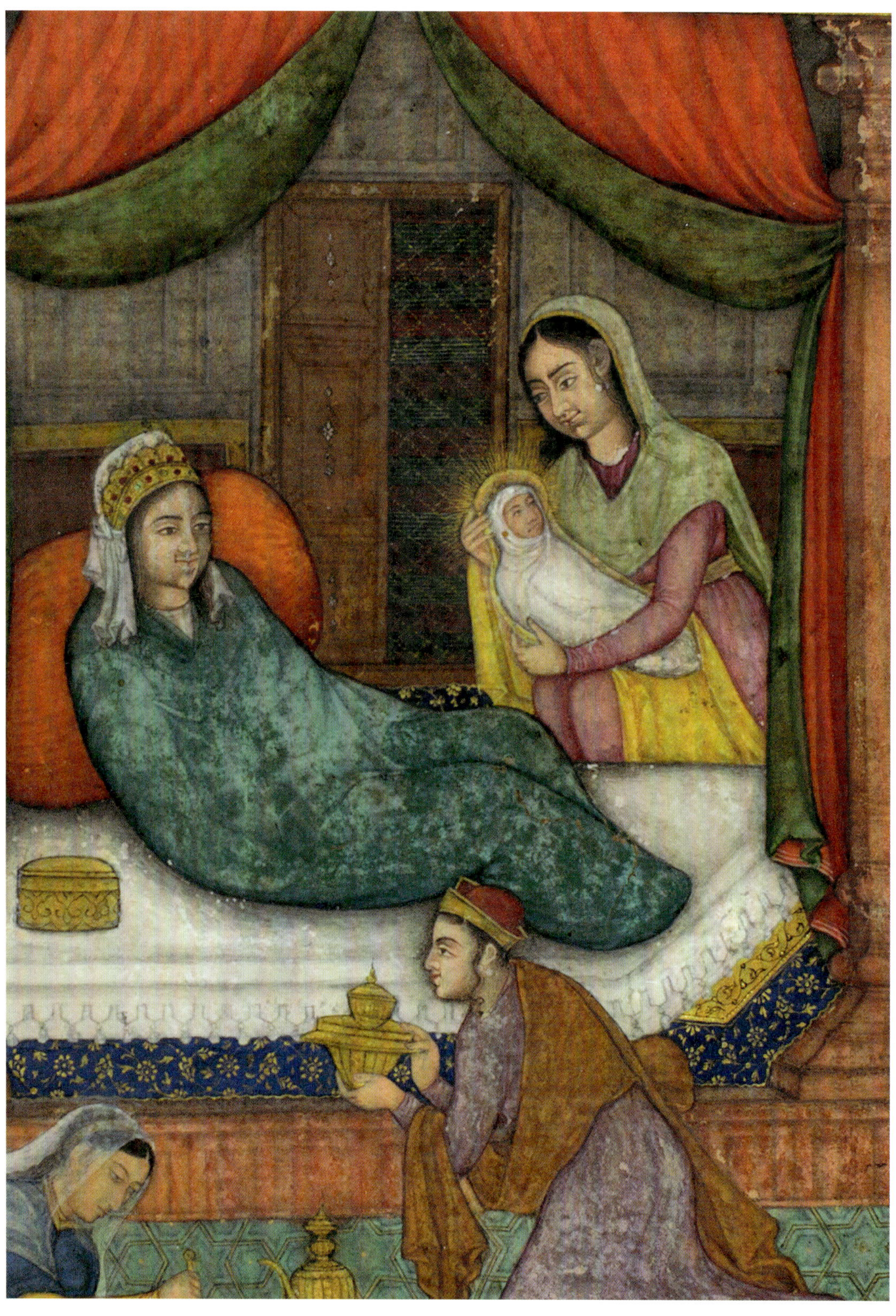

*Linie eroberte 1526 das Sultanat von Delhi in Indien und regierte dort das Reich der Großmoguln bis zum Sturz durch die Briten 1857.* Vgl. Nagel 1993.

7 | *1425 wurde auf dem Sarkophag Timurs eine Inschrift aufgebracht, die Alanquawa mit Maria in Beziehung setzte, indem auf die Keuschheit beider verwiesen wurde.* Vgl. Weis 2008, S. 114.

8 | *Fatehpur Sikri ist eine Stadt im heutigen indischen Bundesstaat Uttar Pradesh. Hier befand sich Ende des 16. Jahrhunderts die ehemalige Hauptstadt des Mogulreiches mit seiner bis heute bestehenden prächtigen Palastarchitektur.*

9 | *Städte im heutigen nordindischen Bundesstaats Uttar Pradesh.*

10 | Vgl. Ausst. Kat. Zürich 2015, *Kat. Nr.* 4, S. 18.

11 | *Mongolische Dynastie in Persien und in den dieses umgebenden Ländern* (1260–um 1335). Vgl. Edmund 1996.

12 | *Zu den Timuriden* s.o.

13 | Vgl. Weis 2012, S. 71. *Cornelis Cort arbeitete zunächst im Verlag des Antwerpener Kupferstechers Hieronymus Cock. Um 1566 ging er nach Venedig, wo er für Tizian verschiedene Werke in Kupfer stach. Einige Zeit später ließ sich Cort in Rom nieder. Dort gründete er eine Schule. Zu seinen Schülern zählte auch Agostino Carracci.* Vgl. Wessely, Art. „Cort, Cornelius“, S. 505.

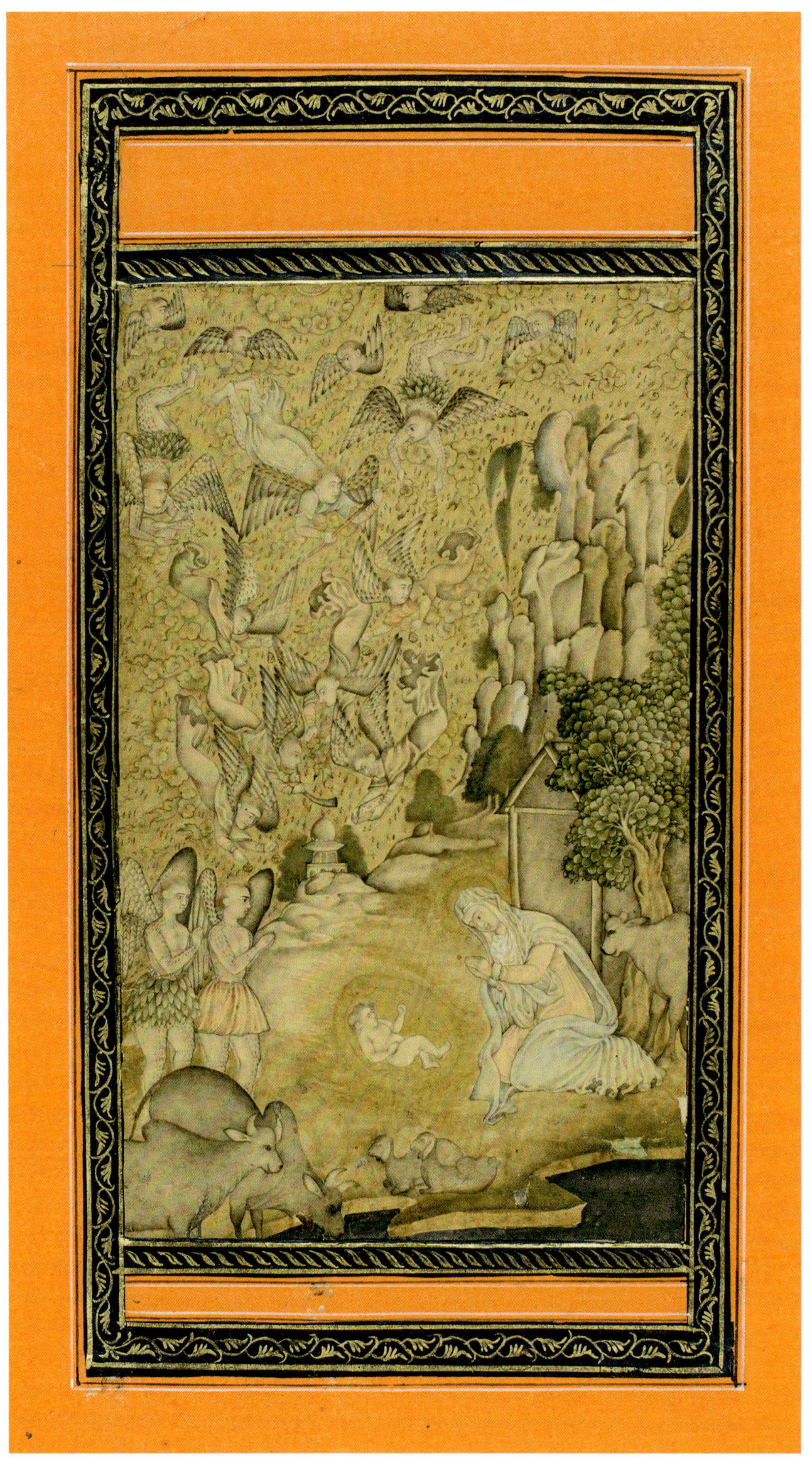

## 20 Geburt Christi

Dekkan, um 1640–1660
Deckfarben auf Papier
Blatt: 41,9 × 27,7 cm; Miniatur: 19,8 × 12,1 cm
Sammlung Vollmer

Die in ihrer Farbigkeit zurückhaltende Miniatur zeigt eine steil nach rechts oben ansteigende, felsige Landschaft. Auf halber Anhöhe der hohen Bergformation steht ein von Bäumen gerahmter Tempel. Im Mittelgrund liegt das nackte, von einer Lichtgloriole umgebene Christuskind am Boden. Rechts von ihm kniet Maria, die ihre Hände zum Gebet gefaltet hat. Der Stall erhebt sich hinter ihr. Seine Langseite ist von einem hoch aufragenden, dicht belaubten Baum verdeckt. Am linken Bildrand stehen zwei adorierende Engel mit großen Flügeln. Bekleidet sind sie mit kurzen Röcken. Nach vorne schließt die Bildkomposition mit einem Fluss ab, an dessen Ufer Schafe und Kühe weiden. Der Horizont ist angefüllt mit musizierenden Engeln, die sich dem Messias zuwenden. Sie tragen zum Teil knöchellange Gewänder, zum Teil auch kurze Röcke, wie sie bei den stehenden, adorierenden Himmelsboten vorkommen.

Schon in persischen Miniaturen wurde Maria nach der Geburt an der Dattelpalme oder mit dem sprechenden, sich als Prophet zu erkennen gebenden Neugeborenen dargestellt. Die Mogulmaler übernahmen diese traditionellen Bilder jedoch nicht ausschließlich, sondern schufen anhand christlicher Vorbilder neue Kompositionen, in denen Marias Beziehung zum Christuskind noch deutlicher in den Vordergrund rückte.

So diente auch bei dieser Darstellung der Geburt Christi sicherlich eine christliche Grafik als Vorlage, welche die Maler in Details abänderten, indem sie regionale Elemente einflochten. Die adorierenden Himmelsboten sowie zwei schwebende Engel tragen zum Beispiel Federgewänder, was an die *ādivāsī* – die Ureinwohner Indiens – denken lässt. Indische Motive sind darüber hinaus die Kühe mit indischen Höckern am Flusslauf und der hinduistische Tempel im Hintergrund. Als direktes Vorbild für die hiesige Darstellung könnte eine Illustration des Miniaturmalers Manohar[1] in der Fondation Custodia, Paris, gedient haben (um 1600).[2] Diese „Geburt Christi" könnte jene Maler aus Dekkan[3] beeinflusst haben, die eine Ausbildung in den mogulischen Ateliers erhalten hatten, bevor sie um 1640 in den Süden gingen.

Bei der Verbreitung der Illustrationen mit der Geburt Christi unter den Moguln ist noch zu berücksichtigen, dass zu dieser Zeit Geburtsszenen allgemein eine große Rolle in Chroniken spielten. Die Miniaturen betonten die Rolle der Frauen am Aufblühen der Dynastie. Parallelen zur christlichen Geburtsszene finden sich zum Beispiel in Darstellungen der Geburt des Prinzen Salim (geb. 1569, reg. als Jahangir 1605–1627). Dessen Mutter, Maryam az-Zamānī (1542–1623), war kurz zuvor nach Sikri gebracht worden, da alle vorherigen Kinder Akbars (reg. 1556–1605) schon als Kinder gestorben waren. An diesem Ort wurde erst später der Palast Fatehpur[4] (1569–1574) erbaut, sodass man sich die Behausung eher bescheiden vorstellen muss. Dies könnte dazu geführt haben, dass die Maler als Vorlagen für die Prinzengeburt Darstellungen der Geburt Christi im Stall wählten.[5]

M.P.

### Anmerkungen

1 | *Manohar war der Sohn des Miniaturmalers Basawan, der zu den führenden Künstlern an Akbars Hof gehörte. Vgl. Bailey 1998b, S. 30.*
2 | *Vgl. Gahlin 1991, Tafel 12.*
3 | S.o.
4 | S.o.
5 | *Vgl. Weis 2008, S. 116.*

# 21 Anbetung der Könige

Mir Kalan Khan zugeschrieben
Oudh, um 1770
Deckfarben auf Papier
Blatt: 27,2 × 20,2 cm; Miniatur: 24,2 × 17,2 cm
Sammlung Vollmer

Maria und das Christuskind thronen im Innenhof eines Palasts, der nach vorn durch einen Zaun abgetrennt ist. Weit ist jedoch das Tor zum Hof geöffnet, was den Betrachter zur Teilnahme an der Anbetungsszene einlädt. Die Gottesmutter trägt vielfarbige, kostbare Gewänder und eine aufwändige Halskette. Ihr Haar ist mit einem blauen Schleier bedeckt. Hinter ihr erhebt sich ein majestätischer, roter Baldachin. Das Christuskind liegt mit einem weißen Lendentuch bekleidet auf ihrem Schoß. Es wendet sich den Adoranten lebhaft zu und hält in seiner rechten, weit über den Kopf gehobenen Hand einen Apfel. Die Frucht, die den Knaben in der traditionellen christlichen Ikonografie als Neuen Adam auszeichnet, wird durch diese Körperhaltung zu einem spielerischen Bildelement. Beide – Mutter und Sohn – sind durch einen Nimbus ausgezeichnet.

Ein König mit weißem Haar hat sich vor Maria und Christus niedergekniet. Seine Kopfbedeckung hat er zu deren Füßen abgelegt. Statt der anderen zwei Könige gehören Frauen zum Gefolge des Herrschers. Eine kniet links neben der Gottesmutter und betet. Weitere adorierende Frauen stehen rechts hinter dem König. Statt der christlichen Gaben – Gold, Weihrauch und Myrrhe – trägt eine Frau ein Buch, eine andere einen Palmzweig. Diese Motive waren dem Maler aus christlichen Heiligendarstellungen bekannt, die in der Zeit der Mogulherrscher verbreitet waren.[1] Im Hintergrund erstreckt sich eine hügelige Landschaft, in der eine Viehherde, eine Stadtansicht und ein Reiter auf einem Schimmel zu erkennen sind. Auf dem hohen Bergkamm steht am rechten Bildrand ein Tempel. Engel mit Gaben schweben aus den Wolken am Himmel herab. Von den Händen des zentralen Himmelsboten gehen goldene Lichtstrahlen aus, die auf das heilige Geschehen verweisen.

Die Malerei folgt dem Stil von Mir Kalan Khan (tätig um 1730–1775), der am Hof von Delhi ausgebildet wurde und stark durch die flämische und holländische Malerei geprägt war. Später emigrierte er an den Hof der Nawab in Oudh (Awadh).[2] Dieses war seit der Mitte des 18. Jahrhunderts bis zum Beginn der britischen Kolonialherrschaft 1857 das kulturelle Zentrum Nordindiens. Die dortige Verschmelzung der unterschiedlichen kulturellen Einflüsse führte zu einer fruchtbaren Atmosphäre für die Kunst, die Musik, den Tanz und die Poesie. Die politische Führung jener Zeit schätzte den Überfluss, was auf Künstler und Geschäftsmänner wie ein Magnet wirkte und sich in den opulenten Miniaturen Mir Kalan Khans widerspiegelt. Es ist daher nicht verwunderlich, dass dieser der führende Hofmaler von Shuja'al Daula (reg. 1754–1775) und Asaf al-Daula (reg. 1775–1798) wurde und eine große Anzahl von Illustrationen anfertigte, die vielfach kopiert wurden.

Mir Kalan Khans Stil zeichnet sich neben seiner Opulenz besonders dadurch aus, dass er sich verschiedener Einflüsse – aus Europa, dem Islam und dem Hinduismus – auf eklektizistische Weise bediente. Typisch europäische Züge sind seine Konzentration auf Raum und Volumen sowie die Bedeutung der Landschaft. Die zweigeteilte Palastarchitektur mit dem prächtigen Innenhof kommt auch in weltlich-höfischen Illustrationen Mir Kalan Khans vor. Ebenso ist die gelbe, mit Tieren und Menschen belebte Hintergrundlandschaft häufig Teil seiner Bildkompositionen. Ein der Anbetung ähnliches Gemälde befindet sich in der Benkhaim-Collection des Nationalmuseums in Neu Delhi.[3]

M.P.

## Anmerkungen

1 | *Heilige und Herrscher gehörten für die Moguln zusammen, daher wurden Jahangir und Shah Jahan auch mit Nimbus dargestellt. Vgl. Ausst.-Kat. Zürich 2015, S. 9.*

2 | *Region im heutigen indischen Bundesstaat Uttar Pradesh. Begründet wurde sie von Kaiser Akbar im 16. Jahrhundert. Die ursprüngliche Hauptstadt war Faizabad, später Lucknow. Im 18. und 19. Jahrhundert wurde die Region von den Nawab von Awadh oder Nawab von Oudh beherrscht. Sie gehörten einer persischen Dynastie aus dem Iran an. Vgl. Irwin 1880.*

3 | *Vgl. hierzu Roy 2010, Nr. 17, S. 168.*

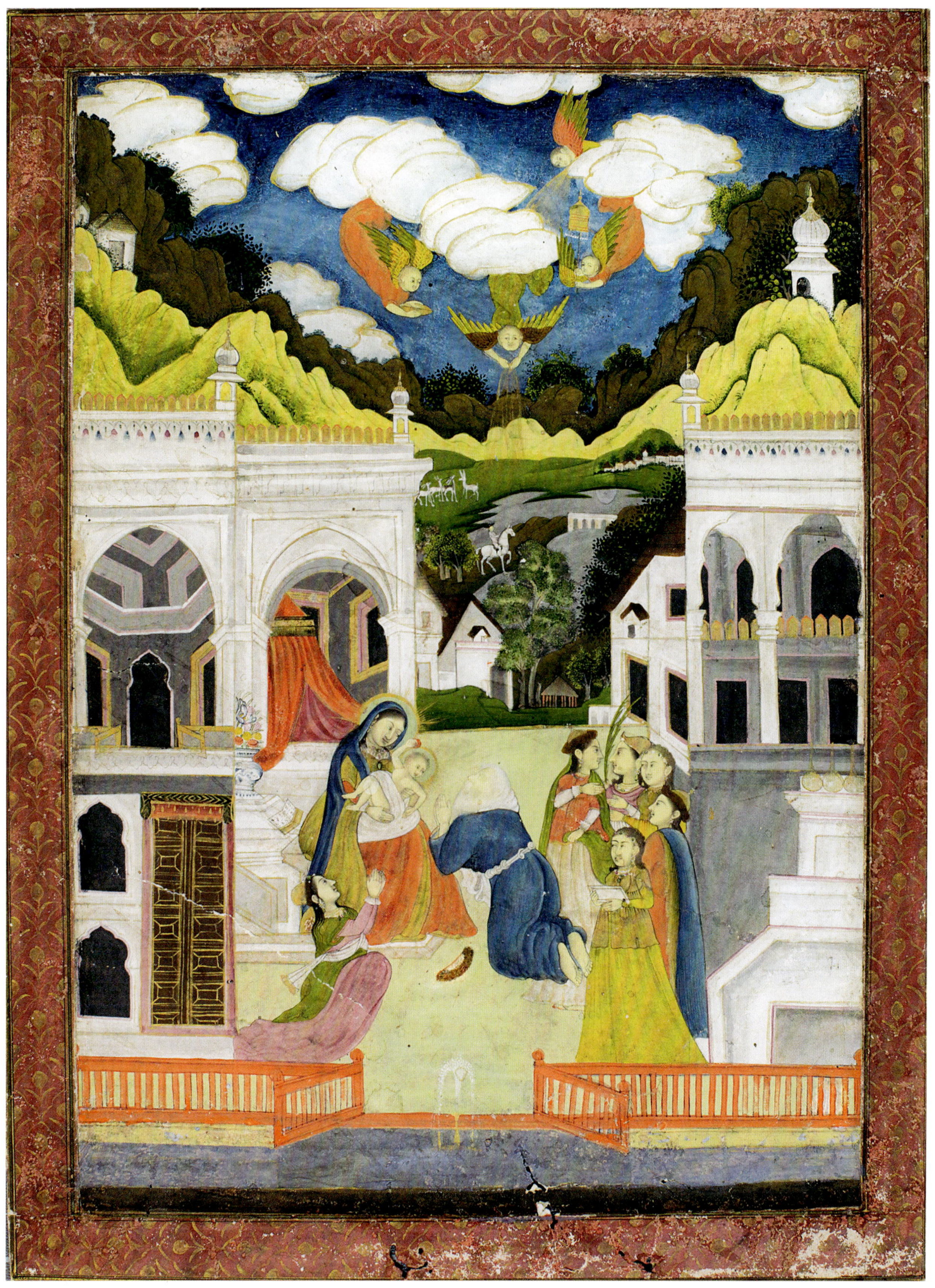

# 22 Salus Populi Romani

Folio aus dem Warren-Hastings-Album
Oudh, 2. Hälfte 18. Jahrhundert
Deckfarben auf Papier
Blatt: 43,9 × 28,8 cm; Miniatur: 19,1 × 10,7 cm
Sammlung Vollmer

Vorbild für die Darstellung der Maria mit dem Christuskind war die Ikone der *Salus Populi Romani* („Heil des römischen Volkes") in Santa Maria Maggiore (12. Jh.), die als Lukasmadonna gilt.[1] Seitdem Papst Pius V. (reg. 1566–1572) dem Jesuiten-General Francisco di Borja (1510–1572) im Jahr 1569 erlaubt hatte, das Bild für die Mission zu nutzen, waren zahlreiche Kopien des Marienbildes entstanden.

Als im Februar 1580 die ersten drei Jesuiten[2] am Mogul-Hof in Fatehpur Sikri[3] eintrafen, brachten sie Kaiser Akbar (reg. 1556–1605) zwei Geschenke mit, um diesen für ihre Mission günstig zu stimmen: sieben Bände der im Auftrag Philipps II. von Spanien (reg. 1556–1598) bei Christopher Platin (um 1520–1589) in Antwerpen gedruckten „Polyglotten Bibel" (1568/1572) sowie den Weltatlas „Theatrum, Orbis Terrarum" (1570) von Abraham Ortelius (1527–1598). Für sich selbst hatten die Missionare zwei in Öl gemalte Madonnenbilder, ein Christusbild und eine unbestimmte Anzahl an plastischen Bildwerken, darunter Kruzifixe und Reliquiare, im Gepäck.

Die Jesuiten bezogen ein Quartier in unmittelbarer Nähe zu Akbars Privatgemächern, was den intensiven Austausch mit dem Herrscher förderte. In ihrer provisorisch eingerichteten Kapelle stellten sie eine Kopie der *Salus Populi Romani* auf.[4] Akbar besuchte diese Kapelle mehrmals und kniete vor der Marienikone nieder.[5] Seine Wertschätzung des Bildes zeigte sich auch in den mogulischen Reproduktionen, die alle sehr wahrscheinlich auf der Basis von Grafikvorlagen angefertigt wurden.

Hierbei spielten die Stiche der *Salus Populi Romani* von Hieronymus Wierix (1553–1619) eine große Rolle.[6] Dieser gab dem romanischen Madonnenbild ein naturalistischeres Erscheinungsbild – etwa einen plastischeren Faltenwurf –, welches mehr dem Zeitgeschmack entsprach. Gerade dieser Naturalismus der Wierix-Vorlage scheint die Mogulmaler fasziniert zu haben. Jedoch nahmen auch sie wiederum gewisse Abwandlungen vor.[7] Unter der Regierung Jahangirs (reg. 1605–1627, zuvor Prinz Salim) wurden zahlreiche Madonnen hergestellt, die dem europäischen Vorbild ostentativ folgten.[8]

Ein Grund für die Häufigkeit des Motivs könnte gewesen sein, dass die Mogul-Herrscher darin ein Versprechen der göttlichen Fürsorge für ein mächtiges Reich sahen. Nach dem Regierungsantritt von Jahangirs Sohn Shah Jahan (reg. 1627–1658) nahm das Interesse der Mogulkaiser an den christlich inspirierten Miniaturen jedoch ab. Erst in den muslimischen Fürstentümern im Dekkan[9] entstanden um die Mitte des 17. Jahrhunderts erneut zahlreiche, von europäischen Stichen angeregte Bilder, die dem Mogulstil verwandt waren, aber von einheimischen Künstlern gemalt wurden. Im 18. Jahrhundert machte das Mogulreich nur noch nominell den Großteil Indiens aus, da sich bereits autonome Machtzentren in Bengalen, Oudh, Hyderabad und im westlichen Hochland gebildet hatten. Seit dieser Zeit ist die Lokalisierung der christlich inspirierten Miniaturen schwierig.

Die Herkunft der hiesigen Salus-Madonna ist jedoch belegt: Sie stammt aus dem sogenannten Warren-Hastings-Album. Hastings hatte seine Laufbahn 1750 als Schreiber der East India Company in Kalkutta begonnen. 1757 wurde er Agent der Company in Murshidabad[10] und kehrte 1764 nach England zurück. Fünf Jahre später erneut nach Indien gerufen, avancierte er zum Lagerhalter der East India Company. Ab 1771 war er Gouverneur von Bengalen, 1774 Generalgouverneur. In dieser Position gelang es Hastings, durch kurzzeitige Zweckbündnisse die britische Landmacht in Indien so auszudehnen, dass der kolonialen Übernahme Gesamtindiens durch die Briten der Weg geebnet war. 1788 wurde Hastings abgelöst.

Wie Richard Johnson (1753–1807) und Colonel Antoine Polier (1741–1795) sammelte auch Hastings indische Miniaturen in eigens für ihn zusammengestellten Alben. Aus einem Album, das später in die Sammlung von Sir Thomas Phillips[11] (1792–1872) gelangte und 1974 in Einzelblätter aufgelöst bei Sotheby's versteigert wurde, stammt die Vollmer-Madonna.

Bemerkenswert ist der recht freie Umgang der Miniatur mit der Vorlage. Maria steht mit Christus vor einer monumentalen, indischen Stadtarchitektur. Auffällig ist der sich hinter ihr erhebende Rahmen, der ihr bis auf Taillenhöhe reicht. Dieses Bildelement betont den ikonenhaften Charakter der

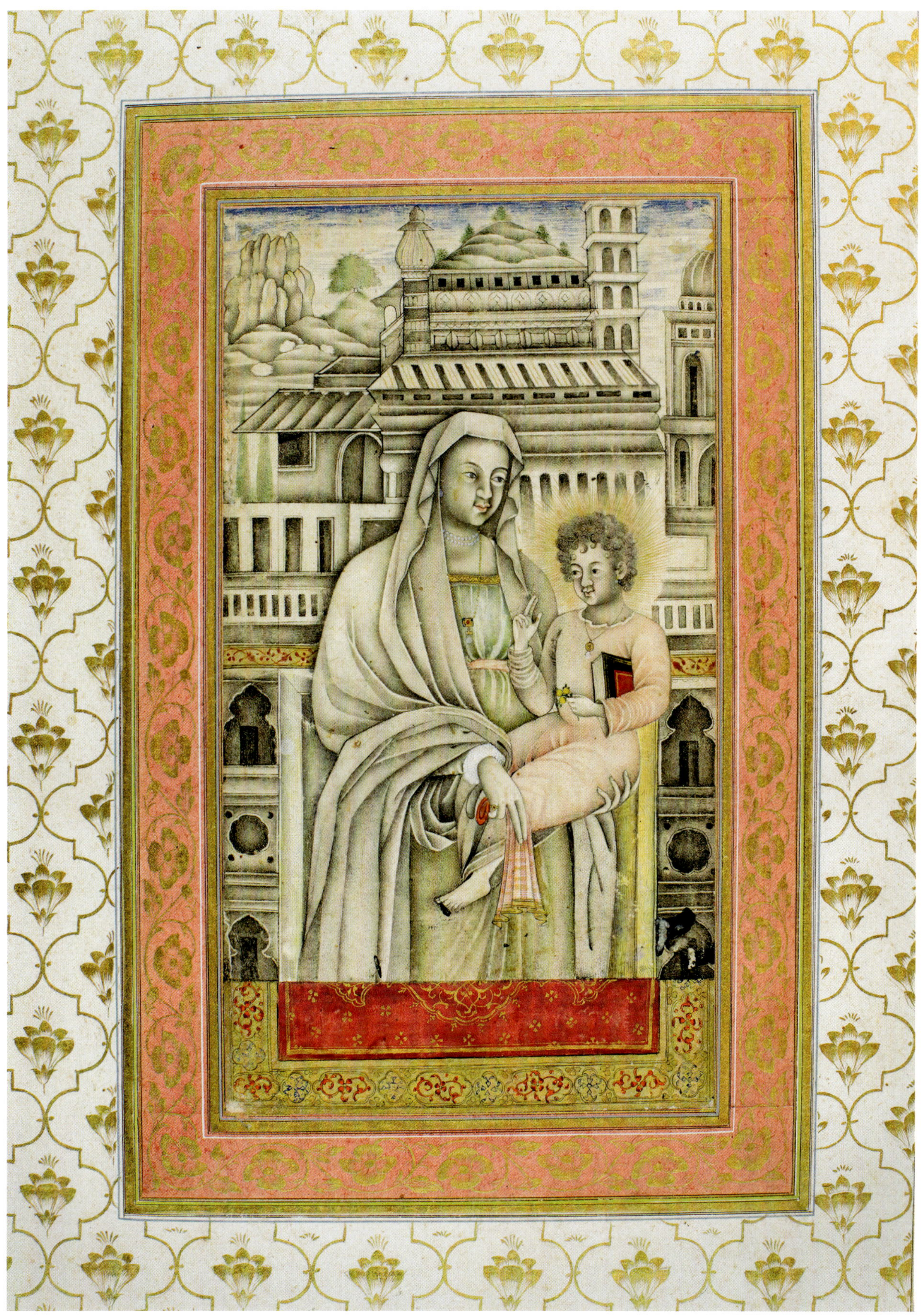

Darstellung, der gleichzeitig durch den Schattenwurf der Marienfigur wieder zurückgenommen wird. Über der vorderen Brüstung hängt ein Teppich, der sich mit seinen leuchtenden Farbtönen stark von der monochrom-zeichnerischen Illustration absetzt. Es scheint, als bilde er den Übergang zwischen der floral ornamentierten Blattseite und der Salus-Darstellung.

Im Gegensatz zum Original, bei dem die Gottesmutter ihre Augen auf den Betrachter gerichtet hat, blickt Maria hier gedankenverloren über ihren Sohn hinweg. Schaut Christus in der Vorlage zu seiner Mutter auf, so wendet er hier seinen Blick aus dem Bild heraus. Durch diese Veränderung der Blickachsen wird die Betonung der Marienfigur gegenüber der romanischen Ikone zurückgenommen. Dies unterstreicht auch die Tatsache, dass nur der Knabe durch einen schimmernden Nimbus ausgezeichnet ist. In der Literatur wird vermutet, dass die Verschiebung des Fokus von Maria auf Christus mit dem Auftraggeber der Miniatur, Warren Hastings, zusammenhängen könnte, der Mitglied der anglikanischen Kirche war.[12]

Auch die Haltung von Maria und dem Kind weicht vom Original ab: Statt mit überkreuzten Händen trägt Maria ihren Sohn nur auf dem linken Arm. Die Segenshand von Christus ist auf seinem Schenkel aufgestützt, wodurch sich eine vertikale Ausrichtung der Hand ergibt. Während das Buch unter seinem linken Arm zum traditionellen Arrangement gehört, ist der Zweig mit den drei gelben Früchten eine neue Zutat. Darin ist eine Abwandlung des christlichen Apfel-Motivs zu sehen, welches Christus als den Neuen Adam auszeichnet.

Auch bei Kleidung verfuhr der Künstler recht frei: Das Mariengewand ist um das Gesicht in sanfte Schwünge gelegt, um den rechten Unterarm ist es spiralförmig drapiert, wobei die Partie durch Tupfen zusätzlich hervorgehoben ist. Die rechte – nicht die linke Hand – hält die *mappula*.[13] Taillengürtel und Halskette sind modische Zusätze, die wie die gezierte, nach unten weisende Handhaltung den eleganten Charakter der Darstellung betonen. Diese Details lassen Maria weniger hieratisch erscheinen. Auch durch ihr fülligeres Gesicht und die rot gefärbten Lippen wirkt sie lebendiger und weniger ikonenhaft.

Insgesamt ist festzuhalten, dass es sich bei der Hastings-Madonna um eine Abwandlung der Salus-Madonna handelt, die eher als freie Adaption denn als Kopie zu werten ist.

M.P.

## Anmerkungen

1 | *Zur Ikone siehe Wolf 1990.*

2 | *Rudolfo Aquaviva, Antonio Monserrate und Francisco Henriquez. Vgl. Weis 2006, S. 235.*

3 | S.o.

4 | *Der vierte General des Jesuitenordens, Everardus Mercurianus, hatte 1578 eine Kopie der Ikone zusammen mit der „Polyglotten Bibel" an Rudolfo Aquaviva nach Goa gesandt. Dort wurde die Madonna durch Frater Manuel Godinho kopiert und durch die Missionare an den Mogul-Hof gebracht. Vgl. Weis 2006, S. 236.*

5 | *Monserrate (1580) 1922, S. 48 f.*

6 | *In Antwerpen tätiger Kupferstecher, Grafiker und Zeichner. Zusammen mit seinem Bruder Johannes fertigte er Buchillustrationen für Christopher Plantin an. Vgl. Wiebel 1995.*

7 | *Maria wendet ihr Haupt dem Kind zu, die würdevolle Haltung Christi ist noch stärker betont. Z.B. auf dem Albumblatt des Mūraqqa'e Golshan (1599–1610), das evtl. vom Maler Kesu angefertigt wurde. Vgl. Weis 2006, S. 237. Teilweise sind die Draperien verändert, auf die* mappula *wurde verzichtet, der Segensgestus des Kindes ist zum Teil in einen Zeigegestsus umgedeutet. Z.B. bei der evtl. von Manohar angefertigten Madonna im Walters Art Museum Baltimore (1590–1610). Vgl. Weis 2006, S. 237.*

8 | *Trotz Akbars Verehrung der Gottesmutter und seinem großen Interesse an der christlichen Religion, gelang es den Missionaren nicht, ihn zum Konvertieren zu bewegen. Daher konzentrierten sich die Jesuiten seit 1595 in ihrer dritten und letzten Mission auf Akbars Sohn Salim, den späteren Mogul Jahangir. Zum Aufenthalt der Missionare an Jahangirs Hof vgl. ʿĀlam, Subrahmanyam 2012, S. 249–310. Dieser ließ nach seinem Regierungsantritt in wechselnden Residenzen europäische Bilder von Maria und Jesus seitlich der Fenster anbringen, an denen er sich täglich seinen Untertanen zeigte. Auch sein Siegel soll mit Darstellungen von Maria und Jesus besetzt gewesen sein. Dennoch zerschlug sich die Hoffnung der Bekehrung Jahangirs bald, da 1614 die Engländer die Oberhand über die Portugiesen gewannen und diese die Jesuiten als europäische Kontaktpersonen am Mogulhof ablösten.*

9 | S.o.

10 | *Kleinstadt im gleichnamigen Distrikt des indischen Bundesstaates Westbengalen.*

11 | *Englischer Antiquar und Buchsammler, der im 19. Jahrhundert eine der größten Manuskriptsammlungen seiner Zeit anlegte. Vgl. Basbanes 2012.*
12 | *Vgl.* Weis 2006, S. 238.
13 | *Zur liturgischen Verwendung der* mappula *(des Manipels) siehe Braun 1907, S. 523–561.*

## 23 Salus Populi Romani

Dekkan, 18. Jahrhundert
Deckfarben auf Papier
Blatt: 26,0 × 19,0 cm; Miniatur: 9,8 × 7,6 cm
Sammlung Vollmer

Wie die Hastings-Madonna folgt auch diese Miniatur der berühmten Ikone der *Salus Populi Romani* („Heil des römischen Volkes") in der römische Kirche Santa Maria Maggiore (12. Jh.). Seitdem eine erste Kopie von den Jesuiten 1580 an den Mogulhof gebracht worden war, entstanden im Mogulreich sowie in der Folgezeit zahlreiche Nachbildungen.[1]

Das aus der Vollmer-Sammlung stammende Blatt ist mit Blütendekor in Blau und Rot verziert. Diese Farbkombination bestimmt auch den dreiteiligen Rahmen um das Madonnenbild. Dieser ist mit besonders feingliedrigen Blumen- und Blattornamenten verziert. Das Kolorit der Ornamentik wiederholt sich in der figürlichen Darstellung.

An dieser späten Kopie der Salus-Madonna fällt auf, dass der Maler darum bemüht war, das christliche Vorbild kenntlich zu machen. Jedoch nahm er auch Veränderungen vor, um das Kind statt der Gottesmutter zum Protagonisten des Bildes zu machen.[2] Den Schnitt und die Faltengebung des Mariengewandes hat der Künstler mit geringer Abweichung wiederholt. Nur die purpurrote Tunika mit V-Ausschnitt ist durch eine gelbe Borte zusätzlich betont. Dem Vorbild folgen außerdem die Haltungen der Hände und Finger (beide Figuren vollziehen mit der rechten Hand den Segensgestus), das röhrenförmig gefaltete Tuch in der linken Hand der Madonna (*mappula*) sowie das Buch in der Armbeuge Jesu. Ein anderer Ausdruck als beim Original entsteht durch den innigen Blick Mariens auf ihren Sohn sowie durch ihr Lächeln, das sie gegenüber dem Original wesentlich menschlicher macht. Dasselbe gilt für den Blick Christi: Dieser schaut lächelnd zum Betrachter. Variationen führte der Maler auch beim Gewand des Kindes durch: Statt des einteiligen Kleides trägt der Knabe ein Hemd und ein um die Hüften geschlungenes gelbes Tuch, das einem indischen *Lungi* ähnelt. Auf die Sandalen hat er verzichtet. Schließlich wurde eine Reduzierung der hieratischen Wirkung durch den Verzicht auf die Nimben erreicht.

In der Mogul-Kopie spielt also weniger die bildliche Repräsentanz der Gottesmutter und des Weltenretters eine Rolle. Hier ist vielmehr eine menschliche, ihr Kind liebende Mutter dargestellt. Dieser naturalistische Zug wird auch durch das fein geschnittene Gesicht der Maria betont, dem der Maler besondere Aufmerksamkeit gewidmet hat. Es ist durch die nuancierte Schattierung und die hohen, bogenförmigen Augenbrauen wesentlich belebter als in der Vorlage.

Ob das Blatt den zeitgenössischen Betrachtern allein als dekoratives Albumblatt diente oder auch einen Andachtscharakter für die Verehrung des Jesusknaben (*Isa*) besaß, ist nicht mehr zu beantworten.

M.P.

### Anmerkungen

1 | *Vgl. Kat. Nr. 22.*
2 | *Vgl. ebd.*

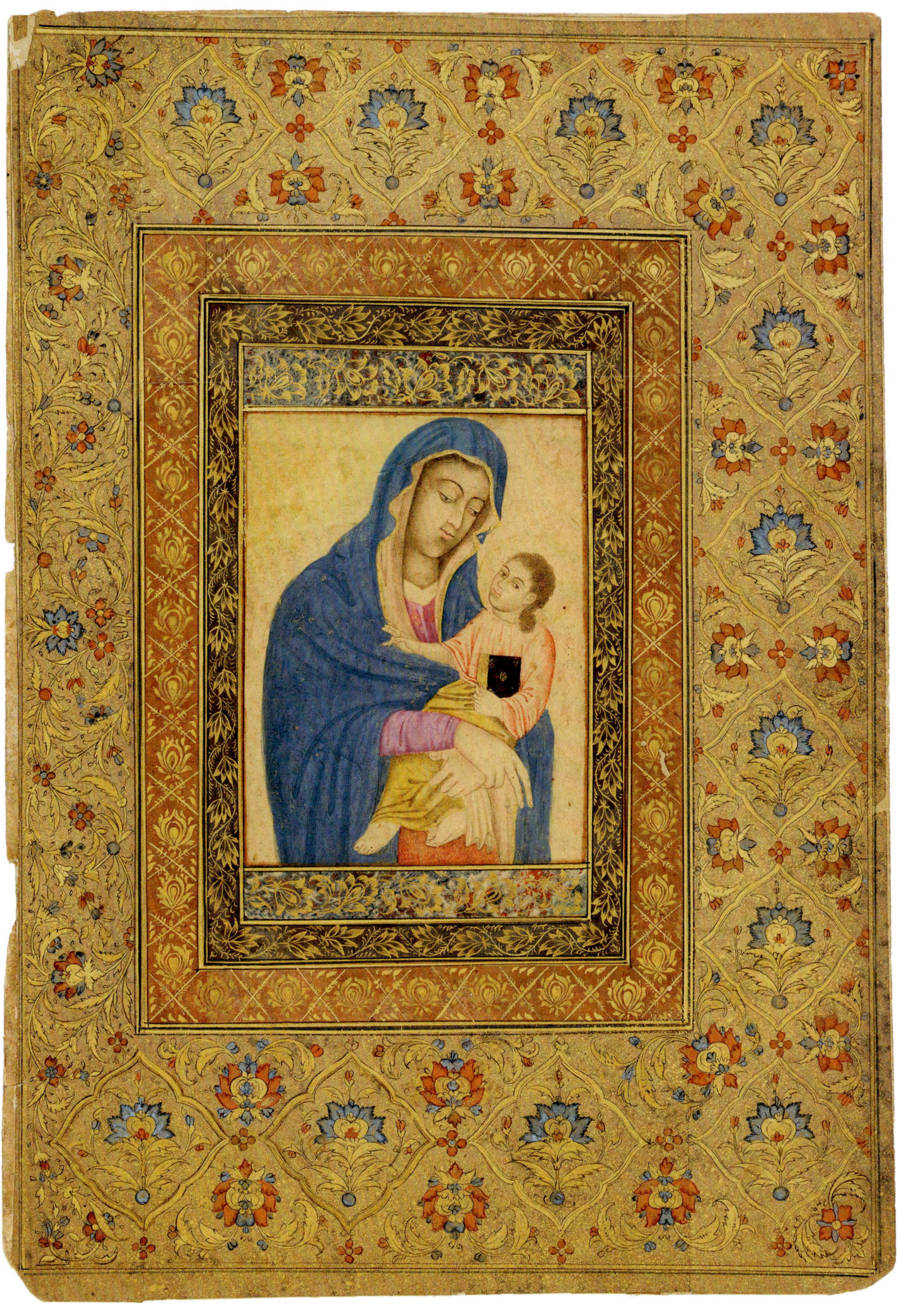

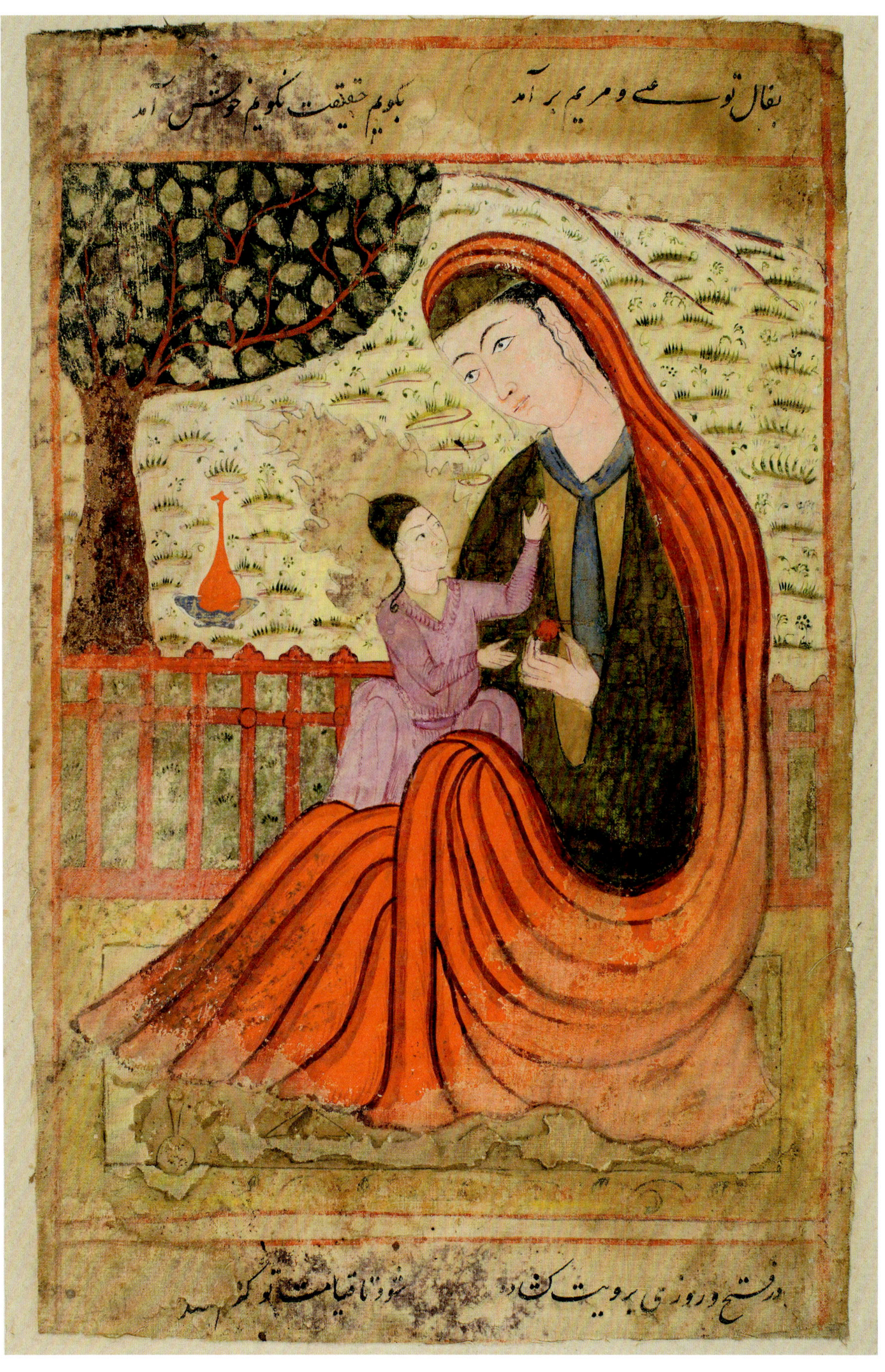
بفال تو عیسی و مریم بر آمد

# 24 Maria mit Christuskind

Folio aus einem Orakel-Buch
Dekkan (?), um 1580
Gouache auf Tuch
Blatt: 33,4 × 21,2 cm
Sammlung Vollmer

Dargestellt sind Maria und Christus in einem Garten. Beide werden im Text unter der Illustration benannt. Die Gottesmutter sitzt mit angezogenen Beinen auf einem gelb gerahmten Teppich im Vordergrund. Sie trägt über ihrem grünen Kleid einen hellrot leuchtenden Schleiermantel. Auf ihren Knien sitzt der Christusknabe in einem pupurfarbenen langen Gewand und mit spitzer Haube. Sein schwarzes Haar reicht ihm bis auf die Schultern. Über seinem Haupt erhebt sich ein Flammennimbus. Hinter der Figurengruppe erstreckt sich ein roter Lattenzaun, der Mutter und Kind von der dahinterliegenden Rasenfläche abtrennt. Dort steht in der linken Bildhälfte ein dicht belaubter Baum mit runder Krone. Neben seinem Stamm befindet sich eine rote Vase.

Für diese wohl im Dekkan[1] des 16. Jahrhunderts geschaffene Miniatur bildete das Motiv des christlichen Paradiesgartens – des *Hortus Conclusus* – die Vorlage.[2] Dieses Bildmotiv geht auf eine Interpretation des Hohenliedes im Alten Testament zurück („Ein verschlossener Garten ist meine Schwester Braut, ein verschlossener Garten, ein versiegelter Quell“ (Hld 4,12)). Seitdem das Bild des verschlossenen Gartens von mittelalterlichen Exegeten auf die Jungfrau Maria bezogen wurde, gehörte das Motiv zu den wichtigsten Bildtypen der Mariologie.

Dass dem hiesigen Künstler eine christliche Darstellung als Vorlage zur Verfügung stand, bestätigt die Frucht, die Maria ihrem Sohn mit der Linken überreicht. Diese spielt auf die verbotene Frucht vom Baum der Erkenntnis an, die Eva Adam im Paradies gereicht hatte. Während diese Frucht die Sünde in die Welt brachte, wird der Menschheit Erlösung durch die Neue Eva und den Neuen Adam – Maria und Christus – zuteil. Gerade in Verbindung mit dem Baum im Hintergrund kann es als gesichert gelten, dass dem Miniaturmaler eine christliche Darstellung als Anregung diente. Nicht zuletzt das hellrot leuchtende Gefäß unter dem Baum bestätigt diese Annahme. Denn dieses besitzt dieselbe Farbe wie der Marienmantel und war somit in der Vorlage als das auf Maria bezogene, von Gott erwählte Gefäß – *vas electum* – zu lesen.[3]

So sehr Komposition und Motivik des christlichen Vorbilds den Maler auch beeinflusst haben, so frei ging er doch mit der Formensprache um: Körperhaltungen, Physiognomien, Haartracht, Kleidung und die Gestaltung der Pflanzen sind eindeutig regionalen Einflüssen verpflichtet. Der Flammennimbus um das Haupt des Knaben kommt seit timuridischer Zeit auf Darstellungen – etwa des Propheten Mohammed (um 570/73–632) – vor.[4]

Die Miniatur war ursprünglich Teil eines Orakelbuches. Diese Bücher (*falnameh*) waren in Persien, im Osmanischen Kaiserreich und im Indien der Mogulkaiser verbreitet.[5] Viele ihrer Illustrationen zeigen Propheten oder Heilige, die im Islam eine Rolle spielen, z.B. Abraham, Moses oder Jonas. In der vorliegenden Miniatur sind es die Jungfrau *Maryam* und der Prophet *Isa*, die eine verheißungsvolle Botschaft übermitteln.

Zwar ist die Verbindung der Illustration zum schiitischen Glauben nicht sicher belegt, jedoch existiert ein ähnliches Blatt in einem persischen Orakelbuch im Wereldmuseum Rotterdam (Inv. Nr. 71803/29). Dort wird das Kind als *Pessar* bezeichnet, was als Hinweis auf den *Mahdī* gelesen werden könnte.[6] Dieser ist nach traditioneller islamischer Glaubensauffassung ein Nachkomme des Propheten Mohammed, der in der Endzeit auftauchen und das Unrecht auf der Welt beseitigen wird. Der Glaube an das Erscheinen des *Mahdī* ist sowohl ein zentraler Bestandteil der schiitischen Konfession als auch in den chiliastischen Erwartungen im sunnitischen Islam verbreitet. Für eine Verbindung zum schiitischen Islam spricht auch das mariologische Motiv. Maria wird dort mit Fatimah (um 605/15–632), der Tochter des Propheten Mohammed und Ehefrau des Imam Ali (um 600–661), gleichgesetzt. Beide behüteten ihre Jungfräulichkeit, empfingen ein Kind durch Gottes Wort und wurden als „rein“ bezeichnet. Einer der Namen Fatimahs lautet auch *Maryam al-Kubra* (die größere Maria).[7] Bittgesuche an Maria waren daher besonders unter adligen Damen verbreitet.

Die Vollmer-Illustration wurde wahrscheinlich im Kunstatelier eines Dekkan-Sultanats angefertigt.[8] Da die dortigen Herrscher persönliche Beziehungen zu Persien hatten, muss die Vorlage für die vorliegende Zeichnung nicht unbedingt über den Hof der Moguln vermittelt worden sein. M.P.

## Anmerkungen

1 | S.o.

2 | *Vgl. LCI, Bd. 2, Sp. 78 f. Zu Paradiesdarstellungen in der islamischen Kunst siehe Blair, Bloom 1991.*

3 | *Vgl. Salzer 1893, S. 328.*

4 | *Z.B. auf einer Darstellung Mohammeds aus dem* Miʿrāğ-nāme *(Herat, 1436) in der Sammlung der Bibliothèque Nationale in Paris.*

5 | *Zu den Orakelbüchern siehe Farhad, Bagci 2009.*

6 | *Vgl. Ourghi 2008.*

7 | *Thurlkill 2008, S. 64 f. Vgl. Morrow 2014, S. 106.*

8 | *Als Dekkan-Sultanate werden die fünf Sultanate Ahmadnagar, Berar, Bidar, Bijapur und Golkonda auf dem Dekkan in Zentralindien zusammengefasst, die um die Wende vom 15. zum 16. Jahrhundert aus dem Bahmani-Sultanat hervorgegangen waren. Zur dortigen Kunst siehe Michell, Zebrowski 1999.*

# 25 Maria mit Christuskind

Andhra Pradesh, möglicherweise Masulipatnam, 19. Jahrhundert
Deckfarben auf Papier
Blatt: 34,0 × 24,5 cm; Miniatur: 29,8 × 20,5 cm
Sammlung Vollmer

Die Illustration erinnert an Kalamkari (Zeichenkunst)-Malerei aus Andhra Pradesh[1] im 19. Jahrhundert.[2] Über der Miniatur benennt die Inschrift die dargestellten Figuren als Maria und Christus: *Hazrat Maryam wa, Isa ruhullah'* („Die ehrwürdigen Maria und Jesus, der Geist Gottes").

Maria sitzt mit dem Jesuskind auf einem reich ornamentierten Teppich. Dessen Längsseiten sind in der Form gemustert, dass sie auch als Zaunmotiv gelesen werden können. Zusammen mit dem Baum, dessen Laubwerk die Figurengruppe von der rechten Bildseite aus überragt, kann die Miniatur als Interpretation des christlichen *Hortus-Conclusus*-Motivs gedeutet werden.[3] Maria und Christus tragen reich gemusterte, indische Gewänder. Auf die Nimben der christlichen Vorlagen, die zuvor bereits vielfach von indischen Künstlern rezipiert worden waren, wurde hier verzichtet. Jedoch steht das schwarze Haar des Christuskindes in Büscheln vom Kopf ab, sodass man darin noch einen Anklang an einen Strahlen- oder Flammennimbus lesen könnte. Mutter und Sohn blicken einander lächelnd an. Auffällig ist, dass sowohl bei Maria als auch bei dem Knaben beide Hände zu einem Segensgestus geformt sind. Wie bei dem „Haarnimbus" hat sich der Maler hier wohl auf eine Vorlage bezogen. Statt das Motiv jedoch nur bei Christus anzuwenden, scheint er die Handhaltung für jegliche Gestik übernommen zu haben.

Die innige und liebevolle Verbindung zwischen Mutter und Sohn ist in der Miniatur besonders betont. Sie erinnert stark an hinduistische Illustrationen von Yashoda, die den kleinen Krishna trägt. Yashoda (von *yaśa* Schönheit) war laut dem *Bhāgavata Purāṇa* Krishnas Ziehmutter.[4] Krishna stammte eigentlich aus der königlichen Familie von Mathura und war der achte Sohn von Prinzessin Devaki und ihrem Gatten Vasudeva. Diese wurden von Devakis Cousin, König Kansa, ins Gefängnis geworfen, da ihm prophezeit worden war, er würde durch den achten Sohn des Paares getötet werden. So ließ Kansa deren erste sechs Kinder töten, das siebente konnte gerettet werden. Durch die Wunderkräfte des achten Kindes, Krishna, zersprangen die Kerkerketten und Vasudeva konnte mit seinem Sohn fliehen. Im Dorf Gokul[5] soll Vasudeva Krishna dann Yashoda und Nanda als Pflegesohn übergeben haben. Dort wuchs er als Kuhhirte auf. Auch Balarama, Vasudevas Sohn aus erster Ehe, wurde von Yashoda und Nanda großgezogen.

Die liebevolle, fast schalkhafte Darstellung des Knaben in dieser Illustration des 19. Jahrhunderts könnte mit den Erzählungen der Kindheitsgeschichte Krishnas zusammenhängen. Sie sind ein wichtiges Thema im *Bhāgavata Purāṇa*.[6] So wird an mehreren Stellen über Krishnas Streiche berichtet, die er sowohl seiner Ziehmutter als auch den Hirtenmädchen (*gopīs*) spielte. Aufgrund seines charmanten Wesens sollen ihm die Frauen jedoch selbst üble Vergehen vergeben haben. Es scheint, als ob sich diese Erzählungen in der ursprünglich christlich beeinflussten Illustration widerspiegeln.

Bis heute sind die Darstellungen von Yashoda und Krishna in der populären Kunst Indiens beliebt. Eventuell war es also dieser Bezug zwischen dem christlichen und dem hinduistischen Mutter-Kind-Paar, der Illustrationen von Maria und Christus selbst nach dem Zerfall des Mogulreiches und den Sultanaten von Dekkan möglich machte.

M.P.

## Anmerkungen

1 | *Indischer Bundesstaat im südlichen Teil Indiens.*

2 | *Zu den eher unbekannten Malschulen, die sich nach dem Wegfall aristokratischer Förderer in Indien etablierten und als „Volkskunst" bezeichnet werden, siehe Dallapiccola 2011, S. 139–155.*

3 | *Zum* Hortus Conclusus *siehe Kat. Nr. 24.*

4 | *Das* Bhāgavata Purāṇa *ist eine heilige Schrift des Hinduismus mit vishnuitischer Prägung (6./8.?–10. Jh.). In zwölf Büchern erzählen 18.000 Verse die Geschichte von Vishnu und seinen Avataras, von denen der bekannteste Krishna ist. Vgl.* Śrīmad-Bhāgavatam.

5 | *Nahe Vrindavan, Region Braj, heutiger Bundesstaat Uttar Pradesh.*

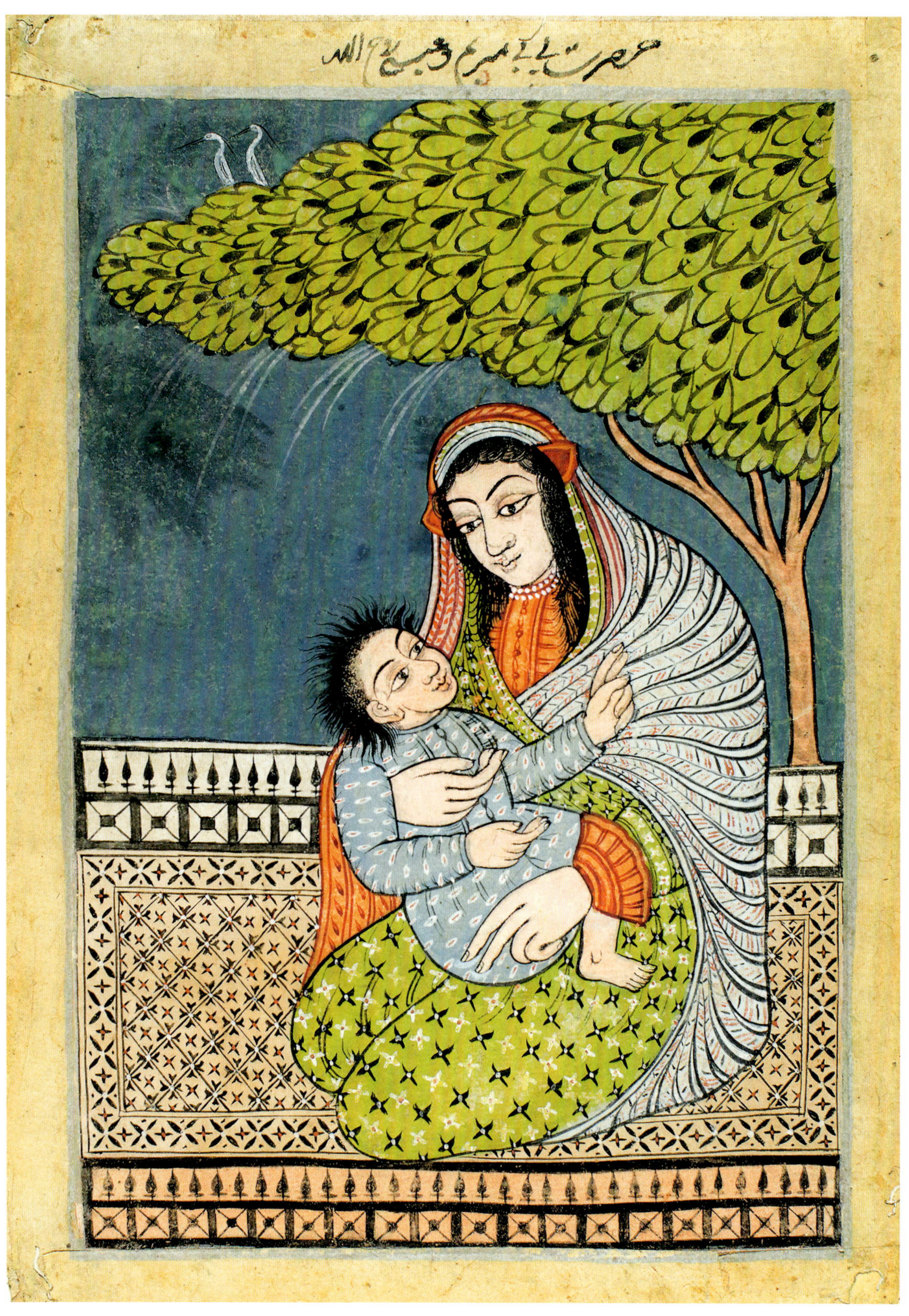

6 | *Im 10. Buch, das etwa ein Viertel des Gesamtwerks umfasst, werden die Kindheit und die Jugend Krishnas geschildert, der mit seinem Charme und seiner Schönheit die Hirtenmädchen seines Dorfes in den Bann zog. Die ekstatische Liebe dieser Mädchen zu Krishna gilt als Symbol für Bhakti, die mystische Sehnsucht und Liebe der Seele nach Gott. Vgl. Śrīmad-Bhāgavatam, S. 127.*

# 26 Christus heilt einen Gelähmten

Persien, spätes 19. Jahrhundert
Deckfarben auf Papier
Blatt: 26,5 × 38,0 cm; Miniatur: 14,5 × 22,0 cm
Sammlung Vollmer

Die Malerei zeigt die Heilung des Gelähmten wie in den Evangelien berichtet (Mt 9,1–8, Mk 2,1–12 und Lk 5,17–26). Christus steht im Glanz eines ausladenden Heiligenscheins am Bett des Kranken und legt seine Hände sanft auf dessen starr abgewinkelten Arm. Im Moment dieser Berührung blickt der Gelähmte zur Höhe auf und hebt seine Linke vor die Brust, als ob ihn ein neuer Lebenspuls erfasst. Beiwohnende Gestalten verfolgen das Geschehen aufmerksam oder, wie die links im Vordergrund sitzende Frau, versunken ins Gebet. Im Hintergrund sind ein Jüngling und ein Engel an die Fensteröffnung herangetreten und betrachten das Heilungswunder unter emphatischen Gesten. Die Christusszene ist in einen motivischen Rahmen mit zahlreichen Tieren und mit menschlichen Figuren eingepasst.

Während die Konturen und Gewandfalten der Figuren mit feinem Strich gezeichnet sind, beschränkt sich die Farbpalette auf schwache Beige-, Grün- und Blauwerte. Umso deutlicher hebt sich der Glorienschein um Christus ab, für den warmes Gelb und Braun zum Einsatz kommen. Das Blatt ist im späten 19. Jahrhundert im Persien der Qajaren-Dynastie entstanden.[1]

Die Malerei geht von westlichen Vorlagen aus: Die Gewandungen und Haltungen lassen ebenso klassizistischen Einfluss erkennen wie die gemessene Komposition, die jeder Figur ein balancierendes Pendant zuordnet: dem liegenden Gelähmten die stehende Gestalt Christi, der Beterin den Knienden, den beiden Figuren der rechten Seite das Paar mit dem Engel im linken Bildwinkel. Als vermittelnde Vorlagen ist an Darstellungen der Heilungswunder Christi zu denken, wie sie John Bridges (tätig zwischen 1818–1854), Alexandre Bida (1813–1895) oder Melchior Jean-Marie Doze (1827–1913) fertigten. In Druckfassung wurden entsprechende Bilder während des ganzen 19. Jahrhunderts von christlichen Missionaren nach Persien gebracht. Andererseits erscheinen viele Bilddetails der persischen Ästhetik angepasst: Das gilt für die kleinteilige geometrische Musterung, mit der die Möbel sowie die Wand- und Bodenflächen überlaufen sind, und für die abstrahiert dargestellten Pflanzen des Gartenausblicks im Hintergrund.

Christliche Missionare aus Europa und Nordamerika kamen im 19. Jahrhundert in großer Zahl nach Persien: Den Anfang machte 1835 der amerikanische Presbyterianer Justin Perkins (1805–1869) aus Massachusetts. Ziel des Predigers war die Stadt Urmia im äußersten Nordwesten des heutigen Iran – eine Hochburg des nestorianisch-syrischen Christentums. Die Nestorianische Kirche hatte vom 5. bis ins 10. Jahrhundert mit Erfolg in ganz Asien missioniert und das Evangelium bis weit nach China und Südindien verbreitet. Perkins Vision war, dass die presbyterianische Mission diese alte Kirche so entschlacken könne, dass sie einen „commanding influence in the spiritual regeneration of Asia“ ausüben würde.[2] 1836 eröffnete Perkins eine Kirche, eine Schule und eine Druckerpresse, um von Urmia aus die 1846 fertiggestellte Farsi-Übersetzung des Neuen Testaments in Umlauf zu bringen und damit längerfristig auch den iranischen Muslimen das Evangelium zu verkünden. Perkins und seine Helfer bauten ein Netzwerk von 81 Schulen auf, aus dem 1871 die Assyrisch-Evangelische Kirche von Urmia hervorging.[3] Ein wichtiger Teil des missionarischen Erfolgs war die angebotene medizinische Versorgung: 1882 eröffnete ein amerikanisches Hospital in Urmia.[4]

1843 entsandte auch die Anglikanische Kirche Missionare nach Urmia, die bis zum Ende des 19. Jahrhunderts stark frequentierte Hospitäler sowie Schulen in Ishfahan, Shiraz, Yazd und Kerman eröffneten. Die anglikanischen Schulen genossen einen so guten Ruf, dass in ihnen die qajarische Führungsschicht unterrichtet wurde.

Auch die katholische Mission nahm den Nordwesten Persiens in Blick: 1840 hatte Eugène Boré (1809–1878), ein katholischer Laie, in Tabris eine Schule gegründet, die westliches Wissen vermittelte. Boré wurde unterstützt durch den Orden der Lazaristen, dem er 1850 beitrat und der 1861 das Collège Saint-Louis in Teheran eröffnete, um die unierten armenischen und nestorianischen Christen zu betreuen.[5]

Während die Beziehungen zu den nestorianischen Christen fruchtbar wurden, kam es selten zu Konversionen von Muslimen. Dennoch waren die Missionare durch Schulen und Hospitäler in zahlreichen persischen Städten fest im muslimischen

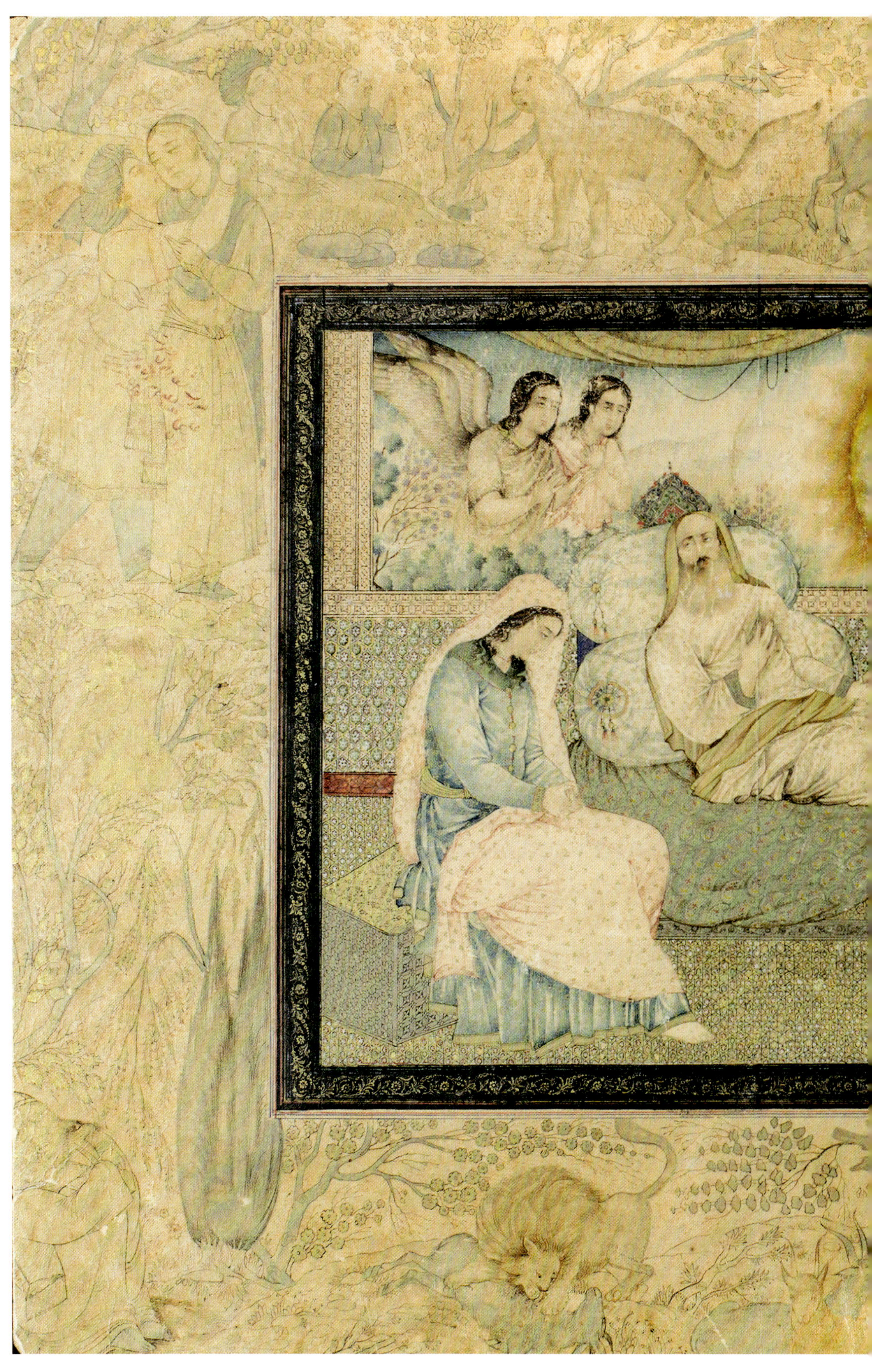

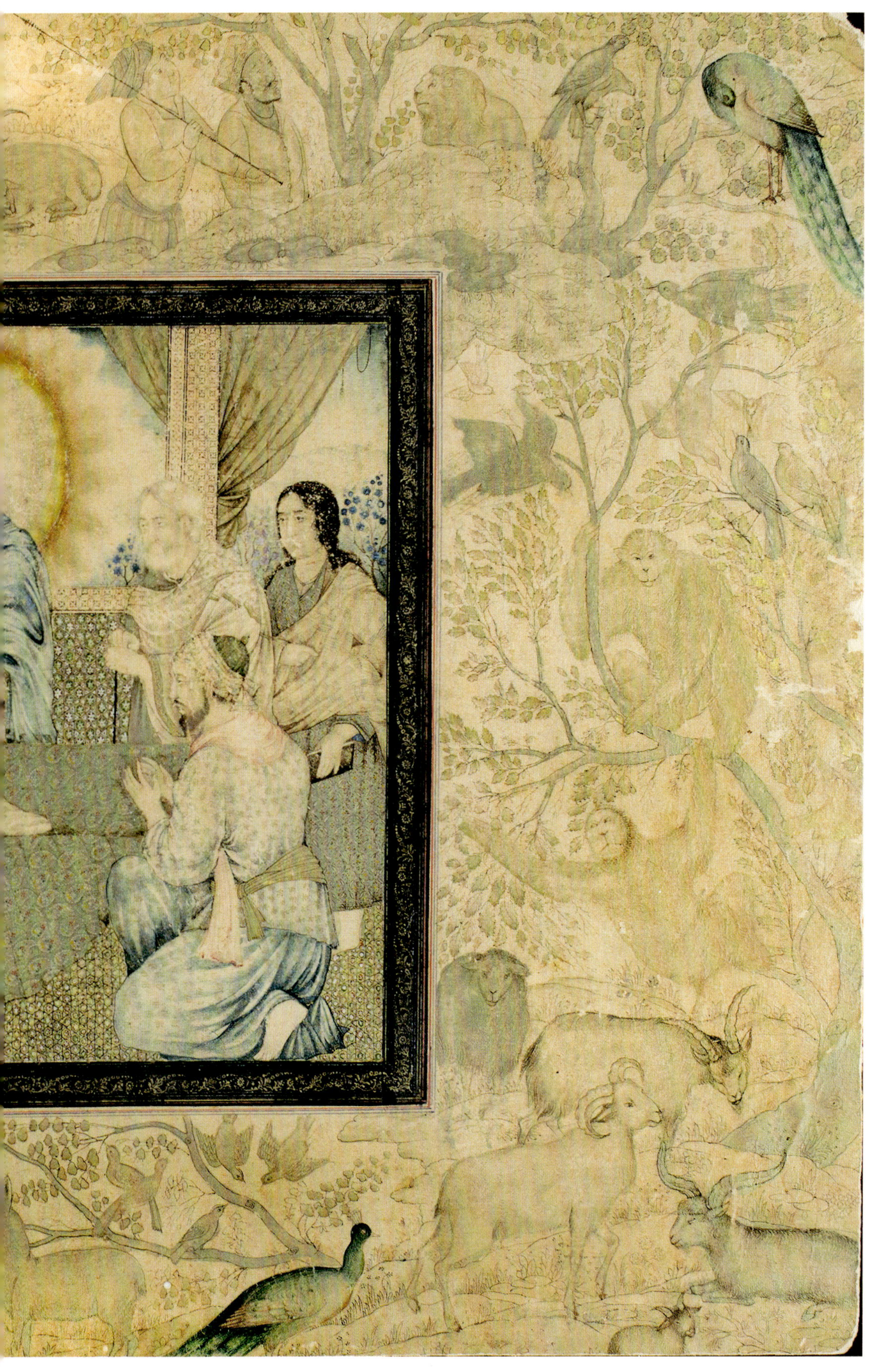

Leben verankert. Mitunter stießen die Missionare auf den Widerstand schiitischer Geistlicher, doch überwogen Gesten großzügiger Toleranz: So wurde 1900 ein amerikanischer presbyterianischer Prediger in Serman, im ostiranischen Khorasan, in die Moschee und zur Predigt eingeladen.[6]

In dieser christlich-muslimischen Begegnungslage des ausgehenden 19. Jahrhunderts entstand das vorliegende Blatt. Auch wenn genauere Hintergründe nicht zu rekonstruieren sind, fällt auf, dass es sich um eine Heilungsszene handelt. Gerade ihre medizinische Infrastruktur hatte den Missionaren Wertschätzung eingetragen und den Blick auf die karitative Dimension des Christentums gelenkt.

Auch künstlerisch ist die Malerei das Zeugnis einer persischen Begegnung mit Christus, wie sie aus diesem Missionsengagement hervorging: Der einheimische Künstler orientiert sich nach Westen, von wo er die Motive und eine klassizistische Bildästhetik übernimmt, geht jedoch mit der ausgreifenden Lichtgloriole um das Haupt Christi über seine westlichen Anregungen hinaus. Durch subtile Farbverläufe im Inneren und Äußeren des Lichtkranzes nimmt die Corona eine pulsierende Lebendigkeit an, wie sie aus europäischen oder amerikanischen Bilddrucken so nicht abzuleiten ist. Auch die Scheidung der Farbpaletten ist eigenständig: Gegen die Blässe des umgebenden Kolorits, besonders der Gestalt des nahezu farblosen Gelähmten, leuchtet das Licht Christi umso wärmer und lebenschenkender hervor. Dieses göttliche Heilen, von Licht- und Farbregie einfühlsam ausgeleuchtet, bestimmt den Blick auf Christus. Hierin kann man die Spuren besonders der anglikanischen und der presbyterianischen Mission ausmachen, die ihr Evangelium durch ein starkes karitatives und medizinisches Engagement unter den Muslimen glaubwürdig zu machen suchten, um damit den Blick auch auf Christus als Heiler der Seelen zu lenken.

M.W.

## Anmerkungen

1 | *Vgl. Vollmer, Weis 2015, S. 106 f.*
2 | *Van Gorder 2010, S. 137.*
3 | *Vgl. Elder 1962, S. 7. Vgl. Waterfield 1973, S. 103.*
4 | *Vgl. van Gorder, S. 85.*
5 | *Vgl. Waterfield 1973, S. 79 ff.*
6 | *Vgl. Mission work in Iran 1936, S. 156–160.*

## 27 Christus am Kreuz

Persien, 17. Jahrhundert
Zeichnung nach einem Kupferstich des Hieronymus Wierix, mit Deckfarbe ergänzt
Blatt: 29,3 × 18,9 cm; Miniatur: 18,8 × 11,6 cm
Sammlung Vollmer

Das Blatt entstand im safawidischen Persien des 17. Jahrhunderts und zeigt den toten Christus am Kreuz, umgeben von fünf allegorischen Gestalten. Vorlage für die Zeichnung war ein Stich des Antwerpener Stechers Hieronymus Wierix (1553–1619) von 1613 mit einer Bildunterschrift aus dem Römerbrief des Apostels Paulus: „Quis nos separabit a caritate Christi tribulatio an angustia an persecutio an fames an nuditas an periculum an gladius", „Was kann uns scheiden von der Liebe Christi? Bedrängnis oder Verfolgung, Hunger oder Kälte, Gefahr oder Schwert [?]" (Röm 8,35).

Hieraus erklären sich die Allegorien: Der den Kreuzesstamm umfassende Jugendliche stellt die Seele dar, die unerschütterlich den im Paulusbrief genannten Gewalten trotzt. Die ausgezehrte Medusengestalt steht für den Hunger, der mit Reisigbündeln schlagende Mann für die Bedrängnis, die links hockende, am Gewand zerrende Gestalt stellt die Nacktheit der Kälte dar, der die Seele am Hals umgreifende Mann die Verfolgung. Die Zeichnung nach dem Antwerpener Druck wurde auf ein größeres Blatt aufmontiert, wobei der persische Künstler die Linien der Wolken, die das Kreuz umgeben, und diejenigen des Hügels Golgotha fortführte und großflächig ergänzte.

Die Wierix-Grafik kann durch christliche Missionare nach Persien gekommen sein. Die Safawidenherrscher des 16. und 17. Jahrhunderts knüpften politische Allianzen mit europäischen Mächten gegen das Osmanenreich.[1] Im Zuge sich verfestigender Beziehungen erlaubte Abbas I. (reg. 1587–1629) den katholischen Orden, in seiner Hauptstadt Ishfahan Häuser und Kirchen zu errichten.[2] 1608 eröffneten die Unbeschuhten Karmeliten eine Schule in Ishfahan. 1628 kamen die Kapuziner hinzu, die einen Konvent in Ishfahan und 1656 ein Hospiz in Tabris eröffneten. Um sich einen von der kolonialen Schifffahrt der Portugiesen unabhängigen Landweg vom Bosporus nach Indien und China zu sichern, kamen 1647 auch die Jesuiten nach Persien und eröffneten ein Haus in Ishfahan.[3] Mit Briefen des französischen Königs, der eine militärische Kooperation gegen die Osmanen projektierte, erhielt der Jesuit Rigordi 1653 von Shah Abbas II. (reg. 1642–1666) die Zustimmung zur Missionstätigkeit auch in Shiraz.[4]

Die Situation katholischer Missionare im Safawidenreich des 17. Jahrhunderts war ambivalent – und mit ihr die Rezeption des Kreuzes Christi. Einerseits berichteten Reisende wie François de La Boullaye Le Gouz (1610–1669), dass die Perser an öffentlichen Gesprächen mit Juden, Christen und Zoroastriern über deren Religion interessiert seien.[5] Andererseits formierte sich unter der Patronage der Safawiden ein schiitischer Staatsklerus, der in Fragen der Glaubensdoktrin mit scharfer Polemik gegen Andersgläubige reagieren konnte. So löste der *Intikhāb-i Ā'īna-yi Haqq-numā*, eine christlich-apologetische Schrift, die der Jesuit Jerôme Xavier (1549–1617) am Mogulhof in Indien verfasst hatte und die von dort nach Persien gelangt war, 1622 eine scharfe Widerlegung durch einen hohen schiitischen Mullah aus.[6] Reibungspotenzial barg neben der Rede von Christus als dem Sohn Gottes besonders der am Kreuz gestorbene Christus, wie ihn das Wierix-Blatt zeigt: Der Koran lehnte die Kreuzigung als „eine gewaltige Verleumdung gegen Maria" (Sure 4,156–158) ab und lehrte stattdessen, Isa sei lebendig in den Himmel aufgenommen worden.[7]

Schwierig zu verorten ist die Gestalt Shahs Abbas I., des weltlichen und geistlichen Oberhauptes der safawidischen Staats-Shia. Von ihm wird berichtet, dass er nach einem Religionsgespräch mit Augustinermönchen über Kreuzigung, Auferstehung und das Ewige Leben erfahren wollte, wie sich Christen bekreuzigten, und sich schließlich mitsamt seinem Hof bekreuzigt habe.[8] Gerade in den Berichten der Augustiner, die enge Beziehungen zu Abbas I. unterhielten, zeichnet sich eine Faszination des Shahs für das Kreuzeszeichen ab. Abbas habe die Mönche gebeten, ihm ein mit Reliquien gefülltes Kruzifix zu überlassen, und dieses unter seinen Gewändern getragen.[9] Bei einer anderen Gelegenheit habe Abbas den Augustinern seinerseits ein mit Edelsteinen besetztes Goldkreuz geschenkt, das von der mythischen Gestalt des Priesters Johannes stamme.[10]

Hintergrund dieses Interesses war nicht allein das Bestreben Abbas' I., diplomatische Beziehungen mit den europäischen Herrschern zu festigen und gegen den gemeinsamen Feind des Osmanischen Reichs zu aktivieren. In Gestus und emotionaler Ton-

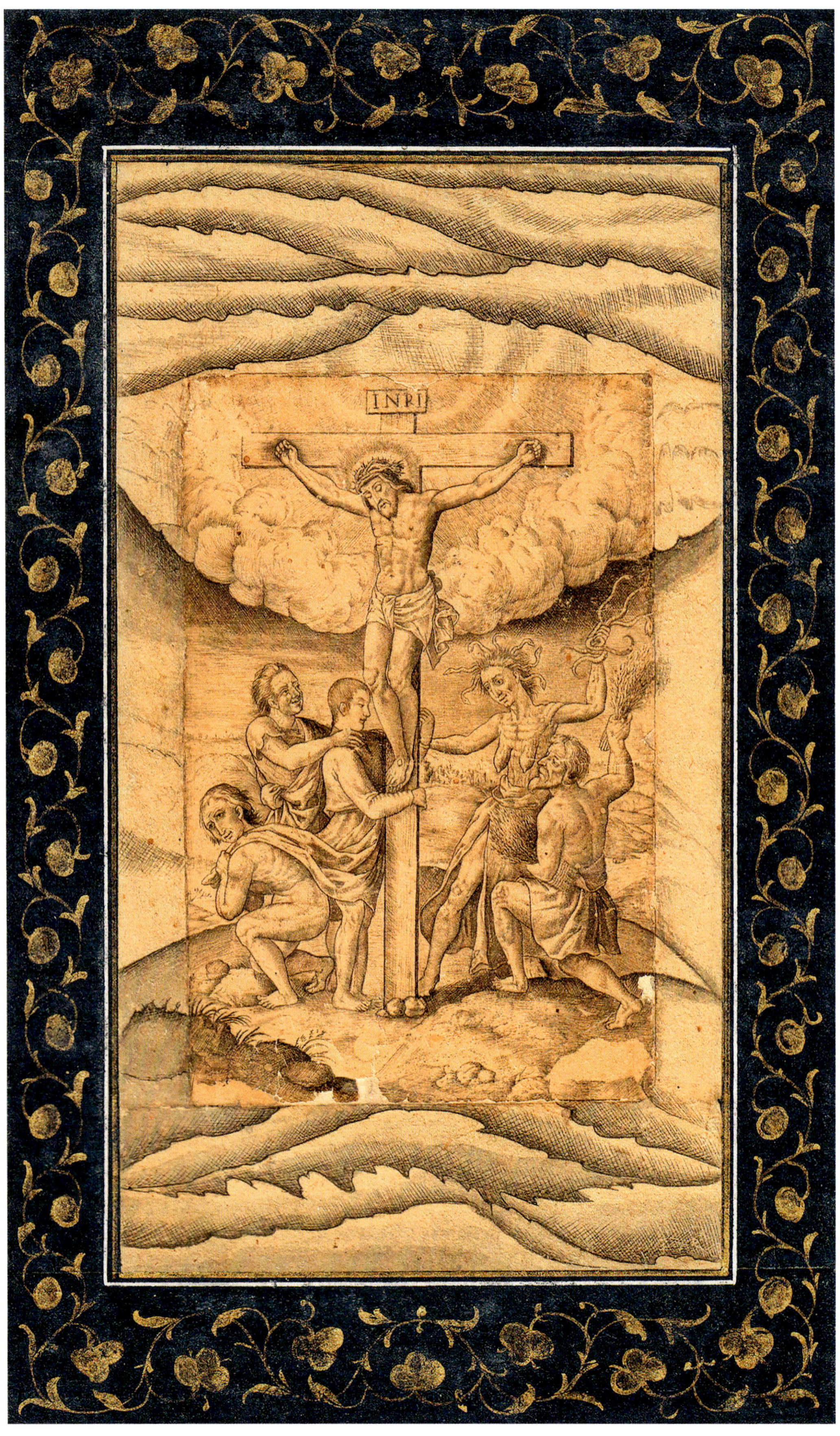
INRI

lage bestanden für Schiiten durchaus Zugänge zur christlichen Kreuzesfrömmigkeit und zum Gehalt des Wierix-Blattes.[11] Der Jugendliche, der standhaft das Kreuz seines Propheten umklammert, während er Gewalt und Verletzung erträgt, bot eine Parallele zum Selbstbild der Shia, der die heroische Treue zu den Märtyrer-Imamen wesentlich für die Abgrenzung gegenüber der Sunna war. Durch die grafischen Anstückungen hatte die Kreuzigung Christi zudem eine zusätzlichen Dimension angenommen: Das nach oben schwingende Halbrund der Wolken und die abwärts verlaufende Linie des Hügels Golgotha nehmen ein Zueinander von Himmel und Erde in den Blick. Zwischen diesen erscheint das Kreuz Christi als ein „Isthmus", wie er seit Ibn ʿArabi (1165–1240) eine breit rezipierte Metapher für die gnadenhafte Durchlässigkeit von Immanenz und Transzendenz war.[12] Es entsprach der schiitischen Verehrung der durch Verrat umgekommenen Imame Ali (599–661) und Hussein (626–680), wenn diese Konjunktion von Himmel und Erde, Gott und Menschenwelt, durch das Blut der Märtyrer markiert wurde.

M.W.

## Anmerkungen

1 | *Die Safawiden waren Schiiten. Gründerfigur und Namengeber der Dynastie war Safi ad-Din Ardabili (1252–1334), der im 14. Jahrhundert im aserbaidschanischen Ardabil einen sufischen Orden gründete, der sich ab Mitte des 15. Jahrhunderts zunehmend militarisierte. Unter Shah Ismail I. (1484–1524) wurden weite Teile Persiens erobert. Im Sinne der schiitischen Konzeption vom Imam als Träger geheimer Offenbarung beanspruchte der Shah messianische und esoterische Geltung. Seine Nachfolger konsolidierten das Reich gegen die Osmanen im Westen und die Moguln im Osten und befestigten die Zwölfershia als persische Staatsreligion, vgl. Krämer 2008, S. 218 f.*

2 | *Zu den Anfängen diplomatischer Beziehungen zwischen Rom und dem Safawidenreich vgl. Alonso 1983.*

3 | *Vgl. du Mans (1662), 1995, 2, S. 211 f.*

4 | *Vgl. Zimmel 1996, S. 5 ff.*

5 | *Vgl. Le Gouz 1657, S. 107.*

6 | *Vgl. ʿĀlam, Subrahmanyam 2012, S. 308 f.*

7 | *Vgl. Bailey 1998b, S. 118 f.*

8 | *Vgl. Blow 2009, S. 71.*

9 | *Vgl. Magilina 2017, S. 277 f.*

10 | *Vgl. Blow 2009, S. 59 f.*

11 | *Vgl. Flannery 2013, S. 60–62.*

12 | *Vgl. Bashier 2004, S. 75 ff. Vgl. Baldick 1998, S. 83 ff.*

## 28 Drei Frauen in einem Hain

Shankar (Maler), Muhammad Hussain Kashmiri (Kalligraf)
Nordindien, 1595–1600
Deckfarben auf Papier
Blatt: 31,0 × 19,4 cm; Miniatur: 11,9 × 24,0 cm
Sammlung Vollmer

Das Blatt eines nordindischen Albums aus der Zeit um 1600 zeigt in einem hochrechteckigen Bildfeld drei Frauen in einem Hain. Deutlich erkennbar wirkt die christliche Ikonografie der drei Frauen nach, die am Ostermorgen das Grab Christi besuchen. Das Blatt ist signiert: Der Maler trägt den hinduistischen Namen Shankar. Auch der muslimische Kalligraf, Muhammad Hussain Kashmiri, ist genannt.

Bei den in *nastaʿlīq*-Schrift ausgeführten Doppelversen handelt es sich um poetische Texte, in denen die Liebe besungen wird: „Wenn ich meine Hingabe auf ein Stück Brot male und ich dieses Brot vor einen Hund lege, der viele Jahre lang schon hungrig ist, beißt er aus Scham nicht in dieses Brot". Das zweite Verspaar besingt die Klage einer Seele, die sich mit dem Geliebten das Versprechen immerwährender Gemeinschaft gegeben hat. Doch dieser wandte sich ab und hielt das Versprochene nicht: Er sei „eine Kerze, die nur für eine Nacht leuchtet, eine Blume, die bald verblüht, eine laute Trommel, die innen leer ist".

Die Verse umkreisen Sehnsucht und Hingabe in einer seit den sinnlichen Dichtungen des Hafis (1315–1390) typisch persischen und von der islamischen Mystik, dem Sufismus, ausgehenden Weise: Die Hingabe, die im ersten Verspaar besungen wird, geht über „irdische" Liebe hinaus. In der existenziellen Absolutheit, mit der sie vom lyrischen Ich erfahren wird, ist sie ein Sehnen des Geschöpfes, das erst durch den Schöpfer, durch Gott selbst gestillt werden kann.[1]

Eine Besonderheit des Blattes ist, dass Kalligraf und Maler eng zusammenarbeiteten: Während die Verse unstillbares Sehnen und Hoffen besingen, zeigt das Bild Frauen, die in offensichtlicher Suche nach jemandem oder etwas ausgezogen und schließlich an einen paradiesischen Ort unter knospenden Blüten gekommen sind. Die Mittlere weist mit dem Finger auf den Boden, als ob sie fragte: „Hier wird es sein?". Die ihr Gegenüberstehende weist auf ein aufgeschlagenes Buch, wie um zu erwidern, „So weist es uns die Schrift." Hierbei blickt die Gestalt entzückt zur Blütenpracht der Zweige über ihr hinauf, die der Maler in frischen Rot- und Weißtönen ausführt. Die Frau zur Linken hält ein Gefäß, in dem noch deutlich die christliche Ikonografie und das Salbgefäß des Ostermorgens nachklingen.

Sufische Verse und christlich-österliche Bildmotive vertiefen sich gegenseitig. Suchende weibliche Mystikerinnen waren ein beliebtes Thema der sufischen Literatur: Al-Ghazālī (1058–1111) ließ die Gestalt der Rābiʿa von Basra (714–801) ein sehnsüchtiges „Wo ist mein Geliebter?" ausrufen.[2] Die christliche Kunst lieferte mit den drei österlichen Frauen ein Motiv, das diesen weiblichen Gestus des Suchens nach dem göttlichen Geliebten in einer nobilitierenden, an antiken Gewandidealen orientierten Weise abbildete. Die im zweiten Verspaar beschriebene, nicht erfüllte Sehnsucht und das Hoffen auf den, der immer neu als Blüte und Flamme aufgeht, finden im heiteren Idyll der dargestellten Szene eine Antwort: Der Gesuchte ist Gott. Die drei Frauen ahnen, dass ihre Erwartung in diesem frühlingshaften Hain dem Ziel bereits nahgekommen ist. Dies ist die christliche, österliche Motivspannung, die das Albumblatt aufnimmt.

Es ist bemerkenswert, wie das Blatt eine poetische Schnittmenge zwischen den drei Frauen am Grab Christi und dem sich sehnenden Subjekt der persisch-islamischen Liebesdichtung auslotet. Auch wenn muslimische Betrachter dem Koran nach Schwierigkeiten haben, sich den nach der Kreuzigung zu Grabe gelegten Leichnam Christi und die Auferstehung vorzustellen: Das Motiv der drei suchenden Frauen des Ostermorgens ist in diesem mogulischen Adressatenkreis nachvollzogen worden. In welchem *tajalli*, in welcher Erscheinungsweise Gott das Sehnen der Frauen stillen wird, müssen Kalligraf und Zeichner nicht enthüllen.[3] Damit wird das Blatt zum interreligiösen Zeugnis: Über die Trennlinien der konkreten Lehrinhalte hinweg schlägt der gemeinsame Puls mystischer Erwartung eine Brücke. Hierbei werden österliche Motive für muslimische Betrachter sinnhaft, während der sufische Hintergrund auch dem christlichen Thema neue Resonanzen schenkt.

Poetische Durchlässigkeit dieser Art ist ein Kennzeichen der mogulischen Kunst um 1600 im Umfeld des interreligiösen Engagements am Hof Akbars: Verwandte Konstellationen, in denen zwischen

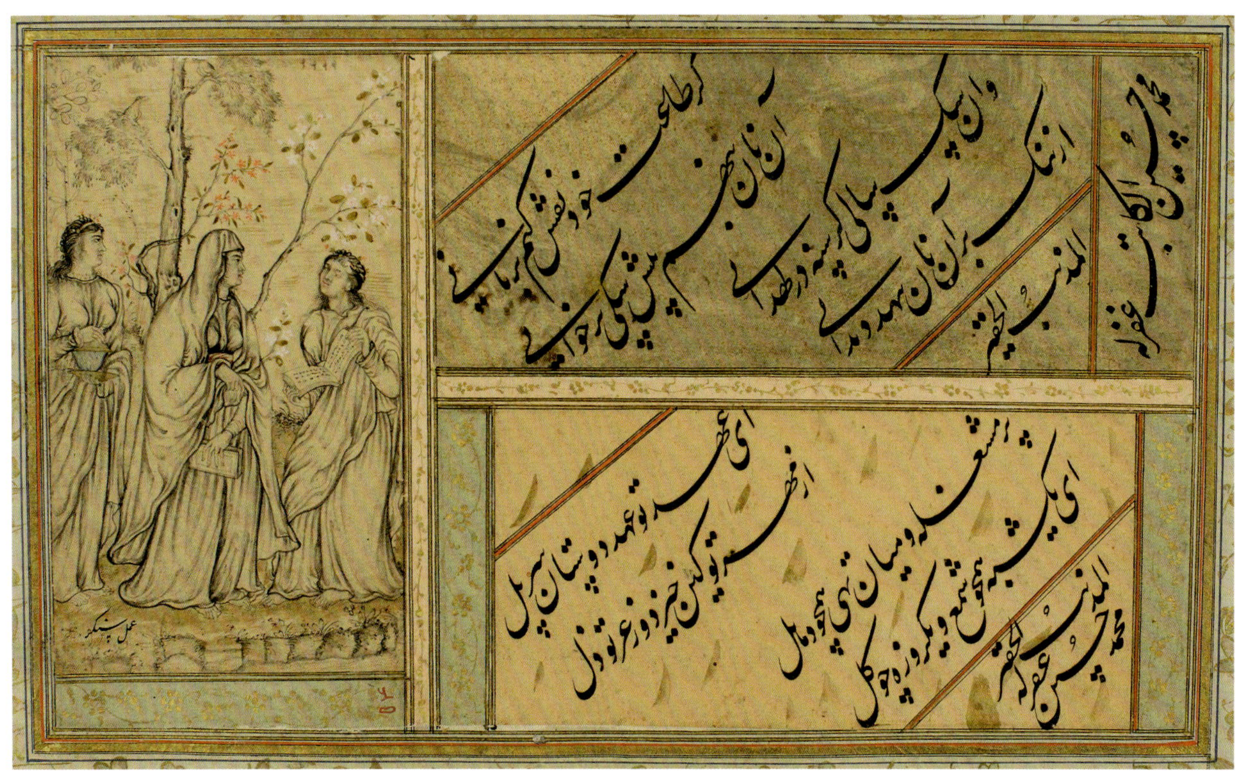

Symbolen verschiedener Religionen vermittelt wird, finden sich, wenn der Yusuf der abrahamitischen Überlieferung mit dem hinduistischen Banyanbaum zusammengeschaut wird (Kat. Nr. 14) oder der Evangelist Matthäus als Bote des koranischen „Herrn der Morgenröte" ins Bild gesetzt wird (Kat. Nr. 33).

M.W.

## Anmerkungen

1 | *Zur mystischen Sehnsucht im Islam vgl. Schimmel 1975, S. 288 f.*

2 | *Vgl. Al-Ghazālī 1872–1873, 4, S. 308. Vgl. Smith 1984, S. 99. Abū Hāmid Muhammad ibn Muhammad al-Ghazālī (1058–1111) war ein bedeutender islamischer Theologe und Philosoph. Er lehrte in Bagdad und versöhnte orthodoxe Theologie und Sufismus. Vgl. Sells 1996.*

3 | *Vgl. Dadbeh, Art. „Tajalli", S. 587 ff.*

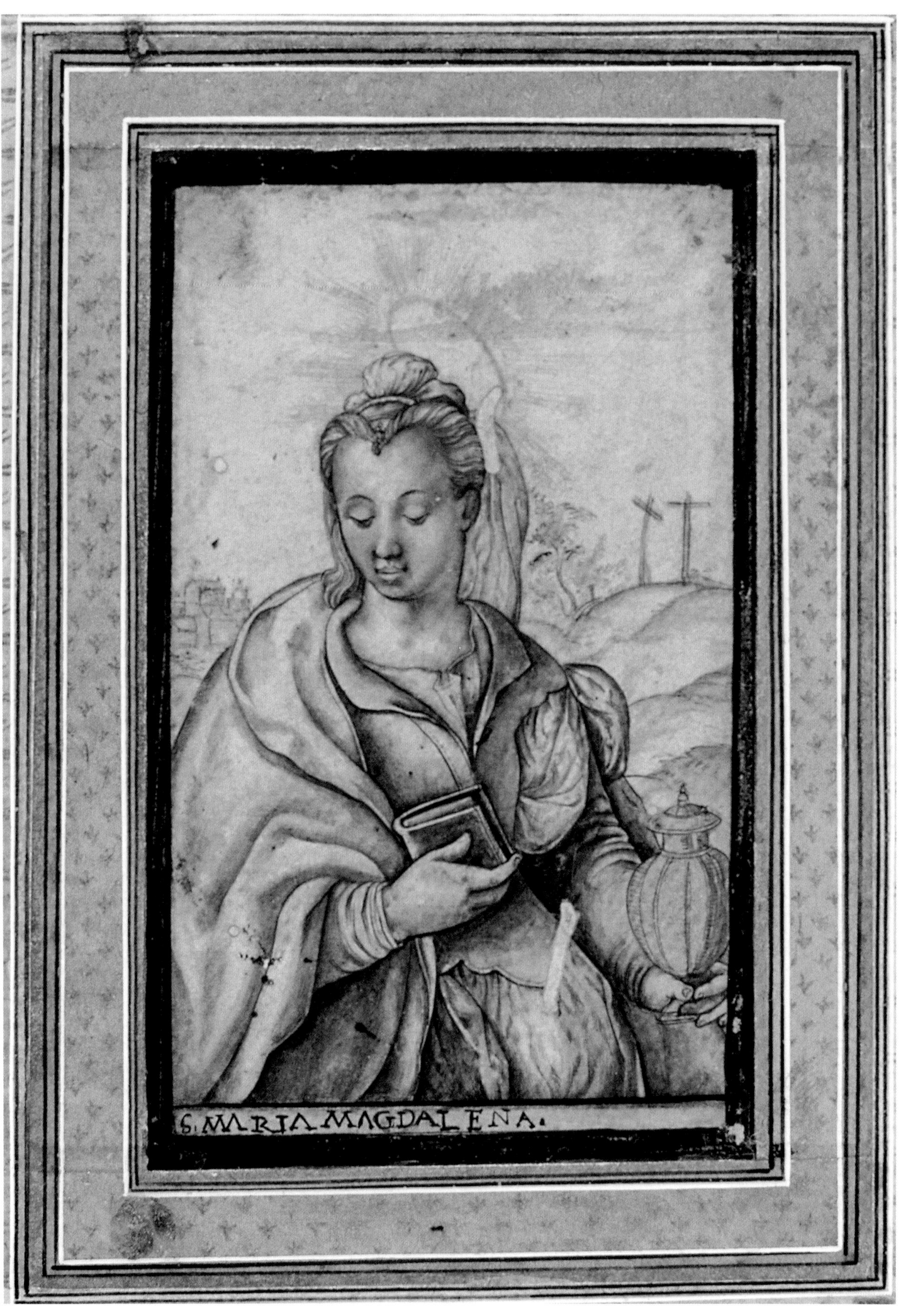
S. MARIA MAGDALENA.

# 29 Hl. Maria Magdalena

Nordindien, um 1600
Deckfarben auf Papier
Blatt: 31,0 × 19,4 cm; Miniatur: 9,1 × 5,5 cm
Sammlung Vollmer

Das Blatt entstand um 1600 in einem höfischen Mogulatelier und zeigt die christliche Heilige Maria Magdalena. Die Jüngerin Jesu ist mit gesenktem Blick, einem vor die Brust erhobenen Andachtsbüchlein und ihrem Salbgefäß dargestellt. Der Hintergrund gibt einen Ausblick auf den Berg Golgotha mit zwei Kreuzen. In der das Bild nach unten abschließenden Zeile ist in ungelenken lateinischen Kapitalen der Schriftzug „S. MARIA MAGDALENA" zu lesen. Äußerst präzise kopiert der Mogulkünstler einen Kupferstich des Antwerpener Stechers Hieronymus Wierix (1553–1619) aus den Jahren 1595 bis 1600.[1] Nur Details – etwa die zwei statt der drei Kreuze oder die ungleiche Dicke des Striches – verraten die Nachzeichnung.

Erzeugnisse europäischer Druckerpressen erregten großes Interesse an den indischen Höfen. Erste Importe verliefen über portugiesische Händler, die ab den 1530er-Jahren Druckgrafik nach Indien brachten.[2] Mit der jesuitischen Mission, die 1580 den Hof des Mogulkaisers Akbar (reg. 1556–1605) erreichte, kam christliche Druckgrafik in großer Zahl nach Indien. Dies war darin begründet, dass die Jesuiten und mit ihnen die Theologen des nachtridentinischen Katholizismus dem Gebrauch von Bildern für pastorale und missionarische Zwecke großes Gewicht beimaßen.[3] Zudem erwiesen sich die persische Kultur insgesamt und besonders die indische Mogularistokratie als kunstsinnig: Die europäische Bildkunst vermochte das Interesse mogulischer Granden zu wecken und sicherte den Jesuiten Aufmerksamkeit, wenn sie anhand mitgebrachter Druckgrafik den christlichen Glauben erklärten. Dies ist für Akbar ebenso belegt wie für dessen Sohn: Kronprinz Salim (1569–1627), der spätere Shah Jahangir, bat die Jesuitenmissionare in Briefen immer wieder um neue Kupferstiche aus Europa und fragte sogar um die Übersendung einer Druckerpresse zusammen mit originalen Kupferplatten an.[4]

Unter den Importen des späten 16. und des 17. Jahrhunderts nehmen die Erzeugnisse der Wierix-Werkstatt eine Sonderstellung ein. Hieronymus Wierix, der auch die Vorlage für das Blatt mit der Darstellung Maria Magdalenas stach, unterhielt zusammen mit seinen beiden Brüdern Johannes (1549–1620) und Anton II. (um 1552–um 1604) eine Drucker-Werkstatt in Antwerpen. Seit den 1590er-Jahren arbeitete diese eng mit der Gesellschaft Jesu zusammen und erwies sich als wichtiger Multiplikator der neuen, jesuitischen Bildkultur im Dienst der Katholischen Reform.[5] Erzeugnisse der Wierix-Werkstatt gelangten mit beachtlicher Geschwindigkeit von Antwerpen nach Agra: Die „Evangelicae Historiae Imagines" des Jesuiten Jerónimo Nadal (1507–1580) verließen 1593 die Wierix-Werkstatt und wurden schon 1595 an Kaiser Akbar übergeben.[6]

Auf diesen Bahnen gelangte auch der Stich mit der heiligen Maria Magdalena an den Mogulhof. Die große Sünderin, die unter Tränen die Füße des Heilands salbt, hatte im Zuge der katholischen Konfessionalisierung ein geschärftes Profil angenommen und stand für eine stark affektive und sinnlich aufgeladene Christus-Frömmigkeit. Zugleich erschien sie als große Patronin des Bußsakramentes, wie es durch die Dekrete des Konzils von Trient (1545–1563) betont und besonders durch die Jesuiten propagiert wurde.[7]

Tridentinische Akzente sprechen sich in dem Wierix-Blatt deutlich aus und geraten somit bis in die mogulische Kopie: Das vor das Herz erhobene Büchlein wirbt für die Andachtsliteratur, mit welcher sich der bußwillige Gläubige in der Nachfolge Magdalenas das Herz reinigen könne. Das markant dem Betrachter entgegengehaltene Gefäß mit kostbarem Salböl verweist nicht nur auf die Salbung Jesu in Bethanien (Mt 26,6–13). Im Kontext des konfessionellen Katholizismus ist dieses ein Zeichen für die Gnaden und die himmlische Salbung, die sich dem Penitenten in Beichte und Bußsakrament mitteilen.[8] Um 1600 erreichte die neue Magdalenen-Frömmigkeit in Europa einen Höhepunkt. Dies belegen zahlreiche Bildaufträge für die private Andacht wie für den öffentlichen Kirchenraum – etwa bei Carracci (1560–1609), Caravaggio (1571–1610), Reni (1575–1642) und Rubens (1577–1640) – und ebenso die Weisung von Papst Clemens VIII. (Papst 1592–1605), einen kostbaren Sarkophag für die Gebeine der Heiligen im provenzalischen Saint-Baume anzufertigen. Auch die kurz vor 1600 verlegte Wierix-Grafik ist in diesen Kontext einzuordnen.

Eine ganz andere Situation trafen die Jesuiten um 1600 in Indien an: Maria Magdalena war dem indomuslimischen Publikum unbekannt; der Koran erwähnt sie nicht. Es waren die Jesuiten, die am Mogulhof nicht nur Magdalenen-Bilder verbreiteten, sondern die Heilige als ein Modell der Gotteserfahrung einführten. Um 1600 bestellte der Mogul Akbar eine auf Persisch verfasste Lebensbeschreibung Christi. Der Jesuit Jerôme Xavier (1549–1617) verfasste hierauf seinen *Mir'āt al-quds*, „Spiegel der Heiligkeit". Der ab 1602 in drei Kopien verbreitete Text berichtete auch von Maria Magdalena und lässt anhand seiner erzählerischen Ausschmückungen rekonstruieren, was indo-muslimische Leser um 1600 in der Heiligen erkannten: Xavier schildert Magdalena als „jung, reich und schön". Das Herz der zuvor in Sünde lebenden Frau sei durch die „himmlische Lehre" Jesu verwandelt worden. Als sie Jesus zum ersten Mal gesehen habe, sei sie von seiner „außerordentlichen Schönheit und machtvollen Rede" tief getroffen worden. Ihr Herz wäre in Liebe entbrannt und so verwundet worden, dass sie Jesus im Haus des Pharisäers Simon mit kostbarem Öl die Füße salbte.[9]

Für persisch kultivierte Leser bot der Hinweis, Magdalena sei von der „außerordentlichen Schönheit" Jesu zu unstillbarer Gottessehnsucht geführt worden, eine Erinnerung an bekannte Gestalten der mystischen Literatur.[10] Exemplarisch ist Zulaikha, die „Gemahlin Potiphars", in der Josefsgeschichte, die in der islamischen Mystik große Beachtung fand.[11] Um 1480 hatte der persische Dichter-Theologe Jami (1414–1492) Zulaikhas Sehnen nach Yusuf in allen Schattierungen von sinnlichem Begehren bis zur schließlich geläuterten, mystischen Vereinigung mit dem Göttlich-Schönen besungen. Der *Haft Awrang*, der diese Erzählung enthielt, gehörte im Mogulreich des 16. und 17. Jahrhunderts zu den meistgelesenen Werken erzählender Literatur. Die Leserschaft, die sich an Jamis' Zulaikha ergötzte, konnte auch die Beziehung Magdalenas zu Jesus als ein Bild der Sehnsucht der Seele nach der Vereinigung mit Gott verstehen – zum Ausdruck gebracht in einem weiblichen Subjekt.

Diesen Transfer in neue Sinnzusammenhänge stützt die rückseitige Kalligrafie des Blattes. Einer der Verse drückt erleidende Sehnsucht aus: „Ich habe tausendmal versucht, meine Liebe zu verbergen, aber es ist mir nicht möglich auf dem Feuer zu sein und nicht zu sieden." Das „auf dem Feuer sein" war ein Topos, mit dem in der persischen mystischen Literatur, etwa bei Attar (um 1136–1221), die Gottessehnsucht großer Mystikerinnen besungen worden ist.[12] Der in melodisch weichem Persisch gesprochene Feuer-Vers ist in einen zweiten Vers eingeflochten – in eine in kraftvollem Arabisch vorgetragene Anrufung Alis (um 600–661). Der Schwiegersohn Mohammeds (um 570–632) galt als das Ideal gottgefälliger Männlichkeit und einer spezifisch virilen, heldischen Paradiessehnsucht. Im raffinierten Duett der persischen und der arabischen Tonlage schmiegt sich der ‚weibliche' Sehnsuchtsvers mit seinem Gestus des Kontrollverlustes um einen Vers, in dem der mannhafte Ali und die Schönheit des Paradieses besungen werden.

In diesen polyvalenten, vielfältige Leserichtungen ermöglichenden Spannungsbogen fügt sich das Antwerpener Bild von der großen Liebenden des Neuen Testaments, das zur Vorlage für die mogulische Malerei wurde. Die tridentinische Magdalena und ihre Hingabe an Christus gehen in den emotionalen Kategorien der „Schule der Liebe" auf, jenes *madhab-i 'ishq*, das von islamischen Dichtern und Mystikern wie Bayazid Bistami (803–875), Shams Tabrizi (1185–1248), Rumi (1207–12743) und Hafiz (um 1315–um 1390) geprägt wurde.[13] Auch die warm errötenden Wangen, die der Mogulmaler der Jüngerin Jesu verleiht, haben hier ihren Ausgang. Das Blatt ist somit nicht nur eine getreue Kopie, die das ästhetische Interesse indischer Höfe an Leistungen europäischer Drucker belegt. Es ist zugleich Zeugnis einer interreligiösen Offenheit, die zu geistiger Anverwandlung auch über große kulturelle Distanzen hinweg fähig war.

M.W.

## Anmerkungen

1 | *Die Antwerpener Druckerwerkstatt der Brüder Wierix arbeitete seit den 1590er-Jahren eng mit den Jesuiten zusammen, woraus zahlreiche Andachts- und Heiligenbilder hervorgingen. Anlass und erstes Produkt dieser Kooperation war die Drucklegung von Jerónimo Nadals „Adnotationes et Meditationes in Evangelia", deren 154 Illustrationen 1593 in einem separaten Bildband als „Evangelicae Historiae Imagines" gedruckt wurden. Vgl. Smith 2002, S. 41 f.*

2 | *Vgl. Carvalho 2005, S. 49. Vgl. Asher, Talbot 2006, S. 136 ff.*

3 | *Nach dem Konzil von Trient (1545–1563) hatten Kirchenreformer wie der Erzbischof von Mailand, Carlo Borromeo, und der Erzbischof von Bologna, Gabriele Paleotti, die Bedeutung der Bilder für die Glaubensunterweisung betont: Wichtige Texte waren Borromeos „Instructiones Fabricae et Suppelectilis Ecclesiasticae", Mailand 1577,*

und Paleottis „Discorso intorno alle immagini sacre e profane“, Bologna 1582. Vgl. Levy 2004, S. 49. Vgl. Smith 2002, S. 53 f. Auch der Kardinal und Kirchenhistoriker Cesare Baronio (1538–1607) und der Jesuit Antonio Possevino (1533–1611) betonten die Rolle der Bilder in der Vermittlung von Glaubensinhalten und -erfahrungen, vgl. Bailey 1998. Vgl. Koch 1982, S. 21 f.

4 | Vgl. Bailey 1999, S. 125 f.

5 | Vgl. Smith 2002, S. 41.

6 | Vgl. Rice 2010, S. 128.

7 | Vgl. Haskins 1994, S. 235, 245, 261.

8 | Der Jesuit Petrus Canisius (1521–1597) argumentierte zudem 1577, dass die Gestalt der Magdalena, die ihr Vermögen für Salböl zur Ehre Christi ausgab, die katholische Praxis aufwändiger Kirchenausstattung und sinnlicher Liturgie gegenüber dem Protestantismus verteidige. Vgl. Smith 2002, S. 55.

9 | Vgl. Xavier, Mir'at al-quds, in: Carvalho 2005, S. 186.

10 | Zu husu u 'ishq, Schönheit und Gottesliebe, in der islamischen Mystik vgl. Schimmel 1975, S. 289–294. Vgl. Lewisohn 2014, S. 151 ff. Vgl. Lumbard 2007, S. 345 ff.

11 | „Zulaykha becomes a symbol not of wanton woman but a model of extravagant love, the love of Sufi“, in: Hoffman-Ladd 1992, S. 92. Vgl. Kat. Nr. 14 und 15.

12 | Vgl. Smith 1984, S. 97.

13 | Vgl. Ilahi-Ghomshei 2010, S. 77 f. Vgl. Lumbard 2007, S. 345 f.

# 30 Christliche Heilige vor einem Kruzifix

Nordindien, um 1600
Deckfarben auf Papier
Blatt: 18,0 × 28,5 cm; Miniatur: 13,0 × 24,0 cm
Sammlung Vollmer

Die Miniatur zeigt eine betende christliche Heilige. Sie entstand um 1600 wahrscheinlich in der Mogulresidenz von Agra und kopiert eine Vorlage des Malers Manohar Das, die heute Teil des Petersburger Muraqqas (folio 53 recto) ist.[1] Auf beiden Blättern kniet die in ein rotes Untergewand und einen blauen Mantel gehüllte Heilige vor einem weißen Marmorpostament und erhebt die Hände vor dem aufgerichteten Kruzifix. Neben dem Kreuz finden sich ein kunstvoll gearbeiteter, achteckiger Kerzenständer und zwei kleine Kelche. Der Hintergrund öffnet sich zu einer weiten Fernsicht über hügelige Landschaft bis in den wolkenverwehten Himmel. Auf dem Postament befindet sich eine nicht deutlich zu entziffernde persische Schrift.

Den Gewandfarben Blau und Rot nach handelt es sich bei der dargestellten Beterin um Maria, die Muttergottes. Das Bildformular entstammt jedoch der Ikonografie der Maria Magdalena. Vorlagen, die eine vor dem Kreuz kniende Magdalena zeigen, sind um 1600 in der Werkstatt der Brüder Wierix in Antwerpen entstanden, die eng mit den Jesuiten zusammenarbeitete.[2] Hier verlegte Darstellungen der vor dem Kruzifix betenden Magdalena waren wichtige Bildrequisiten katholischer Frömmigkeit und bereiteten die Beichte wie den Empfang des Bußsakraments vor.[3] Manohar Das, nach dessen Malerei das Blatt gefertigt wurde, ging von der Vorlage einer solchen „Betenden Magdalena" in der europäischen Druckgrafik aus, bekleidete und kolorierte die Jüngerin Jesu jedoch in den Farben der Madonna, wie er sie etwa in den Illustrationen des *Mir'āt al-quds* des Jesuiten Jerôme Xavier (1549–1617) finden konnte.[4]

Auch das Marmorpostament mit Kruzifix, Kerze und Kelchen ist eine mogulische Umbildung: Viele Magdalenen-Drucke um 1600 zeigen die in der Wildnis büßende Heilige vor einem Kruzifix, das in einem aus grobem Gehölz notdürftig errichteten Tisch steckt. Manohar Das verwandelte dieses Motiv in ein vornehmes Gebilde, dessen weißer Marmor dem Geschmack mogulischer Herrschafts- und Sakralarchitektur entsprach: Nach dem unter Akbar (reg. 1556–1605) errichteten Grabmal des Sufi-Shaikhs Salim Chishti in Fatehpur Sikri (1580–81) setzte Shah Jahan (reg. 1627–1658) das schimmernd transluzide Weiß des Marmors aus Makrana in Rajasthan für kaiserliche Monumente wie den Taj Mahal (1631–48) und den Diwan-i-Khas von Agra (um 1635) ein.

Das marmorne Postament weist zudem deutlich Ähnlichkeit mit den Kenotaphen – Scheinsärgen – mogulischer Mausoleen auf. Seine an Ober- und Unterseite von einem leicht vorkragenden Gebälk umlaufene Kastenform findet sich in zahlreichen Grablegen Agras und Delhis. Weißer Marmor war zudem die bevorzugte Farbe für die Kenotaphe der Heiligen und kam bei herrschaftlichen Grabbauten zum Einsatz, denen eine sakrale, Paradiesschönheit vorwegnehmende Aura gegeben werden sollte.[5]

Auch die übrigen christlichen Requisiten werden ästhetisch nobilitiert: Das Kruzifix ist farblich auf die kostbaren Materialien der goldenen Geräte bezogen. Sowohl die Holzbalken als auch das Inkarnat des Gekreuzigten nehmen das Gold des luxuriösen Kerzenhalters und der beiden Kelche auf. Hieraus ergibt sich ein nobler Akkord von Gold und Weiß. Dem mogulischen Geschmack an Weißtönen entspricht auch die nuancierte Kolorierung der Marmorplatten: Der Maler führt sie um feine Grade schattiger und rötlicher aus als den hell leuchtenden Lendenschurz Christi.

Bemerkenswert sind die beiden goldenen Kelche: In der europäischen Magdalenen-Grafik findet sich in der Nähe des Kruzifixes stets ein einzelnes Alabastergefäß, das auf die Salbung in Bethanien (Mt 26,6–13) verweist. In dem Mogulbild werden aus diesem einzelnen Gefäß zwei kleine Goldkelche, die offenbar Erinnerungen an eine von Jesuitenpatres gefeierte Heilige Messe verarbeiten: Mit Wein- und Hostienkelch sowie Altarkreuz und Kandelaber versammelt der Maler wesentliche Elemente der Zelebration.

Maria Magdalena betet somit vor einem angedeuteten Grab Christi, das zugleich den Altar der lateinischen Messfeier oder einen bei Jesuitenmissionen mitgeführten Tragaltar assoziiert. Der gekreuzigte Christus und sein mit Gold, Lichtflamme und Marmor geziertes Grab verströmen paradiesische Reinheit und Gottesgegenwart – entkoppelt von europäischen Bildformeln, stattdessen in mogulischer Ästhetik verwurzelt.

Auffällig ist auch, wie der Künstler sich einer belebenden Szenerie im Hintergrund enthält: Der Aus-

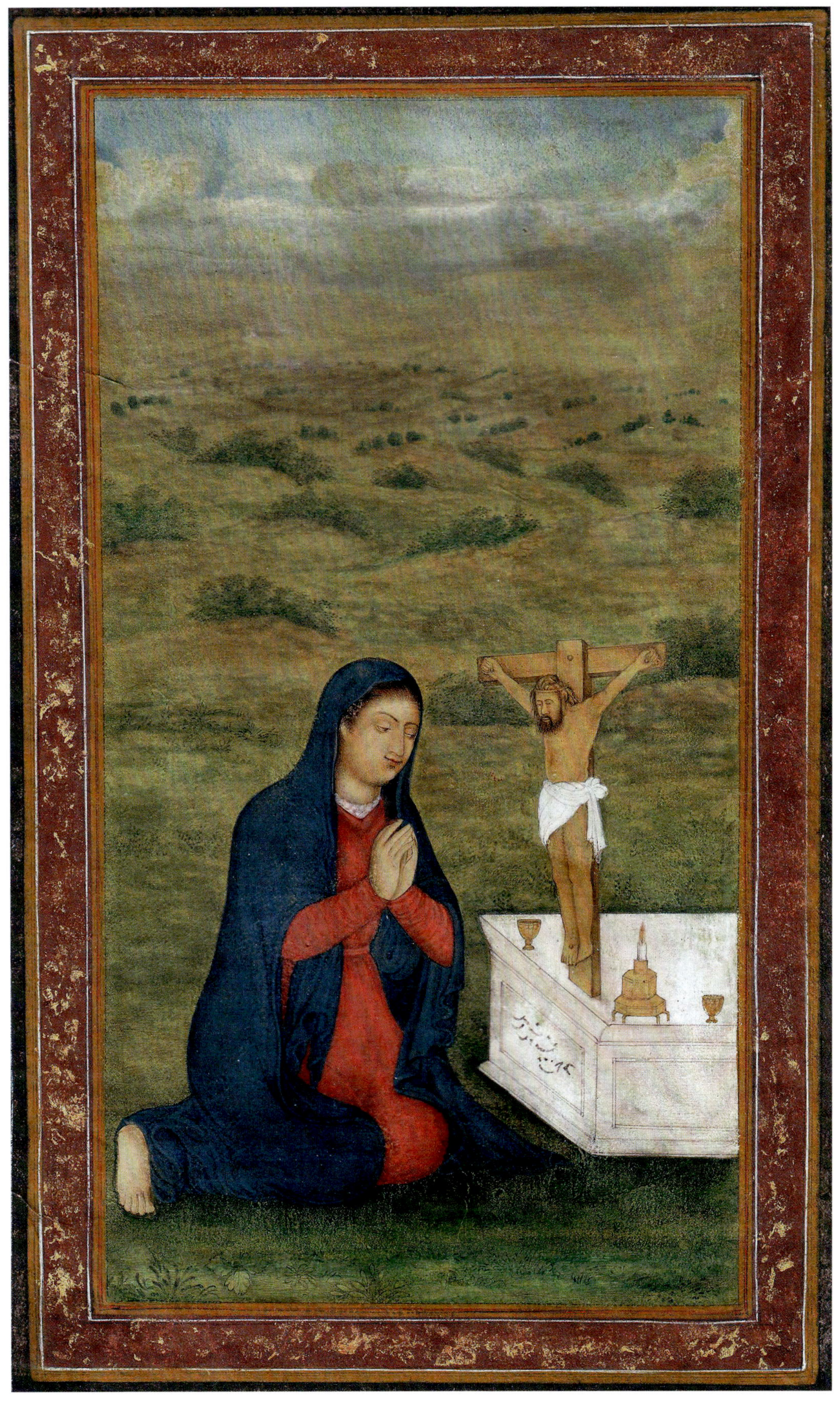

blick auf Weltlandschaft und hohen Himmel vermeidet ablenkende Bezugspunkte.[6] Kein Weg, kein Wanderer, keine Vögel durchmessen die Weite. Im luftigen, farblich nuanciert ausgeführten letzten Raumschritt des Bildes werden Himmel und Erde in schweigsamer Dynamik zueinander durchlässig, ihre Grenzen scheinen zu verwehen. Vor dieser Stille umso eindrücklicher wird die Fokussierung der Beterin auf das vor ihr befindliche Grab: Für die betende Christin ist der Grab-Altar nicht Gegenstand der Trauer, sondern der Quell inniger Freude, da er als Grabeszeichen die Auferstehung und als Altar die Gegenwart Christi bezeugt.

Auch wenn im Koran verneint, werden Kreuzigung, Tod und Auferstehung Christi durch den Künstler hierbei als Bedingung des christlichen Sujets verstanden und inszeniert.[7] Das Wissen über den christlichen Glauben war vermittelt worden durch die Jesuiten, die 1580 nach Fatehpur Sikri an den Hof Kaiser Akbars eingeladen worden waren.[8] Um 1600 hatte der Jesuit Jerôme Xavier im Auftrag Akbars seinen *Mirʾāt al-quds* – ein „Leben Jesu" in persischer Sprache – verfasst. Auch das Osterereignis und die Auferstehungsfreude suchte der Pater seinen persischen Lesern verständlich zu machen: „Zur Zeit des Sonnenaufgangs kehrte Christi kostbare Seele in seinen Leib zurück, entfernte alle Spuren von Wunden, Narben und Schlägen von seinem Leib und umgab diesen mit Herrlichkeit, Licht und Macht. So trat er lebendig aus dem Grab hervor, [...], nicht um jemals neu zu sterben, sondern in der Herrlichkeit, die allen Gläubigen verhießen ist am Tag der Auferstehung."[9]

Die Neuinterpretation der „Büßenden Magdalena in der Wildnis" in ein Bild freudiger Auferstehungsmeditation dokumentiert das Wirken jesuitischer Moderatoren am Mogulhof um 1600. Das Vollmer-Blatt erhellt, wie das von den Jesuitenpatres mitgeteilte Wissen die Mogulkünstler und ihre höfischen Auftraggeber befähigte, christliche Sujets gedanklich zu vertiefen und über die europäischen Vorlagen hinaus eigenen Vorstellungen anzupassen.

M.W.

## Anmerkungen

1 | *Vgl. von Habsburg 1996.*

2 | *Vgl. Hollstein u.a. 2003–2004, 7, S. 176 ff.*

3 | *Vgl. Kat. Nr. 29. Vgl. Haskins 1994, S. 235, 245, 261.*

4 | *Vgl. Kat. Nr. 19. Vgl. Carvalho 2005, S. 90–93.*

5 | *Über den Taj Mahal urteilen Asher und Talbot, „the extensive use of white marble must have been intended to evoke a sense of divine presence, for by now white marble was utilized exclusively for the tombs of saints and for buildings used solely for the Emperor." Asher, Talbot 2006, S. 196. Zum Erleben mogulischer Sakralarchitektur durch den französischen Reisenden François Bernier (1625–1688) vgl. Beitrag Wehnert, S. 46 f.*

6 | *Zur Darstellung und Konnotation des Himmels in der Mogulmalerei vgl. Kat. Nr. 33.*

7 | *Zur Kreuzigung Jesu im Koran vgl. Kuschel 2017, S. 574–584.*

8 | *Vgl. Neil 1984, S. 169–175.*

9 | *Vgl. Xavier,* Mirʾāt al-quds, *in: Carvalho 2005, S. 232.*

# 31 Rābiʿa von Basra

Shyam Das (Maler)
Oudh, 2. Hälfte des 18. Jahrhunderts
Deckfarben auf Papier
Blatt: 22,5 × 16,5 cm; Miniatur 15,3 × 9,5 cm
Sammlung Vollmer

Das Blatt zeigt eine weibliche Heilige, die in nächtlicher, wilder Landschaft kniet. Von ihrem Haupt geht ein sonnenartiger Lichtkranz aus. Die Heilige ist mit offenem schwarzen Haar gezeigt und in ein weißes, mit Goldstreifen versehenes Gewand gehüllt, das Unterschenkel und Fuß sowie Schultern, Arme und Busen bloß lässt. Die unbedeckten Partien tragen reichen Schmuck: Über der Brust liegt ein Perlenband; Knöchel, Handgelenk und Oberarme sind mit juwelenbesetzten Bändern verziert. Während der Mond den Himmel und die Böschung im Mittelgrund erhellt, ist von der Linken ein geflügeltes Wesen herangetreten, das der Heiligen einen Trank himmlischen Weins anbietet. Die weibliche Gestalt scheint den Duft des Weines aufzunehmen, blickt jedoch mit sehnsüchtigem Ausdruck zur Höhe empor.

Auch die vor der Heiligen platzierten Requisiten bauen eine Atmosphäre sinnlicher Erwartung auf: Im Licht eines fünfflammigen Leuchters liegt ein geöffnetes, purpurnes Kuvert sowie ein rot eingebundenes Büchlein, das amouröse Verse suggeriert. Zusammen mit dem offen getragenen Haar und der juwelengeschmückten Nacktheit weist das Bindizeichen zwischen den Brauen, das für Vermählung und Gottesliebe steht, auf die bevorstehende Ankunft des Geliebten hin. Engelserscheinung, himmlischer Wein und der wilde Schauplatz transzendieren diese vielfältigen Chiffren in den mystischen Bereich: Sie gelten einer Vereinigung mit dem Göttlichen, für die der angebotene Wein nur ein Vorgeschmack ist.

Die Frage nach der Identität der Heiligen klärt sich aus dieser Betonung mystischen Gottesbegehrens: Unter den muslimischen Mystikerinnen kommt hier vor allem Rābiʿa alʿAdawiyya al-Qaisiyya (um 714–801) in Betracht. Die Asketin lebte im 8. Jahrhundert in Basra im heutigen Irak und gilt im Islam als Königin der Mystiker.[1] Berühmt ist ihr *ishq-e haqīqi*, die grenzenlos empfundene Gottesliebe. Das Wort *ishq* meint explizit „leidenschaftliche Liebe".[2] Im Koran selbst kommt es nicht vor, etabliert sich jedoch bis zur Zeit Rābiʿas von Basra 150 Jahre nach dem Tod Mohammeds als zentraler Begriff des Sufismus, der mystischen Strömung des Islam mit seiner Betonung von Hingabe und Ekstase.[3]

Auf dem vorliegenden Blatt wird der *ishq* Rābiʿas unter Rückgriff auf nicht-islamische Bildformulare ausgedrückt. Da ist zum einen die christliche Ikonografie der Maria Magdalena. Ab etwa 1600 gelangte europäische Druckgrafik mit der Darstellung Maria Magdalenas an die Höfe Indiens. Zu dieser Zeit war Maria Magdalena bereits eine der beliebtesten Heiligen im Europa der Gegenreformation geworden.[4] Als Büßerin wurde sie, wie die Rābiʿa im Vollmer-Blatt, mit offenem Haar und enthülltem Oberkörper in wilder Landschaft dargestellt. Dies waren Anspielungen auf das Vorleben der „schönen Sünderin" Magdalena, die „viel liebte" und ihre geläuterte Liebe nun Christus zuwandte. Die inhaltlichen Parallelen erlaubten es dem Maler, von der Hingabe Magdalenas auf den *ishq* der Rābiʿa zu wechseln. Anders als in den europäischen Magdalenen-Bildern findet sich in der Darstellung Rābiʿas jedoch kein Requisit der Buße. Die erotische Allusion der Heiligenfigur wird nicht durch Geißel und Tränen gebrochen, sondern atmosphärisch vertieft – durch das empfangene Billet und den dargebotenen Rauschtrank.

Hierin tritt neben der christlichen eine hinduistische Bildtradition hervor: Im 16. und 17. Jahrhundert entwickelte sich die ikonografische Typenreihe der *ashta nayika*.[5] Diese „acht Heldinnen" personifizierten acht unterschiedliche *avastha*, amouröse Stimmungen, in der sie ihres Geliebten gedenken: Neben jener, die sich „bereitet, ihren Geliebten zu treffen", fand sich die, die ihrem Freund zürnt, eine andere, welche die Qualen der Trennung durchlebt, eine weitere Heldin, die mutig durch nächtlichen Sturm und Regen ihrem Geliebten entgegenschreitet, und schließlich die sich in Erwartung verzehrende Heldin. Eigenart dieser in zahlreichen Alben verbreiteten *nayika*-Reihen ist, dass die fein nuancierten *avastha* der Heldin bildlich mit stark atmosphärischen Landschafts- und Wetterkulissen verbunden wurden – etwa mit blitzenden, regenschwangeren Monsunwolken oder mondbeschienenen Hainen. Hierbei entstand eine komplexe Bildsprache weiblicher Einzelfiguren, aus der auch der nächtliche Stimmungsgehalt des Rābiʿa-Bildes schöpft, der so aus den Magdalenen-Szenen der christlichen Kunst nicht abzuleiten war.

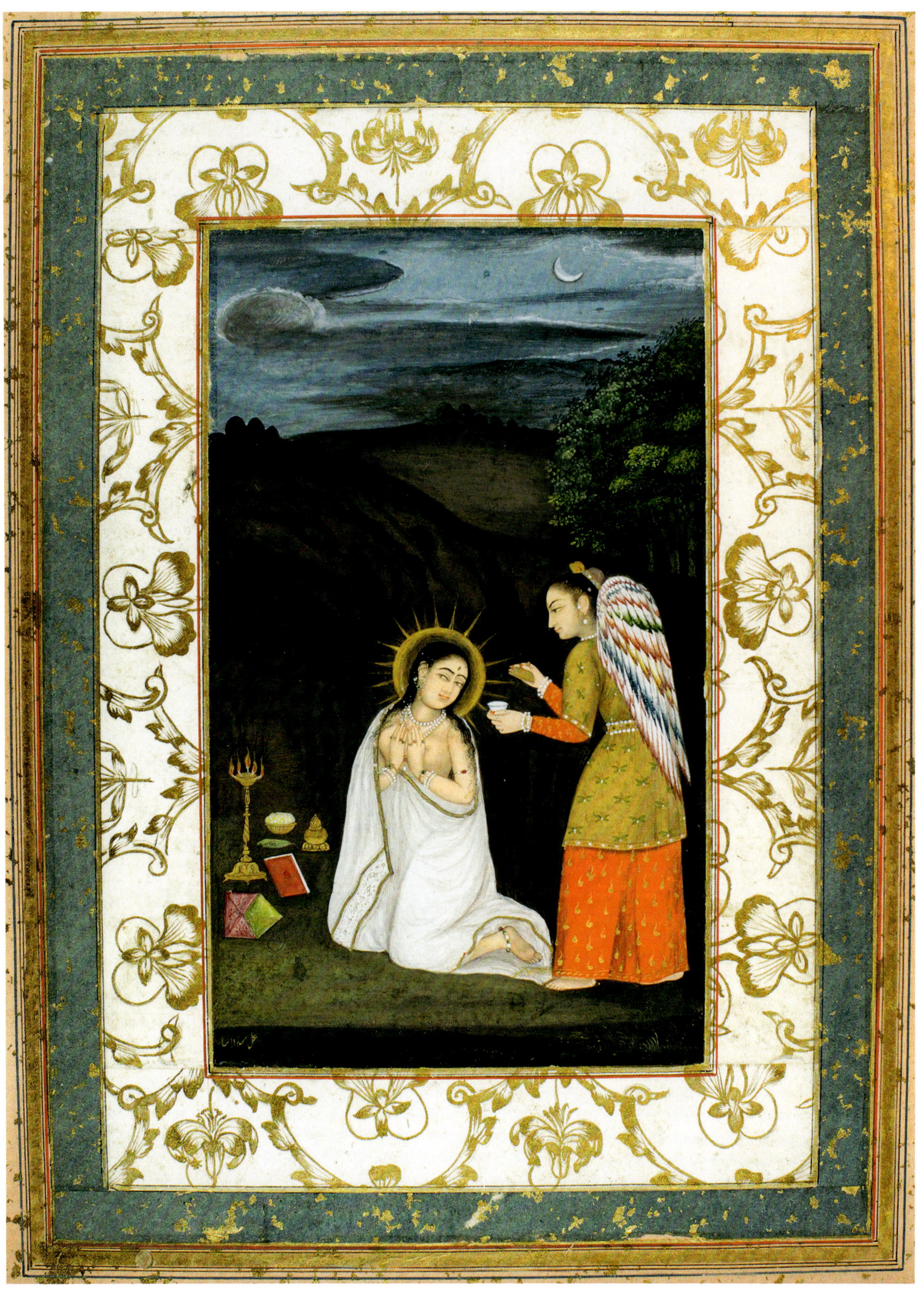

Weiterhin ist auf die hinduistischen *ragamala*-Serien zu verweisen. Ragamalas sind gemalte Melodien und im Bild ausgedrückte musikalische Stimmungen.[6] Ein Zweig dieses Typenbestandes sind die *raginis* – weibliche Gestalten, die ähnlich wie die acht *nayikas* in atmosphärisch dichten Kulissen jeweils typische „emotionale Melodien" zum Ausdruck bringen. Besonders die Figuren der *bhairavi ragini* waren eine Inspiration für das Rābiʿa-Bild: Gezeigt wurde hier eine junge Frau bei der Puja vor einem Sivalinga, einem Symbol für das Göttliche, oft in nächtlicher, von einem sichelförmigen Mond beschienenen Szenerie. Zahlreiche Illustrationen dieses Themas drapieren und enthüllen den Leib der anbetenden Frauenfigur. Auch für das von der Seite durch eine Assistenzfigur gereichte Tässchen gibt es Vorbilder. Die in der zweiten Hälfte des 18. Jahrhunderts hochentwickelte *ragini*-Kunst ist somit eine weitere Quelle für die atmosphärische Neueinfärbung des christlichen Sujets der Maria Magdalena.[7]

Den Hintergrund dieser Transfers und Umprägungen stellte der Hof der Nawabs von Oudh im heutigen Lucknow, das im 18. Jahrhundert zum kulturellen Zentrum Nordindiens wurde.[8] Kennzeichen der Oudh-Malerei ist ein ausgesprochener Eklektizismus, der auf ein reiches Repertoire islamischer, hinduistischer und christlicher Motive zugreift. Gerade die bei den schiitischen Herrschern von Oudh beliebten Darstellungen von Mystikern waren hierbei synkretistisch angelegt und verbanden Chiffren und Habitus mystischer Erfahrung über dogmatische Grenzen hinweg. Die Ausstellung zeigt eine weitere Malerei dieser Prägung aus Oudh – die Darstellung des afghanischen Mystikers Ibrahim Adhami von Balkh (Kat. Nr. 36), in der sich wie bei Rābiʿa von Basra christliche und hinduistische Vorlagen durchdringen.

M.W.

## Anmerkungen

1 | *Vgl. Islam 2004, S. 167 f. Vgl. Khan Chisthi 1997, S 208–210.*
2 | *Zum* ishq *vgl. Smith 1984, S. 97–109. Vgl. Lewisohn 2014, S. 151 ff. Vgl. Lumbard 2007, S. 345 f.*
3 | *Vgl. Khan Chishti 1997, S. 208–210.*
4 | *Vgl. Kat. Nr. 29.*
5 | *Vgl. Pande 2017, S. 94.*
6 | *Vgl. Sarda 2015, S. 88 f. Vgl. Gangoly 1948.*
7 | *Zur Popularität der* ragini*-Serien am Hof der Nawabs von Awadh vgl. Trivedi 2010, S. 152.*
8 | *Vgl. ebd., S. 11.*

# 32 Der Engel Jibril (Gabriel)

Bijapur, 1571
Deckfarben auf Papier
Blatt: 27,9 × 23,0 cm; Miniatur: 25,4 × 18,8 cm
Sammlung Vollmer

Das Blatt gehörte zu einer umfangreichen Kosmografie, die der persische Gelehrte Zakariyā al-Qazwīnī (1203–1283) in der zweiten Hälfte des 13. Jahrhunderts in Bagdad verfasst hat.[1] Titel der Werkes ist *Adscha'ib al-machlūqāt wa-gharā'ib al-mawdschūdāt*, „Wunder der Schöpfung und seltsame Dinge". Der reich illustrierte Codex entstand im Jahr 1571 im Palastatelier des Ali Adil Shah (reg. 1557–1579), Sultan von Bijapur, einem im 16. und 17. Jahrhundert politisch und kulturell bedeutsamen, von Schiiten geführten Zentrum des zentralindischen Dekkanhochlandes. Die Datierung der Malerei ergibt sich aus den erhaltenen Blättern eines anderen *Adscha'ib*-Manuskriptes aus Bijapur. Diese sind mit dem Vollmer-Blatt in Malerei und Schrift unmittelbar verwandt und tragen als Entstehungsdatum das Jahr 979 A.H., also 1571/72.[2] In farbenreicher Malerei dargestellt sind auf der recto-Seite des Blattes der Engel Israfil – Raffael –, der die Posaune des letzten Gerichts bläst, und verso Jibril – Gabriel. Al-Qazwīnīs arabischer Text unterrichtet über das Wesen und die verborgene Bedeutung Israfils und Jibrils.

Das Jibril-Blatt wird rechts oben in blauer Schrift mit der Kapitelüberschrift „Einer von diesen [Engeln] ist Gabriel" eingeleitet.[3] Darunter folgt, in Gelb hervorgehoben, die Anrufung „der Friede Gottes sei auf Gabriel". Es schließt eine Sammlung der Ehrentitel des Engels an: Die Namen „Getreuer Überbringer der Offenbarung Gottes", „Gefäß aller Heiligkeit" und „treuer Geist" verweisen darauf, dass der Engel dem Propheten Mohammed in nächtlichen Sendungen Wort um Wort, Sure für Sure den Koran überbrachte. Letztes Epitheton der Reihe ist „Pfau der Engel". Diesen Namen greift der Illustrator auf, indem er Gabriel Flügel und Gewänder von der Farbenpracht eines Pfauen verleiht. Al-Qazwīnī begründet die „Pfauenehre" Gabriels in folgendem Bericht: Wenn die anderen Engel Gott zuhörten, seien sie von Schauer ergriffen worden, ohne eigentlich zu verstehen, was Gott sprach. So wandte sich die Schar an Gabriel: „Was sagt dein Gott?" Gabriel antwortete: *al-Ḥaqq* – „Absolute Wahrheit". Von nun an konnten die übrigen Engel Gott unter dem geheimen Namen *al-Ḥaqq* ansprechen und begreifen. Weil er diesen eigentlichsten Gottesnamen verkündete, ist Gabriel der Pfau unter den Engeln.

An die Schilderung schließt al-Qazwīnī eine Szene auf dem Friedhof Baqīʿ al-Gharqad bei der heiligen Stadt Medina an: Mohammed habe Gabriel gebeten, dessen Antlitz schauen zu dürfen. Der Engel habe dies abgelehnt und gewarnt: „Du kannst es nicht ertragen!" Als der Prophet darauf bestanden habe, habe Gabriel sich diesem in einer Mondnacht unverhüllt gezeigt und in seiner wahren Gestalt „alle Horizonte ausgefüllt", worauf dem Propheten die Sinne geschwunden seien und er ohnmächtig zu Boden gesunken sei.

Die von al-Qazwīnī berichteten Szenen lassen den Hintergrund islamischer Mystik erkennen: Sowohl die Ohnmacht Mohammeds als auch die Verkündung des verborgenen Namens *al-Ḥaqq* an die Engel drücken ekstatische Gotteserfahrung aus. Gabriel wird nicht nur als Überbringer des Korans vorgestellt, sondern öffnet – noch über diesen hinaus – einen Durchblick auf Gott als die allumfassende, die „größere Realität".

Al-Qazwīnīs Kosmografie und seine Engelslehre fallen in einen fruchtbaren Entwicklungsabschnitt islamischer Mystik, Philosophie und Dichtung im 13. Jahrhundert: Neben Muhyī d-Dīn Ibn ʿArabīs (1165–1240) Wirken in Damaskus ist besonders auf Dschalāl ad-Dīn ar-Rūmī (1207–1273) und sein *Masnavī* zu verweisen.[4] Das zeitgleich zum Jibril-Kapitel des *Adscha'ib* in Konya verfasste persische Versepos ist ein Schlüsseltext des Sufismus. Wie Al-Qazwīnī erzählt auch Rūmī von der Selbstenthüllung Gabriels und der Ohnmacht Mohammeds in der Mondnacht von Baqī.[5]

Das 1571 am Hof des Herrschers von Bijapur erstellte Manuskript schlägt somit eine Brücke zwischen zwei Hochphasen islamischer Kulturgeschichte: Es ist eng mit der geistigen Blüte des 13. Jahrhunderts verbunden – in der Rumi das persische *Masnavī* und Zakariyā al-Qazwīnī seine arabische Kosmografie verfasste – und es belegt die Neuverwurzelung dieses Erbes in Zentralindien durch die Sultanatsgründungen auf dem Dekkan seit dem 14. Jahrhundert.

Der *Adscha'ib*-Codex von 1571 entstand in einer spannungsreichen politischen Konstellation: 1565 hatte Bijapur eine Allianz der Dekkani-Sultanate gegen das mächtige Hindu-Königreich Vijayanagar an-

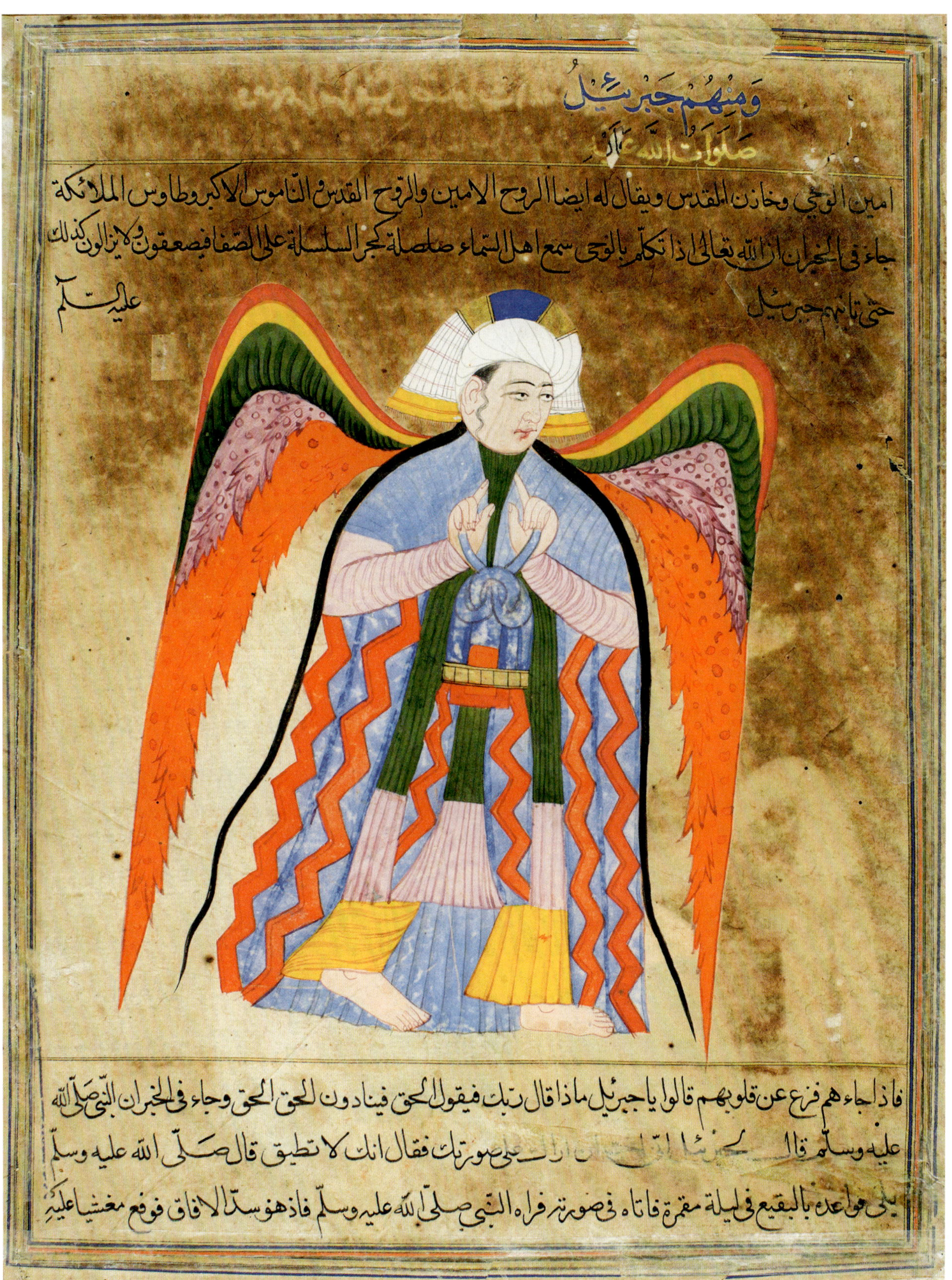
ومنهم جبرئيل
صلوات الله عليه

امين الوحي وخازن المقدس ويقال له ايضا الروح الامين والروح القدس والناموس الاكبر وطاوس الملائكة
جاء في الخبر ان الله تعالى اذا تكلم بالوحي سمع اهل السماء صلصلة كجر السلسلة على الصفا فيصعقون ولا يزالون كذلك
حتى ياتيهم جبرئيل عليه السلم

فاذا جاءهم فزع عن قلوبهم قالوا يا جبرئيل ماذا قال ربك فيقول الحق فينادون الحق الحق وجاء في الخبر ان النبي صلى الله
عليه وسلم قال [illegible] على صورتك فقال انك لا تطيق قال صلى الله عليه وسلم
بلى فواعده بالبقيع في ليلة مقمرة فاتاه في صورته فراه النبي صلى الله عليه وسلم فاذا هو سد الافاق فوقع مغشيا عليه

geführt, das in der Schlacht von Talikota vernichtend geschlagen wurde.[6] Dieser Sieg wurde zur Weichenstellung: Obwohl er die Zerstörung einer glanzvollen Hindu-Metropole zur Folge hatte, war er der Auftakt zu fruchtbaren Begegnungen zwischen muslimischer und hinduistischer Sphäre. Aus dem zerstörten Vijayanagar kamen Künstler, Architekten und Gelehrte, die Bijapur zum kulturellen Zentrum des Dekkan machten. Unter Ali Adil Shah I. wurde die Stadt mit Palastanlagen und öffentlichen Bauten ausgestattet und spiegelten Dichtung, Tanz und Musik eine indo-persische Synthese wider. Mit seinem Nachfolger Ibrahim II. (reg. 1580–1627) erreichte der Synkretismus seinen Höhepunkt: In literarischen Werken, die der schiitische Königshof in Auftrag gab, konnte der einleitende Lobpreis Allāhs durch die Anrufung einer indischen Gottheit ersetzt werden. Die Toleranz der schiitischen Dynastie erlaubte zudem Hindus ungestörte öffentliche Kultausübung. Angehörige der Brahmanen-Kaste sowie des Marathen-Adels stiegen in höchste Hof- und Staatsämter auf.[7]

Die kosmopolitische Ausrichtung Bijapurs nach 1570 zeigt sich auch in der Präsenz europäischer Gelehrter und Reisender, die unter den Adil Shahis nach Bijapur kamen. Ibrahim II. lud 1622 die Jesuiten von Goa an seinen Hof. Durch Landstiftungen ermöglichte er ihnen die Mission, vor allem unter der dörflichen Bevölkerung. In Mudgal, südöstlich von Bijapur, sollen die portugiesischen Patres in den 1620er-Jahren unter Hirten und Webern 300 Konversen betreut haben.[8]

Das in der Ausstellung gezeigte Blatt steht für die mystische Ausrichtung persischer Kultur in Indien. Besonders auf dem Dekkanhochland wirkte der Sufismus stark auf das geistige Leben. Seit dem 14. Jahrhundert hatten Sufi-Asketen den Dekkan durchzogen. Mit dem Prosperieren unter den Adil Shahis wurde Bijapur ein Zentrum indo-muslimischer Mystik, deren Gottesrede Muslime wie Hindus gleichermaßen zur Vertiefung religiöser Praxis anregte. Bijapurs zahlreiche *dargahs* – Mausoleen erleuchteter Lehrer und Gottessucher – sind bis in die Gegenwart Stätten der Andacht und Unterweisung geblieben.[9] Von hohen Hofkreisen bis zur Landbevölkerung vermittelten die Sufi-Asketen eine von Liebe und Hingabe zu dem einen Gott getragene Frömmigkeit. Die bei al-Qazwīnī von Gabriel den Engeln offenbarte Schau Gottes als *al-Ḥaqq*, der „größeren Realität", wurde hierbei über die Grenzen von Sozialgruppe und Dogma hinweg als religiös sinnstiftend erfahren.[10]

M.W.

## Anmerkungen

1 | *Zakariyā al-Qazwīnī war arabischer Abstammung und wirkte als Arzt, Astronom und Geograf in Qazwin, im Nordwesten des heutigen Iran, ebenso wie in Bagdad. Neben seiner Kosmografie erlangte auch das geografische Lexikon* Athar al-bilād wa-achbar al-'ibād *über das 13. Jahrhundert hinaus weite Verbreitung.*

2 | *Vgl. Vollmer, Weis 2015, S. 77. Vgl. Badiee 1978, S. 51–59, Abb. 10.*

3 | *Übersetzung der arabischen Texte: Mahdi Kavandi, Tübingen.*

4 | *Dschalāl ad-Dīn ar-Rūmī wurde im afghanischen Balkh geboren. Um dem Mongolensturm zu entgehen, begab sich seine Familie 1219 auf Pilgerfahrt nach Mekka und zog von hier in das anatolische Konya, wo Rumi an der dortigen Medrese Theologie lehrte. Beeinflusst von der Begegnung mit dem Mystiker Schams-e-Tabrisi verfasste Rumi bedeutende Werke des Sufismus, herausragend das* Masnavī, *das mit seinen 27.000 Versen ein Schlüsseltext islamischer Mystik und persischer Literatur ist und weit über das 13. Jahrhundert hinaus wirkte.*

5 | *Vgl. Masnavī, 4, 9.*

6 | *Vgl. Kulke, Rothermund 2010, S. 245.*

7 | *Vgl. Eaton 1972, S. 100.*

8 | *Vgl. Taylor, Fergusson 1866, S. 47 f. Vgl. Eaton 1972, S. 100. Vgl. Neil 1984, S. 358.*

9 | *Zu einem der berühmtesten* dargahs *des indischen Islam, dem Schrein des Sufi-Shaikhs Chishtī Mu 'in al-Dīn in Ajmer, Rajasthan, vgl. Beitrag Wehnert, S. 30 f.*

10 | *Vgl. Asher, Talbot 2006, S. 168 f.*

# 33 Der Evangelist Matthäus

Nordindien, um 1595
Deckfarben auf Papier
Blatt: 23,2 × 14,8 cm; Miniatur: 13,8 × 7,8 cm
Sammlung Vollmer

Die mogulische Miniatur, entstanden um 1595, zeigt den Evangelisten Matthäus. Dieser wird als Greis mit weißem Bart und mit einem dunkelblauen Gewand dargestellt, das in der Mitte nach Art der Kutten christlicher Bettelmönche mit einer Sackkordel gegürtet ist, von der ein Gebetskranz herabhängt. Die Flügel, die der Künstler dem Evangelisten verleiht, greifen das ikonografische Symbol des Matthäus – den Engel – auf.[1]

Erster Besitzer und Auftraggeber war Kronprinz Salim (1569–1627), der spätere Shah Jahangir, aus dessen Album das Blatt stammt. Als ein Höhepunkt der Vollmer-Sammlung geht die Miniatur somit aus dem unmittelbaren Umkreis der Mogulherrscher hervor und belegt die künstlerische Entwicklung der mogulischen Kunst um 1600. Der unbekannte Künstler sucht seine Meisterschaft besonders in der Kolorierung vorzuführen: So lässt der durchsichtig weiße Greisenbart des Evangelisten in Brusthöhe das Blau des Gewandes durchschimmern. Besonderes Augenmerk liegt auf dem Farbenspiel des Himmels: Der Maler senkt die Horizontlinie so tief ab, dass ihm zwei Drittel des Blattes zur Betrachtung des Himmels bleiben. In feiner Pinseltechnik fängt er den glühenden, zugleich luftkühlen Ton der Morgenröte ein und verfolgt, wie dieser in hellere Farbwerte verweht, bis er sich in das von weißen Wolken durchströmte Azurblau des Tageshimmels wandelt.

Die malerische Rafinesse ist nicht Selbstzweck, sondern trägt religiöse Zeichenbedeutung: Im Koran wird Allāh der „Herr der Morgenröte“ (Sure 89) genannt, zu dem Mohammed und der Beter der Sure ihre Zuflucht nehmen. Bemerkenswert ist, dass der sakrale Farbwert „Morgenröte“ auch für die Gesichtspartien und Flügel des christlichen Heiligen zum Einsatz kommt. Hierbei wird Matthäus nicht vom Sonnenrot angestrahlt. Stattdessen scheint sein Gesicht von dem Lichtphänomen innerlich erfasst: Er ist Verkünder und selbst auch Geschöpf des „Herrn der Morgenröte“.

Die persische Aufschrift macht dies deutlicher und besagt: „Er brachte die Gute Nachricht ewigen Friedens vom Paradies her: Ein Engel trug das Buch des Friedens zu mir“.[2] Hierdurch assoziiert das Rot, das an den Flügeln des Engels haftet, in poetischer Weise gar einen Flug des Matthäus mit der Morgenröte vom Paradies her zu den Menschen. Die persischen Schriftzeilen beschreiben die Darstellung nicht nur, sie interagieren mit dieser: Direkt unter den Versen sind in langen Linien die Flugformationen von Vögeln angesetzt und erscheinen als parallele Zeilen einer himmlischen Zeichensprache. Dass die „Zeichen Gottes“ in einer Vielzahl an Naturschauspielen und -schönheiten gelesen werden können, ist ein zentrales theologisches Konzept des Koran.[3] Berühmt ist die Erwähnung der Vögel in Sure 16,79: „Haben sie nicht auf die Vögel gesehen, die im Luftraum des Himmels dienstbar gemacht worden sind? Nur Allāh hält sie (oben). Darin sind wahrlich Zeichen für Leute, die glauben.“

Der Vogelflug in der Höhe hat einen bildinternen Betrachter in dem kauernden Hund hinter Matthäus. Er wird zur Repoussoir-Figur, nimmt also eine parallele Richtung des Anschauens ein wie der Betrachter vor dem Bild. Naturalistisch einfühlsam zeigt der Maler einen Hund, dessen Aufmerksamkeit für einen Moment gefesselt ist, der das Gesehene aber bald aus den Augen verlieren wird, es nicht lesen kann. Anders der Mensch. Er ist im Koran als Leser der „Zeichen Gottes“ berufen. Während der Hund als primitiveres Geschöpf die Zeichen des Naturraumes nicht lesen kann, erschließt sich den „Leuten, die glauben“ die Offenbarung Gottes sowohl in Morgenröte und Schöpfungsschönheit, als auch in den heiligen „Büchern des Friedens“ und dem von Propheten und Engeln verkündeten Wort Gottes, von dem die Bildaufschrift spricht.

Diesen Gedanken veranschaulicht das aufgeschlagene Buch, das der Evangelist gen Betrachter hält und das mit nachgeahmten griechischen Buchstaben beschrieben ist. Diese ergeben zwar keinen lesbaren Sinn, identifizieren den Text aber deutlich als das Evangelium. Vogelflug in der Höhe, Morgenröte und griechisches Evangelium erscheinen in gleicher Weise als Offenbarung des einen Gottes.

Das Blatt ist somit in herausragender Weise mit dem interreligiösen Engagement der Moguln um 1600 verbunden: Das Griechische als Offenbarungssprache des Christentums war unter den Gelehrten des Mogulhofes präsent geworden, als die Jesuiten 1580 nach Fatehpur Sikri kamen und Kaiser Akbar (reg. 1556–1605) die Antwerpener Polyglotte über-

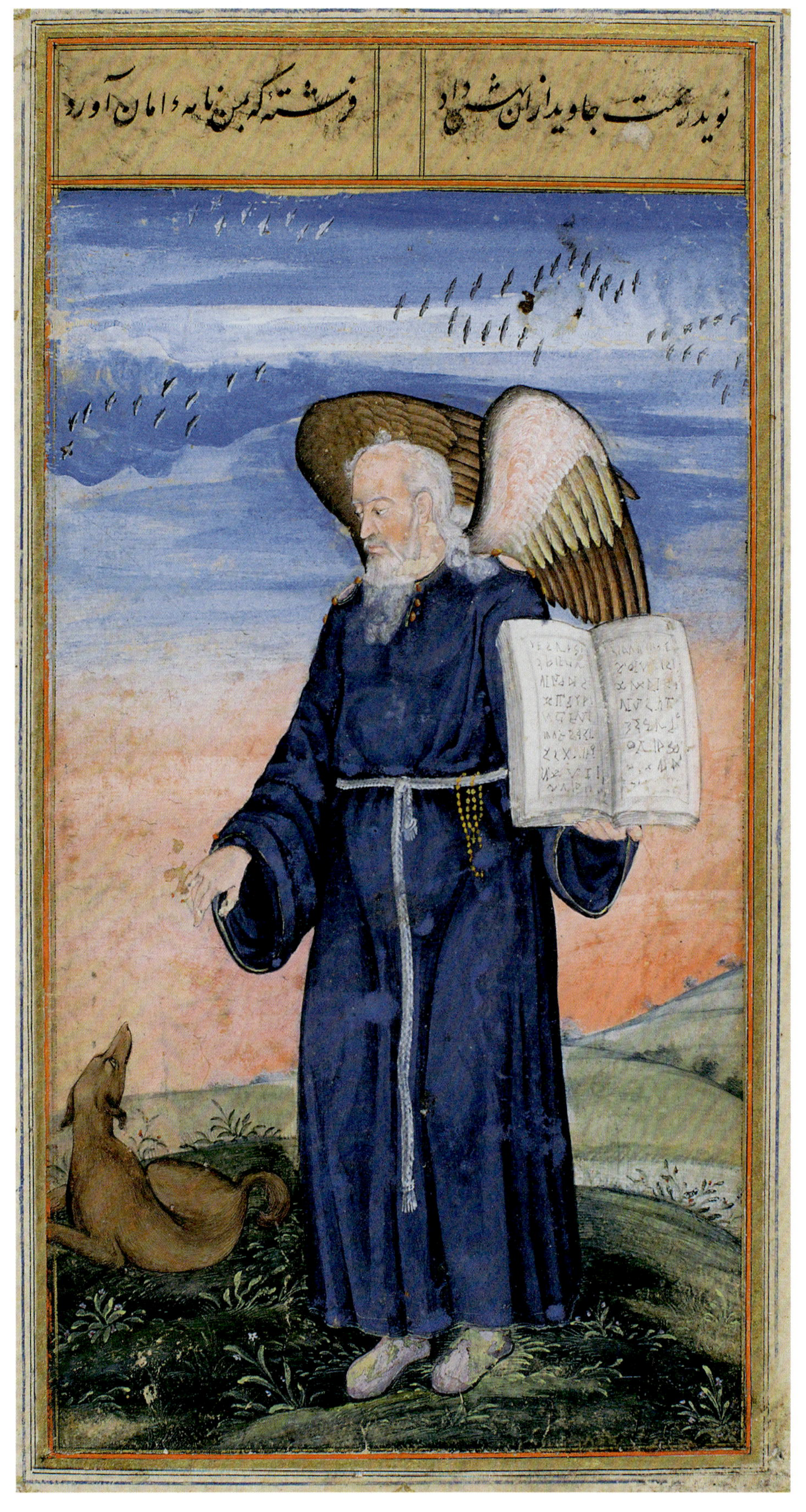
نوید رحمت جاوید از بهشت داد
فرشته که بدین نامهٔ امان آورد

gaben, eine mehrsprachige Bibelausgabe, die das Neue Testament in Griechisch, Syrisch und Latein enthielt.[4] Die Bereitschaft, den Verfasser eines Evangeliums als Künder der Morgenröte ins Bild zu setzen und hiermit hohe koranische Chiffren des Göttlichen auf die christliche Verkündigung zu beziehen, ist ebenfalls Resonanz der Religionsgespräche, die Akbar in den 1570er- bis 1590er-Jahren veranstaltete und bei denen innere Gemeinsamkeiten zwischen differierenden Glaubenslehren ausgelotet wurden.[5] Vor dem Hintergrund dieser Dialoge ermittelten Bildmedien in einer ganz eigenen, poetischen Weise Synthesen zwischen den religiösen Zeichensystemen.

M.W.

## Anmerkungen

1 | *Vgl. LCI, I, Sp. 696–713.*
2 | *Übersetzung vgl. Vollmer, Weis 2005, S. 18.*
3 | *Vgl. Kermani 2016, S. 132 f.*
4 | *Vgl. Beach 1987, S. 83.*
5 | *Vgl. Neil 1984, S. 166–175.*

# 34 Hl. Hieronymus

Nordindien, um 1600
Deckfarben auf Papier
Blatt: 28,3 × 23,0 cm; Miniatur: 10,5 × 6,7 cm
Sammlung Vollmer

Die um 1600 in einem nordindischen Mogulatelier entstandene Miniatur zeigt den heiligen Hieronymus (347–420) als graubärtigen Mann, der mit aufgestütztem Kopf und einer Feder in der Hand einen Folianten beschreibt. Im Hintergrund öffnet sich ein Fenster auf einen von Gold in Weiß und Blau verlaufenden Himmelsausblick.

Der heilige Hieronymus zählt neben Ambrosius von Mailand, Augustinus von Hippo und Gregor dem Großen zu den vier Kirchenvätern. Sein besonderes Verdienst ist die lateinische Übersetzung des Alten Testaments und die Erarbeitung einer neuen lateinischen Fassung des Neuen Testaments.[1] Mit dieser Biblia Vulgata übte er maßgeblichen Einfluss auf die Geschichte der Kirche aus. Zugleich wurde er zum Prototypen des christlichen Gelehrten und erlangte als „Lieblingsheiliger des Humanismus“ im 15. und 16. Jahrhundert weite Verbreitung.[2] Besonders beliebt wurden Darstellungen des „Hieronymus im Gehäus“, die den Gelehrten in einem Studierzimmer bei der Arbeit an seiner Bibelübersetzung zeigen. Vielfach wurde Hieronymus hierbei im Kardinalshabit abgebildet, da er um 380 Sekretär von Papst Damasus I. (Papst 366–384) war.[3]

Vorlage für die mogulische Malerei war eine solche Darstellung des Hieronymus als Kardinal beim Verfassen der Vulgata. Deutlich lässt der gelbe Schultermantel den Kardinalshabit der christlichen Ikonografie erkennen. Offenbar lag dem Mogulkünstler eine Druckgrafik vor, die über die Farbbeschaffenheit der Kardinalsgewänder keine Auskunft gab. Ebenso ist das an der Wand an einem Haken aufgehängte schwarze Objekt als Tasche oder Mantelteil unbestimmt und wird nicht als der Kardinalshut verstanden, der es in der Hieronymus-Ikonografie ist. Auch zeigt diese üblicherweise einen Löwen mitten im Studierzimmer, der auf eine Szene aus dem Einsiedlerleben des Hieronymus verweist, als der Heilige diesem bei einem Aufenthalt in der Wildnis einen Dorn aus der Pranke gezogen habe.[4] Der indische Maler verwandelt diesen Löwen in eine Katze: Dass Hieronmyus in seiner Schreibstube einen Löwen als Haustier hält, musste unklar erscheinen, wenn nicht erklärt wurde, dass der Löwe Verweisfunktion besaß und eine ganz andere Erzählung in Betracht nahm.

Interkulturelles Dokument ist die Malerei, weil sie zeigt, wie der Künstler kanonische Motive der christlichen Hieronymus-Ikonografie aufgriff und nach eigenem Empfinden verwandelte aber auch nobilitierte. So lässt es sich in dem kielbogigen Fenster beobachten, das den Studienraum des Heiligen mit dem Himmel verbindet. Die vollkommen symmetrische Form des Bogens öffnet den Ausblick auf einen Himmel, der jenseits von begrenzenden Linien und Formen liegt. Die kostbaren Farbverläufe von Gold, Weiß und Azurblau drücken die Herrlichkeit des Himmels aus und nehmen damit das Göttliche in den Blick, vor dessen Hintergrund der Gelehrte sich um die Übersetzung heiliger Schriften müht. Diese Beziehung wird subtil visualisiert, indem der Blau-Gold-Akkord des ätherischen Bereichs sich dinglich-diesseitig manifest macht in dem Diwan, auf dem Hieronymus beim Schreiben sitzt. Sein mühevoller, konzentrierter Ausdruck wird hierbei inszeniert als eine Moderation zwischen Himmlischem und Irdischem, in der die Farbregie des Mogulmalers die anspruchsvolle Verfassertätigkeit des Kirchenlehrers verortet.

Die Gestalt des heiligen Hieronymus war den mogulischen Eliten erstmals begegnet, als die Jesuiten 1580 dem Mogulkaiser Akbar (reg. 1556–1605) die Antwerpener Bibelpolyglotte des Christopher Plantin (1520–1589), verlegt zwischen 1568 und 1573, übergaben.[5] Diese unter dem Patronat Philipps II. von Spanien (reg. 1556–1598) erstellte Ausgabe enthielt neben dem lateinischen Text der Vulgata des Hieronymus auch hebräische, syrische und griechische Textfassungen der biblischen Bücher. Plantins Polyglotte vollzog somit den Weg des Hieronymus von der normiert lateinischen Vulgata zurück auf die Urtexte und ihre Überliefungsvarianten nach. Für Akbar und den Gelehrtenkreis, der ihn umgab, war dieser komplexe Ansatz des Vergleichs von Textfassungen und damit das Übersetzungswerk des heiligen Hieronymus von eigenem Interesse: In den Schaltzentren des Mogulreiches war das Übersetzen heiliger Schriften seit den späten 1570er-Jahren eine wichtige Stütze der Religionspolitik und stand unter kaiserlicher Förderung. Shah Akbar richtete ein Atelier ein, das unter der Leitung seines Staatsministers Abu 'l-Fazl (1551–1602) daran

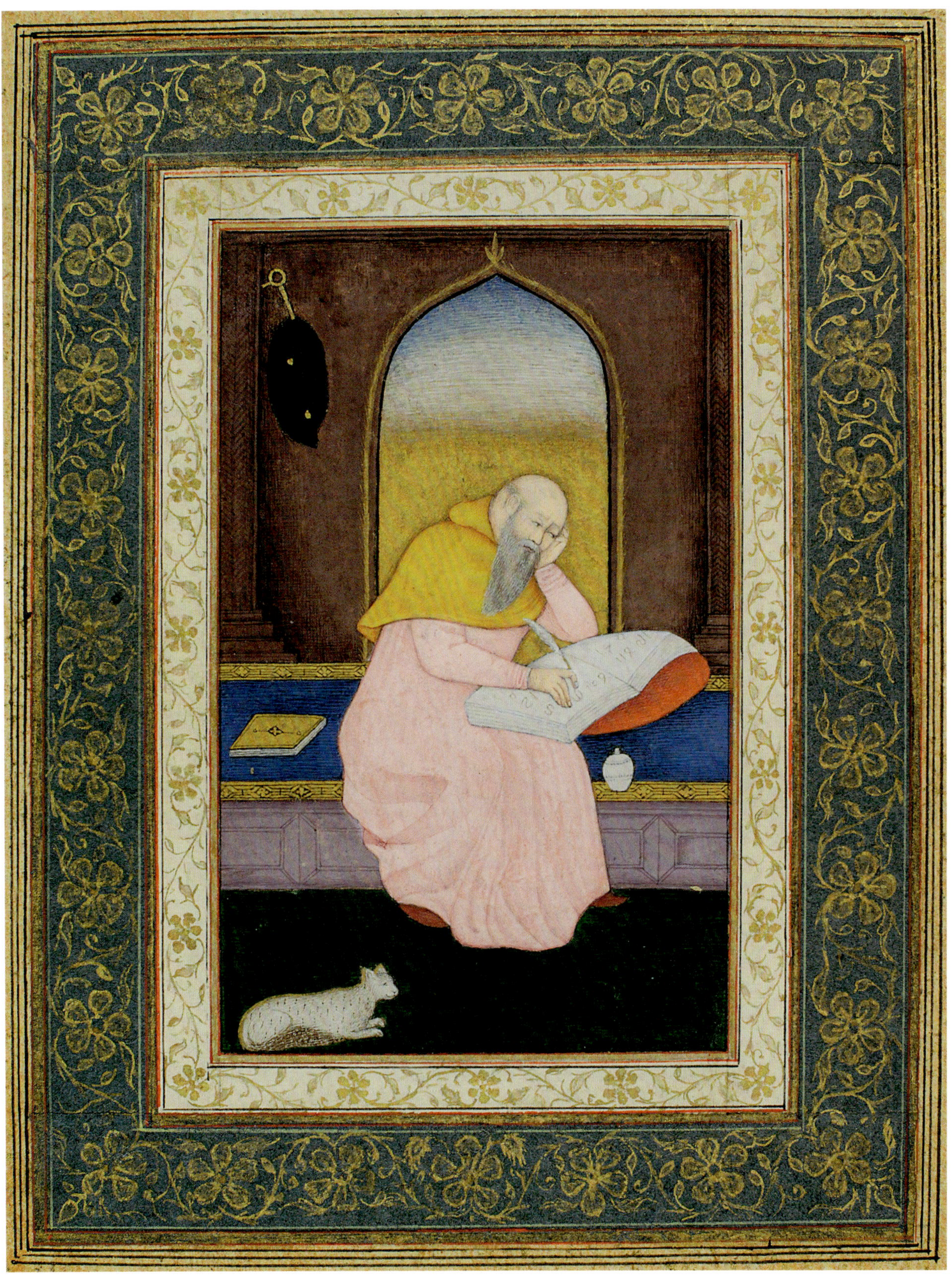

ging, besonders die Schriften des Hinduismus aus dem Sanskrit ins Persische zu übersetzen.[6] Im Hintergrund standen sowohl interreligiöses Interesse, das nach einer verbindenden Wahrheit zwischen den Glaubenslehren suchte, als auch der Wunsch, diese Schriften für Fragen der Rechtsprechung und der Herrschaftslegitimation gegenüber den mehrheitlich hinduistischen Untertanen greifbar zu machen.[7] Hieraus gingen umfangreiche Farsi-Übertragungen des *Mahābhārata*, des *Harivaṃśa* und des *Rāmāyaṇa* hervor. Akbar verlangte auch nach persischen Fassungen christlicher Texte: Der Jesuit Jerôme Xavier (1549–1617) widmete dem Kaiser 1602 seinen *Mir᾽āt al-quds*, eine persische Nacherzählung des Lebens Jesu.[8] Die Plantinsche Polyglotte war in diesem interkulturellen Klima ein starkes Zeichen. Mit der Öffnung christlicher Offenbarungsschriften in die Mehrsprachigkeit hatten die Jesuiten ein Thema mogulischer Gelehrsamkeit berührt, das auch den respektvollen Blick auf Hieronymus, den großen Übersetzer, prägte, wie ihn das Vollmer-Blatt dokumentiert.

M.W.

## Anmerkungen

1 | *Vgl. Fürst 2017, S. 95.*
2 | *Vgl. Burger 1969, S. 402. Vgl. Hamm 2011, S. 211–243.*
3 | *Vgl. Henderson 2012, S. 194.*
4 | *Vgl. LCI, VI., Sp. 519–529, 521.*
5 | *Vgl. Beach 1987, S. 83.*
6 | *Vgl. Beitrag Wehnert, S. 38. Vgl. Ali 1992, S. 44. Vgl. Rice 2010, S. 125.*
7 | *Vgl. Truschke 2016, S. 61 ff.*
8 | *Vgl. Carvalho 2005, S. 1, 11.*

# 35 Pir und Murid in einer Einsiedelei

Nordindien, 18. Jahrhundert
Deckfarben auf Papier
22,6 × 16,2 cm
Sammlung Vollmer

Die im 18. Jahrhundert entstandene Miniatur zeigt zwei Männer in einer Einsiedelei: Ein jüngerer mit dunklem Bart steht lesend unter einem Baum, aufgestützt auf einen Stab. Der ältere, mit weißem Bart, sitzt mit ausgestreckten Beinen wie schlafend in einer Hütte. Auffällig an diesem Zweiten ist das Flügelpaar mit seiner bunten Federung nach Art älterer indo-persischer Engelsdarstellungen (Kat. Nr. 32). Der Maler verzichtet auf eine genauere landschaftliche Schilderung und schließt den Szenenraum kursorisch durch grauschwarze Monsunwolken und moosig grüne Bodenfläche ab.

Umso detailreicher differenziert werden die inneren Zustände der beiden Einsiedler: Der Stehende im hellgrünen Gewand hält nah vor seinem Gesicht aufgeschlagen ein Büchlein. Der Blick ruht nicht mehr auf dem Gelesenen, sondern ist in stillem Nachsinnen leicht zur Seite gegangen. Der zweite Einsiedler erscheint dem Äußeren nach schlafend. Wären nicht die Engelsflügel und der würdevolle Ausdruck auf dem Gesicht, könnte diese Haltung schlicht als Ausdruck unbesonnenen Schlafens gelten.

Doch das Sujet will im Sinne des Sufismus, der mystischen Richtung des Islam, gelesen werden und stellt verschiedene Stufen der Versenkung in Gott dar. Zunächst fallen die Altersstadien der beiden Männer auf, die sich aus der Darstellungstradition „*pir* und *murid*“, Meister und Schüler, ableiten.[1] Zwar macht das Bild keine Angaben zu den mystischen Banden, die das Verhältnis des *murid* zu seinem *pir* als *ishq*, Liebe, und *ghulami*, Unterwerfung, kennzeichnen, aber es drückt eine Differenz je typischer Erfahrungsgrade zwischen Meister und Schüler aus.[2] Im vorliegenden Blatt ist der als *murid* vorzustellende jüngere Mann als Lesender dargestellt: Das dicht vor die Augen erhobene Büchlein und der angestrengte Ausdruck des Gesichtes zeigen an, dass dessen Ringen um Gotteserfahrung noch eng vom geschriebenen Wort ausgeht. Gegenüber diesem diskursiven, aus Begriffsfolgen und -unterscheidungen genährten Weg weist der Gebetskranz in der Hand des schlafenden *pir* auf die sufische Praxis des *ḏikr* hin: Bei dieser werden die Namen Allāhs kontemplativ anverwandelt, indem sie „mit dem Herzen“ rezitiert werden, um ein ununterbrochenes Bewusstsein der Gegenwart Gottes zu erlangen.[3] Die Flügel, mit denen der *pir* gezeigt wird, unterstreichen, dass dieser eine innere Erfahrung erlangt hat, die nicht mehr an Sätze oder an die Schrift gebunden ist und in diesen auch nicht ausgedrückt werden kann.

Ein weiteres sufisches Begriffspaar, das in der Kontrastierung von Meister und Schüler anklingt, bilden *bāṭin* und *ẓāhir*.[4] Mit *ẓāhir* bezeichnet die islamische Mystik den engeren Literalsinn – besonders des Korans – und den Blick auf das augenfällige Sein materieller und dinghafter Erscheinungen. Demgegenüber meint *bāṭin* den verborgenen, inneren Sinn der koranischen Offenbarung. Zugleich bezeichnet *bāṭin* ein Fassungsvermögen des Herzens für die verborgene, absolute Wirklichkeit Gottes in allen Phänomenen der Schöpfung. Der mit den Flügeln der Engel ausgestattete Meister wird zur Personifikation dieses *bāṭin*; sein „Schlaf“ ist Ausdruck der Absorption in die Verborgenheit Gottes. Demgegenüber zeigen die Mühen seines Schülers an, dass dieser seinen inneren *bāṭin* noch nicht so gereinigt habe, dass sich ihm mystische Tiefen aufschlössen, und er daher in der Bedeutungsoberfläche des *ẓāhir* verbleibe. Dieser islamisch-sufische Horizont verbindet sich mit Konzeptionen der altindischen Mystik, indem der Meister im Zustand des *bāṭin* als Schlafender dargestellt wird. Schon die Upanishaden-Texte deuteten den traumlosen Tiefschlaf als eine Phase, in welcher der Seelenkern die Weite des absoluten Urgrunds *brahman* berühre (*Māṇḍūkya Upaniṣad*, Sloka 5)[5].

Der Sufismus war ein prägender Faktor des geistigen Lebens im Indien der Mogulkaiser. Seine Anfänge reichen bis in die Frühzeit des Islam zurück, als im 8. und 9. Jahrhundert Persönlichkeiten wie Rābiʿa von Basra (um 714–801), Ibrahim von Balkh (um 730–um 782), Bāyazīd Bistāmī (803–875) und Mansur Al-Hallaj (um 858–922) ekstatische Einungserfahrungen in Allāh verkündeten und einen von Askese und mystischer Trunkenheit geprägten Islam etablierten. Für die Geschichte des Sufismus in Indien bedeutete die Eroberung Bagdads und Zentralasiens durch die Mongolen im 13. Jahrhundert eine Weichenstellung.[6] Sie hatte zur Folge, dass vermehrt Sufis in das Sultanat von Delhi auswanderten

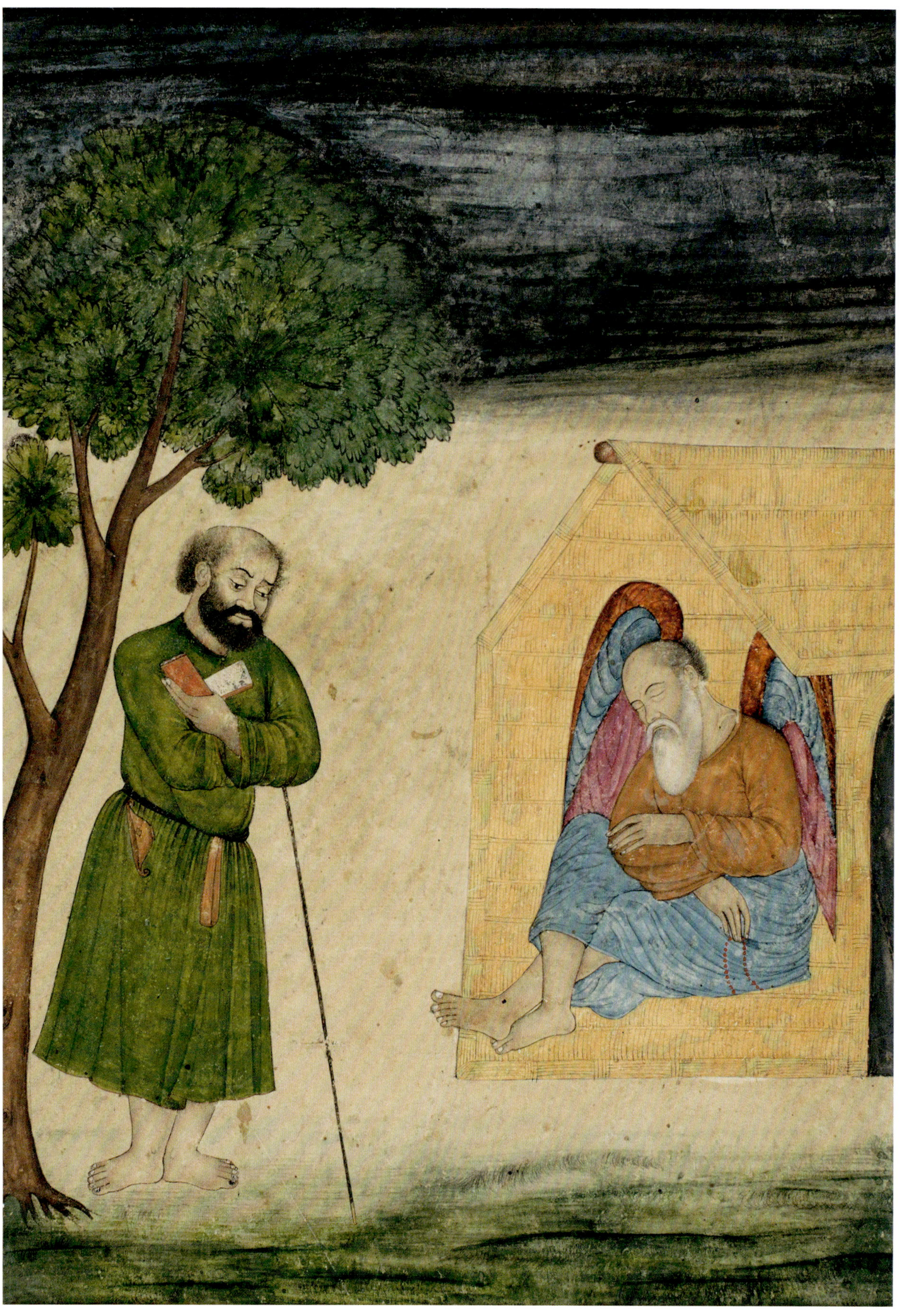

und sich bis 1300 auch auf die islamischen Fürstentümer des Dekkan ausbreiteten.[7] Aus diesen Anfängen gewannen herrschaftlich geförderte Sufi-Orden wie die *Chishtīyya* und die *Suhrawardiyya* an Einfluss.[8] Dass sich der Islam über die Herrschaftseliten hinaus in den Bevölkerungen Nord- und Zentralindiens verankern konnte, lag in der Institution der *khanqahs* begründet. Dies waren Versammlungshäuser der Orden, die als Hospize und Schulen Gästen jeder Art offen standen. Auch engagierten sich die Sufis karitativ, indem sie Arme und Angehörige niederer Kasten zu ihren Großküchen und zu einem kastenunabhängigen religiösen Gemeinschaftserlebnis bei Musik und Rezitation einluden. Somit trugen die *khanqahs* die Gotteshingabe der Sufis in die Bevölkerung und führten ihrerseits dazu, dass der Sufismus in seinem performativen Ausdruck indische Anregungen – etwa aus der *bhakti*-Tradition – aufnahm.[9]

Unabhängig von diesen sozio-religiösen Prozessen in Indien war der Sufismus eng verwoben mit der Entwicklung der persisch-islamischen Hochkultur und wurde für das geistige Klima des Mogulhofes im 16. und 17. Jahrhundert zu einem prägenden Faktor, wie es sich in der Kunstpatronage und in zahlreichen Exponaten der Ausstellung spiegelt. Die sufische Unterscheidung zwischen *bāṭin* und *ẓāhir* war zudem eine der Voraussetzungen für den interreligiösen Elan der Mogulkultur: Die Aufmerksamkeit ging auf den *bāṭin*, den verborgenen Sinn jenseits des engeren Glaubensgesetzes. Über die Divergenz der Lehren hinaus trat hierbei das verbindende Ringen um die Gegenwart Gottes hervor.[10]

Das vorliegende Blatt ist ein später künstlerischer Nachklang dieser Hochphase des Sufismus. Fällt sein Zeichenstil gegen die Leistungen der 1580er- bis 1660er-Jahre ab, so zielen die visuellen Mittel deutlich auf den Transport sufischer Konzeptionen. Dies gilt auch für die in grobem Strich ausgeführte regenschwere Wolkendecke: Sie verweist auf die Monsunzeit, die in Indien traditionell eine bevorzugte Phase des Rückzugs in Yoga und Kontemplation war. Wenn die Wege unpassierbar wurden, kamen sich Himmel und Erde näher und drang der Geist zu verborgener Wirklichkeit vor. Wandernde Asketen richteten sich an einem geschützten Platz ein; in den Ashrams sammelten sich die Sannyasins. Damit bezeugt das Blatt auch in seinem atmosphärischen Ausdruck die Verwurzelung des Sufismus in Indien.

M.W.

## Anmerkungen

1 | *Vgl. Schimmel 1975, S. 101 ff. Vgl. Schlensog 2006, S. 311.*
2 | *Vgl. Mohammeda 2007, S. 196 ff.*
3 | *Vgl. Schimmel 1975, S. 141.*
4 | *Vgl. Daftair 2001, S. 90.*
5 | *Vgl. Frauwallner 1953/2003, 1, S. 49. Zu sufisch-upanishadischen Schnittmengen vgl. Beitrag Wehnert, S. 39 ff. sowie Kat. Nr. 36 und 37.*
6 | *Vgl. Morgan 2007, S. 77.*
7 | *Vgl. Schimmel 1975, S. 345.*
8 | *Vgl. Krämer 2008, S. 236.*
9 | *Vgl. Renard 1996, S. 175.*
10 | *Zum interreligiös entgrenzenden Potenzial des Sufismus vgl. Beitrag Wehnert, S. 30.*

# 36 Ibrahim ibn Adham

Oudh, um 1750
Deckfarben auf Papier
17,8 × 13,4 cm
Sammlung Vollmer

Die Miniatur zeigt den afghanischen Mystiker Ibrahim ibn Adham (um 730–um 782) in nächtlicher Meditation. Während der Heilige mit geschlossenen Augen unbewegt vor einem erlöschenden Feuer sitzt, nahen sich himmlische Jungfrauen mit Flügeln, die ihm Speise, Trank und andere Gaben darbringen.

Ibrahim ibn Adham Balkhi soll um 730 im Khorasan, im heutigen Nordosten Afghanistans, als Sohn eines Königs oder Emirs geboren worden sein. Er verließ den Hof von Balkh als besitzloser Asket, um sich der Gottessuche zu widmen und auf langen Reisen bis nach Mekka und Syrien zu ziehen. Als Todesdatum nennt die Hagiografie das Jahr 782, doch wird sein Grab unterschiedlich verortet, u.a. in Bagdad, in Tyrus und in Jerusalem.[1] So wenig Gesichertes über die historische Gestalt bekannt ist, so deutlich ist Balkh, das einhellig als Geburtsort Ibrahims angegeben wird, vom 8. bis ins 10. Jahrhundert Schauplatz einer Begegnung zwischen frühen islamischen Enklaven und dem Mahayana-Buddhismus, der hier bedeutende Klöster unterhielt. Im Kern der Figur Ibrahim ibn Adham scheint ein muslimischer Gottessucher zu stehen, der sich der Weltentsagung und Introspektion nach Art buddhistischer Mönche verschrieben hatte.[2] Auch die Legende vom Königssohn, der Frau und Kind verlässt, um sich strengster Askese zu weihen, lässt Berichte über den „Großen Abschied" des historischen Buddha Siddhārtha Gautama durchscheinen.[3]

Älteste Berichte über Ibrahim ibn Adham gehen auf den gelehrten Reisenden Al-Bukhari im 9. Jahrhundert zurück.[4] Nach ihm würdigte der Historiograf und Hadith-Sammler Abu Nu'aym (948–1038) Ibrahim als Urheber einer Meditation von stiller Versenkung.[5] Spätestens ab dem 13. Jahrhundert wurde er als eine der prägenden Gestalten islamischer Mystik vorgestellt und immer wieder neu Gegenstand hagiografischer Dichtung.[6] Fariduddin Attar (1136–1220) berichtete in seinem mystischen Werk *Taḏkerat al-awlīā'* ausgiebig über Ibrahim.[7] Für Dschalāl ad-Dīn ar-Rūmī (1207–1273), der ebenfalls im Balkh geboren war und wie Ibrahim weit gen Westen bis an den Rand des Mittelmeers zog, wurde der Mystiker zum Vorbild des Aufgehens in Gott. Im Indien der Mogulzeit setzte sich besonders der einflussreiche, von Mogul Akbar (reg. 1556–1605) geförderte Sufi-Orden der *Chishtīs* intensiv mit der Gestalt auseinander und band Ibrahim in seine mystische Genealogie ein. Bedeutung erlangte der Heilige auch für das schiitische Herrscherhaus der Nawabs von Oudh in Nordindien, die seine Gestalt in der zweiten Hälfte des 18. Jahrhunderts in zahlreichen Miniaturen darstellten. In ihrem Einflussbereich ist um 1750 das vorliegende Blatt entstanden.

Im Hintergrund der Szene steht die in vielen Legenden berichtete Armut Ibrahims, der dem Leben als Fürst entsagt habe. Berühmt wurde seine Erklärung, durch Askese und mystisches Suchen in seinem Herzen ein Königreich erlangt zu haben, das weit größer sei, als jenes, das er aufgab.[8] Dieses „Königreich des Herzens"[9] wird in der Darstellung aus Oudh von den Engel bestätigt, die den Mystiker als Gesandte des himmlischen Hofes wie einen König mit kostbaren Gaben ehren. Zugleich wird dieses Königreich als eine ekstatische, quietistische Erfahrung beschrieben, wie sie sich in den entrückten Gesichtszügen, geschlossenen Augen und den verschränkten, das „Herz umgreifenden" Armen ausdrückt. Auch das Haupt Ibrahims neigt sich auf diese Mitte zu. Das Körperbild ist ausdrucksstark und spiegelt einen zentralen sufischen Gedanken wider: Es geht um eine Erfahrung, die im Innersten verborgen ist, das Entwerden, *fanā*, des personhaften Ich im göttlichen Seinsgrund.[10] Auch das erlöschende Feuer gilt diesem Erlöschen einer Wirklichkeit, die an Ursache und Wirkung, Unterscheidung und Polarität gebunden ist. So hatte es Rumi in seinem *Masnavī* beschrieben: Ibrahim „verschwand, wurde nie wieder gesehen". Obwohl er „noch unter Menschen wandelte, war sein wahres Selbst in die Verborgenheit" eingegangen, er habe wie ein Vogel den Berg *Qāf*, das letzte Ziel mystischer Suche, erreicht.[11] Entsprechend reagiert Ibrahim in der Miniatur weder mit Staunen noch Gebet auf das Wunder der Engelserscheinung vor ihm. Nicht, weil seine Augen geschlossen sind, sondern weil das erlangte „Königreich des Herzens" in den Oudh-Blättern als eine absolute Absorbtion in Gott gedeutet wird.

Ausgedrückt wird diese nicht mitteilbare Erfahrung islamischer Mystik in den Oudh-Blättern durch Verweise auf die leiblichen, seelischen und geistigen

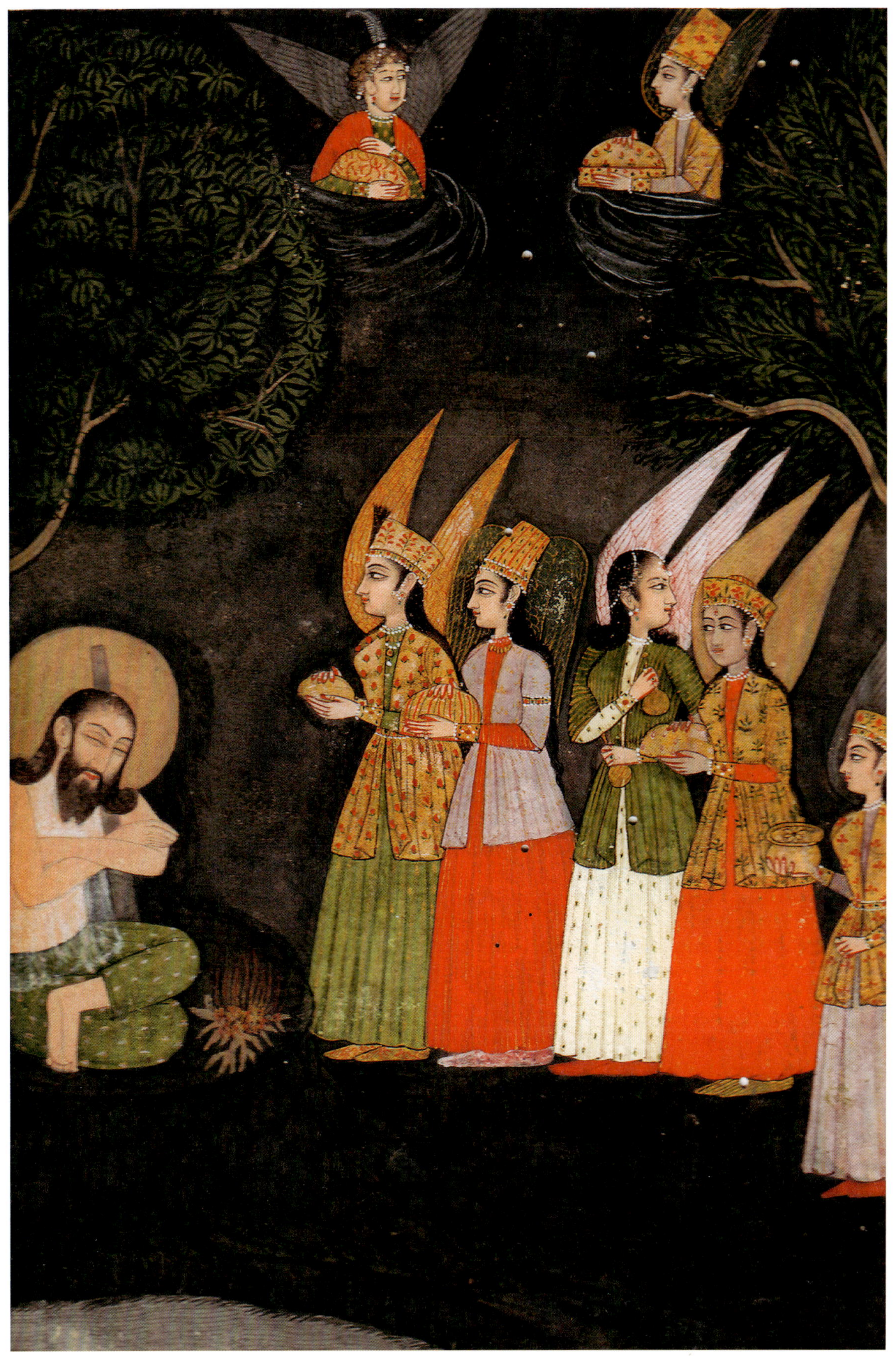

Versenkungstechniken des Yoga, wie sie sich im nackten Oberkörper und in der Sitzhaltung Ibrahims manifestieren.[12] Dass die Ankunft am Berg *Qāf* der persischen Mystiker und die Erfahrung der altindischen Upanishanden das Gleiche beschrieben, war eine der großen geistigen Stimulationen bereits der Mogulkultur: Prinz Dara Shikoh (1615–1659) hatte in den 1650er-Jahren 50 Upanishaden, zwischen 800 und 400 v. Chr. verfasste mystische Lehrtexte, aus dem Sanskrit ins Persische übersetzt.[13] Das „Königreich des Herzens", das Ibrahim sich erwirbt, erscheint in diesem upanishaden-affinen Zusammenhang als der Allgrund, *brahman*, wie ihn die Metaphysik des Hinduismus als Ziel mystischer Versenkung lehrte.[14]

Doch nicht nur muslimische und hinduistische Konzeptionen berühren sich. Die Darstellung Ibrahim ibn Adhams greift die europäische Ikonografie von Christus auf, dem in der Wüste die Engel erscheinen und dienen (Mt 4, 1,11). Dieses Thema war vergleichsweise selten dargestellt worden, hatte aber gegen Ende des 16. Jahrhunderts neue Verbreitung durch die Jesuiten erlangt. Nadals „Evangelicae Historiae Imagines", Antwerpen 1593, zeigten die Szene, wie Christus, nachdem er den Versuchungen des Teufels widerstanden hatte, von Engeln bewirtet wurde, die ihm Kannen und Teller mit himmlischer Speise reichten. Da das Thema der Engel, die vor Ibrahim erscheinen und ihn mit himmlischen Gaben bewirten, nicht aus der muslimischen Hagiografie abgeleitet werden kann, ist es wahrscheinlich, dass die Oudh-Miniaturen dieses Typus von der jesuitischen Grafik „Angeli Christum ministrant" von 1593 ausgehen.[15]

Fragt man nach motivischen Parallelen innerhalb der klassischen Mogulkunst vor 1660, ergibt sich wiederum ein interkultureller Hintergrund: Ein Albumblatt von 1635, das sich heute in St. Petersburg befindet (Abb. S. 41), stellt den Besuch eines Mogulgranden und seiner Entourage in einem hinduistischen Ashram dar. Gezeigt werden auch drei Hofdamen, die ehrfürchtig auf einen Yogi im Zustand tiefer Versenkung zuschreiten und hierbei ein Gefäß erheben. Diese prägnante szenische Formel kann als Vorlauf zur Ibrahim-Ikonografie im 18. Jahrhundert gelesen werden. Trifft dies zu, läge auch hier eine christliche Ikonografie zugrunde, denn die drei Moguldamen knüpfen an die drei Frauen an, die mit Salbgefäßen zum Grab Christi schreiten und vor einem lichtumstrahlten Engel zu stehen kommen.[16]

Einsiedler und Asketen – sowohl der hinduistischen wie der muslimischen Tradition – erfreuten sich in den Ateliers von Lucknow und Faizabad großer Beliebtheit.[17] Hiermit führte der Hof der Nawabs das Erbe der Moguln weiter, die sich seit den 1590er-Jahren intensiv mit dem Yoga und der zugrundeliegenden Metaphysik beschäftigt hatten.[18] Auch die höfische Malerei fand in der Darstellung von Asketen – ob hinduistischer Sannyasin oder muslimischer Sufis – ein zentrales Thema. Sie rang um immer präzisere Dokumentation yogischer Techniken und suchte andererseits ihre Ausdrucksmöglichkeiten für mystische Zustände zu verbessern. Dieser muslimisch-hinduistische Synkretismus unter der Patronage höchster Mogulkreise fand sein abruptes Ende, als Kronprinz Dara Shikoh 1659 einer Thronrevolte erlag. Nach seiner Hinrichtung setzte mit Aurangzeb eine streng am „reinen" Islam ausgerichtete Politik ein. Hierdurch verschwand die Bildkultur des Yoga aus den kaiserlichen Ateliers und wurde nunmehr in der Peripherie und außerhalb des Mogulreiches fortentwickelt.

Während die politische Bedeutung des Mogulreiches weiter schwand, errang sich die Provinz Awadh Unabhängigkeit und wurde in den 1740er-Jahren zum autonomen Königreich.[19] Parallel führte der Kollaps des iranischen Safawidenreiches dazu, dass persische Gelehrte nach Awadh kamen und den jungen Hof zum führenden kulturellen Zentrum Nordindiens machten.[20] Unter der Förderung der Nawabs griffen die Hofateliers von Faizabad und Lucknow das Erbe der mogulischen Yoga-Malerei wieder auf.[21] Die in auffälliger Quantität produzierten Ibrahim-Bilder sind symptomatisch für diesen späten Höhepunkt der yogischen Sujets in indo-persischen Ateliers ebenso wie der hierbei implizierten Synthese zwischen islamischer und hinduistischer Mystik.

Die Wertschätzung für Ibrahim ibn Adham ist auch aus dem Umstand zu erklären, dass die neuen Herrscher von Oudh Schiiten waren.[22] Zu Anfang des 18. Jahrhunderts aus dem Iran der Safawiden eingewandert, brachten sie spezifisch schiitische Ideen mit nach Nordindien, wie sie sich in ihrem Konzept des Herrschers als Träger esoterischer Offenbarung manifestieren. Die Genealogen des Nawab-Hofes führten den afghanischen Königsspross auf Muhammad-al-Baqir und auf Hussain zurück. Damit war Ibrahim gleich mit zwei Imamen verbunden, denen im schiitischen Glauben die Bedeutung eines spirituellen Führers zukommt und als deren Nachfolger sich die Nawabs verstanden.[23] Ibrahim Balkhi erschien als ein spiritueller Ahn der Nawabdynastie und war somit Bürge einer über den engeren Gesetzeskoran hinaus vertieften Verbindung mit Gott, wie sie für die Legitimation schiitischen Führertums grundlegend ist.

M.W.

## Anmerkungen

1 | *Vgl. Sato 2007, S. 41 f. Vgl. Nasri 1975, S. 450.*

2 | *Vgl. Frye 1996, S. 228.*

3 | *Vgl. Campo 2009, S. 341. Vgl. Glassé, Smith 2002, S. 204. Eine weiteres Beispiel für die Anverwandlung einer buddhistischen Erzählung durch den Islam – und schließlich durch das Christentum – bietet der Stoff „Barlaam und Josaphat". In der Gestalt Josaphats, eines indischen Prinzen, der den Weg der Entsagung betritt und sein Leben als Asket beschließt, wirkt die Legende von Siddhārtha Gautama, dem Buddha aus dem 6. Jahrhundert v. Chr., nach. Eine arabisch-islamische Fassung enstand in schiitischen Kreisen vor 900. Diese erreichte über das Georgische schließlich um 1000 den byzantinischen Kulturraum und wurde hier in einen christlichen Bekehrungsroman griechischer Sprache verwandelt. Spätestens ab dem 12. Jahrhundert war der christianisierte Erzählstoff auch im lateinischen Westen präsent: Vincent von Beauvais erzählt den Stoff Mitte des 13. Jahrhunderts in seinem „Speculum historiale". In Ost und West wurde Josaphat, der entsagende indische Prinz, als Heiliger verehrt: Cesare Baronio nahm ihn 1590 in sein Martyrologium Romanum auf. Vgl. Lopez, McCracken 2014.*

4 | *Vgl. Sato 2007, S. 42.*

5 | *Vgl. Eṣfahānī 1932–1938, 7, S. 367–95, 8, S. 3–58.*

6 | *Vgl. Jones, Art „Ibrāhīm b. Adham", S. 985.*

7 | *Vgl. Sato 2007, S. 42.*

8 | *Vgl. Masnavī, 2, 14.*

9 | *Vgl. ebd.*

10 | *Vgl. Schimmel 1975, S. 59, S. 122 f.*

11 | *Vgl. Masnavī, 4, 2.*

12 | *Vgl. Michaels 2012, S. 290–295.*

13 | *Vgl. Mohammada 2007, S. 53 ff.*

14 | *Vgl. Michaels 2012, S. 285–290. Vgl. Frauwallner 1953/2003, 1, S. 47–52.*

15 | *Vgl. von Gladiss 2007, S. 303 f. Vgl. von Habsburg 1996, S. 81.*

16 | *Vgl. Beitrag Wehnert, S. 41 f.*

17 | *Vgl. Trivedi 2010, S. 153.*

18 | *Vgl. Beitrag Wehnert, S. 39 f.*

19 | *Vgl. Singh 2003, S. 76.*

20 | *Vgl. Trivedi 2010, S. 44.*

21 | *Vgl. ebd. 2010, S. 153.*

22 | *Vgl. ebd. 2010, S. 41 ff.*

23 | *Vgl. von Gladiss 2007, S. 308.*

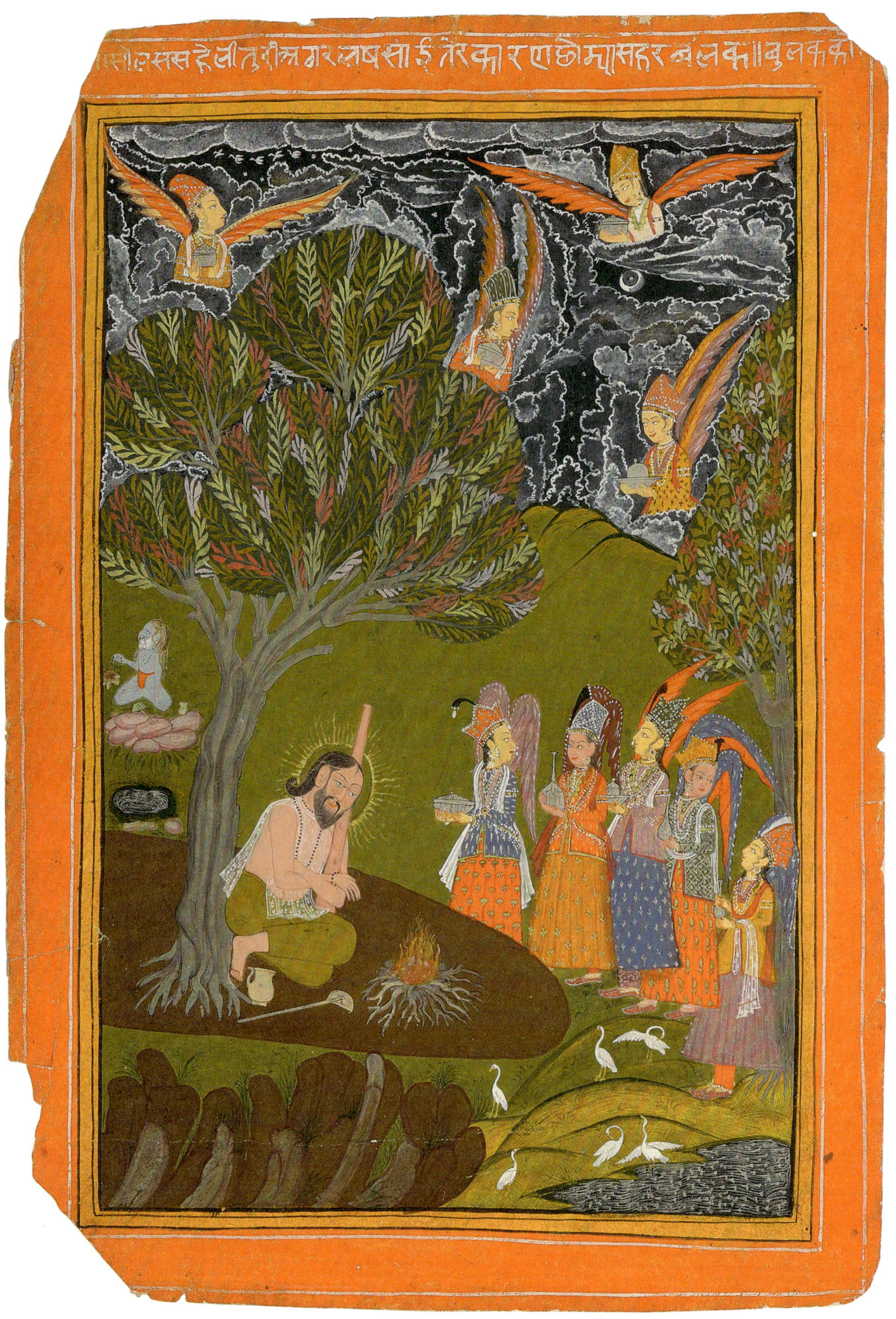

# 37 Ibrahim ibn Adham

Nördlicher Dekkan, um 1750
Deckfarben auf Papier
32,2 × 22,8 cm
Sammlung Vollmer

Das Blatt zeigt den muslimischen Mystiker Ibrahim ibn Adham (um 730–um 782) im Zustand tiefer Versenkung an einem Feuer. Vor ihm und am mondbeschienenen Himmel sind himmlische Wesen erschienen, um dem Heiligen Ehrengaben darzubieten.

Die Miniatur steht kompositorisch in engem Bezug zum ersten Ibrahim-Bild der Vollmer-Sammlung (Kat. Nr. 36). Auch hier trägt der Heilige ein grünes Beinkleid und über dem bloßen Oberkörper ein auf der Brust aufliegendes, weißes Schleiertuch. Gemeinsamkeiten sind zudem der Feuerplatz und die Haltung Ibrahims, der das linke Bein über das rechte geschlagen sowie die Arme vor der Brust verschränkt hat und sich an einen Stab lehnt. Ebenso sind die bewirtenden Engel gleich verteilt und in Kostüm und Gestik ähnlich arrangiert.

Mit den Abhängigkeiten des vorliegenden Blattes von Katalognummer 36 werden die Eigenständigkeiten und bewussten Erweiterungen des Künstlers umso deutlicher. Der Mystiker trägt drei Ketten mit dunklen Perlen am Leib: eine eng um den Hals gelegte Schnur, eine vom Hals herab über die Brust laufende Perlenschnur und eine am Handgelenk getragene. Diese *mālās* haben im Hinduismus religiösen Zeichenwert, da sie den Träger als Spirituellen ausweisen und dessen geistige Energie fördern wollen.[1]

Auf die hinduistische Sphäre verweisen auch Schöpflöffel und Krug. Mit ihnen erhält die Feuerstätte, die schon im vorigen Blatt dargestellt war, eine neue Bedeutung als rituelles Opferfeuer nach brahmanischer Tradition.[2] Mit dem Schöpflöffel werden kleine Portionen von Butter oder Öl aus dem Krug in das Feuer gegeben, wobei üblicherweise vedische Gebetsformeln vorgetragen werden. Die Opferfeuer der vedischen Frühzeit (1200 bis 800 v. Chr.) wurden in den Upanishaden, verfasst um 800 bis 400 v. Chr., Gegenstand mystisch-intellektueller Betrachtung. Brahmanische Einsiedler suchten eine Essenz von Wirklichkeit, die den Opfergaben, dem sie verbrennenden Feuer, dem Gesang des Opferliedes, dem Atem des Sängers und der Macht heiliger Silben gemeinsam sei – und fanden etwas, das sie den absoluten Allgrund, das *brahman*, nannten.[3]

Das Kolorit eines brahmanischen Ashrams, mit dem Ibrahim von Balkh in der Miniatur umgeben ist, wird weiter verstärkt durch die kleine Gestalt im Hintergrund: Rotes Lendentuch, Nacktheit, weißer Bart und das in langen Filzsträhnen getragene Haar sind Symbole des hinduistischen Waldeinsiedler- und Asketentums. Die blaugräuliche Färbung verweist darauf, dass der Asket seinen Leib mit Asche eingerieben hat, um eine Wirklichkeit jenseits vergänglicher Illusionen, *māyā*, und ewiger Wiederkehr zu erfahren. Wie bei Ibrahim sind dem hinteren Yogi zur Seite das Opferfeuer und die Schöpfkelle dargestellt. Auch trägt die Gestalt *mālās* – den Gebetskranz in der Hand und die um den Hals gelegte Kette. Der Blick dieses kleineren Yogis ist unter emphatischem Ausdruck gen Höhe gerichtet.

Besondere Sorgfalt legt der Künstler auf die Vermittlung des mystischen Zustandes Ibrahims. Anders als im vorangehenden Blatt sind dessen Augen zur Hälfte geöffnet. Mit dieser zwischen innerer und äußerer Wirklichkeit balancierenden Schau scheint sein Geist in ein dialektisches Drittes absorbiert, das jenseits der Polarität liegt und zugleich deren „Urgrund" ist. Dieser wird in den Upanishaden als das *brahman* bezeichnet, das identisch sei mit dem *ātman*, dem nicht personalen Seinskern der Seele.[4] Das brennende Feuer, von dem aus Ibrahims Blick in die Versenkung übergeht, verweist auf die Läuterung der *māyā*: Materie, Kausalität und Ego schmelzen als Illusionen gegenüber der erfahrenen Identität von *ātman* und *brahman* dahin.

Die Malerei entstand im Marathenreich des Dekkanhochlandes der Mitte des 18. Jahrhunderts. Ab 1657 war es dem hinduistischen Heerführer Shivaji (1630–1680) gelungen, dem schwächelnden Mogulreich Territorien abzuschlagen und in diesen ein hinduitisches Königtum zu begründen, das Schauplatz einer Sanskrit-Renaissance wurde.[5] Shivaji integrierte alte vedische Königsrituale in die Herrschaftssemiotik und führte Marathi als Hofsprache ein. Wichtige Säulen der Marathen waren die Wiederbelebung des brahmanischen Erbes ebenso wie die Förderung der Asketen. Brahmanische Einsiedler wie Samartha Ramdas (1608–1682) erlangten hohes Ansehen.[6] Vor diesem marathischen Hintergrund erklärt sich, dass der muslimische Mystiker in der vorliegenden Miniatur „sanskritisiert" wird: Die bereits in der Oudh-Fassung (Kat. Nr. 36) deutlichen Bezüge

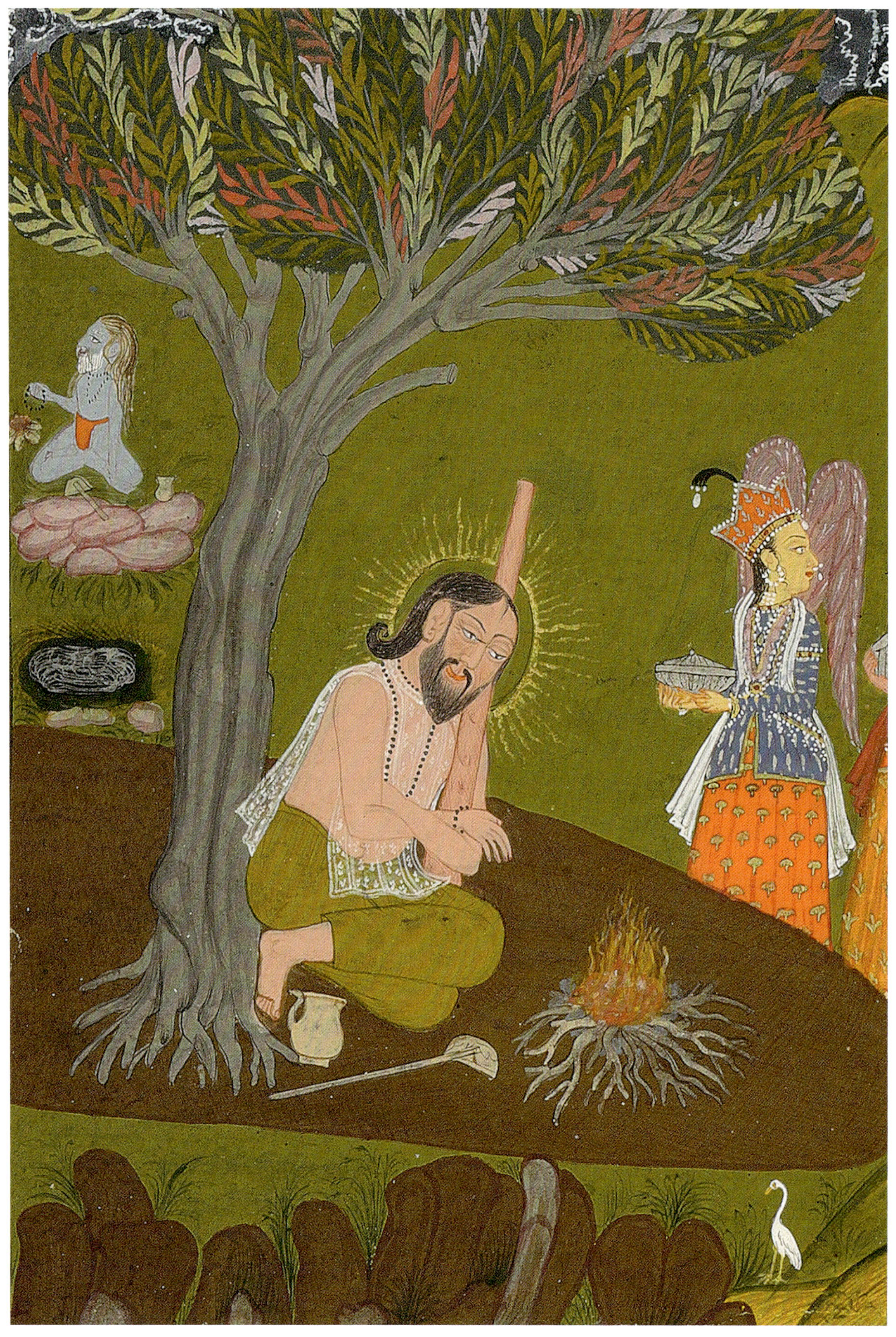

des Sujets auf die Sphäre des Yoga und der upanishadischen Mystik werden weiter entfaltet: Sufi und Yogi teilen sich das brahmanische Opferfeuer, die Schöpfkelle wie die *mālā* und erlangen auch ihre Ekstase auf gleicher Grundlage.

Sufisch-yogischer Synkretismus war im Dekkanhochland fest verankert: Die marathische Tradition feierte Dichterheilige, die wie Ekanath (1533–1599) brahmanischer Herkunft waren und zugleich intensiv mit islamischen Sufis in Austausch standen.[7] Vor allem aber entsprach es dem neuen kulturellen und politischen Selbstbewusstsein der Marathen, auch muslimische Heilige zu sanskritisieren und der eigenen wiederentdeckten Zeichensphäre einzuschreiben. Obwohl sich eine mächtige Hindu-Identität entfaltete, die den Bundesstaat Maharashtra bis heute prägt, praktizierte bereits der Dynastiegründer Shivaji interreligiöse Toleranz: Berühmt geworden ist ein Brief an Mogul Aurangzeb (reg. 1658–1707), in dem er zum Verhältnis von Islam und Hinduismus erklärte: „Gewiss sind Islam und Hinduismus voller Gegensätze. Doch der göttliche Maler gebraucht sie beide: Er mischt die Farben und füllt mit ihnen die Konturen auf. Wenn es eine Moschee ist, erklingt der Gebetsruf allein für Ihn, wenn es ein Tempel ist, werden die Glocken geläutet aus Sehnsucht nach Ihm."[8]

Die Metapher vom göttlichen Maler, der die Farben von Islam und Hinduismus mischt, ist in der vorliegenden Miniatur konkrete Ikonografie geworden: Die himmlischen Engel sind nach islamischem Empfinden züchtig bekleidet. Auch der ganz mit geflügelten Gestalten gefüllte Himmel hat Vorläufer in der islamischen Malerei, etwa in der nächtlichen Himmelsreise Mohammeds von Mekka nach Jerusalem. Zugleich aber ist der Schauplatz tief im Hinduismus verwurzelt und blickt zurück auf die Waldasketen der Upanishadenzeit.

M.W.

## Anmerkungen

1 | *Vgl. Lochtefeld 2002, S. 411 f.*
2 | *Vgl. Michaels 2012, S. 271 ff.*
3 | *Vgl. Frauwallner 1953/2003, 1, S. 47. Vgl. Michaels 2012, S. 287 ff.*
4 | *Vgl. Michaels 2012, S. 285 ff.*
5 | *Vgl. Kulke, Rothermund 2010, S. 265–269.*
6 | *Vgl. Gordon 1993, 2, S. 146.*
7 | *Vgl. Novetzke 2008, S. 141 f.*
8 | *Vgl. Brief von Chhatrapati Shivaji Bhonsale, in: Sorokhaibam 2013, S. 226.*

# 3.
# Pioniere und Brückenbauer

„Hinduismus" – mit diesem Kunstwort beschreibt die westliche Indologie einen vielgestaltigen Zusammenhang von Gotteslehre, Kult und Frömmigkeit, der aus den geistigen Anfängen Indiens hervorgeht und sich durch Jahrtausende hindurch fortentwickelt hat. Für Christen, die im 16. und 17. Jahrhundert nach Indien kamen, stellte dieses Gefüge eine Herausforderung dar: Es war nicht abrahamitischen Ursprungs. Ins Auge fielen überbordende Rituale, „abertausend Götter" und mythisches Dunkel – ein verwirrendes Gegenbild zum „Geist und Licht" des Evangeliums und zum Ordnungsanspruch katholischer Kirchlichkeit nach dem Konzil von Trient (1545–1563).

Und doch wurde diese Polarität bald brüchig: Das Erbe Indiens konnte auf manche, die genauer hinschauten, Anziehung ausüben. Pioniere wie Roberto de Nobili SJ und Heinrich Roth SJ bauten Brücken in dieses Erbe, indem sie das Sanskrit erlernten, Kultbilder zu lesen verstanden sowie Askese, Yoga und Metaphysik ergründeten. Ihr Ziel war es, das Evangelium nicht „vor den Toren", sondern im Inneren des Hinduismus zu verkünden. Bei diesem Vorgehen gerieten unweigerlich auch neue Farben und Klänge in die Verkündigung Christi: De Nobili, Roth und viele andere bahnten den Weg zu einem reibungsvollen, aber anregenden Dialog zwischen Hinduismus und Christentum.

Parallel erreichte der muslimisch-hinduistische Dialog einen Höhepunkt. Als Brückenbauer legendenhaft umstrahlt ragt die Gestalt des Mogulprinzen Dara Shikoh hervor, der aktiv für einen friedlichen Austausch zwischen abrahamitischer Offenbarung und der Weisheit der Hindus eintrat.

## 38 Dara Shikoh

Golkonda, um 1750
Deckfarben auf Papier
11,7 × 9,5 cm
Sammlung Marks-Thomée, Aachen

Die um 1750 im südindischen Golkonda gefertigte Miniatur zeigt einen der großen Pioniere des Dialogs zwischen Islam und Hinduismus im Indien des 17. Jahrhunderts – Dara Shikoh (1615–1659), Kronprinz und Sohn Shah Jahans (reg. 1627–1658). Wie kaum ein anderer Mogul setzte er seine Stellung ein, um die Gemeinsamkeiten zwischen den großen Religionen Indiens zu verstehen und fruchtbar zu machen.

Erzogen in einer Atmosphäre, welche die Beschäftigung mit Mystik hochschätzte, pflegte er schon in seiner Jugend intensive Verbindungen mit den Mystikern der islamischen Tradition: Mit fünfzehn Jahren wurde er in Lahore Schüler eines Shaikhs des *Qādirīya*-Ordens, dessen Gegenwart er ein Erleuchtungserlebnis zuschrieb.[1] Ab den 1640er-Jahren verfasste der Prinz eigene mystische Werke in der Nachfolge der Mystiker und Philosophen Ibn ʿArabi (1165–1240), Rumi (1207–1273) und Jami (1414–1492).[2] In seinem *Safīnat al-aulīyā'*, „Die Arche der Heiligen", von 1640 gab er die Lebensbeschreibungen islamischer Mystiker, während er im *Ḥasanāt al-ʿārifīn*, „Die Wohltaten der Mystiker", eine Sammlung ekstatischer Aussprüche bedeutender Sufi-Meister zusammenstellte.[3]

Zunehmend suchte Dara den Austausch auch mit hinduistischen Gelehrten und begab sich in die heilige Stadt der Hindus, Varanasi, um dort das Sanskrit zu erlernen. Sein religiöses Erleben nahm hierbei immer deutlicher synkretistische Züge an. In seinem *Risāla-i ḥaqqnumā*, „Wegweisung zur göttlichen Wahrheit", berichtete er 1646, wie er den *ḏikr*, die anhaltende Rezitation des Gottesnamens Allāh im Herzen, mit Atemtechniken des indischen Yoga verband.[4]

Auch sein Umfeld zeigte synkretistische Interessen: Mit Guru Har Rai (1630–1661), dem Führer der Sikh-Religion, die islamische und hinduistische Elemente verband, unterhielt er eine intensive Freundschaft. Seit 1632 stand der Kronprinz in engem Austausch mit einer der schillerndsten Persönlichkeiten des mogulischen Synkretismus, dem Mystiker Sarmad Kashani (um 1590–1661), einem jüdischen Armenier, der zum Islam konvertiert war. Kashani hatte die Thora ins Persische übersetzt und beschäftigte sich wie Dara intensiv mit der Mediationstechnik des indischen Yoga.[5]

Unter diesen vielfältigen Einflüssen wurde für Dara Shikoh das altindische Schrifttum der Upanishaden zur entscheidenden Entdeckung, das er erstmals 1640 bei einem Aufenthalt in Kaschmir studierte. Die zwischen dem 8. und dem 4. Jahrhundert v. Chr. verfassten Texte des *Vedānta* lehrten eine Metaphysik, in welcher das *brahman* – der absolute Weltgrund – und das *ātman* – ein nicht personaler Seinskern der Seele – identisch seien und die Verwirklichung dieser Identität *mokṣa*, Erlösung aus dem Kreislauf der Wiedergeburt, bedeute.[6]

1657 vollendete Dara Shikoh seine Übersetzung von 50 Upanishaden-Texten, die er vom Sanskrit ins Persische übertragen hatte, um sie unter dem Titel *Sirr-i akbar*, „Das unermesslich große Geheimnis", muslimischen Gelehrten zugänglich zu machen. Hierbei entwickelte Dara für tragende Begriffe der *Vedānta*-Lehre neue persische Terminologien.[7] Dies war eine herausragende wissenschaftliche Leistung, die der am Mogulhof seit der Zeit Kaiser Akbars (reg. 1556–1605) gepflegten interreligiösen Komparatistik neue Wege bahnte. Zugleich wirkte Daras Übersetzung fort bis in die Anfänge der modernen Indologie im europäischen 19. Jahrhundert: Die erste Übertragung der Upanishaden ins Lateinische durch den französischen Indologen Abraham Anquetil-Duperron (1731–1805) unter dem Titel „Oupnekʿhat, Id Est Secretum Tegendum", Paris 1801/02, griff auf die mogulische Übersetzung von 1657 zurück.[8]

Nicht weniger wichtig ist, dass Dara Shikoh die vedantische Metaphysik auch als muslimischer Gläubiger reflektierte: Mit den Upanishaden sei das im Koran genannte *Kitāb al-maknūn* (Sure 56,77–80), das „verborgene Buch", gefunden.[9] In dem kürzeren Werk *Majma-ul-Bahrain*, „Treffpunkt der beiden Meere", unterstrich er seine Erfahrung, dass Koran und *Vedānta* auf ein gleiches Göttliches hinführen und sich gegenseitig vertiefen können. Die Metapher von den sich verbindenden beiden Meeren war wiederum dem Koran entlehnt (Sure 18,60) und verwies auf eine Erzählung, in der Mose das Wasser des Ewigen Lebens entdeckte.[10]

Dara Shikohs interreligiöses Programm rief den Widerstand der *ulamā*, der orthodoxen sunnitischen Geistlichkeit, hervor. Nach der Niederlage eines durch den Prinzen befehligten Heeres in der Schlacht

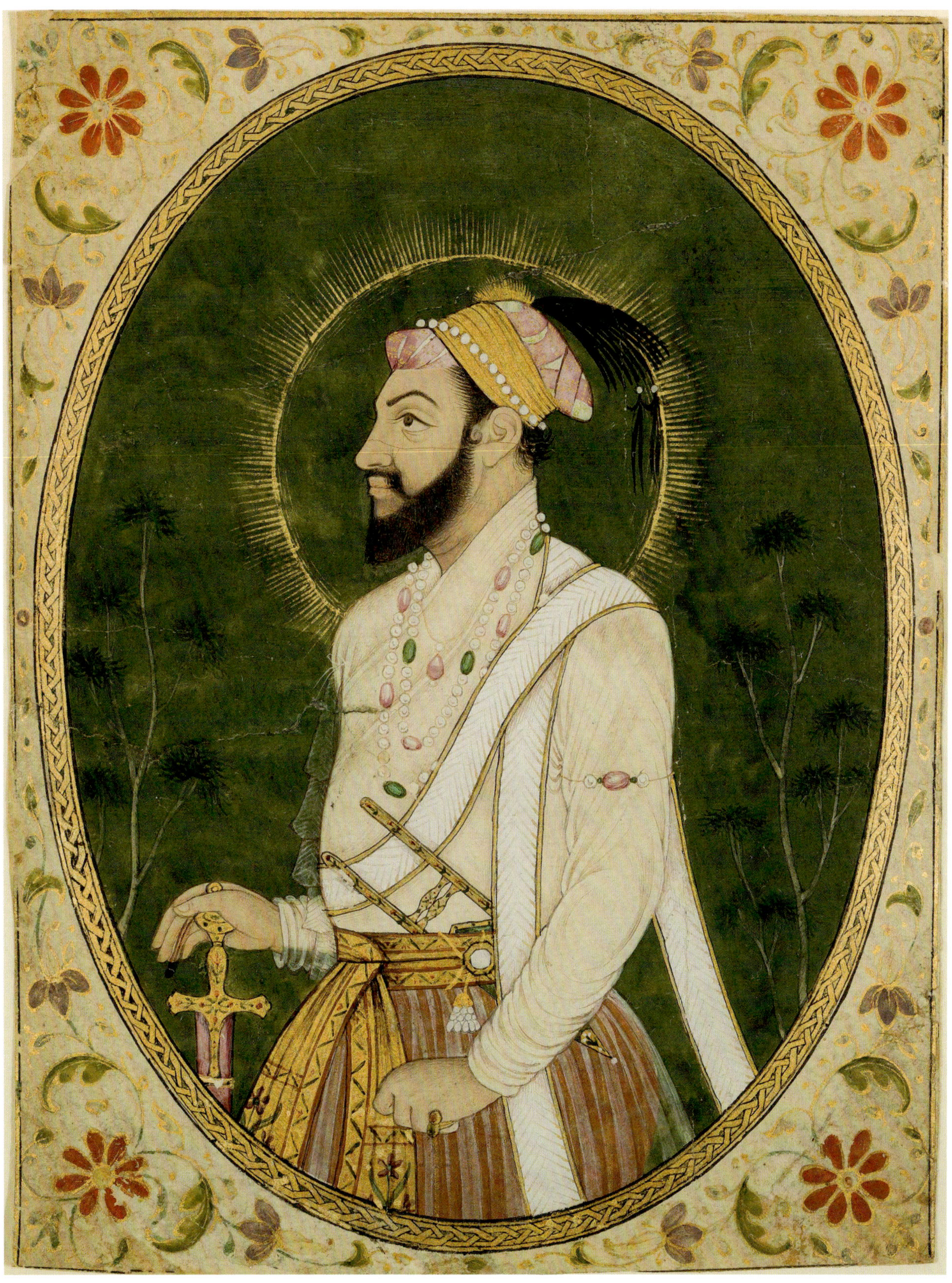

von Kandahar formierte sich am Hof eine starke Opposition: 1657 erhob sich Daras jüngerer Bruder Aurangzeb (reg. 1658–1707) gegen den Thronerben und bezichtigte diesen des Abfalls vom Glauben: Der zum *mulḥid*, Häretiker, erklärte Kronprinz wurde gefangengenommen und 1659 in Delhi hingerichtet. Als neuer Großmogul beendete Aurangzeb die liberale Religionspolitik seiner Vorgänger und suchte einen von synkretistischen Vermischungen bereinigten Islam durchzusetzen. Im Laufe seiner langen Regierungszeit veranlasste er die Zerstörung zahlreicher Hindutempel. Auch wurden hinduistische Schulen geschlossen, in denen Muslime zuvor von Brahmanen unterrichtet worden waren.[11]

Nach seiner Hinrichtung geriet die Gestalt Dara Shikohs nicht in Vergessenheit. Gerade in den südlichen Sultanaten wie Bijapur und Golkonda, die sich in der zweiten Hälfte des 17. Jahrhunderts einer aggressiven Expansionspolitik Aurangzebs ausgesetzt sahen, trug das Gedenken an Dara Shikoh politische Bedeutung. Der Mogulprinz wurde zur oppositionellen Identifikationsfigur, mit der sich die an diesen Höfen geförderten hindu-muslimischen Synthesen gegen die religionspolitische Konzeption Aurangzebs abstießen. Auch das um 1750 im südindischen Golkonda entstandene Bildnisblatt der Sammlung Marks-Thomée belegt die fortgesetzte Erinnerung an Dara Shikoh. Golkonda war 1687 von Aurangzeb erobert worden.[12] Als nach dessen Tod 1707 die Mogulherrschaft zerfiel, wurde 1724 – mit Hilfe des hinduistischen Marathenadels – ein neues Reich von Golkonda, der Fürstenstaat Hyderabad, gegründet.[13] Die Herrschaft der muslimischen Nizam-Dynastie hatte bis 1949 Bestand. Ihre Hofhaltung galt schon in der Mitte des 18. Jahrhunderts als eine der prächtigsten Indiens und versuchte an mogulische Residenzen in deren Glanzzeit anzuknüpfen.[14] Parallel zum Zerfall des Mogulreiches und mit dem Aufkommen neuer, glanzvoller Höfe wurde Dara Shikoh im 18. Jahrhundert ein Lieblingssujet indischer Miniaturmalerei: Neben idealisierten Porträtbildnissen und Darstellungen von Staatsritualen zeigen viele Malereien den Prinzen in andächtiger Audienz vor Sufis und Yogis. Zu diesem Zeitpunkt hatte die Gestalt Dara Shikohs längst legendenhafte Züge angenommen, in denen sich die geistige Eigenart und der kulturelle Höhepunkt des Mogulreiches um 1650 verklärten.

Das ovalgerahmte Profilbildnis der Sammlung Marks-Thomée zählt zur Reihe künstlerisch hochwertiger Porträts, die in diesem Zusammenhang entstanden, und gibt eine detailreiche Ansicht der luxuriösen Tracht des Mogulhofes mit elfenbeinfarbenem Obergewand, „luftgewebtem" Gazestoff sowie reichem Perlen- und Edelsteinschmuck. Auch der Turban ist mit Perlen geziert sowie kunstvoll aus Bändern dreier verschiedener Farben gebunden. Zum Kopfputz gehört die Kranichfeder, die der Maler mit den Goldstrahlen des Nimbus überlappen lässt, so dass sich die Raffinesse der Gewandung in der Anlage des Bildes spiegelt, wie es für Hofporträts der Mogulzeit charakteristisch war. Eine gedankenvolle Ergänzung mogulischer Vorlagen bietet die unbestimmte, tiefgrüne Waldlandschaft des Hintergrundes. Bewusst kontrastiert sie mit dem höfischen Luxus von Perlen und Seide und weist auf den „Garten Ramas und Laxmans"[15], die Welt der hinduistischen Waldeinsiedeleien, aus der die Upanishaden hervorgegangen waren. Hiermit wird implizit auch Daras Engagement um die *Vedānta*-Philosophie mit in das Porträt aufgenommen.

M.W.

## Anmerkungen

1 | *Vgl. Schimmel 2004, S. 135.*
2 | *Vgl. Schimmel 2000, S. 302.*
3 | *Vgl. Dabashi 2012, S. 204.*
4 | *Risāla-i ḥaqqnumā, in: Hasrat 1953, o.S. Vgl. Mahfuz-ul-Haq 1929, S. 8 f.*
5 | *Vgl. Katz 2000, S. 142 ff.*
6 | *Vgl. Michaels 2012, S. 285–289. Vgl. Frauwallner 1953/2003, 1, S. 46–52.*
7 | *Vgl. Dabashi 2012, S. 202.*
8 | *Vgl. Sinha 2014, S. 301 ff.*
9 | *Vgl. Mohammada 2007, S. 54 f.*
10 | *Vgl. Ganeri 2009, S. 182 ff. Vgl. Gadon 1986, S. 157.*
11 | *Vgl. Mukhia 2004, S. 25 f.*
12 | *Vgl. Kulke, Rothermund 2010, S. 266.*
13 | *Vgl. Eaton, Art. „Ḳuṭb Shāhī".*
14 | *Vgl. Pickthall, Asad 2002, S. 217 f.*
15 | *Vgl. Raghavan 2009, S. 170.*

# 39 Tīrthaṅkara Mahāvīra

Gujarat oder Zentralindien, 15.–16. Jahrhundert
Alabaster
Höhe: 36,2 cm, Breite: 26,0 cm, Tiefe: 13,0 cm
Religionskundliche Sammlung der Philipps-Universität Marburg, Kp 001

Die Alabaster-Statuette aus dem 15.–16. Jahrhundert präsentiert Mahāvīra, den großen Lehrer der Jainas – einer der ältesten, bis in die Gegenwart bestehenden religiösen Gruppen Indiens. Mahāvīra wurde der Überlieferung zufolge 599 v. Chr. geboren und starb 527 v. Chr. Sein Leben verbrachte der Zeitgenosse Buddhas als nackter Wanderasket und Prediger im heutigen Bihar. Er gilt den Jainas als letzter einer Reihe von 24 *Tīrthaṅkaras*, „Furtbereiter", durch welche die jainistische Erlösungslehre bis in das gegenwärtige Zeitalter überliefert worden sei.[1]

Im Zentrum der Lehre steht der Gedanke, die ewigen Einzelseelen, *jīvas*, seien durch Anhaftung an die sinnliche Welt mit Karman-Materie verunreinigt. Askese, besonders der Verzicht auf Gewalt und Schädigung von Lebewesen, läutere die Seele und erwirke Befreiung aus dem Kreislauf der Neuverkörperung. Hierauf zielt auch die Innenschau, *dhyāna*, wie sie die Statuette des Mahāvīra zeigt: Meditation gilt den Jainas als Instrument, karmisches Anhaften zu blockieren und stattdessen die Reinheit des unwandelbaren Seelenkerns *ātman* zu erfahren. Der Meditierende strebt nach einer Stillung, der gegenüber nicht nur die unbändige Leidenschaft oder die Denktätigkeit der Seele, sondern noch ihre subtilsten „spirituellen" Empfindungen ein materielles Phänomen seien, das letztlich von der Erlösung ablenke.[2]

Die Radikalität der Jain-Religion spiegelt sich in ihrer Kunst. Um den Frieden des von karmischer Anhaftung reinen *ātman* auszudrücken, verzichten Darstellungen der *Tīrthaṅkaras* auf mimischen oder emotionalen Ausdruck. Konsekriert wurden Jain-Bildnisse in einem aufwändigen Ritual, bei dem ein angesehener Mönch die Augen des *Tīrthaṅkara* mit einer Paste von Juwelen bestrich, um an den Moment des geistigen Erwachens zu erinnern.[3] Die „Furtbereiter" werden regungslos in vollkommener Symmetrie dargestellt, entweder in stehender – *kāyōtsarga* – oder in sitzender Meditation, wie der Marburger Mahāvīra, in der *padmāsana*-Haltung.[4]

Für die Jesuiten waren die Statuen meditierender Jainas einer der ersten großen Eindrücke auf dem Weg durch das Mogulreich: Im November 1579 waren die Patres von Goa aus auf Einladung des Großmoguls Akbar (reg. 1556–1605) an dessen Hof nach Agra aufgebrochen, um an den dortigen Religionsgesprächen teilzunehmen und das Christentum zu vertreten.[5] Auf dem Weg über Ujjain und Mandu nach Norden passierten die Patres die alte Fürstenstadt Gwalior. Mit seinen über zwanzig Jain-Tempeln und zahlreichen Kolossaldarstellungen meditierender *Tīrthaṅkaras* war das Fort seit dem 7. Jahrhundert und bis zu seiner Eroberung durch den Mogul Babar 1527 ein Zentrum der Jain-Religion gewesen. Bei Erkundungen kamen die Patres vor einer Folge von monumentalen, aus der Felswand gehauenen Steinskulpturen zu stehen. Diese zeigten die erleuchteten *Tīrthaṅkaras* der Jainas in der *padmāsana*- oder in der *kāyōtsarga*-Haltung und waren im 15. Jahrhundert aus Sandstein gehauen worden.[6]

In seinem „Commentarius" gab der portugiesische Pater Antonio Monserrate (gest. 1600) einen staunenden Bericht: Die Jesuiten monierten zwar die grobe Behauung der Kolosse, schreckten aber nicht vor einer gewichtigen Identifizierung zurück, indem sie eine Gruppe von dreizehn Statuen, die sie ausmachten, als Darstellung der zwölf Apostel um Christus deuteten.[7] Unkundig der Tatsache, dass es sich um Repräsentationen der 24 Erlöser des Jainismus handelte, wurde hier das Bildnis eines Mahāvīra als wahrscheinliche Darstellung Jesu Christi gedeutet.

Die Episode markiert eine allmähliche Verschiebung im Prozess interreligiöser Begegnung. Jesuiten begannen, Kunstwerke indischer Religionen zu lesen und Empathie für fremdartige Konfigurationen des Sakralen und Heilenden zu entwickeln. Der jesuitische Blick wurde bereit, in der Darstellung eines meditierenden, Frieden erlangenden und vermittelnden Erlösers Spuren einer historisch früheren Verkündigung Jesu Christi zu erkennen. Hiermit bewältigten die Missionare die Erfahrung, dass sowohl die fremden religiösen Konzeptionen als auch ihr künstlerischer Ausdruck eine komplex entwickelte Geistigkeit bezeugten.[8]

Als die jesuitische Delegation um Pater Monserrate nach Fatehpur Sikri an den Hof Akbars kam, traf sie dort auf zahlreiche Jainmönche, die hohe Wertschätzung des Mogulkaisers genossen: Besonders der Mönch Hiravijaya (1526–1595) empfing als Vermittler alter Sanskrit-Kultur und geistlicher Inspirator kaiserliche Ehren.[9]

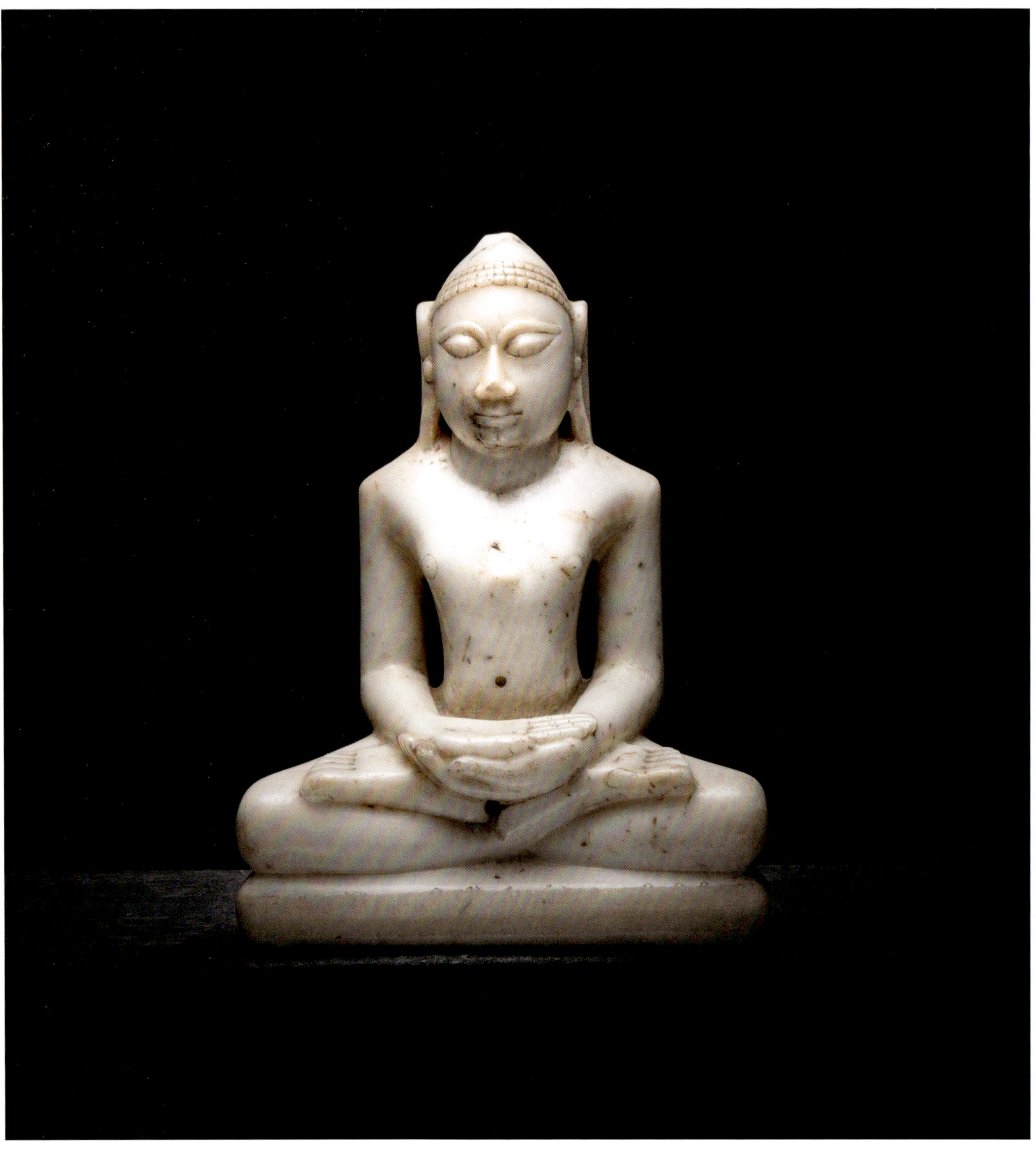

Akbars strenger Vegetarismus wird dem Einfluss seiner Jain-Lehrer zugeschrieben. Seit der Annexion Gujarats 1573 – einer Landschaft im Westen Indiens mit großer Jain-Bevölkerung – betrachteten die Jains Akbar als Schutzherrn ihrer Gemeinschaft. 1583 kam eine Gruppe von 67 Mönchen des *Śvetāmbara*-Ordens nach Fatehpur Sikri und vermochte es, sich prominent in die Religionsgespräche zwischen Muslimen, Hindus und Christen in Akbars *ibādat khāna* einzubringen.[10] Auch politisch erlangten die Jains die Gunst des Kaisers, der zahlreiche *farmān* erließ, die für hohe Jain-Feste wie den Geburtstag Mahāvīras Tierschlachtungen verboten und die Befreiung von Vögeln gleicherweise wie von Gefangenen veranlassten. Die im islamischen Gesetz für „Ungläubige" vorgeschriebene Dschizya-Steuer wurde im Fall der Jain-Wallfahrtsstätte Palitana in Gujarat an das Heiligtum rückgeleitet.[11]

Inwieweit sich in Fatehpur Sikri auch Jains und christliche Missionare näher verstehen lernten, lässt sich anhand der westlichen Berichte um 1580 nicht erschließen. Erst 1608 folgen weitere Nachrichten in der „Histoire", einer Sammlung von Missionsberichten des französischen Jesuiten Pierre du Jarric (1566–1617): 1594 hatten zwei Jesuitenpatres ein Jain-Kloster nahe Cambay, Gujarat, besucht.[12] Hier hätten die Patres vor 50 *Śvetāmbara*-Mönchen das Evangelium verkündet.[13] Als auffällig berichteten die Jesuiten, wie die Jain-Gemeinschaft sich geduldig die fremde Lehre angehört und mit zugewandter Sympathie sogar der Widerlegung ihrer eigenen Glaubenslehre beigewohnt hätte. Die Patres schrieben dies der „Schönheit des Evangeliums" zu, dessen Geist sich bei den weiß bekleideten Asketen rasch fruchtbar zeige. Auch von Seiten der Laiengläubigen hätte man „Wohlwollen und Liebe" erfahren: Die Patres fühlten sich bei den „Heiden Gujarats" gleichsam unter vorbildliche Christen, „gar die frömmsten Europas" versetzt.[14]

Dass die den Missionaren entgegengebrachte Toleranz Ausdruck jainistischer Ethik war, ist von den Jesuiten zu diesem frühen Zeitpunkt noch nicht verstanden worden. Kulturelle Praktiken wie Hospitäler für verwundete Vögel oder das Mundtuch, mit dem Jainmönche das Töten von Kleinstlebewesen durch Einatmung verhindern wollen, erschienen den Patres als heidnischer Irrweg. Den christlichen Missionaren fiel besonders ins Auge, dass diesen Maßnahmen keine dem Menschen zugewandte Caritas zur Seite stehe. Andererseits bezeugten die jainistischen „Absurditäten" eine eigene Art von Frömmigkeit, die für manches Evangelienwort wertvolle Brückenschläge ermögliche.[15]

Die Ambivalenzen in du Jarrics Bericht aus Cambay 1594 sind darin begründet, dass in dieser frühen Phase der Begegnung die Kenntnisse der Jesuiten vom Jainismus allenfalls bruchstückhaft waren. Wie sich die fremdartigen Jain-Praktiken zu einem konsistenten religiösen System mit klar definierten Begriffen von Seele, Materie und Erlösung verbanden, lag 1594 jenseits der Möglichkeiten des Verstehens westlicher Beobachter. Erst die nachfolgenden Generationen von Missionaren sollten in diesem Punkt weiterkommen: Sie gingen daran, die geistlichen Lebensformen und Gemeinschaften, auf die sie trafen, von innen her, in ihrem impliziten Sinnempfinden, verstehen zu wollen. Dies gilt für den Jesuiten Heinrich Roth (1620–1668) und seine nordindischen Forschungen zu den Textgrundlagen von Yoga und Meditation ebenso wie für den Jesuiten Constanzo Beschi (1680–1747) und den protestantischen Missionar Bartholomäus Ziegenbalg (1682–1719), die sich in Südindien intensiv mit dem Jainismus auseinandersetzten und dessen Stellung in der indischen Religionsgeschichte erforschten.[16]

M.W.

## Anmerkungen

1 | *Vgl. von Glasenapp 1925/1999, S. 29–37. Vgl. Frauwallner 1953/2003, 1, S. 158–167. Vgl. Kulke, Rothermund 2010, S. 72.*

2 | *Vgl. Dundas 2002, S. 166 ff. Vgl. Bronkhorst 2016, S. 38.*

3 | *Vgl. Cort 2006, S. 73 f.*

4 | *Vgl. Zimmer 1953, S. 209–210.*

5 | *Vgl. Neil 1984, S. 169–175.*

6 | *Vgl. Monserrate (1580) 2003, S. 23 f.*

7 | *Vgl. ebd., S. 24.*

8 | *Über den jesuitischen Versuch, ein christliches Königreich des Altertums mit Sitz in Delhi nachzuweisen, vgl. Monserrate (1580) 2003, S. 95 ff.*

9 | *Vgl. Jain 2012, S. 35 ff.*

10 | *Vgl. Waardenburg 2013, S. 116.*

11 | *Vgl. Mehta 1992, S. 58 f.*

12 | *Saurashtra im heutigen Bundesstaat Gujarat mit dem Golf von Kachchh und dem Golf von Khambhat ist ein Hauptverbreitungsgebiet des Jainismus und weist seit dem 6. Jahrhundert eine hohe Dichte an Jain-Heiligtümern auf: Neben den Tempel- und Klosteranlagen auf dem Girnar ist besonders der heilige Berg Palitana mit zahlreichen Heiligtümern zu nennen. Die Portugiesen unterhielten an den Küsten Gujarats die wichtigen Handels- und Missionsstützpunkte Daman (seit 1531) und Diu (seit 1535).*

13 | *Vgl. du Jarric 1608, S. 495 f.*

14 | *Vgl. ebd.*

15 | *Vgl. ebd.*

16 | *Vgl. Orr 2009, S. 263 ff. Vgl. Williams 1977, S. 259 ff.*

## 40 „Pro Exercicio literis Indicis"

In: Kircher, China illustrata, Amsterdam 1667
Heinrich Roth
Agra, verfasst um 1660
39,7 × 27,0 cm
Universitätsbibliothek Tübingen, Fo XXII 2.2

Das Blatt ist der Nachdruck einer handschriftlichen Einführung in die *Devanāgarī*-Schrift, verfasst um 1660 von Heinrich Roth (1620–1668), dem Rektor des Jesuitenkollegs im nordindischen Agra. Unter dem Titel „Elementa Lingua Hanscret seu Brahmanica" verband Roth die Vokal- und Konsonantenzeichen des Sanskrit mit lateinischen Lettern und öffnete damit einen Zugang zur heiligen Sprache des Alten Indien und seinem nahezu dreitausendjährigen literarischen Erbe. Den Abschluss der „Elementa" stellt die hier gezeigte Seite mit einer Übertragung der lateinischen Gebete des *Pater Noster* und des *Ave Maria* in die entsprechenden Lautzeichen des Sanskrit dar. Herausgeber dieser „in manu Patris Rothii eleganta descripta elementa" ist der deutsche Jesuit Athanasius Kircher (1602–1680), der die Forschungen Roths in sein Werk „China Illustrata" von 1667 aufnahm. Dieses Großkompendium stellt mit ausführlichen Berichten zur Kultur und Religion Chinas und Indiens eine Summe jesuitischer Asienforschung bis 1660 dar (Kat. Nr. 41, 49).[1]

Heinrich Roth wurde 1620 in Dillingen geboren und trat 1639 in das Jesuitennoviziat von Landsberg ein. Nach Studien der Rhetorik, Philosophie und Theologie unter anderem in Dillingen und München empfing er 1649 in Eichstätt die Priesterweihe. Noch im gleichen Jahr wurde Roth zur Mission nach Indien entsandt, kam auf dem Landweg über Ishfahan und Salsette nach Goa und zog von dort in das Sultanat Bijapur weiter, wo er einem portugiesischen Gesandten als Dolmetscher diente. 1653 wurde er nach Agra an die Residenz der Mogulkaiser versetzt, wo er fünf Jahre später die Leitung des dortigen Jesuitenkollegs antrat.[2]

Das besondere Interesse des Jesuiten galt dem Hinduismus: Auf Reisen durch Nordindien folgte der Pater den Pilgern zu ihren Wallfahrtsstätten und beobachtete Rituale und Frömmigkeit. Hervorzuheben ist sein Augenmerk auf die Brahmanen als Träger hinduistischer Wissenskultur. In engem Austausch mit ihnen erlangte Roth wie kaum ein Europäer zuvor Zugänge zu Kult, Kunst und Theologie des nordindischen Hinduismus und erlernte schließlich das Sanskrit. Als erster Europäer verfasste er 1660–1662 eine lateinische Grammatik des Sanskrit. In dieser „Grammatica linguae Sanscretanae Brachmanum Indiae Orientalis" systematisierte Roth den grammatischen und lexikalischen Reichtum anhand ausgewählter Passagen des *Sārasvatavyākaraṇa*, eines philosophisch-metaphysischen Textes.[3] Auch die erhaltenen Vorarbeiten zu einem Sanskrit-Latein-Wörterbuch und eine Studie zur *Vedānta*-Metaphysik weisen Roth als Pionier einer frühen jesuitischen Indologie aus, die Mitte des 17. Jahrhunderts ein Niveau erreichte, das erst in der akademischen Indienwissenschaft des europäischen 19. Jahrhunderts fortgeführt wurde.[4] In den späten 1650er-Jahren erstellte Roth zudem die Abschrift des *Vedāntasāra*, eines metaphysischen Textes der Śaṅkara-Schule, die der Jesuit mit lateinischen Kommentaren versah und für eine Drucklegung in Europa vorbereitete.[5]

1662 reiste Roth zusammen mit dem Jesuiten Johann Grueber (1623–1680), der aus Peking zurückkehrte, auf dem Landweg über Kabul nach Rom, wo er am 20. Februar 1664 eintraf. In Wien warb Roth bei Kaiser Leopold I. (reg. 1658–1705) erfolgreich um Unterstützung für die Drucklegung seiner Sanskrit-Grammatik, die jedoch durch den Ordensgeneral Giovanni Paolo Oliva (reg. 1664–1681) verhindert wurde, der Roth zu einer Missionsreise nach Nepal entsandte. Über Konstantinopel und Surat gelangte Roth erneut nach Agra, wo er 1668 vor seinem Aufbruch nach Nepal starb. Roth liegt in der Padri-Santos-Kapelle des Vororts Lashkarpur begraben.[6]

Während Roths letzter Reise nach Indien kam es zu einer folgenreichen Vertauschung des Reisegepäcks: Auf dem Weg zum Bosporus passierten Grueber und Roth das albanische Scutari, wo Grueber erkrankte und Roth beschloss, allein nach Istanbul aufzubrechen. In der Eile des Aufbruchs gerieten Roths Forschungsaufzeichnungen in das Reisegepäck seines Ordensbruders.[7] Grueber übersandte das Konvolut nach Rom, wo Athanasius Kircher im Collegio Romano einzelne Passagen aus Roths Arbeiten in seine enzyklopädische Abhandlung „China Illustrata" aufnahm. Durch den Verlust der Manuskripte konnte Roth in Agra die unvollendeten Arbeiten nicht mehr weiterführen.[8] Der überwiegende Teil der Manuskripte verblieb unpubliziert im römischen Kolleg. Die Sanskrit-Grammatik und die

Pro Exercitio huius Linguæ ponam hic Pater noster Literis Indicis scriptum.

*Pater noster qui es in cœlis Sanctificetur*

यातिर नोस्तिर की एस इन सेलिस सक्तीफीसतुर

*nomen tuum adveniat regnum tuum fiat voluntas*

नामिन तूवम अद्वेन्यत रेग्नुम तूवम फीअत वोलुन्ताम

*tua sicut in coelo et in terra panem nostrum*

तूा सीकुत इन सेलु एत इन तेर्र यातिम नोस्त्रुम

*quotidianum da nobis hodie et demitte nobis*

कुतीदिअनुम दा नोविस होदीए एत दीमिते नोविस

*debita nostra sicut et nos dimittimus debitoribus*

देविता नुस्त्रा सीकुत एत नोस दीमित्तिमुस देवितोरिवुस

*nostris et ne nos inducas in tentationem sed*

नुस्त्रिस एत ने नोस इन्दूकस इन तेन्ततीओनिम सेद

*libera nos à malo Amen.*

लीविरा नोस आ मालु आमिन

## Ave Maria

*Ave Maria gratia plena Dominus tecum benedicta*

आवे मारीआ ग्रसीअ प्लेना दोमिनुस तेकुस वेनेदिक्त

*tu in mulieribus et benedictus fructus ventris*

तू इन मुलीएरीवुस एत वेनिदिक्तुस फुकुस विंत्रिस

*tui Jesus Sancta Maria mater Dei ora*

तूई ईएसुस साक्ता मारीआ मातिर देई ओरा

*pro nobis peccatoribus nunc et in hora*

प्रो नोविस पेकातोरिवुस नुंक एत इन होरा

*mortis nostra Amen.*

मोर्तीस नोस्त्र आमिन

Bbb

Abschrift des *Vedāntasāra* wurden im Museum Kircherianum des Collegio Romano ausgestellt, bis sich ihre Spur Ende des 18. Jahrhunderts verlor. 1967 fand der Franziskaner Arnulf Camps OFM die Blätter in der Biblioteca Nazionale in Rom wieder.[9]

Durch die nicht erfolgte Drucklegung der Sanskrit-Grammatik und der Studien zur brahmanischen Literatur blieb ein Großteil der philologischen und religionskundlichen Forschungen des Jesuiten ohne Wirkung auf den europäischen Indiendiskurs. Erst in der zweiten Hälfte des 20. Jahrhunderts wurde Roths Pionierleistung wiederentdeckt.[10]

Roths *Ave Maria* in Sanskrit-Lauten ist ein wertvolles Dokument christlich-hinduistischer Beziehungsgeschichte. Roths Absicht war es nicht, brahmanischen Lesern eilig die Lautfolge des lateinischen *Ave Maria* zu vermitteln, sondern christlichen Gelehrten das Sanskrit leichter zugänglich zu machen. Noch vor dem Studium authentischer Sanskrit-Texte sollte das Lesen der komplizierten, auf über 50 Zeichenkombinationen zurückgreifenden Letternbildung anhand klanglich vertrauter, lateinischer Gebetstexte erprobt werden.

Roths philologisches Engagement zielte auf Zugang zu theologischen Inhalten: Sein besonderes Interesse galt der Literatur der *Advaita*-Mystik. Das von Roth kommentierte und offenkundig zur Drucklegung vorbereitete *Vedāntasāra*, entstanden im 15. Jahrhundert, ist ein advaitischer Initiationstext par excellence.[11] *A-dvaita* bedeutet „Nicht-Zweiheit" und bezeichnet die Lehre des Adi Śaṅkarācārya (um 788–820). Diese herausragende Gestalt der indischen Geistesgeschichte formulierte im frühen 9. Jahrhundert auf dem Fundament der Upanishaden-Texte, dass die einzige Realität das *brahman* sei und dass dieser unpersönliche, unwandelbare Weltgrund identisch mit dem *ātman*, dem innersten Selbst jedes Wesens sei. Ego-Natur und Phänomene von Dualität oder Polarität seien leidbringende *māyā*, Illusion, die durch die Erkenntnis absoluten Nicht-Zweiseins der Wirklichkeit zu überwinden seien.[12]

Die 1650er-Jahre markieren einen Höhepunkt der Beschäftigung nicht-hinduistischer Rezipienten mit dieser Lehre. Wie der Mogulprinz Dara Shikoh (1615–1659), der 1657 50 Upanishaden ins Persische übersetzte, erarbeitete Roth lateinische Äquivalente für wichtige *Advaita*-Terminologien, um diese für ein gelehrtes europäisches Publikum verständlich zu machen. Neben philologischer Präzision nutzte dem Jesuiten hierbei seine Empathie, die ihn erkennen ließ, wann die Texte ihr Wesentliches aussprachen. Dies waren gerade solche Stellen, in denen sich hohe philosophische Abstraktion und konkrete psychologische Beobachtung verbanden. Den zentralen Sanskrit-Terminus für das ersehnte Ziel der Befreiung von Dualität, *satcitānanda*, übersetzt Roth als „Indivisum, vero, menti quietae verbo et corde inaccessum Ens", als „ein Ungeteiltes, ein Seiendes, das von einer Geistesstille ist, die dem Wort und dem Herzen unerreichbar ist".[13]

Roth war auf einen pan-indischen geistigen Nukleus gestoßen, der im Zentrum einer Vielzahl von theologischen Argumentationen in Hinduismus, Buddhismus und Jainismus stand. Das von Roth umkreiste *satcitānanda* bot den gedanklichen Schlüssel zum tieferen Verständnis vielfältiger religiöser Ausdrucksformen Indiens, gar ganz Asiens. Religionsgeschichtlich stand es in Zusammenhang mit der Versenkung des Mahāvīra (Kat. Nr. 39) ebenso wie jener des Ibrahim von Balkh in den Miniaturen aus Oudh und Maharashtra (Kat. Nr. 36, 37). Ohne den von Roth beschrittenen Weg zu einer tieferen Sanskrit- und *Vedānta*-Kunde waren genuin indische Sinnfiguren in Askese und Kult, Kunst und Mythos für christliche Europäer nur von der Oberfläche her beschreibbar und mussten in ihrer Eigenlogik unverständlich bleiben. Demgegenüber suchte Roth nach einer Brücke zwischen östlicher und westlicher Philosophie: Er bezog das *satcitānanda*, nach dem sich die Versenkungen des Yoga ausspannen, auf das „indivisum Ens", das „ungeteilt Seiende" des Aristotelismus, behielt andererseits aber die charakteristischen Eigenarten des *Vedānta* in Metaphysik und Psychologie im Blick: Die yogische „mentis quies" beschrieb der Jesuit so, dass diese weder dem „Wort" noch dem „Herzen" zugänglich, dem Menschen aber dennoch erlangbar sei – in einer Binnenregion seines seelisch-geistigen Vermögens, die jenseits von diskursivem Verstand und schwankenden Emotionen liege und die zu entdecken eben das Yoga sich anstrenge.[14] Ein Abgleich mit entsprechenden Versen der *Bhagavad-gītā* erweist Roths lateinische Entschlüsselung des *satcitānanda* als tragfähig: „Wer jedes Dinges Einzelsein / in e i n e m Geist vereint erblickt / Aus dem das All entfaltet ist / der wird zum Brahma einst entrückt" (Bg. 13,30); „‚Das Licht an einem stillen Platz / Das nicht des Windes Hauch bewegt' / Ein Gleichnis für den Yogi ist's / […] / Wenn man durchs Selbst das Selbst erschaut / Und ruhig sich am Selbst erfreut / Wenn man des Geistes höchste Lust, / Die übersinnliche erreicht / Die schwer nur die Vernunft erfasst / Und nicht mehr von der Wahrheit weicht, / Wenn man davon ergriffen weiß: / ‚Es gibt nicht größeren Gewinn' / Wenn man in ihm beharrt im Leid / Mit unerschüttert festem Sinn – / Das nennt den wahren Yoga man" (Bg. 6, 9–23).[15] Verglichen mit Jesuiten des 17. Jahrhunderts, die, wie Kircher in Rom und du Jarric in Toulouse, die diversen Missionsberichte auswerteten und den Hinduismus von Europa aus als verworrenes Heidentum beschrieben, hielt sich Roth zurück mit Verurteilungen. Aus der Einfühlung Roths als Übersetzer spricht – im Mindesten – Respekt vor den verhandelten Überlieferungen. In einer für Jesuiten in Asien charakteristischen Weise verband sich bei Roth die missionarische Sendung notwendigerweise mit Empathie für die Geisteskulturen, denen er begegnete. Dem Evangelium Jesu konnten mehr Brücken nach Indien gebaut werden, wenn das Ringen um Seinstiefe, das aus dem Konzept des *satcitānanda* sprach, ernst genommen wurde und es gelang, gerade auf diesem Grund die Fülle der Verkündigung Jesu zu beschreiben.[16]

M.W.

## Anmerkungen

1 | *Vgl. Mitter 1977, S. 57.*

2 | *Vgl. Dharampal-Frick 1994, S. 89. Zur Biografie Roths vgl. Euringer 1918. Vgl. Roth, Mss. Or. 171, 172, S. 90–97.*

3 | *Vgl. Roth, Mss. Or. 171, 172, S. 97 ff.*

4 | *Vgl. Dharampal-Frick 1994, S. 90.*

5 | *Roth, Mss. Or. 171, 172, S. 16 ff.*

6 | *Vgl. Dharampal-Frick 1994, S. 91 f.*

7 | *Vgl. Neil 1984, S. 418.*

8 | *Vgl. Zimmel 1957, S. 176.*

9 | *Vgl. Camps 2000, S. 75–78.*

10 | *Vgl. Dharampal-Frick 1994, S. 91 f.*

11 | *Vgl. Filliozat 2011, S. 22 f. Vgl. Neil 1984, S. 417 f.*

12 | *Adi Śaṅkarācārya entstammte einer Brahmanenfamilie im südindischen Kerala. Während seiner etwa dreißigjährigen Lebenszeit verteidigte er in theologischen Lehrgesprächen die altindische Metaphysik der Upanishaden gegen Buddhisten und leitete traditionellen Hindu-Praktiken neue theologische Tiefe zu. Die Hagiografie schreibt ihm ein Wanderleben zu, das ihn als Lehrer durch ganz Indien führte, bis er im Himalaya in Kedarnath verstarb. Er selbst oder seine vier Schüler sollen Klöster gegründet haben: In Kanchipuram im Süden, in Dwarka im Westen, in Puri im Osten und in Joshimath im Himalayavorland. Die Äbte dieser* maṭhas *führen noch heute den Titel* Śaṅkarācārya. *Vgl. Michaels 2012, S. 296 f. Kulke, Rothermund 2010, S. 180 f.*

13 | *Filliozat 2011, S. 26.*

14 | *Zur jesuitischen Begegnung mit dem Yoga im 17. Jahrhundert vgl. Beitrag Wehnert, S. 43 ff. Zur christlichen Rezeption von Yoga und* Vedānta *in der Moderne vgl. Beitrag Renz, S. 73 f.*

15 | *Übersetzung Robert Boxberger, vgl. Bhagavadgītā, S. 84 (Bg, 13,30) und S. 49 (Bg. 6, 9–23).*

16 | *Zur christlichen Rezeption des* satcitānanda *bei Henri Le Saux ab den 1950er-Jahren vgl. Kat. Nr. 54, 55.*

# 41 „Machavtar", „Barachavtar"

In: Kircher, La Chine illustrée, Amsterdam 1670
Heinrich Roth (Zeichnung)
Nordindien, um 1660
Kupferstich auf Papier
Bilddruck: 15,0 × 11,8 cm
Württembergische Landesbibliothek Stuttgart, Ra 17 Kir 2

Der Bilddruck geht auf Zeichnungen zur hinduistischen Mythologie des süddeutschen Jesuiten Heinrich Roth (1620–1668) zurück, die dieser während seiner Zeit als Rektor des Jesuitenkollegs in Agra 1658–1662 anfertigte. In der linken Illustration ist der Allgott Vishnu in seiner fischgestaltigen Verkörperung als Matsya zu sehen. Mit erhobenem Schwert hat er in einer Seeschlacht einen Dämon besiegt, dessen abgeschlagener Kopf auf dem Wasser schwimmt. Der Dämon hatte Brahma, der oben mit drei Köpfen und einer Lotosblüte dargestellt ist, die heiligen Offenbarungsschriften geraubt. Diese Veden gibt Vishnu dem Brahma zurück: Es handelt sich um die kleinen Bücher, die vor Brahma liegen und von der Hand des Retters emporgehoben werden. Die vier anbetenden Gestalten stellen Angehörige der Brahmanenkaste dar.

Die rechte Illustration zeigt Vishnu als Varaha. In dieser Verkörperung mit dem Haupt eines Ebers hat er einen hirschgestaltigen Dämon besiegt, der zuvor die Erdgöttin entführt hatte. Mit gezücktem Schwert balanciert Varaha auf seinen Hauern und seiner Stirn die Verkörperung der Erde.[1]

Beiden Illustrationen sind in Sanskrit-Lettern der Name der jeweiligen Verkörperung sowie – in lateinischer Schrift – die Bezeichnungen „Machavtar" und „Bharachavtar" beigegeben. Die Kapitalen verweisen auf eine zugehörige Bildlegende, in der unter anderem für das „A" im linken Bild die Fischgestalt des Gottes mit dem griechischen Wort „Ixtiomorpha", der „Fischgestaltige", verbunden wurde. Das „C" in der rechten Illustration wird als „A Deo in porcum transmutato occiditur" aufgelöst – „von dem in ein Schwein verwandelten Gott getötet".[2]

In den oberen Bildkanten verweisen die Ziffern „III" und „IV" auf die Position der Täfelchen in einer Reihe von acht weiteren Illustrationen mit Bildlegende und kurzer Einführung in den jeweiligen Mythos. Roth versammelte die zehn *avatāra*, „Herabkünfte", des Gottes Vishnu. Die Idee, dieser Allgott habe sich bereits neunmal in der geschöpflichen Welt verkörpert, um das Böse zu besiegen und das Gute zu begründen, und werde es zum Ende der Welt ein zehntes Mal tun, ist ein zentrales Glaubensgut der Vaishnavas, einer der Hauptströmungen des Hinduismus.[3] Roths knapper Vaishnava-Traktat hat im späteren 17. Jahrhundert immer wieder interessierte Kommentatoren gefunden, wobei auch die in der Ausstellung gezeigten Bilddrucke neu verlegt wurden.[4]

Während seiner Zeit als Rektor des Jesuitenkollegs von Agra hatte Roth vielfach Gelegenheit, die nahe gelegene, den Hindus heilige Stadt Mathura zu besuchen.[5] Hier, im Herzland der Vaishnava-Frömmigkeit, ließ sich Roth in die Theologie und Mythologie des Gottes Vishnu einführen und verfasste auf Basis dieser Kenntnisse seinen Traktat.[6] Von besonderem Interesse ist die theologische Offenheit, mit der Roth den „heiligen Geschichten" der Vaishnavas begegnete, um in ihnen Äquivalente zu christlichem Glaubensgut zu entdecken. Das Konzept des *avatāra*, der „Herabkunft" eines Gottes, übersetzte Roth als „incarnatio". Hiermit begriff der Jesuit die *avatāra* Vishnus als strukturelle Analogie zur Menschwerdung Gottes in Jesus Christus. Besonders für jene Avatare, in denen Vishnu als vollkommener Mensch und Vorbild sittlicher Reinheit geboren wird, betonte Roth die Gemeinsamkeiten: In Rama, dem Prinzen von Ayodhya, Vishnus siebter Inkarnation, erkannte Roth „quaedam Christi in Mundum venientis vestigia", gewisse Zeichen des in die Welt kommenden Christus.[7]

Noch ein weiterer Vergleich war von Tragweite: Der Hinduismus kennt eine Dreiheit der Hochgötter Brahma, Vishnu und Shiva. In dieser *trimūrti* sah Roth eine Trinität des Hinduismus parallel zur Dreifaltigkeit Gottes im Christentum. Trinität und *trimūrti* seien nicht nur numerisch vergleichbar, sondern auch dynamisch, da sich die „zweite Person" des *trimūrti* – Vishnu – aus der Ewigkeit heraus in die Geschöpflichkeit inkarniere, um in dieser immer neu Wahrheit und Heil zu bezeugen.[8]

Der analogisierende Ansatz Heinrich Roths war nicht neu: Bereits unter portugiesischen Reisenden und Humanisten der ersten Hälfte des 16. Jahrhunderts war das Verhältnis von *trimūrti* und Trinität als Ähnlichkeit zwischen dem Christentum und der *religião* der Inder diskutiert worden.[9] Die Neuheit der

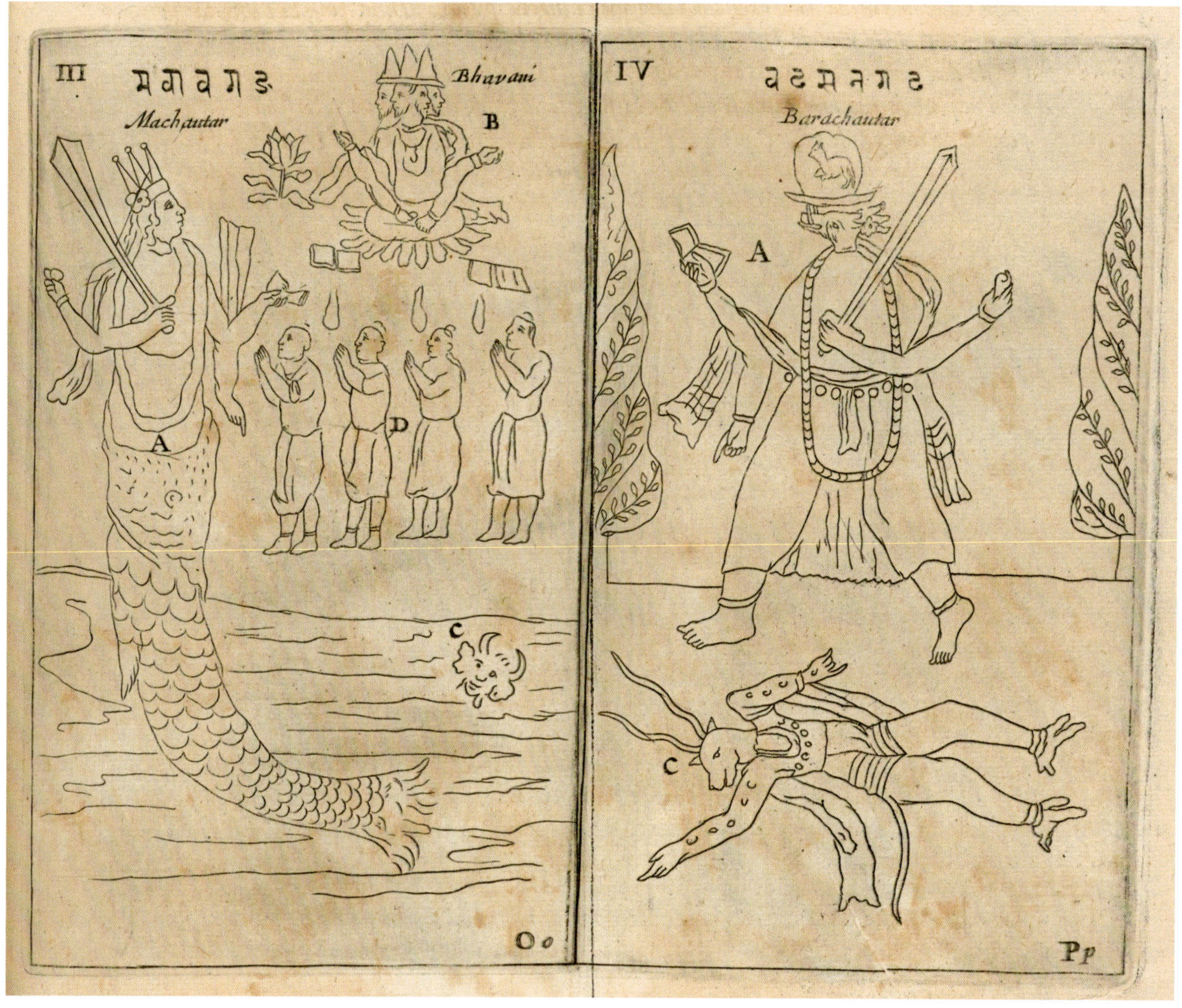


differenzierenden und systematisierenden Beschreibung der *avatāra*-Theologie durch Roth ergibt sich jedoch im Vergleich mit älteren Deutungen: Als die erste Jesuitendelegation zur Residenz des Großmoguls kam, passierte sie im Februar 1580 die heilige Stadt Mathura. Pater Monserrate (gest. 1600) gab hierzu einen Bericht über die Avatare des Gottes Vishnu und tat diese rundweg als „Altweibergespinne" ab. Besonderen Spott erregte die Geschichte von „Varaha", in dem Gott als „schmutzbeflecktes Schwein" die Welt errette. An den Legenden um den nahe Mathura geborenen Helden Krishna – den achten Avatar – rügte der Pater dessen Knabenstreiche: Das Kind habe seiner Mutter Süßbutter gestohlen und die Gewänder badender Kuhhirtinnen versteckt. Der Bericht, Krishna hätte sich schließlich unter den Hirtinnen von Mathura 16.000 Frauen genommen, wird als Schamlosigkeit verworfen: Die Geschichten seien nicht wert, überhaupt dokumentiert und frommen Christen vorgetragen zu werden, so Monserrate. Die Niederschrift sei nur erfolgt, um Mitleid zu wecken für die religiöse Unkenntnis dieses armen Volkes.[10]

70 Jahre später ließ sich Roth von den Pandits Mathuras aufmerksam in das vaishnavische Erzählgut einführen und entwickelte Verständnis für die emotionalen und mystischen Implikationen gerade auch in den Kindheitslegenden der Avatare: Der Jesuit erwähnt eigens, wie bei der mitternächtlichen Geburt Ramas Blumen vom Himmel gefallen und himmlische Stimmen „mit wunderbar Süße" erklungen seien. Über den Bericht des französischen Reisenden François Bernier (1625–1688) lässt sich rekonstruieren, wie Roth seine Entdeckung in der kleinen europäischen Gemeinde von Agra kundtat, wo jedoch nicht alle der Euphorie Roths – „Cela sent beaucoup le Christianisme" – folgen konnten.[11]

Mit seinen Entdeckungen hat der Jesuit ein neues Kapitel der christlich-hinduistischen Beziehungsgeschichte eingeleitet. Der Traktat über die „incarnationes“ und die „trinitas“ der Vaishnava-Theologie war ein interreligiöser Brückenschlag, der aus der respektvollen Begegnung mit hinduistischen Gläubigen und dem Studium ihrer Überlieferung geboren war. Der lange Weg zu einem von Achtung und Empathie getragenen Austausch heiliger Geschichten war hiermit beschritten.

Als sich der Jesuit Athanasius Kircher (1602–1680), der selbst nie in Indien war, bei der Durchsicht der Manuskripte für die Drucklegung des kleinen Traktats entschied, veränderte er die Vorzeichen, unter denen Roths Entdeckungen dem europäischen Publikum präsentiert wurden: Kirchers Einleitung stellt klar, dass die folgenden „perversa dogmata“ der Brahmanen nur beschrieben würden, um den Missionaren die Widerlegung zu erleichtern – „[...] tantas absurditates facilius confutare“.[12] Dort, wo Ähnlichkeiten zwischen der brahmanischen Irrlehre und dem Christentum zutage treten, suche die teuflische List, die Mysterien des letzteren in der Kopie umso drastischer zu korrumpieren.[13] Auch in technischer Hinsicht hatte Kircher mit Roths Material Schwierigkeiten: Die Bildlegenden „A, B, C, D“ sind von Kircher eingefügt. Hierbei sind Fehler unterlaufen – etwa wenn im Matsya-Bild das mit „C“ markierte abgeschlagene Haupt des Dämons als das abgeschlagene Haupt der Göttin Bhavani identifiziert wird, was gegenüber Roths Schilderung keinen Sinn ergibt. Dennoch: Auch in seiner im Detail und im Vorzeichen entstellten Form ist Roths kleiner Traktat ein Dokument interreligiöser Verständigung.

M.W.

## Anmerkungen

1 | *Zu den Avataren Matsya und Varaha vgl. Rao 1914/1993, 1, 1, S. 124–145.*

2 | *Vgl. Schierlitz 1927, S. 9–15.*

3 | *Vgl. Biardeau, Art. „Avatara“, S. 116 ff. Vgl. Michaels 2012, S. 233 f.*

4 | *Vgl. Rogerius 1670, S. 357–363. Zu Roths Deutung der Avatare und zu seinen Zeichnungen vgl. Bernier 1699, 2, S. 143 f.*

5 | *Mathura ist seit dem 1. Jahrtausend v.Chr. ein bedeutender Siedlungsplatz der nordindischen Ganges-Yamuna-Ebene. Hochwertige Skulpturenfunde der sog. „Mathurakunst“ belegen eine Blütezeit der Stadt vom 1. bis in das 6. Jahrhundert als Sitz zahlreicher Hindu-Tempel und buddhistischer Klöster. Als Geburtsstadt Krishnas, des achten Avatars Vishnus, gilt Mathura als eine der sieben heiligen Stätten des Hinduismus. Bereits der griechische Gesandte Megasthenes berichtete im späten 4. Jahrhundert v.Chr. von „Methora“ als einer großen Stadt, die dem Herakles heilig sei, wobei Krishna als Form des antiken Heros gedeutet wurde. Mit seinen Ghats an der Yamuna und den umgebenden Stätten der Krishna-Legende ist Mathura bis heute ein bedeutendes Wallfahrtszentrum. Vgl. Beitrag Wehnert, S. 38, sowie Kat. Nr. 25 und 45.*

6 | *Vgl. Dharampal-Frick 1994, S. 344 f.*

7 | *Kircher 1667, S. 158.*

8 | *Vgl. Dharampal-Frick 1994, S. 345 ff.*

9 | *Vgl. Henn 2014, S. 33.*

10 | *Vgl. Monserrate (1580) 2003, S. 94. Vgl. Miller 2014, S. 165.*

11 | *Bernier 1699, 2, S. 141.*

12 | *Kircher 1667, S. 156.*

13 | *Vgl. Henn 2014, S. 39.*

## 42 Matsya

In: Dapper, Asia, oder: Ausführliche Beschreibung des Reichs des Grossen Mogols, Nürnberg 1681
Jacob van Meurs (Stecher)
Radierung und Grabstichel auf Papier
21,5 cm × 32,0 cm
Landesbibliothek Coburg, J III 1/6

Das Blatt zeigt den hinduistischen Mythos von Matsya, dem fischgestaltigen Avatar des Gottes Vishnu: Der Dämon Hayagriva hatte dem Schöpfergott Brahma die Veden, die heiligen Offenbarungsbücher der Hindus, gestohlen und mit sich in die Meerestiefen genommen. Menschen und Götter baten Vishnu um Hilfe. Dieser erschien, besiegte den Dämon und brachte die heiligen Bücher zurück, indem er auf seinem Muschelhorn die heilige Silbe „Om" blies, aus welcher sich die Veden erneut manifestierten. Das Muschelhorn in der linken Hand, übergibt Matsya die Veden an ihren Wächter, den vierköpfig gekrönten, auf einem Lotos thronenden Brahma.[1]

Die Illustration entstammt einer 1681 in Nürnberg verlegten deutschen Übersetzung des Werkes „Asia, of naukeurige beschryving van het rijk des Grooten Mogols", das der holländische Reiseschriftsteller und Arzt Olfert Dapper (1636–1689) 1672 in Amsterdam veröffentlichte. Dappers Werke über Afrika und Asien wandten sich an ein breites Publikum und erlangten zum Ende des 17. Jahrhunderts große Popularität: Sein Indien-Buch wurde zu einem Bestseller der frühneuzeitlichen Asienliteratur. Der Holländer bereiste die Länder, über die er schrieb, nicht selbst, sondern kompilierte bestehendes Wissen.[2] Wichtige Quellen waren die „Open-Deure tot het verborgen Heydendom" des holländischen Missionars Abraham Rogerius (1609–1649), Leyden 1651, und die „Voyages et observations" des französischen Reisenden François de La Boullaye Le Gouz (1610–1668). Dapper stand zudem in Austausch mit Reisenden der Niederländischen Ostindien-Kompanie, die eine weitere Informationsquelle bedeuten.[3]

Vorlage für die Matsya-Illustration war ein kleines Album, das sich heute im Besitz des British Museum in London befindet, die „Description of the following figures taken out of the heathen law book which is called Deex avtaers" (Sloane 3290). Das Heft enthält hinduistische Miniaturen zu den zehn Avataren, die in holländischer Sprache erklärt werden und durch einen Reisenden der Ostindien-Kompanie in den Jahren 1649–1657 verfasst worden sind. Das Konvolut gelangte vor 1670 nach Amsterdam, wo es Dapper für sein Asienbuch verwertete.[4]

Die Anregung, die zehn *avatāra* abzubilden, kam dem Holländer aus Kirchers „China Illustrata", Amsterdam 1667, und den dort abgedruckten Zeichnungen des Jesuiten Heinrich Roth (1620–1668), auf die Dapper in seinem Text ausdrücklich verweist.[5] Im Vergleich der beiden Darstellungen spiegelt sich die Entwicklung einer europäischen Bildkultur zu hinduistischen Themen wider: Während Roth die Originale grafisch nüchtern anhand der Konturlinien dokumentierte, erschließen die Dapper-Illustrationen ihre hinduistischen Mythen mit der erzählerischen Spannkraft eines europäischen Historiengemäldes. Bild- und Figurenanlage passen sich dem europäischen Geschmack an: Anders als im indischen Original wird die Bildlandschaft tiefenräumlich angelegt und die Figuren gewinnen plastisches Volumen. Die Glieder Vishnus und der Torso des Dämons nehmen sehnige Muskulatur und Gestik nach antikem Ideal an. Der enthauptete, auf der Wasseroberfläche niedersinkende Dämon im Vordergrund greift das vatikanische Fresko des Raffaelschülers Giulio Romano (1499–1546) von der Schlacht an der Milvischen Brücke auf und verarbeitet Haltungen der dort im Marschland des Tibers auf ihr Rundschild fallenden Krieger.[6]

Der nobilitierende und erzählerisch einfühlsame Illustrationsansatz bedeutete eine neue Option der Visualisierung hinduistischer Themen: Dieser unterschied sich von den bewusst verzerrenden Darstellungen indischer „Götzen", verließ aber auch den Weg neutraler Dokumentation, wie er bei Roth oder bei La Boullaye Le Gouz beschritten war, der bereits 1652 Holzschnitte nach indischen Shiva-Miniaturen hatte abdrucken lassen.[7]

M.W.

### Anmerkungen

1 | *Vgl. Rao 1914/1993, 1, 1, S. 124 ff.*
2 | *Vgl. Lach 1965, 3, 2, S. 1056.*

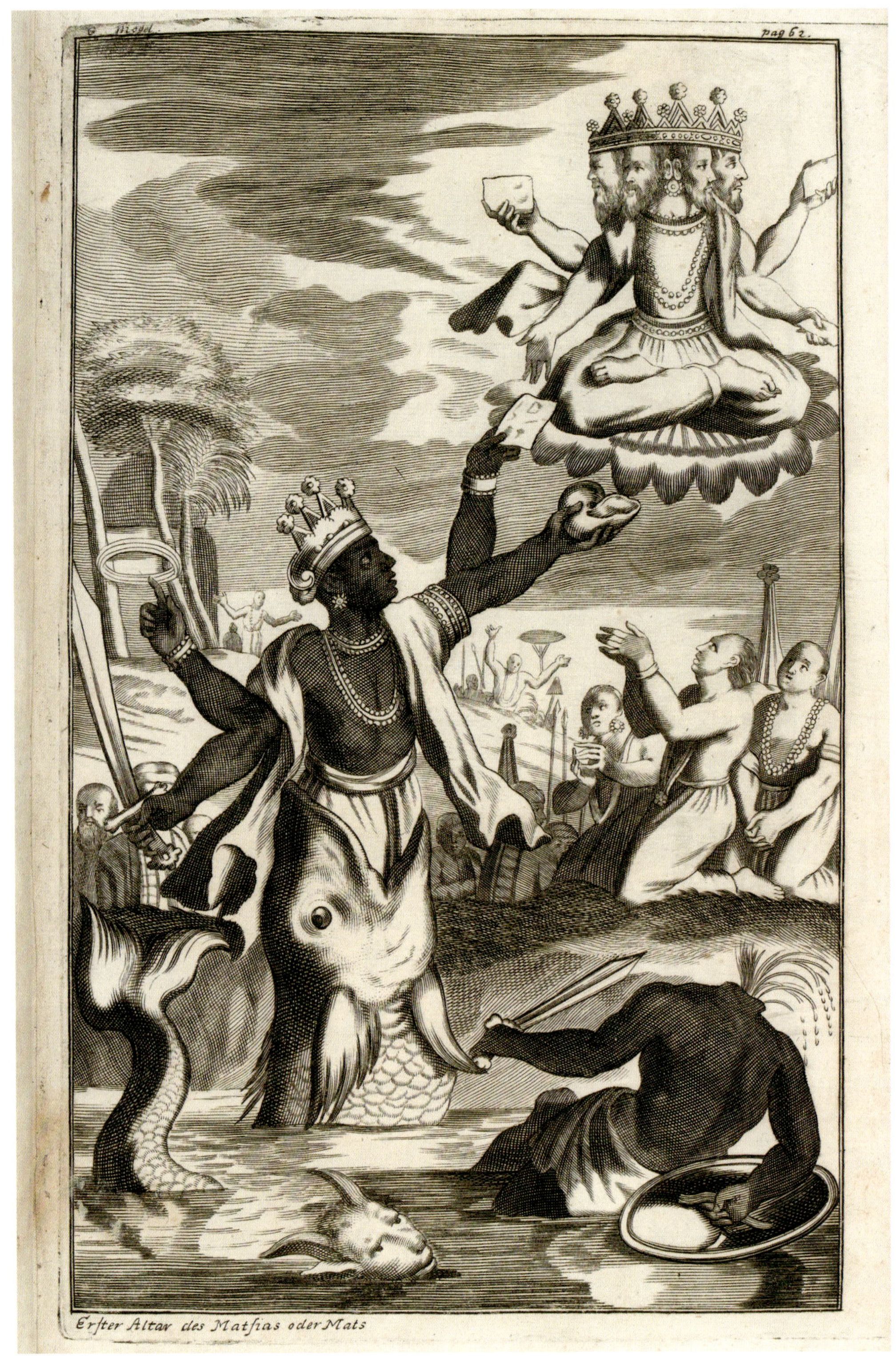


3 | *Vgl. Mitter 1977, S. 55. Vgl. Schierlitz 1927, S. 37.*

4 | *Vgl. Charpentier 1923–25, S. 415–420. Vgl. Neil 1984, S. 422 f.*

5 | *Vgl. Dapper 1681, S. 61.*

6 | *Zum gelehrten Antiquarismus des nach Zeichnungen des Raffael Santi ausgeführten Schlachtenfreskos in der vatikanischen Sala di Costantino vgl. Freedberg 1993, S. 204.*

7 | *Le Gouz 1657, S. 175, 182, 186, 189.*

# 43 Rama

In: Dapper, Asia, oder: Ausführliche Beschreibung des Reichs des Grossen Mogols, Nürnberg 1681
Jacob van Meurs (Stecher)
Radierung und Grabstichel auf Papier
21,5 cm × 32,0 cm
Universitätsbibliothek Eichstätt, Sig 18/1 Q 154

Die Illustration aus Dappers Werk zeigt den dramatischen Kampf zwischen dem Helden Rama und dem Dämonenkönig Ravana, wie ihn das *Rāmāyaṇa* erzählt, eine heilige Schrift des Hinduismus.[1] Ravanas zehn Köpfe und die Waffen in seinen zwanzig Armen symbolisieren die Allgegenwart dämonischer Mächte. Auch das Eselshaupt charakterisiert Ravana als unheilvolle Gestalt. Nach verlustreichen Schlachten – auf die auch die gefallenen Affen des Vordergrundes hinweisen – naht Rama vom linken Hintergrund auf den Dämonenkönig zu, um ihn mit dem Pfeil seines Bogens zu besiegen. Verdeckt hinter Rama ist auch dessen Halbbruder, der Held Lakshman, zu erkennen, während sich im Hintergrund der Unterstützer des Bruderpaares, Affengott Hanuman, siegreich über den Trümmern der Ravana-Burg erhebt. Der bevorstehende Triumph Ramas wird im Hinduismus als Sieg des sittlich Guten über die zerstörerischen Kräfte von Trieb, Ego und Materialismus gedeutet.[2]

Die Darstellung folgt einer indischen Miniatur, die durch die Niederländische Ostindien-Kompanie nach Amsterdam gelangte und bereits in der holländischen Erstausgabe von Dappers „Asia“ 1672 verlegt wurde.[3] Dapper bindet das Bild in eine ausführliche Nacherzählung des *Rāmāyaṇa* ein: Durch die Intrige einer Nebenfrau seines Vaters Dasharatha wird Rama, der Kronprinz von Ayodhya, in die Verbannung geschickt und der Thron seinem jüngeren Halbbruder Bharat zugewiesen. Zusammen mit seiner Gemahlin Sita und seinem Halbbruder Lakshman verlässt Rama die Königsstadt, um für zwölf Jahre als Asket in den Wäldern zu leben. Hier besucht er zahlreiche Ashrams und lebt in vorbildlicher Gottergebenheit. Schließlich erscheint der lüsterne Dämonenkönig Ravana und entführt Sita, um diese in seiner Burg auf Sri Lanka zur Ehe zu zwingen. Rama und Lakshman finden Hilfe bei Hanuman und dem Heer der Affen, mit denen es gelingt, den Ozean zu überqueren und Ravana zu besiegen. Begleitet von Sita und Lakshman kehrt Rama nach Ayodhya zurück. Daraufhin gibt sich Rama als „Herabkunft“ des Gottes Vishnu zu erkennen.[4] Seine Königsherrschaft läutet ein goldenes Zeitalter ein und begründet unter den Menschen heilige Normen von Sittlichkeit, Vergebung und Gottesliebe.[5]

Die Besonderheit der Nacherzählung des *Rāmāyaṇa* in der „Beschreibung des Reichs des Grossen Mogols“ ist die literarische Empathie, mit der Dapper den erzählerischen Bogen spannt und farbenfrohe Details sowie religiöse Tonlagen lebendig zu machen sucht. Wenn Dapper die Freude der Bewohner Ayodhyas schildert, die das Königtum Ramas feiern und „einander mit Rosen-Wasser, darunter Saffran gemischet“ begießen, wird die Diktion hymnisch und ergeht sich in funkelnden Details. In der Nürnberger Fassung von 1681 klingt für besonders weihevolle Passagen gar die Luthersprache der Paulusbriefe an: „Jedermann rieff: weil nunmehr Ram sich bei uns eingefunden / so kann und mag uns nichts mangeln. Wir werden auf solche Weise immerdar in Freuden leben / und den Tod nimmer schmecken / sondern endlich mit Ram lebendig in den Himmel aufgenommen werden.“[6] Dapper schließt mit Ramas Himmelfahrt, in der sich der Gesetzgeber an Hanuman wendet und diesen zum ewigen Schutz der Frommen bestellt: „Du wirst nimmermehr sterben, sondern ewiglich leben. [...] Du wirst die Meinigen unausgesetzt auf Erden beschützen und beschirmen.“[7]

Dappers Sensibilisierung für den sakralen Gehalt des *Rāmāyaṇa* und seine Stellung im indischen Geistesleben geht auf ältere Forschungen zurück. Der holländische reformierte Prediger Abraham Rogerius (1609–1649), der von 1630 bis 1647 im Dienst der Ostindien-Kompanie als Missionar an der Koromandel-Küste wirkte, begriff Rama als eine zentrale Gestalt des Hindu-Pantheons und lieferte Paraphrasen des *Rāmāyaṇa*, die Dapper verwertete.[8] In den 1650er-Jahren hatte auch der Jesuit Heinrich Roth (1620–1668) Rama Beachtung geschenkt und in diesem „Befreier von der Tyrranei“ finsterer Mächte „gewisse Zeichen Christi “ erkannt.[9] Wichtige Anregungen vermittelte François de La Boullaye Le Gouz (1610–1668). Der französische Reisende hatte in seinen „Observations“ von 1652 die hohe Bedeutung Ramas in der hinduistischen Ethik gewürdigt.[10] Der König von Ayodhya gelte als Urheber von acht heiligen Gesetzen, darunter die Verbote zu lügen, zu tö-

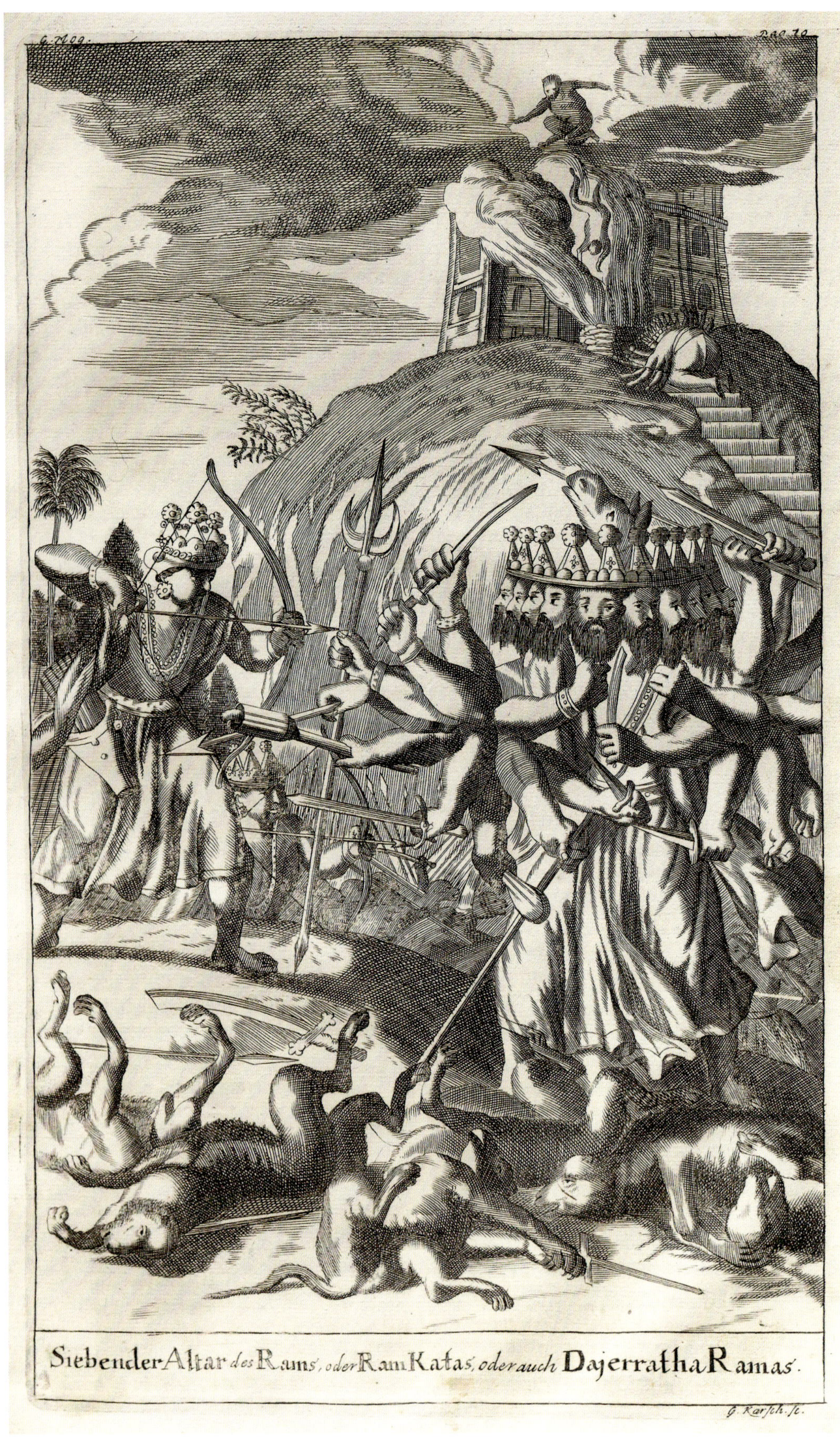

Siebender Altar des Rams, oder Ram Katas, oder auch Dajerratha Ramas.

G. Karsch. sc.

ten, Wein zu trinken sowie die Mahnung, die Härte des Herzens zu vertreiben, Barmherzigkeit zu üben und Geist und Sinne von Bösem rein zu halten.[11]

Für die Rezeptionsgeschichte des *Rāmāyaṇa* bedeutet das 17. Jahrhundert eine Zeit bemerkenswerter Transfers in neue Sprachen und Kulturräume: Nicht nur christliche Reisende und Missionare, sondern auch muslimische Gelehrte entdeckten den Stoff. Der Mogul Akbar (reg. 1556–1605) hatte 1584 in seinem Übersetzeratelier eine persische Fassung des *Rāmāyaṇa* bestellt.[12] Auch die Malerwerkstätten des Mogulhofes fanden in den Episoden des Epos neue Themen für ihre Miniaturen.[13] 1627 vollendete Girdhar Das im Auftrag Shah Jahangirs (reg. 1605–1627) eine weitere persische Übersetzung des *Rāmāyaṇa*.[14] In den 1650er-Jahren veranlasste Akbars Urenkel Dara Shikoh (1615–1659) eine persische Übersetzung zu Tulsidas (um 1532–1623) *Srirāmacaritamānasa*, einer volkssprachigen Nachdichtung des *Rāmāyaṇa*. Dieses *Ramayan Nazam Khusthar* wurde mit dem koranischen „bismi ʾllāhi ʾr-raḥmāni ʾr-raḥīmi", „Im Namen Gottes, des All-Erbarmers", eingeleitet.[15] Hierdurch wurde die in Rama verkörperte Heilsbotschaft als Manifestation des einen Gottes, „des Barmherzigen, des All-Erbarmers" gewürdigt. Das Urteil des Jesuiten Heinrich Roth, im Erzählstoff um Rama können „gewisse Zeichen Christi" erkannt werden, ist ebenso Zeugnis interreligiöser Beziehung wie die Nennung zweier gewichtiger arabischer Gottesnamen, mit denen das *Rāmāyaṇa* des Dara Shikoh anhebt.

M.W.

## Anmerkungen

1 | *Das dem mythischen Seher und Dichter Valmiki zugeschriebene Epos hat spätestens im 2. Jahrhundert n. Chr. seine heutige Gestalt in 27.000 Versen gefunden und ist ein für Philosophie, Theologie, Volksfrömmigkeit, Spiritualität und Ethik Indiens fundamentaler Text. In sieben Büchern erzählt es die Geschichte vom „vollkommenen Menschen" Rama, der als* avatāra*, „Herabkunft", des Gottes Vishnu gedeutet wird und in schweren Prüfungen ein Ethos der Wahrheit, des Guten und der Gerechtigkeit begründet. Das* Rāmāyaṇa *schildert: Kindheit und Erwachsenwerden Ramas, des Prinzen von Ayodhya (1. Buch), die höfische Intrige gegen den Prinzen, die zu dessen zwölfjähriger Verbannung aus Ayodhya führt (2. Buch), das Waldasyl Ramas, seiner Gemahlin Sita und seines Halbbruders Lakshman bis zur Entführung Sitas durch den Dämonenkönig Ravana (3. Buch), Ramas Leiden und verzweifelte Suche nach Sita bis zur Verbrüderung mit dem Affenheer unter Sugriva (4. Buch), die Erkundungen des Affenhelden Hanuman, der Sita im Palast Ravanas auffindet (5. Buch), den großen Krieg und den Sieg Ramas über das Dämonenreich (6. Buch), die Prüfung und Verklärung Sitas (7. Buch). Vgl. Michaels 2012, S. 74 f. Vgl. Schlensog 2006, S. 183–186.*

2 | *Vgl. Schlensog 2006, S. 186.*

3 | *Vgl. Kat. 42. Vgl. Charpentier 1923, S. 415–420. Vgl. Neil 1984, S. 422 f.*

4 | *Über die zugleich menschliche und göttliche Natur Ramas und ihre dichterische Ausdeutung in Valmikis* Rāmāyaṇa *vgl.* Rāmāyaṇa, *Yuddhakāṇḍa, 105, 10–28. Vgl. Goldman u. a. 2010, S. 49 ff..*

5 | *Vgl. Dapper 1681, S. 70–90.*

6 | *Dapper 1681, S. 87.*

7 | *Ebd.*

8 | *Vgl. Lach 1965, 3, 1, S. 478 f. Vgl. Gonda 1964, S. 5.*

9 | *Vgl. Kircher 1667, S. 158. Über Roths Betonung des siebten Vishnu-Avatars Rama vgl. Bernier 1699, 2, S. 141.*

10 | *Vgl. Lach 1965, 1, 1, S. 409, Anm. 122.*

11 | *Vgl. Le Gouz 1657, S. 155. Zu Le Gouz' früher Nacherzählung und -illustrierung des* Rāmāyaṇa *vgl. Mitter 1977, S. 55.*

12 | *Vgl. Ali 1992, S. 42.*

13 | *Vgl. Das 1983, S. 152 f.*

14 | *Vgl. Abidi, Gargesh 2008, S. 105.*

15 | *Ansari 2012, S. 4.*

# 44 Varaha

Zentralindien, 11.–12. Jahrhundert
Sandstein
Höhe: 78,0 cm, Breite: 39,0 cm, Tiefe: 25,0 cm
Linden-Museum Stuttgart, SA 00294 L

Die im 11. oder 12. Jahrhundert in Zentralindien entstandene Sandsteinskulptur zeigt Varaha, den ebergestaltigen Avatar des Gottes Vishnu[1]. Der Mythos schildert, wie Varaha die Erde in Gestalt der Göttin Bhudevi suchte.[2] Diese war von dem Dämon Hiranyaksha geraubt und in die Tiefe des Meeres entführt worden. Nach langem Kampf hob Varaha die Erde aus dem Urmeer empor, so dass sich auf ihr eine neue Schöpfung entfalten konnte. Diesen Moment der Erderhebung stellt die Skulptur dar: Die Gestalt der zierlichen Göttin sitzt auf dem Ellenbogen Varahas und verehrt diesen unter Gesten des Gebets. Die göttliche Waffe des Diskus, *cakra*, in der hinteren linken Hand Varahas weist diesen als „Hinabstieg" des Allgottes Vishnu aus. Ihr entspricht an der vorderen linken Hand das *śaṇkha*, das Muschelhorn, mit dessen durchdringendem Klang Vishnu die Schlacht gegen die Dämonen eröffnete. Den fehlenden unteren Teil der Statue bildete die mythische Urschlange Adishesha, die „Unendliche", auf der das linke Bein des kraftvoll aufschreitenden Varaha zu stehen kam.

Varahas Erderhebung ist eines der großen Themen hinduistischer Kunst, dessen ikonografische Details um 1100 in einer reichen Literatur niedergelegt waren.[3] Mit der Skulptur des Linden-Museums gut vergleichbar sind die Vorgaben in den vaishnavischen Vaikhanasa-Texten: Varaha solle mit dem Gesicht eines Ebers und dem Leib eines Mannes dargestellt werden. Mit zwei seiner vier Arme erhebe er *śaṇkha* und *cakra*. Das linke Bein solle leicht angewinkelt auf der juwelenbesetzten Krone des Adishesha stehen, der zusammen mit seiner Gemahlin darzustellen sei. Auffällig sind die detaillierten Schilderungen zum Verhältnis Varahas und Bhudevis, anhand derer die hinduistischen Künstler nuancierte sinnliche Spannungen ausdrückten: So soll Bhudevi ihre Hände auf Varaha zu in der verehrenden Geste *añjali* falten. Ihr Gesicht müsse sich innig und doch scheu dem Gott zuwenden, während dieser in den Nüstern seines Eberhauptes den erdigen Duft der Göttin wittere.[4]

Theologisch ist der Mythos der Erderhebung ein Bild für das Wirken Gottes in der Zeit, die sich der Hinduismus als eine Abfolge von Weltschöpfungen und -auflösungen vorstellt. Die Entführung Bhudevis in den Ozean birgt in sich das alte Bild vom drohenden Untergang der Erde durch die Sintflut. Hierauf folgt, mit der Erhebung der Erde durch Varaha, eine neue Schöpfung. Die indischen heiligen Schriften nennen diese zyklisch wiederkehrende Auflösung *pralaya*. Eine ikonografische Variante, die Varaha thronend mit der aus dem Chaos der Urflut erhobenen Bhudevi auf dem Arm zeigt, wird daher auch als *pralaya mahāvarāha* bezeichnet.[5]

Der Horizont des *pralaya* kehrt auch in anderen Avatar-Mythen wieder. Oft wird die Geschichte von Matsya, dem fischgestaltigen Avatar Vishnus, so erzählt, dass dieser den Urvater Manu vor einer großen Flut warnte und zum Bau eines rettenden Schiffes anleitete. Als die Urflut hereinbrach, habe der Fisch das bergende Boot mit der Familie Manus durch die Weltennacht geleitet, bis diese vergangen sei.[6] Hierauf habe Matsya im Kampf den Dämon Hayagriva besiegt, der zuvor die heiligen Offenbarungsbücher der Veden geraubt hatte. Wie im Varaha-Mythos wird auch hier der *pralaya* mit einem Raub eingeläutet, der die Welt aus den Fugen geraten lässt. Nur durch göttliche Selbstoffenbarung können sich erneut die Schöpfung und in ihr heilsame Ordnung entfalten.

Die Anfänge der Ikonografie des Varaha gehen ins 3. Jahrhundert zurück. Ab der Gupta-Zeit (4.–6. Jahrhundert) und in den Fürstenstaaten des hinduistischen Mittelalters (bis zum 12. Jahrhundert) wurde der heldisch sich aus den Urfluten erhebende Varaha als dynastisches und herrschaftssakrales Symbol wichtig, wie es Münzprägungen und Königsnamen belegen.[7] Vom 5. Jahrhundert an wurde Varaha auch in der Monumentalkunst dargestellt: Reliefdarstellungen finden sich unter anderem in Udayagiri (5. Jh.), Ellora, Eran (6. Jh.), Mamallapuram, Aihole, Mahakuta (7. Jh.), Belur und Khajuraho (11. Jahrhundert). Im 11. Jahrhundert war der Varaha-Kult in ganz Indien verbreitet.[8]

Einen Einschnitt bedeutete die Ankunft muslimischer Invasoren in Indien, die ab 1000 nach Punjab und Gujarat sowie bald bis nach Zentralindien vordrangen.[9] Mit der Gründung islamischer Reiche ab dem 12. Jahrhundert verlor die Varaha-Gestalt ihre Verankerung im dynastischen Kult und wurde aus der öffentlichen Frömmigkeit verdrängt. Für Mus-

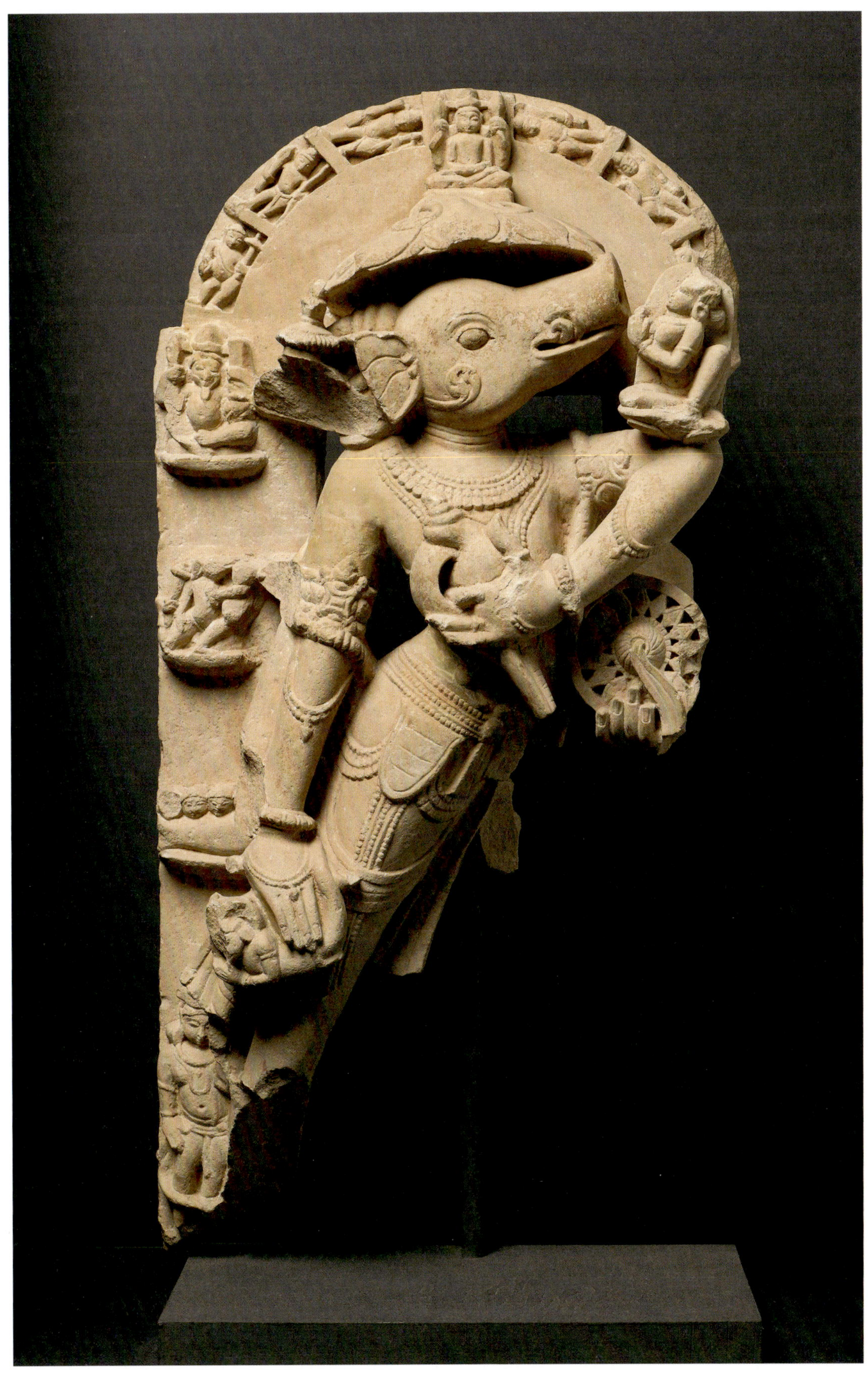

lime verbanden sich in den Varaha-Bildern mehrere Sakrilege: der Kult vor Bildern und die Unreinheit des Schweins, das hier offenkundig als Gestalt des Göttlichen verehrt wurde. Varaha-Bilder wurden das Ziel muslimischer Bilderstürmer. Noch in der Mogulzeit, die ansonsten für ihren hindu-muslimischen Dialog bekannt ist, konnten Varaha-Bilder Provokation auslösen: Von Großmogul Jahangir (reg. 1605–1627) wird berichtet, dass dieser 1614 bei einem Besuch der heiligen Stadt Pushkar ein Bildnis des Varaha zerschlagen und im See versenken ließ.[10]

Auch frühe christliche Missionare stießen sich an der – wie sie sagten – „Schweineinkarnation": Als die Jesuiten auf dem Weg nach Agra 1580 Mathura passierten, erregten Varaha-Bilder besonderen Spott: Pater Monserrate (gest. 1600) beurteilte die Varaha-Gestalt nicht von ihren Beziehungen zum Sintflutbericht her, sondern – missverstehend – vor der Folie christlicher Soteriologie: Die Hindus lehrten, dass Gott die Welt von ihren Sünden reinige, diese auf sich nehme und daher als „schmutzbeflecktes Schwein" verehrt werden müsse. In dieser Verzerrung sei der Teufel am Werk, der unter den Heiden bizarre Schattenbilder christlicher Glaubensinhalte verbreite.[11] Abraham Rogerius (1609–1649), holländisch-reformierter Prediger am Handelsstützpunkt der Niederländischen Ostindien-Kompanie in Madras, berichtete in seinen 1651 posthum veröffentlichten Hindu-Studien über den Besuch eines Varaha-Tempels, dass die Anbetung von Tieren eigentlich untypisch für die Inder sei: „Sie halten auch von dieser Erscheinung in der Gestalt eines Schweines / sehr viel [...] wiewohl sie nicht gewohnet sind, Gott in Thieres-Gestalten / sondern in menschlichen Gestalten zu ehren".[12] Der deutsche Jesuit Heinrich Roth (1620–1668), der die Avatare Vishnus in Mathura studierte, fertigte nach der Varaha-Skulptur eines Tempels oder nach einer Miniaturmalerei eine Zeichnung an (Kat. 41) und gewann genauere Einblicke in die Avatar-Theologie.[13] Olfert Dapper (1636–1689), ein holländischer Reiseschriftsteller, sammelte das von Rogerius, Roth und anderen Missionaren gewonnene Wissen und gab in seinem Werk „Asia" – Amsterdam 1672, Nürnberg 1681 – die lebendige Nacherzählung einer Variante des Varaha-Mythos. In dieser ist das Versinken der Erde im Ozean Folge der menschlichen Sünden und markiert den *pralaya*, das Ende eines Weltzeitalters, während die Erderhebung Varahas eine neue Schöpfung einläutet: Demnach wurde die „hunderhäubtige Schlange [...] Seesja (worauf die Welt ruhet) durch die Last der Sünden ganz ohnmächtig / und konnte selbige nicht länger ertragen / dannenhero sie sich derselben entzoch / wodurch die ganze Welt aus ihrer Ordnung kame / und dahin daumelte [...], also, dass endlich alles in die grundlose Meeres-Tiefe hinunter sank". Vishnu, der Bewahrer, sei in seiner Ebergestalt „in die Tiefe des Meeres" gefahren, habe „mit seinen Zähnen die Welt aus den Wassern" gehoben und sie auf festem Halt gegründet. Danach sei er wieder „hinauf gen Himmel" gefahren, worauf Brahma „mit einem einigen Wort / anstatt der vorigen / neue Menschen schuf".[14]

M.W.

## Anmerkungen

1 | *Zur Theologie der Avatare, „Herabkünfte", des Hochgottes Vishnu im Hinduismus vgl. Kat. Nr. 41 und 45.*
2 | *Zu den Varianten des Mythos vgl. Dalal 2011, S. 443 f.*
3 | *Vgl. Verma 2012, S. 79.*
4 | *Vgl. Rao 1914/1993, 1, 1, S. 133.*
5 | *Vgl. Dalal 2011, S. 444. Vgl. Verma 2012, S. 235.*
6 | *Mahābhārata, Vana Parva, 186, 187, S. 374–382. Zu Flut- und Varaha-Mythos vgl. auch Viṣṇupurāna, 1, 4, S. 22 ff.*
7 | *Vgl. Verma 2012, S. 235–247.*
8 | *Vgl. ebd., S. 75–86.*
9 | *Vgl. Kulke, Rothermund 2010, S. 209 f.*
10 | *Vgl. Findly 1993, S. 192. Vgl. Chitnis 2003, S. 102.*
11 | *Vgl. Monserrate (1580) 2003, S. 92.*
12 | *Zit. nach der Ausgabe Nürnberg 1663: Rogerius 1663, S. 254 f.*
13 | *Vgl. Kircher 1667, S. 159.*
14 | *Dapper 1681, S. 63.*

# 45 Vishnu

Südindien, Chola-Dynastie, 12.–13. Jahrhundert
Bronze
Höhe: 78,0 cm, Breite: 36,0 cm, Tiefe: 30,0 cm
Linden-Museum Stuttgart, SA 33589 L

Das in Bronzeguss gefertigte Kultbild zeigt den Hochgott Vishnu und ist im 12.–13. Jahrhundert für einen Tempel des südindischen Chola-Reiches entstanden. Vishnu trägt eine reich verzierte Königskrone, sein Untergewand ist mit einem kostbaren Hüftgürtel gebunden. Den nackten Oberkörper überlaufen die heilige Schnur *upavīta* sowie zahlreiche Geschmeide und Zierbänder. In den Händen hält der Gott seine Attribute Diskus und Muschelhorn sowie eine zu Boden gesetzte Schlachtkeule. Die rechte Hand ist im Gestus der Schutzgewährung *abhayamudrā* erhoben. Die makellose Glätte der Hautpartien, das filigrane Relief der Schmuckdetails sowie die feine Balancierung verlebendigender und streng hieratischer Elemente machen den Vishnu des Linden-Museums zu einer Meisterleistung hinduistischer Kunst – technisch und in seinem sakralen Anspruch.

In Bronzeguss gefertigte Gottesbilder dieser Art sind eine charakteristische Schöpfung der Chola-Kunst, benannt nach der Dynastie, die vom 9. bis ins 13. Jahrhundert im äußersten Südosten Indiens, im Gebiet des heutigen Tamil Nadu, herrschte.[1] Die Plastiken hatten eine hohe Bedeutung im religiösen Leben der Tamilen und wurden als – temporärer – Aufenthaltsort des Gottes verehrt: Bei Prozessionen trugen Angehörige der Brahmanen-Kaste das Bildwerk durch das Tempelgelände.[2] Hierauf weisen das Postament und an diesem die beidseitige Halterung für Tragestangen hin. Die gegen den quadratischen Sockel abgesetzte, aus Lotosblattformen erwachsende, kreisrunde Standfläche markiert den Übergang in die sakrale Manifestation des Gottes. Auch die kleinen, sich aufbäumenden Löwenfiguren an den Traghalterungen unterstreichen diese Trennlinie. Als zentrale Kultbilder im Sanktuar vollzogen die Brahmanen an Statuen wie diesen die vom frühen Morgen bis zur Nacht verteilten Puja-Rituale, auf deren Höhepunkt, dem *darśana*, das Gottesbild den Blicken der Gläubigen dargeboten wurde.[3] Diesen Funktionen entsprechend war die Ikonografie bis in Einzelheiten der Gewandung und der Geschmeide streng normiert: Besonders die Haltungen (*āsana*) und Gesten (*mudrā*) machten die jeweilige theistische Eigenart der Gottheit für die priesterlichen Kultvollzüge wie für Gebet und Meditation der Frommen verfügbar.[4]

Vishnu ist der zentrale Gott der hinduistischen *trimūrti*: Während Brahma mit der Schöpfung assoziiert wird und Shiva die Zerstörung am Ende der kosmischen Zyklen wirkt, gilt Vishnu als gnädiger Erhalter des Universums. Wenn Frömmigkeit und Recht bedroht sind, erscheine er durch seine Avatare, „Herabkünfte", in der Menschenwelt.[5] Als fischgestaltiger Matsya, als Rama Dasharathi, Prinz von Ayodhya oder als Kuhhirt Krishna überwindet der Gott Dämonen und begründet in jedem Zeitalter von neuem die sittliche Weltordnung. Als Attribute des Sieges über das Böse sind Muschelhorn (*śaṇkha*) und flammender Diskus (*cakra*) in den Händen des Stuttgarter Vishnu mit zahlreichen Berichten über die Avatare in den heiligen Schriften der Hindus verbunden: Mit dem machtvollen Klang seines Muschelhorns bändigt Vishnu die Dämonen und ruft zu mutigem Kampf auf.[6] Markant erhoben blieben *cakra* und *śaṇkha* auch dann sichtbar, wenn während der Puja-Rituale das Bildnis mit Gewändern und Blumengebinden geschmückt, mit Sandelholzpaste gesalbt und unter Libationen von Milch und heiligem Wasser verehrt wurde. Ein Großteil der Bildnispartien und filigranen Details, die in einer musealen Präsentation ins Auge fallen, blieb bei den Ritualen jedoch unsichtbar: Meisterschaft und hoher ästhetischer Aufwand galten der Einladung an die Gottheit, in diesem Bildnis eine ehrenvolle Wohnstatt zu nehmen.

Die Chola-Bronze des Linden-Museums entstand in einer für die indische Religionsgeschichte bedeutenden Zeit. Im Vishnu-Tempel des zentraltamilischen Srirangam hatte der asketische Heilige Rāmānuja (1017–1137) ein monotheistisches System entwickelt, in dessen Zentrum Vishnu nicht als ein Hochgott unter anderen, sondern als absoluter Grund aller Phänomene und Weltprozesse gedacht wurde.[7] Die Einheit eines Allgottes war keine neue Konzeption, sondern bereits im *Mahābhārata*, in der theistischen Mystik tamilischer Asketen und in der volkstümlichen Bhakti-Frömmigkeit ausgeprägt.[8] Die große Leistung Rāmānujas lag darin, diese Tendenzen auf ein systematisches theologisches Fundament zu stellen. Eine wichtige Abstoßungsfläche gab die Lehre des Adi Śaṅkarācārya (um 788–um 820). Dieser hatte im frühen 9. Jahrhundert das Gött-

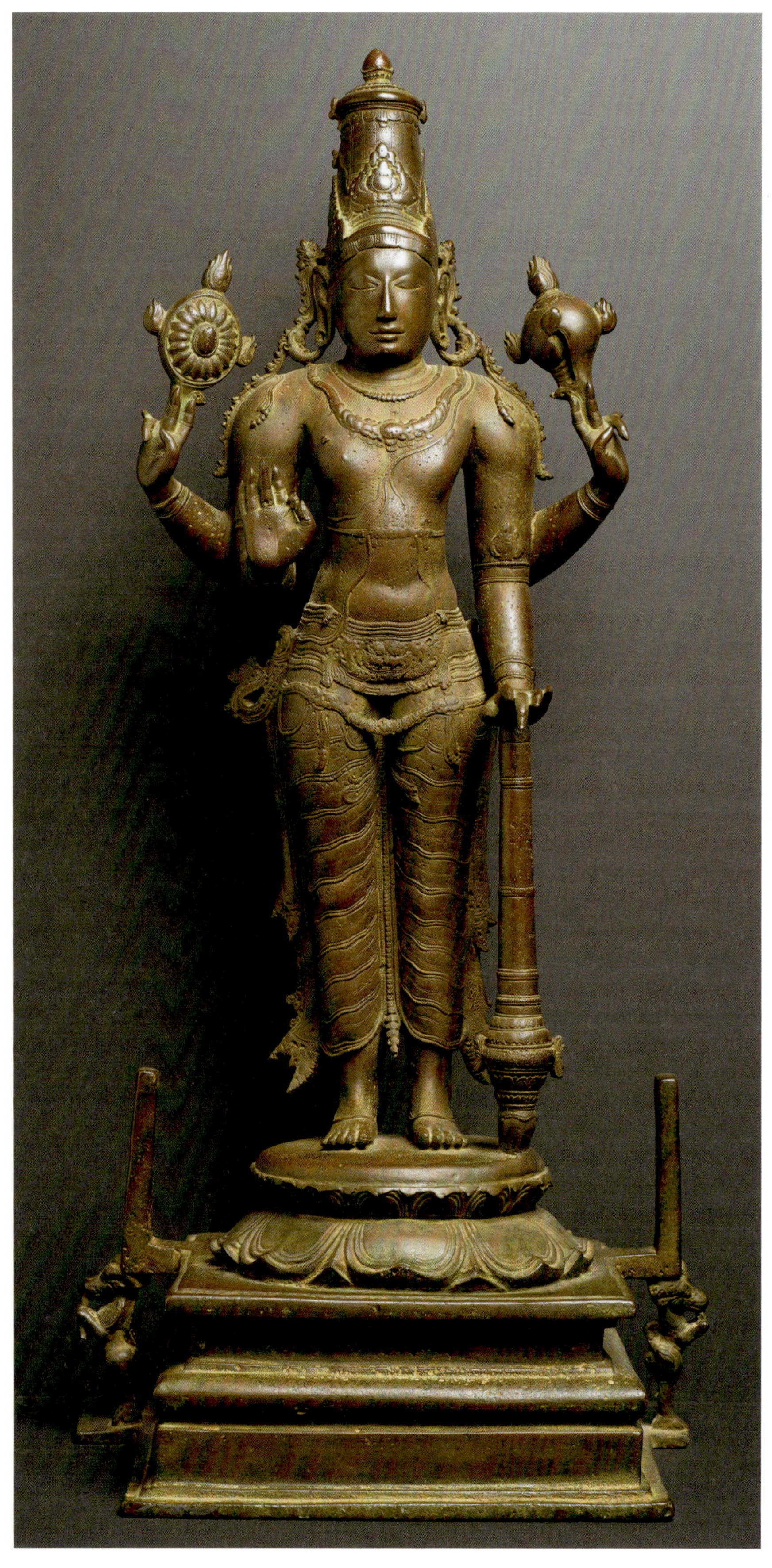

liche in seiner letzten Wirklichkeit als jenseits von Eigenschaften, personhaften Attributen und Namen vorgestellt und auch die personale Identität des einzelnen Menschen als *māyā*, Illusion, gedacht. Rāmānuja verband das Konzept eines absoluten Seinsgrundes mit dem Gedanken an einen personhaften Gott, der zugleich auch Schöpfer des Menschen in seiner personalen und physischen Realität sei. Als *Īśvara*, „Herr", wende sich dieser dem menschlichen Subjekt zu und begnade es zu tugendhaftem Leben und Gottesliebe, um ihm hierdurch die Rückkehr in den göttlichen Urgrund zu ermöglichen.[9]

Der theistische Elan der Rāmānuja-Zeit spiegelt sich in der Vishnu-Bronze der Ausstellung: Die Gottheit steht unerschütterlich als Achse des Weltgrundes und offenbart sich als schutzgewährender *Īśvara* den Seelen der Geschöpfe. Diskus und Muschelhorn – die flammenden Siegeszeichen – wollen allen Welten immer neu die Gnade und Erkennbarkeit Gottes zusagen.

Eine wichtige Praktik des von Rāmānuja ausgehenden Neo-Vishnuismus war die hingebungsvolle Pflege der Bilder des *Īśvara*. Rāmānuja selbst gilt in der tamilischen Hagiografie als inniger Verehrer von Vishnu-Standbildern wie jenem des Linden-Museums.[10] Zahlreiche Viten, volkstümliche Legenden und Devotionalbilder verbinden ihn mit der wundersamen Auffindung von Statuen: In Melkote habe Vishnu dem Rāmānuja im Traum den Platz angegeben, wo sein Kultbild vergraben sei. Ein anderes Mal habe der Lehrer ein Vishnu-Bild, das von einem muslimischen König geraubt worden war, zurückerbeten. Dieses habe einen göttlichen Tanz aufgeführt, bevor es in die Arme des Rāmānuja zurückkehrte. Auch die Initiation in sein theologisches System wird mit dem Dienst des jugendlichen Rāmānuja vor dem Vishnu-Idol des Varadaraja Perumal-Tempels von Kanchipuram in Verbindung gebracht.[11]

Innerhalb des Neo-Vishnuismus verlagerte sich das Gewicht bald von Vishnu auf dessen Verkörperung Krishna: Im Sinne einer bereits früh im *Mahābhārata* mit der *Bhagavad-gītā* (bis 300 n. Chr.) und später im *Bhāgavata-Purāṇa* (bis ins 10. Jahrhundert) erkennbaren Tendenz wurde Krishna nicht bloß als einer der „Herabkünfte", sondern als vollgültige Selbstenthüllung und „höchste Person" Gottes vorgestellt. Die Verehrung des Kuhhirten von Mathura nahm ekstatische Züge an: In seiner Dichtung *Gītagovinda* besang der bengalische Dichter Jayadeva um 1200 die Verbindung Krishnas mit der Kuhhirtin Radha als Ausdruck der Liebe zwischen Einzelseele und Gott. In Orissa identifizierte sich Sri Caitanya (1486–1533) – bis heute in Indien ein hochverehrter Vaishnava-Heiliger – mit Radha und verzehrte sich in Sehnsucht nach Krishna. Der Osten und der Süden Indiens blieben die Heimat der Krishna-Bhakti, bis Caitanya um 1500 seine Jünger anwies, in das nordindische Mathura zu ziehen und den Geburtsort Krishnas mit den nahe gelegenen heiligen Stätten Vrindavan, Govardhan und Varsana zum Zentrum ihres Kultes zu machen.[12]

Für den Dialog des Islam und des Christentums mit dem Vaishnavismus wurde Caitanyas Wendung nach Mathura zur Weichenstellung: Die neue, heilige Stadt Krishnas befand sich mitten im Herzland des Mogulreiches, unweit der Residenzstätten Fatehpur Sikri und Agra.[13] Kaiser Akbar (reg. 1556–1605) entschied sich, die machtvolle vaishnavische Dynamik, die hinduistische Pilgerströme in das Zentrum seines Reiches kommen ließ, umfassend zu fördern. Hierzu erließ er verschiedene *farmān* zugunsten der Tempel von Mathura und der hier ansässigen Caitanya-Gemeinde.[14] Die Patronage des nominell muslimischen Kaisers trug mit dazu bei, die verstreuten Schreine, Badeteiche und -Ghats zu jenem „heiligen Land" zu formen, als welches der Vaishnavismus die Gegend noch heute anerkennt. Im Hintergrund stand nicht nur staatspolitische Räson, sondern auch geistiges Interesse an einer reichen theistischen Entwicklungslinie. Dies zeigt sich nicht zuletzt daran, dass Akbar vishnuitische Schlüsseltexte wie das *Rāmāyaṇa*, das *Mahābhārata* und das *Harivaṃśa* in die persische Hofsprache übersetzen und aufwändig illustrieren ließ.[15]

Im Februar 1580 kamen erstmals auch Jesuiten nach Mathura, als diese von Akbar nach Fatehpur Sikri geladen wurden. Der handschriftliche Bericht Pater Monserrates über die Pilger- und Baderituale und die emotionale Krishna-Verehrung gehört zu den frühesten christlichen Zeugnissen über Vaishnavas.[16] In den 1640er- und 1650er-Jahren besuchten auch der französische Reisende François de La Boullaye Le Gouz (1610–1668) und der deutsche Jesuit Heinrich Roth (1620–1668) Mathura.[17] Sie trugen theologische Kenntnisse zusammen, dokumentierten aber auch die vaishnavische Kunst: Le Gouz publizierte 1652 Holzschnitte zu den sinnlichen Legenden von Krishna und Radha, während Roth Darstellungen der zehn Avatare Vishnus nachzeichnete, die erstmals 1667 in Europa veröffentlicht wurden.[18] Ihre Studien differenzierten das Wissen über indische Religion in Europa beträchtlich und bedeuten eine frühe Grundlegung des christlichen Dialogs mit dem Vaishnavismus als einer Hauptströmung des Hinduismus.[19]

M.W.

## Anmerkungen

1 | *Vgl. Kulke, Rothermund 2010, S. 156–160.*
2 | *Vgl. Dehejia 2007, S. 15.*
3 | *Vgl. Michaels 2012, S. 254–257.*
4 | *Vgl. Dehejia 2007, S. 15–17. Vgl. Davis 2006, S. 89 f.*
5 | *Die klassische Zählung der daśāvatāra, der „Zehn Herabkünfte" Vishnus im Hinduismus, umfasst: Matsya, der Fischgestaltige; Kurma, die Schildkröte, auf deren Rücken Götter und Dämonen den Berg Meru stellen, um mit diesem das Milchmeer zu quirlen, woraus der Nektar der Unsterblichkeit gewonnen wird; der Eber Varaha, der die ins Urmeer versunkene Erde rettet; Narashima, halb Mann, halb Löwe, der die Dämonen besiegt; Vamana, der Zwerg, der mit drei Riesenschritten durch das Universum die allumfassende Wirklichkeit Gottes beweist; der „edle Mensch" Parashurama als Verteidiger der Brahmanenkaste; Rama, der „vollkommene Mensch" in Gerechtigkeit und Wahrheit; Krishna, der Hirtenkönig von Mathura als Verkünder der Erfüllung allein aus Gott; der historische Buddha Gautama; Kalki, der zum Ende der Welt erscheinen wird, um ein Reich des Friedens und der Gerechtigkeit zu begründen. Vgl. Michaels 2012, S. 234. Vgl. Schlensog 2006, S. 230–234.*
6 | *Mahābhārata, Sabha Parva, 44, S. 88, Drona Parva, 73, S. 143.*
7 | *Vgl. Kulke, Rothermund 2010, S. 190 f.*
8 | *Zum Monotheismus von Bhagavata- und Bhakti-Frömmigkeit vgl. Prentiss 1999, S. 13 ff.*
9 | *Vgl. Kulke, Rothermund 2010, S. 190 f.*
10 | *Vgl. Bharadwaj 1958, S. 191 f.*
11 | *Zur Deutung des Verhältnisses von Kultbild und Gott bei Ramanuja vgl. Lott 1988, S. 148–154.*
12 | *Vgl. Kulke, Rothermund 2010, S. 191 f.*
13 | *Vgl. ebd.*
14 | *Vgl. Mukherjee, Habib 1987, S. 235–248.*
15 | *Vgl. Ali 1992, S. 42.*
16 | *Vgl. Monserrate (1580) 2003,S. 91–94.*
17 | *Vgl. Dharampal-Frick 1994, S. 345.*
18 | *Vgl. Le Gouz 1657, S. 186, 189. Zu Roth vgl. Kircher 1667, S. 157–162.*
19 | *Zum christlich-vaishnavischen Dialog vgl. Beitrag D'Sa, S. 59–62.*

## 46 Roberto de Nobili

In: da Costa, Catecismo em que se explicão todas as verdades catholicas, 1661
Baltassare da Costa (Zeichnung)
Südindien, 1661
Zeichnung auf Papier
20,5 × 30,0 cm
Lissabon, Academia das Ciências, Manuscritos Série Vermelha 125, MV 698

Die Zeichnung zeigt den italienischen Jesuiten Roberto de Nobili (1577–1656), der ab 1609 in der südindischen Tempelstadt Madurai missionierte und die Gewänder und den Lebenswandel eines *saṃnyāsa*, eines hinduistischen Gottessuchers, annahm. Das in der Ausstellung als Reproduktion gezeigte Bild findet sich in dem Manuskript zu einem Katechismus in Tamil von de Nobili, den sein Ordensbruder Baltassare da Costa (1610–1673) ins Portugiesische übersetzte, und ist 1661 entstanden.

Roberto de Nobili wurde im September 1577 im toskanischen Montepulciano adelig geboren. 1597 trat er dem Jesuitenorden bei. Genauere Daten liegen erst für 1605, das Jahr seiner Ankunft in Goa, vor.[1] Von hier wurde de Nobili zur Mission nach Südindien entsandt und traf über einen Aufenthalt in Kochin, Kerala, 1609 in Madurai, einem bedeutenden Pilger- und Kultzentrum des tamilischen Hinduismus, ein.[2] Mit Hilfe seines Lehrers Shivadharma erlernte er indische Sprachen und erregte mit seinen Kenntnissen des Tamil und des Sanskrit das Aufsehen der Brahmanen.[3] De Nobili studierte die heiligen Schriften und verfasste einen tamilischen Katechismus sowie philosophische Traktate in Auseinandersetzung mit dem Hinduismus.[4] Er nahm den Lebensstil und die Kleidung eines hinduistischen Asketen an und suchte hierdurch den Hindus den Zugang zur christlichen Glaubenslehre zu erleichtern. Während seiner 38 Jahre in Madurai taufte er zahlreiche Angehörige mittlerer und höherer Kasten und missionierte erfolgreich auch unter den Kastenlosen.[5] 1646 wurde er von seinem Superior nach Sri Lanka entsandt. Fast erblindet kehrte der Jesuit zwei Jahre später in das tamilische Mylapore zurück, wo er 1656 starb.[6]

De Nobili ist eine herausragende Gestalt des christlichen Dialogs mit dem Hinduismus und Pionier der sogenannten Akkommodation. Bei dieser passten jesuitische Missionare die Glaubensverkündung den lokalen Gegebenheiten an. In Südindien wie in China wurden auf Grundlage intensiven Studiums der fremden Kulturen deren Eigenheiten respektvoll in die Verkündung des Evangeliums integriert.[7] Dies umschloss auch den Versuch, landeskulturelle Entsprechungen zu christlichen Begriffen aufzugreifen: So nannte de Nobili das Evangelium in Anlehnung an die Offenbarungsschriften des Hinduismus den *vedam*. Die Kommunion mit dem Leib Christi erklärte er unter dem Namen *prasadam*. Dies bedeutet „Gnade" und ist der Begriff für Speisen, die im Tempelsanktuar der Gottheit geweiht und dann an die Gläubigen verteilt werden. Auch für „Priester", „Kirche" und „Messe" griff er mit *guru*, *kovil* und *poosai* Begriffe der tamilischen Religion auf.[8]

Den im Christentum offenbarten Gott bezeichnete de Nobili mit dem Sanskritkompositum *Sarvesuran*. Diese Verbindung von *sarva*, „all-", und *Īśvara*, „Herr", war ein Attributname des in der Vaishnava-Theologie als Allgott verehrten Vishnu. Bereits Rāmānuja, der Begründer des Neo-Vishnuismus im 11. Jahrhundert, hatte Vishnu als *Sarveshvara*, als „Herr über alles", bezeichnet.[9] Da Madurai ein Zentrum der Verehrung des Gottes Shiva war, konnte de Nobili diesen vaishnavischen Terminus ohne Überschneidung mit den lokalen Kultbegriffen gebrauchen.[10] Eine Rolle spielte auch, dass die Vaishnavas den Gedanken der Avatare kannten, in denen sich der Allgott schöpfungsimmanent verkörpere, wie in Matsya, Varaha oder Rama.[11] Das Avatar-Konzept ermöglichte es dem Missionar, seinen hinduistischen Hörern die Menschwerdung Christi zu verkünden und in ihrer Einzigartigkeit gegenüber der Idee einer bloßen Verkörperung Gottes in den Avataren zu erklären.[12] Auch griff de Nobili die Denkfigur eines verschollenen *vedam* auf, der die übrigen Offenbarungsschriften bekröne. Die Tamilen stellten sich diesen Text traditionell als einen bhaktischen, d.h. von Liebe, Herzensreinheit und Hingabe handelnden vor. Dies ermöglichte dem Jesuiten, den *satya vedam* mit dem Evangelium Jesu zu identifizieren und hierdurch dem religiösen Denken und Fühlen der Tamilen einen Zugang zu den Worten und Zeichen Jesu zu öffnen.[13]

De Nobili wertete die rituellen, asketischen und emotionalen Eigenheiten des tamilischen Hinduismus als Zeichen besonderer Empfänglichkeit für die christliche Verkündigung.[14] Besonders die Vedanta-Bhakti-Schulen beeindruckten den Jesuiten in der

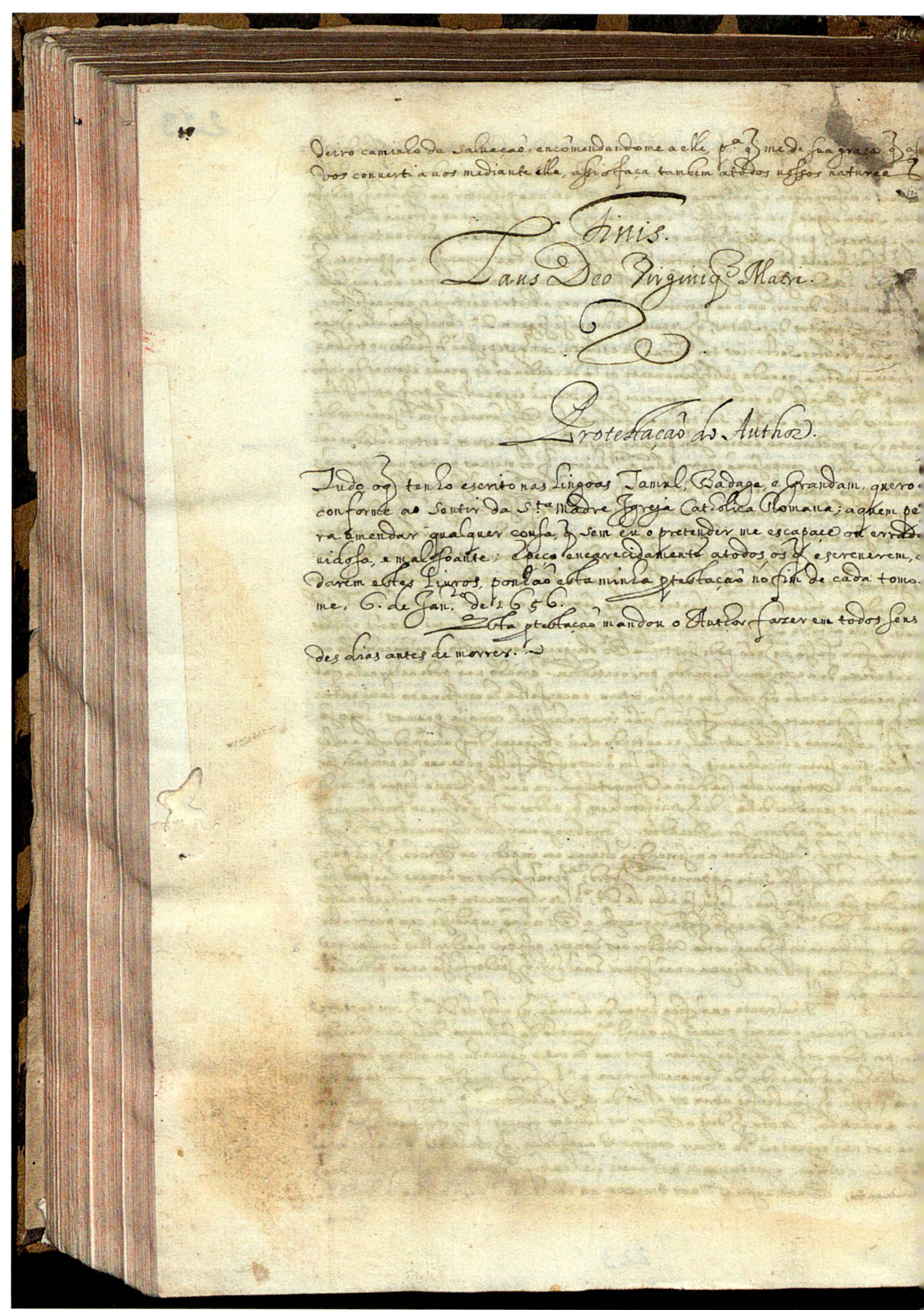

deiro caminho da salvação, encomendandome a elle, p.ª q̃ me de sua graça q̃ as
vos converti a vos mediante ella, assi o faça tambem a todos vossos naturae

Finis.

Laus Deo Virginiq. Matri.

Protestação do Author.

Tudo o q̃ tenho escrito nas Lingoas Tamul, Badaga, e Grandam, quero
conforme ao sentir da S.ta Madre Igreja Catolica Romana; a quem pe
ra emendar qualquer cousa, q̃ sem eu o pretender me escapace ou erro
uidosa, e malsoante; e peço encarecidamente a todos os q̃ escreverem,
darem estes Livros, ponhão esta minha ptestação no fim de cada tomo.
me, 6. de Jan.ro de 1656.
Esta ptestação mandou o Author fazer em todos seus
des dias antes de morrer.

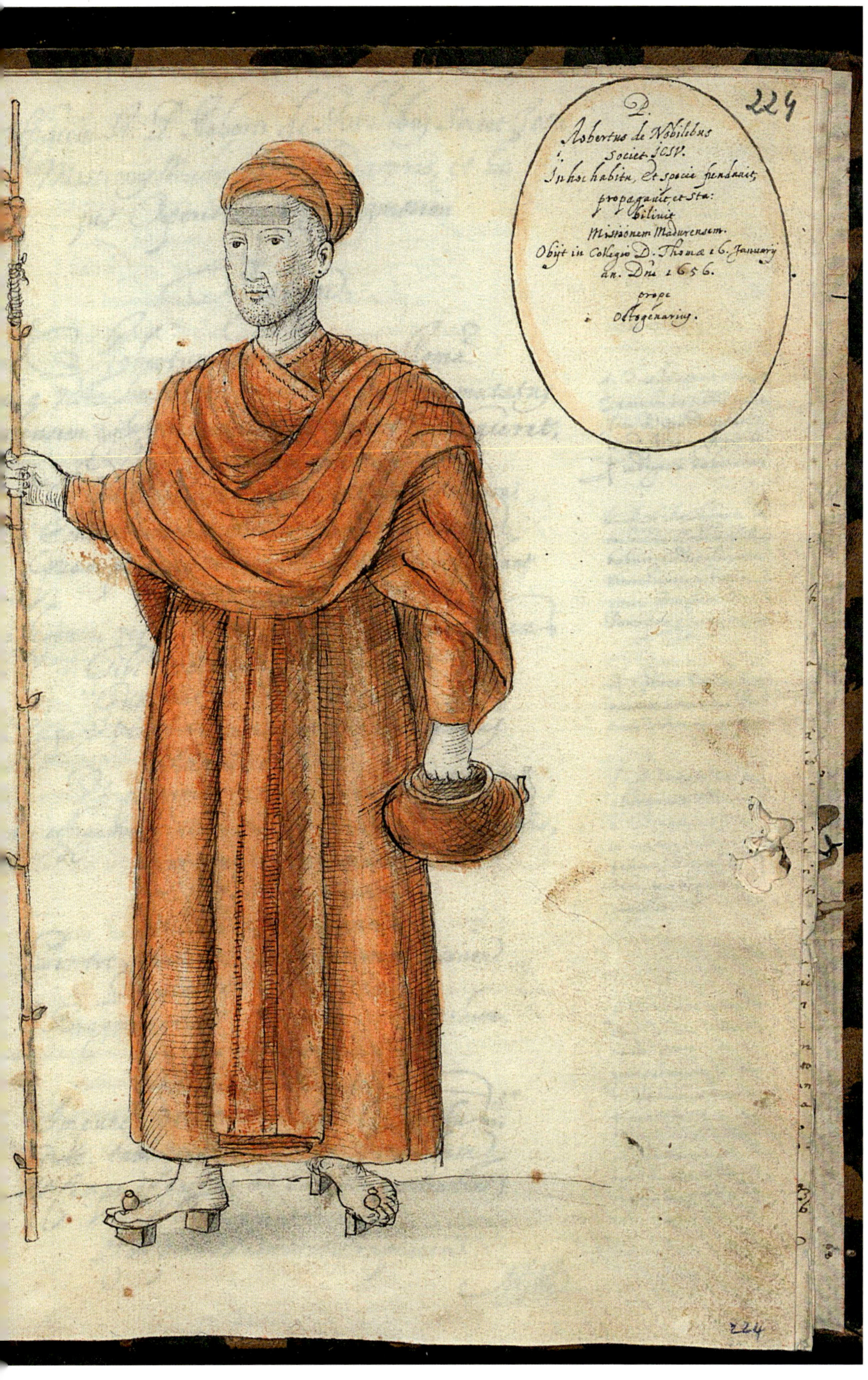
224
P.
Robertus de Nobilibus
Societ. IESV.
In hoc habitu, et specie fundavit,
propagavit, et sta:
bilivit
Missionem Madurensem.
Obijt in Collegio D. Thomæ 16. January
an. Dni 1656.
prope
Octogenarius.
224

Weise, wie sie ihre Frommen zu Keuschheit, Reinlichkeit und Demut führten.[15] De Nobili wog ab, wo die Offenbarung Christi tamilische Fromme berühren konnte, ohne dass den Bekehrten ein krasser Abbruch ihrer religiösen Sozialisation aufgenötigt wurde. Um Brücken zu schlagen und einzureißen, was unnötig trennte, trat der Jesuit radikal aus dem Typenbild des katholisch-tridentinischen Priesters aus: De Nobili legte in Tonerde gefärbte Gewänder an, rasierte sich das Haupthaar bis auf den *kudumi*, eine lange Scheitelsträhne.[16] Er ging auf erhöhten Holzsandalen, legte die heilige Schnur *punul* um den Oberkörper, trug das Zeichen der Gottessucher, den *eka danda*, einen Stab mit Wimpel, und salbte seine Stirn mit dem *viddeivartanam*-Zeichen in Sandelholzpaste. Auch verzichtete der Jesuit auf nicht-sattvische Speisen, also auf Fleisch, Fisch, Ei und Alkohol.[17]

Die Sannyasa-Zeichen standen innerhalb des Hinduismus nicht für eine bestimmte Dogmatik. Unter den Tamilen hochverehrte Träger dieses Habits waren die Brahmanen Adi Śaṅkarācārya (um 788–um 820) und Rāmānuja (1017–1137). Die von beiden begründeten Lehrsysteme verhielten sich zueinander höchst widersprüchlich. De Nobili zielte darauf, der christlichen Lehre Einlass in diesen flexiblen Diskursraum hinduistischer Gelehrsamkeit zu gewähren. Bald wurde der Missionar unter dem Namen *Tattva Bodhakar*, Lehrer der „Dasheit", bekannt. *Tattva* drückte einen spezifisch christlichen Gedanken aus, der in der Begegnung mit dem Hinduismus neu hervorstach: Christen glaubten an die eine, unaustauschbare Realität von Schöpfung und menschlichem Personsein. Diese „Dasheit" war die Wirklichkeit, in die sich Gott inkarniert habe und die er durch das Wort Jesu und im Sakrament der Kirche mit Gnade durchwirke. Alle sakralen Zeichen fanden ihren eigentlichen Grund, wo sie diese Gnade Gottes in der „Dasheit" des Menschen zum Ausdruck brachten.[18] Tatsächlich gelang es de Nobili, in dieser angepassten Form tamilisch-katholische Gemeinden aufzubauen.[19]

Von Goa aus beobachteten Ordensbrüder und kirchliche Autoritäten de Nobilis Experiment in Madurai mit Misstrauen. Angeklagt durch den Jesuiten Gonzalo Fernandez (1541–1619) musste sich der Missionar 1619 vor Erzbischof Cristóvão de Sá e Lisboa (reg. 1612–1622) in Goa dem Vorwurf stellen, er vermenge den christlichen Glauben mit heidnischen Ritualen. De Nobili verteidigte sich: Die der tamilischen Tradition entnommenen Symbole – sein *kudumi*-Haarschopf und das *viddeivartanam* auf der Stirn – seien nicht mit fremden religiösen Inhalten verbunden, sondern Zeichen für die Profession des Lehrers.[20]

Der Fall wurde vor die römische Kurie getragen, wo der jesuitische Kardinal Robert Bellarmin (1542–1621) vor Papst Gregor XV. (Papst 1621–1623) zugunsten de Nobilis argumentierte und auf die Erfolge der Jesuitenmission in Peking verwies, die ähnliche Akkommodation betrieb.[21] Der Papst entschied 1623 in seiner Konstitution „Romanae Sedis Antistes" zugunsten de Nobilis und griff dessen Differenzierung zwischen zivilen und religiösen Zeichen auf: Die *punul*-Schnüre dürften als Ehrenzeichen „in signum politicae nobilitatis et officii", die Sandelzeichen „pro elegantia" und das Baden in Tempelteichen zur Reinigung des Körpers, „pro munditia corporis", betrieben werden.[22] De Nobilis Mission in Madurai war hiermit ihrer äußeren Form nach kirchenrechtlich abgesichert und gewann erfolgreich an Boden: 1623 gab de Nobili die Zahl von 100 getauften Neuchristen an.[23] 1644 soll die Maduraistation im zentralen Tamilenland bereits 4000 Christen betreut haben, zum Ende des 17. Jahrhundert sollen es 100.000 gewesen sein.[24]

In der zweiten Hälfte des 17. Jahrhunderts veränderte sich die Lage der jesuitischen Missionsstationen im Süden Indiens. Die Niederländische Ostindien-Kompanie drängte den portugiesischen Einfluss und damit auch die von den Jesuiten aufgebaute kirchliche Infrastruktur zurück. Von den Niederlassungen des Ordens blieb nur Madurai übrig.[25] Auch nach dem Tod de Nobilis 1656 lebten die Jesuiten von Madurai bezüglich Kleidung und Gebräuchen als christliche Sannyasa. Der portugiesische Jesuit Johannes de Brito (1647–1693), der seit 1674 die Maduraimission führte, machte den Sannyasa-Habit für alle Priester verpflichtend.[26] Bis zum Ritenstreit im 18. Jahrhundert bestanden diese Sannyasa-Gemeinden als eine Sondergruppe im nachtridentinischen Katholizismus.[27] Erst das Verbot der „malabarischen Riten" 1734 und 1739 durch Papst Clemens XII. (Papst 1730–1740) und 1744 durch die Bulle „Omnium sollicitudinem" Papst Benedikts XIV. (Papst 1740–1758) beendete das Experiment von Madurai.[28]

M.W.

## Anmerkungen

1 | *Vgl. Rajamanickam 1972, S. 17.*
2 | *Vgl. Zupanov 1999, S. 1–3.*
3 | *Vgl. Rajamanickam 1972, S. 80–87, 97–103.*
4 | *Vgl. Zupanov 1999, S. 27, 79. Vgl. Cronin 1959, S. 104 ff.*
5 | *Vgl. Lederle 2009, S. 123.*
6 | *Vgl. Cronin 1959, S. 264 ff.*
7 | *Vgl. Sivernich 2002, S. 264 f. Vgl. Beitrag Wehnert, S. 23 f., 43 f.*
8 | *Zur Adaption und Rezeption hinduistischer Terminologien in den Sprachen Sanskrit, Tamil und Telugu, nachgewiesen in den katechetischen und theologischen Schriften de Nobilis vgl. Rajamanickam 1972, S. 54 ff. und S. 80–192.*
9 | *Rāmānuja wurde in die Brahmanenkaste geboren und studierte um die Mitte des 11. Jahrhunderts im tamilischen Kanchipuram, trennte sich jedoch von seinen Lehrern, als ihm die Unwahrheit der Verneinung eines personhaften Gottes in der Advaita-Lehre aufging. Hierauf wirkte Rāmānuja im Varadharaja-Perumal-Tempel von Kanchipuram und lehrte die Pilger und das Volk, Erlösung sei nicht durch Versenkung in das abstrahierte Göttliche zu erlangen, sondern durch Liebe zu dem einen, personhaft sich den Seelen zuwendenden Allgott Vishnu. Auf zahlreichen Wanderungen, die ihn bis in den Himalaya führten, verbreitete Rāmānuja diese Lehre in ganz Indien. Bedeutende vishnuitische Heiligtümer wie der Jagannatha-Tempel in Puri und der Tirupati-Schrein von Tirumala nennen Rāmānuja in ihren Chroniken als Kultreformer und Leittheologen. Vgl. Bakshi, Mittra 2002.*
10 | *Vgl. Kim 2004, S. 109 f. Vgl. auch Tiliander 1974, S. 92.*
11 | *Vgl. Kat. Nr. 41, 42, 44, 45.*
12 | *Vgl. Brockington 1992, S. 41. Vgl. Zupanov 1999, S. 213.*
13 | *Vgl. Cronin 1959, S. 89 f. Vgl. Arokiasamy 1986, S. 179. Vgl. App 2010, S. 372. Vgl. Sttīphan 2001, S. 8. Vgl. Lach 1965, 3, 1, S. 152.*
14 | *Zu einem „special calling“ der Tamilen vgl. Zupanov 1999, S. 213. Vgl. Valluvassery 2001, S. 86.*
15 | *Vgl. Zupanov 1999, S. 216.*
16 | *Zur Tonerde, „Bolus Armenicus“, vgl. Ferroli 1955, S. 58.*
17 | *Vgl. Cronin 1959, S. 73.*
18 | *Vgl. ebd., S. 127 f.*
19 | *Vgl. Lederle 2009, S. 123. Vgl. Friedrich 2016, S. 400.*
20 | *Vgl. Mémoire du P. Robert de Nobili, in: Bertrand 1847–1854, 2, S. 51. Zur Kontroverse vgl. Rajamanickam 1972, S. 32–43. Vgl. Zupanov 1999, S. 56 ff., 122–126.*
21 | *Vgl. Aranha 2012, S. 261. Zur Akkommodationskritik vgl. Friedrich 2016, S. 506–511.*
22 | *Rajamanickam 1972, S. 44 f. Vgl. Zupanov 1999, S. 242.*
23 | *Vgl. Smither 2016, S. 174.*
24 | *Vgl. Saulière, Rajamanickam 1995, S. 427. Vgl. Ferroli 1939, 2, S. 299.*
25 | *Vgl. Friedrich 2016, S. 400 f.*
26 | *Vgl. Saulière, Rajamanickam 1995, S. 241 f. Vgl. Lach 1965, 3, 1, S. 160.*
27 | *Vgl. Rajamanickam 1988, S. 301 f.*
28 | *Vgl. Klueting 2007, S. 328. Vgl. Friedrich 2016, S. 510 ff.*

# 47 Sannyasa-Requisiten Roberto de Nobilis

Rekonstruktion
Stab und Schuhe: Philipp Zinger, Rottenburg a. N. 2017
Gefäß und Schnur: Haridwar, Indien, 2017

Die Ausstellung zeigt die Nachbildung wichtiger Bestandteile des *saṃnyāsa*-Habits, die der jesuitische Missionar Roberto de Nobili (1577–1656) ab 1609 in Madurai anlegte. Wie in der Zeichnung des Baltassare da Costa (Kat. Nr. 46) dargestellt und in den Verhandlungen zwischen Madurai, Goa und Rom 1609 bis 1623 im Einzelnen thematisiert, trug de Nobili Stab, Wasserkanne, Sandalen, Robe, Heilige Schnur und ein Stirnzeichen in Sandelholzpaste.[1]

Gegen die Einwände seines Ordensbruders Gonzalo Fernandez (1541–1619) beteuerte der Missionar, dass diese Sannyasa-Zeichen kein „Heidentum" in die christliche Verkündigung trugen, sondern in religiös-neutraler Weise den Stand des Weisen und Lehrers kennzeichneten.[2] Diese Unterscheidung rettete das interreligiöse Experiment von Madurai vor dem Interdikt. Der Erlass Papst Gregors XV. (Papst 1621–1623) von 1623 sortierte die zum Ärgernis gewordenen Zeichen entlang einer Trennlinie zwischen ziviler und religiöser Ordnung.[3] Diese Differenzierung war nach den Kriterien scholastischer Dialektik, also in einem europäischen Denkstil, entwickelt worden und wurde dem Sinnhorizont Indiens kaum gerecht. Denn gerade im Hinduismus sind soziale Praxis, mythisches Bild und religiöser Anspruch eng verwoben. Als Kenner tamilischer Kultur war dem Jesuiten bewusst, dass die Zeichen, die er trug, sakrale Implikationen aussandten und mit Vorstellungen von Heil und Erleuchtung verbunden waren.

Den aus einer Kokosnuss gefertigten Henkeltopf führten Asketen auf ihren Wanderungen zu den *tīrthas*, „spirituellen Furten", mit sich. Hierin bewahrten sie nicht nur Trinkwasser auf, sondern schöpften heiliges Wasser aus den Strömen, um es mit sich zu tragen oder in Schreinen als Libation den Göttern darzubieten. Dieser *kamaṇḍalu* verwies in seiner höchsten Bedeutung auf den Krug, den die Götter bei der Quirlung des Milchmeeres erhalten hatten und der das *amṛta* enthielt, den als Seinsessenz verstandenen Nektar der Unsterblichkeit.[4] Auch wurde der sich ausgießende *kamaṇḍalu* des Schöpfergottes Brahma als Ursprung heiliger Flüsse, etwa des Ganges, vorgestellt.[5]

Der Sannyasa mit dem *kamaṇḍalu* war das Urbild und zugleich die höchste Verwirklichung des wandernden Asketen, wie schon Adi Śaṅkarācārya, der berühmteste Träger dieser Zeichen, der im 9. Jahrhundert den ganzen Subkontinent durchwandert hatte.[6] Zeichenhaft band der Sannyasa-Habit auch den fremden Europäer in die heilige Geografie Indiens mit ihren verehrten Seen, Flüssen und Zusammenflüssen heiliger Ströme ein, die sich vom tamilischen Süden bis in den Himalaya erstreckte.[7] Das semiotische Bekenntnis zu diesem *Bharat*, dem „heiligen Indien", war auch deswegen bemerkenswert, weil de Nobili zu Beginn seines missionarischen Wirkens von den Tamilen als *Frangui*, als Portugiese und Fremder, abgewiesen wurde.[8]

Die durch zwei schmale Absätze um einige Fingerbreit vom Boden erhöhten Holzsandalen werden *kharawan* genannt. Mit ihnen vermied es der Sannyasin, durch das Zertreten von Pflanzen oder Insekten Leben zu schädigen. Die Schuhe sind somit Symbol für die Friedfertigkeit und das Gewaltverbot *ahiṃsā*.[9] Die flächige, *viddeivartanam* genannte Bemalung der Stirn mit Sandelholzpaste war das Zeichen besonderer Gelehrsamkeit.[10]

Der heilige Stab *danda* ist aus einem sprossenden Bambusrohr gefertigt. Im oberen Viertel ist ein längliches Stück mit heiliger Baumwollschnur umwickelt und ein feststehender Wimpel aus orangefarbenem Leinen angebracht. Der *danda* ist mit zwei im tamilischen Hinduismus hochverehrten Lehrern verbunden. Adi Śaṅkarācārya und der von ihm gegründete Orden tragen den *eka danda*, der aus nur einem Bambusstab gefertigt ist, was auf die „Lehre von der Nicht-Zweiheit" des Absoluten in dieser Schule hinweist. Die Anhänger des Rāmānuja tragen einen *tridanda* aus drei zusammengebundenen Bambusstäben mit dem auf die Unterschiedenheit von Materie, Gott und Einzelseele sowie auf ihre Verbindung im Gnadenwirken Gottes verwiesen wird.[11] Indem er das Evangelium mit dem *danda* in der Hand verkündete, wies sich de Nobili als Verkünder einer neuen Lehre vom Rang der gewichtigsten geistigen Systeme des jüngeren Hinduismus aus.

Die Möglichkeit, im Sannyasa-Habit durch eine kleine Modifikation einen wichtigen Lehrinhalt auszudrücken, nutzte der Jesuit bei der heiligen Schnur: Der *punul* wurde männlichen Angehörigen der drei höheren Kasten rituell als Zeichen der religiösen Initiation verliehen und symbolisierte die Dreiheit Gottes als „Brahma, Vishnu, Shiva" oder die drei

Klangteile der heiligen Silbe „Aum". De Nobili modifizierte das Zeichen: Zu drei goldenen Fäden – die er als Zeichen des dreifaltigen Gottes deutete – fügte er zwei weiße Fäden für den Leib und die Seele Christi hinzu.[12] Auch befestigte de Nobili ein kleines Kreuz an diesem Band.[13]

Hieraus ergab sich ein neuer Ansatz von Mission, dessen Distanz zu vorangehenden Konzeptionen sich im Abgleich mit den „Wundern des heiligen Franz Xaver in Indien" verdeutlicht, wie sie Peter Paul Rubens um 1617 zeitgleich mit de Nobilis Wirken in frühen Jahren in Madurai, in Antwerpen ins Bild setzte (Kat. Nr. 4): De Nobili stand nicht erhöht und willentlich fremdartig über der zu missionierenden Kultur, sondern begab sich mitten „unter" deren Zeichen, um diese von innen her wandeln zu können. Mit der Entdeckung, das Mysterium Jesu Christi sei nicht auf die Zeichenregie des tridentinischen Katholizismus beschränkt, ging de Nobili über gedankliche Grenzen des Christentums seiner Zeit hinaus.[14] Im historischen Rückblick hat der Jesuit gerade jene „Inkarnation des Evangeliums" in den kulturellen Werten der Völker vorweggenommen, von der das Zweite Vatikanische Konzil (1962–1965) sprach, als es einen neuen Missionsbegriff vorlegte.[17] Zugleich ist de Nobilis Vorgehen bedingt in einem innovativen Profil der Gesellschaft Jesu und entspricht dem Ideal der radikalen Disponibilität des *homo jesuiticus* im Dienst weltkirchlicher Pastoral.[16]

Für de Nobilis eigenes christliches Erleben bezeichnend ist die Äußerung in einem Brief an Kardinal Bellarmin (1542–1621): „Ich sehne mich danach", so schrieb er am 27. Dezember 1615 nach Rom, „mit dem Stab in der Hand die Welt zu durchwandern", damit „Christus in allen Menschen geformt werde".[17] Hierbei ließ sich der Jesuit auf das Wagnis apostolischen Lebens ein, wie es im Evangelium beschrieben wird: „Da sagte Petrus zu ihm: Du weißt, wir haben alles verlassen und sind dir nachgefolgt. Jesus antwortete: Amen, ich sage euch: Jeder, der um meinetwillen und um des Evangeliums willen Haus oder Brüder, Schwestern, Mutter, Vater, Kinder oder Äcker verlassen hat, wird das Hundertfache dafür empfangen" (Mk 10,28–30). Die Bereitschaft, um Christi willen das Eigene und Vertraute – Sprache, Habit und Habitus – aufzugeben, entsprach einer Spiritualität der Entäußerung in der Nachfolge Christi und der Apostel. Der Jesuit nahm die neuen Zeichen also nicht bloß äußerlich an, als strategische Verkleidung, um Zugang zu einer sonst verschlossenen Kultur zu erlangen. Er riskierte auch in seiner Person als Christ neue Horizonte und ließ sich „mit Leib und Seele" auf eine Personwerdung aus Jesus Christus in dem und für den indischen Kulturraum ein. Hierbei vertraute der Jesuit darauf, dass das Evangelium Jesu in dieser neuen Konstellation, der Begegnung mit dem tamilischen Hinduismus, nicht verfälscht werden müsse, sondern gar an Quellkraft und Unmittelbarkeit zurückgewinnen könne.

M.W.

## Anmerkungen

1 | *Vgl. Rajamanickam 1968, S. 81 ff.*
2 | *Vgl. Mémoire du P. Robert de Nobili, in: Bertrand 1847–1854, 2, S. 51.*
3 | *Vgl. Zupanov 1999, S. 237–247, besonders S. 242.*
4 | *Vgl. Jansen 1993, S. 158.*
5 | *Vgl. ebd., S. 52.*
6 | *„Le moine hindou est essentiellement un intinérant", Dupuy 1994, S. 93. Zum wandernden Sannyasin als der letzten Stufe des brahmanischen Lebensideals vgl. Klostermeier 1989, S. 320 f. Vgl. Cornille 1991, S. 128.*
7 | *Zur „sacred geography" Indiens vgl. grundlegend Eck 2012.*
8 | *Vgl. Zupanov 1999, S. 5, Anm. 14, S. 48. Vgl. Rajamanickam 1972, S. 31.*
9 | *Vgl. Jain-Neubauer 2000, S. 90.*
10 | *Vgl. Zupanov 1999, S. 127, Anm. 62.*
11 | *Vgl. Wilson, Murdoch 1904, S. 97.*
12 | *Vgl. Lach 1965, 3, 2, S. 1013.*
13 | *Vgl. Rajamanickam 1972, S. 23. Über die Neubestimmung der heiligen Schnur und ihre christliche Zeichenbedeutung vgl. Amaladass, Clooney 2000, S. 162 f.*
14 | *Vgl. Zupanov 1999, S. 213 f.*
15 | *Vgl. Sievernich 2002, S. 267 f. Vgl. Smither 2016, S. 178. Vgl. Valluvassery 2001, S. 96. Vgl. Daughrity, Athyal 2016, S. 277.*
16 | *Vgl. Sievernich 2002, S. 264.*
17 | *Vgl. de Nobili, Brief an Kardinal Bellarmin, Cochin, 27. Dezember, 1615, in: Rajamanickam 1972, S. 46.*

# 48 „Veritable Portrait du P. Robert Nobili“

Paris, um 1700
Kupferstich auf Papier
20,2 × 16,2 cm
Germanisches Nationalmuseum Nürnberg, Leihgabe der Paul Wolfgang Merkel'schen Familienstiftung, MP 17146a, Kapsel 298

Der um 1700 entstandene Kupferstich zeigt das Porträt des Madurai-Missionars Roberto de Nobili (1577–1656). Der Jesuit trägt ein exotisches Kostüm: Mit Turban, Axtstab, umgelegter Kette und einem mit der Hand erhobenen Henkelgefäß suchten die Stecher ausgehend von der Zeichnung des Baltassare da Costa (Kat. Nr. 46) die brahmanischen *saṃnyāsa*-Gewänder abzubilden, die de Nobili ab 1609 im südindischen Madurai trug.

Die Grafik ist Teil einer Medienstrategie der Gesellschaft Jesu, die Vertreter ihrer Indienmission in der europäischen Öffentlichkeit präsent zu machen. Gerade um 1700 spitzte sich der innerkirchliche Streit um die jesuitische Praxis der Akkommodation zu: Bei dieser bauten Missionare der christlichen Verkündigung Brücken, indem sie Werte, Begriffe und Symbole der fremden Kultur übernahmen, um diesen von innen her eine neue Bedeutung im Sinne des Evangeliums zu geben. War die Praxis der Akkommodation als missionarisches Konzept in Südindien ebenso wie in China erfolgreich, so wurde sie in Europa Gegenstand innerkirchlicher Kontroversen. Neben Augustinern und Dominikanern beschuldigten besonders die Kapuziner den Jesuitenorden der Vermengung des christlichen Glaubens mit heidnischen Ritualen.[1]

Während sich breiter Widerstand in der römischen Kurie aufbaute, trugen die Jesuiten der Madurai-Station weiterhin den brahmanischen Habit und feierten eine großzügig mit indischen Elementen durchsetzte Liturgie.[2] Parallel wurde in Europa versucht, die Erfolge der malabarischen Methode publik zu machen, wobei de Nobili als „Apostolischer Mann mit unermüdlichem Eyffer“ beschrieben wurde. So erklärte der Jesuit Petri Martin in einem Brief von 1700: „Er ist auch der letzte Jesuiter, der sich in Malabarien in einem solchen Kleid, als wir in Europa tragen, hat sehen lassen. Denn P. Robertus de Nobilibus hat bereits vor achtzig Jahren [...] für nöthig befunden und den Brauch eingeführt, dass die Unserigen [...] sich in der Kleidung, Nahrung, Sitten und in allen übrigen Sachen, so viel es der Christliche Glaube zulässt, fürhin sollten aufführen, wie die Indianische Brachmänner und Sanias oder Heydnische Ordens-Geistliche“.[3]

Das Porträt belegt die Schwierigkeiten, für diese „auf Brachmännisch gekleideten Jesuiter“[4] eine europäische Bildrepräsentanz zu erstellen. Viele Details blieben selbst für die in jesuitischem Auftrag arbeitenden Stecher unklar: So wurde aus dem *eka danda*, dem Stab mit dem abstehenden Stoffwimpel, eine langstielige Axt, die in ihrer Form an die lateinische *sacena* erinnert – ein Ritualbeil und Pontifikalabzeichen der alt-römischen Religion.[5] Die vom *victimarius* im rituellen Gestus auf die Schulter gelegte oder über das Opfertier geschwungene Axt war auf römischen Antiken vielfach dargestellt worden und durch antiquarische Druckgrafik im Europa des 18. Jahrhunderts breit zugreifbar.[6] Turban und Ohrring ergänzten diese Chiffre für lateinisches Heidentum in Richtung sarazenischer, „muselmanischer“ Orient. Auch die Funktion des *kamaṇḍalu*, ein Schöpfgefäß für heiliges Wasser, blieb unverstanden. Es wurde zu einem kleinen Henkelbecher, den der Dargestellte nach Art eines Öllämpchens erhebt. Nicht aus der Da-Costa-Zeichnung abgeleitet war die Kette, die den Oberkörper des Missionars umläuft. Im Schrifttum der Kontroversen der 1610er- und 1620er-Jahre war über die heilige Schnur der Brahmanen, *punul*, verhandelt worden, der de Nobili eine christologische Bedeutung gab.[7] Ist der Verlauf des *punul* von der rechten Schulter zur linken Hüfte korrekt wiedergegeben, so wurde die Schnur in ihrer Machart als grobmaschige Kette missverstanden.

Das „Veritable Portrait“ hat mit der Ansicht der jesuitischen *saṃnyāsa* von Madurai nurmehr wenig zu tun: Die Schwierigkeiten der visuellen Übersetzung von Südindien nach Paris ergaben sich nicht nur aus einem Mangel an religionskundlichem Wissen. Sie waren auch darin begründet, dass die Jesuiten in Europa selbst zu einer populären Bildkultur beigetragen hatten, die sich den heiligen Franz Xaver als Idealtyp des Asienmissionars in schwarzem Talar vorstellte – strikt abgegrenzt gegen exotische Götzenpriester (Kat. Nr. 4) und dunkelhäutige Indianer im Federschmuck (Kat. Nr. 5).

Im Versuch, den Madurai-Missionar nobilitierend ins Bild zu setzen, nähert sich das Blatt stattdessen der christlichen Ikonografie der Märtyrer, besonders der Apostel an. Deren Eigenart war es, dass sie die

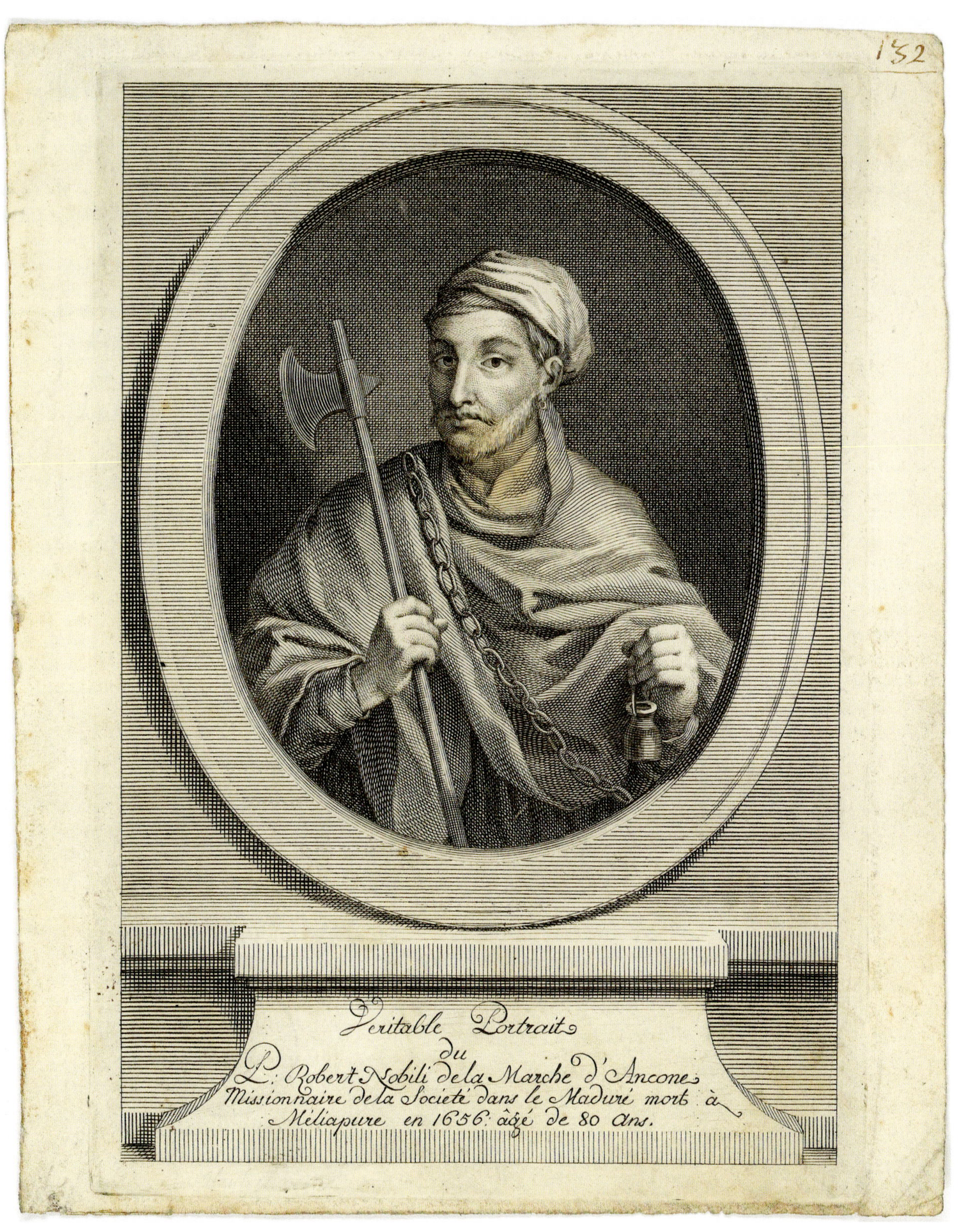
152
Veritable Portrait
du
P. Robert Nobili de la Marche d'Ancone
Missionnaire de la Societé dans le Maduré mort à
Méliapure en 1656: âgé de 80 Ans.

Apostel mit ihren Marterinstrumenten zeigte: Der indische Thomas erhob seinen Speer, Paulus umgriff das Schwert, Matthias sein Beil. Wenn de Nobili unter schweigsam ernstem Blick ein Opferbeil neben sein Haupt erhob und eine Kette um sich trug, rief dies in europäischen Betrachtern unweigerlich Assoziationen an die Gefahren hervor, denen sich Missionare in fremden Weltgegenden aussetzten: Eine großangelegte Bildenzyklopädie zu den Märyrtern der Gesellschaft Jesu hatte erst 1671 der böhmische Jesuit Matthias Tanner verlegt (Kat. Nr. 8, 10) und hierbei auch Viten aus Indien anfügen können.

Tatsächlich drang 1693 aus der christlichen Sannyasa-Gemeinde von Madurai ein Martyriumsfall nach Europa, als der portugiesische Missionar Johannes de Britto (1647–1693) durch den Raja von Marava verurteilt und enthauptet worden war.[8] Die Jesuiten stellten den Antrag auf Seligsprechung, der jedoch 1742 dem Widerstand gegen den Orden und seine Akkommodationspraxis zum Opfer fiel: Gerade de Britto hatte streng nach den Sannyasa-Regeln de Nobilis gelebt und dessen Habit für seine Mitjesuiten verpflichtend gemacht.[9] Nur zwei Jahre später erließ Papst Benedikt XIV. (Papst 1740–1758) die Bulle „Omnium sollicitudinem", mit der er die „malabarischen Riten" untersagte und durch eine streng vom europäisch-tridentinischen Katholizismus ausgehende Praxis zu ersetzen suchte. Die Bulle wurde 1940 von Papst Pius XII. (Papst 1939–1958) wieder aufgehoben. Mit Johannes de Britto gelangte ein Sannyasa-Jesuit von Madurai zur Kanonisation: Der von tamilischen Christen hochverehrte Geistliche wurde 1947 heiliggesprochen.[10]

M.W.

## Anmerkungen

1 | *Vgl. Friedrich 2016, S. 510 ff.*
2 | *Vgl. Parecattil 1979, S. xvi.*
3 | *Brief Petri Martin in Madura 1. Juni 1700, S. 42.*
4 | *Ebd., S. 40.*
5 | *Bereits Baltassare da Costa, der de Nobili in Madurai begleitete, hatte den* eka danda *in einem Lobgedicht metaphorisch das „Bild einer Axt" genannt, mit welcher sich de Nobili den „Urwald" von Madurai begehbar gemacht habe, vgl. Rajamanickam 1972, S. 72.*
6 | *Vgl. etwa das Blatt „Solitauriliorum sacrificiorum" in der Herzog August Bibliothek Wolfenbüttel, D4 Geom. 2° (1–56), Petri de Nobilibus, Rom 1552. Zur Axt vgl. Sibert 1999, S. 70–73.*
7 | *Vgl. Lach 1965, 3, 2, S. 1013. Zu den Kontroversen in Goa und Rom vgl. Rajamanickam 1968, S. 81 ff.*
8 | *Vgl. Lach 1965, 3, 1, S. 159–162.*
9 | *Vgl. ebd., S. 160.*
10 | *Vgl. Nevett 1980, S. 111.*

# 49 Bildnis des Athanasius Kircher

Cornelis Abrahamszoon Bloemaert (Stecher)
Rom, 1664
Kupferstich auf Papier
34,5 × 22,0 cm
Universitätsbibliothek Heidelberg, Graph. Slg. P 0920

Das Blatt zeigt den jesuitischen Universalgelehrten und Orientalisten Athanasius Kircher (1602–1680) vor der Bücherwand seines Studienraumes im römischen Collegio Romano. Die ovale Rahmung des Porträts gibt in lateinischen Kapitalen den Geburtsort Fulda, das Lebensalter von 62 Jahren und das Erstellungsjahr des Blattes, 1664, an. Der unter dem Bildnis platzierte Cartellino ehrt Kircher mit einem lateinischen Verspaar des Jacobus Albanus Ghibbesius (1611–1677), Professor für Rhetorik an der Jesuitenuniversität des Collegio Romano in Rom: „Ganz ohne Not werden Maler und Dichter sagen, das ist er: Gesicht und Namen kennt ja längst die ganze Welt.“[1] Die Druckplatte des in der Ausstellung gezeigten Blattes kam 1667 für das einleitende Autorenporträt in Kirchers monumentaler Abhandlung „China monumentis, qua sacris qua profanis, nec non variis naturae et artis spectaculis, aliarumque rerum memorabilium argumentis“ zum Einsatz – ein Meilenstein in der Geschichte des europäischen Wissens über China und Indien.

Athanasius Kircher wurde am 2. Mai 1602 in Geisa nahe Fulda geboren.[2] Nach dem Besuch der dortigen Jesuitenschule trat er 1618 in Paderborn in den Orden ein. Nach dem Philosophie- und Theologiestudium in Köln und Mainz wurde Kircher 1628 zum Priester geweiht. In Folge des Dreißigjährigen Krieges wechselte der junge Jesuit häufig den Aufenthaltsort: Kircher nahm 1628 eine Professur für Ethik, Mathematik und orientalische Sprachen in Würzburg an und unterrichtete 1632 in Avignon, bis er 1633 als Hofmathematiker von Kaiser Ferdinand II. (reg. 1619–1637) nach Wien berufen wurde. 1638 ging Kircher nach Rom, um Mathematik, Physik und orientalische Sprachen am Collegio Romano zu lehren. 1647 wurde er von Lehraufträgen befreit, um sich frei der universalen Themenbreite seiner Forschungen zu widmen. Der Jesuit publizierte unter anderem zu Archäologie und Astronomie, zu Vulkanologie und Akustik, erlangte Berühmtheit jedoch vor allem in der Altertums- und Religionsforschung. Für diese verarbeitete Kircher weltweites Material, das sich von ägyptischen Hieroglyphen über chaldäische, hebräische und nestorianische Inschriften bis in die Weisheitsliteratur des Konfuzianismus spannte. Mit hochwertig verlegten Bänden wie dem „Oedipvs Aegyptiacvs“ (1652–55), der „China Illustrata“ (1667) und der „Turris Babel, sive archontologia“ (1679) setzte der Jesuit Maßstäbe für die Text- und Bildausstattung wissenschaftlicher Großwerke. Seine über 44 Druckveröffentlichungen wurden in Rom, Paris und Amsterdam verlegt und begründeten Kirchers Ruf als größten Universalgelehrten und Polyhistor eines Jahrhunderts, mit dem die Horizonte westlicher Wissenschaft global geworden waren. Kircher starb als europäische Berühmtheit am 27. November 1680 im Collegio Romano in Rom.

Das besondere Interesse des Jesuiten galt China: Im Verlagsjahr des Porträts, 1664, arbeitete Kircher am Text seiner „China Illustrata“, die erstmals 1667 in Amsterdam in Druck ging.[3] Das Werk wurde ein europäischer Bestseller: Noch im Erscheinungsjahr entstand in Amsterdam eine Raubkopie; bis 1670 lagen Übersetzungen ins Holländische, Französische und Englische vor.[4] Kircher fasste das Wissen über Geografie und Geschichte, Sprache und Schrift, Sitten, Philosophie und Religionen des chinesischen Kaiserreichs zusammen, das jesuitische Missionare erworben hatten. So berichtete er über die 1625 entdeckte nestorianische Stele von Xi'an und folgerte auf ein um 600 von syrischen Missionaren verkündetes Christentum.[5] Beziehungen Chinas mit dem Westen suchte der Jesuit noch in weit älterer, frühester Menschheitsgeschichte nachzuweisen: Kircher identifizierte den im Buch Genesis genannten Noahsohn Ham mit dem altpersischen Religionsgründer Zarathustra und rekonstruierte eine Reise dieses „Königs von Baktrien“ bis nach China. Dem dortigen Kaiser habe Ham eine Ur-Hieroglyphenschrift vermittelt, die auch den heiligen Zeichen der alten Ägypter zugrunde läge.[6]

Die chinesische Schrift und Literatur waren den Jesuiten um 1600 zugänglich geworden, wobei durch die jesuitische Mission des Matteo Ricci (1552–1610) in Peking besonders auch der Konfuzianismus in den Blickpunkt gelangte.[7] Wegen seiner Vorstellung von einem himmlischen Gesetz, das sich in Maß und Harmonie ausdrücke sowie die Person und die Gemeinschaft sittlich veredle, machten konfuzianische Lehren Eindruck auf Kircher. Anders beurteilte

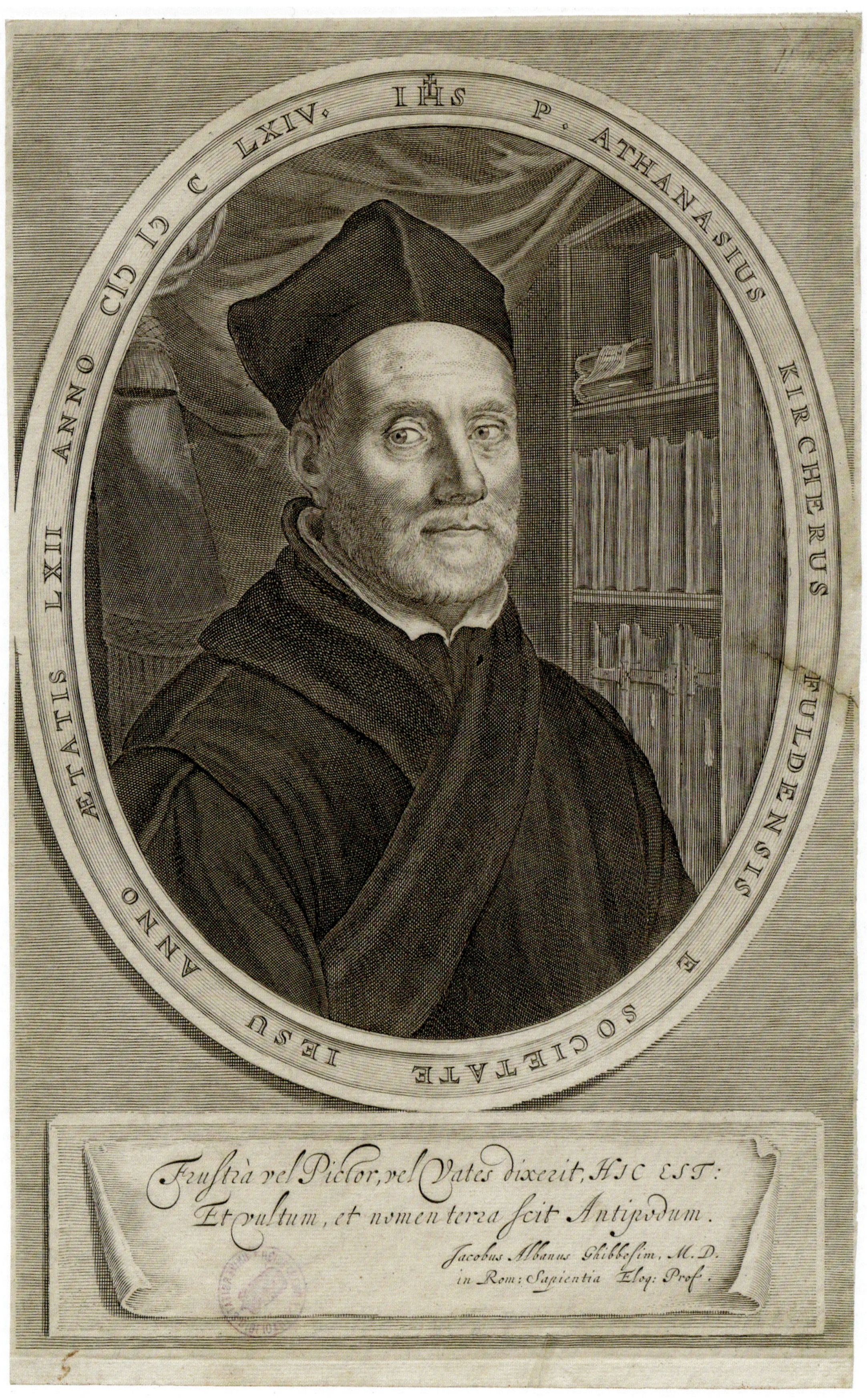
IHS P. ATHANASIUS KIRCHERUS FULDENSIS E SOCIETATE IESU ANNO ÆTATIS LXII ANNO CIↃ IↃ C LXIV.
Frustrà vel Pictor, vel Vates dixerit, HIC EST:
Et vultum, et nomen terra scit Antipodum.
Jacobus Albanus Ghibbesim, M.D.
in Rom: Sapientia Eloq: Prof.

er Indien und den Hinduismus, dessen geistige Eigenart den Jesuiten deutlich weniger anzog. Hierbei folgte Kircher der Einschätzung des Jesuiten Allessandro Valignano (1539–1606), der als Supervisor die Missionsstationen im portugiesischen Asien visitierte und nach seinen Besuchen in Japan, dem er hohe Zivilisation und Geistigkeit zugestand, die Inder hingegen einer primitiven Entwicklungsstufe zuordnete.[8]

In Rom war Kircher in den Besitz der umfangreichen Forschungsmanuskripte des als Missionar an den Mogulhof entsandten Jesuiten Heinrich Roth (1620–1668) gekommen. Auch Schriften des jesuitischen Missionars Roberto de Nobili (1577–1656) aus dem tamilischen Süden Indiens waren bei Kircher eingegangen.[9] Kircher nahm die Berichte in seine China-Enzyklopädie auf, da er korrekt erkannt hatte, dass die chinesische Religionsgeschichte wichtige Impulse aus Indien erhalten hatte. Entsprechend versuchte der Gelehrte die Stellung Indiens nicht nur im geschichtlichen Verhältnis zu China, sondern auch in einem Gesamtpanorama globaler Kulturtransfers zu bestimmen.

Einen Einblick in die Indologie Kirchers geben die folgenden Hypothesen: Nach Kircher ging die Religion der Brahmanen von den Priesterschaften des alten Ägypten aus, die von den Persern aus dem Land getrieben worden und nach Indien geflohen seien.[10] So weise die heilige Kuh der Inder auf den in ägyptischen Tempeln verehrten göttlichen Stier Apis. Auch hinduistische Praktiken wie die kultische Waschung in Flüssen und Wasserlibationen an einen Sonnengott belegten zivilisatorische Transfers vom Nil an den Ganges.[11] Spurenlese betreibt Kircher ebenso für die indische Wiedergeburtslehre, die er aus der *metempsychose* des griechischen Philosophen Pythagoras ableitet.[12] Dessen Lehre sei von den Griechen zunächst nach Indien und von dort über China bis nach Japan gewandert. Als „Verbrecher", der die Geheimlehre des Pythagoras entstellt und ganz Asien zu dem dunklen „Aberglauben der Reinkarnation" bekehrt habe, identifiziert Kircher eine historische Gestalt des Namens „Brachman". Anhand lautlicher Ähnlichkeiten folgert der Jesuit, dieser werde von Hindus als „Rama", von Chinesen als „Xe Xian" und von Japanern als „Xaca" verehrt. Diesen „Brachman" verbindet Kircher mit dem Legendenschatz des historischen Buddha Gautama. Als Zeugen hierzu führt er den jesuitischen Madurai-Missionar de Nobili an, dessen Manuskripte in Auszug und Kopie an das Collegio Romano in Rom gekommen waren.[13] Ein anderes wichtiges Konzept asiatischer Religionen, das Erlöschen der Einzelseele im Weltengrund, wird als *theomorphosis* beschrieben und wiederum aus Geheimlehren Ägyptens abgeleitet.[14] Auch auf die hinduistische Lehre einer göttlichen Dreifaltigkeit und der Avatare des Hochgottes Vishnu kommt Kircher zu sprechen und schaltet Roths kleine Studie zum Vaishnavismus ein (Kat. Nr. 41). Auffällig sind die scharfen Kommentare zur Avatar-Theologie, die Kircher rundweg als teuflische Dämonie verurteilt.[15] Zuletzt blickt Kircher auf das Sanskrit-Alphabeth, das von den Brahmanen geheim gehalten und als vom Himmel gekommen verehrt würde. Noch in den weit entfernten Tempeln Chinas würden die Gottesbilder mit Sanskrit-Lettern geschmückt.

Für Kirchers Verhältnisbestimmung „Indien – China" war dieser Sanskrit-Bezug der chinesischen „Götzen" ein wichtiger Hinweis, um eine Trennlinie zu ziehen: Die Spur der indischen Brahmanen führe geradewegs zu jenem Teil der chinesischen Kultur, den Kircher als verderbt beurteilte. Während die konfuzianische Einflusssphäre ein edles Menschenbild und ursprünglich sogar einen bildlosen Kult für den Gott des Himmels ausprägte,[16] hätten mit den „Kolonien" indischer Wanderlehrer krasser Aberglaube und Priestertrug in China Fuß gefasst.

So befremdlich viele Interpretationen heute erscheinen mögen: Kirchers „China Illustrata" ist der erstmalige Ansatz, eine Religionsgeschichte des ganzen asiatischen Raumes zu schreiben. Gerade weil es zu Korrekturen oder gänzlicher Neuschreibung provozierte, hat dieses Werk einem gelehrten europäischen Diskurs über Asien festen Boden gelegt.[17] Zudem hatte die Historiografie, die Kircher betrieb, einen menschheitlichen Horizont: Der Jesuit dachte Geschichte als Migration und Transfer von Ideen über kulturelle Distanzen hinweg. Hochentwickelte Kulturen des östlichen Mittelmeeres – Israel, Ägypten, Griechenland – seien frühgeschichtlich in einer Kette geistiger Beziehungen mit Indien und China verbunden gewesen. Die Reiche Asiens erschienen nicht mehr als fremd-ferne, abgeschlossene Sphären, sondern als Teil einer globalen Interaktion.

M.W.

## Anmerkungen

1 | *Vgl. Flood 2006, S. 651.*
2 | *Vgl. Stolzenberg 2013, S. 11–16.*
3 | *Vgl. Hsia 2004, S. 397.*
4 | *Vgl. Westensteijn 2012, S. 211.*
5 | *Vgl. Kircher 1667, S. 1–45. Vgl. Hsia, S. 385 ff.*
6 | *Vgl. Kobayashi 2016, S. 137 ff.*
7 | *Vgl. Dijkstra, Weststeijn 2017, S. 137 ff.*
8 | *Vgl. Henn 2014, S. 68.*
9 | *Vgl. Kircher 1670, S. 208, 215.*
10 | *Vgl. ebd., S. 206 f.*
11 | *Vgl. ebd., S. 201 f.*
12 | *Vgl. ebd., S. 207 ff. Zur Theorie, Plato und Pythagoras seien nach Indien gekommen und hätten dort die Brahmanen die Philosophie gelehrt, vgl. Mitter 1977, S. 191. Als frühneuzeitliche Quelle für die Gegenthese, die griechische gehe aus der älteren indischen Philosophie hervor, vgl. die Vorrede des Nürnberger Theologen Christoph Arnold (1627–1685) zu Rogerius' „Offene Thuer zu dem verborgenen Heydenthum", Nürnberg 1663: Die Brahmanen seien „mit fuertrefflichem Verstand und Geschikklichkeit gemeiniglich begabte Leute […] deren Weisheit auch Pythagoras und Plato sich nicht geschaemt zu besuchen; von denen sie auch (wie vermutlich) fast all ihre Philosophiam entlehnt, und den Griechen ueberbracht haben." Rogerius 1663, Vorrede an den guenstigen Leser, o.S.*
13 | *Vgl. Kircher 1670, S. 207 f.*
14 | *Vgl. ebd., S. 213.*
15 | *Vgl. ebd., S. 214.*
16 | *Vgl. ebd., S. 176.*
17 | *Vgl. Hsia 2004, S. 384 f.*

## 50 Yogis unter einem Banyanbaum

In: Tavernier, Collections of Travels, 2, London 1684
Kupferstich auf Papier
10,2 × 19,5 cm
Württembergische Landesbibliothek Stuttgart, Geogr.qt.1065-2

Der Druck zeigt einen Banyanbaum in der Gegend der westindischen Stadt Surat in Gujarat: Unter der weiten Krone und den mächtigen Luftwurzeln des Feigenbaums sind acht hinduistische Asketen in den Haltungen des Yoga sowie verschiedene Schreingebäude zu sehen. Das Blatt entstammt einer englischen Übersetzung der „Six voyages de Jean Baptiste Tavernier, écuyer baron d'Aubonne, qu'il a fait en Turquie, en Perse, et aux Indes", Paris 1676, des französischen Weltreisenden Jean-Baptiste Tavernier (1605–1689), der Indien in den 1640er- und 1650er-Jahren besuchte und über den Besuch der heiligen Stätte bei Surat berichtete.

Die mit Ziffern markierten Positionen des Bildes erklärt Tavernier in der Legende: Der mächtige Stamm des Baumes (1) weise einen Wulst auf, der als Erscheinung der Göttin Mamaniva verehrt werde.[1] Nahe dem Stamm (2) ist ein Schrein errichtet, der das Bildnis dieser Göttin birgt. Weitere Schreine (3 und 5) seien dem Rama geweiht. Die Ziffern 7 bis 13 beschreiben die Haltungen und Praktiken der Yogis: Die Asketen mit über dem Haupt gekreuzten Armen (8) verblieben Tag und Nacht, zu jeder Jahreszeit in dieser Haltung. Yogi 9 stehe für viele Stunden auf einem Bein, halte einen Feuerkelch in den Händen und bete mit erhobenem Blick die Sonne an. Tavernier weist darauf hin, dass die Gestalten der Yogis aus Rücksicht auf europäische Leser mit Lendenschurzen bekleidet dargestellt seien, obwohl diese auf dem Feld wie in der Stadt immer umhergingen „wie aus dem Leib ihrer Mütter geboren".[2]

Der in den „Six voyages" abgebildete Banyanbaum als Stätte der Yogis ist in der europäischen Indienliteratur des 17. Jahrhunderts ein zweites Mal beschrieben worden – durch den Reisenden François de La Boullaye Le Gouz (1610–1668), der um 1640 den Handelsstützpunkt Surat im Dienst der französischen Krone bereiste: In seinen „Voyages et observations", Paris 1653, berichtete Le Gouz, Banyanbäume wie jener von Surat seien in ganz Indien bevorzugte Aufenthalte der Asketen und stets von Schreinen umsäumt. Die Portugiesen würden den Baum daher schlicht „Pagodenbaum" nennen.[3] Schon Alexander der Große sei auf seinen Feldzügen im vorderindischen Punjab auf die den Brahmanen heiligen Bäume gestoßen. Le Gouz erklärt, dass die Bedeutung der Banyans für Asketen auf den göttlichen Helden Rama selbst zurückgehe, der während seines Lebens als Waldeinsiedler und „Gymnosophist" unter Banyanbäumen gelebt habe. Auch werde Krishnas, des göttlichen Hirten, gedacht, der im Schatten des Banyans die süßen Töne seiner Flöte erklingen ließ.[4] Le Gouz erwähnt den schützenden Baum zudem als mystisches Liebesversteck Krishnas und seiner Braut Gopagna und fügt die Holzschnittfassung einer entsprechenden indischen Miniatur an.[5] Die hohe sakrale Aufladung spiegle sich zuletzt in dem Glauben, dass im Laufe eines Jahres sterben müsse, wer von den Blättern des Baumes isst.[6]

Auch der französische Reisende und Arzt François Bernier (1625–1688), der 1658 bis 1668 in Indien lebte, erwähnte in seinen „Voyages", Paris 1699, die riesigen Baumgewächse, unter denen die „Jauguis", die man so nenne, „weil sie mit Gott vereint werden", Tag und Nacht ihren Aufenthalt nehmen.[7]

Die im 17. Jahrhundert über europäische Druckerpressen laufenden Berichte über den heiligen Baum der Yogis fanden prominenten Nachhall in der Literatur: Ausgehend von Le Gouz' „Voyages" beschrieb der englische Dichter John Milton (1608–1674) einen Banyanbaum im Chant IX. seines „Paradise Lost" (1667), des großen Versepos über Sündenfall und Vertreibung aus dem Paradies: Als sie ihre Nacktheit erkennen, flüchten Adam und Eva vor Gottes Blick in den Schutz eines Banyans „as at this day to Indians known": Der heilige Baum der Inder und sein „thickest shade" werden bei Milton als trügerische Zuflucht dem verlorenen Lebensbaum des Paradieses gegenübergestellt.[8]

In Indien haben Banyanbäume – unabhängig von volksfrommen Praktiken – bereits seit der Upanishadenzeit und ihren mystischen Waldtexten im 8. bis 4. Jahrhundert v. Chr. einen festen Platz in der philosophischen Erörterung: Die *Chāndogyopaniṣad* bietet eine berühmte, oft kommentierte Passage, in welcher der hohle Innenraum des winzigen Samenkorns des Baumes mit dem Weltengrund Brahman verglichen wird: „Aus Nichtheit von feinster Essenz, kaum wahrnehmbar", erwachse der welthaft große Banyanbaum.[9] Die upanishadischen Mystiker suchten diese Essenz des Seins, *brahman*, als identisch

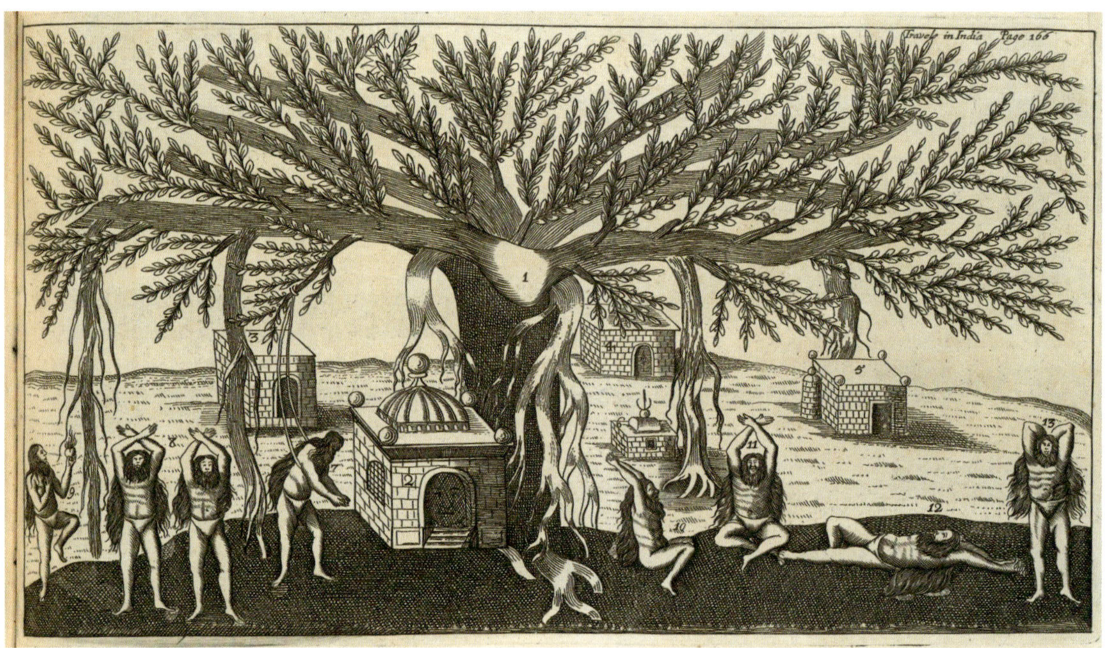


mit dem innersten Seelenkern, *ātman*, zu erfahren: „Das bist Du!" Diese alte upanishadische Erfahrung ist – trotz ihrer reichen Ausdeutung und theistischen Ergänzung im weiteren Gang der indischen Religionsgeschichte – ein Schlüssel auch noch zu den radikalen Askese- und Versenkungspraktiken, die Tavernier um 1650 an den „Fakirs" und „Jauguis" von Surat beobachtete. Erst durch die yogische Stillung sich immer neu entzündender seelischer, sinnlicher und intelligibler Vorgänge werde die Identität von *ātman* und *brahman* realisiert.[10]

Indiens Yogis haben von jeher das Interesse europäischer Reisender auf sich gezogen: Schon im Altertum sind die *gymnosophistai*, die „Nacktweisen", die Alexander der Große auf seinem Feldzug nach Nordwestindien traf, fester Teil der Vorstellung von Indien. Durch Missionare und Reisende des 16. und 17. Jahrhunderts gelangte immer neues Wissen über die Yogis nach Europa, wobei kurioses Staunen und Befremden die Berichterstattung prägten: Gedeutet wurden die Yogis als „Bußetuende", die sich eine Wiedergeburt als König erringen wollten, als Scharlatane, die sich wie gottgleiche Männer verehren ließen, als vom Teufel um ihr Personsein und Heil betrogene Sucher und ebenso als erleuchtete Heilige, die Gott geschaut haben.[11] Oft sind die Deutungen so ambivalent, dass alle Optionen für möglich gehalten werden. Zugestanden werden eine aufrichtige asketische Abtötung und eine kontemplative Versenkung von erstaunlichem Maß. Zugleich aber wird in all dem nur schwerlich „der Schatten irgendeiner Art von Frömmigkeit" erkannt: „Gott allein wisse, um was es sich hier handle", so Bernier.[12]

M.W.

## Anmerkungen

1 | *Mamaniva ist Mahāmāyā und bezeichnet den mütterlichen Aspekt Parvatis, der Gemahlin Shivas, vgl. Liebert 1965, S. 159. Vgl. Lach 1965, 3, 2, S. 747, Anm. 179.*

2 | *Vgl. Tavernier 1712, 2, S. 423.*

3 | *Vgl. Le Gouz 1657, S. 196.*

4 | *Vgl. ebd.*

5 | *Vgl. ebd., S. 189, 191. Ein weiterer Besucher des bei Tavernier abgebildeten Bayanbaumes ist der französische Indienreisende und Botaniker Jean de Thévenot (1633–1667), vgl. Lach 1965, 3, 2, S. 746 f.*

6 | *Vgl. Le Gouz 1657, S. 197.*

7 | *Vgl. Bernier 1699, 2, S. 121 f.*

8 | *Paradise Lost, IX, 1101–1111. Vgl. Rajan, Sauer 2006, S. 72 ff.*

9 | *Vgl. Mehta 1970, S. 240. Vgl. Haberman 2013, S. 164.*

10 | *Zum Yoga vgl. Michaels 2012, S. 290–295.*

11 | *Vgl. Tavernier 1712, 2, S. 423–426. Vgl. Bernier, 1699, 2, S. 121–131. Vgl. Le Gouz 1657, S. 191–197.*

12 | *Vgl. Bernier 1699, 2, S. 125 ff.*

# 51 Brama ou Bruma

In: Picart, Bernard, Cérémonies et coutumes religieuses de tous les peuples du monde, Amsterdam 1789
Bernard Picart (Stecher)
Kupferstich auf Papier
41,0 × 26,0 cm
Universitätsbibliothek Tübingen, Fp 1 a2-1/2

Die Illustration entstammt den „Cérémonies et coutumes religieuses de tous les peuples du monde", einem europaweit beachteten Meilenstein der religionskundlichen Literatur der Aufklärung, ein Werk, das erstmals zwischen 1723 und 1743 verlegt wurde und bis zum Ende des 18. Jahrhunderts große Verbreitung fand.[1] Die „Cérémonies" enthalten von Jean Frédéric Bernard (1680–1744) kompilierte religionskundliche Texte sowie zahlreiche Stiche Bernard Picarts (1673–1733) zu Ritualen und Mythen der Völker.[2] Das hier gezeigte Bild stellt einen hinduistischen Schöpfungsmythos dar: Brahma, der personifizierte uranfängliche Seinsgrund, wird umschlossen von einem Weltenei dargestellt. Die vierzehn Kreise auf dem und um den Leib Brahmas stellen Partien dar, die im Laufe des Schöpfungsprozesses zu einzelnen Welten werden.[3]

Das Blatt geht zurück auf eine Illustration in Athanasius Kirchers (1602–1680) „China Illustrata", Amsterdam 1667 (Kat. Nr. 49).[4] Auch die Texterläuterung ist von Kircher übernommen. In der Illustration der „China Illustrata" war die Gestalt Brahmas jedoch gröber dargestellt, ihr Blick ging schief ins Leere, das Haar war struppig. Die Geringschätzung gegenüber dem Sujet sprach sich auch in der Schrifttafel aus, die über der Darstellung angebracht war: „Fabulosa Brachmanum Narratio de Mundorum genesis ex Bruma".

Die Picartsche Neufassung verändert den Modus, in dem das Thema dem europäischen Publikum dargeboten wird: Nicht nur entfällt die Diskreditierung als „Fabelgespinst". Auch die Gestalt Brahmas wird ästhetisch aufgewertet: Das Gesicht ist von edler Harmonie, der Leib nach klassischem Ideal geformt, während die Haltung eine vollkommene, ruhende Symmetrie ausdrückt. Zugleich tilgt Picart den Rahmen, der bei Kircher eng um das Weltenei verlief. Hierdurch entsteht der Eindruck, Brahma durchwirke einen unbestimmten und grenzenlosen Raum. Dieses piktorale Zugeständnis an die kosmologische Weite des Sujets verdeutlicht einen neuen Entwicklungsschritt in der europäischen Rezeption indisch-philosophischer Themen: Die Visualisierung zielt nicht mehr darauf, eine dämonisierte Abstoßungsfläche zu generieren wie bei Varthema (um 1470–1517), Linschoten (1563–1611) und Baldaeus (1632–1672), sondern versucht, Zugänge zur geistigen Tiefe der fremden religiösen Kultur zu gewinnen.[5] Auch zur vorangehenden Darstellung der Yogis unter einem Banyanbaum zeichnet sich dieser Neuansatz ab: Während die Yoga-Bilder in Taverniers „Six voyages", 1684, „Bußübungen" und „Verrenkungen" darstellen, wird in Picarts Bild visuell ausgelotet, wie der Hinduismus sich nach einer menschlichen, göttlichen und kosmologischen Ganzheitlichkeit eigener Art ausstreckt.

Im Zusammenhang mit der Religionskunde der Aufklärung wurde diese ganzheitliche Weisheit der alten Inder Gegenstand philosophischer Erörterung. Hierbei wurde die Stellung Indiens im Gesamtverlauf menschheitlicher Kulturentwicklung, wie sie noch bei Kircher als Verfallslinie vom alten Israel über die Griechen und Ägypter nach Indien konstruiert worden war, revidiert: Der früheste Gelehrte, der angab, nicht Ägypten, sondern Indien sei der historische Ausgang aller höheren philosophischen und geometrisch-mathematischen Weisheit, war William Temple (1628–1699). In seinem „Essay upon the Ancient and Modern Learning", 1690, stellte er fest: „Es scheint wahrscheinlich, dass es die berühmten Inder waren, von denen Pythagoras lernte und [Weisheit] nach Griechenland und Italien brachte [...]. Und es ist nicht unwahrscheinlich, dass selbst die Ägypter ihr Wissen aus Indien bezogen haben."[6]

Auch Voltaire (1694–1778) kehrte das Verhältnis um: „Ich sage euch", so der französische Philosoph, „respektieren wir die alten Inder, bei denen sogar die Griechen die Geometrie gelernt haben."[7] In seinem „Essai sur les mœurs et l'esprit des nations" von 1756 idealisierte Voltaire die Brahmanen der indischen Frühzeit als Gründer einer reinen Urreligion, in der sich natürliche Vernunft, Glaube an den einen Gott und Introspektion des „inneren Lichtes" im Menschen untrennbar verbanden.[8] Die Degeneration dieser ursprünglichen Religion sei von Ost nach West verlaufen, nicht in umgekehrte Richtung: Voltaire hielt für möglich, dass der „Abram", der am Anfang des jüdisch-christlichen Monotheismus stehe, einen Ursprung seinerseits im „Bram" des Alten Indien habe.[9]

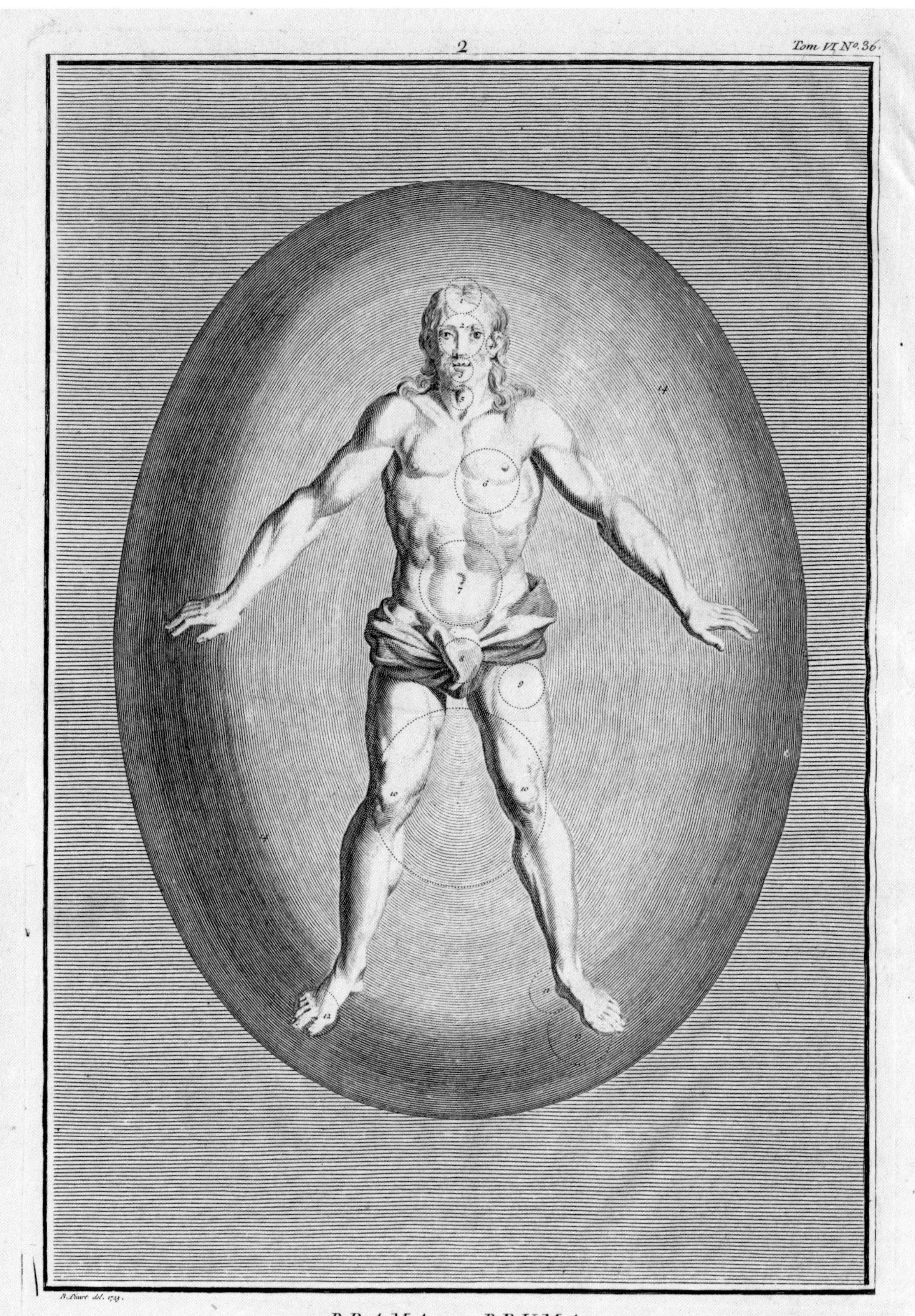


BRAMA ou BRUMA.

Der provokative Entwurf einer Entwicklung von „Bram“ zu „Abram“ war aufklärerische Kritik am Selbstverständnis des Alten Europa. Voltaire kehrte jene menschheitsgeschichtlichen Panoramen um, mit denen der Jesuit Athanasius Kircher 1667 den Ausgang der wahren Religion in Israel, ihre Verirrung und Entstellung in Indien und ihr geschichtliches Ziel in der christlich-europäischen Zivilisation beschrieben hatte.

Auch die deutsche Romantik setzte sich mit der These auseinander, die Schau des Allgrunds *brahman* durch die Denker des Alten Indiens bedeute einen geistigen Aufbruch von menschheitlicher Bedeutung. Friedrich Schlegel (1772–1829), der 1803–04 in Paris das Sanskrit erlernt und 1808 in Heidelberg sein Werk „Über die Sprache und Weisheit der Indier“ veröffentlicht hatte, knüpfte an Voltaires Lobreden an.[10] In einem Brief an Ludwig Tieck (1773–1853) würdigte er das Alte Indien überschwänglich als bedingenden Auftakt menschlicher Geistesgeschichte: „Hier ist eigentlich die Quelle aller Sprachen, aller Gedanken und Gedichte des menschlichen Geistes; alles, alles stammt aus Indien ohne Ausnahme. Ich habe über vieles eine ganz andere Ansicht und Einsicht bekommen, seit ich aus dieser Quelle schöpfen kann“.[11] Den deutschen Romantikern, besonders jenen, die sich schließlich einem intensiven Katholizismus zuwandten, erschien Indien als kulturelle Alternative zu einer zunehmend von Frühkapitalismus und rationalistischer Segmentierung der Lebensbereiche geprägten Welt, in der stattdessen Kultur und Natur, Geist und Sinne in ganzheitlichem Einklang standen.[12] Goethes „Mignon“ paraphrasierend brachte Joseph Görres (1776–1848) die romantische Empfindung dieser Indienbegeisterung in seiner Schrift „Glauben und Wissen“ von 1805 zum Ausdruck: „Kennt ihr das Land, wo die jugendliche Menschheit ihre frohen Kinderjahre lebte, wo die Feuersäule stand, in der die Götter zu ihren Lieblingen herniederstiegen [...], wo der ganze Himmel in zauberische Visionen sich ergoss? Kennt ihr das Land, wo die schönen Bilder lebten und wandelten, die tief in unserer Seele wie ferne Schatten schweben [...] und ein unnennbares Sehnen wie nach der fernen Liebe in uns wecken? Nach dem Morgenland, an die Ufer des Ganges und Indus, da fühlt unser Gemüt von einem geheimen Zug sich hingezogen [...].“[13]

M.W.

## Anmerkungen

1 | *Vgl. Schreiner 1998, S. 21. Vgl. Israel 2001, S. 135.*

2 | *Der in Paris geborene Bernard Picart studierte an der dortigen Académie Royale das Zeichnen, ging 1696 an die Antwerpener Akademie und ließ sich 1711 in Amsterdam nieder. Hier entstanden in Zusammenarbeit mit dem Verleger und Autor Jean Frédéric Bernard, der die Texte verfasste, die „Cérémonies et coutumes“. Picart und Bernard waren Protestanten. Ihr Werk beeinflusste den Religionsdiskurs der Aufklärung nachhaltig und beförderte religiöses Toleranz- und Pluralitätsdenken in Europa. Vgl. Wyss-Giacosa 2006.*

3 | *Vgl. Mitter 1977, S. 57–60.*

4 | *Neben jesuitischen Texten sind die Veröffentlichungen calvinistischer Missionare wie Abraham Rogerius' „De Open-Deure tot het verborgen Heydendom“, Leyden 1651, und Philippus Baldaeus' „Naauwkeurige Beschrijvinge van Malabar en Choromandel ontdekking en wederlegginge van de afgoderye der Oost-Indische heydenen“, Amsterdam 1672, wichtige Bild- und Textquellen. Vgl. Kat. Nr. 9. Zu weiteren Quellen vgl. Subrahmanyam 2010.*

5 | *Vgl. Wyss-Giacosa 2006, S. 212 f.*

6 | *Temple 1963, S. 45.*

7 | *„Respectons, vous dis-je, tous ces anciens Indiens, [...], les Grecs allaient apprendre chez eux la geometrie.“, Voltaire 1786, S. 179.*

8 | *Vgl. Marsh 2009, S. 73 f.*

9 | *Vgl. ebd., S. 116 f.*

10 | *Vgl. Kade-Luthra 1993, S. 20.*

11 | *Brief an Ludwig Tieck, 1803, in: Tieck, Schlegel 1972, S. 135 f.*

12 | *Vgl. Kade-Luthra 1993, S. 20.*

13 | *Görres 1805, S. 13 f.*

# 4. „Nostra Aetate" – Unsere Zeit?

Ein fernes Echo hat die christliche Begegnung mit den Religionen Indiens im 16. und 17. Jahrhundert auf dem Zweiten Vatikanischen Konzil (1962–1965) gefunden. Mit seiner Erklärung „Nostra Aetate" leitete es eine neue Zeit in der Beurteilung nicht-christlicher Religionen ein: Unablässig verkündend, dass Christus „der Weg, die Wahrheit und das Leben" ist, erkannte es zugleich „Wahres und Heiliges" auch in anderen Religionen. Dieser Perspektivwechsel war vorbereitet durch die interkulturelle Praxis christlicher Missionare im 17. Jahrhundert und durch den Dialog mit den geistigen Traditionen Asiens.

Die Exponate verfolgen diese Weichenstellung nicht allein von der Erklärung des Weltkonzils her, sondern gehen nah heran an Menschen und ihre Visionen, an persönliche Wagnisse katholischer Geistlicher und ihr Erleben Indiens im zeitlichen und geistigen Umfeld von „Nostra Aetate": Der Blick geht über Henri de Lubac SJ auf Jules Monchanin, auf Henri Le Saux OSB und schließlich zu Raimon Panikkar. Was ergründeten oder erforschten sie in Indien? Was motivierte sie, nach dem „ganzen Christus" zu fragen?

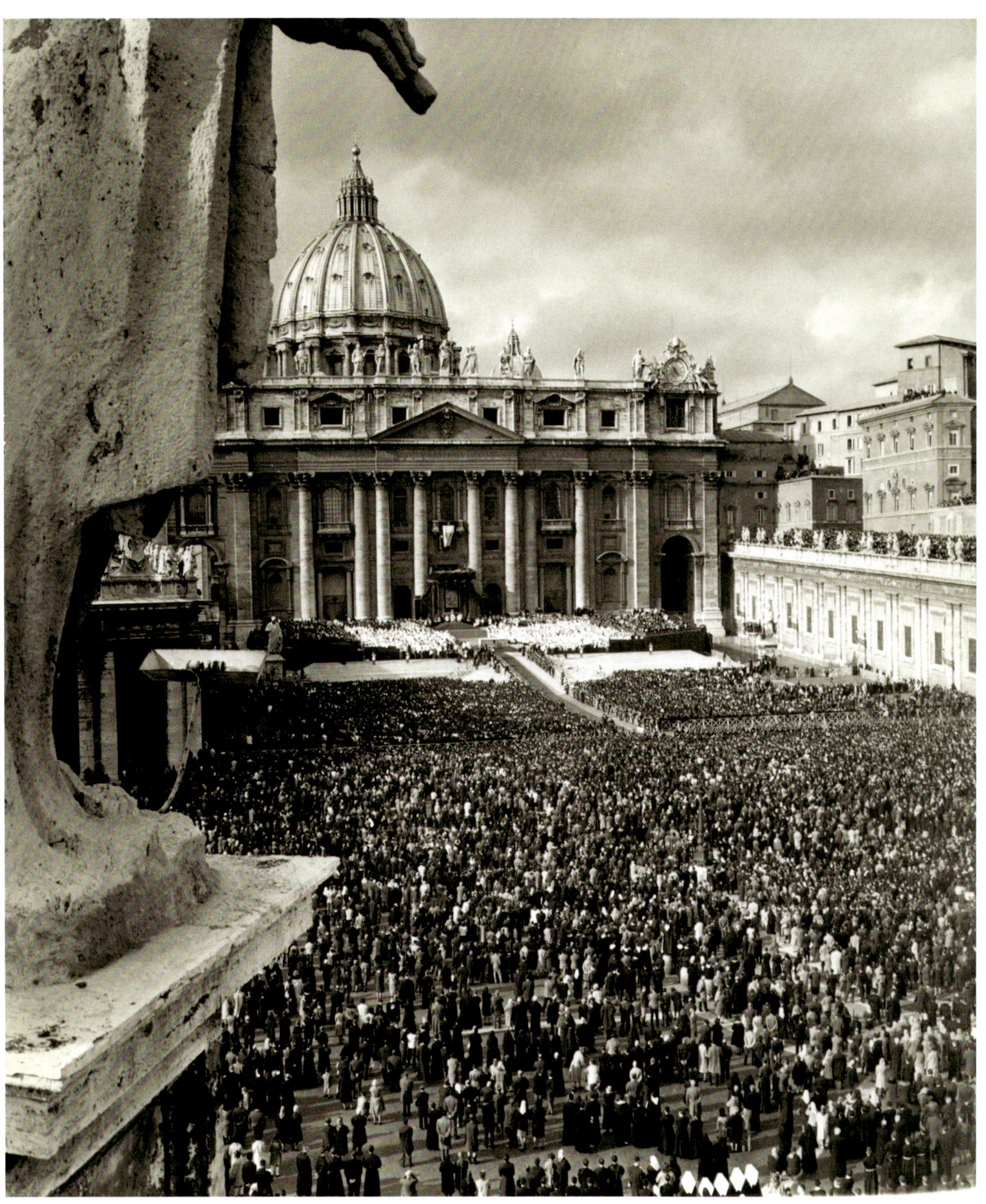

# 52 Abschluss des Zweiten Vatikanischen Konzils

Petersplatz, Vatikan, 12. Dezember 1965
12,5 × 10,0 cm
Fotografie, Keystone Pictures, USA

Die historische Fotografie zeigt die Abschlusszeremonie des Zweiten Vatikanischen Konzils am 12. Dezember 1965 auf dem Petersplatz, dem Mittelpunkt der katholischen Weltkirche. Das Foto ist aufgenommen von den Kolonnaden Gian Lorenzo Berninis (1598–1680) aus, die von der Peterskirche in mächtigem, zugleich weltumgreifendem und sich der Welt öffnendem Gestus ausgehen. In der Peterskirche, über dem Grab des Apostels Petrus, fand von 1962 bis 1965 das Zweite Vatikanische Konzil statt, das einen Epochenwandel in Theologie und kirchlicher Praxis einleitete. Für das Verhältnis des Christentums zu anderen Religionen bedeutete die Erklärung „Nostra Aetate", die mit einem Abstimmungsergebnis von 2221 bischöflichen Stimmen zu 88 Gegenstimmen von Papst Paul VI. (Papst 1963–1978) am 28. Oktober 1965 promulgiert wurde, eine Kehrtwende.[1] Die Erklärung beginnt mit einem hellen Blick auf den Zeitmoment, in dem sie steht, auf „unsere Zeit", in der „sich das Menschengeschlecht von Tag zu Tag enger zusammenschließt und die Beziehungen unter den verschiedenen Völkern sich mehren". In dieser Zeit erkenne sich die Kirche berufen zu fördern, „was den Menschen gemeinsam ist und sie zur Gemeinschaft untereinander führt."[2]

Eine erste Initiative, verbindliche Beziehung zwischen den Religionen zu begründen, bezog sich auf das Judentum. Mit Blick auf die Verbrechen der Schoah und das Unrecht, das europäische Juden durch Jahrhunderte erlitten hatten, forderte Papst Johannes XXIII. (Papst 1958–1963) eine eindeutige Abkehr von der kirchlichen „Lehre der Verachtung". Gegen den Widerspruch arabischer Nationen betonte das Konzil abschließend die bleibende Erwählung des Judentums und dessen mit dem Christentum gemeinsames, reiches geistliches Erbe.[3]

Bald schon weitete die Kommission ihre Perspektive über das Judentum hinaus. Besonders die Bischöfe aus Asien wirkten auf eine Berücksichtigung auch der nicht-abrahamitischen Religionen hin. Ein Besuch Papst Pauls VI. im Dezember 1964 auf dem 38. Internationalen Eucharistischen Kongress in Bombay führte zu weiteren Begegnungen mit den Vertretern nicht-christlicher indischer Religionen und größerer Klarheit in der Formulierung.[4] So erklärt „Nostra Aetate", dass der Hinduismus das göttliche Geheimnis „in einem unerschöpflichen Reichtum von Mythen und in tiefdringenden philosophischen Versuchen zum Ausdruck" bringe, und würdigt „aszetische Lebensformen", „tiefe Meditation" sowie „liebend-vertrauende Zuflucht zu Gott". „Die katholische Kirche lehnt nichts von alledem ab, was in diesen Religionen wahr und heilig ist." Mit „aufrichtigem Ernst" erkenne die Kirche, dass diese in manchem abwichen von dem, „was sie selber für wahr hält und lehrt, doch nicht selten einen Strahl jener Wahrheit erkennen lasse, die alle Menschen erleuchtet".[5]

Auch der Islam wurde in diese Perspektive einbezogen: Mit Hochachtung blicke die Kirche auf den Islam und seine Verehrung des einen Gottes. Die Heilige Synode rufe dazu, „Zwist und Feindseligkeiten" zu überwinden und „gemeinsam einzutreten für Schutz und Förderung der sozialen Gerechtigkeit, [...] des Friedens und der Freiheit".[6]

Mehrfach betonte das Konzil, Dialog zwischen den Religionen sei unerlässlich, und rief Christen wie Muslime dazu auf, „sich aufrichtig um gegenseitiges Verstehen" zu bemühen.[7] Im Blick auf asiatische Religionen mahnte es „ihre Söhne", deren Bekennern „mit Klugheit und Liebe, durch Gespräch und Zusammenarbeit" zu begegnen und hierbei die „geistlichen und sittlichen Güter und auch die sozial-kulturellen Werte, die sich bei ihnen finden, anzuerkennen, zu wahren und zu fördern". Unerlässlich, damit solche Beziehung gelinge, sei aber für den Christen, das eigene „Zeugnis des christlichen Glaubens und Lebens".[8]

„Nostra Aetate" ist nach dem ekklesiologischen Selbstverständnis des Konzils ein Instrument des göttlichen Wirkens in Geschichte und Welt. Bei ihren Beratungen und im Abwägen der Worte blickten die Theologen auch auf Erfahrungen katholischer Missionare in Asien zurück. Der Jesuit Henri de Lubac (1896–1991) hatte bereits 1938 in seinem Werk „Catholicisme" die Formulierung geprägt, dass die Jesuitenmissionare des 16. und 17. Jahrhunderts in Asien auf „große Typen des geistigen Erlebens"[9] gestoßen seien. Roberto de Nobili (1577–1656) in Madurai (Kat. Nr. 46–48) und Matteo Ricci (1552–1610) in Peking hätten nicht versucht, solche Geistestraditionen zu verdrängen, sondern sie in Christus neu – dadurch aber auch tiefer – zu erfassen.[10]

Die theologische Dynamik, die in „Nostra Aetate" Feder führt, entfaltete in den 1950er- und 1960er-Jahren besondere Intensität an den Außenposten der Kirche: Mit Henri de Lubac freundschaftlich verbunden war der französische Geistliche Jules Monchanin (1895–1957), der sich dem Dialog zwischen Christentum und Hinduismus verschrieb. Gemeinsam mit dem französischen Benediktiner Henri Le Saux (1910–1973) gründete Monchanin 1950 einen Ashram im Süden Indiens. Unter dem Eindruck der Katastrophe europäischer Zivilisation im Zweiten Weltkrieg rangen beide um neue Wege in das Mysterium Jesu Christi. 1964 pilgerte Le Saux gemeinsam mit dem katalanischen Geistlichen Raimon Panikkar (1918–2010) zu hinduistischen Wallfahrtsstätten. Ging es hier zunächst um eine radikale Rückversicherung in der Erfahrung, so wirkten beider Schriften schon bald auf die Theologie zurück. Mit seinem „Unknown Christ of Hinduism" verwirklichte Panikkar eine Christologie, die sich durch den Dialog mit dem religiös Anderen vertiefte und vereigentlichte. Panikkars 1964 veröffentlichtes Werk ist wie „Nostra Aetate" ein Dokument für die christologische Konzentration und den theologischen Aufbruch im Umfeld des Zweiten Vatikanischen Konzils.

M.W.

## Anmerkungen

1 | *Vgl. Beitrag Renz, S. 63.*
2 | *Nostra Aetate, 1.*
3 | *Vgl. Nostra Aetate 4. Zu den Verhandlungen um die Neubestimmung des Verhältnisses zum Judentum vgl. Zenger 1997.*
4 | *Vgl. Renz 2014, S. 152.*
5 | *Nostra Aetate, 2.*
6 | *Nostra Aetate, 3.*
7 | *Ebd.*
8 | *Nostra Aetate, 2.*
9 | *Vgl. de Lubac 1938/1970, S. 260. Vgl. Walter 2016, S. 55.*
10 | *Vgl. Beitrag Wehnert, S. 24, 43 ff. Vgl. Kat. Nr. 46 und 47.*

## 53 Kardinal Henri de Lubac SJ

Rom 1983
Fotografie
15,5 × 10,2 cm
Archives CIRIC, Montrouge

Henri de Lubac (1896–1991) zählt zu den einflussreichsten Theologen des 20. Jahrhunderts. Als Vertreter der „Nouvelle Théologie" setzte er in den 1930er- und 1940er-Jahren auf eine Kirche, die neu zu ihren christologischen Quellen aufbrechen würde, um in der Welt ihr spirituelles und sakramentales Vermögen zu entfalten. Nachdem der Jesuit 1950 mit einem achtjährigen Lehrverbot belegt worden war, nahm er als theologischer Berater am Zweiten Vatikanischen Konzil (1962–1965) teil und wirkte wesentlich mit an den Konstitutionen „Lumen gentium" und „Gaudium et Spes". 1983 verlieh ihm Papst Johannes Paul II. (Papst 1978–2005) in Anerkennung seines theologischen Wirkens die Kardinalswürde. Das Foto zeigt ihn in seinem 88. Lebensjahr als Kardinal.[1]

Wenig beachtet ist Lubacs Auseinandersetzung mit dem religiösen Erbe Indiens in den 1950er-Jahren. Angeregt war diese durch die Freundschaft mit Abbé Jules Monchanin (1895–1957), der Lubac mit dem Buddhismus vertraut gemacht hatte, bevor er 1950 in Indien einen hindu-christlichen Ashram gründete (Kat. Nr. 54).[2] Von 1950 an befasste sich Lubac selbst intensiv mit dem Buddhismus und veröffentlichte die drei Bücher „Aspects du Bouddhisme", Paris 1951, „La Rencontre du Bouddhisme et de l'Occident", Paris 1952, und „Amida. Aspects du Bouddhisme II", Paris 1954. Diese ermöglichten es ihm, sich trotz des Lehrverbots theologisch zu äußern, da Lubac – exemplarisch in den „Aspects" – ausgehend von seinen Analysen des Buddhismus immer wieder auch neue Perspektiven auf das Christliche anbot.[3] Obwohl seine Analysen vor allem den japanischen Buddhismus in den Blick nahmen, ging Lubac kontinuierlich auf den indischen Ursprung zurück: Mit Sachkunde erklärte der Jesuit altindische Texte wie die Upanishaden, den Pali-Kanon und die Jataka-Sammlungen. Auch studierte Lubac die Symbolik altindisch-frühbuddhistischer Sakralkunst – etwa der Monumente in Sanchi und Amaravati – und pries die „bewundernswerte ästhetische Expression, mit der in indischer Malerei die Erleuchteten" dargestellt würden.[4]

Lubacs respektvolles Studium nicht-christlicher Religion knüpft an jesuitische Modelle im 17. Jahrhundert an – an Roberto de Nobili (1577–1656, Kat. Nr. 46–48) im südindischen Madurai und an Matteo Ricci (1552–1610) in Peking.[5] Bereits in seinem Werk „Catholicisme" hatte Lubac 1938 die Pioniere jesuitischer Inkulturation gewürdigt.[6] Eine Schrift wie die „Aspects du Bouddhisme" hatte ihre nächsten Vorläufer in dem kleinen Traktat des süddeutschen Jesuiten Heinrich Roth (1620–1668) über die Vaishnava-Theologie, der 1667 bei Kircher abgedruckt wurde (Kat. Nr. 40–41). Wie Roth erklärte Lubac theologische Grundelemente und zog auch die mediale Kultur in Betracht, indem er Nachzeichnungen von Kunstwerken – bei Lubac die Buddha-Säule von Sanchi – in sein Werk aufnahm.[7]

An einer Würdigung fehlte es nicht: Der Buddhismus berge Inhalte, die für Lubac in ethischer und spiritueller Hinsicht einen „Gipfel der Menschheit" bedeuteten.[8] Besonders im japanischen *Jōdo-shū* fand Lubac Gemeinsamkeiten zum Christentum: Wie Christen das Herz Jesu verehrten, so kämen buddhistische Gläubige vor dem Buddha Amida zur Ruhe, dass er ihnen gewähre, so selbstlos lieben zu können und sich den Wesen zuzuwenden, wie dieser es vermöge. In der Praxis des *Nembutsu*, bei dem eine Gebetsformel anhaltend wiederholend rezitiert wird, fand Lubac die Entsprechung zum Herzensgebet der Ostkirche. Auch berichtete Lubac, wie japanische Untergrundchristen Darstellungen der Bodhisattva Kannon, die sich in mütterlichem Mitleid den Leidenden zuwende, als Spiegel der Gottesmutter Maria erfahren hätten.[9]

Angesicht dieser Affinität prüfte Lubac das historische Verhältnis: Standen früher Buddhismus und Christentum in einem wechselseitigen Verhältnis? Lubac geht auf die „Stromata" des hl. Clemens von Alexandria (150–215) ein, in denen der Kirchenlehrer auf den Buddha und seine Lehre verweist. Auch wenn Lubac die hierauf gestützte These, im 3. Jahrhundert habe es eine buddhistische Kolonie in Alexandria gegeben, verwarf, hielt er Kontakte syrischer Ostmissionare im 3. bis 8. Jahrhundert und damit ein Einwirken des Buddhismus auf die nestorianische Christologie für wahrscheinlich.[10] Mit diesen Überlegungen stand Lubac wiederum in der Nachfolge der jesuitischen Asienkunde des 17. Jahrhunderts, in der erstmals Athanasius Kircher (1602–1680) die nestorianischen Missionare in der Religionsge-

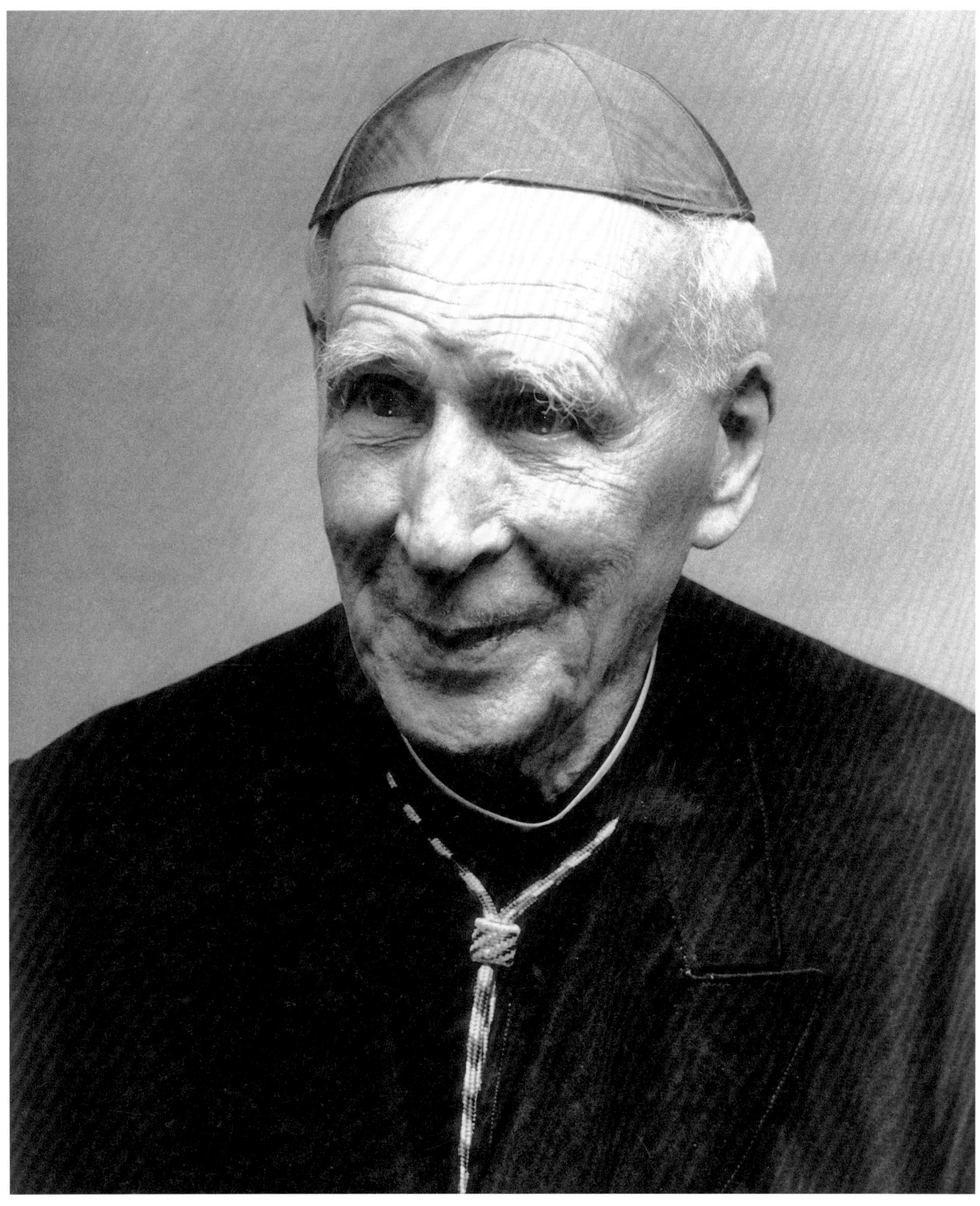

schichte Indiens und Chinas zu verorten suchte (Kat. Nr. 49).

Für die Klärung buddhistisch-christlicher Affinitäten blieben historische Wechselwirkungen jedoch marginal. Lubac bestaunte vielmehr, wie der Buddhismus sich in „natürlicher", geschöpflicher Intuition nach Mysterien ausstrecke, die wesentlich und in Fülle im Christentum offenbart wurden.[11] Wenn er Bilder der Fresken von Ajanta im indischen Maharashatra betrachtete, erschienen ihm die Bodhisattvas, mitleidend-liebende, den Kosmos durchwaltende Erlösergestalten, wie ein intensiver Traum, dessen Erfüllung und Realität dann Christus selbst wird.[12] Wenn aber der „Traum von Ajanta" den modernen Christen zu berühren begann – war es da nicht ein Zeichen der Zeit, voller aus dem „Ereignis Jesus Christus" zu schöpfen und neuen Sinn für „kosmische", ontologische Dimensionen zu entwickeln, wie sie die Abschiedsreden des Johannesevangeliums bargen? Lubac agierte innerhalb seiner eigenen Zeitgeschichte. Er nahm solche Leser in den Blick, die sich für östliche Metaphysik zu öffnen begannen, auch weil ihnen das Christusmysterium in einer neo-scholastisch argumentierenden Kirche zu eng kommuniziert worden war. Die Freundschaft mit Abbé Monchanin ließ ihn solche christliche Dynamik gen indischer Spiritualität aus persönlicher Nähe erleben.

Diese „indische Herausforderung" führte die christliche Theologie auf einen Zusammenhang in ihrer Entwicklung zurück, der im Freundeskreis Lubacs während der 1940er- und 1950er-Jahre pointiert als „indische Form des christlichen Denkens" bezeichnet wurde – die griechische Patristik.[13] Tatsächlich führten den Dialog mit dem Buddhismus bei Lubac nicht zuletzt griechische Stimmen: Origenes, mit dem sich Lubac seit Herausgabe der „Sources Chretiennes" ab 1941 intensiv beschäftigte, Clemens von Alexandrien oder Gregor von Nazianz.[14] Zusammen mit den Kirchenvätern und ihrer Entfaltung im Mittelalter standen sie für eine Theologie, in der die rationalistisch explizite Lehrformulierung immer wieder auf das uneinholbare Geheimnis und die Erfahrung von Dynamis zurückführte, nicht aber gegen diese antrat. Für Lubac hatte die rationalistisch-judizierende Beschreibung des Gnadenwirkens wesentlich zu einer Krise katholischer Theologie geführt; Versuche im Vorfeld des Konzils, antimodernistische und neo-scholastische Theologien zu zementieren, verstärkten diese Entwicklung.[15] Für den Lubac der 1950er-Jahre war der Weg in die Zukunft des Christentums an ein „ressourcement" geknüpft, in dem die altkirchliche Tradition für ein neues Verständnis der Kirche fruchtbar wurde. Studien wie die „Aspects" und „Amida" beleuchten, wie bei Lubac auch der interreligiöse Dialog zum Reflexionsraum wurde: Er konnte einem spirituellen „ressourcement" des Katholischen ein Wegzeichen zurück auf seine eigene ganzheitliche Fülle stellen.

M.W.

## Anmerkungen

1 | *Zu Christologie und Ekklesiologie Lubacs vgl. Hercsik 2001 und Altendorf 2014.*

2 | *Vgl. Voderholzer 2005, S. 450 f.*

3 | *Vgl. Prevot 2017, S. 296 f.*

4 | *Vgl. de Lubac 1951, S. 25. Da Lubac Asien selbst nie bereiste, gaben ihm das 1889 gegründete Musée Guimet in Paris, die bis heute größte Asiensammlung Europas, und seine asienkundliche Bibliothek reiches Studienmaterial.*

5 | *Vgl. Grummet, Plant 2012, S. 60.*

6 | *Vgl. de Lubac 1938/1970, S. 260. Vgl. Walter 2016, S. 55.*

7 | *Vgl. de Lubac 1950, S. 54.*

8 | *Vgl. de Lubac 1951, S. 25.*

9 | *Vgl. Grumett 2007, S. 135.*

10 | *Vgl. Grumett 2007, S. 141.*

11 | *Vgl. Alexandre 2006, S. 56, Anm. 38.*

12 | *Vgl. de Lubac 1951, S. 50. Das sichelförmige Tal von Ajanta war vom 2. bis ins 7. Jahrhundert Sitz zahlreicher buddhistischer Klöster. Die in den Felsen geschlagenen Kult- (chaytia) und Wohnhallen (viraha) der Mönche sind mit ihren Fresken ein Schlüsselensemble buddhistischer Sakralkunst: Ikonografie und Figurenbildung strahlten nach Tibet und Sri Lanka aus. Im Mittelalter geriet Ajanta mit der Ankunft des Islam und der Abdrängung des indischen Buddhismus in Vergessenheit und wurde erst 1819 von einer britischen Truppendivision wiederentdeckt. Anfang des 20. Jahrhunderts erregte Ajantas Bildkunst zunehmend europäische Aufmerksamkeit – vermittelt durch die orientalistischen Arbeiten Victor Goloubews, Philipp Sterns und René Groussets. Letzterer wirkte als Kurator am Pariser Musée Guimet, an dem Lubac seine Buddhismus-Recherchen betrieb. Lubac berichtet, Grousset habe den „beau Bodhisatva" von Ajanta mit dem Christus in da Vincis Abendmahl verglichen, vgl. de Lubac 1951, S. 155, Anm. 135.*

13 | *Vgl. de Lubac 1993, S. 319. Vgl. Hankey 2006, S. 142.*

14 | *Vgl. de Lubac 1951, S. 93. Vgl. Wood 2017, S. 118. Vgl. Alexandre 2006, S. 56, Anm. 38.*

15 | *Vgl. Voderholzer 2005, S. 450. Vgl. Dumas 2007, S. 51.*

# 54 Henri Le Saux OSB und Abbé Jules Monchanin in Saccidananda

Saccidananda-Ashram, Südindien, um 1955
Fotografie
9,0 × 11,5 cm
Abhishiktananda Center for Interreligious Dialogue, Neu Delhi

Die Fotografie aus den 1950er-Jahren zeigt den Benediktiner Henri Le Saux OSB (1910–1973) und den Weltgeistlichen Jules Monchanin (1895–1957) in Saccidananda, einer von beiden gegründeten Einsiedelei am südindischen Kaveri-Fluss. Bei dem Band in den Händen Monchanins handelt es sich um eine heilige Schrift des Hinduismus – entweder einen Teil des *Rāmāyaṇa* oder um die *Bhagavad-gītā*. Beide Franzosen sind Pioniere des christlich-hinduistischen Dialogs im Vorfeld des Zweiten Vatikanischen Konzils (1962–1965).

Henri Le Saux wurde am 30. August 1910 in St. Briac in der Bretagne geboren. Mit 19 Jahren trat er in die Benediktinerabtei Sainte-Anne de Kergonan ein, in der er, unterbrochen durch die Einberufung in die französische Armee von 1939 bis 1941, bis 1957 lebte. Unmittelbar nach dem Ausgang des Zweiten Weltkrieges wandte sich Le Saux mit einem Brief an den Bischof der südindischen Diözese Tiruchirapalli, um in einer Einsiedelei ein radikal kontemplatives Leben führen zu dürfen – in „größtmöglicher Nähe zur Tradition der indischen Sannyasins".[1] Sein Brief wurde durch den französischen Geistlichen Jules Monchanin in Indien beantwortet, der sich bereits mit ähnlichen Gedanken befasst hatte und Le Saux' Partner in diesem Vorhaben wurde.[2]

Monchanin war am 10. April 1895 in Fleurie (Rhône) geboren worden. Bereits als Jugendlicher am Petit séminaire Saint-Jean in Lyon fühlte sich Monchanin gleicherweise von buddhistischen Schriften wie von der Lektüre christlicher Mystiker angezogen. Nachdem er 1922 zum Priester geweiht worden war, stand er in engem Austausch mit dem späteren Konzilstheologen Henri de Lubac SJ (1896–1991) um Fragen liturgischer Erneuerung, der Ökumene und des christlich-jüdischen Dialogs.[3] Zugleich vertiefte er seine Studien des Hinduismus und erlernte das Sanskrit. Nachdem sein 1934 vorgebrachtes Gesuch an den Erzbischof von Lyon, als Missionar nach Indien zu gehen, gebilligt wurde, kam er 1939 in Indien an und ergründete die indische Yoga-Meditation aus christlicher Perspektive, um „Indien christlich und das Christentum indisch neu zu denken".[4] 1947 reiste er für eine Vortragsreihe nach Frankreich und lernte dort nach vorangegangener Briefkonversation Le Saux kennen. Beide kehrten im folgenden Jahr nach Indien zurück und gründeten 1950 einen Ashram, in dem sie als Christen und zugleich nach dem hinduistischen Typus des *saṃnyāsa*, „Entsagender", und des *vānaprastha*, „Waldeinsiedler", zu leben suchten.[5] Die Geistlichen ernährten sich vegetarisch, trugen das ockerfarbene Kavi-Kleid und ließen sich intensiv auf Techniken der indischen Meditation ein. Zugleich aber feierten sie die Heilige Messe, beteten das Offizium und verehrten das eucharistische Sakrament. Hinduistische Schriften wie die *Bhagavad-gītā* und das *Rāmāyaṇa* versuchten sie christlich zu lesen, das Neue Testament und die Gebetsworte des Messkanons wollten sie unter indischem Verständnis ergründen.[6]

Dieses Experiment einer benediktinisch-hinduistischen Synthese vollzog sich auch auf Ebene der Namen: Le Saux nahm den Namen Abishiktananda an, „der, dessen Freude der Gesalbte ist". Monchanin nannte sich Paramarubyananda, „der, dessen Freude das Sein ohne Form ist". Der am 21. März 1950, am Festtag des heiligen Benedikt, gegründete Ashram war einerseits als *Eremus Sanctissimae Trinitatis* der Dreifaltigkeit gewidmet, wurde andererseits mit dem Namen *satcitānanda* benannt.[7] Dies war ein zentraler Begriff hinduistischer Mystik des 8. bis 4. Jahrhunderts v. Chr., mit dem der Urgrund *brahman* dreifach beschrieben wurde: Die Silbe *sat* meint ewige Wahrheit, das *cit* beschreibt einen Zustand reinen Bewusstseins jenseits wandelbarer Emotions- oder Verstehenslagen. *Ānanda* – tragender Bestandteil auch der Sannyasa-Namen Le Saux' und Monchanins – bezeichnet eine nicht mehr äußerlich bedingte Freude, einen Segen, den die Seele erfährt, wenn sie dieses Allgrunds gewahr wird.[8]

Der Begriff *satcitānanda* war immer wieder Gegenstand interreligiöser Annäherung an das geistige Erbe Indiens geworden – von Seiten des Islam ebenso wie des Christentums: Bereits in den 1650er-Jahren hatten sich der muslimische Mogulprinz Dara Shikoh (1615–1659) und – parallel – der süddeutsche Jesuit Heinrich Roth (1620–1668) intensiv mit dem *satcitānanda* und den zugrunde liegenden Lehren befasst.[9]

Abishiktananda und Paramarubyananda lauschten der Seinslehre des *Vedānta* eine trinitarische

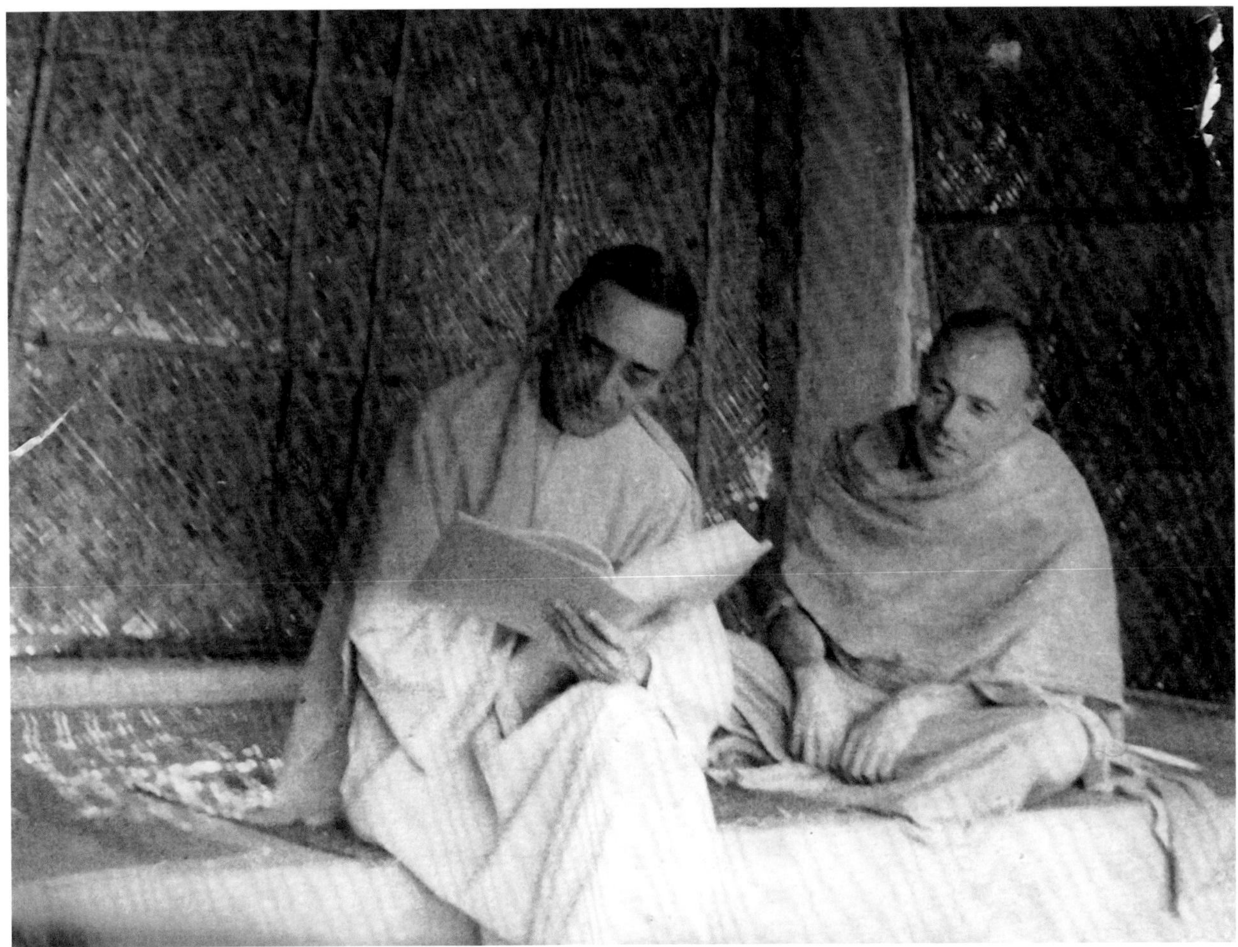

Dimension ab. Das *sat* lenke die Andacht auf eine Dimension Gottes, die das Christentum den „Vater" nennt; das *cit* führe auf Christus als den ewigen Logos; im *ānanda* spreche sich die einende, absolute Liebe, der Heilige Geist, aus.[10] *Satcitānanda* sei somit ein kontemplativer Ausdruck des Beziehungsströmens zwischen Vater, Sohn und Heiligem Geist und verkünde die Erfahrung Jesu, in welcher der Mensch sich aus diesem Ausgang empfängt und „Leben in Fülle" erlangt.[11]

Der von Le Saux und Monchanin gegründete Ashram suchte eine Lebenspraxis auszuloten, in dem sich christliche Liturgie und yogische Innenschau fruchtbar verbanden. Der indische Habitus stellte ein kontemplatives Lot bereit, um die christliche Glaubenswahrheit in Sakrament, Liturgie und Evangelienwort in ihrer Tiefe zurückzugewinnen. Hinduistische Schriften wie die *Bhagavad-gītā* und das *Rāmāyaṇa* wurden „nicht aus taktischen Gründen" zum Zweck einer Widerlegung gelesen, sondern um sich auch als Christ für ihre „kosmische" Ausrichtung, ihre „Ganzheitlichkeit" zu sensibilisieren. Das Experiment könne für die Kirche fruchtbar werden: „Indien wird für die Kirche das werden, was es bereits für die Welt ist: Das mystische Land (la terre mystique par excellence). [...] Seine Rolle ist die, [...] lebendiger Zeuge zu sein für den essentiellen Charakter der Kirche, der in Kontemplation und Spiritualität besteht."[12]

Mit diesem Angebot zog der benediktinische Ashram schon bald weitere Geistliche aus Europa an, darunter den belgischen Trappisten Francis Mahieu OCSO (1912–2002) und den englischen Kamaldulenser Bede Griffiths OSB Cam (1906–1993). Zugleich entwickelten sich Monchanin und Le Saux in unterschiedliche Richtungen weiter.[13] Im Zentrum stand die Frage, wie weit der mystische Austausch zwischen indischer und christlicher Religion gehen dürfe, ohne dass es zur Konfusion käme, die einem der beiden Systeme Gewalt antue. Le Saux' Weg in die indische „terre mystique" war hier erst am Anfang: Zwischen 1952 und 1957 besuchte er mehrfach den heiligen Berg Arunachaleshwara in Tamil Nadu und meditierte in dessen Höhlen.[14] Für Le Saux rückten die monastische Einsamkeit und die autonome mystische Erfahrung in den Vordergrund, während

Monchanin stärker die zugleich mystische und ethisch-geschichtliche Dimension der Liebe in den Mittelpunkt des interreligiösen Dialogs stellte.[15] 1952 verließ Monchanin den Ashram, um sich auf Reisen durch Indien theologischen Vorträgen und Exerzitienleitungen zu widmen, bis er 1957 schwer erkrankte und am 10. Oktober in Paris verstarb.[16]

Trotz dieser Trennung hatte das Experiment von Saccidananda dem interreligiösen Dialog neue Perspektiven eröffnet.[17] Nicht allein um missionarische Sendung an Andersgläubige ging es, sondern immer mehr auch um eine Rücksendung in das Christentum selbst. Mit ihrem vielbeachteten, 1956 veröffentlichten Buch „Ermites du Saccidanada, Un essai d'intégration chrétienne de la tradition monastique de l'Inde“, das bald nach seinem Erscheinen mit dem „Prix du meilleur livre religieux“ ausgezeichnete wurde, wirkten beide Geistliche stark auf den europäischen Schauplatz zurück.[18] Monchanin und Le Saux legten wichtige Grundsteine für eine Neuverhandlung des Verhältnisses des Christentums zu anderen Weltreligionen auf dem Zweiten Vatikanischen Konzil.

M.W.

## Anmerkungen

1 | *Vishvanathan 1998, S. 30.*
2 | *Vgl. Oldmeadow 2010, S. 158. Vgl. Jacquin 2001, S. 192. Vgl. Hackbart-Johnson 2008, S. 40 f.*
3 | *Vgl. Prévotat 2001, S. 58–62.*
4 | *Vgl. Monchanin, Weber 1977, S. 123 ff.*
5 | *Vgl. Le Saux, Monchanin 1956, S. 33.*
6 | *Vgl. ebd., S. 39, 56 f. Vgl. Oldmeadow 2007, S. 139–146.*
7 | *Vgl. Aguilar 2016, S. 21. Vgl. Oldmeadow 2007, S. 7–8.*
8 | *Vgl. Le Saux, Monchanin 1956, S. 176.*
9 | *Vgl. Kat. Nr. 40.*
10 | *Vgl. Le Saux, Monchanin 1956, S. 38, 176. Vgl. Jacquin 2001, S. 193. Vgl. Collins 2007, S. 86.*
11 | *Vgl. Le Saux, Monchanin 1956, S. 51.*
12 | *Vgl. ebd., S. 39.*
13 | *Vgl. Oldmeadow 2004, S. 101 f.*
14 | *Vgl. Dupuy 1994, S. 91 ff.*
15 | *Zu Differenzen zwischen Le Saux und Monchanin 1952–57 vgl. Jacquin 2004, S. 183 ff. Vgl. Hackbarth-Johnson 2008, S. 44 f.*
16 | *Prévotat 2001, S. 64.*
17 | *Vgl. Jacquin 2004, S. 173.*
18 | *Der Text „An Indian benedictine Ashram“ erschien bereits 1951 in einer englischen Erstfassung im Selbstverlag, die 1964 in London reediert wurde. Die erweiterte französische Übertragung erschien 1956 in Paris. Vgl. Hackbarth-Johnson 2008, S. 44, Anm. 28. Vgl. Bamberg 2003, S. 262.*

# 55 Henri Le Saux OSB auf dem Berg Arunachala

Raimon Panikkar (Fotograf)
Tiruvanamalai, Südindien 1965
Fotografie
7,2 × 10,5 cm
Abhishiktananda Center for Interreligious Dialogue, Neu Delhi

Die Farbfotografie zeigt den französischen Benediktiner Henri Le Saux OSB (1910–1973) auf der Spitze des Berges Arunachala im südindischen Tamil Nadu und wurde 1965 durch den katholischen Theologen und Geistlichen Raimon Panikkar (1918–2010) aufgenommen.[1] Das Bild zeigt Le Saux auf einem Felsen an der Spitze des Berges, bekleidet mit dem Kavi-Tuch, dessen erdige Farbe für die Vergänglichkeit des Menschlichen steht. Zugleich geben Gestein und Sand jenes fahle Rot zu erkennen, das dem Berg seinen Namen als „der Morgenrote" – *aruṇa* – einbrachte. Während zur linken Seite ein Vogel das Bild durchquert, geht der Blick im Hintergrund auf die weite Ebene von Tiruvanamalai und die matt strahlende Wolkendecke des Himmels.

Der 800 Meter hohe, sich unvermittelt aus der Ebene erhebende Arunachala ist der bedeutendste heilige Berg Südindiens. Zu seinen Füßen erstreckt sich ein ausgedehnter Tempelkomplex, der dem Gott Shiva in seiner Elementerscheinung als Feuer geweiht ist und das ganze Jahr über Pilgerströme anzieht. Zum Höhepunkt des alljährlichen Festes Karthigai Deepam im Dezember wird auf der in der Fotografie abgebildeten Bergspitze eine bis zu 4 Meter hohe Flamme aus Butteröl als Zeichen einer Himmel und Erde verbindenden Achse entzündet. Dieser metaphysischen Symbolik entsprechend ist der Berg die Stätte zahlreicher hinduistischer Asketen, die in seinen Höhlen abgelegene Rückzugsorte finden.[2]

Für Henri Le Saux wurden Aufenthalte auf dem Arunachala zur entscheidenden spirituellen Erfahrung. 1950 hatte er gemeinsam mit dem Weltgeistlichen Jules Monchanin in der südindischen Diözese Tiruchirapalli eine Einsiedelei gegründet, deren Ziel es war, christliches Mönchtum und Lebenspraktiken der hinduistischen Sannyasins zu verbinden.[3] 1949 besuchte Le Saux erstmals den Arunachala; 1952 verbrachte er fünf Monate in dessen Höhlen, in denen er in Austausch mit dortigen geistlichen Lehrern trat.[4] Bis 1965 folgten weitere „retraittes" vor Ort, zum Teil in Begleitung Raimon Panikkars.[5]

Sein asketisch-mystisches Suchen am Arunachala beschrieb Le Saux in einem Tagebucheintrag vom 5. Februar 1956 als erträumtes und schließlich verwirklichtes, totales Mönchsein („monachisme total rêve, puis realisé").[6] Le Saux war 1929 in Kergonan, Bretagne, in den Benediktinerorden eingetreten. An der Gestalt des heiligen Benedikt von Nursia (um 480–547) nahm er eine Balance östlicher und westlicher Formen des Mönchtums wahr. Besonders zog Le Saux jene Phase im Leben Benedikts an, die dieser „allein unter den Augen des Höchsten" in einer Höhle bei Subiaco, östlich von Rom, verbracht hatte.[7] Noch in seinem bretonischen Kloster entdeckte Le Saux durch die jesuitische Schriftreihe „Xaveriana" ein indisches Pendant zum Anachoretentum Benedikts, die *vānaprastha*, Einsiedler, die sich in radikaler Entsagung dem Yoga und der Mystik der Upanishaden widmeten.[8] In Anverwandlung entsprechender Praktiken am Arunachala suchte Le Saux – weit im Osten – zu den Ursprüngen des Einsiedlerwesens zurückzukehren.

Le Saux verstand die Uridee des Mönchseins als vollkommene Einsamkeit, in der Gott als erfüllende und vollendende Wirklichkeit erfahrbar werde. Der Mönch, der diese Erfahrung wage, werde zum „Zeichen des Eschaton, der Erfüllung"[9]. Besonders Berge, im Alten Testament, im Islam und im Hinduismus immer wieder Stätte der Gottesoffenbarung, brachten für Le Saux diese Bedeutung zum Ausdruck: „Die hohen Berge zeigen nach oben zum Himmel, splitternackt [...], nur mit Raum bekleidet. So ist auch der Mönch – nackt, einsam, bewegungslos". Der Aufstieg auf die Höhe des Berges sei zugleich Abstieg in die verborgene Höhle des Herzens; in ihr finde der Mönch eine Stätte zwischen Himmel und Erde. Er erfahre im „Geist die Rückkehr des Universums zum Vater, zur Quelle, zur Stille vor der Zeit, zum einen und einsamen OM ..."[10]

Die Feier der Heiligen Messe blieb für Le Saux auch am Arunachala unverzichtbar. Weihnachten 1953 hatte er in einer Höhle die Eucharistie gefeiert und die Worte „recurrente die sollemni nativitatis Ipsius sacrum hic litatum est" in die Felswand geschnitten: „Am gesegneten Jahrestag Seiner Geburt wurde an diesem Platz die Eucharistie gefeiert".[11] Le Saux erfuhr die Worte des Hochgebets und das Johannesevangelium als einen unüberbietbaren Ausdruck des göttlichen Mysteriums.

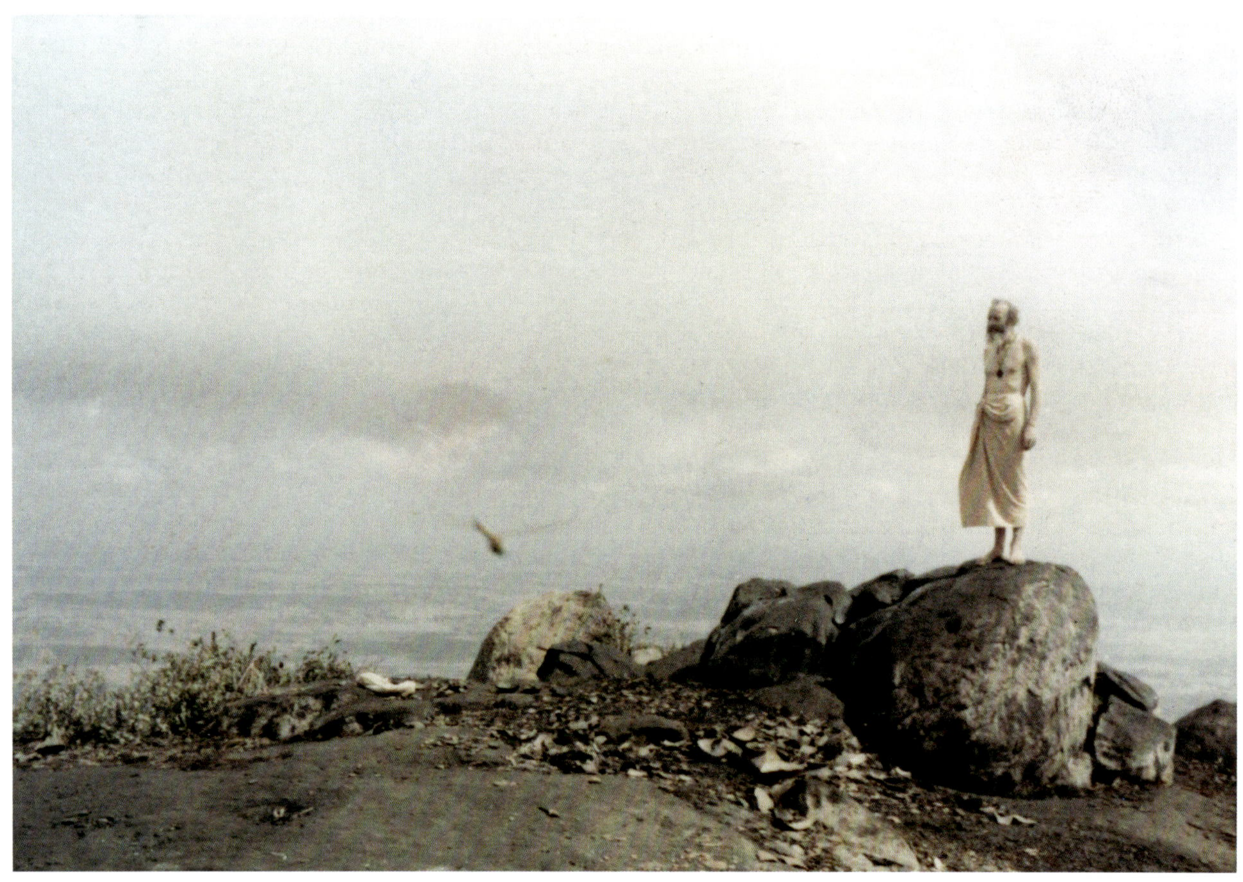

Zugleich schien ihm die Versenkung in den Allklang „Om“ – eine kontemplativ-ontologische Praxis des Hinduismus – geeignet, Herz und Geist so zu bereiten, dass die Worte des Messkanons ihre ganze Tiefendimension offenbarten.

Dieses interreligiöse Wagnis drohte bald aus der Balance zu geraten, als Le Saux „seine christliche und seine sich entwickelnde hinduistische Identität“ in Konflikt erlebte.[12] Die Tagebucheinträge für den 26. Dezember 1954 bezeugen eine quälende Gratwanderung, bei der sich Le Saux eines geistigen „Ehebruchs“ schuldig fühlte: „Heiligabend voller Angst. Ganz anders als letztes Jahr [...]. Unfähig mich für die eine oder andere Seite zu entscheiden. Welche Qual. Die ganze Nacht: Habe ich noch das recht, die Messe zu feiern?“[13]

1957 verließ Le Saux den Arunachala und begab sich nach Nordindien.[14] Er durchzog das Himalayavorland als wandernder Asket und besuchte unter anderem die Quelle des Ganges in Gaumukh. Aufzeichnungen zu diesen Wanderungen wurden 1966 unter dem Titel „The mountain of the Lord, Pilgrimage to Gangotri“ in Bangalore und 1967 in Paris unter dem Titel „Une Messe aux sources du Gange“ veröffentlicht.

Die Texte bezeugen, dass Le Saux auch hier noch mit sich rechtete – ob es zulässig sei, „für einen Christen hierher zu kommen“. Schließlich erfuhr er, dass es „für den Christen, mehr als für jeden anderen“ recht sei, diese Stätten zu besuchen.[15] Es „kam der Tag, als ich erkannte, dass ich als christlicher Mönch einen mir zugewiesenen Ort in der Menge der Pilger hatte, die jedes Jahr zu den hohen Orten der Heiligtümer des Himalaya hinaufsteigen – mehr noch, es schien mir, dass der Herr mich dort erwartete.“[16]

1964 unternahm Le Saux die Pilgerfahrt nach Gaumukh zusammen mit Raimon Panikkar – auch er ein Pionier des hindu-christlichen Dialogs im Umfeld des Zweiten Vatikanischen Konzils. Beide waren von Gangotri weiter aufgestiegen bis auf über 4000 Meter Höhe zum Quellort nach Gaumukh, dem „Kuhmund“, wo der Gangesgletscher sein Wasser ausgibt. Am 5. Juni 1964, am Fest des Heiligsten Herzens Jesu, feierten Panikkar und Le Saux hier die Heilige Messe. Der Festtag war bewusst gewählt: Le Saux nannte das durchbohrte Herz Jesu die „Quelle schlechthin“.[17] Erst 1956 hatte Papst Pius XII. (Papst 1939–1958) das Heiligste Herz Jesu dem dumpfen Materialismus seiner Zeit entgegen „einen mächtigen Quell" genannt, von dem ein gott-menschliches „Empfinden und Wahrnehmen" ausgehe.[18] Nur wenig zuvor hatte der Jesuit Teilhard de Chardin (1881–1955) das Heiligste Herz Jesu als „dynamisches Prinzip der Welt" und als Motor einer menschheitlich-geistigen Evolution in Christus bezeichnet.[19]

Vor diesem geistlichen Hintergrund gab Le Saux eine ausführliche Beschreibung der Zelebration: Nach Pilgerbrauch nahmen er und Panikkar ein Bad in der Gangesquelle und „erinnerten [sich] zugleich an den Ritus der Taufe, der [...] so kraftvoll das Mysterium unserer Wiedergeburt symbolisiert."[20] Panikkar und Le Saux hatten ein Messbuch, ein Altartuch, Wein und Kerzen nach Gaumukh mitgebracht. Für das eucharistische Brot nahmen sie ungesäuerte Fladen, wie sie die übliche Speise der Hindupilger sind. Zu Wein und Brot wurde auch ein Becher mit reinem Quellwasser auf das Altartuch gestellt. Wegen des Windes gelang es nicht, die Kerzen zu entzünden, so dass Räucherstäbchen verwendet wurden. Dann begann die Messe: „Wir saßen mit gekreuzten Beinen einander gegenüber und sangen, bevor wir die Liturgie begannen, zuerst einige Verse aus den Upanishaden, dann eine Sanskrit-Litanei auf Christus, den Erlöser, den Sohn Gottes, den Menschensohn, den einen Herrn."[21] Die Worte des Messkanons seien „vom Brüllen des Flusses wie durch eine mächtige Orgelbegleitung" übertönt worden. „Dies bedeutete uns auch auf mystische Weise die Stimme des Geistes, die die ganze Welt erfüllt".[22] Über ihren Köpfen sahen Panikkar und Le Saux die Sonne, in deren „hellem Licht der umliegende Schnee weiß glitzerte. Dieselbe Sonne, die einst dem ersten Menschen leuchtete und in die Jesus blickte, als er am Kreuz starb – die Sonne, welche der ewige Zeuge ist von allem was ist, war oder sein wird." Dieser Zusammenfluss der Wirklichkeiten sei eine wesentliche Dimension der Heiligen Messe: Die Eucharistie lade „den Augenblick ihrer Feier mit der ganzen Wirklichkeit auf, die noch kommen wird, und durchdringt so den Lauf der Zeit mit Ewigkeit."[23]

Aus der Erfahrung dieser Messzelebration speiste sich für Le Saux und Panikkar ein vertiefter Blick auf Christus als den, der seinem Wesen nach Verbindung schafft, nicht trennt: Christus werde „alle Symbole vollenden und alle Erwartungen krönen und am Ende alle Zeichen in der Wirklichkeit vereinen, die er selbst ist." Auch die hinduistischen „Gebete und Lieder, die an diesen Orten nach oben gebracht wurden, all die symbolischen Gaben in den Tempeln oder am Flussufer, all die Entbehrungen der Pilger, all die Stille und Buße der Asketen"[24], nicht zuletzt die „Schönheit in den Augen der Pilger"[25] seien die Erscheinung und Wirksamkeit Christi: „Christus ist der Gipfel schlechthin, ist die Höhe, die zum Himmel emporragt, um das Sein und Leben zu ergreifen. Mit seinem Haupt dringt er vor in das höchste Mysterium des Vaters. Die Erde ist sein Fußschemel, oder besser, der feste Grund, in dem Er sich in die dichteste Tiefe unserer Menschennatur hinein verwurzelt hat."[26]

Weisen diese Gedanken bereits voraus auf die interreligiöse Theologie, die Raimon Panikkar mit seinem „Unknown Christ of Hinduism" im gleichen Jahr, 1964, in London veröffentlichte, so entwickelte sich auch das Christusverständnis Le Saux' weiter: Le Saux suchte das „Ich Bin", mit dem Christus sich im Johannesevangelium offenbart, mit dem „*aham brahmāsmi*" – „ich bin das Brahman" – der Upanishaden zu harmonisieren.[27] „Im Erwachen des Sohnes zum Sein im Herzen des Vaters erwacht jedes menschliche Bewusstsein zu sich selbst. Alles hier unten, eingeschlossen aller Bewegungen des Kosmos und aller Gedanken der Menschheit, bewegt sich gleichsam auf das Wieder-Erwachen Jesu in seiner Auferstehung, und in ihm aller Erlösten, zu".[28]

Le Saux lebte bis 1972 in Gyansu nahe Uttarkashi, wo er mit finanzieller Hilfe Panikkars eine kleine Einsiedelei am Gangesufer errichtet hatte, in der er Zeiten der Einsamkeit verbrachte.[29] Seine letzten Lebensjahre wohnte Le Saux nahe Rishikesh, wo der Ganges aus dem Gebirge in die Ebene tritt – auch dies seit alter Zeit ein Zentrum der Mystiker. Bis zu seinem Lebensende am 7. Dezember 1973 feierte Le Saux täglich die Heilige Messe.

Le Saux' Schriften weiteten das Blickfeld des christlich-interreligiösen Dialogs. Zugleich wirkte Le Saux auch als Performer: Fotografien, die den Benediktiner in Meditation auf dem Arunachala oder mit Messkelch und Missale am Ufer des Ganges zeigen, verblüffen heute kaum weniger als 1964. Auch gegenwärtig ist Henri Le Saux ein aufmerksam beobachteter Durchbrecher interreligiöser Grenzen: Zum 100. Jahrestag seiner Geburt 2010 widmete ihm das vom Benediktinerorden getragene Netzwerk DIMMID – „Dialogue Interreligieux Monastique / Monastic Interreligious Dialogue" – in Sant' Anselmo, Rom, eine Tagung, die den „Benedictine Monk Swami Abhishiktananda" als „Witness to the Fullness of Light" ehrte.

M.W.

## Anmerkungen

1 | *Vgl. Aguilar 2016, S. 22.*
2 | *Eine ausführliche Schilderung des Arunachala gibt Abhishiktananda 1997.*
3 | *Vgl. Kat. Nr. 54. Vgl. Dupuy 1994, S. 91 ff.*
4 | *Vgl. ebd.*
5 | *Vgl. Oldmeadow 2007, S. 53.*
6 | *Hackbarth-Johnson 2008, S. 35.*
7 | *Vgl. Hackbarth-Johnson 2010, S. 3.*
8 | *Vgl. ebd.*
9 | *Vgl. ebd., S. 22.*
10 | *Vgl. ebd.*
11 | *Vgl. Le Saux 1967, S. 81.*
12 | *Vgl. Hackbarth-Johnson 2008, S. 46.*
13 | *Vgl. Tagebucheintrag vom 26.12.1954, in: Panikkar, Abhishiktananda 1998, S. 97. Vgl. Hackbarth-Johnson 2010, S. 46 f.*
14 | *Vgl. Hackbarth-Johnson 2008, S. 49. Zu Panikkar vgl. Kat. Nr. 56 und Beitrag Hilberath, S. 79–89.*
15 | *Vgl. Le Saux 1967, S. 37.*
16 | *Vgl. ebd., S. 39.*
17 | *Vgl. ebd., S. 88.*
18 | *Papst Pius XII, Enzyklika „Haurietis Aquas". Die Einleitung bezieht sich auf das Jesajawort „In Freude werdet ihr Wasser schöpfen aus den Quellen des Erlösers" (Jes 12,3).*
19 | *Zu Le Saux' durch Panikkar vermitteltes Interesse an Teilhard de Chardin vgl. Oldmeadow 2007, S. 54.*
20 | *Vgl. Le Saux 1967, S. 86.*
21 | *Vgl. ebd., S. 87.*
22 | *Vgl. ebd., S. 88.*
23 | *Vgl. ebd., S. 83, 86 f.*
24 | *Vgl. ebd., S. 88.*
25 | *Vgl. ebd., S. 35.*
26 | *Vgl. ebd., S. 36.*
27 | *Vgl. Dupuy 1994, S. 96.*
28 | *Vgl. Le Saux 1967, S. 83.*
29 | *Vgl. Oldmeadow 2007, S. 53.*

## 56 Buchcover zum Thema interreligiöser Dialog 1951–2011

Henri de Lubac SJ, Aspects du Bouddhisme, Paris 1951.
Henri Le Saux OSB, Une Messe aux sources du Gange, Paris 1967.
Henri de Lubac SJ, Amida, Aspects du Bouddhisme II, Paris 1955.
Jules Monchanin, Henri Le Saux OSB, Ermites du Saccidananda, un essai d'intégration chrétienne de la tradition monastique de l'Inde, Paris 1957.
Édouard Duperray u.a., L'Abbé Jules Monchanin, Paris 1960.
Raimon Panikkar, The unknown Christ of Hinduism, London 1970.
Raimon Panikkar, Der unbekannte Christus im Hinduismus, Mainz 1986.
Raimon Panikkar, El Cristo desconocido del hinduismo, Madrid 1970.
Henri de Lubac SJ, Images de l'Abbé Monchanin, Paris 1967.
Raimon Panikkar, Le silence du Bouddha. Une introduction a l'athéisme religieux, Paris 2006.
Raimon Panikkar, The Vedic Experience. Mantramanjari. An Anthology of the Vedas for Modern Man and Contemporary Celebration, Delhi 1989.
Raimon Panikkar, Il Dharma dell'induismo. Una spiritualità che parla al cuore dell'occidente, Rom, Mailand 2006.
Henri Le Saux, Écrits, Paris 1991.
Raimon Panikkar, Milena Carrara, Peregrinacion a Kailasa y al centro del si, Barcelona 2009.
Raimon Panikkar, Christophanie. Erfahrungen des Heiligen als Erscheinung Christi, Freiburg i. Br. 2006.
Raimon Panikkar, Milena Carrara, Pèlerinage au Kailash. Retour à la Source, Paris 2011.
Diözesanmuseum Rottenburg, Diözesanbibliothek Rottenburg

Die Ausstellung zeigt eine Installation von christlichen Buchveröffentlichungen der Jahre 1951 bis 2011 zum Thema des interreligiösen Dialogs, besonders mit den Religionen Indiens. Die Folge der Publikationen spiegelt die Anfänge eines Buchmarkts zu christlich-interreligiösen Themen von öffentlicher Sichtbarkeit im Umfeld des Zweiten Vatikanischen Konzils (1962–1965) wider: Da sind die „Ermites du Saccidananda. Un essai d'intégration chrétienne de la tradition monastique de l'Inde", Paris 1957, von Henri Le Saux OSB (1910–1973) und Jules Monchanin (1895–1957), in denen zwei französische Geistliche über die Gründung ihres Ashrams im Süden Indiens berichteten (Kat. Nr. 54). Le Saux' „Messe aux sources du Gange", Paris 1967, erregte Aufsehen durch die Schilderung einer Wallfahrt zum hinduistischen Heiligtum von Gangotri im Himalaya und die Feier einer Heiligen Messe vor dem Gangesgletscher bei Gaumukh (Kat. Nr. 55). Auch Henri de Lubacs SJ (1896–1991) Buch über den Abbé Monchanin, Paris 1967, wird gezeigt. In diesen „Images" erinnerte sich der Jesuit an seinen 1957 verstorbenen Freund Monchanin und zeichnete die geistige Auseinandersetzung des Priesters mit Indien nach.

Die französische Leserschaft dieser Bücher war durch den Diskurs der „Nouvelle Théologie" geprägt, die durch ihr christologisches „ressourcement" großen Einfluss auf das Zweite Vatikanische Konzil ausübte, besonders in der Weise, wie sie Rückgewinnung von Transzendenz und Öffnung für die moderne Welt zusammendachte.[1] Zugleich fanden die Veröffentlichungen nicht ungeteilt positive Annahme, überschritten sie doch die Grenzen des Gewohnten: Interreligiöse Schriften des Benediktiners Le Saux wirkten während der 1960er-Jahre so provokant, dass sich der Orden von ihnen distanzierte und die Diözese von Tiruchirapalli anfänglich die kirchliche Lizenz verweigerte.[2] An die Grenzen vertrauter Begriffe war auch Lubac gestoßen, der 1950 von seinem Orden wegen seiner Schrift „Le Surnaturel", Paris 1946, ein achtjähriges Lehrverbot erhalten hatte. In dieser Zeit erarbeitete der Jesuit umfangreiche interreligiöse Studien zum Verhältnis von Buddhismus und Christentum (Paris 1951, 1952, 1955; Kat. Nr. 53).

Der Prozess, interreligiöse Erfahrungen kommunizieren zu wollen, war in Gang gesetzt: Einen Meilenstein setzte Panikkars theologische Dissertationsschrift „The Unknown Christ of Hinduism", London 1964. Das Werk wurde in zahlreiche Sprachen übersetzt. Panikkar sprach davon, dass Christus auch im Christentum selbst immer wieder „unknown" werden könne. Das war und ist bis heute eine – fruchtbare – Provokation. Zugleich sprach der interreligiöse Diskurs zunehmend eine Sprache, in der seine christologische Relevanz und sein Zusammenhang mit dem Geist des Zweiten Vatikanischen Konzils verständlich wurden. Immer deutlicher wurde, dass dies keine Indienliteratur war, die das Christliche verließ, um in die „exotische" Spirituali-

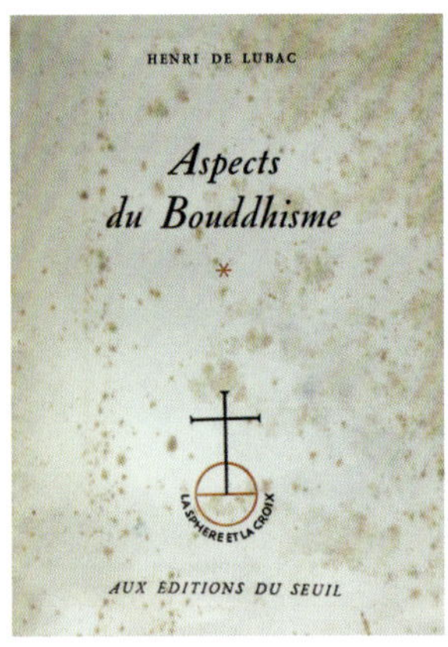
HENRI DE LUBAC
Aspects
du Bouddhisme
AUX ÉDITIONS DU SEUIL

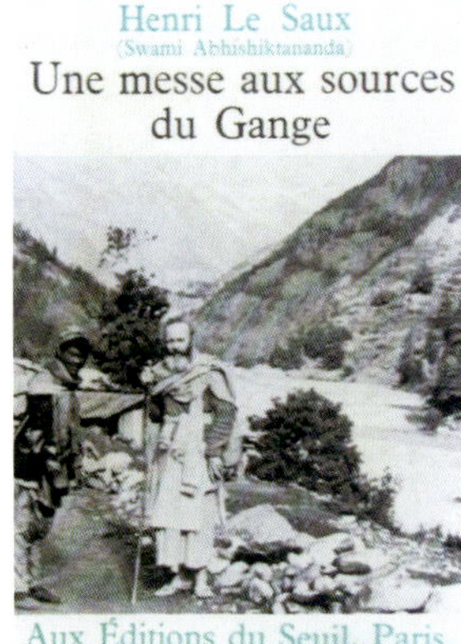
Henri Le Saux
(Swami Abhishiktananda)
Une messe aux sources
du Gange
Aux Éditions du Seuil, Paris

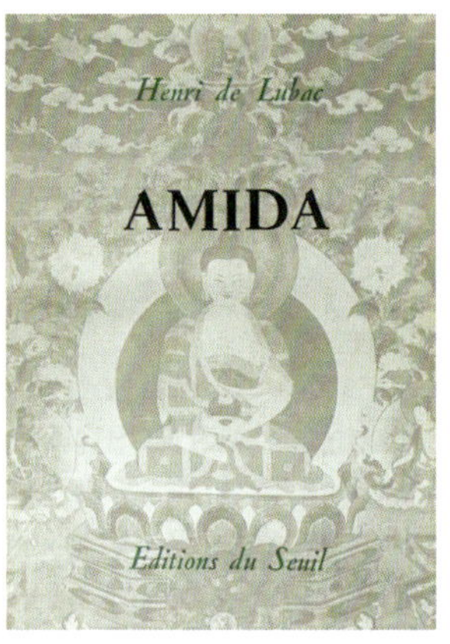
Henri de Lubac
AMIDA
Éditions du Seuil

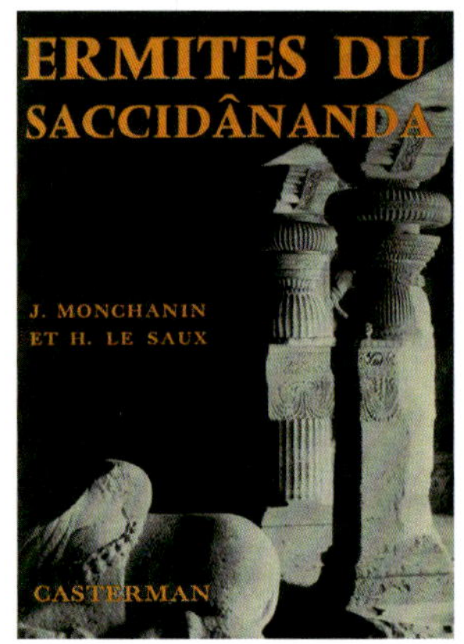
ERMITES DU
SACCIDÂNANDA
J. MONCHANIN
ET H. LE SAUX
CASTERMAN

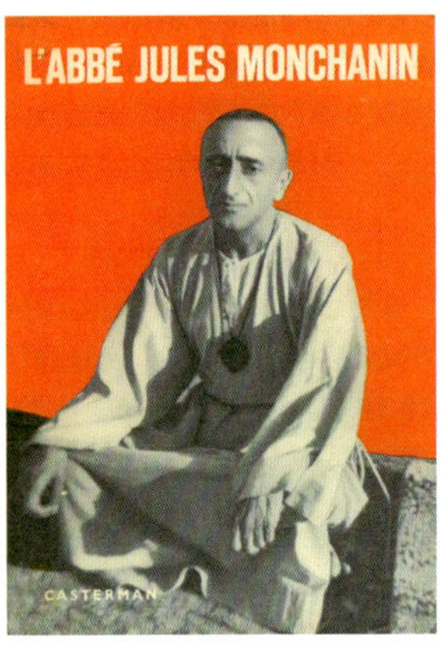
L'ABBÉ JULES MONCHANIN
CASTERMAN

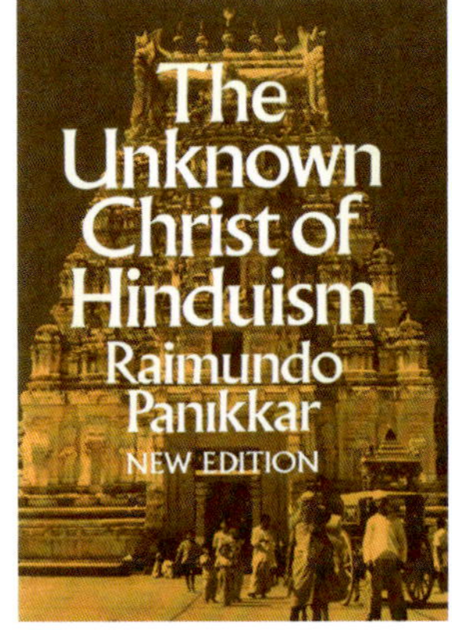
The
Unknown
Christ of
Hinduism
Raimundo
Panikkar
NEW EDITION

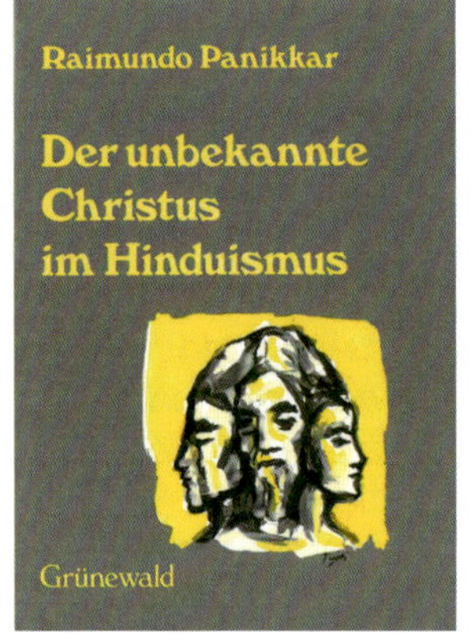
Raimundo Panikkar
Der unbekannte
Christus
im Hinduismus
Grünewald

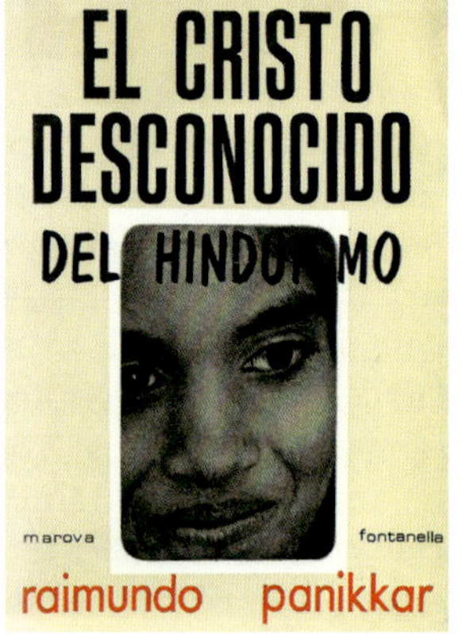
EL CRISTO
DESCONOCIDO
marova
fontanella
raimundo
panikkar

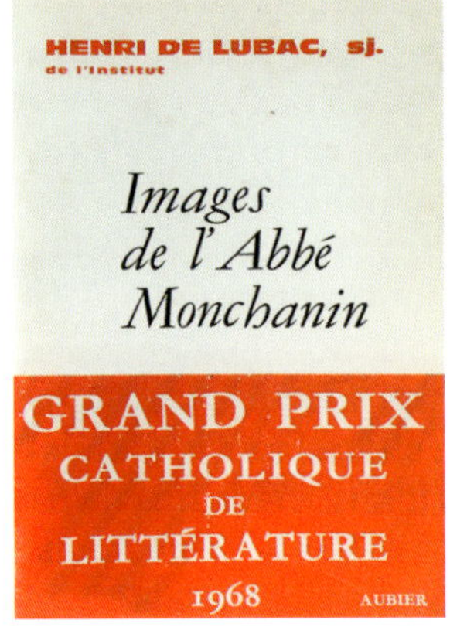
HENRI DE LUBAC, sj.
de l'Institut
Images
de l'Abbé
Monchanin
GRAND PRIX
CATHOLIQUE
DE
LITTÉRATURE
1968
AUBIER

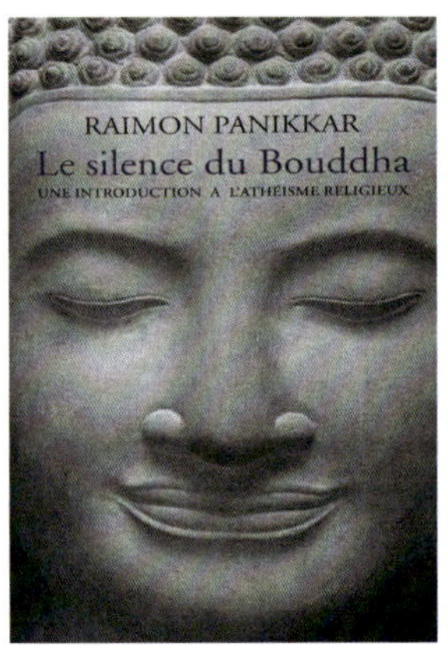
RAIMON PANIKKAR
Le silence du Bouddha
UNE INTRODUCTION À L'ATHÉISME RELIGIEUX

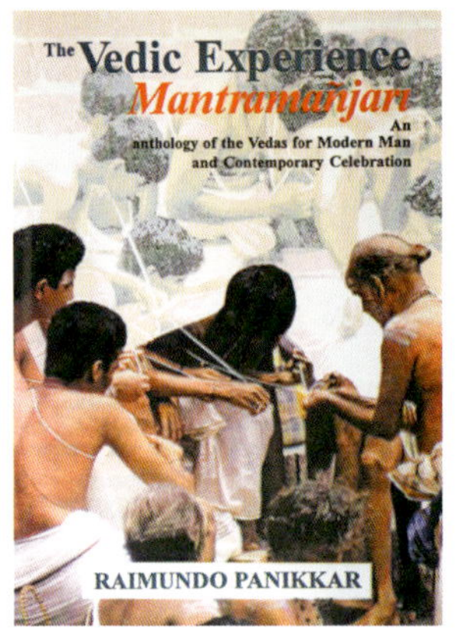
The Vedic Experience
Mantramañjarī
An
anthology of the Vedas for Modern Man
and Contemporary Celebration
RAIMUNDO PANIKKAR

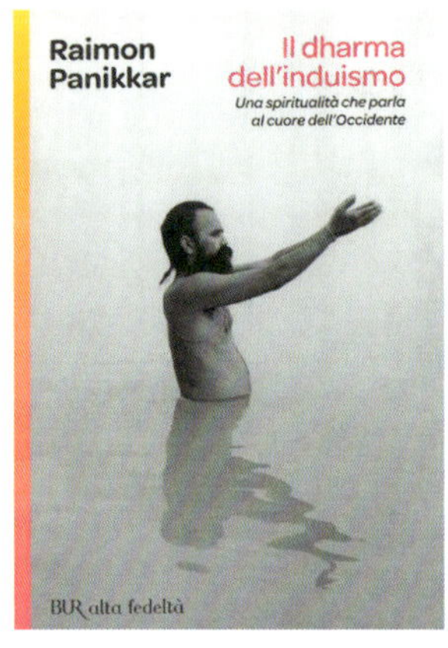
Raimon
Panikkar
Il dharma
dell'induismo
Una spiritualità che parla
al cuore dell'Occidente
BUR alta fedeltà

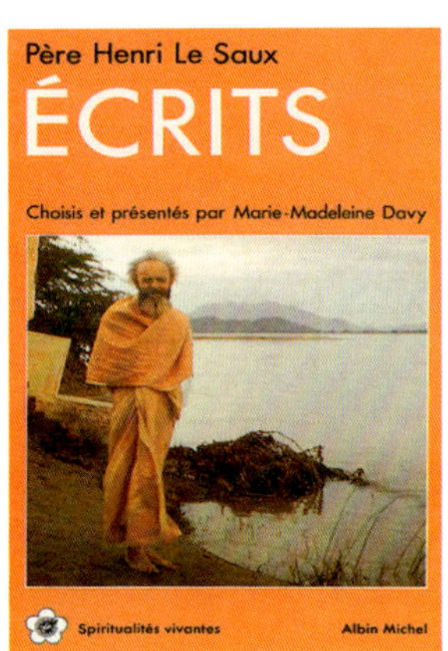
Père Henri Le Saux
ÉCRITS
Choisis et présentés par Marie-Madeleine Davy
Spiritualités vivantes
Albin Michel

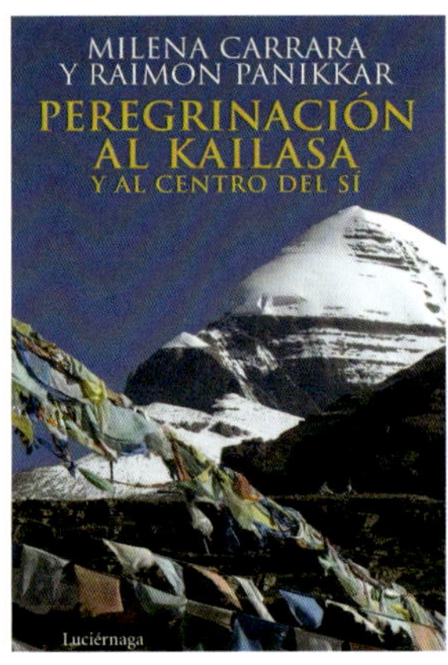
MILENA CARRARA
Y RAIMON PANIKKAR
PEREGRINACIÓN
AL KAILASA
Y AL CENTRO DEL SÍ
Luciérnaga

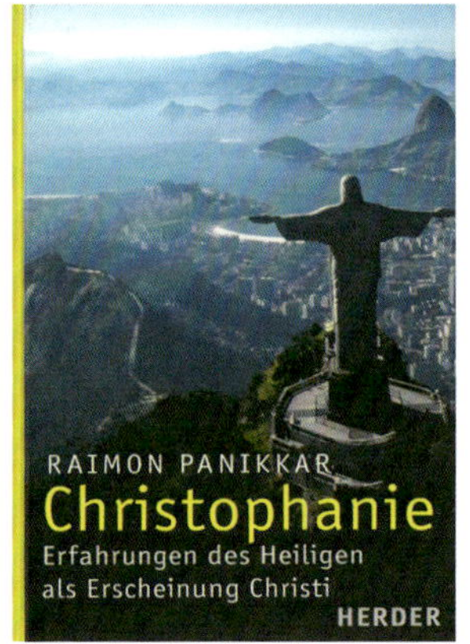
RAIMON PANIKKAR
Christophanie
Erfahrungen des Heiligen
als Erscheinung Christi
HERDER

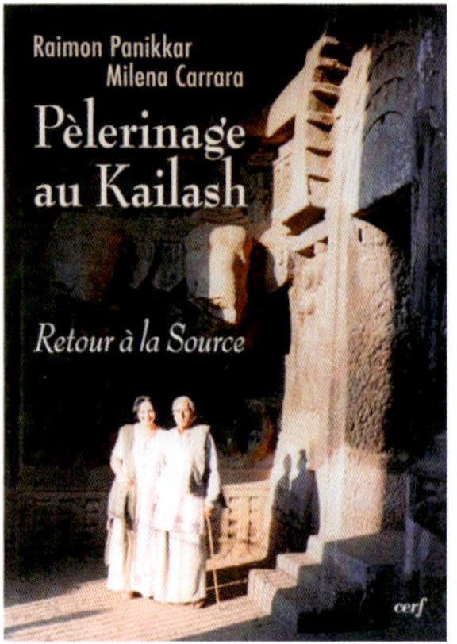
Raimon Panikkar
Milena Carrara
Pèlerinage
au Kailash
Retour à la Source
cerf

tät Indiens abzutauchen. Interreligiöser Elan wollte ein Feld der christologischen Vertiefung eröffnen.

Die ausgestellten Bücher – von den „Ermites du Saccidananda“ 1957 über „The Unknown Christ“ 1970–1986 bis zu Panikkars „Christophanie“ 2006 und zum Bericht über Panikkars Wallfahrt zum heiligen Berg Kailash 2011 – sind Teil eines Diskurses um den Begriff und die Wirklichkeit des Katholischen als solchen. Der französische Philosoph Michel Foucault (1926–1984) beschrieb „Diskurs“ als einen wesentlichen und sich stets fortsetzenden Vollzug menschlicher Gesellschaften und fasste diesen als eine dynamische, durch Widerstände hindurch reibungsvolle Aushandlung von Begriffen und Wirklichkeiten.[3]

Die interreligiösen Publikationen der 1950er- bis 1960er-Jahre waren Teil eines solchen Diskurses, der sich nicht nur im engen Feld akademischer Lehre oder in der definitiven Veröffentlichung von Konzilsdekreten vollzog. Der „Diskurs“, den Foucault meint, ist die zirkulierende Gesamtheit von Medien und Performanzen, Meinungen, Akteuren, Gesprächen – nicht zuletzt auch von öffentlich sichtbaren Bildern. Letzteres verdeutlicht sich an den Büchern selbst. Diese werden nicht erst diskursmächtig, indem sie aufgeschlagen und gelesen werden. Auch ihre Cover sind Teil des Diskurses. Dass ein Buchcover in einem Schaufenster erhöht ausgestellt wird, die ästhetisch-inhaltliche Prägnanz eines Covers – all das kann bestätigen, aber auch verändern, was als gültig anerkannt wird.

Die Bücher belegen – als Texte und Inhalte ebenso wie in der Visualität ihrer Cover und Fotografien – eine Verhandlung des Katholischen: Konnte der Blick in altindische Felshallen auf dem Cover der „Ermites“ oder auf den „Beter im Fluß“, wie ihn Panikkars „Dharma“-Buch zeigt, einem christlich-katholischen Erleben von Welt Sinnberührung und Reflexionsfläche „auf das Ganze hin“ schenken?[4] War der Benediktiner auf dem hinduistischen heiligen Berg noch Teil der geschichtlichen Entfaltung der Kirche in der Welt? War er als synkretistisches Hybrid Symptom einer aus den Fugen geratenden Moderne? Oder konnte „die ‚Katholizität‘ des Hinduismus die wahre ‚Katholizität‘ des Christentums hervorrufen“?[5]

Die ausgestellten Publikationen antworten, dass die Herausforderung interkultureller und interreligiöser Beziehung eine Chance ist, da sie ohne einen intensiven und intensiver werdenden Blick auf Christus nicht zu bewältigen ist. Damit sind Erfahrungen und Wagnisse wie jene Le Saux’ und Panikkars in Gaumukh, aber auch die Erkundungen Lubacs im Buddhismus einzelne, sehr persönliche Beiträge zu jenem großen „ressourcement“ des Zweiten Vatikanischen Konzils, als es daran ging, „Kirche“ weiter und Christus eigentlicher zu fassen.

M.W.

## Anmerkungen

1 | *Vgl. Mcgrath 2016, S. 118.*

2 | *Vgl. Hackbarth-Johnson 2010, S. 1, 5.*

3 | *Vgl. Foucault 1966. Vgl. ders. 1972.*

4 | *Zum Begriff des* kat’holon *vgl. Beitrag Hilberath, S. 81.*

5 | *Vgl. Panikkar 1986, S. 15.*

# 57 Raimon Panikkar

Santa Barbara, Kalifornien, 1974
Fotografie
13,2 × 9,0 cm
Fragmenta Editorial, Barcelona

Raimon Panikkar (1918–2010) ist ein Pionier des interreligiösen Dialogs zwischen dem Christentum und dem religiösen Erbe Indiens und zugleich einer der großen christologischen Denker des 20. und beginnenden 21. Jahrhunderts. Die in der Ausstellung als Reproduktion gezeigte Fotografie entstand 1974. Sie zeigt den Theologen bei der Arbeit an einer seiner über 40 Monografien und 900 Artikel, die ihm zahlreiche Ehrendoktorate, u.a. 2004 an der Katholisch-Theologischen Fakultät Tübingen, eintrugen.[1]

Raimon Panikkar wurde als Sohn einer spanischen Katholikin und eines südindischen Hindu am 3. November 1918 in Barcelona geboren.[2] Nach dem Besuch der Jesuitenschule studierte er Chemie und Philosophie in Barcelona, Bonn und Madrid und schließlich Katholische Theologie in Madrid und Rom. 1946 empfing Panikkar die Priesterweihe und übernahm den Lehrstuhl für Philosophie an der Universität Madrid. 1954 ging er erstmals nach Indien und studierte indische Philosophie an den Universitäten von Mysore und Benares. Am Priesterseminar von Pune traf Panikkar 1957 auf Henri Le Saux (1910–1973), der als Benediktiner nach Indien gekommen war und 1950 einen hindu-christlichen Ashram gegründet hatte (Kat. Nr. 54). Le Saux und Panikkar verband ein lebenslanger Austausch, der sich in gemeinsamen Pilgerfahrten zu heiligen Stätten des Hinduismus manifestierte.[3] Panikkar lehrte als Professor für Religionsphilosophie und Religionswissenschaft in Rom (1961–1967), Harvard (1967–1971) und Santa Barbara (1971–1986). Die Sommer und Winter verbrachte er regelmäßig in Indien. Der Theologe starb am 26. August 2010 im katalanischen Tavertet.

Panikkar verstand sich zu „100 Prozent als Hindu und Inder und 100 Prozent als Katholik und Spanier“[4]. Während seiner Jahre in Barcelona, Madrid und Salamanca 1940–1953 engagierte sich Panikkar als Mitglied des Opus Dei, das er 1966 verließ.[5] Mit den Indienaufenthalten ab 1954 entfaltete sich auch die hinduistische Identität Panikkars stärker. 1964 pilgerte er mit Le Saux zur Gangesquelle, 1965 zum Arunachala; 1994 vollzog er die rituelle Umrundung des Berges Kailash im Himalaya, nach hinduistischer und buddhistischer Tradition die Mitte der Welt.[6]

Das Erbe seiner hinduistischen Heimat wurde dem Theologen zum Rüstzeug einer „Christologie von innen“: Der Theologe lauschte den Selbstäußerungen Jesu im Johannesevangelium und fragte nach den „Gefühlen Jesu, als er diese Worte sprach“[7]. Panikkar verglich die Erfahrung Jesu, „aus dem Vater und im Vater“ zu sein, mit dem Konzept des *advaita*, der „Nicht-Zweiheit“ im Hinduismus: Christus sei der, „der die Distanz zwischen Himmel und Erde, Gott und Mensch, Transzendenz und Immanenz auf Null reduziert, ohne einen der zwei Pole zu ‚opfern‘ – genau das Prinzip des *advaita*“.[8]

Noch vor der Eröffnung des Zweiten Vatikanischen Konzils (1962–1965) arbeitete Panikkar an seiner 1964 erschienenen Arbeit „The unknown Christ of Hinduism“, in der er das Wirken des universalen Christus im Hinduismus ergründete. Christus als „wahrer Mensch und wahrer Gott“ ist für Panikkar das *mysterium coniunctionis*, eine Verbindung von Kosmos, Gott und Mensch. Nach dieser „kosmotheandrischen“ Wirklichkeit strecke sich die religiöse Intuition der Menschheit immer wieder aus. Panikkar zieht eine radikale Konsequenz: „Christophanie“ ereigne sich auch im Hinduismus – in seinen Gebeten und Andachten, in seinen Ritualen und metaphysischen Systemen: „Christus ist nicht nur das ontologische Ziel des Hinduismus, sondern auch dessen wahrer Inspirator, und seine Gnade ist die führende, wenn auch verborgene Kraft, die im Hinduismus zu seiner vollen Entfaltung drängt.“[9]

Zugleich könne die Beschäftigung mit dem Hinduismus auch für Christen Qualitäten Christi wiederfinden lassen. Aspekte des Christus, den Panikkar meint, jenes „einzigen Priesters des kosmischen Priestertums, die Salbung par excellence“[10], könnten im Hinduismus erfahren werden, genauso wie es Tiefendimensionen dieses Christus gebe, welche auch die geschichtlich-institutionellen Formen des Christentums sich mühen müssten, immer neu aufbrechen zu lassen.

Im Christentum und in Jesus von Nazareth aber hatte dieser Christus seine ganze Fülle offenbart. Der Segen dieser Quelle dränge aus sich heraus in Kommunikation, Verbindung und Dialog. Hierbei sei der interreligiöse Dialog der Christen mehr als ein Gestus friedfertiger Tolerierung, der dem religiös

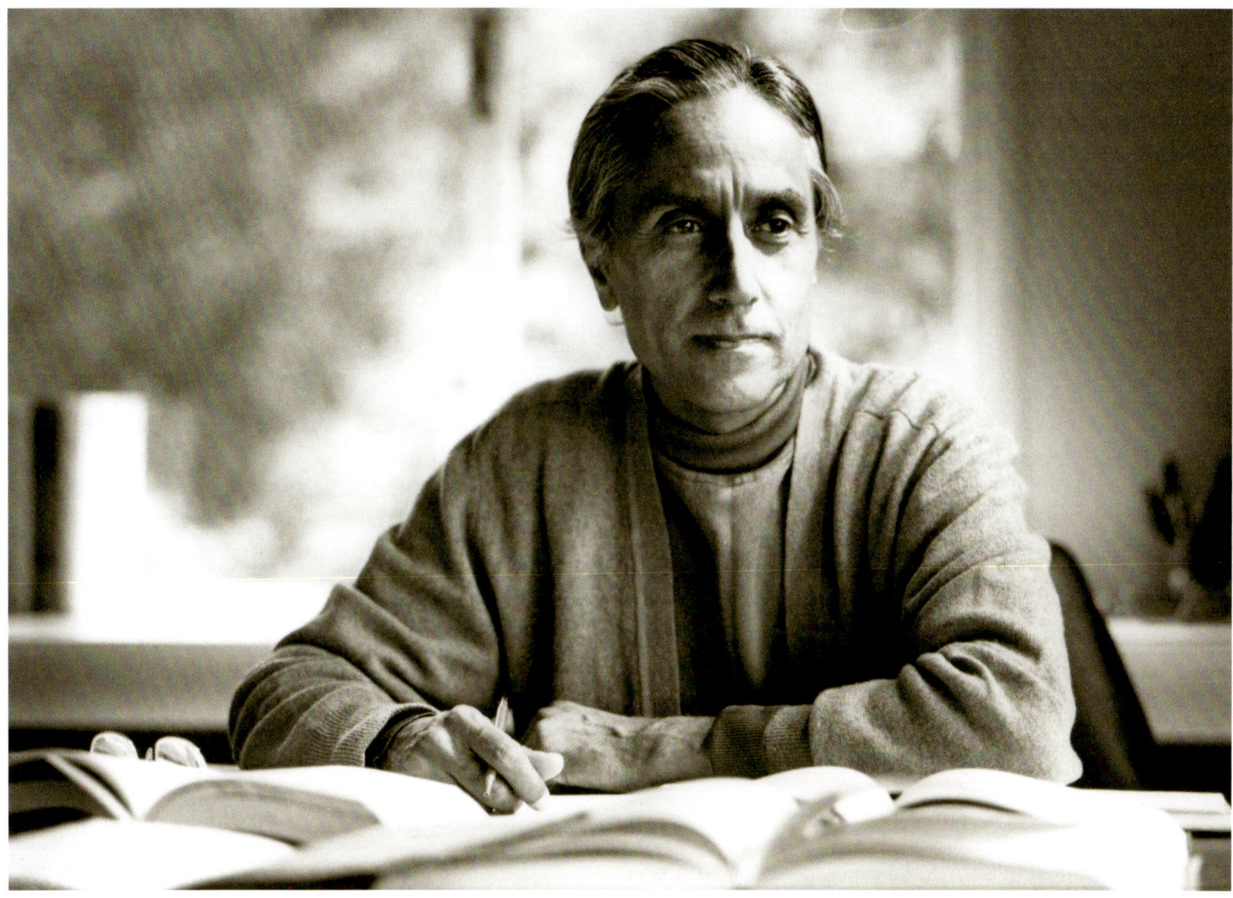

Anderen entgegenzubringen sei. Als Fähigkeit zu Empathie, gar zu Liebe sei er ein Zeugnis der Wirksamkeit des Christusmysteriums im Christen selbst. Diese Konzeption vom interreligiösen Dialog der Christen um Christi willen brachte Panikkar in einer Nachfassung der Bergpredigt nach Matthäus zum Ausdruck: „Wenn ihr in den interreligiösen Dialog eintretet, legt euch nicht vorher zurecht, was ihr zu denken habt. [...] Wenn ihr diesen Dialog führt, seht euren Partner so an, wie ihr die Lilie auf dem Feld ansehen würdet – und solltet: als eine Offenbarungserfahrung. [...] Selig seid ihr, wenn ihr dem Anderen traut, weil ihr mir traut.“[11]

M.W.

## Anmerkungen

1 | *Über Panikkar als einen der „most sophisticated advocats of interreligious dialogue“ vgl. Oldmeadow 2007, S. 51.*
2 | *Zur Biografie Panikkars vgl. Beitrag Hilberath, S. 79 ff. Vgl. Oldmeadow 2007, S. 52 ff.*
3 | *Vgl. Kat. Nr. 55. Vgl. Waldenfels 2012, S. 70.*
4 | *Vgl. Oldmeadow 2007, S. 53.*
5 | *Vgl. Bielawski 2013, S. 210–220.*
6 | *Vgl. ebd., S. 202 f., 356 f.*
7 | *Panikkar 2006, S. 164.*
8 | *Ebd., S. 238.*
9 | *Panikkar 1986, S 13. Vgl. Nitsche 2008, S. 421.*
10 | *Panikkar 1993, S. 82. Vgl. Nitsche 2008, S. 400.*
11 | *Vgl. Panikkar 1985, S. 773.*

# 58 Christus als Pantokrator

Konstantinopel, um 550
Enkaustik auf Holz, als fotografische Reproduktion gezeigt
84,0 × 45,5 cm
Katharinenkloster, Sinai-Halbinsel

Die Ikone entstand Mitte des 6. Jahrhunderts in Konstantinopel und kam als Geschenk des Kaisers Justinian I. (reg. 527–565) in das Katharinenkloster auf dem Sinai.[1] Sie zeigt Christus als Pantokrator, als „Allherrscher“, frontal dem Betrachter zugewandt, wie er die rechte Hand zum Segen erhebt. Das Buch in der Linken steht für den Logos, Christus als das ewige Wort Gottes, wie es in Jesus von Nazareth Mensch geworden ist. Im unzugänglichen Katharinenkloster überstand die Ikone die Bilderstürme im byzantinischen Reich des 8. Jahrhunderts ebenso wie die muslimische Herrschaft über den Sinai ab 700.

Die Ikone ist ein künstlerisch früher und reicher Ausdruck des zentralen Offenbarungsgutes des Christentums, der Menschwerdung des göttlichen Logos in Jesus Christus.[2] Die 451 auf dem Konzil von Chalcedon formulierte Zweinaturenlehre beschrieb das Verhältnis der göttlichen und der menschlichen Natur in Jesus Christus als „unvermischt und ungetrennt“.[3] Die Sinai-Ikone gibt diesem Christus, der „wahrer Mensch und wahrer Gott“ ist, subtilen künstlerischen Ausdruck: Die linke und rechte Gesichtshälfte sind in unterschiedlichen Registern ausgeführt, fügen sich aber zu harmonischer, unlösbarer Einheit. In der linken Seite des Antlitzes Christi drückt sich die göttliche Natur aus: Hier fallen stärkere Konturen und dunklere Farbwerte auf. Auf dem linken Auge lässt sich ein kreisrunder Schimmer ausmachen, wobei auch der Blick durchdringender, im Schauen fester gegründet erscheint als jener des rechten Auges. In dieser rechten, menschlichen Seite erscheint das Antlitz Christi zudem weicher und heller.

Die Menschwerdung Gottes ist das dynamische Zentrum des christlichen Glaubens: „Der Logos Gottes, der Gott ist, will nämlich immerdar und in allen das Geheimnis seiner Leibwerdung wirken.“[4] So hatte es im frühen 7. Jahrhundert Maximus Confessor (580–662) ergründet. Er war ein Zeitgenosse des geistigen Horizonts, in dem die Sinai-Ikone entstand, die diese Beziehungswilligkeit und Zugewandtheit Christi zu allen Menschen bildstark zum Ausdruck bringt. Deswegen beschließt die Sinai-Ikone die Ausstellung. Sie zeigt Christus als den, der sich zuwendet, erkennen und finden lässt, „weil er immerdar in allen das Geheimnis seiner Leibwerdung wirken“ will.

Christliche Begegnung mit den geistigen Traditionen Asiens, wie sie sich seit dem 16. Jahrhundert ereignet, hat diesem „Immerdar“ der Leibwerdung Christi neue Konkretheit geschenkt. Das gilt für die missionarische Praxis: Besonders der Jesuitenorden wechselte um 1600 von einer „imperialen“ (Kat. Nr. 4) zu einer „inkarnatorischen“ (Kat. Nr. 46) Missionierung, bei der sich die christliche Verkündigung aus Eurozentrismus und aus dem Schleppwasser kolonialer Expansion löste. Missionare wie Roberto de Nobili (1577–1656) und Heinrich Roth (1620–1668) studierten in Indien kulturelle und religiöse Traditionen mit Respekt und Empathie. Sie ließen zu, dass die Traditionen Indiens ihre eigenen Farben und Sehnsüchte und damit oft auch unentdeckte Resonanzflächen vor das Mysterium Jesu trugen. Hierdurch ermöglichten sie dem Evangelium neues „Menschwerden“ auf fruchtbarem Boden in einer zugleich verbindenden und verwandelnden Dynamik. Wichtig wurde zudem eine interreligiöse Entdeckung: Denn vielfach erfuhren die Missionare, dass der Logos, der Gott ist, auch in anderen Religionen ordnend und heilsmittelnd wirken konnte und dass Vernunft wie Gewissen, das Lauschen auf Erfahrungen in Gott und das intelligible Suchen, diese zu deuten, einen „gemeinsamen, kulturübergreifenden Zugang zur Wahrheit“ boten.[5]

Der christologische Ansatz, der sich in dieser Praxis spiegelte, wies voraus bis zum Zweiten Vatikanischen Konzil (1962–1965). Dies verdeutlicht sich im Werk des prägenden Konzilstheologen Henri de Lubac SJ: In Hinblick auf die jesuitischen Asienmissionen des 17. Jahrhunderts erklärte Lubac, dass diese dort, in hochentwickelten geistigen Traditionen, keinesfalls eine Leerstelle gefunden hätten, die vom universalen Christus-Logos nicht berührt worden wäre, sondern gar auf „große Typen des geistigen Erlebens“ gestoßen seien.[6] Für Lubac war es ein Wesenszug der katholischen Kirche und ihres Blickes auf Christus, diese „Typen geistigen Erlebens“ nicht im imperialen Gestus zu verdrängen, sondern sie „zu reinigen und zu beleben, zu vertiefen und zu ihrem wahren Ziel zu führen“, so las es Lubac 1938.[7] Mehr noch: Dialog mit dem Anderen sei bereits in

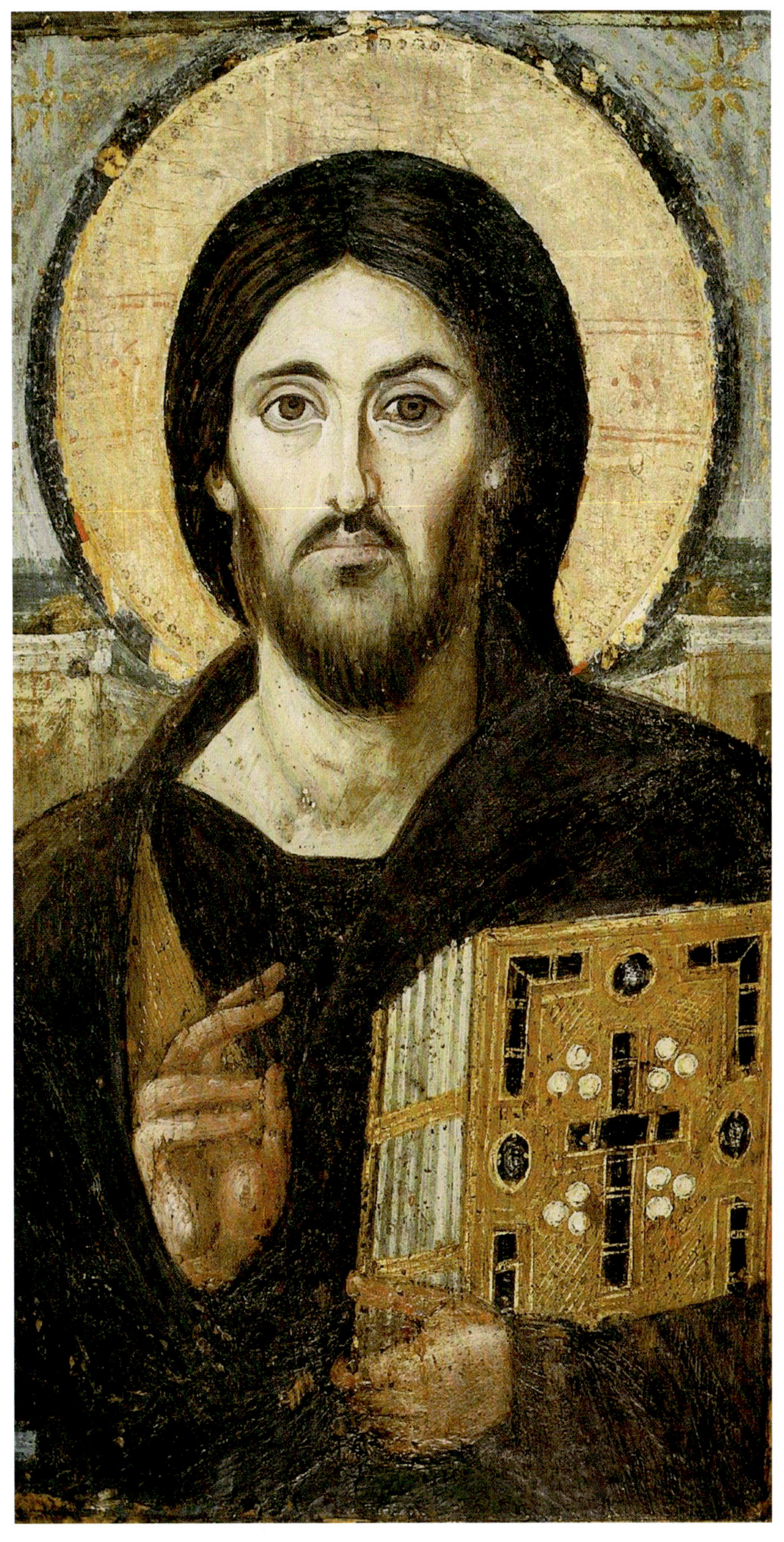

den ersten Jahrhunderten der Kirche ein wesentlicher Faktor der geistigen Entfaltung des Christentums gewesen, als die Botschaft Jesu sich in der griechisch-römischen Kultur der Antike inkulturierte, diese von innen her wandelte und zugleich aber auch selbst zu einer Klärung und Universalisierung des Eigenen gelangte.[8]

Die interkulturellen und interreligiösen Wagnisse christlicher Missionare im 16. und 17. Jahrhundert sind auch heute noch Wagnisse: Empathie für das Kraftfeld und die Sinnfiguren einer anderen Religion setzt sich leicht der Frage aus, ob ihr ein Ungenügen am energetischen Kern des Christentums und seinen geschichtlich gewachsenen Formen zugrundeliegt. Doch von Jules Monchanin, Henri Le Saux, Raimon Panikkar und Francis X. D'Sa – Christen, die sich in „unserer Zeit" auf diesen Dialog einließen, wurde zum Ausdruck gebracht, dass sie sich hierbei mit einem wacheren Sensorium, mit einer wachsenden Anforderung von Tiefe an die „eigenen" Glaubenssymbole wandten. Der Wunsch nach Verständnis einer anderen Offenbarungstradition und der Austausch mit ihr könne den Blick öffnen und das Herz weiten für die Universalität des Logos Christus, als des „einen kosmischen Priesters" und der „Salbung par excellence". Mit dieser christologischen Brücke – wie sie allen voran von Panikkar und D'Sa angezeigt ist, besteht gute Hoffnung, dass die Begegnung mit dem „Zeugnis der Verwandlung"[10], wie es in anderen Offenbarungstraditionen gesucht und gelebt wird, auch für den Christen ein neuer Schlüssel zur Vertiefung, zum Vollzug des ihm anvertrauten Erbes wird.

M.W.

## Anmerkungen

1 | *Vgl. Galey, Forsyth, Weitzmann 1980, S. 92.*
2 | *Vgl. Pentiuc 2007, S. 3 f.*
3 | *Vgl. Simonis 2014, S. 204 f.*
4 | *Maximus Confessor, Ambiguorum Liber, PG 91, 1084 CD, zit. nach Nitsche 2008, S. 395.*
5 | *Sievernich 2002, S. 263.*
6 | *De Lubac 1938/1970, S. 260. Vgl. Walter 2016, S. 55.*
7 | *Ebd.*
8 | *Vgl. Walter 2016, S. 56 f.*
9 | *Vgl. D'Sas Beitrag in diesem Band, S. 57.*

# Literatur

## Historische Quellen

### 1. Europäische Quellen


De Andrade 1627

Antonio de Andrade, Beschreibung einer weiten unnd gefaehrlichen Raiß so ein Priester der Societet Iesu P. Antonius de Andrade genant auß der Mission beym grossen Mogor in Asia in ersuchung des grossen Caraio und der Königreich Tibet den Christlichen Glauben in denselben bißher unbekandten Landen zu verkünden einen anfang zu machen mit unglaublicher Mühe und Arbeit im 1624. Jahr verricht. Den gutherzigen Gottes Ehr und Christlichen Glaubens außbraitung eyferig liebenden Teutschen zugelassen. Auß Spanischer Sprach in die Teutsche ubergesetzt, Augsburg 1627.

Balbi 1590

Gasparo Balbi, Viaggio dell' Indie Orientali, di Gasparo Balbi, Gioielliero Venetiano. Nelquale si contiene quanto egli in detto viaggio hà veduto per lo spatio di 9. Anni consumati in esso dal 1579. Fine als 1588. Con la relatione de i datii, pesi, et misure di tutte le Città di tal viaggio, et del governo de Rè del Pegù, et delle guerre fatte da lui con altri Rè d'Avvà et di Sion. Con la Tavola delle cose più notabili, Venedig 1590.

Baldaeus 1672

Philippus Baldaeus, Wahrhaftige Ausfuehrliche Beschreibung der beruehmten Ost-Indischen Kusten Malabar und Coromandel, als aus der Insel Zeylon: Samt dero angräntzenden und untergehoerigen Reichen, Fürstentuemern, Laendern, Staedten, vornehmsten Hafen, Gebäuden, Pagoden, Gewaechsen, Thieren; der Einwohner Gestalt, Sitten, Kleidertracht, Haushaltung, Ceremonien: So wol auch der merkwuerdigsten Kriegshaendel, Bleagerungen, feld- und Seeschlachten, sonderlich zwischen den Portugiesen und Holaendern, Handel- und Kaufmannschaften [...] Benebst einer umstaendlichen und gruendlichen Entdeckung der Abgoetterey der Ost-Indischen HEYDEN, Malabaren, Benjanen, Gentiven, Bramines etc. So wol aus ihrem eigenen mit anhero gebrachten VEDAM oder Gesetzbuch und urkuendlichen Handgeschriften, als Gespraech und Beywohnung ihrer vornehmsten Priester und Schriftgelehrten, nachgespüret, erforschet, und widerleget, zusamt den Abbildungen ihrer Goetzen nach dero eigenen Bildern gezeichnet und fuergestellet. Alles getreulich verfasset und ans Licht gebracht durch Philippum Baldaeum, weiland Diener des Goettl. Worts auf Zeylon. Anitzo aber aus dem Niederlaendischen ins Hochteutsche mit Fleiß übergesetzt, Amsterdam 1672.

Bartoli 1667

Daniello Bartoli, Historia della Compagnia di Giesu, L'Asia, descritta dal P. Daniello Bartolli della medesima Compagnia. Ed Terza accrescuita della Missione al Mogor e della Vita e Morte del. P. Ridolfo Acquaviva, Rom 1667.

Bernier 1699

François Bernier, Voyages de François Bernier, docteur en Medecine de la Faculté de Montpellier, contenant la description des Etats du GRAND MOGOL, de l'Hindoustan, du royaume de Kachemire, etc. Où il est traité des richesses, des forces, de la justice et des causes principales de la decadence des Etats de l'Asie, et de plusieurs évenemens considerables. Et où l'on voit comment l'or et l'argent après avoir circulé dans le monde passent dans l'Hindoustan, d'ou ils ne reviennet plus. Le tout enrichi de cartes et de figures, 2 Bände, Amsterdam 1699.

Bernier 1699/2011
François Bernier, Travels in the Mughal Empire 1656–1668, translated and annotated by Vincent A. Smith, Neu Delhi 2011.

Brief Petri Martin in Madura 1. Juni 1700
Brief Petri Martin, der Gesellschaft Jesu Missionar, an P. Carolum le Gobien, besagter Societät Priester, geschrieben zu Camian-Naikan-Patty in Madura, den 1. Junii 1700, in: Allerhand so lehr- als Geistreiche Brief-Schriften als Reis-Beschreibungen, welche von denen Missionariis der Gesellschaft Jesu aus beyden Indien [...], Band 3, Augsburg, Grätz 1726, S. 40–54.

Cérémonies et coutumes religieuses 1789
Bernard Picart, Jean Frédéric Bernard, Cérémonies Et Coutumes religieuses De tous les peuples du monde : Représentées par des figures, dessinées & gravées par Bernard Picard, & autres habiles artistes. Ouvrage qui comprend l'histoire philosophique de la Religion des Nations des deux hémispheres; telles que celle des Brames, des Peguans, des Chinois, des Japonois, des Thibetins, & celle des différens Peuples qui habitent l'Asie & les Isles de l'Archipélague Indien; celle des Mexicains, des Péruviens des Brésiliens, des Groënlandois, des Lapons, des Caffres, de tous les peuples de la Nigritie, de l'Ethiopie & du Monomotapa; celle des juifs, tant anciens que modernes, celle des musulmans & des différentes Sectes qui la composent; enfin celle des Chrétiens & de cette multitude de branches dans lesquelles elle est subdivisée par une société de gens de lettres Nouvelle Édition, Enrichie de toutes les Figures comprises dans l' ancienne Édition en sept Volumes, & dans les quatre publiés par forme de Supplément. Par Une Société De Gens De Lettres, 4 Bände, Band 2, Amsterdam 1789

Da Costa 1661
Baltassare da Costa, Catecismo em que se explicão todas as Verdades Catholicas necessarias pera a salvaçã. Composto em Lingoa Tamul pelo Venervale Padre Robertp Nobili da Companhia de Iesu, Fundador da Missão de Madure e Traduzido em Lingoa Portuguese pelo Padre Balthazar da Costa da mesma Companhia, dedicada ao Rei Dom Alfonso VI. [Manuskript der Academia das Ciências de Lisboa, Catalogo de Manuscritos da Biblioteca, Série Vermelha 125, MV 698]

Do Couto 1616
Diogo do Couto, Decada Setima da Asia dos Feitos que os Portuguese fizeraõ no descobrimento dos mares, et conquista das terras do Oriente : em quanto governaraõa India dom Pedro Mascarenhas, Francisco Barreto, dom Constantino, o Conde do Redondo dom Francisco Coutinho, et Ioaõ de Mendoca. Composta por Mandado dos muito Catholicos, et invenciveis Monarchas d'Espanha, et Reys de Portugal dom Felipe de gloriosa memoria, o primeiro deste nome, et de seu filho dom Felipe noßo senhor, e segundo do mesmo nome. Por Diogo do Couto Chronista, et guarda mor da torre do tombo do estado da India, Lissabon 1616.

Dapper 1681
Olfert Dapper, Asia, Oder : Ausfuehrliche Beschreibung des Reichs des Grossen Mogols und eines grossen Theils von Indien, in sich haltend die Landschafften Kandhahar, Kabul, Multan, Haikan, Bukkar, Send oder Diu, Jesselmeer, Attak, Peniab, Kaximir, Jangapore, Dely, Mando, Malva, Chitor, Utrad, Zuratte oder Kambaye, Chandisch, Narvar, Gwaliar, Indostan, Sanbat, Bakar, Nagrakat, Dekan und Bisiapour. Nebenst einer vollkommenen Vorstellung des Koenigreichs Persien wie auch Georgien, Mengrelien, Kirkassien und anderer benachbarten Laender. Zusamt deren verschiedenen Namen, Grenzen, Staedten, Gewaechsen, Thieren, Sitten, Trachten, Regierung und Gotessdienst [...]. Aus unterschiedichen Alten und Neuen Land- und Reise-Beschreibungen anfangs in Niederlaendischer Sprache zusammengetragen durch O. Dapper D. Anitzo aber ins Hochteutsche getreulichst uebersetzet von Johann Christoff Beern, Nürnberg 1681.

Documenta Indica
Joseph Wicki (Hg.), Documenta Indica: a patribus ejusdem societatis edita, 4, 1557–1560 (Monumenta historica Societatis Jesu 78, Monumenta missionum Societatis Iesu 9), Rom 1956.

Epistolae S. Francisci Xaverii
Epistolae S. Francisci Xaverii aliaque eius scripta. 1535 – 1548 Nova ed. ex integro refecta textibus, introductionibus, notis, appendicibus aucta (Monumenta missionum Societatis Iesu 1, Monumenta historica Societatis Iesu 67), Rom 1944.

Franz Xaver, Coleridge, 1874/2004
Henry James Coleridge (Hg.), The Life and Letters of St. Francis Xavier 1506–1556, 2 Bände, Neu Delhi 1874/2004.

Görres 1805
Joseh Görres, Glauben und Wissen, München 1805.

Le Gouz 1657
François Le Gouz de La Boullaye, Les voyages et observations du Sieur de La Boullaye-Le-Gouz Gentil-Homme Angevin. Où sont décrites les Religions, Gouvernemens, et situations des Estats et Royaumes d'Italie, Grece, Natolie, SYrie, Perse, Palestine, Karamenie, Kaldée, Assyrie, grand Mogol, Bijapour, Indes Orientales des Portugais, Arabie, Egypte, Hollande, grande Bretagne, Irelande, Dannemark, Pologne, Isles et autres lieux d'Europe, Asie et Affrique, ou il à seiourné, le tout enrich de belles figures. [...] Dedié à l'Eminentissime Cardinal Capponi, Paris 1657.

Hevenesi 1690
Gabriel Hevenesi, Vita S. Francisci Xaverii e Societate Jesu, Indiarum, et Japoniae Apostoli, aa.ll. et Philosophiae Doctoris, ejusdemque in Alma Universitate Sorbonensi Professoris Ordinarii, nunc inclytae Facultatis Philosophicae Viennensis Patroni Tutelaris Aeneis Cupris Incisa et Thesibus Philosophicis Distincta quas in antiquissima et celeberrima Universitate Viennensi Anno M.DC.XV. Mense Jun. Die publicae disputationi proposuit nobilis, ac eruditus Dominus Antonius Albertus Schmerling, Wien 1690.

Du Jarric 1608
Pierre du Jarric, Histoire des choses plus memorables advenes tant ez Indes Orientales, que autres pais de la descouverte des Portugais, en l'establissement et progrez de la foy Chrestienne, et Catholique et principalement de ce que les Religieux de la Compagnie de Iesus y ont faict et endure pour la mesme fin depuis qu'ils y sont entrez jusques à l'an 1600. Le tout recueilly des lettres, et autres Histoires, qui en ont esté escrites cy devant, et mis en ordre par le P. Pierre du Iarric, Tolosain, de la mesme Compagnie, Bordeaux 1608.

Du Jarric 1611
Pierre du Jarric, Histoire des choses plus memorables advenes tant ez Indes Orientales, que autres pais de la descouverte des Portugais, en l'establissement et progrez de la foy Chrestienne, et Catholique et principalement de ce que les Religieux de la Compagnie de Iesus y ont faict et endure pour la mesme fin depuis qu'ils y sont entrez jusques à l'an 1600. Le tout recueilly des lettres, et autres Histoires, qui en ont esté escrites cy devant, et mis en ordre par le P. Pierre du Iarric, Tolosain, de la mesme Compagnie, Valenciennes 1611.

Du Jarric 1614
Pierre du Jarric, Troisieme Partie de l'Histoire des choses plus memeorables advenes tant ez Indes Orientales, que autres pais de la descouverte des Portugais, en l'establissement et progrez de la foy Chrestienne, et Catholique et principalement de ce que les Religieux de la Compagnie de Iesus y ont faict et endure pour la mesme fin; despuis l'an 1600, Jusques à 1610. Dedicée à la Royne Regente, mere du Roy par le P. Pierre du Iarric, Tolosain, de la mesme Compagnie, Bordeaux 1614.

Kircher 1667
Athanasius Kircher, China monumentis: qua sacris quà profanis nec non variis naturae [et] artis spectaculis aliarumque rerum memorabilium argumentis illustrata, auspiciis Leopoldi Primi Roman. Imper. Semper Augusti Munificentissimi Mecaenatis, Amsterdam 1667.

Kircher 1670
Athanasius Kircher, La Chine d'Athanase Kirchere de la Compagnie de Jesus: Illustrée de plusieurs Monuments tant sacrés que profanes, et de quantité de recherchés de la Nature et de l'Art a quoy on à adjousté de nouveau les questions curieuses que le Serenissime Grand Duc de Toscane a fait depuis peu au P. Jean Grubere touchant ce grand Empire. Avec un Dictionnaire Chinois et Francois, lequel est tres-rare, et qui n'a pas encores paru au jour. Traduit par F. S. Dalquié, Amsterdam 1670.

Von Kues 2002
Nikolaus von Kues, Vom Frieden zwischen den Religionen. Lateinisch-deutsch, übers. von Klaus Berger und Christiane Nord, Frankfurt a. M., Leipzig 2002.

Van Linschoten 1598
Jan Huygen van Linschoten, His Discours of Voyages Into Ye Easte and West Indies, devided into foure books, London 1598.

Van Linschoten 1623
Jan Huygen van Linschoten, Itinerarivm, Ofte Schip-vaert naer Oost ofte Portugaels Jndien : Jnhoudende een beschrijvinghe dier Landen, Zee-kusten, Havens, Kivieren, Hoecken ende Plaertsen, met de gedenck-weerdighste Historien der selver. Hier zijn by ghevoeght de Conterfeytsels van de Habijten ofte Drachten, so van de Portugesen aldaer residerende, als van de in-gheboren Jndianen: Ende van hare Tempeln, Afgoden, Huysinge, met die voornaemste Boomen, Vruchten, Kruyden, Specereyen, ende dierglijcke materialen, als ooc die manieren des selfden Volcks, so in hunnen Godts-diensten, als in Politie en Huijs-Houdinghe ende Koop-Handel, hoemen, Dzuchten, Krunden, Specerijen, ende dierghelijke Materialen von die Landen. Alles beschreven door Ian Huyghen van Linschoten. Van nieus ghecorrigeert ende verbetert, Amsterdam 1623.

De Lucena 1600
João de Lucena, História da vida do padre Francisco de Xavier: e do que fizerão na India os mais religiosos da Companhia de Iesu / composta pelo Padre Ioam de Lucena, da mesma Companhia, Portugues natural da Villa de Trancoso, Lissabon 1600.

Maffei 1588
Giovanni Pietro Maffei, Ioannis Petri Maffeii Bergomatis e Societate Iesu Historiarum Indicarum Libri XVI. Selectarum item ex India Epistolarum eodem interprete Libri VI. Accessit Ignatii Loiolae Vita postremo recognita. Et in opera singular copiosus Index, Florenz 1588.

Du Mans (1662), 1995
Raphaël du Mans, Mémoire sur les Jésuites circa 1662, in: Francis Richard (Hg.), Raphael du Mans missionaire en Perse au XVIIe s. 2 Bände, Band 2, Paris 1995, S. 201–258.

Monserrate (1580) 1922
Pater Monserrate, The Commentary of Father Monserrate, S.J. on His Journey to the Court of Akbar, translated from the original Latin by J.S. Hoyland, annotated by S.N. Banerjee, London 1922.

Monserrate (1580) 2003
Pater Monserrate, The Commentary of Father Monserrate, S.J. on His Journey to the Court of Akbar, translated from the original Latin by J.S. Hoyland, annotated by S.N. Banerjee, Neu Delhi, Chennai 2003.

Da Orta 1563
Garcia da Orta, Coloquios dos simples, e drogas he cousa mediçinais da India, e assi dalgũas frutas achadas nella onde se tratam algũas cousas tocantes amedicina, pratica, e outras cousas boas, pera saber cõmpostos pello Doutor Garçia Dorta: fisico del Rey nosso senhor, ho licençiado Alexos Diaz: falcam desenbargador da casa da supricaçã inquisidor nestas partes, Goa 1563.

Rogerius 1663
Abraham Rogerius, Offne Thuer zu dem verborgenen Heydenthum: Oder, Warhaftige Vorweisung deß Lebens, und der Sitten, samt der Religion, und dem Gottesdienst der Bramines, auf der Cust Chormandel, und denen herumligenden Laendern: Mit kurzen Anmerkungen, aus dem Niederlaendischen uebersetzt samt Christoph Arnolds auserlesenen Zugaben, von den Asiatischen, Africanischen, und Americanischen Religions-sachen, so in XL. Capitel verfasst. Alles mit einem nothwendigen Register, Nürnberg 1663.

Rogerius 1670
Abraham Rogerius, Le theatre de l'idolatrie, ou La porte ouverte, pour parvenir à la connoissance du PAGANISME caché, ou la vraye representation de la vie, des moeurs, de la Religion, et du service divin des BRAMINES, qui demeurent sur les costes de CHORMANDEL, et aux pays circonvoisins, par le Sieur Abraham Roger, qui a fait sa residence plusieurs années sur les dites Costes, et a fort exactement recherché tout ce qu'il y avoit de plus curieux. Avec Remarques des noms et des choses les plus importantes. Enrichies de plusieurs figures en taille douce, Traduit en Francois par le Sieur Thomas La Grue, Maistre és Arts, et Docteur en Medecine, Amsterdam 1670.

Roth, Mss. Or. 171, 172
Arnulf Camps, Jean-Claude Muller (Hg.),The Sanskrit grammar and manuscripts of Father Heinrich Roth, S.J. (1620–1668). Facsimile edition of Biblioteca Nazionale, Rome, Mss. Or. 171 and 172, Leiden 1988.

Tanner 1675
Mathias Tanner, Societas Jesu usque ad sanguinis et vitae profusionem militans, in Europa, Africa, Asia, et America, contra Gentiles, Mahometanos, Judaeos, Haereticos, impios, pro Deo, Fide, Ecclesia, Pietate sive Vita, et Mors eorum, qui ex Societate Jesu in causa Fidei, et Virtutis propugnatae, violenta morte toto Orbe sublati sunt. Auctore R. Patre Mathia Tanner è Societate Jesu, SS. Theologiae Doctore, Prag 1675.

Tavernier 1684
Jean-Baptiste Tavernier, Collections of travels through Turky into Persia, and the East-Indies. Six voyages de Jean-Baptiste Tavernier. Giving an account of the present state of those countries. As also a full relation of the five years wars, between Aureng-Zebe and his brothers in their father's life-time, about the succession. And a voyage made by the Great Mogul (Aureng-Zebe) with his army from Dehli to Lahor, from Lahor to Bember, and from thence to the kingdom of Kachemire, by the Mogols, call'd The paradise of the Indies. Together with a relation of the kingdom of Japan and Tunkin, and of their particular manners and trade. To which is added a new description of the grand seignior's seraglio, and also of all the kingdoms that encompass the Euxine and Caspian seas. Being the travels of Monsieur Tavernier Bernier, and other great men: adorned with many copper plates, 2 Bände, London 1684.

Tavernier 1712
Jean-Baptiste Tavernier, Les six voyages de Jean-Baptiste Tavernier, Ecuyer Baron d'Aubonne, en Turquie en Perse, et aux Indes: pendant l'espace de quarante ans, & par toutes les routes que l'on peut tenir, accompagnez d'observations particulieres sur la qualité, la religion, le gouvernement, les coûtumes & le commerce de chaque païs; avec les figures, le poids, & la valeur des monnoyes qui y ont cours, 2 Bände, Paris 1712.

Tieck, Schlegel 1972
Ludwig Tieck und die Brüder Schlegel, Briefe. Auf der Grundlage der von Henry Lüdeke besorgten Edition neu kommentiert von Edgar Lohner, München 1972.

Vita Beati P. Ignatii Societatis Iesu 1622
Peter Paul Rubens, Jean-Baptiste Barbé, Mikołaj Łęczycki, Péter Pázmány, Vita Beati P. Ignatii Societatis Iesu Fundatoris, Rom 1622.

Voltaire 1786
Voltaire [François-Marie Arouet], Dictionnaire philosophique (Oeuvres completes de Voltaire: Tome quarantième), Basel 1786.

## 2. Persische und indische Quellen

Al-Ghazālī 1872–1873
Abū Hāmid Muhammad ibn Muhammad al-Ghazālī, Ihya Ulum Ad Din, 4 Bände, Bulaq 1872–1873, Kairo 1915.

Bāburnāma
Journal of Emperor Babur, translated and annotated by Annette Susannah Beveridge, London 2006.

Bhagavad-gīta
Bhagavadgīta. Das Lied der Gottheit. Aus dem Sanskrit übersetzt von Robert Boxberger, neu bearbeitet von Helmuth von Glasenapp, Stuttgart 2016.

Bustan
Saadi, The garden of Fragrances, being a complete translation of the Bostán of Sádi from the original Persian into English verse by D. S. Davie, London 1882.

Eṣfahānī 1932–1938
Abū Noʿaym Eṣfahānī, Ḥelyat al-awlīāʾwa ṭabaqāt al-aṣfīāʾ, 10 Bände, Kairo 1932–1938.

Mahābhārata, Drona Parva
The Mahābhārata of Krishna-Dwaipayana Vyasa, translated into English Prose from the Original Sanskrit Text by Kisari Mohan Ganguli, 12 Bände, Band 6, Neu Delhi 2015.

Mahābhārata, Sabha Parva
The Mahābhārata of Krishna-Dwaipayana Vyasa, translated into English Prose from the Original Sanskrit Text by Kisari Mohan Ganguli, 12 Bände, Band 4, Neu Delhi 2015.

Mahābhārata, Shanti Parva
The Mahabharata of Krishna-Dwaipayana Vyasa, translated into English Prose from the Original Sanskrit Text by Kisari Mohan Ganguli, 12 Bände, Band 10, Neu Delhi 2015.

Mahābhārata, Udyoga Parva
The Mahābhārata of Krishna-Dwaipayana Vyasa, translated into English Prose from the Original Sanskrit Text by Kisari Mohan Ganguli, 12 Bände, Band 4, Neu Delhi 2015.

Mahābhārata, Vana Parva
The Mahābhārata of Krishna-Dwaipayana Vyasa, translated into English Prose from the Original Sanskrit Text by Kisari Mohan Ganguli, 12 Bände, Band 3, Neu Delhi 2015.

Masnavī
Maulána Jalálu-'d-Dín Muhammad i Rúmí, Masnavi i ma'navi. The spiritual couplets of Maulána Jalálu-'d-Dín Muhammad i Rúmí, translated and abridged by Edward Henry Whinfield M.A., late of H.M. Bengal civil service (Trübner's Oriental Series), London 1898.

Nīšāpūrī 1905
Farīd-al-Dīn ʿAṭṭār Nīšāpūrī, Taḏkerat al-awlīāʾ, annotated by Reynold Alleyne Nicholson, London 1905.

Rāmāyaṇa, Yuddhakāṇḍa
The Rāmāyaṇa of Valmiki. An Epic of Ancient India. Introduction and translation by Robert. P. Goldman. Annotation by Robert P. Goldman and Sally J. Sutherland, 7 Bände, Band 6, Neu Delhi 2010.

Shāhnāme
Abū ʾl-Qāsim Firdausī, Le Livre des Rois par Abou'lkasim Firdausi, publié, traduit et commenté par M. Jules Mohl, 7 Bände, Paris 1838–1878.

Śrīmad-Bhāgavatam
The Śrīmad-Bhāgavatam of Krishnadwaipayana Vyasa, translated by J. M. Sanyal, Neu Delhi 1984.

Viṣṇupurāṇa
Viṣṇupurāṇa. Althergebrachte Kunde über Viṣṇu, aus dem Sanskrit übers. von Peter Schreiner, Berlin 2013.

Yusuf u-Zulaikha
Nūru'd-Dīn ʿAbdu'r-Raḥmān-i Dschāmi, Yusuf and Zulaikha. An allegorical Romance, translated by David Pendlebury, London 1980.

## Sekundärliteratur

Abhishiktananda 1997
Abhishiktananda [Henri Le Saux], The secret of Arunachala. A christian Hermit on Shivas Holy Mountaion, Neu Delhi 1997.

Abhishiktananda 1998
Abhishiktananda [Henri Le Saux], Ascent to the depth of the heart. The spiritual diary of Swami Abhishiktananda, Neu Delhi 1998.

Abidi, Gargesh 2008
S. A. H. Abidi, Ravinder Gargesh, Persian in South Asia, in: Braj B. Kachru, Yamuna Kachru, S. N. Sridhar (Hg.), Language in South Asia, Cambridge 2008, S. 103–120.

Aguilar 2016
Mario I. Aguilar, Christian Ashrams, Hindu Caves and Sacred Rivers: Christian-Hindu Monastic, London 2016.

ʿĀlam, Subrahmanyam 2012
Muẓaffar ʿĀlam, Sanjay Subrahmanyam, Writing the Mughal World. Studies on Culture and Politics, New York 2012.

Alonso 1983
Carlos Alonso, A los origines de las relaciones entre la Santa Sede y Persia, 1571–21, in: Miscellanea Historiae Pontificae, 50, 1983, S. 215–259.

Alexandre 2006
Monique Alexandre, La redécouverte d'Origène au XXe siècle, in: Cristian Badilita, Charles Kannengiesser (Hg.), Les Pères de l'Eglise dans le monde d'aujourd'hui: Actes du colloque international, 2. 2004, Bukarest, Paris 2006, S. 51–94.

Ali 1992
M. Athar Ali, Translations of Sanskrit Works at Akbar's Court, in: Social Scientist 20, 9, 10, 1992, S. 38–45.

Altendorf 2014
Martina Altendorf, Henri de Lubac: Grundzüge einer Fundamentalekklesiologie, in: Cornelius Keppeler, Justinus C. Pech (Hg.): Zeitgenössische Kirchenverständnisse. Acht ekklesiologische Porträts, Heiligenkreuz 2014, S. 59–90.

Amaladass 1997
Anand Amaladass, Hindu-Christian Dialogue Today, in: Hindu-Christian Studies Bulletin 10, 1997, S. 41–43.

Amaladass 2007
Anand Amaladass, Die Begegnung zwischen Hinduismus und Christentum in Indien, in: Josef Sinkovits, Ulrich Winkler (Hg.), Weltkirche und Weltreligionen: Die Brisanz des Zweiten Vatikanischen Konzils 40 Jahre nach Nostra aetate, Innsbruck 2007, S. 231–245.

Amaladass, Clooney 2000
Anand Amaladass, Francis Xavier Clooney, Preaching Wisdom to the Wise. Three Treartises by Roberto de Nobili SJ, Missionary and Scholar in 17th Century India, translated and introduced by Amaladass SJ, Clooney SJ, (Jesuit Primary sources in English Translation 1), St. Louis 2000.

Amaladass, Löwner 2012
Anand Amaladass, Gudrun Löwner, Christian Themes in Indian Art, Neu Delhi 2012.

App 2010
Urs App, The birth of Orientalism (Encounters with Asia), Berlin 2010.

Aranha 2012
Paolo Aranha, Les meilleures Causes embarassent les Juges, si elles manquent de bonnes preuves: Père Norbert's Militant Historiography on the Malabar Rites Controversy, in: Thomas Wallnig, Thomas Stockinger, Ines Peper, Patrick Fiska (Hg.), Europäische Geschichtskulturen um 1700 zwischen Gelehrsamkeit, Politik und Konfession, Berlin 2012, S. 239–270.

Ariarajah 1991
Wesley Ariarajah, Hindus and Christians. A Century of Protestant Ecumenical Thought, Leiden 1991.

Arokiasamy 1986
Soosai Arokiasamy, Dharma, Hindu and Christian, according to Roberto de Nobili. Analysis of its meaning and its use in Hinduism and Christianity (Documenta missionalia), Rom 1986.

Asher, Talbot 2006
Catherine B. Asher, Cynthia Talbot, India Before Europe, Cambridge 2006.

Ausst. Kat. Berlin 2017
Gläubiges Staunen. Biblische Traditionen in der islamischen Welt, Katalog zur Ausstellung der Staatsbibliothek zu Berlin und des Museums für Islamische Kunst der Staatlichen Museen zu Berlin, 14. Juli–15. Oktober 2017, Berlin 2017.

Ausst. Kat. Zürich 2015
Christus in Indien, Ausstellungskatalog des Museums Rietberg, Zürich 2015.

Badiee 1978
Julie Badiee, Angels in an Islamic Heaven, in: Bulletin of the Los Angeles, 1978, S. 51–59.

Bäumer 2000
Bettina Bäumer (Hg.), Raimon Panikkar. Das Abenteuer Wirklichkeit. Gespräche über die geistige Transformation. Geführt mit Constantin von Barloewen und Axel Matthes, Berlin 2000.

Bailey 1998
Gauvin Alexander Bailey, The Indian conquest of catholic art, The Mughals, the Jesuits, and Imperial Mural Painting, in: Art Journal, 57, 1, The Reception of Christian Devotional Art, 1998, S. 24–30.

Bailey 1998b
Gauvin Alexander Bailey, The Jesuits and the Grand Mogul: Renaissance Art at the Imperial Court of India, 1580–1630, Washington D.C. 1998.

Bailey 1999
Gauvin Alexander Bailey, Art on the Jesuit missions in Asia and Latin America, 1542–1773, Toronto 1999.

Bajaj, Srinivas 2004
J.K. Bajaj, M.D. Srinivas, Core Issues of Hindu-Christian Dialogue: Idol-Worship, Cow-Protection and Conversion, in: Journal of Hindu-Christian Studies 17, 2004, S. 3–11.

Bakshi, Mittra 2002
Shri Ram Bakshi, Sangh Mittra (Hg.), Sri Ramanuja (Saints of India 14), Neu Delhi 2002.

Baldick 1998
Julian Baldick, Mystical Islam: An Introduction to Sufism, London 1989.

Bamberg 2003
Anne Bamberg, Henri de Lubac, ami de Jules Monchanin, in: Revue des sciences religieuses, 77, 2, 2003, S. 262–265.

Banchoff, Casanova 2016
Thomas Banchoff, José Casanova, Introduction. The Jesuits and Globalization, in: Thomas Banchoff, José Casanova (Hg.), The Jesuits and Globalisation. Historical legacies and contemporary challenges, Washington D.C. 2016, S. 1–24.

Basbanes 2012
Nicholas Andrew Basbanes, A Gentle Madness: Bibliophiles, Bibliomanes, and the Eternal Passion for Books, New York 2012.

Bashier 2004
Salman H. Bashier, Ibn al-'Arabi's Barzakh: The Concept of the Limit and the Relationship, New York 2004.

Baumann, Hilberath 2008
Urs Baumann, Bernd Jochen Hilberath, Im Gespräch mit Islam und Hinduismus (Tübinger Ökumenische Reden 3), Münster 2008.

Bauschke 2013
Martin Bauschke, Der Sohn Marias. Jesus im Koran, Darmstadt 2013.

Bayly 2004
Susan Bayly, Saints, Goddesses and Kings: Muslims and Christians in South Indian society, 1700–1900, Cambridge 2004.

Bazargan 2006
Mehdi Bazargan, Und Jesus ist sein Prophet. Der Koran und die Christen, München 2006.

Beach 1965
Milo Cleveland Beach, The Gulshan Album and its European Sources, in: Bulletin of the Museum of Fine Arts, Boston, 63, 332, 1965, S. 63–91.

Beach 1987
Milo Cleveland Beach, Early Mughal Painting, Polsky Lectures in Indian and Southeast Asian Art and Archaeology, Cambridge MA. 1987.

Beach 1992
Milo Cleveland Beach, Mughal and Rajput Painting (The New Cambridge History of India), Cambridge 1992.

Bechmann 2007
Ulrike Bechmann, Abraham und Ibrāhīm. Die Grenzen des Abraham-Paradigmas im interreligiösen Dialog, in: MThZ 58, 2007, S. 110–126.

Beelen 2002
Hans Beelen, Handel mit neuen Welten. Die Vereinigte Ostindische Compagnie der Niederlande 1602–1798 (Schriften der Landesbibliothek Oldenburg 37), Oldenburg 2002.

Beltramini 2013
Enrico Beltramini, Modernity and its Discontents: Western Catholic Pioneers of the Hindu-Christian Dialogue, in: International Journal for History, Culture and Modernity 1, 2013, S. 21–51.

Benecke 1997
Gerhard Benecke, The practice of absolutism II: 1626–1629, in: Geoffrey Parker (Hg.), The Thirty Years' War, London u.a. 1997, S. 85–91.

Bergunder 2006
Michael Bergunder (Hg.), Westliche Formen des Hinduismus in Deutschland. Eine Übersicht, Halle a.d.S. 2006.

Bertrand 1847–1854
Joseph Bertrand, La mission du Maduré d'après des documents inedits, 4 Bände, Paris 1847–1854.

Bharadwaj 1958
Krishna Datta Bharadwaj, The Philosophy of Rāmānuja, Neu Delhi 1958.

Biardeau, Art. „Avatara"
Madeleine Biardeau, Art. „Avatara", in: Yves Bonnefoy (Hg.), Dictionnaire des mythologies et des religions des sociétés trdaitionelles et du monde antique, 2 Bände, Band 1, Paris 1981, S. 116–119.

Bielawski 2013
Maciej Bielawski, Panikkar: Un uomo e il suo pensiero, Rom 2013.

Binney 1974
Edwin Binney, Indian Miniature Painting from the Collection of Edwin Binney, 3rd: The Mughal and Deccani schools with some related Sultanate material, Portland Or. 1974.

Blair, Bloom 1991
Sheila S. Blair, Jonathan M. Bloom (Hg.), Images of Paradise in Islamic Art, Austin 1991.

Blake 2013
Stephen P. Blake, Time in Early Modern Islam: Calendar, Ceremony, and Chronology in the Safavid, Mughal, and Ottoman Empires, Cambridge 2013.

Blow 2009
David Blow, Shah Abbas: The Ruthless King Who Became an Iranian Legend, London 2009.

Bohm 1998
David Bohm, Der Dialog. Das offene Gespräch am Ende der Diskussionen, Stuttgart 1998.

Borja Gonzales 2011
Galaxis Borja Gonzalez, Die jesuitische Berichterstattung über die Neue Welt: Zur Veröffentlichungs-, Verbreitungs-, und Rezeptionsgeschichte jesuitischer Americana auf dem deutschen Buchmarkt im Zeitalter der Aufklärung, Göttingen 2011.

Braun 1907
Josef Braun, Die liturgische Gewandung im Occident und Orient nach Ursprung und Entwicklung, Verwendung und Symbolik, Freiburg i. Br. 1907.

Brockey 2012
Liam Matthew Brockey, Doubting Thomas. The Apostle and the Portuguese Empire in Early Modern Asia, in: Katherine van Liere, Simon Ditchfield, Howard Louthan (Hg.), Sacred History. Uses of the Christian Past in the Renaissance World, Oxford 2012, S. 231–249.

Brockington 1992
J. L. Brockington, Hinduism and Christianity (Themes in Comparative Religion), London 1992.

Bronkhorst 2016
Johannes Bronkhorst, Kundakunda versus Samkhya on the soul, in: Christopher Key Chapple, Yoga in Jainism, Oxford 2016, S. 37–47.

Bubenik 2013
Andrea Bubenik, Reframing Albrecht Dürer. The Appropriation of Art, 1528–1700, Farnham 2013.

Burger 1969
Heinz Otto Burger, Renaissance, Humanismus, Reformation. Deutsche Literatur im europäischen Kontext, Bad Homburg, Berlin, Zürich 1969.

Burgess 1871
James Burgess, The Rock-Temples of Elephanta Or Ghârâpurî, Mumbai 1871.

Campo 2009
Juan Eduardo Campo, Encyclopedia of Islam (Encyclopedia of World Religions), New York 2009.

Camps 2000
Arnulf Camps, Studies in Asian Mission History, 1956–1998, Leiden 2000.

Carvalho 2005
Pedro Moura Carvalho, Mirʾāt al-quds (Mirror of Holiness): A Life of Christ for Emperor Akbar. A Commentary on Father Jerome Xavier's Text and the Miniatures of Cleveland Museum of Art, Leiden 2005.

Cessario 2007
Romanus Cessario, Neo-Neo-Thomism, Review of Ralph McInerny, Praeambula fidei: Thomism and the God of the Philosophers, in: First Things. A Monthly Journal of Religion and Public Life, 173, 2007, S. 48–52.

Chandra 2006
Satish Chandra, Medieval India: From Sultanat to the Mughals Part, 2 Bände, Neu Delhi 2006.

Charpentier 1923
Jarl Charpentier, The Brit.Mus. MS. Sloane3290, the Common Source of Baldaeus and Dapper, in: Bulletin of the School of Oriental Studies, 3, 1923–1925, S. 413–420.

Chitnis 2003
Krishnaji Nageshrao Chitnis, Medieval Indian History, Neu Delhi 2003.

Church 2017
Peter Church, A Short History of South-East Asia, Hoboken N. J. 2017.

Clossey 2008
Luke Clossey, Salvation and Globalization in the Early Jesuit Missions, Cambridge 2008.

Collins 1988
Charles Dillard Collins, The Iconography and Ritual of Śiva at Elephanta, New York 1988.

Collins 2007
Paul M. Collins, Christian Inculturation in India, Aldershot 2007.

Connerney 2009
Richard D. Connerney, The Upside Down Tree: India's Changing Culture, New York 2009.

Copland u.a. 2012
Ian Copland, Ian Mabbett, Asim Roy, Kate Brittlebank, Adam Bowles, A History of State and Religion in India (Routledge Studies in South Asian History 12), New York, London 2012.

Cornille 1991
Catherine Cornille, The Guru in Indian Catholicism: Ambiguity of Opportunity of Inculturation? Löwen 1991.

Correira-Alfonso 1969
John Correira-Alfonso, Jesuit Letters and Indian History: A Study of the Nature and Development of the Jesuit Letters from India (1542–1773) and their Value for Indian Historiography, Mumbai 1969.

Cort 2006
John E. Cort, Installing Absence? The consecration of a jina image, in: Robert Maniura (Hg.), Presence: The Inherence of the Prototype within Images and Other Objects, Aldershot 2006, S. 71–83.

Cronin 1959
Vincent Cronin, A pearl to India. The Life of Roberto de Nobili, London 1959.

Dabashi 2012
Hamid Dabashi, The World of Persian Literary Humanism, Cambridge MA. 2012.

Dadbeh, Art. „Tajalli"
Asghar Dadbeh, Art. „Tajalli", in: Centre for the great Islamic Encyclopedia, Centre for Iranian and Islamic Studies (Hg.), Great encyclopedia of Islam, 16 Bände, Band 14, Teheran 1376/1988, 2015, S. 587–591.

Daftair 2001
Farhad Daftair, Intellectual life of the Ismailis, in: ders. (Hg.), Intellectual Traditions in Islam, London, New York 2001, S. 87–111.

Dalal 2011
Roshen Dalal, Hinduism: An Alphabetical Guide, London 2011.

Dallapiccola 2011
Anna L. Dallapiccola, Indian Painting: The Lesser Known Traditions, Neu Delhi 2011.

Das 1983
Asok Kumar Das, Notes on the Emperor Akbar's Manuscript of the Persian Ramayana, in: K. R. Srinivasa Iyengar (Hg.), Asian Variations in Ramayana: Papers Presented at the International Seminar on Variations in Ramayana in Asia: Their Cultural, Social, and Anthropological Significance, Neu Delhi, Januar 1981, Neu Delhi 1983, S. 144–153.

Dasgupta 2005
Biplab Dasgupta, European Trade and Colonial Conquest (Anthem South Asian Studies), London, New York 2005.

Daughrity, Athyal 2016
Dyron B. Daughrity, Jesudas M. Athyal, Understanding World Christianity: India, Minneapolis 2016.

Davis 2006
Richard H. Davis, Presence and Translucence, Appar's guide to devotional receptivity, in: Robert Maniura (Hg.), Presence: The Inherence of the Prototype within Images and Other Objects, Aldershot 2006, S. 87–104.

Dehejia 2007
Vidya Dehejia, Chola. Sacred Bronzes of Southern India, London 2007.

Dehejia 2009
Vidya Dehejia, The Body Adorned. Dissolving broundaries between Sacred and Profane in Indian Art, New York 2009.

Detlef, Müller 1981
C. Detlef, G. Müller, Geschichte der orientalischen Nationalkirchen (Die Kirche in ihrer Geschichte 1,2), Göttingen 1981.

Dharampal-Frick 1994
Gita Dharampal-Frick, Indien im Spiegel deutscher Quellen der Frühen Neuzeit (1500–1750): Studien zu einer interkulturellen Konstellation, Tübingen 1994.

Dijkstra, Weststeijn 2017
Trude Dijkstra, Thijs Weststeijn, Constructing Confucius in the Low Countries, in: De Zeventiende Eeuw. Cultuur in de Nederlanden in interdisciplinair perspectief 32, 2, 2017, S. 137–164.

Dos Santos Arnold 2017
Torsten Dos Santos Arnold, Portugal, 1450–1770ce, in: Stephen K. Stein (Hg.), The Sea in World History: Exploration, Travel, and Trade, 2 Bände, Band 1, Santa Barbara CA 2017, S. 394–398.

Dowson 1888
John Dowson, A Classical Dictionary of Hindu Mythology and Religion, Geography, History, and Literature, London 1888.

Dumas 2013
Bertrand Dumas, Mystique et théologie d'après Henri de Lubac (Études Lubaciennes 8), Paris 2013.

Dundas 2002
Paul Dundas, The Jains, London, New York 2002.

Dupuy 1994
Jacques Dupuy, Jésus-Christ à la rencontre des religions (Jésus et Jésus-Christ, 39), Paris 1994.

Eaton 1972
Richard M. Eaton, The Sufis of Bijapur, 1300–1700, Madison 1972.

Eaton, Art. „Ḳuṭb Shāhī"
Richard M. Eaton, Art. „Ḳuuṭb Shāhī", in: Bernard Lewis, Charles Pellat u. a. (Hg.) The Encyclopaedia of Islam, 12 Bände, Band 5, Leiden 1986, Sp. 549b–550b.

Eck 1985
Diana L. Eck, Darśan. Seeing the Divine Image in India, New York 1985.

Eck 2012
Diana L. Eck, A Sacred Geography, New York 2012.

Edmund 1996
Clifford Edmund Bosworth, The New Islamic Dynasties, New York 1996.

Eißler 2014
Friedmann Eißler, Mantra, Markt und Massensport. Yoga zwischen Erleuchtung und Entspannung, in: Herderkorrespondenz 68, 6, 2014, S. 307–311.

Elder 1962
J. Elder, History of the American Presbyterian Mission to Iran, Tehran 1962.

Eraly 2000
Abraham Eraly, Emperors of the Peacock Throne: The Saga of the Great Mughals, Neu Delhi 2000.

Ernst 2003
Carl W. Ernst, The Islamization of Yoga in the Amrtakunda Translations, in: Journal of the Royal Asiatic Society 3, 13, 2, 2003, S. 199–226.

Ernst 2011
Carl W. Ernst, A fouteenth century Persian account of breath control and meditation, in: Yoga in Practice, 2011, S. 133–139.

Ernst 2013
Carl W. Ernst, Muslim interpreters of Yoga, in: Debra Diamond (Hg.), Yoga. The Art of Transformation, Wahington D.C. 2013, S. 61.

Ernst 2016
Carl W. Ernst, Refractions of Islam in India: Situating Sufism and Yoga, Neu Delhi 2016.

Euringer 1918
Sebastian Euringer, Pater Heinrich Roth S. J. von Dillingen, in: Jahrbuch des Historischen Vereins Dillingen a. D. 31, 1918, S. 1–40.

Falcao 2003
N. Falcao, Kristapurana. A Christian-Hindu Encounter: A Study of Inculturation in the Kristapurana of Thomas Stephens SJ (1549–1619), Pune 2003.

Farhad, Bagci 2009
Massumeh Farhad, Serpil Bagci, The Book of Omens, Washington D.C. 2009.

Farrugia 1988
Joseph Farrugia, The Church and the Muslims. The Church's Consideration of Islam and the Muslims in the Documents of the Second Vatican Council, Gozo 1988.

Feld 2006
Helmut Feld, Ignatius von Loyola. Gründer des Jesuitenordens, Köln, Weimar, Wien 2006.

Fernão 2005
Guerreiro Fernão, Jahangir and the Jesuits, London 2005.

Fernée 2014
Tadd Fernée, Enlightenment and Violence: Modernity and Nation-Making, London, Neu Delhi 2014.

Ferroli 1939
Domenico Ferroli, The Jesuits in Malabar, 2 Bände, Bangalore 1939.

Ferroli 1955
Domenico Ferroli, The Jesuits in Mysore, Khozikode 1955.

Filliozat 2011
Pierre-Sylvain Filliozat, L'Approche scientifique du Sanscrit et de la pensée indienne par Heinrich Roth S.J. au XVIIe siècle, in: ders., J. Leclant, Jean-Pierre Mahé (Hg.), L'œuvre scientifique des missionnaires en Asie, Paris 2011, S. 17–30.

Findly 1993
Ellison Banks Findly, Nur Jahan. Empress of Mughal India, New York, Oxford 1993.

Fitzgerald 2006
Michael L. Fitzgerald, Die Erklärung Nostra aetate. Die Achtung religiöser Werte durch die Kirche, in: Josef Sinkovits, Ulrich Winkler (Hg.), Weltkirche und Weltreligionen. Die Brisanz des Zweiten Vatikanischen Konzils 40 Jahre nach Nostra aetate, Innsbruck, Wien 2006, S. 29–43.

Flannery 2013
John Flannery, The Mission of the Portuguese Augustinians to Persia and Beyond (1602–1747), Leiden 2013.

Fletcher 1844
W. K. Fletcher, Coutos Decade VII – Book III – Chapter X, in: The Journal of the Bombay Branch of the Royal Asiatic Society, 1, 1841–1844, S. 34–49.

Flood 2006
John Flood, Poets Laureate in the Holy Roman Empire: A Bio-bibliographical Handbook, Berlin 2006.

Flores 2016
Jorge Flores, The Mughal Padshah. A Jesuit Treatise on Emperor Jahangir's Court and Household, Leiden 2016.

Foresta 2015
Patrizio Foresta, „Wie ein Apostel Deutschlands". Apostolat, Obrigkeit und jesuitisches Selbstverständnis am Beispiel des Petrus Canisius (1543–1570), Göttingen 2015.

Foucault 1966
Michel Foucault, Les mots et les choses. Une archéologie des sciences humaines, Paris 1966.

Foucault 1970
Michel Foucault, L'ordre du discours: Leçon inaugurale au Collège de France prononcée le 2 décembre 1970, Paris 1970.

Frankemölle 2016
Hubert Frankemölle, Vater im Glauben? Abraham/Ibrahim in Tora, Neuem Testament und Koran, Freiburg i. Br. 2016.

Frauwallner 1953/2003
Erich Frauwallner, Geschichte der indischen Philosophie, 2 Bände, Aachen 2003.

Freedberg 1993
Sydney Joseph Freedberg, Painting in Italy, 1500–1600, New Haven 1993.

Friedrich 2016
Markus Friedrich, Die Jesuiten. Aufstieg, Niedergang, Neubeginn, München, Berlin, Zürich 2016.

Frye 1996
Richard Nelson Frye, The Heritage of Central Asia from Antiquity to the Turkish Expansion, Princeton 1996.

Frykenberg 2008
Robert Eric Frykenberg, Christianity in India. From Beginnings to the Present, Oxford 2008.

Fürlinger 2009
Ernst Fürlinger (Hg.), Der Dialog muss weitergehen. Ausgewählte vatikanische Dokumente zum interreligiösen Dialog, Freiburg i. Br. 2009.

Fürst 2017
Alfons Fürst, Hieronymus: Askese und Wissenschaft in der Spätantike, Freiburg i. Br., München 2017.

Gadon 1986
Elinor W. Gadon, Dara Shikuh's Mystical Vision of Hindu-Muslim Synthesis, in: Robert Skelton, Andrew Topsfield, Susan Stronge, Rosemary Crill (Hg.), Facets of Indian Art. A symposium held at the Victoria and Albert Museum on 26, 27 April and 1 May 1982, London 1986, S. 153–158.

Gäde 2006
Gerhard Gäde, „Strahl jener Wahrheit, die alle Menschen erleuchtet". Für eine interioristische Lesart der Konzilserklärung Nostra aetate, in: Gregorianum 87, 2006, S. 727–747.

Gahlin 1991
Sven Gahlin, The Courts of India. Indian Miniatures from the Collection of the Fondation Custodia, Paris 1991.

Galey, Forsyth, Weitzmann 1980
Johan Galey, George Forsyth, Kurt Weitzmann, Sinai and the Monastery of St. Catherine, Givatayim 1980.

Ganeri 2007
Martin Ganeri, Catholic Encounter with Hindus in the Twentieth Century. In Search of an Indian Christianity, in: New Blackfriars 88, 2007, S. 410–432.

Ganeri 2009
Jonardon Ganeri, Dara Shukoh and the Transmission of the Upanisads to Islam, in: William Sweet (Hg.), Migrating Texts and Traditions, Ottawa 2009, S. 150–161.

Gangoly 1948
Ordhendra C. Gangoly, Ragas and Raginis. A pictorial and iconographic study of Indian musical modes based on original sources, Mumbai 1948.

Gier 2002
Nicholas F. Gier, The Origins of Religious Violence: An Asian Perspective, London, New York u.a. 2002.

Von Gladiss 2007
Almut von Gladiss, Ibrahim ibn Adham. Darling of the Angels, in: Annette Hagedorn, Avîno'am Šālēm (Hg.), Facts and Artefacts. Festschrift für Jens Kröger, Leiden, Boston 2007, S. 303–310.

Von Glasenapp 1925/1999
Helmuth von Glasenapp, Jainism: An Indian Religion of Salvation, aus dem Deutschen übersetzt nach der Erstauflage von 1925 von Shridhar B. Shrotri, Neu Delhi 1999.

Glassé, Smith 2002
Cyril Glassé, Huston Smith, The New Encyclopedia of Islam, Walnut Creek, Lanham, New York 2002.

Glete 1999
Jan Glete, Warfare at Sea, 1500–1650: Maritime Conflicts and the Transformation of Europe, London 1999.

Goldman u.a. 2010
Robert P. Goldman, Sally J. Sutherland Goldman, Barend A. van Nooten, Introduction, in: The Rāmāyaṇa of Valmiki. An Epic of Ancient India. Introducted, translated and annotated by Robert P. Goldman, Sally J. Sutherland and Barend A. van Nooten, 7 Bände, Yuddhakāṇḍa, Band 6, Neu Delhi 2010, S. 1–99.

Gonda 1964
Jan Gonda, Indology in the Netherlands, Leiden 1964.

Van Gorder 2010
Christian A. van Gorder, Christianity in Persia and the Status of Non-Muslims in Modern Iran, Lanham, Boulder u.a. 2010.

Gordon 1993
Stewart Gordon, The New Cambridge History of India, The Marathas 1600–1818, 2 Bände, Cambridge 1993.

Grabner-Haider, Davidowicz, Prenner 2014
Anton Grabner-Haider, Klaus S. Davidowicz, Karl Prenner, Kulturgeschichte der Frühen Neuzeit. Von 1500 bis 1800, Göttingen 2014.

Griffith 2002
Bede Griffiths, Göttliche Gegenwart, Salzburg, Wien 2002.

Grumett 2007
David Grumett, De Lubac: A Guide for the Perplexed, New York, London 2007.

Grumett, Plant, 2012
David Grumett, Thomas Plant, De Lubac, Pure Land Buddhism, and Roman Catholicism, in: Journal of Religion, 92, 1, 2012, S. 58–83.

Gupta 2014
Pamila Gupta, The Relic State: St. Francis Xavier and the politics of ritual in Portuguese India (Studies in Imperialism MUP), Manchester 2014.

Guy, Britschgi 2011
John Guy, Jorrit Britschgi, Wonder of the Age: Master Painters of India, 1100–1900, New York 2011.

Haberman 2013
David L. Haberman, People Trees: Worship of Trees in Northern India, Oxford 2013.

Von Habsburg 1996
Francesca von Habsburg, The St. Petersburg Muraqqa, Album of Indian and Persian Miniatures from the 16th through the 18th century and specimens of Persian calligraphy by 'Imād al-Ḥasanī, Mailand 1996.

Hackbarth-Johnson 2003
Christian Hackbarth-Johnson, Interreligiöse Existenz. Spirituelle Erfahrung und Identität bei Henri Le Saux (O.S.B.)/Swami Abhishiktānanda (1910–1973), Frankfurt a.M. 2003.

Hackbarth-Johnson 2008
Christian Hackbarth-Johnson, Henri Le Saux/Swami Abhishiktananda, in: Reinhold Bernhardt, Perry Schmidt-Leukel (Hg.), Multiple religiöse Identität. Aus verschiedenen Religionen schöpfen (Beiträge zu einer Theologie der Religionen 5), Zürich 2008, S. 35–58.

Hackbarth-Johnson 2010
Christian Hackbarth-Johnson, Spirituelle Erfahrung in der globalisierten Welt: Henri Le Saux/Swami Abhishiktananda (1910–1973) – das Beispiel eines interreligiösen Pioniers, Vortrag im Rahmen der Tagung „Weltmythos – Welttheologie – Weltethos" (INTR°A-Jahrestagung) in Schloss Eichholz/Wesseling, 13.–14.11.2010, http://www.rpi-virtuell.net/workspace/24686AD5-936C-476D-9EA0 65E2968590C8/tagungen:%20religionen%20und%20dialog/tagung_weltmythos-welttheologie-weltethos_11-10/hackbarth-johnson-henrilesaux.pdf.

Hadi 1995
Nabi Hadi, Dictionary of Indo-Persian Literature, Neu Delhi 1995.

Halbfass 1981
Wilhelm Halbfass, Indien und Europa. Perspektiven ihrer geistigen Begegnung, Basel, Stuttgart 1981.

Hamm 2011
Bernd Hamm, Religiosität im späten Mittelalter. Spannungspole, Neuaufbrüche, Normierungen, Tübingen 2011.

Hankey 2006
Wayne John Hankey, The Blondelian Jesuits. Platonism and the Greek Fathers, in: Jean-Marc Narbonne (Hg.), Levinas and the Greek heritage, Löwen 2006, S. 142–151.

Hartmann 1978
Arnulf Hartmann, The Augustinian Mission of Bengal (1599–1834), in: Analecta Augustiniana 41, 1978, S. 166–169.

Haskins 1994
Susan Haskins, Mary Magdalene, Myth and Metaphor, London 1994.

Hasrat 1953
Bikarmjit Hasrat, Dārā Shikuh. Life and Works, Kolkata 1953.

Heinzmann 2013
Richard Heinzmann (Hg.), Lexikon des Dialogs. Grundbegriffe aus Christentum und Islam, Freiburg i. Br. 2013.

Henderson 2012
Duane Henderson, Historisierung und historische Kritik an kirchlichen Rechtstexten in spätmittelalterlicher Traktatliteratur, in: Gian Luca Potestà, Elisabeth Müller-Luckner (Hg.), Autorität und Wahrheit: Kirchliche Vorstellungen, Normen und Verfahren, München 2012, S. 179–198.

Henn 2011
Alexander Henn, Jesuit Rhetorics, Translation versus Conversion in Early-Modern Goa, in: Christian Meyer, Felix Girke (Hg.), The Rhetorical Emergence of Cultures, Oxford 2011, S. 210–224.

Henn 2014
Alexander Henn, Hindu-Catholic Encounters in Goa: Religion, Colonialism, and Modernity, Indianapolis 2014.

Hercsik 2001
Donath Hercsik, Jesus Christus als Mitte der Theologie von Henri de Lubac (Frankfurter theologische Studien 61), Frankfurt a. M. 2001.

Hilberath 1990
Bernd Jochen Hilberath, Ist der christliche Absolutheitsanspruch heute noch vertretbar?, in: Bernd Jochen Hilberath, Christopher Linden (Hg.), Erfahrung des Absoluten – Absolute Erfahrung? Beiträge zum christlichen Offenbarungsverständnis (J. Schmitz zum 65.Geburtstag), Düsseldorf 1990, S. 105–131.

Hilberath, Mendonca 2011
Bernd Jochen Hilberath, Clemens Mendonca (Hg.), Begegnen statt importieren. Zum Verhältnis von Religion und Kultur (Festschrift für Francis D'Sa), Ostfildern 2011.

Hoffman-Ladd 1992
Valerie J. Hoffman-Ladd, Mysticism and sexuality in Sufi thought and life, in: Mystics Quarterly 18, 3, 1992, S. 82–93.

Hollstein u. a. 2003–2004
Friedrich Wilhelm H. Hollstein, Zsuzsanna van Ruyven-Zeman, Marjolein Leesberg, Jan van der Stock (Hg.), The Wierix Family, 15 Bände, Rotterdam 2003–2004.

Hsia 2004
Florence Hsia, Athanasius Kircher's China Illustrata (1667). An Apologia Pro Vita Sua, in: Paula Findlen (Hg.), Athanasius Kircher: The Last Man who Knew Everything, New York, London 2004, S. 383–404.

Huber 1991
Friedrich Huber, Christlicher Yoga? Überlegungen zur Verwendung des Yoga im Rahmen christlicher Spiritualität, in: Geist und Leben 64, 1991, S. 346–364.

Hummel 1990
Reinhart Hummel, Yoga – Meditationsweg für Christen? Probleme einer christlichen Yoga-Rezeption (EZW-Information Nr. 112), Stuttgart 1990.

Iafrate 2015
Allegra Iafrate, The Wandering Throne of Solomon: Objects and Tales of Kingship in the Mediterranean, Leiden 2015.

Ilahi-Ghomshei 2010
Husay Ilahi-Ghomshei, The principles of the religion of love in classical Persian poetry, in: Leonard Levisohn (Hg.), Hafiz and the Religion of Love in Classical Persian Poetry, London 2010, S. 77–106.

Irwin 1880
Henry Crossly Irwin, The Garden of India. Or, Chapters on Oudh History and Affairs, London 1880.

Islam 2004
Md. Sirajul Islam, Sufism and Bhakti: A Comparative Study, Washington D.C. 1994.

Israel 2001
Jonathan I. Israel, Radical enlightenment: philosophy and the making of modernity, 1650–1750, Oxford 2001.

Jacquin 2001
Françoise Jacquin, L'immersion d'Henri le Saux dans l'hindouisme 1950–1973, in: dies., Jean-François Zorn (Hg.), L'altérité religieuse: un défi pour la mission chrétienne, XVIIIe-XXe siècles : actes du colloque de l'Association francophone œcuménique de missiologie et du Centre de recherches et d'échanges sur la diffusion et l'inculturation du christianisme, tenu à Torre Pellice (Italie) du 29 août au 2 septembre 1999, Paris 2001, S. 191–205.

Jacquin 2004
Françoise Jacquin, Ermites de Saccidananda. Lettres croisées, in: Chantal Paisant (Hg.), La mission en textes et images: colloque 2003 du GRIEM, Paris, 23–25 janvier 2003, Paris 2004, S. 173–187.

Jain 2012
Shalin Jain, Interaction of the „Lords": The Jain Community and the Mughal Royalty under Akbar, in: Social Scientist 40, 2012, S. 33–57.

Jain-Neubauer 2000
Jutta Jain-Neubauer, Feet and footwear in Indian culture, Ahmedabad 2000.

Jansen 1993
Eva Rudy Jansen, The Book of Hindu Imagery. Gods, manifestations and their meaning, Havelte 1993.

Jeyaseela 2008
Stephen Jeyaseela, Caste, Catholic Christianity, and the Language of Conversion. Social Change and Cultural Translation in Tamil Country, Neu Delhi 2008.

Jones, Art „Ibrāhīm b. Adham“
Russel Jones, Art. „Ibrāhīm b. Adham“, in: Peri J. Bearman, Thomas Bianquis, Clifford Edmund Bosworth, Emerias J. van Donzel, Wolfart P. Heinrichs (Hg.), Encyclopaedia of Islam, 12 Bände, Band 2, Leiden 1968, 3, S. 985–986.

Kade-Luthra 1993
Veena Kade-Luthra, Einleitung, in: dies. (Hg.), Sehnsucht nach Indien: Literarische Annäherungen von Goethe bis Günter Grass, München 1993, S. 9–38.

Kämpchen 2014
Martin Kämpchen, Zum Dialog zwischen Christentum und Hinduismus, in: Klaus Krämer, Klaus Vellguth (Hg.), Weltkirchliche Spiritualität. Den Glauben neu erfahren (FS für Sebastian Painadath SJ), Freiburg i. Br. 2014, S. 267–287.

Karttunen, Art „Linschoten, J.H. van, 1563–1611“
Kalus Karttunen, Art „Linschoten, J.H. van, 1563–1611“, in: Jennifer Speak (Hg.), Literature of Travel and Exploration: An Encyclopedia, Oxford 2003, S. 426–427.

Katz 2000
Nathan Katz, The Identity of a Mystic. The Case of Sa'id Sarmad, a Jewish-Yogi-Sufi Courtier of the Mughals, in: Numen 47, 2000, S. 142–160.

Kermani 2016
Navid Kermani, Zwischen Koran und Kafka: West-östliche Erkundungen, München 2016.

Khan Christhi 1997
Saadia Khawar Khan Chrishti, Female spirituality in Islam, in: Seyyed Hossein Nasr (Hg.), Islamic Spirituality Foundations, New York 1997, S. 199–219.

Khorchide 2012
Mouhanad Khorchide, Islam ist Barmherzigkeit. Grundzüge einer modernen Religion, Freiburg i. Br. 2012.

Kim 2004
Sangkeun Kim, Strange names of God. The missionary translation of the divine name and the Chinese responses to Matteo Ricci's Shangti in Late Ming China, 1583–1644 (Studies in Biblical Literature 70), New York 2004.

Kishore 2016
Kunal Kishore, Ayodhya Revisited, Neu Delhi 2016.

Klostermaier 1971
Klaus K. Klostermaier, Hindu-Christian Dialogue. Its Religious and Cultural Implications, in: Sciences Religieuses 1, 1971, S. 83–97.

Klostermaier 1989
Klaus K. Klostermaier, A survey of Hinduism, New York 1989.

Klueting 2007
Harm Klueting, Das Konfessionelle Zeitalter. Europa zwischen Mittelalter und Moderne (Kirchengeschichte und allgemeine Geschichte), Darmstadt 2007.

Kobayashi 2016
Fumihiko Kobayashi, Looking for the unknown Asia. The Asian Mystique in Early Modern European Textual History, in: Elizabeth Ketner, Allison Kavey (Hg.), Imagining Early Modern Histories, New York, London 2016, S. 125–152.

Koch 1982
Ebba Koch, The Influence of the Jesuit Mission on Symbolic Representations of the Mughal Emperors, in: Christian W. Troll (Hg.), Islam in India, Neu Delhi 1982, S. 14–29.

Koch 2001
Ebba Koch, Mughal Art and imperial ideology. Collected Essays, Oxford 2001.

Koch 2010
Ebba Koch, The Mughal Emperor as Solomon, Majnun, and Orpheus, or the Album as a think tank for Allegory, in: Muqarnas: An annual on the Visual Culture of the Islamic World 27, 2010, S. 277–311.

Kolvenbach 2000
Peter Hans Kolvenbach, Petrus Canisius S.J., Humanist und Europäer, in: Rainer Berndt, Petrus Canisus (1521–1597). Humanist und Europäer, Berlin 2000, S. 11–18.

Krämer 2008
Gudrun Krämer, Geschichte des Islam, München 2008.

Kulke, Rothermund 2010
Hermann Kulke, Dieter Rothermund, Geschichte Indiens. Von der Induskultur bis heute, München 2010.

Küng, Von Stietenchron 1991
Hans Küng, Heinrich von Stietenchron, Christentum und Weltreligionen. II. Hinduismus, München [2]1991.

Kuschel 1994
Karl-Josef Kuschel, Streit um Abraham. Was Juden, Christen und Muslime trennt – und was sie eint, München, Zürich 1994.

Kuschel 2017
Karl-Josef Kuschel, Die Bibel im Koran. Grundlagen für das interreligiöse Gespräch, Ostfildern 2017.

Kuttianimattathil 1995
Jose Kuttianimattathil, Practice and Theology of Interreligious Dialogue. A Critical Study of the Indian Christian Attempts Since Vatican II, Bangalore 1995.

Lach 1965
Donald F. Lach, Asia in the Making of Europe, 3 Bände, Chicago 1965.

Landau 2011
Amy S. Landau, From Poet to Painter: Allegory and Metaphor in a Seventeenth-Century Persian Painting by Muhammad Zaman, Master of Farangī-Sāzī, in: Muqarnas: An Annual on the Visual Culture of the Islamic World 28, 2011, S. 101–132.

Lawrence, Art. „Biruni Abu Rayhan“
Buse B. Lawrence, Art. „Biruni Abu Rayhan“, in: Encyclopedia Iranica 4, 1990, S. 285 ff.

LCI
Engelbert Kirschbaum, Wolfgang Braunfels (Hg.), Lexikon der christlichen Ikonographie, 8 Bände, Rom, Freiburg i. Br. u. a. , 1968–1976.

Lederle 2009
Julia Lederle, Mission und Ökonomie der Jesuiten in Indien: Intermediäres Handeln am Beispiel der Malabar-Provinz im 18. Jahrhundert, Wiesbaden 2009.

Levy 2004
Evonne Levy, Propaganda and the Jesuit Baroque, Berkeley 2004.

Lewisohn 2014
Leonhard Lewisohn, Sufism's religion of love, from Rabi'a to Ibn 'Arabi, in: Lloyd Ridgeon (Hg.), The Cambridge Companion to Sufism (Cambridge Companions to Religion), Cambridge 2014, S. 150–180.

Liebert 1965
Gösta Liebert, Iconographic Dictionary of the Indian religions. Hinduism, Buddhism, Jainism (Asian Arts & Archaeology Series), Leyden 1976.

Lipner 1999
Julius J. Lipner, Brahmabandhab Upadhyay, The Life and Thought of a Revolutionary, Neu Delhi u. a. 1999.

Van Lire 2017
Lucien van Lire, Jan Huygen van Linschoten, in: David Thomas, John Chesworth (Hg.), Christian-Muslim Relations. A Bibliographical History 11, South and East Asia, Africa and the Americas (1600–1700), Leiden 2017, S. 73–79.

Little 1987
John T. Little, Al-Insan al-Kamil. The perfect man according to Ibn al-'Arabi, in: Muslim World 77, 1, 1987, S. 43–54.

Lochtefeld 2002
James G. Lochtefeld, The Illustrated Encyclopedia of Hinduism, 2 Bände, Band 1, New York 2002.

Loewenstein 1958
Felix zu Loewenstein, Christliche Bilder in altindischer Malerei, Münster 1958.

Lopez, McCracken 2014
Donald S. Lopez Jr., Peggy McCracken, In search of the Christian Buddha, New York, London 2014.

Lott 1988
Eric J. Lott, Vision, Tradition, Interpretation. Theology, Religion, and the Study of Religion (Religion and Reason 35), Berlin 1988.

De Lubac 1938/1970
Henri de Lubac, Glauben aus der Liebe, „Catholicsme 1938“, übertragen von Hans Urs von Balthasar, Einsiedeln 1970.

De Lubac 1951
Henri de Lubac, Aspects du Bouddhisme, Paris 1951.

De Lubac 1993
Henri de Lubac, At the service of the church, translated by Anne Elisabthe Englund, San Francisco 1993.

Lucas 2003
Thomas M. Lucas, Virtual Vessels, Mystical Signs, Contemplating Mary's Image in the Jesuit Tradition, in: Studies in the Spirituality of Jesuits, 35, 5, 2003, S. 1–48.

Lumbard 2007
Joseph Lumbard, From Hubb to Ishq. The development of love in early Sufism, in: Journal of Islamic Studies, 18,3, 2007, S. 345–385.

Machado 2004
Felix Machado, Forty Years of Hindu-Christian Dialogue. A Catholic Perspective, in: Pro Dialogo 116, 17, 2004, S. 219–230.

Magilina 2017
Inessa Magilina, The religious commitment of Shāh 'Abbās the Great, Safavid king of Persia, upon the evidence of European contemporaries, in: Katsumi Fukasawa, Benjamin J. Kaplan, Pierre-Yves Beaurepaire (Hg.), Religious Interactions in Europe and the Mediterranean World: Coexistence and Dialogue from the Twlefth to the Twentieth Century, Abingdon 2017, S. 271–288.

Mahfuz-ul-Haq
Mahfuz-ul-Haq, Majma' ul-Bahrain or the Mingling of the two oceans by Prince Muhammad Dara Shikuh, Kolkata 1929.

Markham 1913
Clements Markham, Colloquies on the Simples and Drugs of India, London 1913.

Marsh 2009
Kate Marsh, India in the French Imagination. Peripheral Voices, 1754–1815 (Empires in Perspective 5), London 2009.

Mcgrath 2016
Alister Mcgrath, Der Weg der christlichen Theologie. Eine Einführung, Gießen 2016.

Mehta 1970
Rohit Mehta, The Call of the Upanishads, Neu Delhi 1970.

Mehta 1992
Shirin Mehta, Akbar as Reflected in the Contemporary Jain Literature in Gujarat, in: Social Scientist, 20, 1992, S. 54–60.

Meißner, Affolderbach, Mohagheghi, Renz 2016
Volker Meißner, Martin Affolderbach, Hamideh Mohagheghi, Andreas Renz (Hg.), Christlich-islamischer Dialog. Grundlagen – Themen – Praxis – Akteure, Freiburg i. Br. [2]2016.

Mendonca 2001
Clemens Mendonca, Dynamics of Symbol and Dialogue. Interreligious Education in India. The Relevance of Raimon Panikkar's Intercultural Challenge, Münster 2001.

De Mendonça 2002
Délio de Mendonça, Conversions and Citizenry. Goa Under Portugal, 1510–1610, Neu Delhi 2002.

Mette 1997
Adelheid Mette, Gottesliebe im Hinduismus – ihre Ausprägungen und ihr Vollzug, in: Andreas Bsteh (Hg.), Der Hinduismus als Anfrage an christliche Theologie und Philosophie, Mödling 1997, S. 429–438.

Michaels 1998
Axel Michaels, Der Hinduismus. Geschichte und Gegenwart, München 1998.

Michaels 2012
Axel Michaels, Der Hinduismus. Geschichte und Gegenwart, München [2]2012.

Michell, Zebrowski 1999
George Michell, Mark Zebrowski, Architecture and Art of the Deccan Sultanates (The New Cambridge History of India, 1, The Mughals and their Contemporaries, 7), Cambridge u. a. 1999.

Middelbeck-Varwick 2009
Anja Middelbeck-Varwick, Die Grenze zwischen Gott und Mensch. Erkundungen zur Theodizee in Islam und Christentum, Münster 2009.

Middelbeck-Varwick 2011
Anja Middelbeck-Varwick, Der eine Gott, „... der zu den Menschen gesprochen hat“ (NA 3). Offenbarungstheologie als Entscheidungsfrage christlich-muslimischer Beziehungen?, in: ThQ 191, 2011, S. 148–167.

Miller 2014
Sam Miller, A Strange Kind of Paradise: India Through Foreign Eyes, London 2014.

Mission work in Iran 1936
Presbyterian Church in the U.S.A. Iran Mission (Hg.), A century of mission work in Iran (Persia) 1834–1934: a record of one hundred years of the work of the Iran (Persia) Mission of the Board of Foreign Missions of the Presbyterian Church in the U.S.A., Beirut 1936.

Mitter 1977
Parther Mitter, Much maligned Monsters. A history of European reactions to Indian art, Chicago 1977.

Mohammada 2007
Malika Mohammada, The Foundations of the Composite Culture in India, Neu Delhi 2007.

Moin 2012
A. Azfar Moin, The Millennial Sovereign. Sacred Kingship and Sainthood in Islam (South Asia Across the Disciplines), New York 2012.

Moin 2013
A. Azfar Moin, Messianism, heresy, and historical narrative in Mughal India, in: Orkhan Mir-Kasimov (Hg.), Unity in Diversity. Mysticism, Messianism and the Construction of Religious Authority in Islam, Leiden 2013, S. 393–413.

Monchanin, Weber 1977
Jules Monchain, Joseph G. Weber, In quest for the absolute. The life and work of Jules Monchanin, London 1977.

Morrow 2014
John Andrew Morrow (Hg.), Islamic Images and Ideas: Essays on Sacred Symbolism, Jefferson 2014.

Mukherjee, Habib 1987
Tarapada Mukherjee, Irfan Habib, Akbar and the Temples of Mathura and its Environments, in: Proceedings of the Indian History Congress, 48, 1987, S. 234–250.

Mukhia 2004
Harbans Mukhia, The Mughals of India, Oxford 2004.

Müller 1968
Karl Müller, Die Kirche und die nichtchristlichen Religionen. Kommentar zur Konzilserklärung über das Verhältnis der Kirche zu den nichtchristlichen Religionen, Aschaffenburg 1968.

Mungello 1985
David E. Mungello, Curious Land. Jesuit Accommodation and the Origins of Sinology, Honolulu 1985.

Nadar 2001
G. Krishnan Nadar, History of Kerala, Kottayam 2011.

Nagel 1993
Tilman Nagel, Timur der Eroberer und die islamische Welt im späten Mittelalter, München 1993.

Nasri 1975
S. H. Nasri, Philosophy and Cosmology, in: Richard Nelson Frye, (Hg.), The Cambridge History of Iran, 8 Bände, Band 4, The period from the Arab Invasion to the Saljuqs, Cambridge 1975, S. 419–463.

Nath Day 1994
Upendra Nath Day, The Mughal government, A.D. 1556–1707, Neu Delhi 1994.

Nayak 2000
Anand Nayak, Viewpoint. Christian-Hindu Prayer in Interreligious Dialogue, in: Journal of Hindu-Christian Studies 13, 2000, S. 32–34.

Nebken 2007
Christoph Nebken, Canisius und Indien – Kompensation und Erbauung, in: Rolf Decot (Hg.), Konfessionskonflikt, Kirchenstruktur, Kulturwandel. Die Jesuiten im Reich nach 1556 (Veröffentlichungen des Instituts für Europäische Geschichte Mainz 77), Mainz 2007, S. 99–111.

Neil 1984
Stephen Neil, A History of Christianity in India. The beginnings to AD 1707, Cambridge 1984.

Netland 2001
Harold Netland, Encountering Religious Pluralism. The Challenge to Christian Faith & Mission, Westmont 2001.

Neuner 1954
Joseph Neuner, Das Christus-Mysterium und die indische Lehre von den Avatāras, in: Aloys Grillmeier, Heinrich Bacht (Hg.), Das Konzil von Chalkedon. Geschichte und Gegenwart. 3 Bände, Band 3, Chalkedon heute, Würzburg 1954, S. 785–824.

Neuner 1962
Josef Neuner, Hinduismus und Christentum. Eine Einführung, Wien, Freiburg i. Br., Basel 1962.

Nevett 1980
Albert Nevett, John de Britto and His Times, Ahmedabad 1980.

Nitsche 2005
Bernhard Nitsche (Hg.), Gottesdenken in interreligiöser Perspektive. Raimon Panikkars Trinitätstheologie in der Diskussion, Frankfurt a. M., Paderborn 2005.

Nitsche 2008
Bernard Nitsche, Gott – Welt – Mensch: Raimon Panikkars Gottesdenken – Paradigma für eine Theologie in interreligiöser Perspektive? (Beiträge zu einer Theologie der Religionen 6), Zürich 2008.

Northwood 2015
Heidi Northwood, Making Music with Aesop's Fable in the Phaedo, in: Jeremy Bell, Michael Naas (Hg.), Plato's Animals: Gadflies, Horses, Swans, and Other Philosophical Beasts, Bloomington 2015, S. 13–26.

Novetzke 2008
Christian Lee Novetzke, Religion and Public Memory. A Cultural History of Saint Namdev in India, New York 2008.

Oberhammer 1983
Gerhard Oberhammer (Hg.), Inklusivismus. Eine indische Denkform, Wien 1983.

O'Connor 2011
Daniel O'Connor, Chaplains of the East India Company, 1601–1858, London, Oxford, New York 2011.

Okada 1992
Amina Okada, Imperial Mughal Painters, Indian Miniatures from the 16th and 17th centuries, Paris 1992.

Oldmeadow 2004
Harry Oldmeadow, Jules Monchanin, Henri Le Saux/Abhishiktananda and the HinduChristian Encounter, in: Australian Religion Studies Review 17, 2004, S. 98–113.

Oldmeadow 2007
Harry Oldmeadow, A Christian Pilgrim in India. The Spiritual Journey of Swami Abhishiktananda, Bloomington 2007.

Oldmeadow 2010
Harry Oldmeadow, The writings of Swami Abhishiktananda (Fr Henri Le Saux), in: ders. (Hg.), Crossing religious frontiers, Bloomington 2010, S. 158–182.

O'Malley 1993
John W. O'Malley, The first Jesuits, Cambridge 1993.

Orr 2009
Leslie C. Orr, Orientalists, Missionaries and Jains: The South Indian Story, in: T.R. Trautmann (Hg.), The Madras School of Orientalism. Producing Knowledge in Colonial South India, Neu Delhi, Oxford 2009, S. 263–287.

Osswald 2005
Maria Cristina Osswald, Die Entstehung des Modo Goano. Der indische Charakter der Jesuitenkunst in Goa 1542–1655, in: Johannes Meier (Hg.), Franz Xaver, Sendung – Eroberung – Begegnung: Franz Xaver, die Gesellschaft Jesu und die katholische Weltkirche im Zeitalter des Barock, Wiesbaden 2005, S. 138–155.

Osswald 2011
Maria Cristina Osswald, Jesuit Art in Goa between 1542 and 1655: From Modo Nostro to Modo Goano, in: Stefan C. A. Halikowski Smith (Hg.), Reinterpreting Indian Ocean Worlds: Essays in Honour of Kirti N. Chaudhuri, Cambridge 2011, S. 255–286.

Ourghi 2008
Mariella Ourghi, Schiitischer Messianismus und Mahdī-Glaube in der Neuzeit, Würzburg 2008.

Pande 2017
Alka Pande, Valli and Devasana, in: Kathleen M. Higgins, Shakti Maira, Sonia Sikka (Hg.), Artistic Visions and the Promise of Beauty: Cross-Cultural Perspectives, Cham 2017, S. 91–102.

Panikkar 1972
Raimon Panikkar, The Law of Karman and the Historical Dimension of Man, in: Philosophy East and West 22, 1972, S. 31–34.

Panikkar 1978
Raimon Panikkar, Philosophy as Life-Style, in: André Mercier, Maja Svilar (Hg.), Philosophers on Their Own Work, Bern 1978.

Panikkar 1985
Raimon Panikkar, Editorial, in: Journal of Ecumenical Studies, 22, 4, 1985, S. 773.

Panikkar 1986
Raimon Panikkar, Der unbekannte Christus im Hinduismus, Mainz 1986.

Panikkar 1990
Raimon Panikkar, Der neue religiöse Weg, München 1990.

Panikkar 1993
Raimon Panikkar, Trinität. Über das Zentrum menschlicher Erfahrung, München 1993.

Panikkar 1995
Raimon Panikkar, Der Dreiklang der Wirklichkeit. Die kosmotheandrische Offenbarung, Salzburg 1995.

Panikkar 1999
Raimon Panikkar, Gott, Mensch und Welt. Die Drei-Einheit der Wirklichkeit, Petersberg 1999.

Panikkar 2006
Raimon Panikkar, Christophanie. Erfahrung des Heiligen als Erscheinung Christi, Freiburg i. Br. 2006.

Papali Art. „Exkurs zum Konzilstext über den Hinduismus“
Cyril B. Papali, Art. „Exkurs zum Konzilstext über den Hinduismus“, in: LThK2 E II, Sp. 478–482.

Parecattil 1979
J. Parecattil, Foreword, in: N. K. Jose, The Liturgy (Aradhana), Vaikom 1979, S. i–xxi.

Paret 1980
Rudi Paret, Mohammed und der Koran, Stuttgart u. a. 1980.

PCID 2016
Pontificial Council for Inter-Religious Dialogue, Celebrating Mercy with Believers of other Religions, Città del Vaticano 2016.

Pentiuc 2007
Eugen J. Pentiuc, The Old Testament in Eastern Orthodox Tradition, Oxford 2007.

Perera 1941
Simon Gregory Perera, The Jesuits in Ceylon (In the XVI and XVII Centuries), Madurai 1941.

Pickthall, Asad 2002
Muhammad Marmaduke Pickthall, Muhammad Asad, Islamic Culture, Band 76 (Islamic Culture Board, Academic and Cultural Publications Charitable Trust), Hyderabad 2002.

Pirbhai 2009
M. Reza Pirbhai, Reconsidering Islam in a South Asian Context, Leiden 2009.

Pradella 2016
Lucia Pradella, Globalization and the Critique of Political Economy. New Insights from Marx's Writings, Abingdon 2016.

Prammer 1988
Franz Prammer, Die philosophische Hermeneutik Paul Ricœurs in ihrer Bedeutung für eine theologische Sprachtheorie (Innsbrucker Theologische Studien 22), Innsbruck 1988.

Prasada 1980
Ram Chandra Prasada, Early English Travellers in India. A Study in the Travel Literature of the Elizabethan and Jacobean Periods with Particular Reference to India, Neu Delhi, Varanasi, Patna 1980.

Preising 1995
Dagmar Preising, Peter Paul Rubens, 1577–1640, Meisterwerke im Kupferstich. Katalog zur Ausstellung des Suermondt-Ludwig-Museums Aachen, 25. Januar bis 26. März 1995, Aachen 1995.

Prentiss 1999
Karen Pechilis Prentiss, The Embodiment of Bhakti, Oxford u.a. 1999.

Prevot 2017
Andrew Prevot, Henri de Lubac (1896–1991) and contemporary mystical Theology, in: Robert Aleksander Maryks (Hg.), A Companion to Jesuit Mysticism, Leiden 2017, S. 279–309.

Prévotat 2001
Jacques Prévotat, Henri de Lubac and Jules Monchanin, in: Saccidananda Ashram (Hg.), Jules Monchanin (1895–1957) as seen from East and West, Acts of the Colloquium Held in Lyon-Fleurie, France and in Shantivanam-Tannirpalli, India (April–July 1995), Lyon-Fleurie, 2 Bände, Band 1, Neu Delhi 2001, S. 58–62.

Raghavan 2009
Geerpuram Nadadur Srinivasa Raghavan, Discovering the Rigveda, A bracing text for our time, Neu Delhi 2009.

Rajamanickam 1968
Svarimuthu Rajamanickam, The Goa Conference of 1619, in: Indian Church History Review 2, 1968, S. 81–96.

Rajamanickam 1972
Svarimuthu Rajamanickam, The first oriental Scholar, Tirunelveli 1972.

Rajamanickam 1988
Svarimuthu Rajamanickam, Madurai Mission – Old and New, in: Anand Amaladass (Hg.) Jesuit presence in Indian history, Ahmedabad 1988, S. 279–309.

Rajan, Sauer 2006
Balachandra Rajan, Elisabeth Sauer, Milton and the Climates of Reading. Essays, Toronto 2006.

Ramaswami 1979
S. Ramaswami, Indian Monuments, Delhi 1979.

Rao 1914/1993
T. A. Gopinatha Rao, Elements of Hindu iconography, 2 Bände, Delhi, Varanasi, Patna u. a. 1993.

Rao 2001
K. L. Seshagiri Rao, Hindu-Christian Dialogue. A Hindu Perspective, in: Journal of Hindu-Christian Studies 14, 2001, S. 1–5.

Rappel 2007
Simone Rappel, Gemeinsame Weltverantwortung und globales Ethos: Christentum – Hinduismus – Konfuzianismus – Daoismus, Paderborn u. a. 2007.

Rego 1992
Antonio da Silva Rego (Hg.), Documentacao para a Historia das Missoes do Padroado Portugtiez do Oriente, Lissabon 1992.

Renard 1996
John Renard, Seven Doors to Islam. Spirituality and the Religious Life of Muslims, Berkely, Los Angeles, London 1996.

Renz 2008a
Andreas Renz u. a. (Hg.), Prüfung oder Preis der Freiheit? Leid und Leidbewältigung in Christentum und Islam, Regensburg 2008.

Renz 2008b
Andreas Renz, Ein „neuer Geist“ des christlich-islamischen Dialogs? Eine kritische Sichtung der beiden „Offenen Briefe“ islamischer Gelehrter, in: CIBEDO-Beiträge 4, 2008, S. 14–23.

Renz 2009a
Andreas Renz, Glaube und Vernunft. Reaktionen muslimischer Theologen auf die Regensburger Papstrede. Eine kritische Sichtung, in: Wolfgang W. Müller (Hg.), Christentum und Islam, Plädoyer für den Dialog, Zürich 2009, S. 165–194.

Renz 2009b
Andreas Renz, Vom gemeinsamen Wort zum gemeinsamen Handeln. Reaktionen aus der christlichen Ökumene auf den Brief der 138 muslimischen Gelehrten, in: KNA-ÖKI 41/6. Oktober 2009 (Thema der Woche), S. 1–11.

Renz 2014
Andreas Renz, Die katholische Kirche und der interreligiöse Dialog. 50 Jahre „Nostra aetate“: Vorgeschichte – Kommentar – Rezeption, Stuttgart 2014.

Renz, Leimgruber 2009
Andreas Renz, Stephan Leimgruber, Christen und Muslime. Was sie verbindet, was sie unterscheidet, München [3]2009.

Rice 2010
Yael Rice, A Persian Mahabharata. The 1598–1599 Ramznama, in: Manoa 22, 1, 2010, S. 125–131.

Roddey 2005
Thomas Roddey, Das Verhältnis der Kirche zu den nichtchristlichen Religionen. Die Erklärung „Nostra Aetate“ des Zweiten Vatikanischen Konzils und ihre Rezeption durch das kirchliche Lehramt, Paderborn u. a. 2005.

Rohe u. a. 2014
Mathias Rohe u. a. (Hg.), Grundlagen, Erfahrungen und Perspektiven des Zusammenlebens, Freiburg i. Br. 2014.

Rosenberg 1875
Adolf Rosenberg, Sebald und Barthel Beham. Zwei Maler der deutschen Renaissance, Leipzig 1875.

Ross 2003
Andrew C. Ross, Vision betrayed. The Jesuits in Japan and China 1542–1742, Maryknoll NY. 2003.

Roy 2010
Malini Roy, Origins of the Late Mughal Painting Tradition in Awadh, in: S. Markel and B. Gude (Hg.), India's Fabled City. The Art of Courtly Lucknow, Los Angeles 2010, S. 165–186.

D'Sa 1987
Francis X. D'Sa, Gott, der Dreieine und der All-Ganze (Theologie interkulturell 2), Düsseldorf 1987.

D'Sa 1998
„Christus – Buddha – Krishna – …" Zum Gespräch zwischen dem Apostel Paul (Knitter) und dem Missionar Franz Xaver (D'Sa), dem universal-christlichen D'Costa und dem christlich-hinduistischen D'Sa, in: Hans-Gerd Schwandt (Hg.), Pluralistische Theologie der Religionen. Eine kritische Sichtung, Frankfurt a.M. 1998, S. 153–174

D'Sa 2006
Francis X. D'Sa, Regenbogen der Offenbarung. Das Universum des Glaubens und das Pluriversum der Bekenntnisse (Theologie Interkulturell 16), Frankfurt a.M. 2006.

Salzer 1893
Anselm Salzer, Die Sinnbilder und Beiworte Mariens in der deutschen Literatur und lateinischen Hymnenpoesie des Mittelalters. Mit Berücksichtigung der patristischen Literatur, Linz 1893.

Sarda 2015
Marika Sarda, Painting the sounds of Music. A study on Indian Ragamala Images, in: Patrick Coleman (Hg.), The Art of Music, New Haven 2015, S. 87–104.

Sato 2007
Tsugitaka Sato, The Sufi legend of Sultan Ibrahim b. Adham, in: Orient 42, 2007, S. 41–54.

Sauerländer 2014
Willibald Sauerländer, The Catholic Rubens: Saints and Martyrs, Los Angeles 2014.

Saulière, Rajamanickam 1995
Augustine Saulière, Svarimuthu Rajamanickam, His star in the east, Madras 1995.

Le Saux 1967
Henri Le Saux, Une messe aux sources du Gange, Paris 1967.

Le Saux, Monchanin 1956
Henri Le Saux, Jules Monchanin, Ermites du Saccidanada. Un essai d'integration chrétienne de la tradition monastique de l'Inde, Paris 1956.

Schierlitz 1927
Ernst Schierlitz, Die bildlichen Darstellungen der indischen Göttertrinität in der älteren ethnographischen Literatur, München 1927.

Schimmel 1975
Annemarie Schimmel, Mystical Dimensions of Islam, Chapel Hill 1975.

Schimmel 1990
Annemarie Schimmel, Der Islam. Eine Einführung, Stuttgart 1990.

Schimmel 1996
Annemarie Schimmel, Jesus und Maria in der islamischen Mystik, München 1996.

Schimmel 2000
Annemarie Schimmel, Im Reich der Grossmoguln. Geschichte, Kunst, Kultur, München 2000.

Schimmel 2004
Annemarie Schimmel, The Empire of the great Mughals: History, art and culture, London 2004.

Schlensog 2006
Stephan Schlensog, Der Hinduismus. Glaube, Geschichte, Ethos, München 2006.

Schmid 2010
Hansjörg Schmid, Zwischen Asymmetrie und Augenhöhe. Zum Stand des christlich-islamischen Dialogs in Deutschland, in: Peter Hünseler, Salvatore di Noia (Hg.), Kirche und Islam im Dialog, Europäische Länder im Vergleich, Regensburg 2010, S. 49–89.

Schneevogt 1873
C. G. Voorhelm Schneevogt, Catalogue des estampes gravées d'après Rubens, Paris 1873.

Schurhammer 1955
Georg Schurhammer, Franz Xaver. Sein Leben und seine Zeit, 2 Bände, Freiburg i. Br. 1955.

Sells 1996
Michael Anthony Sells, Early Islamic Mysticism. Sufi, Qur'an, Miraj, Poetic and Theological Writings, New York 1996.

Shah 2016
Ibrahim Shah, Hindu Iconography in the Gor Khatri Temple (Peshawar): Sacred Imagery Painted in the Śaiva Shrine, in: South Asian Studies, 32, 2016, S. 185–198.

Sharma 1999
S. R. Sharma, Mughal Empire in India: A Systematic Study Including Source Material, 3 Bände, Neu Delhi 1999.

Sharma, Giri, Chakraverty 2006
Ramesh Chandra Sharma, Kamal Giri, Anjan Chakraverty, Indian art treasures. Suresh Neotia collection, Kelwona 2006.

Shelke 2010
Christopher Shelke, Creative Fidelity in Inculturation, in: Christopher Shelke, Mariella Demichele, João Vila-Chã, Edmund Ryden (Hg.), Matteo Ricci in Cina. Amicizia e fede (Matteo Ricci in China. Inculturation through Friendship and Faith), Rom 2010, S. 123–170.

Sibert 1999
Anne Viola Sibert, Instrumenta Sacra. Untersuchungen zu römischen Opfer-, Kult- und Priestergeräten (Religionsgeschichtliche Versuche und Vorarbeiten 44), Berlin, New York, 1999.

Siebenrock 2005
Roman A. Siebenrock, Theologischer Kommentar zur Erklärung über die Haltung der Kirche zu den nichtchristlichen Religionen Nostra Aetate, in: HThK Vat.II, 3, Freiburg i. Br. 2005, S. 591–693.

Sievernich 2002
Michael Sievernich, Von der Akkommodation zur Inkulturation. Missionarische Leitideen der Gesellschaft Jesu, in: Zeitschrift für Missionswissenschaft und Religionswissenschaft, 4, 2002, S. 260–276.

Sievernich 2006
Michael Sievernich, Bericht des Pilgers, Mit 80 Kupferstichen von Peter Paul Rubens, Wiesbaden 2006.

Silver 2011
Larry Silver, Hendrick Goltzius Translates the Renaissance, in: Jan-Dirk Müller, Ulrich Pfisterer, Aemulatio, Kulturen des Wettstreits in Text und Bild (1450–1620), Berlin 2011, S. 277–318.

Simonis 2014
Walter Simonis, Über Jesus, Gott und die Welt: Biblischer Osterglaube und nachbiblische Theologie, Berlin 2014.

Singh 2003
Surya Narain Singh, The Kingdom of Awadh, Neu Delhi 2003.

Sinha 2014
Ashok K. Sinha, Glimpses of the Scriptures of Major World Religions, Bloomington 2014.

Van Skyhawk 1999
Hugh van Skyhawk, „… in this bushy land of Salsette …“ Father Thomas Stephens and the Kristapurana. Hindu-Christian Religious Syncretism in Goa in Early 17th century, in: Alan W. Entwistle (Hg.), Studies in Early Modern Indo-Aryan Languages and Culture, Neu Delhi 1999, S. 363–378.

De Smet 1991
Richard de Smet, Roberto de Nobili a Forerunner of Hindu-Christian Dialogue, in: Journal of Hindu-Christian Studies 4, 1991, S. 1–9.

Smith 1984
Margaret Smith, Rabi'a The Mystic and Her Fellow-Saints in Islam: Being the Life and Teachings of Rabi'a Al-Adawiyya Al-Qaysiyya of Basra Together with Some Account of the Place of the Women Saints in Islam, Cambridge 1984.

Smith 2002
Jeffrey Chipps Smith, Sensuous Worship: Jesuits and the Art of the Early Catholic Reformation in Germany, Princeton 2002.

Smith 2003
David Smith, Hinduism and Modernity, Hoboken 2003.

Smither 2016
Edward L. Smither, Missionary Monks. An Introduction to the History and Theology of Missionary, Eugene OR. 2016.

Sorokhaibam 2013
Jeneet Sorokhaibam, Chhatrapati Shivaji. The Maratha Warrior and His Campaign, Neu Delhi 2013.

Starza 1993
O. M. Starza, The Jagannatha Temple at Puri: Its Architecture, Art and Cult, Leiden, Boston 1993.

Steenbrink 1993
Karel A. Steenbrink, Dutch Colonialism and Indonesian Islam: Contacts and Conflicts, 1596–1950, Amsterdam 1993.

Stoichita 1997
Victor I. Stoichita, Visionary Experience in the Golden Age of Spanish Art, London 1997.

Stolzenberg 2013
Daniel Stolzenberg, Egyptian Oedipus. Athanasius Kircher and the Secrets of Antiquity, Chicago 2013.

Strauss 1977
Walter L. Strauss, Hendrik Goltzius 1558–1617. The Complete Engravings and Woodcuts, New York 1977.

Sttīphan 2001
Eṃ Sttīphan, A Christian Theology in the Indian context, Neu Delhi 2001.

Subrahmanyam 2010
Sanjay Subrahmanyam, Monsieur Picart and the Gentiles of India, in: Lynn Hunt, Margaret C. Jacob, Wijnand W. Mijnhardt (Hg.), Bernard Picart and the First Global Vision of Religion, Los Angeles 2010, S. 197–214.

Subrahmanyam 2017
Sanjay Subrahmanyam, Europe's India. Words, People, Empires 1500–1800, Harvard 2017.

Sweetman 2003
Will Sweetman, Mapping Hinduism: „Hinduism“ and the Study of Indian Religions, 1600–1776, Halle a.d.S. 2003.

Switek 1992
Günter Switek, Die Gelübde des hl. Ignatius und seiner Gefährten auf dem Montmartre. Zur Aktualität ihrer Mystik und missionarischen Dynamik, in: Geist und Leben, 65, 1992, S. 245–257.

Taylor, Fergusson 1866
Phillip Meadows Taylor, James Fergusson, Architecture at Beejapoor, an Ancient Mahometan Capital in the Bombay Presidency, London 1866.

Temple 1963
William Temple, Five Miscellaneous Essays, Ann Arbor 1963.

Thurlkill 2008
Mary F. Thurlkill, Chosen among Women: Mary and Fatima in Medieval Christianity and Shiíite Islam, Notre Dame, Indiana 2008.

Tiliander 1974
Fredrik Tiliander, Christian and Hindu terminology. A study in their mutual relations with special reference to the Tamil area. (Skrifter utgivna av Religionshistoriska Institutionen i Uppsala 12) Uppsala 1974.

Tinguely 2008
Frédéric Tinguely, Introduction, in: Un libertin dans l'Inde moghole. Les voyages de François Bernier, 1656–1669, Paris 2008, S. 7–34.

Tirimanna 2008
Vimal Tirimanna, Pope Benedict's Prayer in the Blue Mosque. In the Light of Recent Roman Catholic Teachings on Interreligious Relations, in: Studies in Interreligious Dialogue 2008, 18, S. 29–45.

Trivedi 2010
Mahdu Trivedi, The Making of Awadh culture, Neu Delhi 2010.

Truschke 2016
Audrey Truschke, Culture of Encounters. Sanskrit at the Mughal Court, New York 2016.

Ucerler 2016
M. Antoni J. Ucerler, The Jesuits in East Asia in the Early Modern Age. A New „Areopagus" and the „Re-invention" of Christianity, in: Thomas Banchoff, José Casanova (Hg.), The Jesuits and Globalisation. Historical legacies and contemporary challenges, Washington D.C. 2016, S. 27–48.

Uppenkamp 2016
Barbara Uppenkamp, Indian motifs in Peter Paul Rubens The martyrdom of St. Thomas and the miracles of Saint Francis Xavier, in: Netherlands Yearbook of History of Art 66, 2016, S. 111–139.

Valluvassery 2001
Clement Valluvassery, Christus im Kontext und Kontext in Christus: Chalcedon und indische Christologie bei Raimon Panikkar und Samuel Rayan, Münster 2001.

Verma 2012
Archana Verma, Temple Imagery from Early Medieval Peninsular India, Oxford 2012.

Vishvanathan 1998
Susan Vishvanathan, An Ethnography of Mysticism. The Narratives of Abhishiktananda, a French Monk in India, Shimla 1998.

Voderholzer 2005
Rudolf Voderholzer, Mystik aus dem Mysterium – Henri de Lubac (1896–1991) und die Erneuerung der Theologie aus der einen Quelle der Offenbarung, in: Mariano Delgado, Gotthard Fuchs (Hg.), Die Kirchenkritik der Mystiker: Prophetie aus Gotteserfahrung, 3 Bände, Band 3, Von der Aufklärung bis zur Gegenwart, Fribourg 2005, S. 441–460.

Vollmer, Weis 2015
Franz-Josef Vollmer, Friederike Weis, Angels and Madonnas in Islam. Mughal and other Oriental Miniatures in the Vollmer Collection, Neustadt 2015.

Waardenburg 2013
Jacques Waardenburg, Muslims and others, Relations in context (Religion and Reason 2014), Berlin 2013.

Waldenfels 2012
Hans Waldenfels, Raimon Panikkar (1918–2010). Ein Leben unterwegs zwischen den Religionen, in: Petrus Bsteh, Brigitte Proksch (Hg.), Wegbereiter des interreligiösen Dialogs, Wien, Berlin 2012, S. 70–76.

Walter 2016
Peter Walter, Katholizität. Allgemeinheit, Einheitlichkeit, Fülle. Wandlungen eines Begriffs in der jüngeren Theologiegeschichte, in: Christoph Böttigheimer (Hg.), Weltkirchlichkeit unter den Bedingungen des 21. Jahrhunderts, Freiburg i. Br. 2016, S. 31–68.

Waterfield 1973
Robin E. Waterfield, Christians in Persia. Assyrians, Armenians, Roman Catholics and Protestants, London 1973.

Wehnert 2016
Milan Wehnert, Ein Neues Geschlecht von Priestern. Tridentinische Klerikalkultur im französischen Katholizismus 1620–1640, Regensburg 2016.

Wehnert 2017
Milan Wehnert, Der heilige Franz Xaver als Leitbild katholisch-konfessioneller Männlichkeit im 17. Jahrhundert, in: Rottenburger Jahrbuch für Kirchengeschichte 35, 2017, S. 121–136.

Weis 2002
Friederike Weis, The impact of Nadal's Evangelicae Historiae Imagines on three illustrations of the Akbarnama in the Victoria and Albert Museum, in: Indo-Asiatische Zeitschrift, 6, 7, 2002–2003, S. 95–117.

Weis 2006
Friederike Weis, Die Salus Populi Romani in Miniaturen der Moghulzeit, in: Klaus Bruhn u. a. (Hg.), Vanamālā. Festschrift für Adalbert J. Gail, Berlin 2006, S. 235–242.

Weis 2008
Friederike Weis, Christian Iconography Disguised. Images of Childbirth and Motherhood in Mer'at al-Qods and Akbarname Manuscripts, 1595–1605, in: South Asian Studies 24, 2008, S. 109–118.

Weis 2012
Friederike Weis, Maryam – Maria. Bilder aus dem Marienleben aus einer Mer'ât al-Qods-Handschrift des Moghulhofes, in: Martina Baleva u. a. (Hg.), Image Match. Visueller Transfer, „Imagescapes" und Intervisualität in globalen Bildkulturen, München 2012, S. 63–86.

Welch 1982
Stuart Cary Welch, Arts of the Islamic book, Ithaca NY. 1982.

Welch 1985
Stuart Cary Welch, India. Art and Culture, 1300–1900, New York 1985.

Wessely, Art. „Cort, Cornelius"
Joseph Eduard Wessely, Art. „Cort, Cornelius", in: Allgemeine Deutsche Biographie (ADB), Band 4, Leipzig 1876, S. 505.

Westensteijn 2012
Thijs Westensteijn, Vossius Chinese Utopia, in: Eric Jorink, Dirk van Miert (Hg.), Isaac Vossius (1618–1689). Between Science and Scholarship, Leiden 2012, S. 207–242.

Wiebel 1995
Christiane Wiebel, Die Brüder Wierix. Graphik in Antwerpen zwischen Bruegel und Rubens, Coburg 1995.

Wilfred 2015
Felix Wilfred, Nostra Aetate of Vatican II: An Asian re-reading after fifty years and the way forward, in: FABC Papers 152, 2015, S. 21–40.

Wilfred, Thomas 1992
Felix Wilfred, Madathilparampil M. Thomas, Theologiegeschichte der Dritten Welt. Indien, München 1992.

Williams 1977
Robert Williams, Accounts of the Jainas taken from sixteenth and seventeenth century authors, in: A. N. Upadhye, N. Tatia, D. Malvania, M. Mehta, N. Shastri, K. Shastri (Hg.), Mahāvīra and his teachings, Mumbai 1977, S. 259–269.

Wilson, Murdoch 1904
Horace Hayman Wilson, John Murdoch, The Religious Sects of the Hindus, London, Madras 1904.

Wink 1997
André Wink, Al-Hind. The Making of the Indo-Islamic World. The Slave Kings and the Islamic conquest 11th to 13th centuries, Leiden, New York, Köln 1997.

Wolf 1990
Gerhard Wolf, Salus Populi Romani. Die Geschichte römischer Kultbilder im Mittelalter, Weinheim 1990.

Wolfson 1976
Harry Austryn Wolfson, The Philosophy of the Kalam, Cambridge MA. 1976.

Wood 2017
Jacob W. Wood, Ressourcement, in: Jordan Hillebert (Hg.), T&T Clark Companion to Henri de Lubac, London u.a. 2017, S. 93–120.

Wyss-Giacosa 2006
Paola von Wyss-Giacosa, Religionsbilder der frühen Aufklärung. Bernard Picarts Tafeln für die Cérémonies et coutumes religieuses de tous les peuples du monde, Zürich 2006.

Zimmel 1957
Bruno Zimmel, Johann Gruebers letzte Missionsreise. Ein Beitrag zur Oberösterreichischen Biographie, in: Oberösterreichische Heimatblätter 11, 1957, S. 176–177.

Zimmel 1996
Bruno Zimmel, Vorgeschichte und Gründung der Jesuitenmission in Isfahan (1642–1657), in: Zeitschrift für Missionswissenschaft und Religionswissenschaft 53, 1969, S. 1–26.

Zimmer 1953
Heinrich Zimmer, Philosophies of India, Oxford, London 1953.

Zirker 1989
Hans Zirker, Christentum und Islam. Theologische Verwandtschaft und Konkurrenz, Düsseldorf 1989.

Zirker 1993
Hans Zirker, Islam. Theologische und gesellschaftliche Herausforderungen, Düsseldorf 1993.

Zupanov 1999
Ines G. Zupanov, Disputed Mission. Jesuit Experiments and Brahmanical Knowledge in Seventeenth-Century India, New York, Oxford 1999.

Zupanov 2005
Ines G. Zupanov, Missionary Tropics. The Catholic Frontier in India (16th–17th. Centuries). History, Languages, and Cultures of the Spanish and Portuguese, Ann Arbor 2005.

# Bildnachweis

S. 20
© Getty Images, Alinari Archives

S. 22
© Prisma by Dukas Presseagentur GmbH / Alamy Stock Foto

S. 25
Chester Beatty Library, Dublin, Sig. In 03.263, © Chester Beatty Library, Dublin

S. 26
© Getty Images, Hulton Archive

S. 27
© Museu de São Roque, Direção da Cultura / Santa Casa da Misericórdia de Lisboa, Lissabon

S. 29
Bayerische Staatsbibliothek, München Sig. 2 Hom. 372, © Bayerische Staatsbibliothek, München

S. 31
Victoria and Albert Museum, London, Sig. IS.94-1965, © Victoria and Albert Museum, London

S. 34
Freer Gallery of Art and Arthur M. Sackler Gallery, Smithsonian Institution, Washington, D.C.: Purchase – Charles Lang Freer Endowment, Sig. F1996.1, © Freer Gallery of Art and Arthur M. Sackler Gallery, Smithsonian Institution, Washington

S. 34
Herzog Anton Ulrich-Museum Braunschweig, Sig. bolswert-b-ab3-0069, © Herzog Anton Ulrich Museum Braunschweig, Kunstmuseum des Landes Niedersachsen / Foto: Museumsfotograf

S. 36
The Aga Khan Museum, Sig. AKM284.12, © The Aga Khan Museum

S. 37
© Dinodia Photos / Alamy Stock Photo

S. 41
The Institute of Oriental Manuscripts, St. Petersburg, St. Petersburg Muraqqa, © The Department of Manuscripts and Documents, The Institute of Oriental Manuscripts, Russian Academy of Sciences

S. 42
© Sotheby's 2017

S. 94
© Herzog Anton Ulrich Museum Braunschweig, Kunstmuseum des Landes Niedersachsen / Foto: Museumfotograf

S. 98
© Bibliothek der Philosophisch-Theologischen Hochschule Frankfurt a.M.

S. 100
© Bibliothek der Philosophisch-Theologischen Hochschule Frankfurt a.M.

S. 104
© Staatliche Kunsthalle Karlsruhe

S. 106
© Diözesanmuseum Rottenburg

S. 110
© Herzog Anton Ulrich Museum Braunschweig, Kunstmuseum des Landes Niedersachsen / Foto: Museumfotograf

S. 114 f.
Jan Huygen van Linschoten, Itinerarivm, Ofte Schip-vaert naer Oost ofte Portugaels Jndien, 1623, Tafel 66–67, A 4892 B Folio RES, © Universitätsbibliothek Heidelberg

S. 118
Kirch. G. fol.721, © Württembergische Landesbibliothek Stuttgart

S. 120
© Diözesanmuseum Rottenburg

S. 124
© Universitaetsbibliothek Eichstätt-Ingolstadt / Foto: Kräck Druck und Mediengestaltung, Eichstätt-Rebdorf

S. 126
© Kunstsammlungen der Veste Coburg

S. 130
© Universitätsbibliothek Tübingen

S. 134–210
© Franz-Josef Vollmer

S. 215
© Dr. Werner Marks

S. 218
© Religionskundliche Sammlung, Philipps-Universität Marburg / Foto: Laackman Photostudios, Marburg

S. 221
© Universitätsbibliothek Tübingen

S. 225
Ra 17 Kir 2, © Württembergische Landesbibliothek Stuttgart

S. 228
© Landesbibliothek Coburg

S. 230
© Universitätsbibliothek Eichstätt-Ingolstadt / Foto: Kräck Druck und Mediengestaltung, Eichstätt-Rebdorf

S. 233
© Linden-Museum Stuttgart / Foto: A. Dreyer

S. 236
© Linden-Museum Stuttgart / Foto: A. Dreyer

S. 240 f.
© Academia das Ciências, Lissabon

S. 247
MP 17146a, Kapsel 298, © Germanisches Nationalmuseum Nürnberg

S. 250
Bildnis des Athanasius Kircher, Graph. Slg. P 0920, © Universitätsbibliothek Heidelberg, digitales Faksimile http://heidecon.ub.uni-heidelberg.de/id/13772

S. 254
Geogr.qt.1065-2, © Württembergische Landesbibliothek Stuttgart

S. 256
© Universitätsbibliothek Tübingen

S. 260
© Keystone Pictures USA / Alamy Stock Photo

S. 264
© Archives Photo CIRIC

S. 267
© Abhishiktananda Society und Abhishiktananda Centre, Delhi (Delhi Brotherhood Society)

S. 270

© Abhishiktananda Society und Abhishiktananda Centre, Delhi (Delhi Brotherhood Society)

S. 274

Aspects du Bouddhisme © Éditions du Seuil
Amida © Éditions du Seuil
Une Messe aux sources du Gange © Éditions du Seuil
Ermites du saccidananda © CASTERMAN
L'Abbé Jules Monchanin © CASTERMAN
The unknown Christ of Hinduism © Orbis
Der unbekannte Christus im Hinduismus © Matthias Grünewald Verlag
El Cristo desconocido del hinduismo © Ediciones Marova, Editorial Fontanella
Images de l'Abbé Monchanin © Éditions Aubier-Montaigne
Le silence du Bouddha © Actes Sud
Mantramanjari © Motilal Banarsidass Publishers, Delhi
Il Dharma dell'induismo © Bur Alta Fedeltà, Rizzoli
Henri Le Saux, Écrits © Éditions Albin Michel
Peregrinacion a Kailasa © Luciérnaga
Christophanie © Herder Verlag
Pèlerinage au Kailash © Cerf

S. 277

© Fragmenta Editorial, Barcelona

S. 279

© Zev Radovan/Bridgeman Images

# Register